SCHRIFTEN ZUR LANDESKUNDE SIEBENBÜRGENS

ERGÄNZUNGSREIHE ZUM SIEBENBÜRGISCHEN ARCHIV

HERAUSGEGEBEN VOM
ARBEITSKREIS FÜR SIEBENBÜRGISCHE LANDESKUNDE E.V.
HEIDELBERG

Band 9/I

GEORG DANIEL TEUTSCH
FRIEDRICH TEUTSCH

GESCHICHTE DER SIEBENBÜRGER SACHSEN FÜR DAS SÄCHSISCHE VOLK

herausgegeben von
FRIEDRICH TEUTSCH

Unveränderter Nachdruck
Mit einer Einführung von
ANDREAS MÖCKEL

1984
BÖHLAU VERLAG KÖLN WIEN

GESCHICHTE DER SIEBENBÜRGER SACHSEN FÜR DAS SÄCHSISCHE VOLK

I. Band

Von den ältesten Zeiten bis 1699

von

GEORG DANIEL TEUTSCH

4. Auflage, Hermannstadt 1925

herausgegeben von
FRIEDRICH TEUTSCH

Unveränderter Nachdruck
mit einer Einführung von
ANDREAS MÖCKEL

1984

BÖHLAU VERLAG KÖLN WIEN

CIP-Kurztitelaufnahme der Deutschen Bibliothek

Geschichte der Siebenbürger Sachsen für das sächsische Volk / Georg Daniel Teutsch; Friedrich Teutsch. Hrsg. von Friedrich Teutsch. – Unveränd. Nachdr. / mit e. Einf. von Andreas Möckel. – Köln ; Wien : Böhlau
   (Schriften zur Landeskunde Siebenbürgens; Bd. 9)
   ISBN 3-412-01184-3
NE: Teutsch, Georg Daniel [Mitverf.]; Teutsch, Friedrich [Mitverf.]; GT

Bd. 1. Von den ältesten Zeiten bis 1699 / von Georg Daniel Teutsch. – Unveränd. Nachdr. d. 4. Aufl. Hermannstadt 1925. – 1984.

Copyright © 1984 by Böhlau Verlag GmbH & Cie, Köln
Alle Rechte vorbehalten

Ohne schriftliche Genehmigung des Verlages ist es nicht gestattet, das Werk unter Verwendung mechanischer, elektronischer und anderer Systeme in irgendeiner Weise zu verarbeiten und zu verbreiten. Insbesondere vorbehalten sind die Rechte der Vervielfältigung – auch von Teilen des Werkes – auf photomechanischem oder ähnlichem Wege, der tontechnischen Wiedergabe, des Vortrags, der Funk- und Fernsehsendung, der Speicherung in Datenverarbeitungsanlagen, der Übersetzung und der literarischen oder anderweitigen Bearbeitung.

Printed in Germany
Satz: H.-D. Günther, Studio für Ästhetik-Fotosatz, Köln
Druck und Bindung: SDK Systemdruck Köln GmbH
ISBN 3-412-01184-3

EINFÜHRUNG

von Andreas Möckel[1]

„Es gibt kein rechtes historisches Werk, das nicht die Zeichen seiner Entstehungszeit an sich trägt, denn jeder Verfasser schreibt aus seiner Zeit heraus." Dies Wort, das Friedrich TEUTSCH im Hinblick auf die unvollendet gebliebene große „Sachsengeschichte" von Georg Daniel TEUTSCH schrieb, die den 1. Band des vorliegenden Gesamtwerkes bildet, gilt natürlich auch für die von seinem Sohn Friedrich Teutsch bearbeiteten Neuauflagen dieses wie auch für die weiteren Bände der „Geschichte der Siebenbürger Sachsen für das sächsische Volk." Trotz dieser Einschränkung ist sie jedoch bis zum heutigen Tage die beste und umfangreichste Darstellung der siebenbürgisch-sächsischen Stammesgeschichte geblieben, obwohl inzwischen in Rumänien und in Westdeutschland neue Gesamtdarstellungen erschienen[2] und aufgrund vieler Arbeiten zu Einzelfragen im Laufe der letzten sechzig Jahre[3] viele Teile überholt sind. Derjenige, der es genau wissen will, wird deshalb auch neuere Literatur zu Rate ziehen müssen.

---

[1] Etwas veränderter Abdruck des Nachwortes zu Friedrich Teutsch: Kleine Geschichte der Siebenbürger Sachsen, Darmstadt 1965, XI, 380 S. (Reprografischer Nachdruck der 2., vermehrten Auflage, erschienen unter dem Titel „Die Siebenbürger Sachsen in Vergangenheit und Gegenwart", Hermannstadt 1924).

[2] Vgl. Carl Göllner (Hrsg.): Geschichte der Deutschen auf dem Gebiete Rumäniens, 1. Bd.: 12. Jahrhundert bis 1848, Bukarest 1979, 459 S., Bildanhang 93 S. (16 Einzelautoren). Das Manuskript des 2. Bandes liegt vor. – Ernst Wagner (Hrsg.): Quellen zur Geschichte der Siebenbürger Sachsen 1191–1975, ²Köln-Wien 1981, XXI, 460 S., 4 Karten (Bd. 1 dieser Reihe), ders.: Geschichte der Siebenbürger Sachsen. Ein Überblick, ³Innsbruck 1983, 108 S., 2 Faltkarten.

[3] Einige Autoren werden nachstehend genannt. Vgl. auch folgende Bibliographien, Zeitschriften und Schriftenreihen:
— Hermann Hienz: Bücherkunde zur Volks- und Heimatforschung der Siebenbürger Sachsen, München 1960, XX, 579 S. (Buchreihe der Südostdeutschen Historischen Kommission 5) mit Ergänzung in: Ostdeutsches Archiv 6 (1963), S. 182–189 und die seit 1971 in der Zeitschrift für Siebenbürgische Landeskunde erscheinende Bibliographie zur siebenbürgischen Geschichte und Landeskunde von Ute Monika Schwob und Balduin Herter;

Die „große Sachsengeschichte" ist heute in Antiquariatskatalogen eine Rarität. Dem Böhlau Verlag und dem Arbeitskreis für Siebenbürgische Landeskunde als Herausgeber dieser Reihe gebühren Dank dafür, daß sie durch einen Nachdruck der letzten Auflagen des vierbändigen Werkes eine vorhandene Lücke ausfüllen.

Der Vater: Georg Daniel Teutsch (1817–1893)[4]

„Ich stand", so bekannte F. Teutsch, „auf den Schultern meines Vaters". Das gilt in mehrfachem Sinn. G.D. Teutsch wurde 1817, zu Lebzeiten Kaiser FRANZ I. von Österreich, gleichzeitig König von Ungarn und Großfürst von Siebenbürgen, geboren. Als der Neunzehnjährige das Schäßburger Gymnasium absolviert hatte und die Universität Wien bezog, um Theologie zu studieren, regierte dort im Namen Kaiser Ferdinands Staatskanzler METTERNICH. Mühsam erwirkte Teutsch nach einem Semester die Erlaubnis der Eltern und der Behörden, nach Berlin ziehen zu dürfen. „Was unsere Vorlesungen betrifft", schrieb er aus Wien nach Hause, „so sind dieselben unter aller Kritik und gar nicht geeignet, uns für unseren künftigen Stand, d.h. zu Gymnasiallehrern, zu bilden." In Berlin lernte er die deutsche Geschichtswissenschaft in ihrem größten Vertreter, Leopold von RANKE, kennen und wurde mit den nationalen Strömungen des Vormärz bekannt. Die HEGEL'sche Philosophie, die den fast gleichaltrigen und zur gleichen Zeit in Berlin studierenden Karl MARX anzog, hat ihn nicht berührt.

Als G.D. Teutsch 1839 nach Siebenbürgen zurückkehrte, war hier das politische Leben in Gang gekommen. Auch er geriet in die Auseinandersetzungen, die das Land ungeheuer erregten. Liberale und natio-

---

— Forschungen zur Volks- und Landeskunde, Bukarest; Zeitschrift für Siebenbürgische Landeskunde, Köln-Wien und Südostdeutsches Archiv, München;
— Siebenbürgisches Archiv mit den Nebenreihen Studia Transylvanica, Schriften zur Landeskunde Siebenbürgens und Buchreihe der Südostdeutschen Historischen Kommission.

[4] Vgl. vor allem folgende biographische Werke: Allgemeine Deutsche Biographie 37, 618; Joseph Trausch – Friedrich Schuller: Schriftsteller-Lexikon der Siebenbürger Deutschen 3, 371–386; 4, 457–467 (Nachdruck als Bd. 7/3–4 dieser Reihe); Friedrich Teutsch: G.D.T. Geschichte seines Lebens, Hermannstadt 1909, 625 S.; Ludwig Binder, in: Die Bischöfe der Evangelischen Kirche A.B. in Siebenbürgen, 2. Teil, Köln-Wien 1980, S. 3–38 (Bd. 4 dieser Reihe) und Enciclopedia istoriografiei românești, București 1978, S. 324.

nale Gedanken faßten gerade damals im magyarischen Adel immer stärker Fuß. Zunächst Waffen im Kampf gegen die Regierung der Habsburger, wirkten sie sich bald zum Nachteil des im Landtag vertretenen dritten Landstandes, der „Nation" der Sachsen, aus und ebenso gegen die Rumänen, die sich — kirchlich unter ihren Bischöfen zusammengeschlossen — ihrer Nationalität immer bewußter zu werden begannen. Damals schrieb St. L. ROTH den „Sprachkampf in Siebenbürgen", eine Flugschrift, die „zu den klassischen Dokumenten", wenn auch nicht „einer beginnenden bewußten Volkstumspolitik" (Theodor HEUSS), so doch einer im Grunde toleranten Verteidigung ethnischer Pluralität in Siebenbürgen gehört.

Teutsch trat als Gymnasiallehrer in Schäßburg (1842), als Ausschußmitglied im Landeskundeverein (1844) und als Landtagsabgeordneter seiner Vaterstadt (1848) in den Dienst seines Volkes und war am Umbau der Nation vom Mitstand zu einer ihrer selbst bewußten Nationalität beteiligt. Als der Bürgerkrieg 1848/49 die Völker Siebenbürgens auseinanderriß und Rumänen und Sachsen an der Seite Habsburgs gegen die revolutionären Magyaren kämpften, stellte er sich der sächsischen Nationalgarde zur Verfügung. Bitter vermerkt er in einem Bericht über die verheerenden Kriegswochen im Frühjahr 1849, als Schäßburg und Hermannstadt, unzulänglich verteidigt, fielen: „So viele, die am weitesten und klarsten hätten sehen sollen, lächelten, wenn man von Gefahr sprach und vergaßen, daß in Zeiten solcher Umwälzung nur das Volk stark ist, das sich selbst zu schützen vermag."

In dieser spannungsreichen Zeit, seit 1839, arbeitete er an einer Geschichte der Sachsen in Siebenbürgen, zunächst indem er Auszüge aus Josef Carl EDER und August Ludwig SCHLÖZER anfertigte, bald aber fortschreitend zu einem gründlichen Quellenstudium in den Archiven und Bibliotheken von Karlsburg und Solymos, in der Nähe von Deva, wo er als Hauslehrer bei einem Schwiegersohn BRUKENTHALS dessen Bibliothek benützen konnte. Außerdem sammelte er für ein vom Landeskundeverein geplantes Urkundenbuch zur Geschichte Siebenbürgens Material in den Archiven von Klausenburg und Karlsburg. Auf solchen Vorarbeiten und auf den wertvollen Untersuchungen Johann C. SCHULLERS ruht die „Geschichte der Siebenbürger Sachsen für das sächsische Volk", mit der Teutsch einen Preis errang, den der Verein für siebenbürgische Landeskunde in seinem Gründungsjahr 1842 ausgesetzt hatte. Als Muster war die volkstümliche Schweizergeschichte von Heinrich ZSCHOKKE genannt worden.

Die Darstellung Teutschs ist in der Tat volkstümlich belehrend, fesselt durch liebevolle Detailschilderung der dramatischen Begebenheiten und gibt durch einprägsame Zusammenfassungen einen guten Überblick. Charakteristisch sind die Mottos über jedem Kapitel, die von GOETHE, UHLAND, LUTHER, am häufigsten aber von SCHILLER stammen. Dennoch ist die Sachsengeschichte, die bis zum Übergang Siebenbürgens an Österreich (1699) reicht, mehr als ein Volksbuch. „Von seinem Lehrer RANKE", urteilt Friedrich Teutsch, „hatte er ebenso den Wert der Quellen kennen gelernt, wie in großen Zügen die Entwicklung darzustellen, auch die einzelnen Ereignisse zu ihrem Recht kommen zu lassen und dann wieder zu einem Gesamtgebilde zusammenzufassen." Teutsch machte den Sachsen ihre Stellung im Lande neu bewußt und verstand es, auf jeder Seite durch die Geschichte hindurch zu sagen, daß sie sich ermannen und gemeinsam handeln müßten. Er zeigte das politische Geschick der Vorfahren und die Gefahren, die ihnen immer wieder gedroht hatten, und er zwang seine Leser, sich und die eigene, kampferfüllte Zeit mit dem mühsamen, wechselvollen Ringen der Vergangenheit zu vergleichen. Die Vorfahren hatten sich zum Nutzen des ganzen Landes oft unter großen Verlusten, aber nie unehrenhaft zu behaupten gewußt. Zu demselben Zeitpunkt, als dem sächsischen Volk, und zwar nunmehr mit ideologischen Argumenten, seine Sprache und mit den althergebrachten Mitteln der Bürokratie sein Daseinsrecht bestritten wurde, schenkte der junge Schäßburger Gymnasialprofessor seinem Volk zur Stärkung und zum Ansporn eine Volksgeschichte, „in bedrängter Zeit eine Erhebung und Erfrischung der Volksseele, ein labender Trank in der Gefahr zu verschmachten" (F. Teutsch).

Darüber hinaus schuf G.D. Teutsch aber eine Grundlage für die nun verstärkt einsetzende Durchforschung der Stammesgeschichte in Einzeluntersuchungen und eine Ergänzung für die landeskundlichen Arbeiten, die im Hinblick auch auf die anderen Nationen und Konfessionen fortgeführt wurden. Die wissenschaftliche Arbeit des Landeskundevereins und die Tätigkeit der anderen Vereine griffen tief in das Volksleben und fanden Anteilnahme und Mitarbeiter in weiten Kreisen, besonders des Lehrer- und Pfarrerstandes. Teutsch hat sprachkräftig und wegweisend zur Freude an der historischen Bildung, aber auch zu der Bereitschaft zu ernstem Forschen beigetragen. Die Sachsengeschichte ist ein Zeugnis für den romantischen Nationalismus, der sich an der Größe der Väter erbaut und in eigenen Nöten Kraft daraus gewinnt. Das Buch fand auch in Deutschland Anerkennung. Wilhelm WATTENBACH empfahl es im Literarischen Zentralblatt und äußerte später darüber: „Hier war tüchtige historische Kenntnis, auf ernsten Studien beruhend, hier aber auch die dichterische schöpferische Kraft, welche allein vermag, die ferne Vergangenheit wieder zu beleben und dem Leser anschaulich vor Augen zu führen."[5]

Georg Daniel Teutsch führte das Werk nicht zu Ende. Als Schäßburger Rektor (1850–1863), als Pfarrer und Dechant in Agnetheln (1863–1867) und schließlich als Bischof (1867–1893) mußte er seine Kräfte großen neuen Aufgaben widmen. Es galt für die „Glaubensgenossen der Augsburgischen Confession" in Siebenbürgen eine neue Verfassung zu schaffen und ihre Stellung im Staat zu festigen. Später mußten die traditionsreichen kirchlichen Schulen vor dem verständnislosen Zugriff des zentralistischen ungarischen Staates geschützt werden. Es war die größte Aufgabe der Kirche in den Augen der Zeitgenossen, für die das Leitbild der Einheit von Kirche und Volkstum damals bestimmend zu werden begann, – ein Kennzeichen der siebenbürgisch-sächsischen Verhältnisse bis tief in das zwanzigste Jahrhundert hinein. Ungesucht fielen der evangelischen Kirche nicht nur schul- und wirtschaftspolitische, sondern auch allgemein ethnische Führungsaufgaben zu, die das Ansehen des „Sachsenbischofs" im Volk steigerten, allerdings auch geeignet waren, den Blick für sein eigentliches Amt zu verstellen.

Der Sohn: Friedrich Teutsch (1852–1933)[6]

Friedrich Teutsch ist ganz in dem geistigen Raum groß geworden, den sein Vater mit geschaffen hatte. Von gewinnendem Wesen, als Schriftsteller und Redner gleichermaßen hochbegabt, innerlich be-

---

[5] Friedrich Teutsch: Denkrede auf D. Georg Daniel Teutsch, in: Archiv VfsL 26 (1894, S. 330).

[6] Vgl. folgende Biographien: Friedrich Müller-Langenthal: D. Dr. Friedrich T. Denkrede, in: Archiv VfsL 47 (1933) S. 129–188; Karl Kurt Klein: Saxonica Septemcastrensia, Marburg 1971, S. 337–352 (Erstdruck in: Südostdeutsche Heimatblätter 2/1953, S. 5–18); Ludwig Binder, Bischöfe a.a.O. S. 67–108; Enciclopedia a.a.O. S. 324.

scheiden, führte er ohne Bruch die Aufgaben weiter, die sein Vater begonnen hatte. Er wollte nichts umstürzend Neues schaffen. Als Theodor MOMMSEN den jungen Studenten fragte, ob er die Sachsengeschichte seines Vaters weiterführen wolle, erschrak er tief vor der Größe der Aufgabe; an der inneren Bereitschaft fehlte es wohl schon damals nicht. Nach dem Besuch des Schäßburger Gymnasiums verbrachte F. Teutsch ein Jahr an der Rechtsakademie in Hermannstadt und setzte sein Studium in Heidelberg, Leipzig und Berlin fort (1870–1874). Anders als G.D. Teutsch, der nur vier Semester lang im Ausland hatte studieren können – der Vater, ein Schäßburger Seifensieder, starb plötzlich, und die Witwe konnte den Sohn nur noch kurze Zeit und nur mit Hilfe von Freunden unterstützen –, beendet Friedrich sein Studium in Heidelberg mit einer Doktor-Dissertation, und zwar über „Die ‚Unionen' der drei ständischen ‚Nationen' in Siebenbürgen bis 1542"[7]. Es war ihm von Anfang an klar, daß sein zukünftiges Forschungsfeld in Siebenbürgen liegen und daß er mit seinen Gaben seiner sächsischen Heimat dienen werde.

Die Gründe, die Fr. Teutsch zur Doktoratsprüfung veranlaßten und die er selbst angab, werfen ein scharfes Licht auf seine Einschätzung der politischen Situation: „Vor allem: eine äußere Legitimation zu erwerben darüber, ‚daß etwas ist getan', falls die Verhältnisse es mit sich bringen sollten, daß wir vom Vorposten hier vertrieben würden – bis zu Ende wollen wir jedenfalls ausharren und zur Flucht weiß ich, wird es nicht kommen" (Selbstbiographie 1874). Es ist das gleiche Bewußtsein der ständig drohenden Gefahr, wie es sein Vater hatte, als er von den Zügen der Nationalgarde im Revolutionsjahr heimkehrte; aber auch dessen Wille zur Selbstbehauptung fehlt nicht. „Wissen wir noch etwas davon, wie sehr man sich in den 70er Jahren des vorigen Jahrhunderts auf einem Vulkan fühlte und unterzugehen fürchtete?" fragte vor einem Menschenalter Friedrich MÜLLER d.J., der Nachfolger Teutschs im Vorsitz des Vereins für siebenbürgische Landeskunde, in seiner großen Denkrede[8].

Teutsch hatte schon während seines Studiums kleine Beiträge zur heimischen Wissenschaft beigesteuert. Nach der Rückkehr setzte er mit einer reichen schriftstellerischen Arbeit ein, die bis zu seinem Lebens-

---

[7] Erschienen auch in: Archiv VfsL 12 (1874) S. 37–106.

[8] In: Archiv VfsL 47 (1933) S. 150; dort finden sich auch die Zitate aus der Selbstbiographie Teutschs vom Jahre 1874.

ende anhielt. Rudolf SPEK, der Archivar des Brukenthalischen Museums in Hermannstadt, stellte zum 80. Geburtstag seine Bibliographie zusammen[9], die 1351 Nummern enthält, darunter neun große, selbständige Werke, wie die dreibändige Fortsetzung der Sachsengeschichte, die zweibändige „Geschichte der ev. Kirche in Siebenbürgen" (1921/1922) und die Biographie über den Vater „Georg Daniel Teutsch – Geschichte seines Lebens" (1909). Nicht nur der mengenmäßige Umfang, sondern auch die Breite der schriftstellerischen Wirksamkeit setzt in Erstaunen.

Regelmäßig erschienen seine Beiträge im „Archiv" und im „Korrespondenzblatt des Vereins für siebenbürgische Landeskunde". Es befinden sich darunter viele Denkreden für einheimische, meist befreundete Wissenschaftler, in denen sich seine Gabe entfalten konnte, kleinere geschichtliche Abschnitte unter großen Gesichtspunkten durchzugestalten. Er erforschte die Zeit der Einwanderung und hielt die Ergebnisse in mehreren Aufsätzen fest, verfaßte zahlreiche Monographien über siebenbürgische Orte, stellte die Kulturgeschichte in Längsschnitten und in Einzelbildern dar. Umfassend ist auch die publizistische Tätigkeit im In- und Ausland zu Tagesfragen. Zeitweilig hat er vertretungsweise das Siebenbürgisch-Deutsche Tageblatt geführt. Schritt für Schritt trat er in die Nachfolge seines Vaters, dessen Lebenswerk erweiternd, vertiefend, verfeinernd.

Auch er begann als Schulmann, und zwar am Hermannstädter Lehrer- und Predigerseminar (1876), das zunächst dem Gymnasium wie in anderen Städten angegliedert blieb, später direkt unter die Obhut des Landeskonsistoriums kam und unter F. Teutsch zur großen und einzigen Ausbildungsstätte für Lehrer der evangelischen Landeskirche ausgestaltet wurde. In diese Zeit fällt auch die Herausgabe der „Siebenbürgisch-sächsischen Schulordnungen" in zwei Bänden (1888/1892) in der Reihe Monumenta Germaniae Paedagogica. Nach dem Hinscheiden des Vaters übernahm er die Leitung des Landeskundevereins und blieb bis zu seinem Tode der anerkannte Führer der sächsischen wissenschaftlichen Arbeit, die er mit Anregung und Kritik aufmerksam verfolgte. Wie der Vater wechselte er vom Schuldienst in das Pfarramt, – ein charakteristischer Weg für siebenbürgisch-sächsische Verhältnisse in einer Zeit, in der die geistigen Führer des Vol-

---

[9] Vgl. Archiv VfsL 47 (1933) S. 81–125.

kes, noch nicht geschieden in eine theologische und eine philologische Richtung, die Volkskirche trugen und von ihr getragen wurden.

Als Friedrich MÜLLER d.Ä. 1906 das Bischofsamt niederlegte, wählte die Landeskirchenversammlung Teutsch einstimmig zu seinem Nachfolger. Die Fortsetzung der Sachsengeschichte war längst fertig. Freundschaftliche Rücksichten für Karl WOLFF, der eine Politik der Verständigung mit dem ungarischen Staat eingeleitet hatte, ließen ihn die Veröffentlichung zurückstellen. Um diese Politik nicht zu stören, teilte er das reiche Material, so daß der zweite Band mit dem Jahre 1815 abschloß. Diese Exposition des großen, im 19. Jahrhundert dann voll einsetzenden Dramas erschien 1907, der dritte Band mit den Nationalitätenkämpfen erst 1910, als die Verständigungspolitik schon gefestigt war. Aus den gleichen politischen Rücksichten hielt er auch die vollendete Biographie seines Vaters mehrere Jahre zurück. Noch 1916 wollte die ungarische Regierung den Postvertrieb der ersten Auflage der „Kleinen Sachsengeschichte" verbieten. Teutsch war in all diesen Jahren an der Erhaltung und am Ausbau der kirchlichen sächsischen Schulen beteiligt.

Seine Darstellung der Nationalitätenkämpfe in Siebenbürgen enthielten − auch hier folgte er dem Vater − die kräftige Aufforderung an seine Landsleute, ihre geschichtlichen und verfassungsmäßigen Rechte zu verteidigen. Sie klagte gleichzeitig den unduldsamen bürgerlich-magyarischen Chauvinismus an. „Hic mortui vivos vitam docent" stellte er dem dritten Band als Motto voran. Wie der Vater sah er die Geschichte unter dem Blickwinkel der Behauptung von Sprache und Glauben. Der Kontinuität des Gesichtspunktes entspricht die Kontinuität der politischen Sorgen, die im Bewußtsein der Zeit mit dem Akzent auf der Sprache den ersten Platz einnahmen. Im vierten Band der Sachsengeschichte, der 1926 erschien, behandelte er mit Vorsicht, wenn auch den „kleinsächsischen" Standpunkt (K.K. KLEIN) nie verleugnend, Freunde und Gegner.

Wie der Vater konnte sich auch F. Teutsch auf gleichgesinnte im Landeskundeverein tätige Mitarbeiter stützen. Orte ertragreicher wissenschaftlicher Forschung waren die Gymnasien, die Rechtsakademie in Hermannstadt und viele Pfarr- und Lehrerhäuser. In denselben Jahren, in denen der erste Band der Sachsengeschichte erschienen war, hatte Friedrich SCHULER VON LIBLOY eine „Siebenbürgische Rechtsgeschichte" in drei Bänden (1854−1858) veröffentlicht, Josef HALTRICH hatte Märchen (1855), Friedrich MÜLLER Sagen (1858), Friedrich Wilhelm SCHUSTER Volksdichtungen (1865) gesammelt. Gottlieb BUDAKER und Heinrich WITTSTOCK hatten mit der Erforschung des Bistrizer Distrikts begonnen. So waren verschiedene Arbeiten neben dem Versuch, die Gesamtdarstellung der sächsischen Geschichte zu wagen, einhergegangen. F. Teutsch brauchte sich bei der Fortsetzung der Sachsengeschichte ebenfalls nicht nur auf eigene, bis 1890 planmäßig in Angriff genommene Untersuchungen zu stützen, sondern konnte Arbeiten seines Vaters, dann aber auch von Heinrich HERBERT, Franz ZIMMERMANN, Johannes HÖCHSMANN, Ferdinand von ZIEGLAUER, Rudolf THEIL, Oskar MELTZL von Lomnitz, Julius GROSS, Friedrich Wilhelm SERAPHIN u.a. heranziehen.

Besonders wertvoll war das mehrbändige „Urkundenbuch zur Geschichte der Deutschen in Siebenbürgen" von Franz ZIMMERMANN, Carl WERNER und Georg MÜLLER. Eugen von FRIEDENFELS legte eine Biographie über BEDEUS von Scharberg, Franz OBERT eine über Stephan Ludwig ROTH vor. Friedrich MÜLLER, Adolf SCHULLERUS, Oskar WITTSTOCK veröffentlichten biographische Studien über das Geistesleben des neunzehnten Jahrhunderts. Josef TRAUSCH hatte mit dem Schriftstellerlexikon, Viktor ROTH mit der Zusammenfassung der Kunstgeschichtlichen Studien die große Darstellung Teutschs erleichtert. Mit eisernem Fleiß und konsequenter Zeiteinteilung war Teutsch, der im Mittelpunkt all dieser Arbeiten stand, um die größte ihm mögliche Leistung bemüht.

Er hat den starken Impuls, den der Vater mit seiner Sachsengeschichte der Forschung und dem Nationalgefühl der Sachsen gegeben hatte, gleichsinnig verstärkt und bis ins zwanzigste Jahrhundert verlängert. Es gehört zu den Eigentümlichkeiten der Teutschischen Geschichtsschreibung, daß sie mit der wissenschaftlichen Methode auch die politischen Färbungen übernahm. Insofern ist der Wechsel des Studienorts, den G.D. Teutsch 1838 vollzog, mehr gewesen als nur ein familiengeschichtliches Ereignis. Denn als der Sohn ein Menschenalter nach dem Vater wie dieser in Berlin studierte, lehrte dort neben WATTENBACH auch TREITSCHKE.

Teutsch schloß sich der nationalen, protestantisch-liberalen deutschen Geschichtsschreibung an. Er neigte dazu, den Protestantismus als ethisches Prinzip zu interpretieren, bewunderte den Aufstieg Preußens unkritisch und übersah die sich daraus gerade für die Siebenbürger Sachsen ergebenden Gefahren. Auch der bürgerlich-nationalen Verengung, die der Ansatz einer „Geschichte" *nur* „der Siebenbürger Sachsen" im Vielvölkerland Siebenbürgen suggerierte, ist er sicher nicht ganz entgangen. Darauf wies schon um die Jahrhundertwende Hans HÖCHSMANN mit Recht hin. Dennoch zeigte er eine tiefe Einsicht in die Eigenart der siebenbürgischen Verhältnisse, die mit den Kategorien des nur nationalstaatlichen Denkens nicht zu erfassen sind. Es ist bemerkenswert, wie abgewogen und zurückhaltend im Grunde die Darstellung der nationalen Kämpfe ist, wenn man sich vergegenwärtigt, daß der junge Friedrich Teutsch als Student einen Höhepunkt des kleindeutschen Nationalgefühls – die Siegesparade der preußisch-deutschen Truppen im Jahre 1871 in Berlin – tief miterlebte und in seiner Heimat immer wieder dem bedrückenden national-ungarischen Zentralismus begegnete.

Der Vorwurf Julius SZEKFÜS, er zeige eine zu große Loyalität dem Habsburger Staat gegenüber, trifft dagegen nicht zu. Man könnte Teutsch mit mehr Recht Mangel an Verständnis für die Probleme der Habsburger Monarchie und für die weitreichenden Folgen des deutschen Bruderkrieges von 1866 vorwerfen. Anders als der Vater trat er für eine vorsichtige Annäherung an den ungarischen Staat ein. Nicht der Gedanke der Überlegenheit einer Nation über alle anderen, einseitiger Aufstiegswille zur Herrschaft auf Kosten anderer, sondern der Gedanke nationaler Toleranz, kulturellkirchlicher Selbstbestimmung kennzeichnen seine wie des Vaters Darstellung. Zukunftsgläubiger Optimismus fehlt, dafür findet sich, besonders bei Friedrich Teutsch, schlichtes Gottvertrauen, – fast mit einem Zug zur Resignation. Er lockerte die kräftige und einfache Linie des Vaters auf, wohl zum Nachteil der wuchtigen Wirkung, aber mit Gewinn für seine Werke, die weniger veraltet sind.

Zur Kritik an der Teutsch'schen Geschichtsschreibung

Die Kritik am Werke Teutschs kam von verschiedenen Seiten. In gewissem Sinn muß man den Rückgang des geschichtlichen Interesses unter den Siebenbürger Sachsen dazu zählen, obgleich es sich hierbei nur um den Ausschnitt eines vielschichtigen und umfassenden Phänomens handelt. Die zahlenmäßig kleine, agrarisch-bürgerlich strukturierte Gesellschaft hatte die ideologischen Ergebnisse der Sachsengeschichte angenommen. Der Nutzen der Historie für das Leben leuchtete unmittelbar ein. Die Auswirkungen der Französischen Revolution wälzten die politischen Verhältnisse Südosteuropas unaufhaltsam um und brachten auch die Jahrhunderte lang bewahrte Rechtsposition der sächsischen „Nation" ins Wanken. Die große Bedeutung der Sachsengeschichte beruhte darin, daß sie diesen Prozeß ins Positive zu wenden versuchte. Hatte bis dahin der sächsische Verband von dem die Geschichte beherrschenden Rechtsverständnis gelebt, so mußte nun die Geschichte dazu dienen, das Lebensrecht der Nation, die zur Nationalität geworden war, zu begründen.

Bis zu G.D. Teutsch faßte man in Siebenbürgen die Geschichte als Rechtsgeschichte. Fast im selben Jahr, in dem die Sachsengeschichte erschien, veröffentlichte Friedrich Schuler von Libloy seine schon erwähnte „Siebenbürgische Rechtsgeschichte", in erster Linie für die Studenten der Hermannstädter Rechtsakademie gedacht. Die geistige Führung der Sachsen ging mit G.D. Teutsch und seiner Generation an die Philologen über. Das neugewonnene Selbstbewußtsein drängte in der Folge nach neuer Bewährung – eine bedeutende Wirkung auch der wissenschaftlichen Besinnung –, führte aber gerade dadurch von der Geschichte fort. So ist die Sachsengeschichte in ihren Grundthesen wohl immer populär geblieben, denn die „heldische Überhöhung der Vergangenheit und ihrer führenden Männer" (K.K. KLEIN) vermochte aufzurichten, aber von den nachfolgenden Generationen weniger gelesen worden. „Der ‚Verein für siebenbürgische Landeskunde'", heißt es in einem Bericht über die Vereinstage in Hermannstadt 1933, „war früher der Verein ... Heute ist er nur einer von den Vereinen geworden, u. zw., wie die Kronstädter Vereinstage 1930 zeigten, der vielleicht am wenigsten volkstümliche." Die „Selbsthilfe"-Kundgebungen, gleichzeitig mit den Vereinstagen abgehalten, taten diesen bezeichnenderweise starken Abbruch.

Man ermißt den ganzen Ernst dieses Vorgangs nur dann, wenn man sich die eigentümliche Doppelstellung Teutschs vergegenwärtigt, der Bischof und Historiker, Kirchen- und Volksmann war, und zwar nach den Vorstellungen der Zeit, die er und der Vater mitgeschaffen hatten, zurecht. Seine Geschichtsschreibung erleichterte ein nationales Mißverstehen der Kirche, auch wenn Teutsch selbst ihm nicht erlegen war. Er sprach es deutlich aus, daß Gott der Herr der Geschichte ist und die Völker erhält, während die Generation, die den Zusammenbruch Österreich-Ungarns und den Übergang Siebenbürgens an Rumänien gegen das historische, aber nach dem Recht der größeren Zahl miterlebt hatte, ahistorisch und materialistisch-naturwissenschaftlich zu denken begann und populärdarwinistischen, machtstaatlichen Überlegungen zugänglich war.

K.K. KLEIN schrieb, Größe und Schwäche gleichzeitig scharf beleuchtend, zum 80. Geburtstag Bischof Teutschs: „In Stadt und Land werden sich unsere Gemeinden immer stärker dem Typus reiner Diaspora nähern. Seelisch-geistige Bindungen müssen uns kräftiger als bisher umfassen, damit die leiblichen ohne Schaden lockerer werden können. Aber gerade in diesem entscheidenden Augenblick muß sich auch die Kirche auf ihr eigentliches Arbeitsfeld, die religiöse Betreuung, schärfer besinnen. Sie wird der unserem mittleren und älteren Geschlecht zur Selbstverständlichkeit gewordenen Vergötzung des Volksgedankens abzusagen haben. Sie hat die Aufgabe, Hilfskonstruktionen des Volkshauses zu sein, in schweren Zeiten trefflich wahrgenommen. Aber sie hat vom Brot gelebt und an ihrer Seele Schaden gelitten. Sie führte zum Volk . . . Aber sie hätte darüber hinaus zur Gemeinschaft der Heiligen führen müssen. Jetzt hat Gott uns auf Hungerration gesetzt. Er weiß sicherlich, warum."[10]

Anderer Art ist die Kritik, die Hans HÖCHSMANN und Franz ZIMMERMANN übten. Höchsmann beanstandete neben der isolierten Behandlung der sächsischen Geschichte auch die Überbetonung der Verteidigungsstellung, in der nach der Sachsengeschichte die Nation sich immer befunden hatte. Zimmermann, der gründlich ausgebildete Leiter des „Archivs der Sächsischen Nation", forderte besonders im Hinblick auf den ersten Band der Sachsengeschichte, ein wissenschaftskritischeres Verfahren.

Friedrich MÜLLER ging in einem grundlegenden Aufsatz 1932 auf die „Wandlung der geschichtlichen Hauptaufgaben unseres Volkes im Laufe seiner Entwicklung und seiner Anpassung daran" ein[11]. Er führte Ansätze des älteren F. Teutschs aus, um weiter Bahn zu brechen für das Verständnis nicht nur der im Laufe der Jahrhunderte gewan-

---

[10] In: Klingsor, Kronstadt, 8 (1932), S. 409–413.
[11] In: Siebenbürgische Vierteljahrsschrift 55 (1932) S. 286–299.

delten Aufgaben, sondern auch für eine gerechtere Beurteilung der wechselvollen Geschichte der Siebenbürger Sachsen. „Die Bedeutung der erholungbringenden Sammlungs- und Friedenszeiten, die wir zwischen den Kampfabschnitten auch gehabt haben, konnte" – so heißt es im Blick auf die bisherige Geschichtsschreibung –, „nicht voll ausgewertet werden, weil sowohl der Stand der Quellenerschließung, als auch die epische Gesamtschau das unmöglich machten." Müller stellte fest, daß

„1. unsere Geschichte nicht als großes Verlieren des Mitgebrachten und bei der Ansiedlung Gesicherten verlaufen ist, sondern bedeutsame Zeiten des Wachstums und Hinzuerwerbens aufweist;
2. Ziel und Einstellung nicht so einheitlich durch die Jahrhunderte verlaufen, vielmehr unser Volk bei allem Beharren auf seinem Erbe und seinen Tugenden eine erstaunliche Anpassungsfähigkeit an neue Lagen bewiesen hat."

Friedrich Müller versuchte gleichzeitig das vorgefundene Geschichts- und Weltbild seiner Generation zu korrigieren. G.D. Teutschs einseitige Darstellung vom Kampf unter ständig größer werdenden Verlusten, verband sich zu Beginn des 20. Jahrhunderts bei seinen Lesern mit dem Glauben an naturgesetzliche Zwangsläufigkeiten im Leben der Völker. Was zwei Generationen vorher frische Bewegung hervorgerufen hatte, begann so ins Gegenteil umzuschlagen, obgleich Leben und Werk gerade der beiden Teutsch die Geschichtswirksamkeit geistiger Kräfte im Leben des sächsischen Volkes sichtbar gemacht hatten.

Von magyarischer Seite ist die einseitig nationale Interpretation der sächsischen Geschichte schon während des Krieges, und zwar von Julius Szekfü, und neuerdings von Zoltan Sárközi angegriffen worden. Szekfü ist national-ungarischer Parteigänger, der nach dem zweiten Wiener Schiedsspruch um die Wiederangliederung ganz Siebenbürgens an Ungarn kämpfte. Die sozialgeschichtlichen Aspekte, auf deren Vernachlässigung Sárközi hinweist, wurden seit 1959 auch von der Sektion der rumänischen Akademie für Soziale und Politische Wissenschaften in den „Forschungen zur Volks- und Landeskunde" in Hermannstadt aufgenommen. Carl Göllner, Gustav Gündisch, Bernhard Capesius, Maja Philippi, Michael Kroner u.a. beleuchteten die Spannungen in den Städten, den Gegensatz zwischen dem Beamtentum und der Bevölkerung, zwischen den Städten und den Hörigengemeinden, – alles Fragen, die in der Sachsengeschichte in der Tat nur am Rande behandelt worden sind.

F. Teutsch hat diesen Mangel z.T. selbst schon gesehen. In einem nicht für die Öffentlichkeit bestimmten Rechenschaftsbericht schreibt er über die im zweiten Band der Sachsengeschichte behandelte Regulation der österreichischen Zentralregierung, die besonders die höheren Beamten der Sachsen traf: „Diese (sc. die führenden Kreise des Volkes) aber waren nicht schuldlos. Die rechte Selbstlosigkeit im Dienst hatte vielfach gefehlt, und im Volk selbst hat man gerade darum das Unglück, das die Regulation den Beamten brachte, kalt aufgenommen. Beim nochmaligen Lesen empfinde ich, daß dieser Gedanke in der Darstellung zu kurz kommt. Die Empörung über die Nichtsnutzigkeit und Rohheit der Urheber der Regulation hat vielleicht das Urteil über diese Schuld etwas zurückgedrängt." Gleichwohl wird man es ablehnen, den Gesichtspunkt des „Klassenkampfes" einseitig und dogmatisch zum beherrschenden Interpretationsprinzip zu machen.

In diesem Zusammenhang muß auch darauf hingewiesen werden, daß Teutsch von den bedeutenden Anstrengungen der österreichischen Sozialdemokratie vor dem ersten Weltkrieg, aus der Sackgasse der bürgerlichen Nationalitätenkämpfe herauszuführen, keine Kenntnis nahm. Karl RENNER, nach 1918 der erste Staatskanzler, nach 1945 der erste Bundespräsident Österreichs, dessen Gedanken J.W. STALIN für seine Konzeption der Nationalitätenpolitik weitgehend übernommen hat, griff die Institution der sächsischen „Nationsuniversität" in seinen Schriften auf und empfahl sie in abgewandelter Form als ein Mittel zur Lösung der Nationalitätenfrage. Teutsch ging weder in der „Großen" noch in der „Kleinen Sachsengeschichte" darauf ein, obgleich er sah, daß die Sozialdemokratie eine Macht war, mit der man werde rechnen müssen.

Zur siebenbürgisch-sächsischen Historiographie nach Friedrich Teutsch

Der Ausblick auf die Kritik am Geschichtswerk F. Teutschs wäre unvollständig ohne Hinweis auf wenigstens einige Untersuchungen zu Einzelfragen, die seit seinem Tode berichtigend und ergänzend angestellt worden sind. Otto MITTELSTRASS hat nachgewiesen, daß die Besiedlung Siebenbürgens als Landsausbau der ungarischen Könige und nur von daher zu verstehen ist. K.K. KLEIN hat die Herkunftsfrage der Einwanderer in zahlreichen Untersuchungen durch vertiefte Quelleninterpretation neu beantwortet, nachdem die sprachwissenschaftliche Urheimatforschung an ihre Grenze gestoßen war. Danach war die Zahl der „priores flandrenses" sehr klein, der Anteil der wallonischen Einwanderer unter ihnen wohl bedeutender, als Teutsch angenommen hatte. Auch die Deutung der Reformationsgeschichte ist durch Ludwig BINDER und Erich ROTH nach Arbeiten von Karl REINERTH und K.K. KLEIN wiederum zur Diskussion gestellt worden. Otto FOLBERTH erschloß neue Quellen zum Prozeß St. L. Roths.

Bezeichnenderweise entstanden fast alle diese Arbeiten in Auseinandersetzung mit dem Erbe F. Teutschs, das seine Fruchtbarkeit selbst dort erweist, wo es zur Kritik herausfordert. Als der achtzigjährige Bischof 1932 alle seine Ämter niederlegte und kurze Zeit später starb, empfanden die Zeitgenossen, daß mit ihm nicht nur eine historiographische Ära der sächsischen Geschichte zu Ende ging. „Wir wissen nicht", schrieb damals Friedrich MÜLLER d.J. „wie tief das Erdreich gelockert werden muß, daß wieder sturmfestes Wachsen aufsprieße."

Die Erschütterungen und Katastrophen, die die Welt in den letzten 70 Jahren heimgesucht haben, müssen in einer Beschäftigung mit dem Geschichtswerk F. Teutschs mit berücksichtigt werden. Für Siebenbürgen und die Siebenbürger Sachsen ist der Übergang des Landes an Rumänien die erste der schweren Erschütterungen in diesem Jahrhundert gewesen, für die Teutschgeneration scheinbar ein „Sturz in den Abgrund" (K.K. KLEIN). Aber trotz der schweren Verluste bei der Einwechslung der Kronen in Lei und trotz der noch viel größeren Einbußen bei der in Siebenbürgen nationalistisch gesteuerten rumänischen Agrarreform (1921), die auch die evangelische Kirche hart traf, konnten die Kirchenschulen − unter hohen Opfern freilich − gehalten und ausgebaut werden (Mädchenlyzeum in Hermannstadt, Höhere Handelsschule in Kronstadt). Freilich blieb die Nationalitätenfrage im neuen Staat in der Schwebe; denn weder die Karlsburger Beschlüsse des Siebenbürger Rumänentums, noch die Minderheitenschutzverträge galten der Regierung als bindende Verpflichtung.

Das Modell des westeuropäischen, ethnisch-geschlossenen Nationalstaates, das schon im Ungarn der Doppelmonarchie zu großen Ungerechtigkeiten geführt hatte, verhinderte auch in Groß-Rumänien eine Dauerlösung, welche die nichtrumänischen bodenständigen Bürger des Landes (1930: 27%) befriedigt hätte. Der „Deutsch-sächsische Volksrat für Siebenbürgen" hat seine Beschwerden trotzdem niemals der Völkerbundkommission für Minderheitenfragen vorgetragen. Er hoffte auf die Früchte loyaler Haltung zum rumänischen Staat und erzielte durch geschicktes Verhandeln (Rudolf BRANDSCH, Hans Otto ROTH) tatsächlich gewisse Erfolge. Bedrückend aber war und blieb die Rechtsunsicherheit, die durch levantinische Mittel nur beschränkt abgemildert werden konnte.

Hatten die verheißungsvollen Ansätze nach der Jahrhundertwende im ungarischen Staat zu einem modus vivendi zu kommen, im ersten Weltkrieg jäh geendet, so scheiterte der nächste, keineswegs aussichtslose Stabilisierungsversuch im neuen Staat im Strudel der dreißiger Jahre. In der „Erneuerungsbewegung", die als Jugendbewegung begann und sich mit eigenständigem „Selbsthilfe"-Programm zunächst nur äußerlich an die in Deutschland üblich gewordenen Formen der bündischen Jugend anlehnte, kam es zum ersten Mal in der Geschichte der Siebenbürger Sachsen zu einer Politisierung der breiten Massen. Das Auseinanderbrechen der politisierten „Volksgemeinschaft", die Absage an die konservative, ältere Führung und an die traditionell an der Führung beteiligte Kirche, das Aufkommen einer Garnitur drittrangiger, junger Führer, schließlich die zunehmende Bedeutungslosigkeit des „Volksrates", offenbarten den Zusammenbruch der alten Ordnung, die sich nur noch in den Einzelgemeinden, nicht aber für das Ganze bewährte. Der Auflösungsprozeß beschleunigte sich durch den Tod bedeutender Führer der älteren Generation (Friedrich WALBAUM, Karl WOLFF, Adolf SCHULLERUS, alle vor 1930 gestorben), deren Nachfolger die undankbare Aufgabe übernehmen mußten, illusionäre Hoffnungen in den eigenen Reihen zu bekämpfen. Der politische und geistige Einfluß von BRANDSCH, H.O. ROTH, Bischof Viktor GLONDYS sank von Jahr zu Jahr, während die Erbitterung in der Auseinandersetzung mit ihnen und in der gespaltenen Erneuerungsbewegung selbst wuchs.

Der innersächsische Streit erinnert an die Kämpfe zwischen Befürwortern und Gegnern der Union (1848), zwischen den Altsachsen und Jungsachsen eine Generation später, zwischen den Schwarzen und Grünen nach der Jahrhundertwende. Aber während die Generationen vorher in ihren Kämpfen hauptsächlich von Befürchtungen bestimmt waren und sich traditionsbewußt und entschlossen an das Vorhandene klammerten, mischten sich nun in die Zukunftsängste illusionäre Hoffnungen und verleiteten zur Preisgabe eines in Generationen hingebungsvoll aufgebauten geistigen Erbes. Der Eingriff des deutschen Reiches fand bei keiner Parteiung entschlossenen Widerstand, sondern als Ausweg aus einer die Kräfte lähmenden Krise weithin Zustimmung. Die Schiedsrichter- und bald auch Führerrolle des Dritten Reiches verwandelte die historische sächsische „Nation", seit dem Weltkrieg nur noch eine „Minorität", in den ferngesteuerten Teil einer „Volksgruppe" und teilte sie im zweiten Wiener Schiedsspruch (1940), der Siebenbürgen zerriß, zum ersten Mal in der sächsischen Geschichte zwei verschiedenen Staaten zu.

Es zeugt von einem völlig neuen Verständnis des eigenen Volkes und seiner Lage, wenn die Volksgruppenführung der Kirche die Schulen abnötigte, die diese Jahrhunderte lang wohl verwaltet hatte, und wenn sie in ihren Dienststellen die siebenbürgisch-sächsische Umgangsprache, die „die ganze Fülle des inneren Lebens unseres Volks" zeigt (Adolf SCHULLERUS), verbot. Die innere Abwendung vom Erbe Teutschs, dessen Bücher unerwünscht waren, drückt sich hierin sinnfällig aus. Dennoch zwingt der Vorgang zu der ernsten Frage, in wie weit diese erschreckenden, innerhalb weniger Jahre sich vollziehenden Umbrüche durch die Geschichtsschreibung und Geschichtsauffassung der Teutsch-Generation erleichtert worden sind. Das Verhängnisvolle des nach dem Tode Teutschs eingeschlagenen Weges liegt offen zu Tage; die Trümmer, die an seinem Ende lagen, sind noch nicht beseitigt. Vieles, was den im Jahre 1983 rund 142.000 in der evangelischen Landeskirche vereinten und den mindestens ebenso vielen, in der ganzen Welt verstreuten Sachsen selbstverständlicher Besitz war, wird nicht wieder erstehen; die Sorgen um den Bestand und das Weiterleben der Siebenbürger Sachsen sind berechtigter denn je. Der Irrweg in den dreißiger Jahren, das sei noch einmal ausgesprochen, ist g e g e n Lehre und Werk F. Teutschs beschritten worden. Dennoch gilt das Wort G.D. Teutschs „Ein Volk, das gleichgültig wird gegen seine eigene Vergangenheit und Gegenwart, legt sich selbst zu den Toten" heute in einem doppelten Sinn. Wir sollten es nicht nur hören als Einladung zur Einkehr in die Geschichte, sondern auch als Aufforderung, uns Rechenschaft zu geben auch über unsere Geschichtsschreibung, denn sie hat in unsere Vergangenheit tief hineingewirkt. Eine naive Fortführung des Teutschischen Werkes würde seinen Intentionen widersprechen.

K.K. Klein hat sich in einem Gedenkaufsatz zum 100. Geburtstag Friedrich Teutschs mit dessen Lebenswerk auseinandergesetzt, Überholtes und Gültiges zu trennen versucht und damit gezeigt, wie fruchtbar eine solche Neubesinnung sein kann[12]. Er wies auf das natürliche Empfinden, den scharfen Blick und den guten Instinkt für politische Wirklichkeiten und Möglichkeiten hin, welche die Generation Teutschs ausgezeichnet hat. Er zeigte allerdings auch die Gefährlichkeit des idealistischen Menschenbildes auf, das Teutsch nicht richtigzustellen vermochte. Verbaut hat Teutsch aber, das ist das dritte von Klein hervorgehobene Moment, seinem Volk den Weg zu neuen geistigen Ansätzen nicht − auch nicht zum Evangelium. Gerade hierfür ist die „Große Sachsengeschichte" ein Zeugnis. Frömmigkeit und Demut des Verfassers sprechen aus dem Gedanken, mit dem Teutsch schließt und den er an verschiedenen Stellen seines Werkes anklingen läßt, am schärfsten gefaßt in einem Lutherzitat im letzten Kapitel der zweibändigen Kirchengeschichte[13]: „Wenn Gott einem Volk hat wollen helfen, hat ers nicht mit Büchern getan, sondern nicht anders, denn daß er einen Mann oder zween hat aufgeworfen, die regieren besser denn alle Schriften und Gesetze. Es liegt nicht an Büchern noch Vernunft, es liegt daran, daß Gott Leute auf Erden schickt." Teutsch war selbst ein solcher Mann, der seinem Volk zur rechten Zeit geschenkt worden war. Seine Welt mag uns fremd geworden sein; tritt man in sie ein, ist alles klar und geordnet und zeugt von großem Verantwortungsbewußtsein.

---

[12] Sachsenbischof Friedrich Teutsch, in: Südostdeutsche Heimatblätter (Ab 7/1958 Vierteljahresblätter) 2(1953), S. 5−18, 1 Abb.

[13] Friedrich Teutsch: Geschichte der ev. Kirche in Siebenbürgen, Bd. II: 1700−1917, Hermannstadt 1922, S. 617 f.

Geschichte
der
Siebenbürger Sachsen
für das sächsische Volk.

Herausgegeben
von
Friedrich Teutsch.

Hermannstadt.
Druck und Verlag von W. Krafft.
1925.

Geschichte
der
Siebenbürger Sachsen
für das sächsische Volk.

I. Band:
Von den ältesten Zeiten bis 1699
von
G. D. Teutsch.

4. Auflage.

Hermannstadt.
Druck und Verlag von W. Krafft.
1925.

Der juristischen Fakultät
der Universität Marburg

Vorwort

zur 2. Auflage von G. D. Teutsch's Sachsengeschichte.

Die „Geschichte der Siebenbürger Sachsen für das sächsische Volk" sollte in ihrer ersten, 1852—1858 erschienenen Auflage ein seit Jahrzehnten von den Besten dieses Volks sehnsüchtig gefühltes Bedürfnis befriedigen. Die stürmische Bewegung, die insbesondere seit dem Jahre 1830 auch in diesen Ländern die Geister erregte, mahnte ebenso ernst, dem von den verschiedensten Seiten bedrängten deutschen Stamm eine auf mannigfachen Lebensgebieten nicht unrühmliche Vergangenheit zu vollerem Bewußtsein zu bringen, als der Geist der deutschen Wissenschaft, der durch den dem Gesetz gemäß endlich wieder freigewordenen Besuch deutscher Hochschulen hier mit frischem Leben die Seelen hob, zu einer tiefern Durchforschung der reichen Quellen, zu einer entsprechenden Darstellung ihrer Ergebnisse drängte. So schrieb der Verein für siebenbürgische Landeskunde sofort nach seiner Konstituierung im Jahre 1842 eine „Geschichte der Siebenbürger Sachsen für das sächsische Volk" als Preisaufgabe aus und erkannte 1851 dem vorliegenden Buch, zunächst in den beiden ersten Heften, den Preis zu.

Dasselbe erscheint hier in zweiter, mannigfach umgearbeiteter und erweiterter Auflage. Wie es in der ersten wesentlich aus unmittelbaren Quellenstudien, aus den Pergamenten und Urkundenschätzen unserer zahlreichen wertvollen Archive, aus den kritisch gesichteten zeitgenössischen Aufzeichnungen schöpfte, so hat es die zweite getan. Es ist mir dabei eine große Freude, den fröhlichen Fortschritt bezeugen zu können, den unsre vaterländisch=geschichtliche Wissenschaft in der Zeit seit der ersten Auflage gemacht hat. Dem immer volleren Zuge der Geschichtsforschung und Geschichtschreibung des Mutterlandes folgend, fließt ihr Strom breiter und tiefer dahin; eine Fülle von Ergebnissen neuer Forschung ist seither zutage getreten und namentlich das so rüstig und einsichtsvoll bearbeitete Feld der kunstgeschichtlichen

VIII

und germanistischen Studien hat ungeahnte Schätze zum Verständnis des alten Volkslebens aus lang verborgenem Grunde gehoben. Unsere grauen Burgen und Kirchen sprechen wieder und die alte Sitte und Sage erhebt das lebendige Wort zum staunenden Geschlecht der Gegenwart. Wie viel klarer und lebensvoller vermag das Bild unserer an Ehren und Leiden so reichen Vorzeit heute vor die Seele desselben zu treten!

Gleich der ersten enthält sich auch die neue Auflage schon im Sinne ihrer nächsten Bestimmung des schweren Beiwerks von Quellenangaben und Anführung der benützten Hülfsmittel, der Nachweis derselben findet sich übrigens mindestens bis zum Jahre 1526 in des Verfassers „Abriß der Geschichte Siebenbürgens. Zunächst zum Gebrauch für Studierende. Zweite Auflage. Kronstadt 1865." Eine demnächst erscheinende dritte Auflage soll das Werk und jene Nachweise bis in die neuere Zeit führen.*)

So möge denn das Buch in neuer sturmvoller Zeit des alten Weges wandeln: der Wahrheit zu dienen!

Hermannstadt, am 2. März 1874.

G. D. Teutsch.

---

*) Die Fortsetzung bis 1699 ist aus dem Nachlaß des Verfassers herausgegeben worden: Abriß der Geschichte Siebenbürgens, Fortsetzung, von G. D. Teutsch, im Archiv des Vereins für siebenbürgische Landeskunde. Neue Folge, 26. Band, Seite 4—59.

Zur 4. Auflage.

Die 3. Auflage, die 1899 erschienen war, in jenem Jahre, da das eherne Standbild G. D. Teutschs († 1893) in Hermannstadt in einer unvergeßlichen Feier enthüllt wurde — die 2. Auflage war 1874 in Leipzig bei S. Hirzel erschienen —, war schon vor dem Kriege vergriffen. Der Krieg hinderte die Neuauflage.

Sie erscheint hier neu durchgearbeitet und dort, wo die Forschung neue Ergebnisse zutage gefördert hat, diesen entsprechend verändert.

Sonst war das Bestreben maßgebend, abgesehen von kleinen stilistischen Änderungen, dem Buch seinen ursprünglichen Charakter zu bewahren.

Die Möglichkeit, das Buch nach 70 Jahren, von der 2. Auflage gerechnet nach 50 Jahren, wenn auch im einzelnen ergänzt und verbessert, neu herauszugeben, ist wohl das beste Urteil über die Arbeit selbst.

Die neue Auflage aber ist nur möglich geworden durch die Unterstützung, die der Burzenländer Kreisausschuß aus dem Kreis seiner Mitglieder opferfreudig zur Verfügung stellte. Dafür auch hier zu danken ist mir Pflicht und Freude.

Möchte das Buch mit dazu beitragen, die Erinnerung an den Verfasser, dessen 100 jähriger Geburtstag 1917 von Volk und Kirche dankbar gefeiert wurde, weiter zu erhalten, vor allem aber wie bisher eine Fundgrube für die Kenntnis unserer Vergangenheit und ein Rüstzeug im Kampf der Gegenwart bleiben.

Hermannstadt, am 31. Oktober 1924.

Fr. Teutsch.

Inhaltsverzeichnis.

Erstes Buch.

I. Vom Lande Siebenbürgen und seinen ältesten Zeiten . 1—7
   Siebenbürgens Lage und Gestaltung. Die Daken und Römer im Lande. Die Völkerwanderung. Die Magyaren Älteste Geschichte der Ungarn.

II. Wie von König Geisa II. gerufen deutsche Ansiedler nach Siebenbürgen kamen. 1141—1161 . . . . 7—19
   Allmähliche Besiedlung Siebenbürgens. Zustand des Landes. Einwanderung der Sachsen. Gang der Ansiedlung. Ihr Zweck. Das Auswanderungsgebiet. Ursachen der Auswanderung. Gleichzeitige Besiedlung des slawischen Ostens Deutschlands. Die Art der Ansiedlung.

III. Von dem Tode Geisas II. bis zum goldenen Freibrief der Sachsen. Die deutschen Ritter im Burzenland. 1161—1224   20—30
   Die Besiedlung des Landes in der Sage. Germanische Überlieferungen. Die Hermannstädter Propstei und Kerzer Abtei. Andreas II. Die deutschen Ritter. Berufung und Arbeit im Burzenland. Ihre Vertreibung. Die Szekler und Rumänen.

IV. Von dem goldenen Freibrief, den König Andreas II. den deutschen Ansiedlern im Süden des Landes erteilt. 1224   31—46
   Der goldene Freibrief. Bestätigungen. Sein Inhalt im einzelnen. Rechte und Pflichten der Sachsen.

V. Der Mongoleneinfall . . . . 46—55
   Die sächsischen Ansiedlungen. Waldrodungen. Ansiedlungen außerhalb des Sachsenlandes. Die Mongolen. Der Mongoleneinfall. Erzählung des Rogerius. Ungeheure Vernichtung.

VI. Die Regierung König Bela's IV. nach dem Mongoleneinfall und die Zeiten unter seinem Sohne Stephan V. und seinem Enkel Ladislaus IV. 1242—1290 . . . . . . 55—60
   Neue Ansiedlungen. Stephan V. und Ladislaus IV. Alard von Salzburg. Zerstörung Weißenburgs durch den Sohn Gaan. Streit zwischen dem Domkapitel und Mediasch. Vertrag. Tartareneinfall.

VII. Das Sachsentum unter den letzten Arpaden. 1290—1301   61—72
  Andreas III. Erster Landtag. Rumänen. Thorenburg und Thoroczko. Privileg für das letztere. Teilnahme der Sachsen am ungarischen Reichstag. Die Erbgräfen. Adelsfreibrief von 1291. Ursprung der Erbgräfen. Neue sächsische Ansiedlungen. Burgen und Bauten des 13. Jahrhunderts. Romanische Bauten. Spitäler.

Zweites Buch.

VIII. Wie die Sachsen für Otto den Baiern kämpfen und Karl von Anjou König wird. 1301—1310 . . . .   73—76
  Wahl Wenzels, dann Ottos, Schicksal in Siebenbürgen. Rückkehr nach Baiern. Karl Robert wird König. Streit des Domkapitels mit den sächsischen Pfarrern. Berthold von Kelling.

IX. Die Zeiten unter Karl Robert. 1310—1342 . . . . . .   76—93
  Karls Regierung. Feste Residenz in Vischegrad. Ordnung der Steuern. Zusammenschluß der Sachsen. Bestätigung des Andreanischen Freibriefs. Aufstand gegen den Woiwoden Thomas. Die sächsischen Stühle. Änderung in ihrer Verfassung. Die Königsrichter. Vereinigung von Kerz mit Hermannstadt. Freibrief 1322. Zisterzienser Besitz. Weißkirch bei Schäßburg. Nikolaus von Talmesch. Die Kreischer Gruppe. Die zwei Stühle. Besiedlung. Das Burzenland. Das Nösnerland. Klausenburg. Die kirchlichen Verhältnisse. Streit mit dem Propst und Bischof. Das Scheller Kapitel. Kirchliche Bauten.

X. Der Hermannstädter Gau unter König Ludwig I. Der Sachsen Blütezeit. 1342—1382 . . . .   94—111
  Allgemeine Verhältnisse. Erbauung der Landskrone. Innere Verhältnisse der 7 Stühle. Rechtspflege. Die Stuhlsversammlung. Königsrichter. Gauversammlung. Goblinus. Das Zunftwesen. Erste Zunftordnung von 1376. Ackerbau, Handel und Gewerbe. Entstehung der Städte, das städtische Bürgertum. Schicksal der Erbgrafen. Schlatt und Wolkendorf. Vertrag des Hermannstädter Stuhls mit den Gebirgsdörfern.

XI. Zustände und Innerverhältnisse der 2 Stühle, des Burzenlandes, des Nösnergaues und Klausenburgs unter König Ludwig . . . . 111—120
  Neuordnung in den 2 Stühlen. Die Epeschdorfer Gruppe. Streit des Scheller Kapitels mit dem Bischof. Auswanderung der Pfarrer. Der Bischof behält zwei Zehntquarten. Das Burzenland, Innerverhältnisse. Kronstadt Vorort. Einigung des Kapitels mit Kronstadt. Pfründenhäufung und Pfarrerernennungen. Die Schule in Kronstadt. Das Nösnerland,

XIII

Freibrief von 1366. Beilegung des Streits der Gewerbetreibenden und Bauern. Jahrmarktsrecht. Die Schule in Bistritz. Siegel der Stadt. Klausenburg. Schlatten und Offenburg.

XII. **Sigmund von Brandenburg, König von Ungarn. Die ersten Türkeneinfälle in Siebenbürgen. Der Aufstand der Hörigen und die erste Einigung. 1382—1437** . . . . 121—126

Sigmund. Thronstreit. Das Konstanzer Konzil. Innere Wirren. Die Türken. Einfälle in Siebenbürgen. Befestigung Kronstadts und Mühlbachs. Heerfahrtsordnung. Bauernaufstand. Die erste Union der 3 Stände und deren Erneuerung.

XIII. **Von der Sachsen anderweiten Zuständen unter König Sigmund** . . . . 127—139

Bestätigung des Andreanischen Freibriefs. Plünderungen der Sachsen, Bedrückungen und königlicher Schutz. Winz und Burgberg zu den 7 Stühlen geschlagen. Beginnender Gegensatz zwischen Stadt und Land. Streit Keisd's mit Schäßburg. Kampf innerhalb der 2 Stühle, besonders Birthälms mit Mediasch. Schulen. Irrungen im Nösnerland. Mettersdorf und Treppen im Besitz adliger Güter. Kronstadt und das Burzenland. Klausenburg. Zusammenwachsen der sächsischen Gaue. Aufhebung der Hermannstädter Propstei. Das Schelker Kapitel verliert 2 Zehntquarten. Die Lehre des Huß in Siebenbürgen.

Drittes Buch.

XIV. **Wie Mühlbach zugrunde ging. Hermannstadt der Christenheit Bollwerk** . . . . 140—143

Einwanderung der Zigeuner. Albrecht von Österreich. Die Türken vor Mühlbach. Mühlbachs Untergang. Der Rumeser Student. Hermannstadt der Christenheit Bollwerk. Die Sachsen auf Komitatsboden. Wolkendorf fällt an die Schäßburger Bergkirche.

XV. **Fortgesetzte Türkennot. Ehrentage der 7 Stühle. Das Bistritzer Erbgrafentum. Anfänge des Magyarentums in Klausenburg. 1440—1458** . . . . 143—152

Ladislaus Posthumus Geburt und Krönung. Joh. Hunyadi. K. Wladislaus. Schlacht bei Varna. Ladislaus V. Türkenkriege. Hunyadis Tod. Sächs. Leistungen. Der rote Turm und die Lauterburg. Vergabung des Talmescher Stuhls an die 7 Stühle. Ehrungen der Sachsen. Das Nösnerland als Erbgrafschaft Hunyadis. Befreiung. Untrennbarkeit der Sachsen von der ungarischen Krone. Klausenburg. Eindringen der Magyaren. Vertrag.

XVI. Vom neuen Bund der drei Völker, dem Aufstand gegen König Matthias und der großen Türkenschlacht auf dem Brotfeld. 1459—1479 . . . . 152—156

Wahl Matthias' zum König. Strenges Regiment. Die 2. Union der 3 Stände in Mediasch. Aufstand gegen Matthias. Schlacht auf dem Brotfeld.

XVII. Wie das Königreich Ungarn zugrunde geht und Siebenbürgens Selbständigkeit steigt. 1490—1526 . . . . 157—165

Wladislaus von Böhmen. Kuruzzenaufstand. Erhebung der Szekler. Unruhen in Schäßburg und Hermannstadt. Türkeneinfälle. Königsbesuch in Siebenbürgen. Erbvertrag mit dem Haus Habsburg. Wladislaus Tod. Ludwig II. Zustände am Hof. Einfall Solimans. Schlacht bei Mohatsch. Ihre Folgen. Siebenbürgens wachsende Selbständigkeit.

XVIII. Von der Stellung der Sachsen im ungarischen Reichsverband unter den drei letzten Königen. 1458—1526 . . 165—173

Zusammenwachsen der Sachsen zur politischen Nation. Wie König Matthias die Sachsen schützt: Hermannstadt, Freizügigkeit der Bauern. Vergabungen an die Sachsen. Fogarasch, Hamlesch, Rodna, Törzburg. Schäßburg. Mühlbachs Verpfändung an Pongratz. Zustimmung der Sachsen zum Erbvertrag von 1491. Ausschließlichkeit des Bürgerrechts. Schutz gegen Angriffe.

XIX. Von der Sachsen Wehrhaftigkeit, dem Erbrichtertum und ihrer Innerverfassung unter den drei letzten Königen 173—185

Die befestigten Städte und Burgen. Kriegsordnung. Feuerwaffen. Berufung von Büchsenmeistern aus Schlesien. Steuer. Kampf mit den Erbgrafen, darunter die Ereignisse in Birthälm und Häzeldorf. Erlangung der freien Wahl der Königsrichter. Bürgermeister, Stuhlsrichter, Hundertmänner. Verwaltung und Rechtspflege.

XX. Gewerbs- und Handelstätigkeit der Sachsen. Der sächs. Gaue Vereinigung zu einem Nationskörper . . . . . . 186—193

Die Zünfte. Gewerbe. Union der Zünfte. Maß und Gewicht. Aus- und Einfuhr. Zölle. Politische Einigung der Sachsen. Klausenburgs Ausscheiden. Die nicht im Sachsenland liegenden Gemeinden. Kirchliche Einigung. Der Generaldechant. Festeres Zusammenwachsen.

XXI. Bildung und Sitten in jener Zeit . . . . 193—216

Bildung. Berufung deutscher Lehrer. Schulen im Sachsenland. Besuch der Hochschulen. Gehalte. Bibliotheken. Sächsische Drucker in Italien. Inkunabeln. Besuch der Wiener Universität. Kirchliche Baukunst, Schnitzwerke, Altäre, Glocken und Taufbecken. Kelche. Verteidigungsstil. Weltliche Bauwerke. Untergegangene Gemeinden. Adlige Raubritter. Städtische Einrichtungen. Kleidung. Arzt und Apotheke. Söldner. Sitten der Geistlichen. Kapitelsleben. Streit in der Kirche. Die Klostergeistlichen. Aufhebung der Kerzer Abtei. Innere Zweifel.

Viertes Buch.

XXII. Der Thronstreit zwischen König Ferdinand und Zapolya. Markus Pemfflinger. Deutsche Treue. 1526—1538 217—238

Johann Zapolya. Zwiespältige Königswahl. Thronstreit. Die Stellung der Sachsen. Markus Pemfflinger. Der Einfall des Woiwoden Peter. Ferdinands Untätigkeit. Die Opfer der Sachsen. Bürgerkrieg. Einfall der Moldauer. Der Krieg im Sachsenland. Schwere Jahre. Hermannstadts Belagerung. Bathori an die Sachsen. Ferdinand läßt sie im Stich. Kronstadts Übertritt zu Zapolya. Hermannstadts Unterwerfung. Pemfflingers Tod. Zapolyas Sorge für die Sachsen. Friede von Großwardein.

XXIII. Siebenbürgens Trennung von Ungarn und der neue Bund, den die drei Völker schließen. 1538—1542 . . . . . 238—243

Tod Zapolyas. Besetzung Ofens durch die Türken. Verwirrung in Siebenbürgen. Anerkennung Isabellas und Joh. Sigmund Zapolyas. Landtag in Thorda. Union der drei ständischen Völker und Anerkennung der türkischen Oberhoheit.

XXIV. Der Anfang der Reformation oder Kirchenverbesserung im Sachsenland. 1519—1529 . . . . 243—252

Die Reformation. Die Vorbedingungen in Siebenbürgen. Die Geistlichen. Erstes Erscheinen von Luthers Schriften in Hermannstadt 1519. Erzbischof von Gran, König und Reichstag gegen die Reformation. Reformatorische Vorgänge in Hermannstadt.

XXV. Der weitere Fortgang der Reformation im Sachsenland. Joh. Honterus, der Apostel des Herrn. 1529—1533 252—267

Spannungen in Kronstadt. Joh. Honterus. Sein Lebensgang. Rückkehr in die Heimat. Mitarbeiter. Religionsgespräch in Schäßburg. Übergang zur Reformation in Kronstadt 1542. Landtag in Weißenburg 1543. Honterus Stadtpfarrer. Das Reformationsbüchlein. Luthers Brief darüber. Weiterer Fortgang und Ausbreitung der Reformation im Sachsenland. Die Kirchenordnung aller Deutschen in Siebenbürgen 1547. Wahl Wieners zum ev. Bischof. Seine beiden Nachfolger Hebler und Unglerus. Birthälm Bischofssitz. Innere Fragen. Aufhebung des kath. Bistums. Wiederherstellung der Schulen. Begründung der reformierten und unitarischen Kirche. Die 4 rezipierten Kirchen in Siebenbürgen.

XXVI. König Ferdinand gewinnt und verliert aufs neue
Siebenbürgen. Petrus Haller. Der Brand von Hermann=
stadt. 1542—1556 . . . . 268—279

    Unsichere Verhältnisse. Petrus Haller. Die Sachsen für Ferdinand. Martinuzzi und seine Umtriebe. Ferdinands Versprechungen. Getäuschte Hoffnungen der Sachsen. Zuchtlosigkeit der Truppen. Pest und Krieg. Aufruhr in Hermannstadt. Isabellas Rückkehr.

XXVII. Die Zeiten bis zum Ausgang des Hauses Zapolya.
Wie man den Sachsen von Klausenburg ihr gutes Recht
raubt. 1556—1571 . . . . 280—287

    Isabellas Regierung und Tod. Joh. Sig. Zapolya. Aufstand der Szekler. Gegensatz der Ungarn gegen die Deutschen. Sachsen und Magyaren in Klausenburg. Wachsende Zwietracht. Zurückdrängung der Sachsen in Klausenburg. Tschakis Spruch über Klausenburg.

XXVIII. Der erste Bathori. Die Fiskalquarte. Albert Huet. Die
Sachsen erhalten ein geschriebenes Gesetzbuch. 1571—1583 287—295

    Tod Joh. Sigmund Zapolyas. Die Irrungen mit Bekesch. Stefan Bathoris Wahl zum Fürsten. Hereinbringung der Jesuiten. Wahl Bathoris zum König von Polen. Christof Bathori. Treiben der Jesuiten. Angriff auf sächs. Zehnten. Albert Huet. Das Eigenlandrecht der Sachsen.

XXIX. Verfassung, Leben und Sitten jener Zeit . . . . . 296—326

    Verfassung des Landes. Steuern. Ausschließliches Bürgerrecht der Sachsen im Sachsenland. Rumänische Ansiedlungen. Irrungen mit Fogarasch. Völliger Zusammenschluß der Sachsen. Die Nationsuniversität. Sächsische Steuern. Geldwert. Heeresfolge. Verteidigungsanstalten. Die Befestigung der Städte. Korngruben. Die Privatwohnungen. Handel. Gewerbs- und Verkehrsverhältnisse Die Zünfte. Änderungen in der Gemeinde- und Stuhlsverfassung. Ausgang der Erbgräfen. Gegensatz zwischen Stadt und Land. Die Hundertmänner. Feste. Hochzeit. Einfluß der Reformation. Die Nationsuniversität. Die Visitationsartikel. Sorge für Zucht und Sitte. Die Geistlichen. Die Synode. Die Schule. Bedeutende Männer. Synodalbeschluß von 1572.

Fünftes Buch.

XXX. Die Zeit bis zum Regierungsantritt Sig. Bathoris.
Vertreibung der Jesuiten. 1583—1588 . . . . 327—334

    Wahl Sig. Bathoris zum Fürsten. Die Reichsverweser. Die Jesuiten im Lande. Ihre Vertreibung. Landtag in Mediasch. Sigmund Bathoris Regierungsantritt. Einführung des neuen Kalenders. Angriffe auf sächsische Zehnten.

XXXI. **Wie Albert Huet das Sachsenrecht verteidigt. 1591** . 334—339
 Angriffe auf die Sachsen. Beschluß der Nationsuniversität.
 Rede Huets in Weißenburg vor dem Fürsten. Angriff auf
 den sächsischen Zehnten.

XXXII. **Neue Ehren= und Schreckenstage. 1592—1603** . . . . 340—357
 Verhältnis Siebenbürgens zum Haus Habsburg. Sig.
 Bathoris Willkürregiment. Vermählung mit Maria Christina
 von Steiermark. Huets Kriegstaten. Bathoris Wankelmut.
 Übergabe des Fürstentums an Andreas Bathori. Michaels
 Einfall und Verwüstungen. Bathoris Rückkehr. Schlacht bei
 Mirißlo. Rudolf an die Sachsen. Neue Kriegswirren. Schlacht
 bei Goroßlo. Michaels Ermordung. Hermannstadts und Schäß=
 burgs Schicksal. Basta und die Kronstädter. Verwüstung von
 Bistritz und des Nösnerlandes. Moses Szekely. Schreckensjahre.

XXXIII. **Die Zeit unter Rudolf II. und der neue Verlust des
 Landes für Österreich. 1604—1606** . . . . 357—369
 Getäuschte Erwartungen der Sachsen. Die Regierungs=
 kommissäre. Ihr Gutachten. Die Bedrückung der Protestanten
 vor allem in Ungarn. Botschkais Erhebung und Anerkennung
 als Fürst. Neue Kämpfe. Wiener Friede. Huets Tod.

XXXIV. **Vom Wiener Frieden bis zum Fall des Thrannen
 Gabriel Bathori. Michael Weiß. 1606—1613** . . . . . . 369—393
 Botschkais Tod. Gabriel Bathoris Fürstenwahl. Sein
 Charakter. Bathori in Hermannstadt. Zug gegen Kronstadt.
 Michael Weiß. Kronstadts Verteidigung. Radul Scherban bei
 Kronstadt. Hermannstadts Schicksal. Türkeneinfall. Bathori vor
 Schäßburg. Luk. Seiler. Mißhandlung der Sachsen. Weiß
 und Bathori. Bathori im Burzenland. Bathori und die Sachsen.
 Schlacht bei Marienburg. Tod Weißs. Bathoris Ende.

XXXV. **Wiederkehr der Ruhe unter Gabriel Bethlen. Die
 Einigung der Sachsen. 1613—1629** . . . . 393—407
 Wahl Gabriel Bethlens zum Fürsten. Seine Teilnahme
 an den Glaubenskämpfen der Zeit. Förderung der Schulen.
 Schritte um Hermannstadt zu befreien. Nationsuniversität in
 Schäßburg 1613 und Einigung der Sachsen. Beschlüsse der
 Universität. Aufruf an die ständischen Mitnationen. Rückgabe
 Hermannstadts an die Sachsen. Bethlen und die Sachsen.
 Beschluß des Adels und der Szekler, Häuser in sächsischen
 Städten kaufen zu dürfen. Kampf der Sachsen für ihr Recht.
 Filkenius. Befestigung Weißenburgs, wobei die Basteien der
 Szekler und des Adels nie gebaut worden sind. Sächsische
 Leistungen. Bethlens Heirat. Sein Eintreten für die Protestanten.
 Siebenbürgen Zufluchtsort der Vertriebenen. Bethlens Tod
 und das Urteil der Zeit über ihn.

XVIII

Sechstes Buch.

XXXVI. Innere Fäulnis. Ein siebenb. Landtag. 1629–1657 408–436.

Veränderte Stellung Siebenbürgens. Abdankung Katharinas, der Witwe Bethlens. Wahl Georg Rakoßis I. Steuerdruck. Martin Eisenburger. Hermannstädter Wirren. Rakoßis Anteil am 30jähr. Krieg. Sein Tod. Einschluß Siebenbürgens in den Westfälischen Frieden. Georg Rakoßi II. Streit über die Wahlbedingungen und anderer Streit unter den Ständen. Beschluß aus den Landtagsartikeln ein Gesetzbuch zusammenzustellen. Vorbereitung der Nationsuniversität. Die Landtagsverhandlungen über die Approbaten. Bewirtung und Vorspann für den Adel. Geschenke. Adel und Szekler gegen die Sachsen. Dauernder Streit Häuserkauf in sächsischen Städten. Eintreten der Sachsen für ihr Recht. Kemeny. Vergebliche Unterhandlungen. Rakoßis Verhalten. Verwahrung der Sachsen. Rakoßis Absetzung. Rhedei.

XXXVII. Schrecken ohne Ende. 1657–1680 437–467

Siebenbürgen völlig unter türkischer Herrschaft. Rakoßis Rückkehr und neuer Krieg. Belagerung Hermannstadts Joh. Lutsch. Menschenmarkt. Verwüstung des Landes durch die Tartaren. Bartschai Fürst. Die Türken im Lande. Tod Lutschs. Landtag in Mühlbach und Thorenburg. Rakoßis neue Ansprüche und neue Anerkennung. Die Türken für Bartschai. Belagerung Hermannstadts. Landtag in Schellenberg. Kampf um Hermannstadt. Befreiung. Abzug Rakoßis, ebenso Bartschais. Rakoßis Tod. Neue Wirren. Seuchen. Schrecken ohne Ende. Die Türken setzen Apasi zum Fürsten ein. Neuer Druck. Ali-Pascha. Kemeny Fürst. Kutschuk-Pascha. Gräuel der Verwüstung. Schlacht bei Groß-Alisch. Tod Kemenys. Apasis Schwäche. Steuerdruck und anderes Elend. Montecuculis siegreiches Vordringen in Ungarn. Tököly. Apasi unterstützt ihn. Sein Heer mit den Türken, die Wien 1683 vergeblich bestürmen, vor Raab. Siebenbürgen nicht stark genug, sich selbst zu helfen.

XXXVIII. Siebenbürgen kommt unter Fürsten aus dem Haus Österreich. 1680 1699 . . . . 467–492.

Apasi und die Stände. Ersuchen an Leopold, das Land zu übernehmen. Geheime Verhandlungen und geheimer Vertrag 1683. Scherffenbergs Einmarsch nach Siebenbürgen. Ofens Fall. Blasendorfer Vertrag 1687 Karl v. Lothringen. Karaffa. Landtag in Fogarasch. Anerkennung Leopolds, der das Land unter seinen Schutz nimmt. Aufstand in Kronstadt. Brand. Apasis Tod. Neue Wirren. Tökölys Wahl zum Fürsten und sein Zurückweichen. Weitere Verhandlungen in Wien. Das

Leopoldinische Diplom 1691. Sein Inhalt. Neueinrichtung des
Landes. Zabanius Sachs von Harteneck. Verhandlungen in
Wien. Die Alvinzische Resolution. Apasis II. Abdankung.
Beginnende Katholisierung. Die griechisch-unierte Kirche.
Steuern. Diskretionen. Ehrengaben und Schulden. Trauriger
Zustand des Sachsenlandes. Eugen v. Savoyen. Schlacht bei
Zenta 1697. Friede von Karlowitz 1699, in dem die Pforte
auf Siebenbürgen verzichtet. Beginn einer neuen Entwicklung.
Was gerettet war.

Siebentes Buch.

XXXIX. **Verfassung. Leben und Sitten jener Zeit.** 1583—1699 . 493—584

Landesverfassung. Gleichberechtigung der drei Nationen.
Bürger- und Eigentumsrecht auf sächs. Boden. Steuern. Ab-
gaben der Sachsen. Ungerechte Verteilung der Lasten. Martins-
zins. Lieferungen der Sachsen für den Fürsten. Die Stellung
des Fürsten. Die Stände. Die Stellung der Sachsen. Die
Nationsuniversität. Der Hermannstädter Bürgermeister und
Königsrichter. Installation des Komes. Die Stühle. Einfluß
der Vororte. Irrungen im Leschkircher, Reußmärkter, Schenker,
Mediascher Stuhl. Kampf zwischen Schäßburg und Reisd.
Verkümmerung der städtischen Freiheit. Geschlechterherrschaft.
Gemeinde und Rat. Hundertmannschaft und Rat. Das Patrizier-
tum. Spaltung zwischen Herrn und Bürgern Bedrückung der
Dorfgemeinden. Die Nachbarschaften, Bruderschaften. Auf-
nahme fremder Volksgenossen im Sachsenland, Szekler, Ru-
mänen. Irrungen mit ihnen und mit den Nachkommen einiger
Erbgräfen in Mergeln und Reps. Die sächs. Gemeinden auf
Komitatsboden. Verteidigungsanstalten. Heertage. Waffen-
freudigkeit. Grenzschutz. Handel und Gewerbe. Streit unter
den Zünften. Union der Zünfte. Ackerbau. Weinbau. Kirchliches
Leben. Die Visitations-Artikel. Leben der Geistlichen. Streit
mit den Weltlichen. Luxus, Kampf dagegen. Bedeutung der
Kirche. Die Schule. Die Gymnasien Geistiges Leben. Gehalte.
Schul- und Schülerleben. Kunst und Wissenschaft Die Chronisten.
Zauber- und Hexenwahn. Lustbarkeiten Alte Bräuche Die
Wohnungen. Gesundheitspflege. Kleiderordnungen. Unsitten.
Kampf gegen unchristliches Leben. Neue Bedürfnisse.

XL. Schlußwort . . . . 584—587

Namen- und Sachverzeichnis . . . . 587—610

Berichtigungen 611

Erstes Buch.

1.
Von dem Lande Siebenbürgen und seinen ältesten Zeiten.

> Völker verrauschen,
> Namen verklingen,
> Finstre Vergessenheit
> Breitet die dunkelnachtenden Schwingen
> Über ganzen Geschlechtern aus.
>
> Schiller.

Im Osten der ehemaligen österreichisch=ungarischen Monarchie erhebt sich, heute ein Teil Rumäniens, aus den unabsehbaren Tief= ebenen der Theiß und der untern Donau ein Hochland, gering an Größe, doch reich an Schönheiten und Schätzen der Natur. Sein Flächenraum beträgt nicht voll 955 Geviertmeilen. Im Anschluß an Ungarns nördlichen Bergwall umgeben es von allen Seiten mächtige Gebirgsketten, die Karpathen. Weithin ins Land hinein siehst Du die vielgestaltigen Felsenkuppen und Zinnen bis 2500 m (8000 Fuß) hoch und darüber, den größten Teil des Jahres mit leuchtendem Schnee bedeckt, in die blauen Lüfte ragen. Mit seinem größten Teil dacht es sich gegen Westen und Südwesten ab; dahin weisen seine bedeutendsten Flußgebiete und führen seine breitesten Täler, während der Gebirgswall nur wenige und meist schwer gangbare Pässe gegen Mittag in das Tiefland der untern Donau, gegen Morgen zu den weiten Slawenebenen Rußlands öffnet, also daß der Herr selber das Land auf die Grenze abendländisch= europäischer Bildung hingestellt hat wie ein natürliches Bollwerk zu einer starken Wehr gegen nordische Barbarei und der Türken früher so gewaltigen Christenhaß.

Von den hohen Grenzgebirgen ausgehend durchziehen meist waldgekrönte Bergreihen das Land nach allen Richtungen. In überraschender Fülle birgt dieses Salz und kostbare Erze jeder Art, von dem Eisen, womit man das Leben schirmt, bis zu dem Gold, das es so oft verdirbt. Zahllose Heilquellen entströmen dem Schoße der Erde; Bäche und Flüsse verschönern und bewässern, vom riesigen Ringgebirge in schäumendem Sturz den tiefern Tälern zueilend, das Land. An sonnigen Berghalden glüht die Rebe und blüht der edle Obstbaum; in den Tälern wogt das Weizenfeld; hoch oben zwischen den Felsenklippen des Gebirges, über welchen der Adler seine stillen Kreise zieht, weidet die Gemse; der tiefere Wald, in dessen Dunkel noch der Bär haust, birgt das scheue Reh; an zahmen Haustieren ist nirgends Mangel. Das ist das Land Siebenbürgen, und wo zum Glück seiner Bewohner etwas fehlt, da tragen diese meist selber die Schuld.

Im Süden und Nordosten des Landes auf weiter Strecke mitten zwischen Völkern fremder Zunge und Art wohnen bereits seit mehr als 750 Jahren Deutsche oder Sachsen. Und wenn das Land reich ist an Wundern der Natur, so ist es gewiß kein kleineres Wunder, daß fern vom Mutterlande hier deutsche Stämme sich angesiedelt, Sprache und Volkstum bewahrt und in Freiheit und Gleichheit ein Gemeinwesen sich gegründet, das seinesgleichen wenig hatte, so weit die Sonne scheint.

Wie unsre Väter das vermocht und von ihrem Heldensinn im Tun und Leiden, in guten und bösen Tagen will ich Euch erzählen, teure Volksgenossen, was unsre Weisen hinterlassen haben und in den Briefen und Handvesten der Altvordern geschrieben steht. Vielleicht daß dadurch das Wachsen ihres Geistes unter uns gefördert wird! Möchte sie darum nicht ungehört an Eurem Ohr vorüberrauschen diese Rede! Wer für die Gegenwart und Zukunft wirken will, muß die Vergangenheit kennen und einem Volk, dem diese groß gewesen, ists zwiefache Schande klein zu sein.

Wie aber jeder gern hört, wie es geliebten Menschen ergangen, ehe er sie gekannt, so ist es anziehend, kurz des Vaterlandes Geschicke zu erfahren, ehe unsre Väter es betraten. Es ist nicht nur anziehend, es ist auch lehrreich.

In den nächsten Jahrhunderten vor unsers Herrn Geburt wohnte in Siebenbürgen ein zahlreiches Volk, die Daken, deren Herkunft noch nicht zweifellos erforscht ist, die aber wahrscheinlich zum keltischen Volksstamm gehören. Ihr Reich erstreckte sich bis an die untere Donau und das Land war von ihnen Dakia geheißen. Sie drangen sogar häufig raubend und plündernd über den Strom; daher sowie durch friedlichen Verkehr derselben kommt es, daß so viele griechische und altrömische Münzen in

Siebenbürgen gefunden werden bis auf den heutigen Tag. Am mächtigsten war das dakische Reich am Ende des 1. Jahrhunderts nach Christo. Dekebalus, der König desselben schreckte eine Zeitlang selbst die Römer, das gewaltige Weltvolk. Da geschah es, daß Trajan, ein mutiger, streitbarer Mann, den römischen Kaiserthron bestieg; der zog mit großer Heeresmacht, darunter auch deutsche Scharen, gegen den Dakenkönig und überwand ihn in zwei Feldzügen also, daß Dekebalus verzweifelnd sich selbst das Leben nahm. Dakien wurde eine Provinz des großen Römerreichs (im Jahre 106 nach Christo) und der Name der Daken verschwindet aus der Geschichte. Noch stehen aber im Muntscheler Gebirge in der Nähe des Hazeger Tales, in rauher fast undurchdringlicher Wildnis, auf hohen Bergspitzen an jähen Abhängen gewaltige Burgtrümmer, dakischer Hände Werk, und fast alljährlich geben geheimnisvolle Hügelgräber, ja selbst die Furchen des Ackers unter der Arbeit des Pflugs oder wie es sonst der Zufall fügt, bronzene Streitäxte, Speerspitzen, Messer, Sicheln und mannigfaches anderes Geräte für Krieg und Frieden ans Tageslicht, dessen Verfertigung oder Gebrauch die Forscher jenem Volk zuschreiben.

Die Römer bemächtigten sich nun des eroberten Landes und riefen zahlreiche Ansiedler aus ihrem ganzen Reiche hin, auf daß römische Bildung die Barbaren zähme. Auch germanische Stämme wurden später auf dem eroberten Boden angesiedelt. Römische Beamte verwalteten das Land, römisches Kriegsvolk beschützte es, römisches Gesetz galt in demselben. Die neuen Herren, die eifrig die Schätze des Bodens, Salz und Metalle gewannen — 280 Pfund reines Gold floß wöchentlich in die kaiserliche Schatzkammer — legten viele neue Pflanzstädte an und verbanden sie durch starke Kunststraßen, deren Spuren man noch findet. Die Hauptstadt war Ulpia Trajana, an der Stelle der dakischen Königsstadt Zarmizegethusa, im Hazeger Tal, wo jetzt das arme rumänische Dorf Gredischtje liegt. Weit verbreitete Trümmer von bemoosten Mauern und Gewölben, Überreste von Tempeln und Theatern, Spuren von Wasserleitungen, zahlreiche Inschriftsteine und Bildsäulen sprechen noch jetzt von dem alten Glanz der Hauptstadt.

Länger als anderthalbhundert Jahre blieb Dakien in harter römischer Knechtschaft. Kaiser Aurelian endlich gab das von allen

Seiten durch Barbaren bedrohte Land im Jahre 274 auch förmlich auf, nachdem schon 257 und 258 die römischen Truppen und die Provinzialen weggezogen waren; sie siedelten sich am rechten Donauufer im obern Mösien an, das von da an den Namen Dacia führte. Die römische Bevölkerung und römische Bildung im alten Dakien hörte vollständig auf; nur Trümmer blieben zurück, nicht einmal ein römischer Städtename hat sich im Volksmund erhalten.

Zu derselben Zeit geschah es, daß der alte Weltherrnthron zu Rom in Italien zu wanken anfing. Aus den Völkern, die er beherrschte, war alle sittliche Kraft verschwunden und darum mußte er fallen. Schon hatte das Christentum angefangen, seine belebenden Strahlen zu verbreiten; das Alte verging, alles sollte neu werden. Also erschienen von Mitternacht her und von Sonnenaufgang gewaltige zum Teil nicht gekannte Völker und nahmen alles Land ein, das vor ihnen lag. Man nennt diese Zeit die Zeit der Völkerwanderung. In 500 Jahren wechselte Siebenbürgen unaufhörlich seine Herren und Bewohner. In dem Getümmel der rohen Horden konnte kein Staats= und Rechtsleben sich entwickeln, keine Kultur Wurzeln schlagen. Viele Menschenalter hindurch ist das Land fortan Tummelplatz und wechselndes Besitztum deutscher, insbesondere gotischer Stämme; was von der alten Bevölkerung zurückgeblieben, ist wohl fast durchweg spurlos in ihnen untergegangen. Als im fünften Jahrhundert die wilden Hunnen in der weiten Theiß= und Donauebene den Hauptsitz ihrer Macht hatten, saßen in Siebenbürgen die Gepiden und das Land führt geradezu von ihnen den Namen Gepidia. Doch klingt in der Volkssage bis auf den heutigen Tag der Name des wildesten hunnischen Führers, Attilas, der „Gottesgeißel", seltsam in Tal= und Bergbezeichnungen wider. Als das Gepidenreich um 566 dem Ansturm der vereinigten Langobarden und Avaren erlegen, herrschten diese fast zweihundert Jahre von der Enns bis an die untere Donau; was für Völkerwellen aber über die Bergwälle Siebenbürgens geschlagen, in welcher Mischung oder Eigenart sie sich hier erhalten, darüber findet sich in zuverlässigen Geschichtsquellen nichts. Gegen das Ende des 9. Jahrhunderts fällt der größte Teil Siebenbürgens dem Reich der Petschenegen zu, bis im elften Jahrhundert endlich die Magyaren an der Westgrenze des Landes Fuß zu fassen anfangen.

Das geschah also.

Dem turanischen Völkergeschlecht angehörig, selbst finnisch-tartarischen Stammes, auch sprachlich mit Finnen und Türken nahe verwandt, war das Volk der **Magyaren** aus seiner ursprünglichen Heimat am Altaigebirge in Asien in sieben Stämme geteilt ausgewandert und im Gedränge der Völkerwanderung allmählich nach „Atelkusu", d. i. in das Land zwischen dem Dniepr oder Bug und dem Sereth bis an die südöstlichen Karpathenhänge gekommen. Da standen ihre Zeltlager um die Mitte des 9. Jahrhunderts; auf Raubzügen in die Nachbarländer lernten sie diese, darunter auch Pannonien, das heutige Ungarn, kennen. Und als im Jahre 895 die Petschenegen, von den Bulgaren gerufen die magyarischen Wohnsitze in Atelkusu überfielen, eben als der größere Teil des Volkes wieder auf einem auswärtigen Zug abwesend war, da floh ein Teil der Daheimgebliebenen in das nahe Gebirge — es sind, wie einige meinen, die Stammväter der Szekler — die andern gaben das Land verloren, zogen nach kurzem Aufenthalt im Gebiet westlich vom untern Alt an der Donau aufwärts und fanden eine neue Heimat im Tiefland zwischen dem Bihargebirge und der Theiß, bald auch auf der weiten Ebene zwischen der Theiß und der Donau. Kein festgegliedertes Staatswesen, keine streitbare Bevölkerung stellte sich ihnen da feindlich entgegen; die friedlichen Bewohner, slawische Hirten, wichen scheu zu beiden Seiten vor ihnen. Denn die Magyaren waren ein ungestümes Reitervolk, wilder Sitte und ungeschlachten Aussehens; sie aßen rohes Fleisch und tranken Blut, wußten übrigens das flinke Roß rüstig zu tummeln und schossen fernhin den sicher treffenden Pfeil. Dabei waren sie beutegierig, wandelbaren Sinnes und treulos, auch kämpften sie lieber in schnellem Überfall und aus dem Hinterhalt, als in offener Feldschlacht.

Das siebenbürgische Hochland erscheint von da an unter der Botmäßigkeit der Petschenegen. Eine rumänische Bevölkerung des Landes zu dieser Zeit finden wir in keiner einzigen beglaubigten Geschichtsquelle erwähnt. Dafür „treffen wir auf die Tatsache, daß alle Geschichte des walachischen Volkes im Norden der Donau vom 3. bis zum 12. Jahrhundert fehlt"; neun Jahrhunderte hindurch weiß sie von einem Dasein und Wirken desselben in diesen Landen nichts.

In der neuen Heimat lebten die Magyaren von Jagd und Fischfang unter Herzogen, von deren erstem, Arpad, das erste ungarische Königsgeschlecht den Namen des arpadischen führt. Bald begannen sie Einfälle in die Nachbarländer, namentlich nach Deutschland. Dieses war wegen innern Unfriedens fast schutzlos ihren Verwüstungen preisgegeben; Schrecken ging vor ihnen her. Als aber König Heinrich I. das Reich innerlich gekräftigt, setzte er ihren Räubereien ein blutiges Ziel und erschlug ihrer 36.000 bei Riade auf der goldnen Aue (bei Merseburg 933). Als sie dessenungeachtet nach 20 Jahren den Einfall erneuerten, wiederholte Otto I. des Vaters Tat. Bei Augsburg auf dem Lechfeld (955) warf er in siegreicher Schlacht den Einbruch der Magyaren zurück. Von 60.000 derselben blieben nach der Sage nur sieben übrig, die der Kaiser mit abgeschnittenen Ohren heimschickte, den Ihrigen die Begebenheit zu erzählen. Da entsetzten sich diese und schirmten schnell die Grenze durch Verhaue und Petschenegenansiedlungen, auf daß nicht die wütigen Deutschen kämen und sie alle erschlügen.

Durch so schwere Niederlagen neigte sich der Sinn des Volkes zum Frieden. Herzog Geisa insbesondere (seit 972) war dem Krieg abhold. Seine Gemahlin Sarolta war eine Christin und bekehrte auch ihn. Da erhielten die zahlreichen christlichen Kriegsgefangenen die Erlaubnis, sich Bethäuser zu bauen und kamen aus Deutschland gerufen Geistliche, den Heiden das Himmelreich zu predigen und den Gekreuzigten zu verkünden. Von Bischof Adalbert von Prag ließ Geisa seinen eignen Sohn Stephan taufen und vermählte ihn mit Gisela, der Tochter des Baiernherzogs Heinrich. Zugleich wanderten, eingeladen oder begünstigt von Geisa, viele deutsche Herren nach Ungarn ein und wurden da die Stammväter berühmter Geschlechter. Einwanderer, die im Gefolge Giselas gekommen, gründeten die erste größere deutsche Ansiedlung in Ungarn, Szathmar-Nemethi am Szamosch.

Als aber Stephan seinem Vater auf dem Herzogstuhl (995) folgte, erhoben die Anhänger des Heidentums Aufstand gegen ihn. Er schlug sie mit Hülfe seiner deutschen Ritter, zwang darauf das ganze Volk zur Taufe, gründete Bistümer und baute Kirchen. Papst Silvester II. gab ihm die Königskrone, im Jahre 1000 nach Christo.

Die neuen Einrichtungen in Staat und Kirche fanden in zwei Stammhäuptlingen und Großwürdenträgern, die sie mit den

Amtsnamen den Gylas und den Karchan hießen und die im
östlichen Ungarn walteten, gefährliche Feinde. König Stephan
besiegte sie (um das Jahr 1003), später (1021) auch die durch
Siebenbürgen hereinbrechenden Petschenegen. Das war der erste
Anlaß, daß das neue Reich seine Aufmerksamkeit diesem Lande
zuwandte. Doch gehören die Erzählungen, schon König Stephan
habe Siebenbürgen erobert und dauernd mit Ungarn vereinigt,
sowie, bereits unter Arpad sei ein magyarischer Führer Tuhutum
ins Land gebrochen und habe sich desselben bemächtigt, nicht der
beglaubigten Geschichte, sondern bloß der spätern, oft geradezu
gefälschten Sage an. Nach jener erscheint Siebenbürgen noch
lange nach Stephan als ein Weide= und Tummelplatz petsche=
negischer und später gleich wilder kumanischer Horden. Zu einem
gesicherten Besitztum der ungarischen Krone ist Siebenbürgen nur
am Schlusse des 11. Jahrhunderts und in seinem jetzigen
Umfang später erst durch **deutsche Ansiedler** geworden.

König Stephan starb 1038. Er wurde 1083 heilig gesprochen.

2.
Wie von König Geisa II. gerufen deutsche Ansiedler nach Siebenbürgen kamen.

1141—1161.

Als an des Rheines Felsenstrand
Der Ritter Burgen baute,
Und vor des Eisenmannes Hand
Dem frommen Bürger graute,
Da beugte vor gewalt'gem Streich
Geknechtet sich die Menge;
Da ward's im heil'gen deutschen Reich
Dem freien Mann zu enge.

Da zogen viele Männer aus
Ein neues Land zu finden:
Wir wollen uns ein neues Haus,
Ein Haus der Freiheit gründen!
Uns winkt des Urwalds freier Schoß
Im fernen Ungarlande;
D'rum reißen wir uns weinend los
Vom heimischen Verbande!

Fr. Marienburg.

Länger denn ein Jahrhundert nach Stephans Tode wurde
das ungarische Reich fast fortwährend von Zwietracht und Bürger=
krieg heimgesucht. Weil kein Gesetz da war, das die Thronfolge
ordnete, begehrte nach dem Tode eines Königs immer mehr als
Einer die Krone. Daraus Hader und Streit ohne Ende. Die
Unzufriedenen fanden am griechischen Kaiserhof, im deutschen
Reich, in Polen stets Hülfe. Den Frieden zu erhalten gaben die
Könige gern den Thronwerbern und Brüdern Teile des Reiches

als Herzogtümer, vergrößerten aber durch diese Teilung der Gewalt nur das Übel. Solcher Wirren freute sich der ungarische Adel und die hohe Geistlichkeit. In den innern Kriegen erkauften die streitenden Fürsten ihre Hülfe teuer mit Gütern und Rechten. So wurden die beiden Stände immer gewaltiger und trotzten bald dem König und schalteten eigenmächtig. Das Christentum aber hatte so wenig wahren Boden gewonnen, daß das fast nur im Äußern verdrängte Heidentum sich zweimal erhob und nur mit Mühe besiegt wurde. Es gänzlich zu erdrücken verordnete das Gesetz Schläge für den, der Sonntags nicht die Kirche besuchte, und wer den Feiertag nicht hielt oder den Toten nicht christlich zur Erde bestattete, mußte zwölf Tage bei Wasser und Brot fasten.

Unter den Königen aus dieser Zeit ragt Ladislaus I. (1078—1095) vor allen hervor, den die Kirche später wie Stephan I. heilig gesprochen. Zwei Einfälle der Kumanen, die an der untern Donau hausten und über Siebenbürgen nach Ungarn brachen, wies er in glücklichen Feldzügen zurück (1084, 1089) und begründete dadurch die dauernde Ausdehnung des ungarischen Reiches auch über Siebenbürgen, das bis dahin nur in seinen nördlichen und westlichen Teilen in seinem Besitz war. Geht doch fast das älteste urkundliche Zeugnis, daß der ungarische König hier Gewalt hatte, nur drei Jahre vor König Ladislaus hinauf, da König Geisa I. 1075 der Benediktinerabtei im Grantal im „Land jenseits des Waldes" „bei der Burg die Turda genannt wird" an einer Stelle „die ungarisch Aranyosch heißt", die Hälfte des königlichen Salzzolles verleiht. Hand in Hand mit der Befestigung der ungarischen Reichsmacht in Siebenbürgen ging die Gründung eines römisch-katholischen Bistums für dasselbe; König Ladislaus errichtete es in Weißenburg am Mieresch; der Bau der ersten Domkirche, wie die von ihr noch erhaltenen Teile und die Nachrichten über sie in Urkunden des 13. Jahrhunderts bezeugen, fällt in das Ende des 11., ja vielleicht erst in die Mitte des 12. Jahrhunderts. Der erste siebenbürgische Bischof kommt vor dem Jahre 1103 (vielleicht gar nur 1113) nicht vor; erst in der zweiten Hälfte des 12. Jahrhunderts finden wir Obergespäne von Komitaten genannt. Mit dieser Ausdehnung des ungarischen Reiches nach Osten war naturgemäß eine magyarische Einwanderung ins Land verbunden; ein Blick auf die Karte und selbst die heutige Völkerschichtung noch lehrt, daß diese wesentlich im Tal des vereinigten Szamosch gegangen. Über die Komitate, die infolge dieser Besitznahme hier entstanden, waltete im Namen des Königs der von ihm ernannte Woiwode, dessen Würde anfangs, gleichfalls bezeichnend, wiederholt mit der des Obergespans von Szolnok verbunden ist; die Ostgrenze der Komitate ist lange Zeit wesentlich und im ganzen gewiß nur bis an den Mieresch gegangen. Wie das, damals schon im Lande ansässige Szeklervolk sich zu dieser magyarischen Besitznahme verhalten, darüber haben wir keine geschichtlichen Zeugnisse; nur in den Stammsagen ist erwähnt, wie die Szekler die heranziehenden Magyaren freudig begrüßt und in treuer Waffengenossenschaft sich ihnen angeschlossen hätten.

Sechsundvierzig Jahre nach Ladislaus I., im Jahre 1141, bestieg Geisa II. den Thron. Er war erst zwölfjährig; aber seine Mutter, die serbische Fürstentochter Helena, führte mit dem Rat ihrer Verwandten und des weisen Erlauer Bischofs Lukas Bansi die Regierung klug und umsichtig. Doch litt das Reich unter mancherlei Unglück schon unter den zwei Vorgängern Geisa's, von welchen der letzte Bela (1131—1141) blind war, von Krieg nach außen und innern Wirren schwer heimgesucht. Nun erregten Geisa's eigene Brüder und der angebliche Sohn eines frühern Königs vielfältig Krieg und Unruhe. Eine schwere Hungersnot suchte das Land heim. Auch die Kreuzfahrer, die durch Ungarn zogen, übten mancherlei Ungebühr. Zu jener Zeit nämlich ward das gesamte Abendland von heiligem Eifer ergriffen, das Grab unseres Heilandes und die Stätte, wo er gewandelt, den Händen der Ungläubigen zu entreißen. Viele Tausende mit dem Kreuz bezeichnet strömten in das Morgenland und der zweite große Heerzug ging unter König Geisa's II. Regierung eben dahin durch Ungarn.

Dieses bot damals einen traurigen Anblick dar. Der Segnungen seiner reichen Natur waren die Menschen fast unwert. Städte hatte das Reich nicht; gemauerte Wohnungen gab es beinahe keine, auch hölzerne Häuser waren selten, die meisten nur aus Rohr. Im Sommer und Herbst wohnte man unter Zelten. Noch trauriger sah es im „Land jenseits des Waldes" aus. Ein sprechendes Zeugnis seiner Kultur ist eine Schenkung König Bela's des Blinden, der 1138 der neugegründeten Propstei von

Demesch auch Besitz in Siebenbürgen verlieh. Ein Teil der Höfe lieferte Salzsteine an das ferne Kloster; andere Hörige waren jährlich zu zwanzig Marderfellen, hundert Lederriemen, einer Bärenhaut und einem Auerochsenhorn verpflichtet. Im Süden hatte das Land geradezu keine bleibende seßhafte Bevölkerung; es war eine Öde (desertum), reich nur an Wald und Wild, von Pflug und Spaten unberührt, ein unsicheres Besitztum der ungarischen Krone. Bedenkt man zu alle diesem den Übermut der Herren vom Adel wider den König und wie dieser dagegen im eigenen Reiche nirgends Hülfe fand, weil es neben dem Adel keinen freien Stand gab, so leuchtet ein, warum Geisa seinen Sinn auf Einberufung fremder Volksgenossen richtete.

Sollten diese aber dem Lande höhere Bildung bringen, mit Kraft und Treue die ferne Grenze schützen, des Thrones Rechte wahren und mehren helfen, so konnte sie der König nur aus Deutschland rufen. Denn schon damals und seit den ältesten Zeiten war das Volk der Deutschen ausgezeichnet von der Vorsehung vor vielen und zu großen Dingen berufen. Stark an Körper, gewandten Geistes und zahlreich wie der Sand am Meere hatte es die alte Römerherrschaft in Trümmer geschlagen und durch frühe Annahme der Christuslehre die ursprüngliche Kraft veredelnd sich ein Reich gegründet, welches das mächtigste war auf der Erde. Der deutsche König war zugleich römischer Kaiser und von den zwei Schwertern, die der Herr nach dem Glauben der Völker auf der Erde gelassen, führte er das eine. Die Deutschen selber trieben Land= und Bergbau, Gewerbe und Handel und hatten zahlreiche Städte, die schon oft die Kaiser geschirmt. Deutsche Krieger waren in ganz Europa gesucht und deutsche Tapferkeit geehrt. War doch sogar in Ungarn Christentum und Königtum nur durch ihre Hülfe gegründet worden! Geisa selbst vertraute den Schirm seines Lebens im Kriege deutschen Männern an.

Also geschah es zur Zeit, da die großen Hohenstaufen Konrad III. und Friedrich I die deutsche Krone trugen, daß König Geisa den Ruf ergehen ließ in die deutschen Lande, der seinem Reiche gebildete Bewohner, der Grenze tapfere Verteidiger, dem Königtum treue Anhänger bringen sollte. Sein Wort verhallte nicht wirkungslos. Seit Menschenaltern hatten in Ungarn deutsche Einwanderer willige Aufnahme gefunden. Die Kreuzzüge hatten die Bekanntschaft mit dem Lande vermehrt, sein König durch Gründung eines Krankenhauses für Pilger in Jerusalem sich auch in weitern Kreisen guten Namen erworben. So fanden sich zahlreiche deutsche Ansiedler zur Niederlassung im fernen Ungarlande bereit. In diese Zeit geht wahrscheinlich die Gründung der deutschen Bergstädte in Ungarn, der Anfang der deutschen Bevölkerung in der Zips zurück. Auch Siebenbürgen hat damals den Hauptstamm seiner deutschen Bewohner erhalten. In jenem weiten Landstrich zwischen dem Mieresch, dem Alt und den beiden Kokeln, der die ehemaligen sächsischen Stühle, den Hauptstamm der sächsischen Bevölkerung umfaßt und wie ein Garten anzuschauen ist, damals aber eine Öde war, schlugen unter König Geisa's Regierung, von ihm gerufen deutsche Ansiedler ihre Wohnung auf. So steht es geschrieben in den Freibriefen unseres Volkes. „Die deutschen Ansiedler jenseits des Waldes", sagt König Andreas II. 1224 von den Obenerwähnten, „sind gerufen worden vom frommen König Geisa, unserm Großvater", und wenige Jahre nach ihrer Einwanderung nennt der päpstliche Gesandte Gregorius das Land, das ihnen Geisa verliehen, ausdrücklich eine Öde oder eine Wüste (desertum).

Doch die Regierung König Geisa's II. umfaßt beinahe ein Menschenalter und gern möchte man wissen, in welchem Jahre er die Väter ins Land gerufen. Darüber aber schweigt die Vergangenheit. Was über einzelner Orte Erbauung in Zeitbüchern und sonstwo gelesen wird, ist später entstanden und ermangelt, zum Teil offenbar falsch, aller Glaubwürdigkeit. Nur so viel ist gewiß, daß die Ansiedlungen in jenem Gebiete nicht gleichzeitig, sondern nur allmählich erfolgt sind. Kurze Zeit nach der Einwanderung in jenem großen Prozeß, den der siebenbürgische Bischof über den Umfang der Hermannstädter Propstei führte, unterscheidet (um 1195) der päpstliche Kardinallegat Gregorius in Übereinstimmung mit König Bela III. ausdrücklich zwischen frühern und spätern deutschen Ansiedlungen aus der Zeit von Geisa's II. Regierung. Und zwar kamen die ersten wohl am Szamosch herauf und setzten sich zuerst an der südlichen Grenze fest, ihr zum Schirm, da wo die Gewässer des Alt den schützenden Bergzug durchbrechend den Zugang in das Land öffnen und weiter hinauf, wo der Fluß vor dem Gebirge strömt, wie der Graben vor dem Wall. Das sind die Kapitel — denn die kirch=

liche Einteilung hat die ursprüngliche Lagerung am treuesten erhalten — Hermannstadt, Leschkirch, Schenk und dies Gebiet heißt im Munde des Volks „das alte Land" bis auf den heutigen Tag. Daran schlossen sich weiter hinauf nach Osten den Grenzfluß entlang — denn vom Mieresch an den Alt verlegte die deutsche Einwanderung die gesicherten Marken des ungarischen Reichs — die spätern Zuzüge unter König Geisa bis dahin, wo die Szekler= Niederlassung weiteres Vordringen unmöglich machte. Das ist der alte Kern des Kosder Kapitels, der in stattlichen Gemeinden sich um den, gewiß frühe schon befestigten schwarzen Basaltfelsen von Reps im Kosdtale und in den Homorodtälern lagerte. Wenig später entstanden die Gemeinden des Keisder Kapitels, wesentlich des spätern Schäßburger Stuhls, und jene Gemeinden des Kosder Kapitels, die in dem langen schmalen Berg= und Talgewirr von Osten nach Westen zwischen dem Keisder und Schenker Kapitel eingeengt, die Schenker und, jüngern Ursprungs, die Magaraier Abteilung des Kosder Kapitels bildeten und bilden. Dagegen ist es wahrscheinlich, daß, als die Altlinie besetzt und gesichert war, andere Einwandererzüge, wohl auch aus dem Szamoschtal den Mieresch herabziehend, vor allem im Zusammenhang mit Weißen= burg den Unterwald besiedelten. Die Gemeinden, die sich im Mediascher und Schelker Kapitel zusammenschlossen, sind nicht von einem Mittelpunkt aus angesiedelt worden, sondern in diese, um 1200 nur spärlich besiedelten Gebiete, in denen ungarische Ansiedlungen zerstreut lagen und die dem König gehörten, sind von allen Seiten Ansiedler vorgeschoben worden. Kirchliche Körper= schaften und weltliche Große, dazu die reichwerdenden Erbgrafen aus dem Unterwald, Männer aus alten Gemeinden der Hermann= städter Ansiedlung gründeten und erwarben deutsche Gemeinden, die sich erst um 1300 zur kirchlichen Einheit der beiden Kapitel und der Gemeinschaften Birthälm, Marktschelken und Kleinschelken, später der Stühle Mediasch und Schelk („die II Stühle") zu= sammenschlossen und am Freitum der Hermannstädter noch keinen Anteil hatten.

Wann das **Nösnerland** seine deutsche Bevölkerung erhalten hat, darüber gibt kein geschichtliches Zeugnis uns unmittelbare Kunde. Doch später als unter Geisa II. geschah es wohl kaum, nicht nur weil wir bereits 1222 einen Königsgrafen von Bistritz (Emerich von Salzburg) genannt finden, sondern auch

weil zwei Menschenalter schon nach Geisa's Tode Rodna so reich
und menschenstark war, daß es Widerstand gegen die Mongolen
wagen konnte. Ja es ist sehr wahrscheinlich, daß die deutsche
Ansiedlung im Nösnerland, in der wir gleichfalls zwei Gruppen,
die des Nösner und des später mit diesem vereinigten Kiralyer
Kapitels unterscheiden, in die Zeit vor Geisa hinaufreicht. Denn
die deutsche Masseneinwanderung, die unter diesem in den Süden
Siebenbürgens erfolgte, setzt notwendig frühere voraus, die die
Möglichkeit und Nützlichkeit solcher Ansiedlungen für Krone und
Ansiedler bereits gezeigt hatten. Diese aber konnten anfangs nur
auf jener natürlichen Heerstraße im Szamoschtal erfolgen, die auch
den Weg für die alte magyarische Besitznahme jener Teile bot.
Die in dem Szamoschgebiet befindlichen Gemeinden, welche
magyarisch geradezu „die Deutschen" (nemethi) heißen, weisen in
der Tat auf eine Zeit zurück, wo deutsche Gemeinden noch ver=
einzelt im Lande standen und als solche natürlich nach ihrem
Volkstum benannt wurden, was nur vor Geisa der Fall sein
konnte. Und daß die deutschen Ansiedler in Deesch (deutsch Burgles)
noch im 13. Jahrhundert nach dem Freibrief König Bela's IV.
von 1236 im Rechtsverfahren sich an das Freitum der Deutschen
von Szathmar in Ungarn halten, deutet wieder darauf hin, daß
die Gründung der Ansiedlung in eine Zeit fällt, wo das Freitum
von Hermannstadt noch nicht bestand.

Die Gründung der Burzenländer Ansiedlung dagegen gehört
dem ersten Viertel des 13. Jahrhunderts an.

Zu welchem Zweck König Geisa II. deutsche Ansiedler
an die wüste ferne Grenze jenseits des Waldes berufen, geht aus
dem hervor, was oben über die Innerzustände des ungarischen
Reichs in jener Zeit gesagt ist. Sie kamen den Boden urbar zu
machen, seine Schätze zu gewinnen und der Kultur eine Stätte zu
bereiten; sie kamen zur Verteidigung des Landes, zur Erhaltung
der Krone, d. i. zum Schirm ihrer Rechte gegen innere und
äußere Feinde, zum Schutz des Staates, dessen König sie herein=
gerufen. Auch in der Volkssitte hat sich davon ein bedeutungs=
volles Zeugnis erhalten. Wenn die „Knechte" in Nádesch all=
jährlich ihren „Reigen" halten und in ernstem Umzug, gegürtet,
die Tasche an der Seite, den Streitkolben in der Hand, um die
Fahne geschart, an der Spitze ein Alter, der die Trommel schlägt,
durch die Gassen gehen, da antworten sie, nach der Bedeutung

des Umzugs gefragt: „Also sind einst unsere Vorfahren, freie Leute, hinter der Fahne und der Trommel, die Waffen in der Hand in dieses Land gekommen und haben Kriegsdienste getan." So steht auch auf ihrem uralten Siegel geschrieben: ad retinendam coronam und so zeugt ihre ganze Geschichte. Daher kamen sie als freie Männer mit vollem Eigentumsrecht auf Grund und Boden, den sie einer wilden Natur und noch wilderen Menschen erst abringen sollten. Ja

> „Wir haben diesen Boden uns erschaffen
> Durch unsrer Hände Fleiß, den alten Wald,
> Der sonst der Bären wilde Wohnung war,
> Zu einem Sitz für Menschen umgewandelt;
> Die Brut des Drachen haben wir getötet,
> Die aus den Sümpfen giftgeschwollen stieg;
> Die Nebeldecke haben wir zerrissen,
> Die ewig grau um diese Wildnis hing,
> Den harten Fels gesprengt, über den Abgrund
> Dem Wandersmann den sichern Steg geleitet;
> Unser ist durch tausendjährigen Besitz
> Der Boden."

Die Rechte aber, die die Väter haben wollten in der neuen Heimat, ließen sie sich vertragsmäßig zusichern vom König, damit sie darin den festen Grund hätten, auf dem sie ihr und ihrer Kinder Wohl bauen könnten in selbständiger volkstümlicher Fortdauer. Zwar sind diese Briefe Geisa's verloren gegangen im Sturm der Zeiten, aber König Andreas erwähnt ausdrücklich das „Freitum, auf welches die deutschen Ansiedler gerufen worden vom frommen König Geisa".

Aus welchen Teilen des deutschen Mutterlandes aber kamen denn die kühnen Männer, und was bewog sie, aus angebauten Gegenden in Wüsten und aus dem Kreis gebildeter Volksgenossen an die ferne Grenze der Christenheit zum Kampf gegen wilde Horden zu ziehen? Aber die frühere Heimat unserer Väter ist uns keine gleichzeitige Kunde erhalten. Nur die einsame Sage erzählt in der stillen Dorfgemeinde des neuen Vaterlandes, daß unsere Vorfahren einst am Meere gewohnt, in das vier Flüsse einmünden, die aber alle nur aus einem kommen; ob wohl der Rhein da in dunkler Erinnerung nachklingt? Auch in den deutschen Zeitbüchern findet sich nichts darüber. Denn die Heerfahrten ins heilige Land nahmen damals alle Aufmerksamkeit in Anspruch und in der allgemeinen Völkerbewegung wurden jene Auswanderungen nicht beachtet. Der päpstliche Abgeordnete Gregorius nennt um 1195 die Eingewanderten Flanderer. Also kam ein Teil der Ansiedler vielleicht aus Flandern; so hieß der Küstenstrich südwestlich von den Rheinmündungen und tief ins Land hinein. Auch das schon im 14. Jahrhundert nachweisbare Siegel des Hermannstädter Gaues mit den drei Seeblumenblättern weist auf ein deutsches Küstenland hin. Daß der Hauptstamm vom Mittelrhein gekommen, aus den Gegenden zwischen dem Rhein, der Mosel und der Maaß, der Lahn und der Lippe, vor allem dem heutigen Luxemburg, wo seit alter Zeit auf zahlreichen Punkten sich der sächsische und fränkische Stamm berührte, doch wesentlich diesem angehörig, darauf deuten zahlreiche Ortsnamen und Rechtsgewohnheiten, Sitten und Gebräuche, Sagen und Märchen und jene merkwürdigen Mythenreste, die in diesen und in anderm erhalten fast ohne Ausnahme dahin weisen, davon zeugt vor allem die Sprache. Die Mundarten besonders Luxemburgs stimmen mit den des siebenbürgischen Sachsenlandes so wesentlich und vielfach überein, daß wer aus diesem jene hört, fast meint, sich im lieben Vaterland zu finden. Neuere Untersuchungen lehren, daß die Bistritzer Ansiedler, in deren Ortsnamen und Mundart manche Ähnlichkeit mit der der Zipser Deutschen anklingt, sowie die Burzenländer aus denselben Gegenden Deutschlands hieher eingewandert sind wie die am Alt.

So sind unsere Väter hieher gekommen, aus fernem Lande über Ströme und Gebirge. Kühne Wanderlust ist von uralten Zeiten dem deutschen Volke eigen gewesen. Damals aber trug vieles dazu bei, sie rege zu machen. In ältester Zeit war jeder Deutsche ein freier Mann und fast unumschränkter Herr auf seinem Gute. In der Volksgemeinde entschied er über Krieg und Frieden, wählte Heerführer und Richter und wies das Recht. Das aber hatte sich im Laufe der Zeiten traurig geändert. Durch Krieg und Eroberung hatte sich ein Adel gebildet, der mehr gelten wollte als der freie Mann und alles Recht für sich nahm. Bald wurde das Volk für nichts mehr geachtet. Steuern mußte es nur und der Herren Schlachten schlagen, die ihm seine Freiheit stets verringerten. Man rief es nicht mehr zur Landgemeinde. Den Richter setzte der König oder der Bischof, oder der Graf. Feld und Wald und Fluß und Fisch war nicht mehr des Volkes. Darum wanderte aus, wer das Recht liebte. Edle Menschen haben von jeher die Freiheit dem Vaterlande vorgezogen.

Zu diesem kam in Flandern und am Rhein noch mancherlei anderes Unglück. Flandern ist niedrig gelegen und kann nur mühsam durch Dämme gegen den Einbruch des Meeres geschützt werden. Oft aber spottet dieses der Menschenkraft, zerstört ihre Werke und überschwemmt weithin das Land. So versank im Jahre 1135 ein großer Teil von Flandern, Holland und Seeland in den Abgrund; viele Tausende ertranken; andere verloren Haus und Hof und alles. Das und viele innere Kriege schwächten ebenfalls die Anhänglichkeit an das Vaterland. Aus den Gegenden am Rhein melden die Jahrbücher grade aus jener Zeit vielfache Überschwemmungen, dann wieder Dürre, Mißwachs, Hungersnot. So folgte um das Jahr 1140 zahlreiches Volk aus Holland und Flandern, auch aus Westfalen und Friesland dem Ruf des Grafen Adolf von Holstein in die wüsten Flächen Wagriens. Und wenn man in der Urkunde des ungarischen Königs Stephan V. von 1171 liest, wie die adeligen Männer Gottfried und Albert, deutsche Ansiedler, ihr Vaterland verlassend unter der Regierung des glorreichen Königs Geisa seinem Rufe folgend in das Reich Ungarn ehrenvoll hereingekommen und König Geisa, weil sie tapfere Krieger gewesen, sie ehrenvoll empfangen und ihnen Landbesitz verliehen: so meint man ein Bild aus Ungarn und Siebenbürgen vor Augen zu haben, wenn der gleichzeitige Chronist Helmold in seiner Wendenchronik erzählt, „weil aber das Land Wagrien öde (desertum) war, sandte Graf Adolf von Holstein Boten in alle Gegenden, nach Flandern und Holland, nach Utrecht, nach Westfalen, nach Friesland, damit wer immer dort Mangel an Weide oder Ackerland habe, käme mit seinem Hausgesinde, um das beste Land zu empfangen, geräumiges Land, reich an Früchten, mit Überfluß an Fisch und Fleisch und geeignet zur Zucht der Herden. Auf diese Rede erhob sich eine zahllose Menge von verschiedenen Stämmen und sie nahmen ihr Hausgesinde mit ihrem Vermögen mit sich und kamen in das Land Wagrien zum Grafen Adolf und nahmen das Land in Besitz, das er ihnen versprochen hatte." Aus dem Boden dieser Ansiedlung erwuchs, gegründet 1143, das bürgerstarke meergewaltige Lübeck. Auch Heinrich der Löwe, Herzog in Sachsen, berief aus denselben Gegenden um 1160 Ansiedler in das eroberte Wendenland. Heute noch klingt das uralte Auswandererlied aus dem 12. Jahrhundert in den flämischen Bauernschaften Brabants wider:

Naer Oostland willen wy rejden	Ins Ostland wollen wir reiten,
Naer Oostland willen wy mêe	Hingehn ins östliche Land,
Al over die groene heiden	All' über die grüne Heide,
Frisch over die heiden	Frisch über die Heide,
Daer ist een betere stêe.	Da ist ein besserer Stand.
Als wy binnen Oostland kommen	Als wir ins Ostland kamen
Al onder dat hooge huis	All' unter das hohe Haus,
Daer worden wy binnen geladen	Da wurden wir eingelassen
Frisch over die heiden:	Frisch über die Heide,
Zy heeten ons willekom zyn.	Sie hießen uns willkommen sein.

Dieser deutsche Auswandererstrom, der sich, die größte, folgenreichste nationale Tat des spätern deutschen Mittelalters, vom 12. bis zum 14. Jahrhundert unerschöpflich über die östlichen Länder ergoß, hat in die Küstenlande der Ostsee bis hinauf an den finnischen Meerbusen deutsche Gesittung getragen und die weiten Slawengebiete, die vom Ostrand Deutschlands fast in sein Herz hineinragten, deutscher Sprache und deutschem Leben gewonnen. Selbst tief hinein nach Polen hat er in Hunderten von deutschen Städten und Dörfern die Anfänge freien Bürgertums und höherer Bildung geführt. Wellen jenes gewaltigen Stromes waren es — und in diesem Zusammenhang erst erscheint jenes Ereignis in seinem rechten und vollen geschichtlichen Licht — die auch über die Grenzen des ungarischen Reichs befruchtend hereinschlugen, die die Staatsweisheit eines seiner Könige in die öden Täler des siebenbürgischen Hochlands leitete. Wurden doch sogar nach England jene kühnen Auswanderer im 12. Jahrhundert berufen als Grenzwächter und Wüstenbebauer; dort schirmten sie das Land gegen Welsche und Schotten, wie ihre Brüder an den Karpathen das ungarische Reich gegen Petschenegen und Kumanen.

Daß die deutschen Ansiedlungen in Siebenbürgen zahlreich gewesen, lehrt der Erfolg. Aus urkundlichen Andeutungen dürfen wir schließen, daß im Jahre 1224 von Broos bis Draas viele tausend ihrer Höfe standen. Wie hätten sie auch sonst sich behauptet in der feindumschwärmten „Wüste?" Aus ihnen ist die dritte ständische Nation Siebenbürgens erwachsen. Von ihnen hat das Land seinen deutschen Namen Siebenbürgen. Die sieben ersten Burgen, die sie erbauten, mochten mit Recht

Staunen erregen weit über die Grenze des Reichs, das nicht einmal gemauerte Wohnungen kannte, und von diesen, die zugleich mit den sieben ältesten Verwaltungsbezirken zusammenfielen, erhielt das Land den Namen Siebenbürgen (septem castra). Und wer da meinte, der deutsche Name komme von den sieben Burgen, die einst ungarische Heerführer hier erbaut hätten — was nie der Fall gewesen ist, — oder von den ältesten sieben ungarischen Komitaten, dem mußte man mit Recht erwidern, daß der Name unmöglich hievon kommen könne, weil er ursprünglich die ungarischen Komitate gar nicht in sich begreift, da die Geschichtsquellen mit dem deutschen Namen „Siebenbürgen" bis ins 15. Jahrhundert herunter fast ausschließlich das Sachsenland, ja vorzugsweise nur den Hermannstädter Gau bezeichnen. Reste dieses Sprachgebrauchs finden sich heute noch im Burzenland, wo besonders früher mit „Siebenbürgen" vor allem die Hermannstädter Provinz bezeichnet wurde, wie König Karl Robert 1331 Burzenland und Siebenbürgen voneinander unterschied.

Die Einwanderung selbst aber haben wir uns so vorzustellen, daß nicht alle Gemeinden des spätern Sachsenlandes auf einmal angesiedelt wurden. Die Ansiedlung erfolgte vielmehr gruppenweise, als deren älteste die drei Gemeinden Krakko, Chrapundorf (Magyar-Jgen) und Rumes — primi hospites — erscheinen. Solche Gruppen gab es eine große Anzahl, da häufig schon einige Gemeinden einen Verwaltungsverband bildeten, der mit Privilegien ausgestattet wurde. Die Ansiedler ließen sich dorfweise nieder. Jeder erhielt eine Hofstelle zugewiesen, für jeden gleich groß, am Hof hing die Berechtigung in der Dorfmark draußen, die nicht dem Einzelnen gehörte, sondern der Gesamtheit, die dem Einzelnen zuteilte, was er an Acker unter den Pflug nahm und als Wiese mähte, die ihm Nutzungsrecht an Wasser, Wald und Weide gab. Durch Feldgemeinschaft und Markgenossenschaft miteinander verbunden, erwarben die Genossen selbst durch Rodung in der gemeinsamen Mark nur Besitz nicht Eigentum. Die miteinander angesiedelten Dörfer, die, sofern sie nebeneinander lagen, vielfach auch zu einem Verwaltungsverband zusammengeschlossen waren, bildeten untereinander wieder eine Markgenossenschaft, deren gemeinsame Mark zugleich das Mittel zu weitern sekundären Ansiedlungen bot. Diese kleinen Gruppen waren jede auf eigene Weise dem König zu bestimmten Leistungen verpflichtet, hauptsächlich zur Steuerleistung, Heeresdienst und Bewirtung des Königs und des Woiwoden. Auch den Männern, die der König ihnen zu Richtern gesetzt hatte, die wohl bei der Besiedlung die Leitung gehabt hatten, mußten sie gewisse Leistungen geben und oft hatten diese das Mühlrecht u. a. in der Hand.

Daneben entstanden sächsische Gemeinden außerhalb des „Desertums", das Geisa II. den Sachsen verliehen hatte, bald von kirchlichen Körperschaften angesiedelt, bald von mächtigen Großen des Reichs, auch von sächsischen Erbgrafen, von ungarischen Königsburgen und Edelleuten, ja vom König selbst auch in jene Strecken neu berufen, die innerhalb des Königsbodens lagen — so 1206 Joh. Latinus nach Woldorf —, so daß allmählich das ganze Land zwischen der kleinen Kokel und dem Alt mit neuen Gemeinden gefüllt war.

In dem neuen Vaterland waren übrigens die deutschen Ansiedler anfangs noch nicht zu einer bürgerlichen Gesamtheit, zu einer Nation im spätern siebenbürgisch-staatsrechtlichen Sinn des Wortes vereinigt. Sie lebten, sowie sie allmählich hereingewandert, in einzelne Gaue oder Grafschaften getrennt, deren jede eine eigene, selbständige, von der andern unabhängige Volksgemeinde ausmachte. Auch hatten sie nicht alle die gleiche vertragsmäßige Freiheit. Die Ansiedler im „Zibinsland", die Hermannstädter erfreuten sich viel schönerer Rechte als die im Nösnerland, die Bistritzer. Alle aber waren sie erfüllt von echtem deutschem Sinn und darum hat der Herr ihr Gemeinwesen erhalten und „gemehrt" in der „Wüste", wohin er sie geführt, auf daß die wilden umwohnenden Völker von ihnen lernten was wahre Freiheit sei und mildere Sitten und edle Bildung annähmen.

3.

Von dem Tode Geisa's II. bis zum goldenen Freibrief der Sachsen. Die deutschen Ritter im Burzenland.

1161—1224.

> Wir wollen trauen auf den höchsten Gott
> Und uns nicht fürchten vor der Macht der Menschen.
> Schiller.

Von den ersten Jahren, die unsre Väter in der neuen Heimat lebten, schweigt die Geschichte. Zeitbücher, die so weit hinaufreichten, hat unser Volk nicht. So können wir denn nirgends lesen — und es wäre doch lehrreich und kräftigend zu erfahren, wie die Altvordern es angefangen, die Wildnis zu einem Sitz für Menschen umzuwandeln und welche Gefühle ihr Gemüt durchschauert haben in der Totenstille der Einöde. Die war damals gewiß, soweit das Auge reichte, bedeckt von dunkelm Urwald und fast nirgends eine Spur von Menschenarbeit, als hie und da auf einsamem Feld der hohe Grabeshügel, den die Vorzeit über ihre Recken gehäuft oder auf steiler Bergeshöhe unscheinbar gewordene Wallkreise und zerfallenes Mauerwerk, das die Ankömmlinge staunend ob der Kraft, die der Aufbau gekostet, Hünenburgen nannten und wir nennen die Höhen so bis auf den heutigen Tag. Und manche seltsame Mär geht davon unter Jung und Alt an dem langen Winterabend, wenn es draußen stürmt und in der Stube das Feuer lodert und wer sie hört, dem geht sie durch Mark und Bein. Aber die Väter hatten Herzen, denen vor nichts bangte und halfen sich frisch aus jeder Fahr und Not. Wie klangen da die Axtschläge an den vielhundertjährigen Stämmen, bis sie den Wald mit den weiterschlungenen Wurzeln rodeten! Wo seit unvordenklichen Zeiten der Sumpf die bösen Dünste in die Luft gehaucht, da leiteten sie das Wasser ab und gewannen fruchtbares Land und erbauten an gelegenen Plätzen das Wohnhaus und das Gotteshaus und die schützende Burg. Und der Väter Arm, der ihnen die harte Erde unterwarf, bezwang ebenso auch den Feind. Die Hand, die den Pflug und den Hammer führte, verstand sich auch auf des Schwertes Wucht, und der Bogen, der den Wolf vor der Herde tötete und den Bären, traf nicht weniger sicher die feindliche Brust.

Über die Fülle dieses frischen Lebens in der neuen Ansiedlerwelt der fernen, nun deutsch gewordenen Karpathentäler hat es gewiß wenn auch nur an dürftigen gleichzeitigen Aufzeichnungen nicht gefehlt, wiewohl die harte Arbeit in Krieg und Frieden nur wenig Muße zum Schreiben lassen mochte. Aber die Schwere jener ersten Jahrhunderte hat nichts davon auf bessere Zeiten kommen lassen; kaum daß in der Chronik eines verwandten Klosters im deutschen Mutterland sich einmal eine Nachricht erhielt, die Schrift oder Wort des fernen Ordensbruders dahin gebracht. So tritt aus dem Dunkel der Geschichte die Sage in ihr Recht und behauptet mit ihrem zauber- und stimmungsvollen Licht die klaffende Lücke, die jene gelassen. Wie die deutschen Scharen, also erzählt sie, zuerst in die Zibinsebene gekommen und das Land einladend fanden zu dauernder Niederlassung, da stießen auf der Stelle, wo jetzt Hermannstadt steht, die zwei Führer, deren einen sie Hermann nennt, ihre Schwerter kreuzweise in den Boden, nahmen damit Besitz von diesem und schworen, ihn sowie die Treue gegen den König nur mit dem Leben zu lassen. Darum sind die zwei gekreuzten Schwerter eingerahmt in das Dreieck mit den Seeblumenblättern das Wappen von Hermannstadt bis auf diesen Tag. Von jenen beiden Schwertern aber trugen sie eins nach Broos, das andere nach Draas, an die West- und Ostmarken des eingenommenen Gebietes, „wo das sächsische Vaterunser ein Ende hat", damit sie daselbst treue Grenzwache hielten. Und heute noch zeigen sie mit gerechtem Stolz das Riesenschwert in Draas und bewahren es sorgsam in der altehrwürdigen Kirche, deren gekuppelte Rundbogenfenster nun schon die Sonne in sieben Jahrhunderten gesehen.

In ähnlicher Weise berichtet die Sage noch über die Gründung manches andern Ortes, oder erzählt aus seinen Anfängen, wie im Streit mit dem Nachbar um die Feldmark die jungen Männer die schlanke Eiche zum Riesenbogen gespannt und weithin über den begrenzenden Fluß den entscheidenden Pfeil abgeschossen. Nur über Eines gibt auch sie keine Kunde, darüber, welcher geheimnisvolle Zusammenhang mit einer rätselhaften Vorzeit in der neuen deutschen Ansiedlung einzelne Orts-, Berg-, Feld- und Flußnamen in slawischen Lauten wohl vorgefunden und erhalten habe.

Denn sonst brachte diese die ganze Fülle deutschen Gemüts- und Geisteslebens in die neugewonnene Heimat mit und zahlreiche Örtlichkeitsbezeichnungen tragen den oft überraschenden Ausdruck desselben. Im „Wonsbäsch" bei Martinsberg, in der „Wonslenk", dem stattlichen Eichenwald bei Mühlbach, im „Wodesch" bei Häzeldorf lebt vielleicht der Name des höchsten deutschen Gottes aus der Heidenzeit (Wodan). Im „Huldegrowen" bei Kleinscheuern, im „Huljebränen" bei Trapold, im „Fra-Holte-Bränen" bei Nädesch waltet unzweifelhaft Frau Holda. Auch viele andere Lebensäußerungen zeigen, mit welcher Treue die Seele der Einwanderer die altdeutsche Götterwelt, vom Christentum nicht verdrängt oder wenig umgebildet, auch im neuen Vaterland festgehalten. Lebt doch jene Götterwelt, wenn auch von den wenigsten noch erkannt und verstanden in Sitten, Sagen, Märchen, Liedern, Heilsformeln, Sprüchen und Bräuchen des sächsischen Volkes bis zur Gegenwart! Bis in späte Tage herab haben sie bei der Einführung des Sachsengrafen in sein Amt den Schwerttanz getanzt, der ursprünglich den Gott des Schwertes Zio oder Jro ehren sollte. Im Rößchentanz der sächsischen Bauernhochzeit führen sie heute noch eine Fahrt Thors des Donnergottes, wenn auch mit geänderten Namen, auf und kein einziger Zug, wie ihn die Edda enthält, fehlt in der Überlieferung. Auch gegenwärtig verkürzt die altdeutsche Tiersage die langen Abende der Rockenstube und lebt dort in einzelnen Teilen fast in reicherer Vollständigkeit als im Mutterlande. Wie vor vielen Jahrhunderten an der westlichen Seite des Niederrheins und an der Niedermosel wird im Hermannstädter Gau heute noch der erwählte Ortsvorstand der Landgemeinde mit „Herr der Hänn" geehrt, während im Nösnerland wie in Friesland der „ehrbare Mann Gräf" desselben stattlichen Amtes waltet.

Also erhielten sich die Väter und gediehen in der neuen Heimat. Und die Kunde davon flog hinüber ins deutsche Mutterland, in dessen Sänger- und Heldensagen von da an plötzlich der Name Siebenbürgen auftaucht, wie Trümmer jener im sächsischen Volkslied sich finden. Und die ungarischen Könige sahen es freudig, wie die deutschen Ansiedlungen der Reichsgrenze zu fester Wehr wurden und mehrten darum ihrerseits gern deren Wohl. So auch Bela III., Geisas II. Sohn, am griechischen Kaiserhof erzogen, ein Mann von tiefer Einsicht, den wegen seiner ruhmvollen Taten im Innern und nach Außen die ungarische Geschichte den Glorreichsten nennt. Die deutscher Ansiedler hatten sich bei ihrer Einwanderung kirchliche Selbständigkeit ausbedungen, daß sie sich die Pfarrer selber wählen könnten und ihnen den Zehnten gäben. Schon waren nämlich die Bischöfe in der christlichen Kirche so mächtig geworden, daß sie die meisten Kirchenämter besetzten und ihre Einkünfte bezogen, während der Arbeiter darbte. Auch der siebenbürgische Bischof erhob Ansprüche auf Zehnten und Gerichtsbarkeit der neuen Pflanzung in seiner Nähe. Bela, ihre geistliche Unabhängigkeit zu retten und zu sichern, stiftete im Jahre 1191 die freie Hermannstädter Propstei, die in weltlichen Dingen unmittelbar ihm, in geistlichen unmittelbar dem Papst untergeordnet sein sollte. Sie war dem heiligen König Ladislaus geweiht. Die deutschen Ansiedler wurden dadurch in kirchlicher Beziehung fremdem, ihrem Innerleben gefährlichen Einfluß entzogen. Der siebenbürgische Bischof war jedoch unzufrieden damit. Er erhob Streit gegen den Propst über die Ausdehnung seines Sprengels. Dieser behauptete, alle unter Geisa einberufenen Ansiedler seien darin begriffen; der Bischof wollte nur die ersten Einwanderer ihm untergeordnet wissen; König und Papst enschieden zu seinen Gunsten. So wurde der Sprengel der Propstei auf die Kapitel Hermannstadt, Leschkirch, Schenk beschränkt, die wie das später entstandene Burzenländer unter dem Erzbischof von Gran standen, während die übrigen Kapitel dem siebenbürgischen Bischof untergeordnet wurden, ein Unterschied, der in den Rechten und Leistungen der Kapitel kenntlich gewesen ist bis in unsre Zeit herab.

Auch die Stiftung der Zisterzienser-Abtei Kerz geht in Belas III. Zeiten zurück. Von allen Mönchsorden begünstigte Bela III. keinen so sehr, als den der Zisterzienser, den strenge Zucht, Arbeitsamkeit und Verwerfung aller Pracht auszeichnete. Darum gründete der König für Brüder des Ordens die Abtei zu Egresch in Ungarn, woher zur Ehre der heiligen Jungfrau Maria an dem linken Altufer an der Grenze des Hermannstädter Gaues nahe dem bald wlachendurchstreiften Karpathengebirge die Abtei Kerz gegründet wurde. So stand vor Arm und Schwert der deutschen Ansiedler die Kirche mit Kreuz und Gebet. Das neue Kloster aber scheint den Zwecken seiner Gründung: durch des Herrn Lehre die wilden Gemüter sänftigen zu helfen, glücklich nachgestrebt zu haben. Denn König Andreas II. schenkte ihm ein Stück „Wlachenland" vom Alt bis zum Gebirge und bestätigte es

1223 in dem Besitz von Michelsberg, das der Priester Magister Gocelinus ihm zum Heil seiner Seele vergabt hatte, dessen Namen heut noch im „Götzenberg" weiter lebt.

König Bela III. starb im Jahre 1196. Die deutschen Ansiedlungen in Siebenbürgen waren unter seiner dreiundzwanzigjährigen Regierung fröhlich aufgeblüht. An dem französischen Hofe, woher Bela 1186 seine zweite Gemahlin holte, rühmte — doch wohl übertrieben — des Königs Brief, wie er jährlich 15.000 Mark Silbers Abgaben von ihnen beziehe.

Nach Belas Tod kämpfte der jüngere Sohn Andreas mit dem ältern, Emerich, um die Krone. Die Sachsen standen auf des rechtmäßigen Königs Seite und Andreas wurde besiegt. Erst nach des Bruders und des Neffen, Ladislaus, Tod (11. Mai 1205) konnte er sich die Krone aufsetzen. Doch zählt er seine Regierungsjahre gewöhnlich von Emerichs Tod, d. i. vom 30. November 1204.

Andreas II. regierte dreißig Jahre. Er war ein Mann meist schwachen, wankelmütigen Sinnes und oft blindes Werkzeug seiner Günstlinge. Durch sinnlose Verschenkung der Krongüter an Kirche und Adel sank die Königsmacht, die in den frühern Thronkriegen bereits so sehr gelitten, noch mehr. Da unternahm der König 1217 einen Kreuzzug ins heilige Land. Eine bedeutende Zahl von Sachsen soll den Vortrab gebildet haben, durch Ordnungsliebe und Bildung vor den übrigen Scharen ausgezeichnet. Doch war der Zug vergeblich. Nachdem der König barfuß das Kreuz des Herrn geküßt, im Jordan gebadet und in den Fußtapfen des Heilandes am galiläischen Meer gewandelt, kehrte er in sein Reich zurück. Aus diesem war alle Ordnung gewichen. Der mächtige Adel hatte alles an sich gerissen. In fünfzehn Jahren werde er das Reich nicht aufrichten können, so klagte Andreas. Selbst zwischen Vater und Sohn entspann sich Streit; kaum daß die Schwerter in der Scheide blieben. Nach langem Hader erzwang der Adel vom König einen Freiheitsbrief (1222), den man von dem goldenen Siegel die goldene Bulle nennt. Auf dieser hat die Verfassung des ungarischen Reiches beruht bis 1848. Der Adel wurde darin fast von allen Pflichten befreit und erhielt große Rechte, selbst das Recht des Aufstandes gegen den König, wenn dieser den Freibrief verletzen sollte. Doch war darin auch festgesetzt, daß Ansiedler bei der ihnen von Anfang an erteilten Freiheit geschützt werden sollten.

In so großer Gefahr, als der Adel ein Recht der Krone nach dem andern an sich riß, mußte sich das Königtum um andre Stützen umsehen. Die Weisheit früherer Könige hatte dafür gesorgt, daß dieselben nicht fehlten. Die freien deutschen Ansiedler des Landes waren die naturgemäßen Verbündeten der Krone. Darum schirmte sie Andreas, hier das Richtige erkennend und treu übend, mit seiner ganzen Kraft und wandte ihnen stets schützende Gunst zu. So auch in Siebenbürgen.

Was König Geisa II. begonnen, die Sicherung der Grenze des fernen Waldlandes durch Verleihung wüster Gebietsstrecken an Deutsche, setzte er hier mutig und einsichtsvoll fort. Die früheren Ansiedlungen reichten nicht bis in den Südosten des Landes. Die Verhaue, die auf dem Höhenzug jenseits des Altflusses die Grenzen schirmen sollten, waren unwirksam gegen die wilden Kumanerhorden. Die brachen häufig über die Gebirge und machten der Krone den Besitz des Landes streitig. Dasselbe zu sichern, das Reich vor den Einfällen des rohen Feindes zu wahren, vergabte Andreas dem Orden der deutschen Ritter das Burzenland.

Der war so entstanden. Zur Zeit da Bela III. König in Ungarn war, zog der deutsche Kaiser Friedrich I., der größte Fürst seines Jahrhunderts, mit vielem Volk gen Palästina, das heilige Land den ungläubigen Feinden zu entreißen. Tiefbetrauert von allen starb aber der greise Held plötzlich auf dem Zuge in Klein-Asien. Die Trümmer des Heeres führte sein Sohn Herzog Friedrich von Schwaben vor die Veste Akkon, welche der Christen Kriegsmacht belagerte. Bald brach unter den Belagerern Mangel aus und wüteten Seuchen in entsetzlicher Art, am schrecklichsten unter den Deutschen. Da spannten einige mildtätige Bürger von Bremen und Lübeck ihre Schiffssegel zu Zelten aus, auf daß man in ihnen die Kranken pflege und erquicke. Tief ergriffen von dem Gefühl des Mitleids beschloß Herzog Friedrich einen deutschen Ritterorden zu gründen, der neben dem Kampf gegen die Ungläubigen sich auch die Pflege der Armen und Kranken zur Pflicht mache. Die Oberhäupter der Christenheit, Papst Clemens III. und Kaiser Heinrich VI. gewährten die erbetene Bestätigung. Also empfingen im Jahre 1191 vierzig deutsche Männer den weihenden Ritterschlag und legten das Ordensgelübde ab, das Mönchs- und Rittertum vereinigte. Nur Deutsche von adeliger

oder wenigstens freier Geburt sollten aufgenommen werden. Ein
weißer Mantel mit schwarzem Kreuz über dem Harnisch war ihre
Tracht, ein Strohsack ihr Lager, schlechte Kost ihre Nahrung;
wenn der Feind ihre Schwerter unbeschäftigt ließ, füllten Übungen
der Andacht zu festgesetzten Stunden des Tages und der Nacht
ihre Zeit aus.

Bald wurde der Name der Ritter viel gerühmt und in
weiten Kreisen genannt. Auch an Vergabungen und Schenkungen
fehlte es nicht. Dem Orden stand eine große Zukunft bevor, als
der zum Werk geeignete Mann erschien. Das war Hermann von
Salza, der im Jahre 1210 Hochmeister wurde, klug im Rat, tapfer
im Felde, des Kaisers und des Papstes Liebling. Ein Jahr
später (1211) verlieh König Andreas II. den Rittern das Burzen=
land, auf daß durch ihr Gebet seine Barmherzigkeit zu seinem
und seiner Vorfahren Seelenheil vor Gott komme und das Reich
durch ihre Tapferkeit gegen die Kumanen geschützt werde. Darum
erhielten sie die Erlaubnis, hölzerne Burgen und Städte zu
erbauen und von aufzufindendem Gold und Silber die Hälfte
für sich zu behalten. Auch waren sie nicht verpflichtet, den Woi=
woden zu bewirten, zahlten keine Abgaben, durften zollfreie
Märkte einrichten und standen bloß unter des Königs Gerichts=
barkeit. Das Land aber, das ihnen der König schenkte, war nach
den ausdrücklichen Worten des Königs und Papstes wüst und
öde und von Bewohnern entblößt. Seine Grenzen gingen von
Halmagy in die Gegend des Dorfes Galt, von da über die
Berge nach Mikloschwar, den Altfluß entlang bis zur Mündung
des Tartlauer Baches, darauf ins Gebirge zu den Quellen des
Tömösch und der Burzen und über den felsigen Höhenzug an
des Landes Grenzen bis wieder gen Halmagy.

Der Orden nahm die Schenkung an und wurde in den
Besitz des wilden aber schönen Ländchens eingeführt. Das Ge=
lübde steten Kampfes gegen die Ungläubigen konnte er am Alt=
fluß eben so gut erfüllen als im Tal des Jordan. Denn die
Kumanen waren ein rohes Heidenvolk, ohne Kenntnis Gottes
und von entsetzlichen Sitten. Also pflanzte der Orden seine Banner
auf in der schönen bergumkränzten Fläche des Burzenlandes, um die
wenigen zugänglichen Pässe des Karpathengebirges mit starkem
Arm gegen der Kumanen Mordeinfälle zu schirmen. Und er berief
Deutsche in das Land, auf daß sie ihm hülfen in dem schweren Werk.

Bald erhoben sich schützende Burgen an der Grenze der neuen Ansiedlung: gegen Mitternacht auf mäßigem Hügel die Marienburg, vielleicht der Hauptsitz der Ritter, jenseits des Tartlauerbaches die Kreuzburg, weiter das Kastell auf dem Gesprengberg bei Kronstadt, gegen Mittag das Rosenauer Bergschloß und die Schwarzburg bei Zeiden. Von hier aus führten die Ritter zugleich die bürgerliche Verwaltung, daher die hervorragende Stellung jener Orte in dem Rechtsleben des Gaues bis in unsre Tage herab. Neben diesen entstanden auch andre Burgen zu dem bloßen Zweck der Verteidigung, so die Heldenburg, die Törzburg. Die meisten sind noch in ihren Trümmern vorhanden und schmücken die grünen Höhen des schönen Burzenlandes als sprechende Zeugen einer gewaltigen Vorzeit.

Dem König gefiel die Weise des Ordens im Lande; denn an dem festen Burgenkranz und dem Schwert der Ritter brachen sich die Wogen kumanischer Raubsucht. Darum vergrößerte er seine Schenkung 1212 durch Verleihung der Kreuzburg an den Orden, die dieser außerhalb des Burzenlandes errichtet hatte, und mehrte seine Rechte, indem er seinen Münzwechslern verbot, das Ordensland zu betreten und seine Bevölkerung zu belästigen, weil der Orden, wie der König rühmt, eine neue Pflanzung, auf der fernen Grenze den beständigen Angriffen der Kumanen ausgesetzt und dem Reiche ein festes Bollwerk täglich dem drohenden Tod entgegenzustehen sich nicht scheue. Also erwarben die Ritter, wie Bischof Wilhelm von Siebenbürgen 1213 sagt, durch eigenes Blut das Land, das sie öde und menschenleer durch königliche Schenkung erhalten, und verteidigten es mutvoll gegen die täglichen Angriffe der Heiden. Darum überließ er den Rittern zugleich die Einsetzung der Pfarrer und gestattete ihnen den Zehnten von allen Bewohnern des Burzenlandes zu nehmen, ausgenommen von Ungarn und Szeklern, falls solche sich dort niederlassen würden. Diese sollten dem Bischof zehntpflichtig sein.

Aber der Orden vom glücklichen Erfolg kühner gemacht, vergaß die Bedingungen, unter welchen ihm der König das Land geschenkt. Er dehnte die Grenzen aus weit über das ursprüngliche Gebiet, prägte Münzen, baute steinerne Burgen und tat bald vieles, was dem König übel gefiel. Darum entbrannte sein Zorn und er gebot, den Rittern das Land zu nehmen. Noch war aber der Befehl nicht vollzogen, als er im Jahre 1222 dem

Orden das Land aufs neue verlieh, es mit den kumanischen Eroberungen bis gegen die Donau hin vergrößerte und die Rechte der Ritter vermehrte. Sie durften fortan Steinburgen bauen, jährlich je sechs Schiffsladungen Salz auf dem Miересch und Alt ausführen und auf der Rückfahrt Waren mitbringen; die Ritter und die Bevölkerung des Burzenlandes waren zollfrei, wenn sie durch das Szekler- oder Wlachenland zogen. So in dem Besitz befestigt, gedachte Hermann von Salza, der übrigens persönlich nie in Siebenbürgen war, des königlichen Wankelmuts und wie der Orden mächtige Feinde am Hofe habe und daß auf diese Art seine Macht nie sicher stehen werde. Darum bewog er den Papst Honorius III., das Burzenland ins Eigentum des apostolischen Stuhles aufzunehmen. Der Papst tat es 1224 und stellte das Land unter seine ausschließliche Hoheit, damit die Bevölkerung der weiten, aber noch immer menschenarmen Landstrecke sich mehre zum Schrecken der Heiden, zur Sicherheit der Gläubigen und zum großen Gewinn für das heilige Land. Als Zeichen der Anerkennung der päpstlichen Oberherrlichkeit solle der Orden jährlich zwei Mark Gold entrichten.

Damit zerrissen die Ritter das Band, das sie an die ungarische Krone knüpfte. Ein selbständiger Ordensstaat stand plötzlich drohend an der Grenze. Andreas erkannte die Gefahr. Mit ungewohnter Beharrlichkeit widerrief er alles, was er mit dem Orden verhandelt und nahm die Schenkung zurück. Vergebens versuchte der Papst zu unterhandeln und des Königs Sinn zu ändern. Andreas rückte ins Burzenland ein, verjagte die Ritter im Frühling 1225 aus einer Ordensburg mit gewaffneter Hand und vertrieb sie in demselben Jahre aus dem ganzen Gebiete. Als der Orden den unbeugsamen Sinn des Königs sah, verließ er das Reich — es sind nie viele Ordensritter dagewesen — und folgte dem Rufe des Herzogs Konrad von Masovien, der ihm 1226 an die Weichsel rief, dort die Kirche Christi vor dem wilden Grimm des heidnischen Preußenvolkes zu schützen. Dafür solle der Orden das Kulmerland und noch ein anderes Gebiet erhalten zu ewigem freiem Eigentum. Also zogen die Ritter hin, nahmen das Land ein, das der Anfang und Grund des spätern Königreichs Preußen geworden ist und vergaßen bald den kurzen Besitz des Burzenlandes. Die deutschen Ansiedler aber, die sie in dieses gesetzt hatten, erstarkten zu einem glücklichen und freien

Gemeinwesen, Jahrhunderte hindurch eine feste Wehr der Grenze und eine Zierde des ungarischen Reiches.

Zur Zeit da die deutschen Ritter sich im Burzenland niederließen, erscheint (1213) zum erstenmal in gleichzeitigen Nachrichten das Volk der Szekler in Siebenbürgen. Über seine Herkunft hört man verschiedene Ansichten. Sie hielten sich lange für Nachkommen der Hunnen, die um die Mitte des vierten Jahrhunderts in Ungarn hausten. Als diese nach dem Tode ihres Führers Attila aus Europa vertrieben worden, hätten ihre Väter sich in diese Gebirge geflüchtet und seien da zurückgeblieben. Andere sahen in ihnen die Nachkommen jener Magyaren, welche die Petschenegen im Jahre 895 aus Atelkusu in die transsilvanischen Ostgebirge geworfen. Nach einer dritten, wohl der richtigen Ansicht, sind sie aus Ungarn hierher verpflanzt worden, als die Magyaren da schon ansässig waren. Den Namen erhielten sie von der Verpflichtung, die Grenze zu bewachen; denn Szekely bedeutet ursprünglich einen Grenzwächter, und war anfangs ein Berufs- nicht Volksname. Sie waren anfangs alle freie Männer, gaben der Kirche den Zehnten, zahlten dem Staat außer der Ochsensteuer bei der Geburt von Prinzen, Vermählung und Krönung des Königs keine Abgaben, wofür sie aber im Kriege auf eigene Kosten dienten.

Auch ein anderes neues Volk taucht zu dieser Zeit in Siebenbürgen auf. Im Jahre 1210 führt der Hermannstädter Graf auf des Königs Befehl ein Heer, bestehend aus „Sachsen, Wlachen, Seklern und Petschenegen" dem bulgarischen König zu Hülfe. Es ist das erste urkundliche Vorkommen der Rumänen im Lande. Dann geschieht in der Urkunde, durch die Andreas II. im Jahre 1222 die Verleihung des Burzenlandes an die deutschen Ritter erneuert, der „Walachen" (der heutigen Rumänen) im Lande weitere Erwähnung. Die nationale Ansicht in diesem Volke behauptet heißblütig seine römische Abkunft; mit Trajan seien ihre Väter ins Land gekommen und diese römische Bevölkerung sei hier geblieben rein und ununterbrochen bis zur Gegenwart; alle andern Nationen seien nur Eindringlinge; nach dem Rechte gehöre das Land ihnen. Doch oben schon ist nachgewiesen, wie um 258 nach Christi Geburt die römischen Legionen und Provinzialen aus dem Lande gezogen wurden und im Sturm der spätern Völkerwanderung die alte Bevölkerung vollständig verschwindet. Neun Jahrhunderte hindurch hatten nur die Hufe reitender Nomadenhorden abwechselnd seinen Boden zerstampft. So kam es, daß, als die ungarische Krone ihre Herrschaft allmählich über den Süden des Landes ausdehnte, sie um die Mitte des 12. Jahrhunderts vor allem vom Rhein her Ansiedler rufen, daß sie noch im zweiten Jahrzehnt des 13. Jahrhunderts das Burzenland an die deutschen Ritter verleihen mußte, weil es eine einheimische alt-ansässige Bevölkerung nicht gab. Dafür dauert jenes im dritten Jahrhundert aus Dacien auf das rechte Donauufer gerettete Volkselement nachweisbar von Jahrhundert zu Jahrhundert dort fort und erscheint in Mösien, in den Tälern und auf den Höhen des Hämus bei den byzantinischen Geschichtschreibern unter dem Namen der Walachen. Die immer wiederkehrenden Überflutungen der Balkanhalbinsel durch slawische und bulgarische Stämme, die von der Mitte des 6. Jahrhunderts dort alles Völkerleben erschüttern und zersetzen, haben diese Wirkungen auch am rumänischen Volkstum geäußert und in seiner Sprache unvertilgbare Spuren hinterlassen. Gegen das Ende des 12. Jahrhunderts erhoben sich die mösischen Walachen wider die Bedrückung des griechischen Kaisers Isaak Angelus; geschlagen flohen Scharen derselben hinüber auf das linke Donauufer. Das ist der Anfang der rumänischen Ansiedlung in der großen Ebene im Süden von Siebenbürgen; von hier zogen sie sich, insbesondere als die Macht der Kumanen in der Walachei gebrochen wurde und endlich aufhörte, in unmerklicher Einwanderung hinauf in das Hochland und über die trennenden Gebirgsjoche hinüber nach Siebenbürgen. So erscheinen sie dort vom Anfang des 13. Jahrhunderts an als nomadische oder seßhafte Bevölkerung zuerst in den Nordhängen des Fogarascher Gebirgs, bald darauf auch sonst in dem damals dünnbevölkerten Lande, die jüngste Schichte der im Mittelalter eingewanderten Ansiedler. Von ihrem langen Aufenthalt im griechischen Kaisertum brachten sie das griechische Christentum mit; Rumunen nannten (und nennen) sie sich, weil sie Untertanen des (ost-) römischen Reiches waren, wie sich Neugriechen und Bulgaren in demselben Sinne und aus demselben Grunde Romäer nennen.

4.
Von dem goldenen Freibrief, den König Andreas II. den deutschen Ansiedlern im Süden des Landes erteilt.

1224.

Ad retinendam coronam!

Die wirrvollen Zeiten unter König Andreas II. lasteten schwer, wie auf dem übrigen Reich, so auch auf jenen deutschen Einwanderern, die König Geisa II. an der Südgrenze des Landes angesiedelt. Den wilden Boden hatten sie bezwungen und die kumanischen Horden streiften nicht mehr durch das Land. Die Wiederherstellung der Innerruhe im Reiche hing nicht von ihnen ab. Um so mehr litten sie in dem großen Sturm. Denn es erhoben sich die Gewaltigen um sie und die Mächtigen in ihrer eignen Mitte und drückten sie und zerrten an ihren Rechten und beraubten sie jener Freiheit, auf welche sie König Geisa in die Öde gerufen hatte. Und manche, deren Väter mit Mühe den Boden urbar gemacht, ließen die neue Heimat und zogen hinüber in das Burzenland und hofften unter dem Schutz der deutschen Ritter ein günstigeres Los zu finden. Denn es kann der deutsche Mann nicht bleiben, wo das Recht trauert und die Unordnung herrscht und die Willkür. Die andern aber traten vor den König und klagten, wie sie die alte Freiheit, die die Väter vom frommen König Geisa erhalten hätten, verloren, und zeigten, wie sie aus großer Armut der Krone ihre Rechtsschuldigkeit nicht leisten könnten. Und der König hörte die gerechten Klagen seiner Getreuen und stellte ihnen im Jahre 1224 jenen wichtigen Freibrief aus, den unsre Väter den goldenen geheißen haben, weil die Rechte und der Bestand unseres Volkes wie auf einem festen Grunde auf ihm ruhten Jahrhunderte lang. Auf ihm und des Volkes eigenem Sinn und Geist! Denn vergesset es nicht: der Pergamentbrief ist nur so lange stark, als es die sind, denen er gilt. Und wo ein Volk sich selbst nicht mehr hält, da brechen auch die äußern Stützen schnell zusammen und seine Totenglocke hat geläutet.

Der goldene Freibrief lautet:

Im Namen der heiligen Dreieinigkeit und der unteilbaren Einheit. Andreas von Gottes Gnaden König von Ungarn, Dalmatien, Kroatien, Rama, Servien, Galizien und Lodomerien für alle Zukunft. Sowie es der königlichen Hoheit zusteht, der Übermütigen Trotz mit Gewalt zu unterdrücken, so ziemt es auch der königlichen Milde, der Demütigen Bedrückungen barmherzig zu erleichtern, der Getreuen Leistungen zu erwägen und jedem nach eigenem Verdienst der Vergeltung Lohn zuzumessen. Da nun unsere gesamten **deutschen Ansiedler jenseits des Waldes** her fußfällig und demütig klagend vor unserer Majestät erschienen sind und in ihrer Klage uns flehentlich vorgestellt haben, daß sie ihres **Freitums, auf welches sie von dem frommen König Geisa, unserm Großvater gerufen worden**, gänzlich verlustig gingen, wenn nicht unsere königliche Majestät sich ihrer in gewohntem Pflichtgefühl annähme, weswegen sie aus übergroßer Armut der königlichen Hoheit keine Rechtschuldigkeiten zu leisten vermocht; so wollen wir, die gerechten Klagen derselben in gewohntem Pflichtgefühl gütig anhörend, daß es zu der Jetztlebenden und Zukünftigen Kenntnis komme, daß wir unserer Vorfahren frommem Beispiel folgend, von väterlichem Mitleid im Innersten bewegt (I) **ihnen das frühere Freitum zurückgegeben haben**, (II) so jedoch, daß (1) das gesamte Volk anfangend von Varos bis Boralt mit Inbegriff des Szeklerlandstrichs im Gebiet Sebus und des Gebietes Daraus Ein Volk sei und (2) unter einem — obersten — Richter stehe mit gänzlicher Aufhebung aller Gaue außer dem Hermannstädter. (3) Wer aber immerhin Hermannstädter Graf sein mag, der soll es sich nicht herausnehmen, jemanden in den vorhergenannten Gauen zum Richter einzusetzen, außer er sei unter ihnen ansäßig, (4) und **das Volk soll den dazu wählen, der der Tüchtigste scheint**, (5) auch soll sich niemand unterstehen, in dem Hermannstädter Gau (das Amt) sich um Geld zu verschaffen. (III. 1) Zum Nutzen unserer Kammer jedoch sollen sie 500 Mark Silber jährlich zu geben verpflichtet sein. (2) Wir wollen, daß kein Großgutsbesitzer (kein Prädiale), oder ein anderer wer immer, der innerhalb ihrer Grenzen wohnt, sich von dieser Abgabe ausschließe, außer wer sich darüber eines besondern Freibriefs erfreut. (3) Auch das bewilligen wir ihnen, daß sie das Geld, das sie uns zu zahlen verpflichtet sind, nach keinem andern Gewicht zu erlegen gehalten sein sollen, als nach jener Silbermark, die unser Vater Bela, frommen Gedächtnisses, für sie festgesetzt hat, nämlich vier und ein halbes Viertel Hermannstädter Gewichts in Kölner

Pfennigen, damit keine Verschiedenheit zwischen ihnen statt finde. (4) Den Boten aber, die des Königs Majestät zur Sammlung des genannten Geldes abgeordnet haben wird, sollen sie auf die einzelnen Tage, die sie daselbst weilen, drei Lothe für ihre Ausgaben zu zahlen sich nicht weigern. (IV. 1) Krieger aber sollen fünfhundert innerhalb des Reichs zum Dienst in des Königs Feldzug von ihnen geschickt werden, (2) außerhalb des Reichs hundert, wenn der König in eigener Person zu Felde zieht; (3) wenn er aber außerhalb des Reichs einen Großen schickt, sei es zur Unterstützung seines Freundes, sei es in eigenen Angelegenheiten, sollen sie bloß fünfzig Krieger zu schicken gehalten, (4) und weder dem König über die genannte Zahl zu fordern erlaubt, noch sie zu schicken verpflichtet sein. (V. 1) **Ihre Pfarrer aber sollen sie frei wählen;** (2) die Erwählten vorstellen, (3) **ihnen den Zehnten geben** (4) und in aller kirchlichen Gerichtsbarkeit nach alter Gewohnheit **ihnen** Rede stehen. (VI. 1) Wir wollen auch und befehlen ernstlich, daß niemand ihr oberster Richter sei außer wir oder der Hermannstädter Graf, (2) den wir ihnen an seinem Ort und zu seiner Zeit setzen werden. (3) Vor was für einem Richter sie aber immerhin stehen mögen, so sollen diese nur nach dem Gewohnheitsrecht richten dürfen; (4) auch soll sich niemand unterstehen, sie in unsere Gegenwart vorzuladen, außer wenn der Rechtsstreit vor ihrem Richter nicht geendigt werden kann. (VII.) Außer dem Obengenannten haben wir ihnen noch den Wald der Wlachen und Bissener mit den Gewässern zu gemeinschaftlichem Gebrauch mit den vorhergenannten Wlachen und Bissenern nämlich verliehen, damit sie der obigen Freiheit sich erfreuend niemandem hievon zu Dienstleistungen verpflichtet seien. (VIII.) Außerdem haben wir ihnen bewilligt ein einziges Siegel zu führen, das bei uns und unsern Großen unzweifelhaft erkannt werde. (IX.) Wenn aber jemand einen derselben in einer Geldangelegenheit belangen wollte, so soll er vor dem Richter keine Zeugen gebrauchen können, außer solche, die innerhalb ihrer Grenzen leben, indem wir sie von jeder fremden Gerichtsbarkeit gänzlich befreien. (X.) Auch Kleinsalz nach alter Freiheit, um das Fest des h. Georg acht Tage hindurch, um das Fest des h. Königs Stephan acht Tage hindurch und um das Fest des h. Martin ebenfalls acht Tage hindurch frei holen zu dürfen bewilligen wir allen. (XI) Dazu bewilligen wir ihnen außer dem Gesagten, daß kein Zöllner weder in der Hin- noch in der Rückfahrt sie zu belästigen sich unterfange. (XII) Die Waldung aber mit allem dahin Gehörigen und die Benützung der Gewässer mit ihren Beeten, was bloß von des Königs Schenkung abhängig ist, überlassen wir zu freiem Gebrauch allen sowohl Reichen als Armen. (XIII) Auch wollen wir und befehlen kraft unserer k. Vollmacht, daß keiner von unsern Großen irgend ein Dorf oder ein Stück Landes (ein Prädium) von des Königs Majestät zu fordern wage; wenn es aber jemand fordert, so sollen sie nach der, ihnen von uns erteilten Freiheit Widerspruch einlegen. (XIV. 1) Dazu beschließen wir für die genannten Getreuen, daß sie, wenn es sich träfe, daß wir behufs eines Feldzuges zu ihnen kämen, uns nur zu drei Bewirtungen verpflichtet sein sollen. (2) Wenn aber der Woiwode im Dienst des Königs zu ihnen oder durch ihr Gebiet geschickt wird, sollen sie zwei Bewirtungen, die eine beim Eintritt, die andere bei dem Austritt zu leisten sich nicht weigern. (XV. 1) Auch fügen wir den obenerwähnten Freiheiten der Vorgenannten hinzu, daß ihre Kaufleute, wohin sie immer wollen in unserm Reich frei und ohne Zölle reisen und zurückreisen und dieses ihr Recht in Bezug auf die königlichen Gefälle immer wirksam ausüben mögen. (2) Auch die Märkte unter ihnen befehlen wir ohne alle Zölle zu halten.

Damit aber alles Dieses, was früher gesagt worden, fest und unwandelbar bleibe für die Zukunft, haben wir den gegenwärtigen Freibrief mit unsers doppelten Siegels Schutz bekräftigen lassen. Gegeben in dem Jahr von der Menschwerdung des Herrn 1224, unserer Regierung aber im 21. Jahr.

Also der Freibrief. Die Urschrift ist leider nicht mehr vorhanden. Sie fehlte schon 1546 im Nationalarchiv; doch ist mit ihrem Verlust wenig, ja nichts verloren. Denn eine große Reihe inländischer Könige und Fürsten hat die Handveste bestätigt und sie jedesmal ganz der Bestätigungsurkunde einverleibt, so Karl Robert 1317, Ludwig I. 1366, Maria 1383, Sigmund 1387 und 1406, Matthias 1486, Wladislaus II. 1493, Ferdinand I. 1552, Steph. Bathori 1583, Gabriel Bethlen 1627.

Die deutschen Ansiedler, denen der Freibrief erteilt wird, heißen in der lateinischen Urschrift hospites, das heißt Einwanderer, Ansiedler, Gäste. Darüber haben des Volkes Feinde gespottet und es geschieht wohl auch heute noch: wir seien nur Gäste im

Lande und es wolle sich schlecht ziemen, daß wir eigenen Willen
hätten und uns als vollberechtigte Bürger benähmen. Doch wer
also redet, weiß nicht was er spricht. Der Ausdruck hat in der
Sprache des ungarischen Mittelalters eine Bedeutung, die den
damit Bezeichneten ehrt. Ursprünglich hießen alle Ausländer so,
später bloß oder vorzugsweise die Deutschen, die sich im Lande
ansiedelten und der Name war stets ein Ehren= und Liebeswort,
gleichbedeutend mit frei, sogar mit adelig. Sind doch auch die
ständischen Mitnationen ursprünglich bloß „Gäste" im Lande
gewesen, nur mit dem Unterschied, daß sie in Gewalttat herein=
brachen, die deutschen aber kamen geladen. Der Name „Ansiedler",
„hospites" kommt übrigens allmählich aus dem Gebrauch und
sie heißen erst Teutonici (Deutsche), denn schon 1206 und bleibend
von dem vierten Jahrzehnt (1231) des 13. Jahrhunderts an in
der Könige Briefen und Handvesten Sachsen. Der Ursprung des
Namens ist noch immer nicht ganz aufgeklärt. Nannten die
Magyaren sie — und andere deutsche Ansiedlungen in Ungarn —
so, weil sie vielleicht diesen Stammnamen als Volksnamen ge=
brauchten, seit sie bei Merseburg und Augsburg das Schwert
der großen Kaiser aus dem sächsischen Haus gefühlt? Bedeutsam
ist, daß auch bei den Finnen, den Stammverwandten der
Magyaren, die Deutschen Sachsen heißen. Daß sie den Namen
sich nicht selber gegeben, geht aus dessen dialektischer Form hervor,
die nach den Gesetzen unsrer Mundart Sassen lauten müßte. Im
Volk ist Sachse und Deutscher gleichbedeutend, ja der letzte Name
war bis vor kurzem häufiger als der erste, namentlich in den
Kreisen des Landmanns. Auch jetzt, wenn du nach der Herkunft
fragst, ist die ruhige selbstbewußte Antwort „Wir sind Deutsche"
und liegt eine ernste Mahnung auch darin, festzuhalten an dem
Volkstum, das als der Väter heiliges Erbe auf uns gekommen.

In der Einleitung des Freibriefs sagt König Andreas aus=
drücklich, daß die Ansiedler, ihrer Klage nach, jenes Freitums
verlustig gingen, **auf welches** sie von König Geisa gerufen
worden. Darum stellt ihnen der König das **frühere Freitum**
wieder her. Weil aber in den Wirren der Zeit das Königswort
oft wirkungslos verhallte und das Gesetz in der allgemeinen
Zerrüttung häufig die Kraft verlor, suchte Andreas seine Ansiedler
innerlich zu stärken, auf daß sie im Notfall sich selbst schützen
könnten. Bis dahin waren die einzelnen Ansiedlungen vereinzelte,

bloß für sich bestehende Gemeinwesen, in keinem Verband miteinander; Vereinigung mußte Kraft geben. Darum änderte der König das frühere Freitum, das er den deutschen Ansiedlern zurückstellte, dahin ab, daß er alle einzelnen Ansiedlergruppen von Broos im Westen des Landes bis Draas im Osten zu einem staatsbürgerlichen Ganzen vereinigte. „Und das gesamte Volk (d. h. der deutschen Ansiedler, denen der Freibrief erteilt wird) angefangen von Broos bis Boralt mit Inbegriff des Landstrichs der Szekler von Sebus und des Gebietes Draas soll Ein Volk sein und alle Gaue, außer dem Hermannstädter sollen gänzlich aufhören." Boralt bezeichnet im Zusammenhang mit Barot die Gegend beim Alt=Durchbruch bei Rakos in der Nähe von Reps, unter Sebus ist Sepsi zu verstehen; das Stück das zum Sachsenland geschlagen wurde, lag zwischen dem Homorod, Alt und Sepsi, von dem jedoch nur ein kleiner Teil beim Sachsenland blieb, darunter das spätere Repser Freitum (Thurzon).

„Das gesamte Volk soll Ein Volk sein." Hört da die ernste Mahnung für alle Zeiten! Da ist aber nicht Ein Volk, wo jeder das Ansehen seines Ortes höher stellt als den gemeinsamen Willen der Übrigen, oder über seines Hauses und Standes scheinbarem und vergänglichem Vorteil das Gesamtwohl vergißt! Oder was die Brüder im Nachbarkreis beschließen, erfährt niemand, und wer zwei Wegstunden weiter wohnt, ist ein Fremder und Neid herrscht und Zwietracht, wohin du siehst. Darum: das gesamte Volk soll Ein Volk sein! „Wir wollen sein ein einzig Volk von Brüdern, in keiner Not uns trennen und Gefahr!"

Außer dem alten Gebiet verleiht Andreas den deutschen Ansiedlern den Wald der Wlachen und Petschenegen mit seinen Gewässern. Daß dieser Wald außerhalb des von Geisa ursprünglich den deutschen Ansiedlern verliehenen Gebietes lag, geht nicht nur aus des Königs die neue Schenkung einleitenden Worten, sondern ebenso aus der Schlußbestimmung hervor, daß die Pflichten der Ansiedler aus dieser Landvergrößerung eine Mehrung nicht erhalten sollten. Auch wo dieser zum Gebiet der deutschen Ansiedler neu hinzugefügte Landstrich gelegen, darüber lassen die Urkunden jener Zeit keinen Zweifel zu. Nach ihnen finden wir damals nur an den Ausläufern des Südgebirges dem Alttal zu Rumänen im Lande, wohin sie auf jener stillen unmerklichen Wanderung aus dem Süden der Donau, deren oben

Erwähnung geschehen, gekommen waren. Unzweifelhafte Teile des heutigen Fogarascher Distrikts erscheinen geradezu unter dem Namen „Wlachenland". So kann „das Waldgebiet der Wlachen und Bissener", das die neue Schenkung Andreas II. dem alten Ansiedlerland der Deutschen hinzufügt, zunächst nur hier gesucht werden. Auch der Zweck der Schenkung liegt am Tage. Wie die deutsche Einwanderung die gesicherte Reichsgrenze vom Miersch an den Alt verlegt hatte, so sollte sie nun über den Fluß hinaus, wohin schon Bela III. die Abtei Kerz gesetzt hatte, ihre starken streitbaren Gemeinden bis zum natürlichen Grenzwall des Gebirges vorschieben und so das wlachisch-bissenische Wald- und Jagdgebiet mit seiner damals gewiß dünnen und unstäten Bevölkerung dem Reich und der Kultur erobern.

Daß daher aus dieser Stelle des Andreanischen Freibriefs nicht gefolgert werden kann, die Rumänen seien auf dem Sachsenboden — wo es damals keine gab — mit den Sachsen von jeher gleichberechtigt gewesen, ist schon daraus klar, daß jenes „wlachische Waldgebiet" zum eigentlichen alten Sachsenland, zum Land „von Broos bis Draas" nicht gehörte. Und wenn das Wort des Königs „wir haben ihnen (unsern deutschen Ansiedlern) noch das Waldgebiet der Wlachen und Bissener mit den Gewässern darin zu gemeinschaftlichem Gebrauch mit den vorhergenannten Wlachen und Bissenern nämlich verliehen", allerdings **für dieses Waldgebiet** die Zusicherung gemeinschaftlicher Nutzung für Deutsche und Walachen enthalten kann, so wird andrerseits der Stelle nicht Gewalt angetan, wenn sie dahin erklärt wird, der König schirme in ihr, wie im XII. Artikel bloß das freie Nutzungsrecht aller Deutschen und verleihe den Ansiedlern den Wald **zusamt seinen Bewohnern**. Gewiß ist, daß in jenen Jahrhunderten in Siebenbürgen Sachsen und Rumänen nie und nirgends als gleichberechtigte Nationen erscheinen, sondern die Könige haben die letztern, der Anschauung der Zeit entsprechend, häufig verschenkt, wie wenn sie Sachen wären. Das Gleiche haben sie nach dem damals geltenden Recht auch mit ungarischen und sächsischen Gemeinden getan, die nicht frei waren. Also vergabte Ludwig I. der sächsischen Stadt Klausenburg 1377 das walachische Dorf Felek, Matthias den Bistritzern 1472 das Rodnaer Tal und in demselben Jahre dem Hermannstädter Gau den Fogarascher Kreis samt allen darin wohnenden Rumänen. Von einem geschichtlichen Recht der

Rumänen als Sondervolk auf Sachsenboden kann in jener Zeit nicht die Rede sein.

Das Land von Broos bis Draas, auf dem Andreas alle **deutschen Ansiedler zu Einem Volk vereinigt**, heißt der Hermannstädter Gau oder die Hermannstädter Provinz. Das sind die ehemaligen sächsischen Stühle Hermannstadt, Leschkirch, Schenk, Reps, Schäßburg, Reußmarkt, Mühlbach, Broos. Der Andreanische Freibrief umfaßte also weder das Nößner- noch das Burzenland, jedenfalls auch Mediasch nicht. Doch wurde später sein Freitum auch auf diese ausgedehnt, wodurch es, wie wir sehen werden, allmählich kam, daß diese anfangs getrennt für sich bestehenden Gaue sich zu Einem staatsbürgerlichen Ganzen vereinigten. Das geschah aber erst am Ende des 15. Jahrhunderts.

Den deutschen Ansiedlern des Hermannstädter Gaues verleiht, wie schon Geisa getan, König Andreas das Land zu **vollem, echtem, unbeschränktem Eigentum**. So hatten die Väter es sich ausbedungen. Wer wäre auch hunderte von Meilen weit gezogen und hätte das Vaterland verlassen, um auf bloß zeitweilig verliehenem Grunde eines auswärtigen Volkes Knecht zu sein und seine Grenze gegen die Kumanen zu schirmen? Und der Boden, den sie selbst sich erschaffen, wessen Eigentum sollte er sein, wenn nicht das ihre? Darum nennt König Andreas denselben „ihr Land" und besiehlt kraft seiner königlichen Vollmacht, daß keiner von seinen Großen es je wage, Teile ihres Gebietes zu fordern; wenn es aber geschehe, so sollten die Ansiedler kraft ihrer Freiheit Widerspruch einlegen. Wo soll wahres Eigentum sein, wenn es da nicht ist? Auch hat kein ungarischer König je anders gewußt. Nicht einmal die k. Majestät, sagt Wladislaus I. 1441, viel weniger irgend ein anderer Mann kann Dorf oder Land oder Gerichtsbarkeit oder was sonst noch von Rechtswegen den Sachsen gehört, von ihnen trennen und einem Andern zueignen. Darum besaßen die Sachsen den „**Sachsenboden**", wie ihn oft die Könige heißen, mit vollem Eigentumsrecht und damit, was immer nur Ausfluß des **echten** Eigentums ist, das freie Kauf- und Verkaufsrecht des Bodens, das Recht der Mühle, der Schänke, der Fleischbank, des Fischfangs und der Jagd und immer, bis zur Einführung des österreichischen bürgerlichen Gesetzbuches (1853), sind im Sachsenland die Güter erbenloser Verstorbener nicht an den König, wie bei den Adeligen, sondern an die Gemeinde gefallen. Wo das Recht der Mühle oder das Vorrecht des Richteramtes bei Einzelnen war, da hat es bald die Gemeinde für sich errungen.

„Das gesamte Volk soll Ein Volk sein" und „niemand darf es wagen, ein Dorf oder einen Teil ihres Gebietes zu fordern": hiernach und ebensosehr nach der Natur der Sache, dem ungarischen Ansiedlerrecht und dem Zweck ihrer Berufung haben die Sachsen das ausschließliche Bürgerrecht auf ihrem Boden in Anspruch genommen und behauptet Jahrhunderte lang. Alle Könige haben sie darin geschützt zum Heil des Landes. Denn als die Väter vor 770 Jahren in dieses kamen, standen sie in Bildung und Sitte weit höher als die Bewohner Siebenbürgens. Eben durch ihre Bildung vermochten sie die Wüste umzuschaffen zu einem Sitz für Menschen und zu schirmen gegen Feindes Drang und, wie König Matthias rühmt, mit Städten und Dörfern zu schmücken. Ihre Bildung aber lag in ihrem Volkstum und sie wahrten dieses durch ihr ausschließliches Bürgerrecht. Hätten sie den fremden Völkern, die in Sprache und Recht und Sitte so weit abstanden von ihnen, die Ansiedlung unter sich gestattet, da hätte sie die Menge erdrückt. Ihre Sprache wäre verstummt und damit des Landes heilvolle, geistige Verbindung mit Deutschland gelöst worden. Und es wäre, wie unter jenen, ein Adel auch unter ihnen entstanden und hätte Freiheit und Volkstum vernichtet; deutscher Fleiß und deutsche Tüchtigkeit wäre verschwunden und der Städte Mauern wären gesunken und Trägheit und Roheit und Mangel hätten sich verbreitet über die Fluren, die jetzt deutsche Rührigkeit und Bildung schmückt und des Herrn Segen. Darum schlossen die Väter ihr Gemeinwesen und nahmen niemanden zum Bürger auf unter sich, als den deutschen Mann. Denn sie wollten, die Söhne sollten nicht schlechter sein als sie und in der lieben Muttersprache zum Herrn beten und das Recht weisen nach deutscher Art. Sie hatten nur den Boden, nicht das Volkstum verlassen, als sie fortgezogen aus Deutschland. Und die Könige schützten sie dabei, wie geschrieben steht in dem goldenen Freibrief und in vielen andern Handvesten.

Dieselbe Ausschließung fremden Wesens aus deutschen Gemeinden zeigt uns das ungarische Ansiedlerrecht oft und oft. Den Sachsen von Schmegen in der Zips verbot König Bela

Grund und Boden an andere zu verkaufen, als an Deutsche. Ein Haus auf dem Ring (dem Marktplatz) durfte nach den Worten desselben Königs in Neusohl nur ein Sachse besitzen. Selbst den Einwohnern von Spalatro, und das waren nicht Einwanderer, hatte König Geisa II. gelobt: ich will nicht gestatten, daß irgend ein Ungar oder ein anderer Fremder in euerer Stadt wohne, außer ihr williget selbst ein.

Auf ihrem freien Boden gewährleistet der goldene Freibrief den Ansiedlern **vollkommene Rechtsgleichheit**. Und damit stimmt er überein mit dem Recht in des Menschen Brust und dem Willen des Herrn. Denn wie er die Gaben seiner Milde ausgießt über alle Menschenkinder, so will er nicht, daß Einer der Herr sei und der Andere der Leibeigene. Und wie die deutschen Ansiedler alle derselben Mühe bei der Urbarmachung des Bodens ausgesetzt waren und derselben Gefahr gegen den heidnischen Feind: so sollten sie auch den Lohn jener Anstrengung gleichmäßig genießen und gleich sein in ihrem Recht. In den Wirren aber unter König Andreas II. Regierung, wo die Macht galt und nicht das Gesetz, hatte es nicht gefehlt an schwerem Druck in der eigenen Mitte. Das will der Freibrief für die Zukunft verhindern, wenn er an zwei Stellen Reichen und Armen das Nutzungsrecht von Wald und Wasser zuspricht und ausdrücklich festsetzt, daß von dem Beitrag zur Reichssteuer keiner ausgenommen sei, außer er habe darüber einen besondern Freibrief. Gestützt auf diese Grundlagen und das ewige Recht, das in jedes Menschen Brust lebt, haben unsre Väter am Ende der Christenheit und rings umgeben von Völkern, die nur Knechte kannten und Herren, ein freies Gemeinwesen gegründet und trotz vieler Anfechtung erhalten in einer Reinheit, wie sie die Sonne nur selten sieht in ihrem ewigen Laufe. Da war keine Leibeigenschaft, kein Deutscher auf Sachsenboden weder mehr noch weniger als ein Bürger. Gott zum Gruß du freier Sachse!

Das Oberhaupt des Hermannstädter Gaues ist nach dem Andreanischen Freibrief der König und der von ihm ernannte Stellvertreter oder Graf. „Wir wollen und befehlen ernstlich, daß niemand ihr oberster Richter sei außer wir oder der Hermannstädter Graf, den wir ihnen an seinem Ort und zu seiner Zeit setzen werden." Und es bezeichnete damals das Wort Graf nicht wie heute einen leeren Titel, sondern eine obrigkeitliche Würde, die Richtertum und Heerführertum vereinte. Also war der Hermannstädter Graf des Volkes Oberrichter im Frieden und Führer im Krieg. Darauf deuten auch die Zeichen und Sinnbilder seiner Würde: die Fahne, der Streitkolben, das Schwert. Das letztere ist Sinnbild der Gerichtsbarkeit, namentlich der peinlichen über Leben und Tod. Streitsachen, die vor ihm und der Volksgemeinde nicht entschieden werden konnten, gingen unmittelbar vor den König. Nicht der Woiwode, nicht sein Stellvertreter, nicht einmal der Palatin, der zweite Mann im Reiche, hatten einige Gewalt über sie. „Niemand soll ihr oberster Richter sein außer wir oder der Hermannstädter Graf", so hatte Andreas verordnet. Darum nannten die Könige die Väter gern „unsere Sachsen" und hieß ihr Land, doch erst später bisweilen Königsboden, weil nur der König im Namen des Gesetzes da gebot und nicht seine Leute wie sonstwo.

Setzte der König den obersten Richter und Grafen, so **wählte das Volk sich die übrigen Richter selber**. Es scheinen anfangs auch in den Dörfern Königsbeamte und Volksbeamte nebeneinander ihren Wirkungskreis gehabt zu haben. Die vom Volk Gewählten — und Niemand durfte das Amt kaufen — mußten ansässig sein unter ihnen und wer der Tüchtigste schien, den machte es dazu. Nur der Volksgenosse konnte den Volksgenossen richten. Keine fremde Gerichtsbarkeit hatte Gewalt über die Ansiedler; selbst vor den König durften sie nicht gefordert werden, außer wenn der Rechtsstreit vor ihrem Richter nicht entschieden werden konnte; wo es sich um Erb und Eigen handelte, konnte nur der Volksgenosse Zeugnis ablegen; in jedem Fall aber und vor jedem Richterstuhl galt bloß das alte Gewohnheitsrecht. Das war natürlicherweise das deutsche, das sie aus dem Mutterlande mitgebracht, und in gar vieler Beziehung anders, als was man Recht nennt heutzutag. Denn im Sinne jener Zeit lag die richterliche Gewalt wesentlich in der Volksgemeinde und war kein einzelner Stand da, der um Bezahlung wachte über Recht und Gerechtigkeit. Sondern die freien Männer versammelten sich an bestimmten Tagen auf der Malstätte, d. i. auf dem Gerichtsplatz, der war gewöhnlich ein Hügel, unter dem Dach der Eiche oder der Linde, oder auf dem breiten Stein vor der Burg und darüber wölbte sich Gottes freier Himmel. Da wurde das Gericht eröffnet mit den Worten, die schon die Väter an dieser Stelle gesprochen, da wurde die Klage gehört und die Antwort darauf und das Recht gewiesen, das man nicht im geschriebenen Gesetzbuch suchte, sondern es lebte in den Herzen aller. Und alle gaben ihre Stimme dazu und der Richter hatte bloß den Vorsitz und die Vollziehung des Urteils. In der Folge aber als das Volk sich mehrte, kamen nicht mehr alle Freien zum Gerichtstag, sondern die einzelnen Gemeinden sandten ihre Abgeordneten und ihre Versammlung wies das Recht bis in späte Zeiten herab.

Daß im Freibrief verboten wird, sich das Amt um Geld zu verschaffen, zu kaufen oder zu pachten, hat seinen Grund darin, daß sich ein Amt auf diese Weise zu verschaffen, damals nichts seltenes war. Das ganze Mittelalter kennt sie mit ihren Schäden. Um eben die naheliegenden Schäden vom Sachsenlande fernzuhalten, verbietet der Freibrief solches, wie ähnlich Andreas III. im Inauguraldiplom von 1291 schrieb: „auch werden wir nicht erlauben, daß die Barone ihre Amtswürden für eine gewisse Geldsumme verpachten".

Wie die Richter und die andern weltlichen Beamten, so wählten nach dem Andreanischen Freibrief sich die Ansiedler auch **die Pfarrer selbst**, gaben ihnen, nicht dem Bischof, den Zehnten und die übrigen kirchlichen Abgaben und waren in allen kirchlichen Angelegenheiten unmittelbar ihrem Gericht unterstellt. Von allem Anfang her ist für die Erhaltung und Entwicklung des gesamten Volkslebens dieses Recht von tiefgehender Bedeutung gewesen. Auf dem Gebiete des kirchlichen Lebens bildeten die einzelnen Gemeinden, gewiß nach den ursprünglichen Einwanderergruppen, je ein Kapitel, in dem die freie Wahl der Pfarrer den Dechanten an die Spitze stellte, der in vielen Fällen wie sonst der Bischof und unabhängig von ihm, die kirchliche Verwaltung führte. So bildeten diese „Gemeinden der freien Dechanate" auch in kirchlicher Beziehung ein abgeschlossenes Gemeinwesen und waren fremdem Einfluß unzugänglich. Der wichtige Besitz des Zehnten aber, den der Andreanische Freibrief den Geistlichen gewährleistet, hat dem Volke reiche Früchte getragen. Durch ihn wurde ein gebildeter geistlicher und Lehrerstand geschaffen und erhalten, der stets auf der Höhe der Zeit stehend im stande war, dem Volke die Bildung namentlich des deutschen Mutterlandes mitzuteilen.

Auch für die äußere Wohlfahrt der Ansiedler sorgt der Freibrief dadurch, daß er ihnen gänzliche **Zollfreiheit** im ungarischen Reiche und freie Märkte auf dem eigenen Gebiete, sowie das Recht erteilt, jährlich dreimal aus den k. Gruben unentgeltlich Kleinsalz zu holen. Ob eine Befreiung von der Plage des Münzwechsels ausgesprochen ist, ist zweifelhaft. Eine Erleichterung wäre es gewesen. Kurze Zeit früher hatte Andreas II. das Burzenland der Last enthoben: „keiner der Münzwechsler jenseits des Waldes soll das Gebiet derselben (der deutschen Ritter) betreten, oder sich erkühnen, sie irgendwie zu belästigen."

Zum äußern Zeichen der Einheit der Ansiedler erteilt endlich der goldene Freibrief dem Volk das Recht ein einziges Siegel zu führen. Zwei stehende in lange Gewänder gekleidete Männer halten eine Krone; zwei halbknieende halbnackte Männer greifen nach derselben. Die Umschrift lautet lateinisch: „Siegel der Hermannstädter Provinz. Zur Erhaltung der Krone." Die letzten Worte stehen auch auf dem Banner unseres Volks den Gegnern zur Lehre, den Vätern zum Ruhme, den Nachkommen zum Antrieb für alle Zeiten.

Das sind die Rechte, die der Andreanische Freibrief den Sachsen erteilt. Wer Rechte hat, der muß aber vernünftigerweise auch Pflichten haben. Darum verpflichtet der Freibrief die Ansiedler

1. zur Entrichtung einer jährlichen Abgabe von 500 Mark Silbers. „Zum Nutzen unserer Kammer," sagt die Handveste, „sollen sie 500 Mark Silbers jährlich zu geben gehalten sein." Mit dem Ausdruck „Kammergewinn" oder „Nutzen der Kammer" („lucrum camerae") bezeichnete man damals vor allem die Reichssteuer. Wer aus diesem Ausdruck auf Unfreiheit der Ansiedler und daß sie Kammerknechte gewesen, schließen wollte, vergißt, daß auch der Adel „Kammergewinn" gezahlt und der siebenbürgische erst spät (im 14. Jahrhundert) davon befreit worden ist. Daß diese Abgabe des Hermannstädter Gaues ebenso eine Reichssteuer freier Bürger und nicht Grundzins gewesen, lehren die königlichen Briefe der Folgezeit. Denn sie sprechen von „königlicher Steuer" und nicht von Bodenzins, sie nennen den König den „natürlichen Herrn" der Sachsen, wie ihn der Adel nannte und nicht ihren Grundherrn; sie zeugen, daß ihre Abgabe stets zu des Reiches Nöten gebraucht worden sei. Später erscheint sie unter dem Namen des Martinszinses, weil sie zu dieser Zeit

abgeliefert wurde und hat, wenn das Reich in Not und der König in Bedrängniß war, die Summe von 500 Mark Silber oft und oft überstiegen.

In Ansehung des Gewichtes, denn eine Mark ist nicht ein Geldstück, bestimmt der Freibrief, daß die von König Bela III. festgesetzte Ordnung beobachtet werden solle. Nach dieser gingen vier und ½ Viertel Hermannstädter Gewichts auf eine Mark und diese war um ein Lot leichter als die Ofner. Übrigens konnten die Sachsen die 500 Mark entweder in feinem ungeprägtem Silber oder in laufender Münze entrichten, der letztern soviel, als nach dem Ofner Markt um den Martinstag zur Anschaffung von 500 Mark Silbers erforderlich war. Das betrug zu Andreas Zeit 1894 Silbergulden, um die Mitte des folgenden Jahrhunderts 2116, noch ein Jahrhundert später 3644 Gulden. Doch war damals der Geldwert viel höher als jetzt.

Die Aufteilung der Steuer vollzogen die Sachsen unter sich. Den zu ihrer Erhebung gesandten königlichen Boten zahlten sie während derselben täglich drei Lot Silber.

2. Neben der Reichssteuer verpflichtet der Freibrief die Sachsen ferner zur **Heeresfolge**. Diese damals Freien und Adeligen gemeinsame Pflicht wird nach drei verschiedenen Fällen verschieden bestimmt. Zieht der König innerhalb des Reichs in eigener Person zu Felde, so stellen sie fünfhundert Mann, außerhalb desselben bloß hundert und falls nicht der König das Heer führt, bloß fünfzig; mehr darf der König nicht fordern, mehr sind sie nicht verpflichtet zu geben. Wie aber in Zeiten der Not die Steuer der Sachsen das gesetzliche Maß häufig überschritt, so sind auch ihre Streiter, wenn der Feind die Grenzen drängte oft und oft mehr denn fünfhundert im Feld gewesen, ja mehr als einmal hat der Könige Wort Mann für Mann zum Schutz des Reiches in die Waffen gerufen.

In jedem Falle aber, ob die Sachsen die gesetzliche oder eine größere Anzahl von Kriegern ins Feld stellten, waren diese nicht etwa rohe nackte Rekruten, sondern wohlgerüstet mit Wehr und Waffen und mit allem Kriegsbedarf aus des Volkes Mitteln versehen. Unter ihrem eigenen Grafen oder Führer zogen sie aus und stritten unter der eigenen Fahne und daß sie der ehrenvollen Inschrift derselben: zur Erhaltung der Krone immer ehrenvoll entsprochen, bezeugen zahllose Belobungsschreiben der ungarischen Könige. Beruhte doch, wie König Ludwig I. rühmt, die Sicherheit der Grenzen wie auf erhabenen Säulen auf ihrer Kraft und Treue!

3. Die letzte Verpflichtung, die der Freibrief den Ansiedlern auflegt, ist die Bewirtung des Königs und in gewissen Fällen des Woiwoden. Das ist eine Eigentümlichkeit jener Zeit, die man jetzt fast nicht versteht. Damals nämlich hatten die ungarischen Könige keine feste Hofstatt, sondern sie zogen im Lande umher, wohin sie das Bedürfnis rief und wo ihre Anwesenheit Not tat. Da mußten für den Unterhalt des Königs diejenigen sorgen, in deren Mitte er sich befand. Und es wird wohl der König leicht zu befriedigen gewesen sein und sie werden es ihm gern getan haben; doch sein großes Gefolge und der unbescheidenen Diener Forderungen waren eine Plage für jedermann. So mußte die Stadt Greech dem König, wenn er in ihre Mitte kam, zum Mittagmahl zwölf Ochsen, tausend Brote und vier Faß Wein geben, dem Herzog von Slawonien, wenn er von königlichem Stamm war, die Hälfte hievon, dem Ban, doch nur einmal in seiner Amtswaltung einen Ochsen, hundert Brote und ein Faß Wein. Darum hatte der Adel in der goldenen Bulle sich von dieser Pflicht befreien lassen; sie ist aber in Siebenbürgen doch auf ihm geblieben bis zum Jahre 1324. Den Sachsen regelt der Freibrief diese Pflicht. Wenn der König auf Heerzügen zu ihnen kommt, sollen sie ihm nur dreimalige Bewirtung schuldig sein. Doch haben die Väter sich nicht immer genau an den Buchstaben gehalten, sondern bei der Könige Besuchen diese stets so empfangen, wie es ihrer und der Fürsten Ehre ziemte. Dem Woiwoden waren sie nur zu zwei Bewirtungen verpflichtet und auch zu diesen nur, wenn er in königlichem Auftrag durch ihr Land zog.

Der Haupterfolg des Andreanischen Freibriefes war, daß die ehemals getrennten Ansiedlungen, bis dahin jede auf besondere Art vom König privilegiert, nun zu einem politischen Ganzen zusammengeschlossen wurden, mit gemeinsamen Rechten und Pflichten. An der Spitze stand als königlicher Richter der Hermannstädter Komes (Königsgraf), vom König ernannt, in der Regel ein hoher ungarischer Adliger, der zur Rechtsprechung in die Stühle, zu denen sich die bis dahin bestandenen Komitate, die das Andreanum aufhob, innerhalb der Hermannstädter Provinz umgestalteten, seine Stellvertreter schickte, die er zu ernennen hatte.

Auf dem Grunde des „goldenen Freibriefs" haben die Väter am Ende der Christenheit durch ihre Tugenden ein Gemeinwesen errichtet, das fern von Deutschland deutsch, in früherer Zeit umgeben von geknechteten Völkern frei war und Wohlstand und Bildung errungen hat, wie sie diese Gegenden sonst nicht kennen. Darum wachet und sorget, daß es nicht schlechter werde!

5.

Der Mongoleneinfall.

1241.

> Doch sagt, wer schützt die junge Saat
> Vor Feindes Ungewitter?
> F. Marienburg.

Aus der Beschaffenheit und den Verhältnissen des Landes, in dem unsre Väter sich ansiedelten, kann man schließen, daß im Anfang allenthalben Ackerbau ihre Hauptbeschäftigung gewesen sei. Zuerst freilich mußten sie den Wald roden, der fast das ganze Land bedeckte, die größten wohl der Wlachen- und Bissenerwald, der Geisterwald und die zahllosen, von denen die Flurnamen, die mit Holz, Hart, Loch, Strut, Witu, Hagen, Busch zusammengesetzt sind, heute noch erzählen. Und der frisch gerodete Boden, den Jahrhunderte kein Pflug berührt hatte, vergalt gewiß die Mühe des Anbaues durch reichen Ertrag. So wohnten die Väter in den Dörfern, die sie angelegt, wo ihnen das Feld oder der Wald, der Bach oder der Fluß, das Tal oder der Berg gefallen. Daß außerdem bei der Wahl der Niederlassung in vielen Fällen das Bedürfnis oder die Notwendigkeit der Verteidigung, die Rücksicht auf den Schutz des Landes oder der engern Heimat den Ausschlag gab, ist heute noch oft überraschend kenntlich. Die einzelnen Gemeinden aber waren alle gleichberechtigt und keine hatte überwiegenden Einfluß oder übergeordnete Stellung über die andern. Städte also in dem heutigen Sinne des Wortes gab es anfangs keine. Selbst Hermannstadt erscheint in jenen Zeiten als bloße Dorfgemeinde und sein Siegel führt die Umschrift: „Siegel der Ratsmänner von Hermannsdorf" bis in späte Zeiten herab.

Mit der Kenntnis des Ackerbaues brachten unsre Väter aber auch Kenntnis und Fertigkeit im Gewerbefach aus dem deutschen Mutterlande mit. Die Hand, die im Feld den Pflug führte und die Sichel, verstand sie auch zu verfertigen und daneben zu erschaffen, was des Lebens Notdurft und Verschönerung forderte. Nicht umsonst sicherte ihnen der Andreanische Freibrief freie Märkte und zollfreien Handel zu. Durch solche Begünstigungen durch ihre Lage und ihre Tüchtigkeit wurden sie in der Folge die stattlichsten Gewerbtreibenden und Handelsleute des ungarischen Reiches.

Daß übrigens außer den drei großen deutschen Gauen im Nordosten und Süden des Landes auch sonst kleinere Ansiedlungen zerstreut in demselben sich befanden, lehren selbst die wenigen aus jener Zeit erhaltenen Zeugnisse. Schon 1228 wird Regen am obern Miéresch genannt, mit den deutschen Gemeinden rings umher, die kirchlich das Sächsisch-Regener Kapitel bilden, auf dem Boden der königlichen Burg Görgeny angesiedelt und wohl mit zu ihrer freien Burgmannschaft, nach der Mundart aber zum Stamm des Nordgaues, des Nösnerlandes gehörig. Zu derselben Zeit bestand auch am Zusammenfluß des großen und kleinen Szamosch die deutsche Gemeinde Deesch. Das Freitum, das schon König Andreas II. ihr gewährt, bestätigte 1236 Bela IV. Es solle ihr unverletzliches Recht sein, der Gerichtsbarkeit des Obergespans von Szolnok und der königlichen Befehlshaber der Burg von Deesch nicht unterstehen und sie nicht beherbergen noch bewirten zu müssen. Alle Streitfälle vielmehr in der Gemeinde und auf ihrem Weichbild, selbst Raub, Diebstahl, Totschlag soll der Graf der Gemeinde mit ihren Richtern entscheiden, wofür ihnen die Rechtsordnung der deutschen Ansiedler von Zoloch (der großen Salzniederlage in der Biharer Gespanschaft) und Szathmar als Norm gesetzt wird. Die Deescher Ansiedler verführten des Königs Salz auf dem Szamosch und waren, wenn sie eigenes verluden, nur zur Hälfte der Salzmaut an den Woiwoden und Kammergrafen verpflichtet. Das Salz selbst wurde in der nahen Salzgrube von Deeschakna gewonnen, wo Belas Freibrief gleichfalls eine deutsche Ansiedlung nennt. Auch weiter unten am Miéresch, an den östlichen Ausläufern des Erzgebirges, wo der weiße Gemsenstein weithin über fruchtbares Gelände hinschaut, lebte schon der deutsche Laut. Am 12. Februar 1238 gewährte Bela IV., selbst in „der Gemeinde der Sachsen von Erkud" anwesend, „unsern Ansiedlern, den Sachsen der Gemeinden Karako und Crapundorf", in der festen Hoffnung, daß auch dem König einst mit demselben Maß gemessen würde, mit dem er messe, die Freiheit nach gemeinem Rat und Willen den zu ihrem Grafen zu erwählen und an ihre Spitze zu stellen, welchen sie wollten. Alle Streitfälle, die sie untereinander hätten, solle dieser richten nach ihrem Gewohnheitsrecht; nur Streit mit Fremden habe der Woiwode zu entscheiden. Diesen zu bewirten sind sie nicht verpflichtet, den König aber sollen sie in aller schuldigen Ehre, wenn er dahin kommt, „mit ihren Leckerbissen ehren". Abgabe zahlen sie keine und keinen Zoll von dem Weine, den sie in ihren eigenen Weingärten auf ihrem Gebiet gelesen haben. Dafür leisten sie unter dem königlichen Banner Kriegsdienste mit vier geharnischten und wohlgerüsteten Streitern, der gleichen Zahl stattlicher Rosse und mit zwei Zelten.

Ebenso finden wir unten am Alt im Süden des Hermannstädter Gaues weitere Anfänge deutschen Lebens. Im Jahre 1233 verlieh der jüngere König Bela dem Grafen Corlardus von Talmesch um seiner vielen treuen Dienste in und außer dem Reiche willen das Gebiet an der Lauter im Rotenturmer Paß, die äußerste deutsche Wacht am Alt gegen die Kumanen; weiter oben zwischen dem Kerzer Bach, dem Alt, dem Burzen- und Szeklerland saß „der Sachse Fulkun", wahrscheinlich einer der Bahnbrecher, der nach Andreas Schenkung des Wlachenwaldes an den Hermannstädter Gau die rodende Axt und das deutsche Schwert zu neuer Besiedlung des unbewohnten Bodens dahin getragen. Der Mongoleneinfall zerstörte die junge Pflanzung und ließ sie wieder wüst und ohne Bewohner zurück; 1252 vergabte der König das Gebiet an den Grafen Vincentius, den Sohn des Szeklers Akadas.

Um den alten Kern der Hermannstädter Provinz legte sich eine Fülle neuen Lebens, einige Gemeinden, sicher erst nach dem Mongolensturm gegründet, darunter auch im Mediascher und Schelker Gebiet. Im Norden des Unterwaldes auf Komitatsboden die Gemeinden des Zekescher Kapitels, zum Teil von den reichen Erbgräfen des Unterwaldes gegründet, die hinübergriffen auch in das Kokelland. Unter dem Schutz, häufig der Bedrückung der alten Königsburg „Kokelburg", wo selbst eine sächsische Niederlassung war, erstarkten die Gemeinden des Bulkescher und Bogeschdorfer Kapitels, nicht alle mit gleichem Recht, einige vom Glück begünstigt, daß sie später Anschluß und Aufnahme ins

Sachsenland fanden. Ähnlich wars im Norden, wo auf Komitats=
boden die Gemeinden des spätern Tekendorfer und Schogener
Kapitels entstanden, dazu eine ganze Reihe, die später zugrunde
gegangen sind.

Überhaupt drohte der Fortdauer des deutschen Namens in
Siebenbürgen, sowie dem gesamten ungarischen Reich kurze Zeit
nach Erteilung des Andreanischen Freibriefes die größte Gefahr
durch den Einfall der Mongolen.

Tief in Asien drinnen zwischen China und Sibirien erhebt
sich ein gewaltiges Hochland mehrere tausend Fuß über die
Meeresfläche. Der Boden des Landes ist rauh und unfruchtbar,
teils Wüste, teils Steppe; nirgends ein Baum, nirgends ein
Strauch. In dem rauhen Lande wohnen seit uralter Zeit die
Horden der Mongolen oder Tartaren, an Wildheit nur mit ihrem
Boden vergleichbar, der keinen Ackerbau duldet und damit die
Möglichkeit wahrhaft menschlicher Bildung vernichtet. Schon ihre
äußere Gestalt ist furchtbar und abschreckend. Der überlange starke
Oberleib ruht auf kurzen krummen Beinen. Das Gesicht wird
durch dicke Lippen, eckige Backenknochen, breite platte Nase und
kleine schiefe Augen verunstaltet. Der Bart fehlt von Natur fast
ganz; der Kopf wird geschoren, so daß nur hinter jedem Ohre
ein langer zusammengedrehter Zopf hängt. Die Wohnung besteht
und bestand in Zelten oder fahrbaren Hütten; Viehzucht und
Jagd, die ans Blutvergießen gewöhnte, gab die Nahrung. Na=
türliche Wildheit, gut geführte Bogen, List im Kampfe und rasche
ausdauernde Rosse, von denen sie selten herabkamen, machten
sie bei ihrer schrecklichen äußern Gestalt im Kriege zu furchtbaren
Feinden.

Die zerstreuten Horden der Mongolen unterjochte und ver=
einigte am Anfang des 13. Jahrhunderts ein Chan, d. h. Häupt=
ling derselben, Temudschin, der sich deswegen den großen Häuptling,
Dschingis=Chan nennen ließ. Er eroberte weithin die Länder in
Asien, wobei gewöhnlich alle älteren Einwohner getötet, alle
jüngern als Sklaven verkauft wurden. Sein Sohn und Nachfolger
Oktai setzte die Kriegszüge fort. Fast widerstandslos fiel Rußland
und Polen in die Gewalt des wilden Feindes. Deutsche Tapferkeit
schreckte ihn durch die Schlacht bei Liegnitz von Deutschland fort;
um so drohender stand ein gewaltiger Heerhaufe unter dem Führer
Batu an des ungarischen Reiches Grenze.

Zu derselben Zeit war König in Ungarn Bela IV., Sohn Andreas II., der im Jahre 1235 gestorben. Bela war ein strenger Herr und wollte die königliche Macht, die der Adel unter seinem Vater so sehr erniedrigt, gern wieder heben. Darum zog er die Krongüter, die mit Unrecht im Besitz von Adeligen waren, wieder ein. Das gefiel ihnen wenig und sie fingen an den König zu hassen. Zu derselben Zeit kam der König der Kumanen, des rohen Heidenvolkes, das die Mongolen aus seinen Wohnsitzen an den Grenzen von Siebenbürgen und Ungarn vertrieben hatten, und bat den König um Aufnahme in sein Reich. Der gewährte sie und siedelte wider des Adels Willen 40.000 kumanische Familien im Lande an. Darüber gesteigerter Zorn der Großen und neues Mißtrauen.

In solcher Lage war das Reich, als die mongolischen Schlachthaufen durch die Verhaue über das Karpathengebirge ins Land brachen. Vierzigtausend Zimmerleute zogen dem Heere voran und bahnten den Weg. Nur unwillig und zögernd stellte sich der ungarische Adel auf den Ruf Belas zur Heeresfolge. Als die Mongolen schlau zurückwichen, wähnten sie sich des Sieges gewiß. Um so furchtbarer wurden sie 1241 in der Schlacht am Schaio geschlagen. Viele Große und Bischöfe fanden an diesem Tage (11. April) den Tod, unter den letzten auch Rainald von Siebenbürgen. Denn als die Kirche reich geworden war an Land und Leuten, an Geld und Gut, mußten sie von ihrem Besitztum, wie die weltlichen Großen, zur Kriegszeit gleichfalls Krieger rüsten, wobei die Bischöfe oft gern Harnisch und Panzer anlegten und mitzogen in die Schlacht. Auch Nikolaus der Propst von Hermannstadt, des Königs Vizekanzler, fiel an jenem Tage, nachdem er einen mongolischen Führer mit blutigem Schwerte erschlagen hatte.

Ein anderer Heerhaufe der wilden Feinde brach nach Siebenbürgen ins Nösnerland ein. Drei Tage lang dauerte der Zug über das Gebirge, bis sie in die Gegend von Rodna kamen. Das war damals eine reiche deutsche Gemeinde, die Bergbau trieb und viel Volks zählte. Und ihre Männer waren tapfer und voll Kriegsmut und wohl versehen mit Wehr und Waffen. Als sie daher das Gerücht vernahmen von der Nähe des Feindes, zogen sie hinaus ihm entgegen, um ihn in Wald und Bergschlucht zur Rückkehr zu nötigen. Wie die Mongolen die Menge der

Der Mongoleneinfall.

bewaffneten Krieger sahen, wandten sie den Rücken und stellten
sich, als ob sie flöhen. Da kehrten die Männer von Rodna mit
Jubel zurück und legten die Waffen nieder und überließen sich
bei Festgelagen der Freude über den eingebildeten Sieg. Das
hatten die Mongolen erwartet. Schnell umkehrend drangen sie
plötzlich von allen Seiten in Rodna ein und die Bewohner er=
kennend, daß jeder Widerstand zwecklos sein würde, ergaben sich.
Der Feldherr Kadan nahm die Gemeinde unter seinen Schutz,
wogegen Graf Aristald mit 600 auserwählten bewaffneten Bürgern
seinen Zug nach Ungarn begleiten mußte.

Das war nun von dem Karpathengebirge bis an die Donau
größtenteils in den Händen des wilden Feindes. Ja als die
Winterkälte den schützenden Strom überbrückte, trug er unaufge=
halten Mord und Zerstörung bis hinunter an das Meer. Die
Bewohner flohen in die Berge und Wälder, wo viele verhungerten,
während andere, die sich herauswagten, von den Mongolen zu
Sklaven gemacht oder zu Tode gemartert wurden. Im Jahre
1242 erlöste endlich der Tod des mongolischen Großchans Oktai
das Land von den Drängern. Die raubbedeckten Heere mußten
schnell nach Asien zurückkehren. Ein Teil derselben nahm den
Weg durch Siebenbürgen, das, die nordöstlichen Strecken aus=
genommen, bis jetzt vom Gewitter verschont geblieben war. Nun
erfuhr es gleichfalls die Furchtbarkeit desselben. Die Bollwerke,
welche die Bewohner, geschreckt von dem Schicksal des Nachbar=
reiches, angelegt hatten, halfen nicht viel. Durch das Mierestal,
über das Nösnerland, durch Kokel= und Alttal, über das Burzen=
und Szeklerland wälzten sich die wilden Haufen. Hinter ihnen
blieb eine Wüste zurück.

Mitten auf dem Wege, den die zurückströmende Flut des
Feindes verheerte, lagen die jungen deutschen Ansiedlungen. Daß
auch sie das gemeinsame Schicksal des Landes geteilt, ist un=
zweifelhaft. Noch im Jahre 1245 gestattet Papst Innozenz IV.
dem Hermannstädter Kanonikus und Pfarrer von Mühlbach,
Theodorus, zu seinen Pfründen auch eine weitere, selbst wenn
sie mit einer Seelsorge verbunden sei, anzunehmen, da jene durch
die Wut der Tartaren verwüstet seien und er kein oder nur wenig
Einkommen daraus beziehe. Der nahe Bischofssitz Weißenburg
hatte selbst ein Jahr später, wie Bischof Gallus vor dem König
klagte, keine oder doch so wenige Bewohner, daß er um vermehrte

4*

Rechte für Einwanderer freien Standes bat und diese zugesichert erhielt. Über Hermannstadts Geschick hat sich die Kunde in der Chronik des St. Petersklosters von Erfurt erhalten — ein Dominikanermönch schrieb oder brachte sie wohl dahin: im Jahre 1242 im Monat April haben die Tartaren in Ungarn im Land der sieben Burgen die Stadt, die man Hermannsdorf nennt, erstürmt, bis auf Hundert erschlagen und das Kloster der Predigermönche daselbst angezündet.

Wenn das hier geschah, was mögen sonst die deutschen Ansiedlungen, die noch nicht ein Jahrhundert im Lande standen, in dem blutigen Sturm gelitten haben! Gewiß, man versteht es, wenn aus der Zeit vor dem Mongoleneinfall nur eine einzige Urkunde im Sachsenland sich erhalten hat, die Michelsberger von 1223, die damals vielleicht die schwer ersteigbare Burg auf der waldumgebenen steilen Höhe rettete, deren graue Mauern und Kirche auf so frühe Erbauung hindeuten. Wohl mag es, wie einzelne Andeutungen auch in Urkunden schließen lassen, an tapferm Widerstand in Feld und Burg nicht gefehlt haben und doch litten noch ein Menschenalter später einzelne Gegenden an den Folgen jener schrecklichen Verheerung. Ja heute nach fast 700 Jahren lebt in den Gemeinden des Nösnerlandes die Sage von der Grausamkeit und Verwüstung des Mongolenzuges in jener Frische, mit der sie einst ein Augenzeuge geschildert. Daß die junge Pflanzung ein solches Gewitter überdauerte, ist gewiß das bedeutsamste Zeugnis ihrer innern Kraft.

Jener Augenzeuge, Rogerius, der bisher für einen Wardeiner Domherrn galt (sicher seit 1249 Erzbischof von Spalato), irrte eine Zeitlang flüchtig in Ungarn umher. „Bettelnd," erzählt er, „zog ich durch die Wälder, aller Hülfe beraubt; kaum daß mir der, den ich einst reich beschenkt hatte, ein Almosen reichte. So von Hunger und Durst gefoltert war ich genötigt, nachts die Leichname umzuwenden, um verscharrtes Mehl und Fleisch oder sonst etwas Genießbares zu finden. In der Nacht trug ich den Fund tief in die Waldung. Ich mußte Höhlen auffinden oder Gruben machen, oder hohle Bäume suchen, um mich darin zu verbergen, denn wie Hunde, welche Hasen und Eber aufspüren, durchstöberten sie das dichte Dorngesträuch, die finstern Wälder, die Tiefe der Wasser und das Innerste der Einöden." Später trat er, um sein Leben zu fristen, in den Dienst eines Ungarn, der zu den Mongolen

übergegangen war und wurde so auf dem Rückzug dieser mit=
geschleppt. In den Moldauischen Gebirgen rettete er sich durch
die Flucht und hat durch Siebenbürgen heimkehrend den schreck=
lichen Zustand des Landes beschrieben. Das sind seine Worte:
„Als die Mongolen aus Siebenbürgen zogen, kamen sie
nach Kumanien (d. i. in die Moldau). Da ließen sie es nicht
mehr zu, daß, wie früher, zur Nahrung der Gefangenen Tiere
getötet würden, sondern gaben ihnen bloß Eingeweide, Füße und
Schädel derselben. So begannen wir zu glauben, wie auch die
Dolmetscher sagten, sie würden uns, wenn wir einmal Ungarn
verlassen, alle der Schärfe des Schwertes überliefern. Und da
ich nun weiter keine Hoffnung des Lebens hatte, sondern der
schwere grausame Tod auf der Schwelle stand, gedachte ich, es
sei besser da zu sterben als auf weiterm Zug von steter Todes=
angst gefoltert zu werden. Und darum verließ ich die Heerstraße,
indem ich ein natürliches Bedürfnis vorwandte und floh mit
einem einzigen Diener schnellen Laufes in das Dunkel des nahen
Waldes. Da verbarg ich mich in eine Vertiefung, die ein Bächlein
gewaschen und ließ mich mit Zweigen und Blättern bedecken.
Mein Diener versteckte sich etwas entfernter, damit nicht etwa
des einen unvermutete Entdeckung auch des andern traurige
Gefangennahme bewirke. Und so lagen wir da zwei ganze Tage
ohne das Haupt zu erheben wie im Grabe; oft hörten wir die
schrecklichen Stimmen jener, die nahe im Walde die Spuren
verirrten Viehes suchten und häufig Gefangene, die sich versteckt
hatten, anriefen. Als wir aber nicht länger imstande waren,
des Hungers unwiderstehlichen Drang und die ängstliche Begierde
nach Nahrung in dem Innersten des Herzens durch die Bande
des Stillschweigens zu fesseln, erhoben wir die Häupter und krochen
wie die Schlangen auf Händen und Füßen über die Erde. So
kamen wir endlich zusammen und fingen an mit schwacher und
leiser Stimme uns gegenseitig traurige Klagen über den nagenden
Hunger mitzuteilen und mit Seufzen und Weinen zu gestehen,
daß der Tod durchs Schwert ein geringeres Übel gewesen wäre,
als wenn durch Mangel an Nahrung die Bande der Glieder
und die Einheit zwischen Seele und Leib gelöst würden. Und
als wir in derartigen frommen Gesprächen uns ergingen, erschien
plötzlich ein Mensch, vor welchem wir, als unser Auge ihn er=
blickte, furchtsam die Flucht ergriffen. Bald aber sahen wir ihn

nicht weniger eilig sich zur Flucht wenden, weil er glaubte, daß
unsere Übermacht in Hinterlist sein Verderben beabsichtige. Und
als wir uns so gegenseitig fliehen sahen und Waffen bei keinem
erblickten, standen wir still und riefen uns an mit Zeichen und
Winken. Da nun einer dem andern in frommem, weitläufigem
Gespräche sich zu erkennen gegeben hatte, berieten wir, was wir
weiter tun könnten. Aber in der doppelten Bedrängnis, des un-
gestillten Hungers nämlich und der Todesfurcht, litten wir entsetzliche Angst und Not, so daß wir fast das Augenlicht zu verlieren meinten. Denn weder waren wir imstande, den Saft
wilder Kräuter hinabzuschlingen, noch die Kräuter selbst, wie es
die wilden Tiere machen, zu verzehren. Und obwohl uns so
großer Hunger quälte und des entsetzlichsten Todes furchtbares
Bild stets vor Augen schwebte, so erhielt unsere Kräfte doch ein
Vertrauen auf Lebensrettung, und die Hoffnung dem Jammer zu
entrinnen ließ den Mut nicht ganz sinken. Und so kamen wir
endlich mit erneuerter Zuversicht im Herrn gekräftigt an den Saum
des Waldes; eilig stiegen wir auf einen hohen Baum und über-
sahen das von den Tartaren verödete Land, das sie bei ihrem
Einfall nicht verwüstet hatten. O des Jammers! Wir durch-
wanderten eine entvölkerte, menschenleere Gegend, die die Tartaren
auf ihrem Zuge verheert hatten. Die Glockentürme der Kirchen
waren die einzigen Zeichen, welche uns von Ort zu Ort leiteten
und wahrlich sie zeigten uns hinreichend schrecklichen Weg. Denn
Straßen und Fußsteige waren im schlechtesten Zustand und ganz
von Unkraut und Dorngestrüpp überwuchert. Lauch, Zwiebel und
was sonst in den Gärten der Bauern übrig geblieben gefunden
werden konnte, wurde mir als größter Leckerbissen gebracht, die
übrigen genossen andere Kräuter und Wurzeln. Damit wurde der
hungrige Magen gefüllt und der belebende Geist in dem fast
leblosen Körper wieder angefacht. Die Ermüdeten erquickte keine
Ruhe, da wir ohne Dach und Fach und schützende Decken die
Nächte zubrachten. Am achten Tag endlich, nachdem wir den
Wald verlassen, kamen wir nach Weißenburg, wo wir nichts
fanden außer Knochen und Häupter der Erschlagenen und der
Kirchen und Paläste zerstörte Mauern, die häufig Christenblut
befleckte. Denn wenn auch die Erde das unschuldige Blut, das
sie getrunken, nicht zeigte, so waren doch die Steine überall von
dunkler Röte gefärbt, so daß wir nur mit beständigem schwerem

Seufzen schnell daran vorübergingen. Es war aber zehn Meilen davon neben einem Wald ein Dorf, Frata genannt, und im Wald drinnen vier Meilen vom Dorf ein sehr hoher Berg, auf dessen Spitze ein steiler Felsgipfel sich befand. Auf diesen hatte sich eine große Menge Männer und Weiber geflüchtet, die uns mit Freudentränen aufnahmen und sich nach unsern Drangsalen erkundigten, die wir ihnen aber mit wenigen Worten nicht erzählen konnten. Sie reichten uns endlich schwarzes Brot, aus Mehl und geriebener Eichenrinde gebacken; nie haben uns Semmel so wohl geschmeckt. Daselbst blieben wir einen Monat lang und wagten es nicht herabzusteigen, sondern schickten nur von den leichtern und jüngern Männern Späher, zu erkunden, ob nicht noch ein Teil der Tartaren zurückgeblieben sei, oder mit trügerischer List, um die durch glückliche Flucht Entronnenen wieder zu fangen, zurückkehren werde."

So erzählt Rogerius.

Der jammervolle Zustand, in welchen die Mongolen das Land gestürzt hatten, endete mit ihrem Abzug nicht. Pest, Heuschrecken, Hungersnot brachen herein, so daß, wie die Zeitbücher erzählen, in jenen Tagen Menschenfleisch öffentlich zu Markte gebracht wurde.

6.
Die Regierung König Belas IV. nach dem Mongoleneinfall und die Zeiten unter seinem Sohn Stephan V. und seinem Enkel Ladislaus IV.
1242—1290.

> Ja Feinde rings; doch unverzagt
> Steht man die deutschen Gäste;
> Die Freiheit hält bei ihnen Wacht
> Und Mut heißt ihre Veste.
> Fr. Marienburg.

König Bela floh nach der unglückseligen Schlacht am Schaio zum Herzog Friedrich von Österreich und von diesem schwer bedrängt nach Dalmatien. Als er hier zu weiterm Kriege rüstete, traf ihn die Kunde von dem Abzug der Feinde. Nach Ungarn zurückgekehrt suchte er durch kräftige Maßregeln die große Not des Reiches zu mildern. Den deutschen Städten, die durch die Mongolen ihre Freiheitsbriefe verloren hatten, stellte er neue aus, damit sie mit ihrer Hülfe wieder erstarkten. Und da viele Orte durch Krieg oder Seuchen alle Einwohner verloren hatten, schickte er, wie schon manche seiner Vorgänger in schwerer Zeit, Boten und Briefe aus in alle umliegenden Länder und rief Bewohner in die verödeten Gegenden, Männer jeden Standes, Gemeine und Adelige. Und denen die da kamen, Deutsche waren es wieder vor allem, verlieh der König Land und begabte sie mit mannigfachen Rechten und Freiheiten.

Eine starke Schutzwehr für die Sachsen in Siebenbürgen würde es geworden sein, wenn der König einen Plan hätte ausführen können, den er in dieser Zeit zur Verhütung ähnlichen Unglücks, wie der Mongoleneinfall gewesen, faßte. Er schenkte nämlich im Jahre 1247 dem Orden der Johanniterritter den Severiner Banat und Kumanien, d. i. die heutige Walachei und Moldau. Die Ritter sollten das Land gegen Feinde verteidigen und mit Einwanderern bevölkern, jedoch Sachsen oder Deutsche aus dem ungarischen Reich dahin nicht ansiedeln ohne des Königs ausdrückliche Bewilligung. Aber der Orden hat diese Pflicht nicht erfüllen können und so blieb den Siebenbürger Deutschen allein die Ehre und die Last, hier des Reiches Grenzen zu schirmen.

In demselben Jahr, in dem die Mongolen abgezogen, sandte König Bela den Woiwoden Laurentius nach Siebenbürgen, daß er die zerstreuten Bewohner sammle und alles vorkehre, was die schwere Zeit erfordere. Das erste Zeugnis seiner Tätigkeit im Lande ist, daß er **deutschen Männern**, dem Grafen Lentink (Lenteneck) und seinem Bruder Hermann Schloßgüter von Doboka, ihrem Schwager Christian zwanzig Joche königlichen Besitzes in der Gemeinde Naghsalu um ihrer Treue und ihrer Kriegsdienste willen vergabte; der König bestätigte die Vergabung im Jahre 1243.

Ob auch in Siebenbürgen zu dieser Zeit neue Einwanderungen deutscher Ansiedler stattgefunden, kann nicht mit Entschiedenheit bestimmt werden. Unwahrscheinlich wäre es nicht, da erweislich in das benachbarte Ungarn auf den Ruf des Königs neue Kolonisten kamen, die ferne Grenze aber im Lande jenseits des Waldes Vermehrung ihrer Verteidiger ebenso dringend bedurfte. Gewiß ist es, daß neue sächsische Orte angelegt worden sind, so ein Teil der Gemeinden in den II Stühlen, und daß sächsischen Orten, deren Bevölkerung gelichtet worden war, größere Rechte und Freiheiten erteilt wurden, damit hiedurch neue Einwanderer

herbeigezogen würden. So geschah es bei Winz und Burgberg
(Alvincz und Borberek) am Mieresch, deutschen Volksgemeinden,
deren Gründung in unbekannte Zeit zurückgeht. Der Woiwode
Laurentius erteilte ihnen, „den treuen deutschen Ansiedlern", im
Jahre 1248 in bezug auf Benützung von Wald, Wasser und
Weide alle jene Rechte, die die Hermannstädter Gaugenossen auf
ihrem Grund und Boden hatten, und regelte ihre Steuerverhält-
nisse. Der Wirt, der einen ganzen Hof besaß, zahlte jährlich ein
Drittel Lot zehnlötigen Silbers, aber mit der großen Wage, wie sie
gewöhnlich die Domherren von Weißenburg gebrauchten. Die Einwohner trieben Schiffsbau und Flußschiffahrt auf dem Mieresch;
wenn der Woiwode zu ihnen kam, mußten sie ihn jährlich zweimal
bewirten. König Belas Sohn, Herzog Stephan, bestätigte 1265
diese Ordnung, damit die Zahl der Bewohner sich mehre und die
Ansiedlung besser gedeihe.

Auch die Güter der Abtei Kerz waren von den Mongolen
gänzlich verwüstet worden, so daß sie noch ein Menschenalter
später infolge dieser Verheerung Mangel litten an Bewohnern.
Diesem zu wehren nahm Herzog Stephan im Jahre 1264 die Abtei
in seinen besondern Schutz, sprach ihre Güter von der lästigen
Pflicht Woiwoden und Große zu bewirten, sowie von allen
Abgaben frei; dafür sollten sie an der jährlichen Steuer des
Hermannstädter Gaues verhältnismäßigen Anteil tragen. Das
ist der Anfang der später enger gewordenen Vereinigung der
Abteigüter mit den Sachsen.

König Belas IV. wohltätige Wirksamkeit zur Wiederher-
stellung des Landes unterbrachen Streitigkeiten mit dem eigenen
Sohn. Er ließ ihn unklugerweise noch bei seinem Leben zum
König krönen und übergab ihm Siebenbürgen als Herzogtum.
Bald aber genügte dem Sohn das nicht, er wollte an Gewalt,
Einkünften und Glanz dem ältern König gleich sein. Vergebens
mahnte der Papst, mahnten die Bischöfe zum Frieden. Im Jahre
1267 brach der Krieg aus zwischen Vater und Sohn. Das Volk
der Sachsen stritt für Bela, während einzelne Mächtige aus seiner
Mitte, so Chiel, der Sohn Erwins von Kelling und sein Ver-
wandter Teel, der Sohn Ebls von Broos, unter Stephans Fahne
kämpften. Der Herzog wurde mit geringem Gefolge von den
Anhängern seines Vaters in der Schwarzburg bei Zeiden im
Burzenlande enge eingeschlossen. Er aber in glücklichem Ausfall

warf die Feinde zurück. Ebenso wurde der Woiwode Ladislaus, der mit den Kumanen gegen ihn ins Land rückte, bei Deva geschlagen. Durch diese Siege vermutlich gedrängt, gingen die Sachsen zu Stephan über. Doch wandte sich das Glück später auf des ältern Königs Seite. Des Herzogs eigener Kanzler Propst Niklas von Hermannstadt verließ sein Banner. Stephan unterwarf sich dem Vater und erhielt Verzeihung, nachdem der Könige Streit unheilvoll den Frieden des Landes gestört.

Nach Belas IV. Tod (1270) war Stephan, dieses Namens V., allein König. Er trug die Krone, die er so lange erstrebt, nur zwei Jahre. Trotz der kurzen Zeit ist seine Regierung für das Sachsentum in Siebenbürgen bedeutungsvoll. Als mehrjähriger Herzog des Landes mochte er die Bedeutung der **deutschen** Bevölkerung hier eingesehen haben. Darum gründete er als König in dem freundlichen Tal des kleinen Szamosch, das wohl noch an den Folgen der Mongolenverwüstung litt, Klausenburg und setzte deutsche Ansiedler dahin, denen er wertvolle Rechte und Freiheiten erteilte.

Auf Stephan V. folgte 1272 sein zehnjähriger Sohn Ladislaus IV. Unter ihm hat achtzehn Jahre hindurch große Verwirrung das Reich erfüllt. Anfangs Knabe ohne Erziehung, später Jüngling ohne Einsicht, als Mann nur Vergnügungen und Ausschweifungen nachgehend, war er nie imstande König zu sein. Als er aus Vorliebe zu den Kumanen, um derentwillen man ihn den Kumanen nennt, diesen alles ungestraft hingehen ließ, wuchs die Verwirrung. Der Adel riß immer mehr Macht an sich, trieb immer größern Mißbrauch damit. Damals geschah es, daß ungarische Große ihren König festsetzten und mit Schlägen mißhandelten. So sehr hatte er alles Ansehen verloren.

Wo aber der Herr in seinem Hause seine rechtmäßige Gewalt sich stehlen läßt von seinen Dienern und zu ihrem Spotte herabsinkt, kann die Wohlfahrt nicht gedeihen. Also wurde auch in Siebenbürgen Friede und Einigkeit niedergetreten, und wer da bestehen und das Unrecht nicht ertragen wollte, fand keine andere Hülfe als durch eignen Mut und Tatkraft. So geschah es Johann, dem Sohn Alards von Salzburg.

Das war dazumal noch eine stattliche sächsische Volksgemeinde und Alardus Graf oder Richter derselben. Ihn ließ der Siebenbürger Bischof Petrus im Bunde mit einigen Domherren ermorden.

Da sammelte von Rache getrieben sein Sohn die reichen Sippen und Freunde, stürmte an ihrer und des zahlreichen bewaffneten Gefolges Spitze am Sonntag Reminiscere 1277 nach Weißenburg und übte blutige Vergeltung an den Urhebern der Tat. Der Bischofssitz und das umliegende Land wurden verwüstet, die Domkirche zerstört und nahe an zweitausend Menschen, die sich dorthin geflüchtet, darunter vier Archidiakone, Domherren, Priester und Laien mit ihr verbrannt. Die Reliquien, Kreuze, geistlichen Gewänder, Bücher, Kirchenschätze wurden entweiht, zertrümmert, geraubt. Bis in späte Zeiten herab konnte das Kapitel keine stärkere Verwünschung treffen, als daß doch die Zeit Johanns, des Sohnes Alards wiederkehren möchte. Die alten Freibriefe samt dem Siegel des Bistums gingen verloren und König Ladislaus sah sich schon im folgenden Jahr genötigt, dem Domkapitel, da es durch der Sachsen Mord und Wut fast ganz zugrunde gerichtet worden sei und außer mit königlicher Hülfe nicht mehr erstehen könne, eine Salzgrube in Thorenburg, die es schon früher besessen, jetzt aufs neue für ewige Zeiten zu verleihen und ihm zugleich alle königlichen Steuern zu schenken und nachzusehen, die auf die Bewohner seiner Besitzungen je aufgeschlagen würden, damit diese durch jenes Unglück verödet, hiedurch aufs neue um so leichter bevölkert werden könnten.

Die Urheber dieser Tat Johann Alards Sohn und seine Genossen wurden zur Strafe ihres teuflischen Wütens auf allgemeiner Reichsversammlung im Jahre 1291 mit dem Kirchenfluche belegt und für die Zukunft allen bei sonst zu gewärtigendem Interdikt geboten, in ähnlichen Fällen „gegen solche Verbrecher und giftige Glieder des Landes" in Waffen aufzustehen. Die diesmaligen Täter sollten so lange im Bann bleiben, bis sie der Weißenburger Kirche alles vergütet. Das aber scheint nie geschehen zu sein; denn 1287 ließ der Bischof Petrus auf eigne Kosten die Mauern durch einen französischen Baumeister, 1291 das Dach der zerstörten Domkirche durch sächsische Zimmerleute herstellen und das Domkapitel erklärte noch im Jahre 1309, daß der Salzburger mit seinen Genossen des Bannes nicht ledig sei.

Dasselbe Domkapitel lebte mit den Pfarrern des Mediascher Kapitels im Unfrieden. Es erhob Anspruch auf drei Zehntquarten von Feldfrüchten, Wein, Bienen und Lämmern, deren Bezug jene als eigenes Recht behaupteten. Durch Vermittlung guter Männer kam es endlich zu freundschaftlichem Ausgleich. Am 23. Juni 1283 trat der Mediascher Dechant Walter, Pfarrer von Häzeldorf, mit Adam, Pfarrer der „Dorfgemeinde" Mediasch, Johannes von Birthälm, Heinrich von Reichesdorf und andern Pfarrern seines Kapitels in Weißenburg vor den Bischof Petrus und vertrug sich mit dem Domkapitel dahin, daß das Mediascher Kapitel dem Domkapitel für jene drei Quarten jährlich vierzig Mark guten Silbers, wie es in Weißenburg, in Winz und in Broos lief, zu zahlen habe, und zwar am Vorabend des Michaelstags zehn Mark, fünfzehn Tage nach Martini fünfzehn Mark und fünfzehn Tage nach Mariä Reinigung die übrigen fünfzehn Mark. Falls die Pfarrer den Zahltag versäumten, sollten sie schon am folgenden Tag das Doppelte zahlen, ob die Gemeinden größer oder kleiner geworden. Papst Clemens V. bestätigte 1307 den Vertrag und trug im folgenden Jahr dem Hermannstädter Propst auf zu sorgen, daß er aufrecht bleibe.

In das von innern Wirren heimgesuchte Land fielen im Jahre 1285 die Tartaren ein. Eine Strecke von zwölf Meilen bedeckten ihre Züge, so hieß es. Die Horden schädigten und plünderten Bistritz so, daß der König der Armut des Volkes durch Nachlaß von zwei Dritteilen der Zölle zu Hülfe kommen mußte. Einige ihrer Haufen wurden von den Szeklern bei Thorozko geschlagen. Dafür und für das Geschenk von achtzig Rossen bestätigte Ladislaus ihnen das Eigentumsrecht auf ein Stück Landes am Aranyosch, das ihnen Stephan geschenkt hatte. Das ist der Ursprung des Szeklerstuhls Aranyosch.

Den König Ladislaus erschlugen 1290 seine Günstlinge, die Kumanen, in einem ihrer eigenen Zelte.

7.
Das Sachsentum unter dem letzten Arpaden.
1290—1301.

> Gesegnet ist dein Fleiß, dein Glücksstand blüht,
> Voll sind die Scheunen …
> Da steht dein Haus, reich wie ein Edelsitz.
>
> Schiller.

Zu derselben Zeit war aus dem Geschlechte Arpads nur ein Mann am Leben, Andreas, Enkel Andreas II., den seinem nachgebornen Sohne Stephan eine edle Venetianerin geboren, weshalb man ihn auch den Venetianer nennt. Ihn erhob ein bedeutender Teil der Mächtigen auf den Thron, den ein gewaltiger Gegner ihm rauben wollte. Andreas II., Enkel Stephan V., hatte nämlich seine Tochter an den König Karl von Neapel vermählt. Dessen Sohn Karl Martell vermeinte nähere Ansprüche auf die Krone zu haben und der Papst in Rom begünstigte sie, da doch offenbar der dem Mannesstamm entsprossene Sohn des Königshauses das Vorrecht vor dem aus weiblicher Linie hatte. Darüber entspann sich langer Streit. Nach Karl Martells Tod kam sein unmündiger Sohn Karl Robert nach Ungarn und der Erzbischof von Gran krönte ihn zum König. Wenige Monden darauf starb Andreas III. (14. Januar 1301); mit ihm erlosch in Ungarn der Arpadische Mannesstamm.

Das Reich stehe am Rande des Verderbens, so klagen unter ihm die Stände. Von den Wirren der Zeit blieb auch Siebenbürgen nicht unberührt. Der Woiwode Rorand erhob selbst die Waffen gegen den König. So groß war die Zerrüttung, daß Andreas schon im ersten Jahre seiner Regierung ins Land kam und zur Wiederherstellung der Ordnung 1291 in Weißenburg den ersten bekannten siebenbürgischen Landtag hielt. Anwesend waren dabei außer den Prälaten und Baronen im Gefolge des Königs der Adel der Komitate, die Sachsen, Szekler und Walachen. Die letztern werden auf diesem einzigen Landtag und sonst nie mehr unter den Gliedern desselben erwähnt; wahrscheinlich waren es damals jene walachischen Knesen, von denen manche Familien später in den ungarischen Adel übergegangen sind, die an der Spitze jener rumänischen Gemeinden standen, welche die Könige allmählich auf königlichen Schloßgütern, so auf Besitzungen von Deva, ansiedelten. Sonst finden sich im ganzen dreizehnten Jahr=

hundert äußerst selten Spuren rumänischen Lebens in Siebenbürgen. Noch im Jahre 1293 konnte Andreas III. auf den Rat seiner Barone alle Rumänen von den Gütern des Adels oder wo sie sonst sich aufhielten, auf eine königliche Besitzung zusammenrufen und wenn sie nicht willig kämen da zu wohnen, solle man Gewalt brauchen. So dünn muß damals noch die Bevölkerung derselben im Land gewesen sein, wie denn in der Tat aus der gesamten Arpadenzeit kein einziges Baudenkmal vorhanden ist, das ihres Geistes oder ihrer Hände Werk wäre.

Dafür war zu dieser Zeit Thorenburg von Sachsen bewohnt. Wann sie dahin eingewandert, ist unbekannt. Im Jahre 1291 klagten sie dem König, daß sie ihre Freibriefe im Tartareneinfall durch Feuer verloren hätten, was viele Adelige bestätigten. Da stellte ihnen Andreas einen neuen Freibrief aus. Er vergrößerte ihr Gebiet mit mehreren angrenzenden königlichen Ländereien und befreite die Ansiedler von der Gerichtsbarkeit der Komitatsbeamten und des Woiwoden und der Pflicht ihrer Bewirtung. Sie waren unmittelbar dem König und seinem Schatzmeister untergeordnet und wurden von dem eigenen Richter gerichtet. Dazu erhielten sie freie Wochenmärkte, Zollfreiheit im Reiche und die Befugnis am St. Martinstag aus den königlichen Gruben Freisalz zu holen. Dieselben Freiheiten, sagt die Handveste, hätten auch die deutschen Ansiedler von Deesch, Szek und Kolosch — Orte, in denen wie in Thorenburg das Deutschtum längst bis auf wenige Spuren erloschen ist.

Dasselbe Schicksal hat es in Thorozko gehabt. Dahin hatten die Könige zur Betreibung des Bergbaues unter Zusicherung wertvoller Rechte Deutsche aus Oberösterreich gerufen und angesiedelt. Diese Urkunden über ihre Berufung und über die ihnen bei ihrer Ansiedlung gewährten Freiheiten seien im Tartareneinfall verbrannt, trugen sie dem König 1291, wahrscheinlich als er eben im Lande war, vor und wiesen die Wahrheit ihrer Aussage durch das Zeugnis vieler Adeligen nach. Andreas, die Gerechtigkeit ihres Ansuchens und die Bedeutung des Bergbaues für die Wohlfahrt des Landes betonend, stellte ihren Bitten zufolge die Freiheiten wieder her, auf die sie gerufen worden waren. Sie wählten sich Richter und Ratsmänner aus ihrer Mitte und standen unmittelbar unter dem König und seinem Schatzmeister. Sie hatten freie Wochenmärkte und durften ungehindert Wald

Wasser und Weide nach Westen hin in der Entfernung einer Meile benützen.

So sorgte König Andreas III. für die deutschen Bewohner Siebenbürgens! Zwar sind auch in Thorozko im schönen Tale des felsigen Szeklersteins die deutschen Laute längst verklungen und die alte Freiheit ist nicht mehr. Nur die Sage noch erzählt im freundlichen Orte vom Deutschtum der Väter. Doch zeichnen sich seine Bewohner noch immer durch eigentümliche Körpergestalt und Kleidung vor ihrer Umgebung vorteilhaft aus und beurkunden auch hiedurch den deutschen Ursprung bis auf den heutigen Tag.

Der Thron König Andreas' III. ruhte zum Teil auf der Sachsen Kraft. In den Streitigkeiten wider Karl Martell erhielt er ausdrücklich den Rat, sich des Beistandes der Sachsen zu versichern, wenn ihm an glücklichem Erfolge liege. Ihre Wichtigkeit und Bedeutung im ungarischen Reiche erkennend, berief sie Andreas auf den Reichstag. Zweimal (1292 und 1298) erscheinen sie während seiner Regierung auf demselben und beraten mit dem König, dem Adel und den Bischöfen über des Landes Wohlfahrt. Sie beschicken den Reichstag nicht als Bürger von sogenannten Freistädten — solche gab es damals im Sachsenlande nicht und die ungarischen erhielten die Reichsstandschaft erst zwei Jahrhunderte später — sondern als ein freies, will damals nicht weniger sagen als adeliges Volk.

Auch hatten seine einzelnen Bürger jener Zeit nicht weniger Rechte als jeder einzelne ungarische Adelige. Dieser — ursprünglich — wie jener zahlte Steuern, leistete Kriegsdienste und war nur dem König und dem Gesetz untertan, das er selber machen half. Doch konnte sich der ungarische Adelige auf Sachsenboden nicht ansiedeln, denn der nahm nur den deutschen Mann auf und gab ihm Bürgerrecht; dem Sachsen aber war der Ankauf von adeligen Gütern nicht verwehrt, eben weil das sächsische Bürgertum nicht weniger war als adeliges Recht. Und unter den Sachsen waren einzelne Geschlechter, die begüterter als die andern schon bei der Ansiedlung größere Strecken wüsten Bodens übernommen hatten, im Laufe der Zeit durch Fleiß und Betriebsamkeit zu immer größerem Reichtum gekommen. Die machten von diesem damals nie bestrittenen Rechte Gebrauch und kauften sich adeliges Besitztum außerhalb des Sachsenbodens, Feld und Wald, Wasser und Weide, ja ganze Dörfer mit ihren Bewohnern. Hier genossen sie alle jene Rechte, die der ungarische Adel auf Adelsboden hatte, während sie auf Sachsenboden nicht über dem sächsischen Rechte standen, sondern nur Bürger waren wie jeder andere. Ihre Zahl wuchs allmählich so sehr, daß König Andreas III. in dem großen Freibrief, den er dem Adel am 22. Februar 1291 infolge der Verhandlungen und Beschlüsse auf dem Krönungslandtag in Stuhlweißenburg ausstellte, ihrer ausdrücklich erwähnt. Er nennt sie „die güterbesitzenden und nach der Weise der Adeligen lebenden Siebenbürger Sachsen" (Saxones Transsilvani praedia tenentes et more nobilium se gerentes) und stellt sie in Rechten und Pflichten dem ungarischen Adel gleich.

Doch es ist nicht gut, wenn in einem Gemeinwesen einzelne übermäßig reich und mächtig werden, da von ihnen der Freiheit der andern Gefahr droht. So lehrt auch unseres Volkes Geschichte. Aus der Mitte jener mächtigen Geschlechter war der Gemeinfreiheit ein Feind erstanden, gegen den der gesunde Geist unseres Volkes zu kämpfen gehabt hat viele Jahrhunderte lang.

Die Wurzel des Erbgräfentums reicht bis in die Ansiedlungszeit zurück. Der Name Graf oder Gräf bezeichnet hier zunächst nicht einen Stand, sondern ein Amt, eine Würde. Bei der Ansiedlung mußte der König seine Hoheitsrechte, vor allem die oberste Richtergewalt einem Vertrauensmann übertragen, es war der von ihm ernannte Komes, zu deutsch Graf und bei uns Gräf. Er war Richter, befehligte das Aufgebot, sammelte die Abgaben ein, er war der einflußreiche Königsbeamte. Neben ihm stand der Volksbeamte, der Hann, von geringerer Bedeutung. Der Gräf hatte jedenfalls bei der Ansiedlung ein entscheidendes Wort hineinzureden gehabt, bei Hattertstreitigkeiten, auf den Versammlungen, in allen Rechtsfragen des Ortes kam auf ihn nicht wenig an. Wir finden die Träger dieses Amtes wohl in allen Dorfgemeinden, aber ebenso in den größern Verwaltungsbezirken, von Anfang an nicht nur mit dem Anrecht auf (in der Regel) zwei Drittel der Rechtsgefälle, sondern auch mit Vorrechten auf der gemeinen Mark, der Nutznießung eines größern Acker- oder Wiesengrundes, im Besitz von königlichen Gefällen, häufig des Mühlrechtes u. dgl., kaum jemals rechtmäßig frei von Abgaben im stolzen Gräfenhaus wohnend. Eigentümlich aber ist, daß das Amt schon so früh erblich erscheint, daß es unmöglich ist, hier an

Gewalt und Unrecht zu denken. Es muß vielmehr angenommen werden, es habe der König von vorneherein in einzelnen Fällen das Amt erblich verliehen. In andern mags geschehen sein, daß die Richterwürde durch Wahl auf Vater und Sohn übertragen wurde und daß dann der Enkel daraus einen Anspruch darauf ableitete.

Tatsächlich erscheinen auf dem Sachsenboden schon seit dem 13. Jahrhundert zahlreiche Grafenhöfe und Erbgräfen. Sie haben von vorneherein eine eigentümliche Doppelstellung. Vertrauens=
männer des Königs, waren sie Angehörige des sächsischen Volkes und fühlten sich verpflichtet, für Beider Interessen zu sorgen. Durch Tatkraft, überlegenes Urteil, jedenfalls auch kriegerische Eigenschaften hervorragend wurden ihre Dienste von beiden Seiten belohnt, vom König mit Verleihung von Gütern außerhalb des Sachsenlandes, von Seite des Volkes durch Übertragung der Führung in allen wichtigen Angelegenheiten und durch Über=
lassung größern Besitzes auf der gemeinen Mark, wo durch neue Rodung der Erbgräf seinen Reichtum mehrte. Da lag nun aller=
dings die Gefahr nahe, solchen Besitz gleich zu achten dem Adels=
besitz auf Komitatsboden und damit dem Sachsenland selbst und dem Volk schweren Schaden zuzufügen, besonders weil der un=
garische Adel gern in diese sächsischen aufsteigenden Geschlechter hineinheiratete und in der zweiten und dritten Generation der deutsche Ursprung vergessen wurde.

Solche mächtige Geschlechter, die die Erbgrafschaft in ein=
zelnen Orten hatten und auf adeligem Boden reichbegütert waren oder die auch ohne jene Würde adeligen Grundbesitz hatten, kennt die Sachsengeschichte viele. Zu den bedeutendsten aus der Arpadenzeit gehören die Nachkommen Erwins von Kelling, Erb=
grafen dieses Ortes, mit Besitzungen in Kuth, Ringelskirch, Wein=
gartskirchen, Spring, Drascho, Benzenz und vielen andern Orten; die Alard von Salzburg, zugleich Erbgrafen hier seit 1222, mit Gütern in Ringelskirch, Weingartskirchen und anderswo; Graf Arnold von Pold, der durch Verleihung König Stephans V. das Dorf Klein=Enyed im Albenser Komitat besaß, das nach sächsischem Erbrecht 1292, da Graf Arnold ohne Söhne gestorben, auf seine Tochter und deren Gatten Christian, Ludwigs Sohn, überging; Graf Petrus, Hennings Sohn von Denndorf, der 1289 vom Grafen Ladislaus, Daras Sohn, Mukendorf und Schorpen=

dorf um zwanzig Mark Silber kaufte; das Haus Hennings von
Petersdorf im Unterwald u. a. Wie hoch diese Häuser steigen
konnten, dafür legt das Weingartskirchener Gräfenhaus Zeugnis
ab, das mit dem Kellinger verwandt war. Ganz im ungarischen
Adel aufgegangen wurde ein Gereb de Vingarth Palatin von
Ungarn, ein anderer Bischof in Weißenburg, ein dritter Ban
von Kroatien. In mehr als einer der mächtigsten ungarischen
Adelsfamilien findest du, wenn du ihrem Ursprung nachgehst,
sächsisches Blut. Und viel gutes altsächsisches Besitztum ist auf
solche Weise in ungarische Hände gekommen.

Ein großes Verdienst haben diese mächtigen Geschlechter:
das Sachsentum verdankt ihnen größere Ausbreitung im Lande.
Manche sächsische Dörfer auf ursprünglichem Komitatsboden sind
von ihnen gegründet worden, andere dagegen von ungarischen
Adeligen, die, wie jene, arme Sachsen gegen Zusicherung be=
deutender Rechte auf ihre Güter riefen. Aber später wurden ihnen
die Freiheiten zum Teil wieder geraubt. So scheinen die säch=
sischen Dörfer in der Zekescher Surrogatie, ein Teil im Bulkescher
und Bogeschdorfer Kapitel entstanden zu sein, deren schon im
13. Jahrhundert Erwähnung geschieht. Auch in der Nähe der
königlichen Burgen siedelten die Könige gern jene tätigen und
tapfern Männer an. So sind ebenfalls einzelne sächsische Orte
des Kokelburger Komitats, so wahrscheinlich Regen mit seiner
sächsischen Umgebung entstanden. Selbst der siebenbürgische Bischof
sah seine Höfe und Dörfer gern von Sachsen bewohnt. Sogar
nach der „feindlichen Verfolgung" durch Gaan von Salzburg,
Alards Sohn, die zur Entvölkerung einzelner beigetragen hatte,
erwirkte Bischof Petrus 1282 vom König Ladislaus wertvolle
Rechtszusicherungen für Ansiedler freien Standes. Und als in
der Tat eine sächsische Bevölkerung in das bischöfliche Dorf Schard
nahe bei Weißenburg gezogen, erhielten sie 1295 das Recht freien
Abzugs, wie sie frei gekommen, und das Recht im Fall erbenlosen
Todes über ihren Besitz zu verfügen — nur ein Ochse solle dem
Bischof bleiben —. Die Gebäude, die sie gebaut, die Weingärten,
die sie angelegt, alles was sie selber gemacht, sollen sie unge=
hindert verkaufen, verschenken, von Todes wegen vergaben können.
Ihre Abgabe an den Bischof betrug jährlich dreizehn Mark;
einmal im Jahre gaben sie zu seiner Bewirtung einen Ochsen von
der Weide, ein Schwein, ein Faß Wein, dann jeder Hof eine

Henne, einen Kübel Hafer und zwei Brote. In kleineren Streitfällen richtete der Hann, den sie sich wählten, wo Blut geflossen oder in Fällen des Diebstahls und ähnlichen, dieser zugleich mit dem Richter, den der Bischof gesetzt, wobei der bischöfliche Mann zwei Dritteile, der der Gemeinde ein Drittel der Bußgelder erhielt. Für die Beurteilung der Fälle aber sollte das Gewohnheitsrecht des Hermannstädter Gaues gelten.

Etwa anderthalb Jahrhunderte waren die Sachsen in Siebenbürgen, als der Arpadische Mannesstamm, der sie zum Schutze der Grenze ins Land gerufen und mit Rechten und Freiheiten reich begabt hatte, ausstarb. Und in der kurzen Zeit hatten sie das Land gerodet und die wilden Tiere vertrieben, die Sümpfe ausgetrocknet und zu Fruchtfeldern umgeschaffen, und Dörfer und Burgen gebaut. Wo früher nur des Bären Spur sich fand und der Jagdruf ertönte oder das Schlachthorn erscholl, da wohnten freie Männer auf ihrem Erb und Eigen; Berg und Tal war umgewandelt und nicht mehr ein unsicheres Besitztum der ungarischen Krone. Die Enkel der Männer, die in die öde Wildnis eingewandert waren, saßen auf dem Reichstag neben Prälaten und Baronen. Wo nahe der westlichen Grenze die starken Schlösser Hunyad und Deva das Land nicht mehr schirmen konnten, da begannen am Mieresch ihre Ansiedlungen und zogen sich, ein großes Feldlager, fernhin, wohl vier Tagereisen weit und unvermischt bis zum Alt, zwischen diesem Fluß und der Kokel. Das war der Hermannstädter Gau von Broos bis Draas, dessen früher gesonderte Teile König Andreas II. im Jahre 1224 zu einem Gemeinwesen vereinigt hatte. Und weiter im Südosten hüteten die Burzenländer des Landes Pässe. Wie scholl um die starken Burgen da oft der wilde Schlachtruf, aber die Mauern blieben fest und die Männer wichen nicht. Gegen Mitternacht war der Nösnergau, dessen Abgaben ursprünglich für den Unterhalt der Königin flossen, der Schirm der Grenze, nicht schlechter als irgend einer im Ungarreich. Droben in Rodna dauerte der deutsche Bergbau fort; 1268 verkaufte Graf Rotho dem Grafen Heinrich, Brendelinus Sohn, dort die Hälfte seiner Silbergruben und all' seinen andern Besitz, darunter die Mühle über dem Szamosch drüben, den Steinturm und das Holzhaus daneben, den rings befestigten Hof und alle Äcker unter der Burg des Grafen Henchmann um hundertfünfundfünfzig Mark Silbers;

derselbe Graf Heinrich ist 1279 Vogt der Burg von Ofen. Mitten im Lande erhob sich Klausenburg, friedlicher Künste und der Freiheit Schirm, rings umgeben von Knechten. Zwischen ihm und dem Hauptstamme der deutschen Ansiedlungen, dem Hermannstädter Gau, lagerten als Vorposten des Kampfes gegen Roheit und Unfreiheit die vielen sächsischen Gemeinden des Bogeschdorfer, des Bulkescher, des Zekescher Kapitels, die mit Thorenburg und den Sachsen im Erzgebirge das Verbindungsglied bildeten. Von Klausenburg führten die sächsischen Gemeinden von Kolosch, Deesch, Szek zum Nösnergau, dessen Zweige in den Gemeinden um Schogen und Tekendorf, dann im Regener Kapitel bis an den Mieresch reichten. Die Hauptstämme aber waren der Hermannstädter-, Burzenländer-, Nösnergau und Klausenburg, zu der Zeit alle für sich bestehende gesonderte Gemeinwesen, noch durch kein anderes Band als das der Sprache, des Volkstums, des gleichen Zweckes ihrer Berufung miteinander vereinigt.

Wenn die Bedeutung dieser deutschen Ansiedlungen für Krone und Reich nicht zum geringsten Teil in der starken Wehrkraft lag, die sie der fernen früher so schutzlosen Grenze gaben, so wurde diese nicht wenig vermehrt durch die Befestigungen, die in der sturmvollen Zeit des 13. Jahrhunderts die jungen Gemeinden auch da anzulegen sich genötigt sahen, wo nicht schon gleich die erste Niederlassung sei es auch nur das schützende Pfahl- oder Erdwerk hervorgerufen. An solche Befestigungen haben wir zunächst überall zu denken, wo in sächsischen Ortsnamen das Wort Burg vorkommt. In der Tat erzählt der graue Mauerring der Schäßburg und ebenso der von Mühlbach, der dem kundigen Blick heute noch ein ganz anderes Gefüge der ältesten Mauer und darin die ursprünglichen niedrigen Zinnen zeigt, die bei der ersten Anlage nur für Bogen und Armbrust dienen sollten, von einer Zeit, die noch keine Ahnung von der Feuerwaffe hatte. In der Schwarzburg bei Zeiden konnte der aufständische junge König im Kampf mit dem Vater seine letzte Rettung suchen und finden. Und die Burg von Reps, um die am Anfang des 14. Jahrhunderts der heiße Kampf zwischen den Sachsen und dem König wogte, stand unzweifelhaft schon unter den Arpaden. Überhaupt finden wir kaum irgendwo so planvolle Befestigungsarbeiten ausgeführt, wie dort im Osten des Sachsenlandes. Vor der Repser Basaltburg, die den Zugang zum obern Kosdtale schließt, lagern im Tal des großen und kleinen Hamrod, wie an doppeltem Graben dort die Kirchenburgen von Hamruden, Katzendorf und Draas, hier das Bergschloß von Sommerburg und die Kirchenburg von Streitfort, fast alle mit untrüglichen Zeichen, am beredtesten der mächtige Draaser Turm mit dem Rundbogensims kündend, daß ihre Anfänge mindestens ins 13. Jahrhundert zurückreichen. Und nicht jünger kann die Anlage der Befestigung sein, die die Rundbogenkirche von Galt und damit den Ausfluß des vereinigten Hamrod in den Alt schirmt. Oder waren, als die Deutschen mit Schwert und Pflug hierher kamen, die Szekler vielleicht noch Heiden und Feinde, oder doch nur unsichere Freunde der ungarischen Krone?

Gewiß, als König Andreas III. 1291 in seinem Inauguraldiplom von den Türmen oder Burgen sprach, die um die Kirchen gebaut seien, hat er auch das Sachsenland im Sinne gehabt. Mehr als einer von jenen Türmen, durchweg massiger Anlage, auf mehr als klafterdicken Rundbogen ruhend, mitten in der Mauer die geschützte Steintreppe bergend, erhebt heute noch die gekuppelten Rundbogenfenster über ein Geschlecht, von dem wenige nur die Sprache verstehen, die er zum Kundigen spricht. Einer der stattlichsten, die deutsche Gemeinde, die ihn erbaute, Jahrhunderte überdauernd, der romanische Turm von Bärendorf bei Broos ist zu unserer Zeit erst, vom nahen Bach unterwaschen, zusammengestürzt; unter seinen Trümmern haben sie den rostzerfressenen, aus Kupfer gegossenen, einst vergoldeten Kelch gefunden, dessen Form die Vermutung nahe legt, daß er mit den Ansiedlern selbst aus Deutschland gekommen.

Außer diesen Türmen und zum Teil ein Bauwerk mit ihnen ist uns eine beträchtliche Anzahl sächsischer Kirchen im Rundbogenstil erhalten, der hier noch um ein volles Jahrhundert später als in Deutschland auftritt. Auch diese Bauten sind ein sprechendes Zeugnis für den Kulturstand jener deutschen Einwanderungen zu einer Zeit, wo siebenbürgische Urkunden es für wichtig genug halten, den Bestand einer Steinkirche in dieser oder jener Gemeinde ausdrücklich hervorzuheben. Am zahlreichsten stehen diese romanischen Kirchen im Hermannstädter Gau. Vom Westende an durch den ganzen Unterwald, das „alte Land" am Alt hinauf, das Kosder Kapitel entlang bis nach Draas begegnen uns solche Kirchen noch wohlerhalten oder doch mit edeln Resten in Rundbogenportalen, rundem Chorschluß oder Halbkreisnischen am Schluß der niedrigern Seitenschiffe fast Schritt auf Schritt. Hierher gehören unter andern Turm, Westtor und Schiff der Mühlbächer Kirche, die Bergkirche in Urwegen, die Burgkirche von Michelsberg, die Kreuzkirche von Neppendorf, die Kirchen von Salzburg, Neudorf, Rothberg, Szakadat, Freck, Holzmengen, an den drei letzten die Westportale durch Figuren belebt; neben diesen zahlreiche Spuren ursprünglicher romanischer Anlage und Ausführung durch alle spätern Umbauten noch immer kenntlich in Deutsch-Pien, in Rätsch, in Kelling, in Großscheuern, in Heltau, Hammersdorf, Martinsberg, Großschenk, Rohrbach; dazu das merkwürdige von innen und außen vermauerte romanische Chor mit den bedeutungsvollen Resten uralten Bilderschmucks in Hamruden, die im Portal und im gekuppelten Rundbogenfenster des Langschiffes erhaltenen Reste des ursprünglichen romanischen Baues in Katzendorf, die leider nur noch in Chor und Mittelschiff stehende Kirche in Draas, in ihrer Gesamtheit einst eines der besten Werke des Rundbogenstils, das heute noch mit seinem reichgegliederten kunstvollen Westportal, den gekuppelten Rundbogenfenstern des Langschiffes und den edeln Gewölbe- und Säulentrümmern der ehemaligen Seitenschiffe voll gewaltigen Eindrucks an der Grenze des Sachsenlandes als ein Zeugnis deutschen Geistes dasteht, unten am Alt endlich auf der weithin leuchtenden Höhe von Galt wieder die romanische Kirche, deren Westportal mit den eingemauerten Basaltlöwenköpfen aus der Römerzeit im Jahre 1845 zum Staunen der Gemeinde, die sein Dasein nicht mehr kannte, von der Erd- und Schutthülle befreit wurde, welche es seit der Tartarenzeit des 17. Jahrhunderts verborgen hatte, wie in ähnlicher Weise 1794 das Portal in Holzmengen seine Auferstehung gefeiert.

Auch oben im Norden im Nößnergelände führen bedeutungsvolle Kirchenbauten in die Arpadenzeit zurück. Allen voran, ein in seiner Art einziges Beispiel des Rundbogenbaues im ganzen Lande, steht die Kirche in Mönchsdorf, die hochgiebelig mit den zwei Türmen der Westfassade und den doppelt gekuppelten Fenstern ernst auf die kleine Gemeinde herniedersieht, welche im 13. Jahrhundert zu den bischöflichen Besitzungen gehörte, und vielleicht bischöflicher Unterstützung den edeln Bau mit verdankt. Die Kirche

in Ungersdorf und die ehemalige in Kyrieleis gehörten gleichfalls
jener Zeit an; sprechende Reste jenes Stils sind weiter im Westportal in Lechnitz, in den Halbsäulen an der Chorwand in Tatsch
— jetzt auch abgetragen —, in den Trägern des Gurtgewölbes
in den Ostecken des Schiffs in Treppen, im runden Chorschluß
in Waltersdorf, in dem gegenwärtig vermauerten Südportal, dann
im Westportal der Kirche von Petersdorf erhalten. Der zerfallende
Turm von Rodna spricht nur noch in seinen Trümmern von jener
Zeit, während im Burzenland unter andern im Westportal der
Petersberger Kirche sich ein bedeutsames Zeugnis derselben erhalten hat.

Daß alle diese Bauten durch die Arbeit und den Geist der
deutschen Ansiedler geschaffen wurden, ist unzweifelhaft. Stellten
doch sogar sie das Dach und den Turm des Weißenburger Doms
her, des edelsten romanischen Baues im Lande, den Alard von
Salzburg 1277 zerstört hatte. Mit sächsischen Zimmerleuten nämlich,
mit Siegfried von Krako, Jakob von Weißenburg, Herbord von
Urwegen und Henz von Kelling schloß Bischof Petrus am Tag
vor Christi Himmelfahrt 1291 den Vertrag über jene Herstellung
ab, wofür er ihnen neunzig Mark Silber und vierundzwanzig
Ellen Dornisches Tuch versprach und wobei für Siegfried und
Jakob der Domherr Arnold, für den Urweger Graf Daniel von
Urwegen, für den Kellinger Graf Daniel von Kelling, Chiels
Sohn, die Bürgschaft übernahm.

Neben der kirchlichen Baukunst lebte gewiß schon damals auch
die Kunst des Glockengusses im Sachsenland, wenn auch datierte
Glocken aus jener Zeit nicht vorhanden sind.

So freudig gedieh und erblühte das Sachsentum in anderthalbhundert Jahren in Siebenbürgen, trotz des Mongoleneinfalls
und so vieler innerer Stürme. Käme nur ein geringer Teil davon
über das jetzige Geschlecht, es zerstöbe wie die Spreu vor dem
Winde. Die Väter aber wahrten nicht nur in den schweren Tagen
ihr gutes Recht, das spätere Zeiten im Frieden einbüßten, sondern
es fehlt auch nicht an schönen Zeichen mildern Sinnes, wie er
dem Starken ziemt. So vergabten Richter, Geschworne und die
ganze Gemeinde von Hermannsdorf, aus dem später Hermannstadt
wurde, im Jahre 1292 den Kreuzbrüdern des Ordens vom heiligen
Geist zu einem Armen- und Krankenhaus ein schon lange zu
diesem Zweck von ihnen benütztes Gebäude, damit daselbst Fremde

gastfreundliche Unterstützung, Arme und Kranke aber Hülfe fänden. Auch Bistritz besaß zu jener Zeit bereits ein Spital, ein Zeugnis von des Gemeinwesens Wohlstand, Menschenliebe und Gemeingeist. Bischof Petrus von Siebenbürgen schenkte dem Spital im Jahre 1295 das Pfarrecht von Waldorf (Unter-Wallendorf), heute eine Vorstadt von Bistritz, als die Bewohner zwei Priester und einen Geistlichen hintereinander, vermutlich weil der Bischof sie ihnen widerrechtlich zu Seelsorgern aufdringen wollte, erschlagen hatten. Gewalttat trieb man damals mit Gewalttat ab und dem Unrecht fügte sich nur der Schwache.

Zweites Buch.

8.
Wie die Sachsen für Otto den Baiern kämpfen und Karl von Anjou König wird.
1301—1310.

Es gibt das Herz, das Blut sich zu erkennen.
Schiller.

Auf das Erbe König Andreas' III. machten mehrere Bewerber Anspruch und stürzten dadurch das ungarische Reich in vieljährige Spaltung. Der Papst, der immer behauptet hatte, das ungarische Reich sei sein Lehen, begünstigte Karl Robert und ließ nicht ab seine Partei zu mehren. Dagegen standen alle, die hieraus für die Unabhängigkeit des Landes fürchteten und wollten lieber ihr Blut vergießen, ehe sie das zugäben. Darum wählten sie den jungen Wenzel von Böhmen zum König und als dieser, unfähig die Krone zu erhalten, bald das Land verließ, den Herzog Otto von Niederbaiern, der ein Enkel König Bela's IV. war. Auf seiner Seite standen auch die Sachsen in Siebenbürgen, dessen Woiwode gegen ihn war.

Der König wollte sich nicht krönen lassen, bis er nicht ihrer Treue gewiß wäre; von solcher Entscheidung war ihre Unterstützung. Also zogen die Hermannstädter Grafen Gombolinus und Nikolaus Blavus mit ansehnlicher Gesandtschaft nach Ofen, huldigten dem neuen König und luden ihn ein, in ihre Heimat zu kommen, daß sie ihn da als ihren Herrn ehren könnten. Otto folgte der Einladung und besuchte über Bistritz im Jahre 1306 den Hermannstädter Gau; wie mag er gestaunt haben, dort deutsches Leben zu finden! Eben so sehr aber freuten sich die Väter, daß ihnen Gott einen **deutschen** König gegeben. Denn Otto war der erste Mann deutschen Stammes, der auf dem ungarischen Throne saß, seit sie hier ihre Wohnung aufgeschlagen. Darum und weil nach dem Rechte die Krone ihm gebührte, hielten sie so fest an ihm. Und dieselbe Treue haben sie allen Herrschern bewahrt und viele schöne Worte des Dankes von allen bekommen.

Als Otto Siebenbürgen verließ, folgte ihm eine bedeutende sächsische Macht. Aber die päpstliche List war gewaltiger als alles und Karls Anhänger mehrten sich von Tag zu Tag. Darum forderten viele von Ottos Partei den König auf, er solle sich mit der Tochter des siebenbürgischen Woiwoden vermählen und seine Sache dadurch kräftigen. Denn der Woiwode Ladislaus von Siebenbürgen war ein Mann von großer Macht; aus dem Szeklerland konnte er, so erzählt die Sage, auf eigener Erde, zwei kleine Strecken ausgenommen, bis nach Ofen reisen. Aber die Sachsen sprachen eifrig gegen jenen Vorschlag. Der Woiwode sei der treuloseste Mann, den man in ganz Ungarn finde; wenn Otto auf eine seiner Burgen sich wage, so sei er verloren, überhaupt nur so lange er unter ihnen weile sicher vor Arglist und Gewalttat. Als aber seine Anhänger immer mehr in ihn drangen und die Partei Karls sich fortwährend mehrte, da gedachte er, wie Ladislaus selbst ihm bei seiner Rückreise aus Siebenbürgen seine Tochter zur Ehe versprochen und als Mitgift 10.000 gerüstete Streiter. Und als des Woiwoden eigener Bruder, Bischof Petrus von Siebenbürgen, dem König gelobte, ihn zur Vermählung auf eine seiner Burgen zu führen, da entschloß sich Otto zum Zuge nach Siebenbürgen. Um allen Schein eines Verdachtes zu meiden, ließ er die Sachsen zurück. Umsonst warnten ihn diese. „Das kann jetzt nicht anders sein," entgegnete Otto; „Ehre, Leib und Leben muß ich nun an ihre Treue lassen."

Er hatte sie schlimmen Händen anvertraut; was die Sachsen gefürchtet, ging bald in traurige Erfüllung. Voll Freude über das Gelingen ihres Werkes ritten Bischof Petrus und die übrigen Ratgeber mit dem König fort und erzählten ihm viel Schönes, das alles ihn bei Ladislaus erwarte. Aber statt auf eine bischöfliche Burg, führten sie ihn auf eine Burg des Woiwoden, wahrscheinlich nach Deva.

Weinend klagten Ottos Diener diesem den entdeckten Verrat. Von seinen Freunden getrennt mußte er sich schweigend dem Geschicke fügen. So kamen sie an die Burg des Woiwoden. „Hier habt ihr," sprachen da Ottos Begleiter zum entgegenkommenden Ladislaus, „den König Otto; tut ihm wie sich's gebühret" und sprengten fort. Otto war gefangen; die Sachsen hatten Recht gehabt. Er erhielt seine Freiheit erst nach schmachvoller Haft, ließ die Krone in Ladislaus Händen, kehrte auf weiten Umwegen nach Baiern zurück und hat Ungarn nie mehr gesehen (1307).

So blieb Karl allein König und wurde im Jahre 1310 mit der Krone Stephans gekrönt, die er mit Mühe von Ladislaus zurückbekommen. Der nämlich, im Gefühle seiner Macht, scheint selbst nach königlicher Würde gestrebt zu haben. So hatte er die Silberbergwerke der „reichen Rodna" an sich gerissen und die Besitzungen der Abtei Egresch, die Karl dem Schutze der Sachsen anempfahl. Auch in die Rechte des Hermannstädter Gaues hatte er sich Eingriffe erlaubt. Weil ihm über geteilte Kräfte die Herrschaft zu erringen leichter dünken mochte, hatte er widerrechtlich die Mediascher, Schelker und Birthälmer der Hermannstädter Freiheit beraubt, die sie besessen hatten, hatte das Nösnerland und den Hermannstädter Gau, das Szeklerland und andere Orte mit ihren Einkünften sich angeeignet. Auch andere Übel fehlten nicht. Bei der allgemeinen Gesetzlosigkeit erbauten Mächtige an gelegenen Plätzen feste Türme und Warten, fielen mit ihren Knechten auf den vorüberziehenden Wanderer und schädigten ihn, bis die Sachsen mit gewaffneter Hand die Raubnester brachen und die Sicherheit der Straße wieder herstellten.

Eine andere Quelle vieler Wirren waren die Übergriffe des siebenbürgischen Bischofs und des Domkapitels und ihre Ansprüche auf Zehnten und Rechte der sächsischen Geistlichkeit. Denn leider hatte König Bela III. nicht die gesamte sächsische Kirche dem Hermannstädter Propst untergeordnet. Der fremde Bischof, der für seine Würde große Summen an den Papst in Rom zahlen mußte, und seine Domherren strebten nun fortwährend nach den Einkünften jener Pfarrer, deren Zehnten ihnen so verlockend nahe war, und ihre zum Teil ungerechten Forderungen haben nicht aufgehört, so lange das Bistum stand. So hielt alljährlich ein Abgeordneter des Domkapitels mit sieben Rossen im Unterwälder Kapitel Umritt und der Dechant des Unterwaldes ritt mit ihm, die Einkünfte der Pfarrer zu schätzen, und von je sechzig Feuerstellen mußten sie ihm eine Mark Silbers zahlen. Um eine Mark Silbers kaufte man damals neun Joch Ackerland mit Wald und Weide.

Am Anfang des 14. Jahrhunderts widersetzten sich das Zekescher, Unterwälder, Bulkescher, Bogeschdorfer, Keisder, Kosder und Laßler Kapitel und versagten den Weißenburger Domherren die Zehnten, Steuern und andere vielnamige Abgaben, die diese von ihnen forderten. Aber der gewalttätige Woiwode Ladislaus war der Bruder des Bischofs Petrus und später wurde sein Sohn Bischof, weshalb er alle Ansprüche des Domkapitels in parteiischen Schutz nahm. Deshalb legte Pfarrer Berthold von Kelling im Februar 1308 in Weißenburg feierliche Berufung an den päpstlichen Stuhl ein. Das gefiel den Domherren nicht und sie legten Hand an Berthold und seine Begleiter und wollten sie gefangen nehmen. Diese aber entflohen, kehrten jedoch bald mit einem zahlreichen Gefolge von Reisigen, bewaffneten Priestern und Laien nach Weißenburg zurück, besetzten die Kirche, in welcher die Domherren versammelt waren, schlossen die Türen und übten mit Wort und Tat so unmilde Vergeltung an ihnen, daß das Domkapitel die Schmach nicht aufnehmen wollte um 1000 Mark Silber.

So wirrvoll war die Zeit, während der Kronstreit das Reich erschütterte und das Recht verstummte vor der Macht. Erst unter Karl Robert, mit dem das französische Königsgeschlecht Anjou den ungarischen Thron besteigt, kehrte Ruhe und Ordnung wieder zurück. In Siebenbürgen erkannte der Woiwode Ladislaus am 8. April 1310 Karl Robert als König an und gelobte ihm Treue.

9.
Die Zeiten unter Karl Robert.
1310—1342.

*Nichtswürdig ist die Nation, die nicht
Ihr Alles freudig setzt an ihre Ehre.*
Schiller.

Doch dauerte es noch lange Zeit, bis die Wogen des Ungehorsams sich verliefen und das Gesetz wieder zur Herrschaft kam. Die lange Regierung Karls und sein staatskluger Sinn trugen wesentlich zur Befestigung der neuen Ordnung bei. Gegen das Ausland führte er fast keine Kriege, aber daheim sorgte er für Erhöhung des königlichen Ansehens durch Bündnisse mit den benachbarten Fürsten und durch strenge Strafen gegen Verräter. Das alte Wanderleben der ungarischen Könige gab er auf und errichtete die bleibende Hofstatt in Vischegrad an der Donau. Den

Reichstag versammelte er selten, weil die stürmischen Zusammenkünfte dem jungen Königsgeschlecht gefährlich werden konnten. So regierte er mit großem Ansehen und einer Kraft, wie sie den letzten Arpaden abgegangen, also, daß er viele königliche Güter einzog und sogar eine Steuer (den Kammergewinn, lucrum camerae) einführte, von jedem Tor, unter dem ein Erntewagen einfahren konnte, jährlich achtzehn Pfennige, der aber Kriegsleute und Kirchen und viele andere Befreite nicht unterworfen waren.

Auch die Sachsen nicht. Ihre Bedeutung für Siebenbürgen erscheint unter König Karl, den sie so lange nicht anerkannten, in immer steigender Größe. Der König nennt sie nicht mehr wie früher Gäste und Ansiedler: eine „Gesamtheit (Universität) der Sachsen in Hermannstadt", ein „Gemeinwesen der Sachsen von Mediasch, Schelken und Virthälm", ein „sächsisches Volk von Bistritz", eine „sächsische Volks= und Bürgergemeinde von Klausenburg" erscheinen neben dem Burzenlande, in dem ein einziger Mann dem König Jahre lang trotzen konnte. Das Jahrhundert der Anjou ist der Sachsen schönster Zeitraum.

Der Hermannstädter Gau suchte durch seine beiden Grafen Blasuuz und Henning im Jahre 1317 die Bestätigung des Andreanischen Freibriefes nach. König Karl erteilte sie; aber den Rechtsverletzungen, die unter der Zeit des Kronstreits begonnen hatten, wurde dadurch kein Ziel gesetzt. Auch sonst kehrte der Friede nur schwer zurück. Noch 1321 mußte der König den Woiwoden Dausa „zur Wiederherstellung des guten Zustandes" ins Land schicken, wo die Woiwodalburg Cicho erst in jenem Jahre an Karl Robert übergeben wurde. Paul von Ladmesch (Ladamosch), das damals zum Hermannstädter Gau gehörte, hatte bis zum Jahre 1324 den König nicht anerkannt und überfiel fortwährend mit seinen Söhnen die Güter der Königlichen; Nikolaus von Talmesch stand bis 1332 in den Waffen gegen Karl. Da ernannte dieser im Jahre 1324 den Woiwoden Thomas zum Grafen von Hermannstadt; der war ein gewalttätiger Mann und mochte der Sachsen Rechte und Freiheiten wenig achten. Auch an heimlichen Aufwieglern fehlte es nicht, die zum Ungehorsam gegen den König reizten; „auf falsche Eingebungen unserer Nebenbuhler sind die Sachsen von der Treue gegen uns abgeirrt," sagt dieser kurz nach der Erhebung selber. So ergriffen die Sachsen im Jahre 1324 die Waffen, gewiß schwer

bedrängt und nicht ohne Not. Graf Henning von Petersdorf
im Unterwald war ihr Führer. Das Haus dieses, eines jener
mächtigen Erbgrafenfamilien ist schon früher genannt; es war
verwandt mit den Kellingern und dem gewaltigen Grafengeschlecht
von Marienthal (Mergeln) im Schenker Stuhl, reichen Besitzes
in und außer dem Unterwald. Hennings Tochter Martha war
mit dem Woiwoden Stephan vermählt; noch als Braut hatte sie
dem Hause des künftigen Gatten „zur Erhaltung der Ehre des
Woiwodates und der Würde des Hofes" so viel Einrichtung und
Kleinodien zugebracht, daß dieser am Hochzeitstag zu mindestens
einigem Ersatz dafür vor der Stuhlsversammlung von Hermann=
stadt, die das alles in eine deutsche Urkunde schrieb, ihr 177 Mark
reinen Silbers nach Ofner Gewicht vergabte und zur Sicherheit
dafür seine Monosloischen Güter in Ungarn verpfändete.

Als König Karl die Kunde von der Erhebung der Sachsen
vernahm, eilte er persönlich nach Siebenbürgen — am 10. August
stand er in der Nähe von Hermannstadt – rief den Adel des Landes
unter die Waffen, stellte den Woiwoden Thomas an die Spitze
und schickte ihm die Kumanen aus Ungarn zu Hülfe. Thomas
belagerte in der zweiten Hälfte August und anfangs September
mit großer Macht die feste Burg von Reps; die Sachsen aber
griffen die Kumanen an und wurden in einer großen Feldschlacht
geschlagen, in der Graf Henning selber unter dem Schwert des
Gegners fiel. Ob die Sachsen durch den Tod des Führers den
Mut zur Fortsetzung des Kampfes verloren oder der König die
Ursachen desselben hinweggeräumt, ist unbekannt; gewiß aber,
daß die Ruhe im folgenden Jahre hergestellt, zugleich Thomas
nicht mehr Graf von Hermannstadt war. Zum Lohne seiner Taten
schenkte ihm der König die Güter Hennings, die er wegen Hoch=
verrat eingezogen, bis Thomas sie den armen Waisen desselben
gegen zweihundert Mark Silbers zurückgab; auf die Bitte des
Grafen Alard von Mühlbach, Hennings Neffen, erkannte Karl
1340 den Verkauf an. Den Adel aber, dessen viele in jenem Kampf
gefallen, viele in Gefangenschaft geraten, noch mehrere schwer
verwundet worden, sprach der König zum Dank für seine Dienste
frei von der Woiwodalbewirtung. Nur wenn er ins Land käme,
sollten je hundert Höfe der abligen Hörigen für seinen Unterhalt
einen gemästeten Ochsen, ein Faß Wein, eine Mark Pfeffer und
Safran zu liefern gehalten sein.

Zur Zeit des Königs Karl und seiner Gegenkönige erscheint der Hermannstädter Gau zuerst in Stühle geteilt. Davon kann man aber nicht schließen, daß sie nicht schon früher bestanden. In ihnen haben wir vielmehr im wesentlichen jene ältesten Ansiedlergruppen zu erkennen, die vor dem Andreanischen Freibrief voneinander unabhängige selbständige Ganze bildeten und je einen Gerichts= oder wie er in der alten Sprache heißt, Malstättensprengel ausmachten. Freilich weiß man da nicht, warum diese Einteilung nicht immer zusammenfällt mit der gleichfalls uralten der Kapitel.

Solcher Stühle waren in dem Hermannstädter Gau acht; weil man aber den Hermannstädter als Stamm nicht mitzählte, so heißt von der zweiten Hälfte des 14. Jahrhunderts an der Hermannstädter Gau gewöhnlich die „sieben Stühle".

Mit der Verfassung der Stühle ging unter Karl Robert eine große Veränderung vor, vielleicht im Zusammenhang mit dem (1324) Aufstand der Sachsen gegen den König. Das Hermannstädter Komes=Amt, das hinfort nicht mehr an hohe ungarische Adlige verliehen wurde, verlor den Charakter, daß der Träger des Amtes Vertreter des Königs in der ganzen Hermannstädter Provinz war und seine Stellvertreter das Königsgericht in den Stühlen darstellten und leiteten. Er wurde vielmehr bloß Königs= richter des Hermannstädter Stuhles und die übrigen Stühle erhielten ebenfalls Königsrichter, die der König einsetzte, angesehene sächsische Männer, die im Namen des Königs das Recht sprachen. Dabei halfen mit die Stuhlsrichter, gewählte Volksbeamte, deren Amt später die Vorstufe zum Königsrichteramt wurde. Die Ursache dieser Veränderungen lag gewiß darin, daß es eine Erschwerung für die Rechtspflege war, wenn man auf den Stellvertreter des Hermannstädter Komes warten mußte, um Recht zu sprechen, während die Anwesenheit des Königsrichters im Stuhl keine Verzögerung zuließ. Daneben war es eine Stärkung der königl. Macht, wenn der König seinen eigenen Beamten in jedem Stuhl hatte, und wenn dieser, wie es nun regelmäßig der Fall war, aus dem sächsischen Volk entnommen wurde, so war das zugleich ein neuer Zusammenhang zwischen König und Volk.

Mit der Hermannstädter Provinz vereinigte König Karl im Jahre 1322 inniger als bisher die Besitzungen der Abtei Kerz, deren sie seit ihrer Gründung sehr ansehnliche erhalten hatte.

Dahin gehörten außer Kerz, dem Sitz der Abtei und dem schon früher erwähnten Michelsberg, die ebenfalls sächsischen Orte Kreuz, Klosdorf, Meschendorf, Abtsdorf (das letztere zwischen dem Schenker und Leschkircher Stuhl gelegen), dann die rumänischen Marienburg, Rukur, walachisch Kerz. Wie die Abtei in den Besitz dieser Orte gekommen, ist nicht bekannt. Wahrscheinlich aber hatte sie von jenen unbebauten weiten Strecken, die zwischen den ursprünglichen einzelnen Ansiedlungen lagen, den Prädien, von dem Hermannstädter Gau oder von den betreffenden Stühlen, vielleicht auch von mächtigen prädienbesitzenden Geschlechtern Landstriche erhalten und gründete darauf die genannten Dörfer. Und unter den ärmeren Sachsen fanden sich viele, die ihren Wohnsitz dort aufschlugen und gegen einige Steuern und Dienstleistungen Ländereien vom Kloster empfingen. An jenen Orten ernannten Abt und Konvent den Richter, der in ihrem Namen das Recht sprach und ihnen die erhobenen Bußgelder einlieferte. Auch den Pfarrer setzte das Kloster ein.

Da klagte im Jahre 1322 der Prior Heinrich im Namen des Abtes und Konventes dem König, daß das Kloster an Gütern und Personen durch Ungerechtigkeit und Gewalttat vielfachen Schaden erleide. Der König gewährte in seinem großen Freibrief vom 29. Januar des genannten Jahres die gewünschte Hülfe, nahm die Abtei in seinen besonderen Schutz und setzte fest, daß Abt und Konvent sowie deren Besitzungen fortan vollständig sich des Freitums der Gaugenossen von Hermannstadt erfreuen sollten. Wie sie zu der jährlichen Steuer derselben von fünfhundert Mark Silber beitragen und den Gaugenossen in allen Nöten mit geziemender Hülfe beistehen sollten, so sollten sie auch an allen Rechten, Freiheiten, Vorteilen und Nutzungen derselben Teil nehmen. Doch blieb das Kloster auch fortan im Genuß der Dienste und Leistungen, zu welchen seine Gemeinden bis dahin verpflichtet waren und im Besitz des Rechtes, den Richter und Pfarrer einzusetzen. Der Hermannstädter Graf und der gesamte Gau sollen weiteren Rechtsverletzungen, woher sie immer kommen, mit aller Macht wehren, insbesondere nicht zulassen, daß Mächtige mit Gewalt Bewirtung von den Gemeinden oder ihren Pfarrern erpressen, auch Beleidigungen der Mönche, Beschimpfungen und Bedrohung derselben, wenn sie in der Ordenstracht gehen und sich nach dessen Satzungen richten, so strafen, daß es allen, die

es sehen und hören, zur Warnung diene. Wer einen Mönch
tätlich mißhandelt, hat das Leben verwirkt. Und damit niemand
Rechtsverletzungen mit Unkenntnis entschuldige, hat der Hermann-
städter Graf wenigstens einmal im Jahre den Freibrief vor der
Gauversammlung vorzulesen und zu erklären. Schon am 21. August
1322 berichtete der Hermannstädter Dechant Walbrunus an den
König, daß dieses auf der Tagfahrt des Gaues, auf der auch das
Kapitel anwesend war, mit geziemender Ehrfurcht geschehen sei.

Auch die Besitzungen der Zisterzienser Abtei Egresch, Abtsdorf, Scholten, Schorsten, Donnersmarkt, die als Vierdörfer-
Surrogatie kirchlich unter dem Dechanten von Schelk standen,
stellte König Karl unter den Schutz der Hermannstädter Provinz.

Zu dieser Zeit gehörte das in der Nähe Schäßburgs gelegene
Dorf Weißkirch den zwei Schäßburger Bürgern Stephan und
Nikolaus, den Söhnen Wyche's. Sie hatten zur Belohnung für
treue Dienste den Ort von Karl erhalten, an welchen er durch
Hochverrat seines frühern Besitzers gefallen war. Aber der Graf
Nikolaus von Pold und seine Brüder erhoben auch Ansprüche
darauf unter dem Vorwand, daß die Güter des Geächteten ihnen
gemeinschaftlich gehört hätten. Der Streit kam vor die Tagfahrt
des Adels in Thorenburg und wurde hier 1337 zugunsten der
Schäßburger entschieden. So finden wir auch hier wieder güter-
besitzende und nach der Weise der Adeligen lebende Sachsen, die
auf den Tagfahrten der Adeligen erscheinen und in bezug auf
ihre außerhalb des Sachsenbodens liegenden Güter dem Woiwodalgericht unterliegen.

Einer der Mächtigsten dieser, auf und außer dem Sachsenlande reich begütert, Nikolaus, Konrads von Talmesch Sohn, der
bis 1332 König Karl erfolgreich getrotzt, starb kinderlos. Da schenkte
dieser 1340 dessen an ihn fallenden Güter dem siebenbürgischen
Woiwoden Thomas zur Belohnung seiner treuen Dienste. Noch
im Jahre 1324 aber hatte Nikolaus seiner Schwester Katharina
und ihrem Gatten Petrus Tschech von Heltau Bulkesch und Seiden
geschenkt. Gegen die Ansprüche des Woiwoden auch auf diese
Orte führte Katharina Klage und einen Rechtsstreit, der nach vielen
Jahren endlich 1364 durch einen Vergleich zwischen Katharina's
Sohn Johannes, dem Grafen von Heltau und den Söhnen des
Woiwoden geendigt wurde. Gegen jene Orte traten diese dem
Johannes von Heltau Martinsdorf und Gesäß ab; die letztge-

nannte Gemeinde und das benachbarte Hervesdorf (Kornezel) war einst auch Nikolaus von Talmesch gewesen, der, wie die Hermannstädter Gauversammlung von 1335 bezeugt, diese Dörfer „unter dem Hermannstädter Freitum" besessen und einem andern Sohn seiner Schwester, dem Grafen Christian von Gierelsau geschenkt hatte; Martinsdorf oder besser dessen Gebiet, auf dem Nikolaus Martinsdorf anlegte, hatte einst Ladislaus IV. 1232—1235 Nikolaus geschenkt. Johann von Heltau, der es nun erhielt und der Anna, die Tochter des Grafen Michael von Kelling, zur Ehe hatte, und im Jahre 1366 von König Ludwig die Bestätigung des Andreanischen Freibriefs erwirkte, nannte sich fortan von diesem Orte. Es gelang der Gemeinde nicht, „Sachsenland" zu werden.

Ähnliches geschah in der Nähe von Schäßburg mit den Dörfern Peschendorf, Kreisch, Fälzendorf, Malmkrog, Neudorf, Rauthal. Das Gebiet derselben umfaßt wohl das uralte Prädium zwischen dem Schäßburger, Schenker und Mediascher Stuhl. Als Besitzer jener Gemeinden erscheint am Ende des dreizehnten Jahrhunderts Apa, ein Ahne der Apafi und Bethlen, der die Tochter Chiels des Grafen von Kelling zur Gemahlin hatte. Die Gemeinden sind auf adligem Komitatsboden, den der König vergabte, aber von Lehnsleuten des Königs gegründet worden, 1305 „seit alter Zeit" den Apafis gehörig, Rauthal erst zwischen 1305 und 1322 gegründet, und sind in dauerndem Besitz der Apafi-Bethlenischen Familie geblieben. Im Streit zwischen dem Weißenburger und Kokelburger Komitat über die Zugehörigkeit dieser Orte bezeugte der siebenbürgische Landtag 1322, darunter auch die Sachsen, daß diese Gemeinden seit Erbauung des Weißenburger Domes zur Weißenburger Gespanschaft gehört hätten. Um jene Zeit, besonders in den dreißiger Jahren des 14. Jahrhunderts, wo auch die Verwaltungskreise der sächsischen Stühle sich abzuschließen versuchten und mehrere Stühle ihre Grenzen zu erweitern trachteten, hat vorübergehend der Schäßburger Stuhl den Versuch gemacht, die Gemeinden sich anzugliedern. Auf den Protest der adligen Besitzer erklärte 1340 die sächsische Gauversammlung, daß die Nachkommen Apas die sechs Gemeinden nach dem Erbrecht besäßen und daß die Sachsen sie ihren Besitzern zurückstellten, wie 1349 die Schäßburger es taten, so daß die alten Grenzzeichen in Gegenwart aller Angrenzenden und Nachbarn ohne Einsprache in jenem Jahre erneuert wurden. Um das Lapuschtal, das sich in den Neudorfer Grund öffnet, haben die Kopischer und Waldhütner viele Jahre hindurch mit den Herren von Malmkrog oft blutigen Streit geführt.

Die deutschen Gemeinden in Mediasch-Schelk und Umgebung entwickelten sich in dieser Zeit vorwärts. Dieses Gebiet war nicht als ein Ganzes den Sachsen zur Besiedlung übergeben worden, sondern die Besiedlung fand von verschiedenen Seiten und auf verschiedene Weise statt. Alte magyarische Ansiedlungen, in verschiedenen Formen der Untertänigkeit, waren vereinzelt vorhanden, eine der ältesten sicher Klein-Kopisch, von dem noch im 18. Jahrhundert der Name Kiraly réve (königliche Fähre) die Erinnerung an den Zweck der Anlage enthält, den auch der deutsche Name eines Frauendorfer Hatterteiles „Königsfurth" noch 1578 festhielt. Vielleicht hat zuerst die Kirche die Besiedlung begonnen, da die Hermannstädter Propstei Groß- und Kleinprobstdorf anlegte, Teile in Bulkesch und Seiden erwarb und die Egrescher Abtei die vier Dörfer Abtsdorf, Schorsten, Scholten, Donnersmarkt und einen Teil von Kleinschelk anlegte oder erwarb. Koloschmonostor machte noch 1411 Anspruch auf Wurmloch. Aber eine ausgiebigere Besiedlung entwickelte sich erst nach dem Mongoleneinfall. Von Kokelburg aus ist jedenfalls eine kolonisatorische Tätigkeit ausgegangen, ein Teil der spätern Stuhlsgemeinden des Mediascher Stuhles ist von dem Kokelburger Schloß anfangs abhängig gewesen. Auch das später freie Baaßen wurde 1270—1272 vom König an den Komes Bozsuch verschenkt, der es 1302, als im Kokelburger Komitat gelegen, dem Albenser Kapitel schenkte. Große des Reichs, Jula, des Bans Ladislaus Sohn, Nikolaus, Julas (wohl nicht des vorigen) Sohn haben in der 2. Hälfte des 13. Jahrhunderts sächsische Gemeinden (wie Haschagen und Tobsdorf) im Besitz, vor allem war das reiche Geschlecht der Erbgräfen von Talmesch, darunter Nikolaus, der Sohn Konrads (Corlardus) von Talmesch, in der Gegend begütert (Langenthal, Mikeßáßa, Schönau, ein Teil von Bulkesch und Seiden, Martinsdorf, Mortesdorf, Petersdorf), ebenso die Kellinger, die aus dem Unterwald in diese Gegenden herüber griffen. Noch 1305 machten von der andern Seite die Apafis Anspruch auf Eibesdorf, Frauendorf, Wurmloch. Den ursprünglich freien Gemeinden Marktschelken und Birthälm, Mediasch und dem bald ganz frei gewordenen Kleinschelk, mit ihrer Umgebung, die für sich mit einzelnen Nachbargemeinden

frühe schon kleinere Verwaltungsverbände gebildet, gelang es,
nach dem Vorbild der benachbarten „sieben Stühle", der Her=
mannstädter Provinz, einen eigenen Verband zustande zu bringen,
der sich kaum vor 1300 gefestigt haben mag, wobei Mediasch als
der ältere erscheint, so daß Schelk zweifellos der jüngste Stuhl
überhaupt ist; noch 1322 nennt sich die ganze Ansiedlung eine „neue
Pflanzung". Im allgemeinen nach dem Vorbild der Hermann=
städter Provinz organisiert, an deren Versammlungen sie frühe schon
sich beteiligten, gerieten diese Ansiedlungen unter die Gewalt des
Woiwoden Ladislaus, die sie besonders an der Teilnahme an
diesen Beratungen hinderte. Da traten im Namen der Bedräng=
ten Andreas von Häzeldorf, Petrus Kunz' Sohn, und Herbord
von Meschen vor den König und klagten, daß der Gau der
Sachsen von Mediasch, von Schelk und von Birthälm und der
dazu Gehörigen sich von altersher des Freitums des Sachsen=
gaues von Hermannstadt erfreut habe; durch die Gewalttat des
ehemaligen Woiwoden Ladislaus aber seien sie vom Gemeinwesen
der Sachsen von Hermannstadt getrennt und losgerissen worden
und würden durch des Woiwoden Sohn, Ladislaus, den gegen=
wärtigen Woiwoden des Landes, noch immer in diesem Zustand
gehalten; darum bäten sie zum ersten= und zweiten= und wieder=
holtenmal, der König möge ihr früheres Freitum vollständig wieder=
herstellen, sie mit dem Hermannstädter Gau, mit dem sie auch früher
eins gewesen, vereinigen und so ihrer alten Rechtsstellung sich
wohlwollend erzeigen. Karl auf den Rat und die Entscheidung
der Prälaten und Reichsbarone, die damals um ihn waren, da=
runter des Palatins, des Woiwoden Nicolaus und Anderer, da
er erkannt, daß die Sachsen von Mediasch, Schelk und Birthälm
und die mit diesen Verbundenen zum Gemeinwesen der Hermann=
städter Sachsen gehörten, indem sie die gleichen Freiheiten mit
diesen besäßen, stellte am 12. August 1315 ihren frühern Rechts=
stand wieder her und erklärte in feierlicher Weise ihre Vereinigung
mit dem Hermannstädter Gau, von jedem ungerechten Gewalt=
haber sie frei= und lossprechend. Eines und desselben Freitums
mit den Sachsen von Hermannstadt teilhaftig, sollten sie in Heeres=
folge, in Steuerzahlung und in allem andern, was im Freibrief
jener enthalten sei, der gleichen Rechte mit ihnen sich erfreuen.

Diese Urkunde ist früher so ausgelegt worden, als ob sie die
zwei Stühle, die bis zur Gewalttat der beiden Ladislaus ein Teil

der durch das Andreanum geschaffenen Hermannstädter Provinz
gewesen seien, nun wieder mit dieser vereinigt hätte. Nicht nur
das bisher Gesagte schließt diese Deutung aus, sondern auch die
folgende Entwicklung; aus beiden geht hervor, daß hier die
zwei Stühle, unter Beseitigung der eigenmächtig beanspruchten
Rechte des Woiwoden Ladislaus, der (s. oben S. 74) in ähnlicher
Weise auch der Hermannstädter Provinz und Bistritz's sich be=
mächtigt hatte, als selbständiger Provinzialverband wieder her=
gestellt wurden mit unmittelbarer Unterstellung unter die Krone,
mit eigner Privilegierung in bezug auf Steuer=, Kriegs= und
Gerichtswesen und unter Wiederherstellung des Rechtes, an den
Gauversammlungen der Hermannstädter Provinz teilzunehmen.
In weiterer Ausführung des Privilegs von 1315 sprach Karl
Robert die zwei Stühle mit ihrer Einwilligung (1318), damit sie
an Volkszahl zunähmen und in Ruhe des Friedens genössen,
von der Heeresfolge und der Pflicht, den König zu bewirten, frei.
Dagegen sollten sie, die Sachsen von Mediasch, Schelk und Klein=
Schelk — so werden sie hier genannt — und die zu diesen
Stühlen Gehörigen jährlich um den Martinstag vierhundert Mark
guten und feinen Silbers nach Hermannstädter Gewicht Steuer
zahlen, wobei nie eine Schwierigkeit oder Ausrede stattfinden
dürfe. In der Handhabung des Rechts und im gerichtlichen Ver=
fahren sollten sie jedoch, wie der König ausdrücklich hervorhebt,
nach der Gewohnheit und dem Freitum des Hermannstädter Gaues
vorgehen. Sie hatten lange Zeit zu ihrem Königsgrafen gewöhnlich
den Grafen der Szekler und erscheinen bald nur unter dem Namen
der „zwei Stühle", nämlich Mediasch und Schelk.

Diese versuchten ihre Grenzen zu festigen und zu erweitern.
Um dieselbe Zeit, da die Laßler=Kreischer Gruppe auf kurze Zeit
in den Bereich des Hermannstädter Gaues gezogen wurde, ver=
suchten sie es hier mit Martinsdorf und Petersdorf, die 1336 als
im Schelker Stuhl gelegen bezeichnet werden, während sie vor und
nachher zum Komitat gehören. Schon 1331 versuchten die „Sachsen
von Mediasch und Schelk", Schaal in den Stuhl einzubeziehen,
das damals zwei Söhnen Blauchs gehörte, die auch Kirtsch be=
saßen, was in der Tat gelang. Im Jahre 1317 wurden Almeschken,
Durles, Schmiegen dem Mediascher Stuhl vom König zum Schutz
und zur Verteidigung empfohlen, — sie gehörten dem Ban Simon,
den Karl seiner treuen Dienste wegen in den Adelsstand erhoben

hatte — ohne daß es gelungen wäre, die Gemeinden, in die zu
kommen freie Leute eingeladen wurden, unter des Königs be=
sonderen Schutz, dem Stuhl einzugliedern, wie auch Epeschdorf mit
den umliegenden Gemeinden, die 1381 den zwei Stühlen einverleibt
wurden, nicht dazu kamen, sich der neuen Freiheit zu erfreuen.

Seltener als die „zwei Stühle" erwähnt die Geschichte unter
Karl Robert die südöstliche deutsche Pflanzung Siebenbürgens,
das **Burzenland**. Hier stand Salomon, der Sohn Simons von
Kronstadt, gegen den König, und die Schwarzburg bei Zeiden,
die Salomon besetzt hatte, versagte Karl den Gehorsam, als das
gesamte Reich ihm schon lange gehuldigt. Salomons Verwandte,
Johann und Jakob, die Söhne des Nikolaus Groß von Rosenau,
denen er die Burg überlassen, übergaben sie endlich 1331 dem
König, der im Dezember dieses Jahres ihnen dafür alle Be=
sitzungen und Einkünfte Salomons in Dörfern, Mühlen und
Landzinsen „im Burzenland und in Siebenbürgen" schenkte. Ja
Karl erhob sie in der Folge zu Grafen von Kronstadt und Bistritz.
Der König vereinigte nämlich gern solche einflußreiche Ämter in
der Hand eines oder mehrerer Getreuen und so kommt es, daß wir
zu dieser Zeit häufig die Grafenwürde über Bistritz, Kronstadt, die
Szekler und die zwei Stühle ganz oder teilweise vereinigt finden.

Auch das Burzenland erscheint in dieser Zeit als ein eigener,
unmittelbar unter dem König stehender Provinzialverband. Nach
der Vertreibung des Ordens aus dem Lande (1225) ergab sich
von selbst, daß die dem Orden zugestandenen Verwaltungsrechte
und die Gerichtsbarkeit vor allem an den König, ein Teil an die
Volksgemeinde fielen. Als Träger der höhern Gerichtsbarkeit
setzte der König auch hier einen Königsgrafen ein, der wie oben
erwähnt, häufig auch das Grafenamt über andre Verbände in
seiner Hand vereinigte, neben ihm auch hier, ganz ähnlich wie in
den andern sächsischen Ansiedlungen der Volksbeamte (1342 ein
villicus — Hann — von Kronstadt). Die Verpflichtungen der
Ansiedler gegen den Orden wurden nun, soweit sie aufrecht blieben,
solche gegen den König. Der große Freibrief König Ludwigs (1353)
bezeichnet seinen Inhalt als die Gewährung „der hergebrachten und
alten Freiheit", woraus zu schließen ist, daß die Pflichten auch
des Burzenlandes vor allem die Steuerleistung, Heerespflicht und
Bewirtung des Königs war. Und wenn es da heißt: sie sollen
Wald, Wasser und Fischerei gemeinsam besitzen, so ist dieses Recht

sicher sofort nach der Vertreibung der deutschen Ritter von den Gemeinden in Anspruch genommen worden. Frühe schon nahm Kronstadt Rechte des Vororts in Anspruch. Der Gerichtszug der Dörfer, ungewiß seit wann, aber wohl von den Zeiten der ersten Ansiedlung, läßt auch hier auf kleinere zusammengehörige Gruppen schließen. Von Neustadt und Wolkendorf ging die Berufung erst nach Rosenau, von Heldsdorf, Rothbach und Nußbach nach Marienburg. Neben Rosenau und Marienburg besaßen später auch Zeiden und Tartlau den Blutbann.

Auch auf kirchlichem Gebiet trat nach Vertreibung des Ordens der König vielfach in die Rechte des Ordens. Im Jahre 1240 verlieh König Bela IV. den Zisterziensern das Patronat und die Einkünfte der Kirchen in Marienburg, Petersberg, Honigberg und Tartlau, über die der siebenbürgische Bischof keine Verfügung hatte. Schon 1295 erscheint das Dekanat von Kronstadt unmittelbar unter dem Erzbischof von Gran stehend, der 1336 für „die Gesamtheiten der Pfarrer von Hermannstadt und Kronstadt" Verfügungen erläßt, bestimmt u. a. die Rechte der Geistlichen gegen die Weltlichen zu schützen, die Gerichtsbarkeit in geistlichen Angelegenheiten, das Recht des Testaments den Geistlichen zu sichern. Damals besaßen die Gemeinden das Recht, ihre Geistlichen zu wählen.

In erfreulicher Weise tritt unter König Karls Regierung die **norddeutsche Ansiedlung** in Siebenbürgen, der Bistritzer oder Nösner Gau aus früherem Dunkel hervor. Auch hier haben wir die Tatsache anfangs getrennter Ansiedlergruppen, von denen 1264 Bistritz, Rodna, Senndorf, Baierdorf angeführt werden, die König Stefan seiner Mutter weggenommen hatte, und deren Einkünfte seit undenklicher Zeit die ungarischen Königinnen friedlich und unbehelligt genossen hatten. Auch hier die gleiche Erscheinung, daß Gemeinden, die später als völlig freie zum Bistritzer Distrikt gehörten, anfangs in Abhängigkeit und Untertänigkeit sich befanden, so Lechnitz, das noch 1356 zum Dobokaer Komitat gehörte. Aber auch hier vollzog sich eine allmähliche Einigung und unter Karl Robert erscheint der „Bistritzer Stuhl" als ein eigener Provinzialverband wie die andern sächsischen Ansiedlungen, dem der König den Königsgrafen vorsetzt, nachdem 1310 der Woiwode Ladislaus auch diesen Landesteil dem König zurückgestellt. Als König Otto 1306 in Bistritz war, erscheint zum erstenmal der

deutsche Name von Bistritz „Nösen". Helleres Licht fällt auf die
Innerverhältnisse im Jahre 1330. Wahrscheinlich waren damals
noch immer die Abgaben der Kolonie zum Unterhalt der Köni=
ginnen bestimmt, wie es unter andern auch mit den der Zips
der Fall war. So mochte auch Karls Gemahlin, die Königin
Elisabeth, jene Einkünfte beziehen. Mit des Königs Karl voller
Einstimmung erteilte sie den 29. Dezember 1330 den „Bürgern
und Ansiedlern" von Bistritz und den zu demselben Gau Gehörigen
auf ihre gerechten Bitten und in Erwägung ihrer treuen Dienste
die Freiheit, daß sie nicht gehalten sein sollten, in Rechtsfällen
irgend einem Richter des Reichs Rede zu stehen, außer der
Königin, oder dem von ihr der Ansiedlung gesetzten Grafen, oder
dem von dem Volke freigewählten Richter; ebenso daß Niemand
im ganzen Umfang des Reichs die Befugnis haben solle, Güter
oder Personen der Ansiedler in Beschlag zu nehmen oder auf
irgend eine Weise zu belästigen. Wer eine Klage gegen sie habe,
solle sie in dem für diese bestimmten Rechtsweg suchen und wenn
der Graf oder Richter im Nößner Gau „Gerechtigkeit zu machen"
versäume, solle dieser vor den Richterstuhl der Königin vorgeladen
werden. Diese ausdrückliche Befreiung des Bistritzer Gaues von
aller fremden Gerichtsbarkeit — es erging gleichzeitig der ernste
Befehl zu ihrer Beachtung an den Woiwoden, die Vizewoiwoden,
die Komitatsbeamten, königliche Burgvögte und Richter der
Adeligen — und seine dadurch gewährleistete Unabhängigkeit in
Rechts= und Gerichtsangelegenheiten ist ein bedeutender Schritt
der Annäherung an das Hermannstädter Freitum. Mit der
Hermannstädter Provinz scheint frühe schon die Gepflogenheit
gemeinsamer Versammlung bestanden zu haben.

Auch im Bistritzer Gau gab es übrigens wie in dem Her=
mannstädter Sachsen mit adeligem Grundbesitz. So schenkte König
Karl 1311 Johann, dem Sohn Göbels von Bistritz, zur Belohnung
seiner treuen Dienste die in jenem Gau zwischen Jaad und dem
Gebirge gelegene Besitzung Ependorf (oder Pettendorf), die,
wie die Schenkungsurkunde sagt, „Königsboden" war, worüber
dem König die Verleihung zustehe. Aber die Jaader behaupteten,
dieselbe sei allerdings des Königs, doch zugleich ihr Eigentum,
benützten den Landstrich fortwährend und der Beschenkte gelangte
nie zu ruhigem Besitz, ja er wurde, vielleicht gerade im Streite
hierüber, von Peter, dem Sohne Hennings, 1328 erschlagen.

Vergebens drang der König und der Woiwode auf die Bestrafung der Tat, vergebens nahm Karl des Getöteten Sohn Magister Johannes, Henul genannt, in seinen besondern Schutz; die Jaader ließen nicht ab, jenes Gebiet als ihr Eigentum zu betrachten und zu behandeln und hatten trotz alles Eiferns der Königsgrafen am Nösner Gau nachhaltigen Rückhalt. Sie zerstörten sogar die Gemeinde Ependorf und als der Königsgraf in Stellvertretung des Woiwoden 1331 die Streitenden in Nösen auszugleichen versuchte und Johann Henul sich dem schiedsrichterlichen Ausspruch der anwesenden Ehrenmänner unterwerfen wollte, wiesen die Jaader jede solche Einmischung zurück. Jenes Gebiet sei Königsboden und unterliege ausschließlich königlicher Entscheidung, sie scheuten sich diesbezüglich eine Einigung oder Teilung einzugehen. Noch ein Menschenalter hat der Streit gedauert, über dessen endlichen Ausgang uns kein sicheres Zeugnis erhalten ist. Heute noch bewahrt der Berg Henul, der den Blick von Bistritz aus so schön abschließt, die Erinnerung an den Mann, der vergebens um das Gebiet kämpfte, das auch heute noch den Jaadern gehört.

Um die freien Gemeinden des Nösner Landes aber lagerten die deutschen Ansiedlungen, die auf Komitatsboden lagen, und sich kirchlich später im Schogener und Tekendorfer Kapitel zusammenschlossen und teilhatten an den kirchlichen Freiheiten der Genossen. Mönchsdorf und Billak, bischöfliche Gemeinden hatte der Woiwode Thomas 1341 nebst vielen andern Orten, darunter Weißenburg verbrennen, plündern und zerstören lassen, Petrus, der Kastellan der königlichen Burg Reps, hatte bei den Untaten mitgeholfen.

In den wirrvollen Zeiten am Anfang der Regierung Karls hatte die Stadt Klausenburg von ihren Rechten und Freiheiten vieles eingebüßt. Das mußte ihr um so schwerer fallen, da sie in dem Kronstreit auf Karls Seite gestanden und in ihrer Treue, wie Karl rühmend anerkennt, viele Opfer an Gut und Menschen gebracht. Darum klagten 1316 im Namen Klausenburgs der Stadtpfarrer Benedikt und Graf Stark, Richter der Stadt, und baten den König um Abhülfe und um Wiederherstellung ihres alten Rechtes. Karl stellte zur Belohnung ihrer Treue ihnen „den Ansiedlern und Sachsen von Klausenburg," das frühere der Stadt von dem Gründer Stephan V. verliehene Rechtsgebiet wieder her. Demzufolge hatten die Klausenburger die freie Richterwahl; der von ihnen ernannte entschied alle

bürgerlichen Streitigkeiten; über Mord, Diebstahl, Raub, Brand=
stiftung und Verwundung urteilte er vereint mit dem vom König
eingesetzten Grafen, in welchem Falle der Volksrichter einen,
der Königsgraf zwei Teile der Bußgelder erhielt. Ebenso hatten
die Klausenburger die freie Pfarrerswahl und waren dem Ge=
wählten zu allen gesetzlichen Abgaben verpflichtet. Innerhalb
Siebenbürgens sollten sie frei von allen Zöllen sein. Zum Heere
stellten sie von sechzig Höfen einen vollständig gerüsteten Mann;
Steuer zahlten jährlich am Martinstage die Haus= und Grund=
besitzer eine bestimmte Summe, Hauseigentümer ohne Grundbesitz
weniger, Siedler die Hälfte der letztern.

Als Karl 1330 den unglücklichen Zug in die Walachei
unternahm, erlitten auch die Klausenburger dabei unersetzliche
Verluste; zur Vergeltung dafür bestätigte Karl aufs neue ihre
gerichtliche Unabhängigkeit; sie sollen auf keinen, sei es vom
Palatin, sei es vom Woiwoden berufenen Gerichtstagen zu
erscheinen gehalten sein; alle Klagen gegen sie müssen vor den
Volks= und den Königsgrafen von Klausenburg gebracht werden.
Ja selbst adelige auf ihrem Gebiet ergriffene Räuber und Diebe
wurden in Klausenburg gerichtet.

In den kirchlichen Verhältnissen der Sachsen
herrschte auch unter Karls Regierung viel Unfriede. Hermann=
städter Propst und Weißenburger Bischof bedrückten einer wie
der andere ihren Sprengel, beide um so rücksichtsloser, da die
wirrvollen Zeiten am Anfang der Regierung Karls jede Klage
und Rechtserlangung unmöglich machten. Als später mehr Ruhe
und Sicherheit geworden, erhob (1321) Pfarrer Heidenricus mit
der Gemeinde von Hermannstadt Klage gegen den Propst Niko=
laus, daß dieser, wie auch unter seinen Vorgängern seit einigen
Jahren geschehen, die Pfarrgemeinde tyrannisch bedrücke, gegen
deren alte Freiheit sich das Patronatsrecht anmaße, Zehnten,
milde Gaben und andere Einkünfte derselben für sich nehme,
während alle übrigen Kirchen des Gaues, von welchen doch diese
die erste und vorzüglichste sei, aller jener Rechte genössen. Und doch
war die Propstei wohlbegütert; sie besaß die Dörfer Reußen,
Groß= und Klein=Probstdorf, sowie eine Salzgrube in Salzburg,
in deren Besitz König Karl sie 1330 bestätigte. Papst Johann XXII.
übertrug 1322 die Untersuchung jener Klage dem Bischof von
Olmütz; die Entscheidung ist nicht bekannt.

Ähnlich erging es den unter dem siebenbürgischen Bistum stehenden sächsischen Geistlichen. Gegen des Bischofs und Domkapitels Ansprüche auf Zehnten, Abgaben, Nachlaß der Pfarrer und gegen mannigfaltige andere Rechtsverletzung klagten 1328 im Namen des Unterwälder, Keisder, Kosder, Bogeschdorfer, Bulkescher, Laßler und Mediascher Kapitels Johann Henrici, Pfarrer von Großpold, und Johann Henrigi, Pfarrer von Baaßen, in Avignon vor dem Papst. Aber dieser belastete gerade damals selber den Bischof mit so viel Abgaben „gegen Gott und die Gerechtigkeit", wie Benedikt 1311 klagt, daß er ihm kaum eine Einnahmsquelle verstopfen mochte. Die Klage der sächsischen Pfarrer muß in der Tat aussichtslos gewesen sein, denn zwei Jahre später zog das Unterwälder Kapitel seine Berufung an den Papst zurück und schloß durch seinen Dechanten Michael, Pfarrer von Kelling, und den Pfarrer Johann von Großpold aufs neue Frieden mit den Weißenburger Domherren, die Steuerzahlung, die es seit vier Jahren verweigert, wieder aufnehmend. Doch solle nicht mehr der Domherr Umritt halten in den Gemeinden, sie zu schätzen, sondern das Unterwälder Kapitel solle dem Domkapitel jährlich am dritten Tage nach St. Nikolaus zweiundfünfzig Mark feinen Silbers zahlen und diese erheben wie es ihm gut scheine. Im Fall eines Vertragsbruches solle die Pfarrer Bann und Verlust der Pfründe treffen und wenn sie sich erkühnten, die Berufung nach Rom zu erneuern, eine Buße von zweihundert Mark Silbers an Bischof und Domkapitel verfallen sein. So habe Gott, sprach das Wardeiner Domkapitel, das die Friedensurkunde ausstellte, über den alten bösen Feind, den Zwietracht stiftenden, den Sieg davon getragen. Helfer und Zeuge für die Herren in Weißenburg war auch Thomas, Propst von Hermannstadt.

Noch Härteres drohte den Pfarrern und Gemeinden des Schelker Kapitels. Der Weißenburger Bischof forderte zwei, das Domkapitel eine Zehntquarte von ihnen; diese versagten sie und wurden dafür in den Bann getan. Auch sie legten Berufung ein vor den päpstlichen Stuhl. Gleichfalls im Jahre 1322 stand Georg, der Pfarrer von Frauendorf, vor dem Papst Johann XXII. in Avignon und konnte im Namen und Auftrag des Schelker Kapitels fast kein Ende finden der bittern Klage. Bischof Andreas, dessen Wahl, wiewohl er weder hinreichende Bildung noch das erforderliche Alter besitze, der Papst 1319 nur darum bestätigt hatte, weil er durch seine und den Seinen Macht die oft angegriffenen Rechte des Bistums zu schirmen imstande sein werde — Bischof Andreas also und sein Archidiakon Johannes, so sprach er, hörten nicht auf gegen sie mit schnödem Druck und vielfacher Belästigung. Hier würfen sie den Einen ins Gefängnis, dort zwängen sie den Andern zur Flucht, oder beraubten ihn ohne richterliches Urteil der Pfarre und nähmen ihnen in Leben und Tod Gut und Habe, daß Manche betteln müßten zu großer Schande des geistlichen Standes. Der Angriff auf den Zehnten, den sie gewalttätig an sich rissen, sei gegen das alte Gewohnheitsrecht. Und wieder wenn sie auf Visitationsreisen dahin kämen, quäle sie der Bischof mit siebzig Fuhrwerken, der Archidiakon mit dreißig und beide erpreßten so viel Geld, daß das Gut ihrer Kirchen, die noch eine junge Pflanzung seien, nicht hinreiche. Auch für die Einsetzung der Pfarrer in ihre Pfründe erpreßten jene wieder Geld, nicht scheuend die Sünde der Simonie und hörten nicht auf mit Bedrückung und Plackerei, so daß kaum ein Pfarrer in jenen Gemeinden bleiben könnte, wenn nicht die Pfarrkinder, die Laien, sie schützten und aufrecht hielten. Und wenn sie sich getrauten, gegen solche Beschwernis an den päpstlichen Stuhl zu appellieren, da drohe ihnen Gefängnis und entreiße man ihnen die Appellationsurkunde. Ich selbst, schloß der Frauendorfer, bin nur mit Mühe den Nachstellungen und Fallstricken jener entgangen, wodurch sie meine Fahrt hindern wollten; aber ich kam nicht auf geradem Weg und verkleidet durch die Länder der Ungläubigen hieher.

Auch König Karl war mit der Appellation der Schelker nach Avignon unzufrieden. Mit großem Unwillen befahl er am 5. September 1323 den Richtern und Geschwornen des Schelker Stuhls, der Widersetzlichkeit ihrer Pfarrer gegen den Bischof Schranken zu setzen, die obwohl im Bann dennoch gegen diesen an den päpstlichen Stuhl appellierten. Sie sollten jene zwingen, zum Gehorsam gegen den Bischof zurückzukehren oder sie von der Pfarre setzen. Auch haben wir, fügt er hinzu, unserm Herrn Papst geschrieben, wie wir unter keinen Umständen leiden wollen, daß Pfarrer und Kirchen unseres Reiches in so weite Ferne vor Gericht berufen werden. Aber die Schelker „Laien" taten nicht was der König wollte und hörten bei den gebannten Pfarrern ruhig die

Messe; erst ein Menschenalter später, wiewohl Papst Johann XXII.
schon im Dezember 1322 dem Olmützer Bischof strenge und schleunige
Untersuchung auftrug, kam ein Waffenstillstand zwischen den
Erbitterten zustande, der die Pfarrer wieder in den Schoß der
Kirche aufnahm.

Auf dem Gebiet der kirchlichen Baukunst herrschte in Siebenbürgen zur Zeit König Karls bis etwa 1330 der Übergangsstil
aus dem Rundbogen= in den Spitzbogenbau (die Gotik). Auch
Denkmale dieses sind im ganzen Sachsenland erhebende vorhanden.
Wohl ist das in dieser Zeit gebaute sächsische Kirchlein in Blasendorf im Schogener Kapitel in Trümmer zerfallen, nur die weiße
Hollunderblüte nickt aus dem geborstenen Chorfenster im Abendwind und der rauschende Bach daneben vereinigt seine Klage
mit der des letzten Sachsen dort, der zuletzt in der nahen Schule
wohnte, auch die in jenem Stil erbaute Kirche in Bistritz, in der
vielleicht König Otto 1306 die Messe hörte — später den Minoriten gehörend, jetzt im Besitz der griech.=kath. Kirche — ist seit
dem 18. Jahrhundert nicht mehr im Besitz der Sachsen. Dafür
aber sieht die 1330 aus dem Vermögen des Meisters Thomas
erbaute Kirche in Sächsisch=Regen eine fort und fort wachsende
Gemeinde, die Gott dankt, daß er aus Wasser und Feuer sie
gerettet. Unten im Burzenland steht die Bartholomäuskirche in
Kronstadt, jetzt am Ende, damals mitten in der Stadt mit ihren
bezeichnenden Radfenstern im Chor und darunter, den schmalen
gekuppelten Spitzbogenfenstern, sowie mit bedeutungsvollen Resten
alter Malerei im Schluß des südlichen Seitenschiffs aus dieser
Zeit. An sie reiht sich würdig die trefflich erhaltene Kirche in
Halmagy, die vom steilen Altufer hinunter ins alte „Wlachenland"
sieht, in dessen Mitte das allein noch dem Gottesdienst erhaltene
Chor der ehemaligen Abteikirche von Kerz mit den wenigen noch
stehenden Trümmern des Schiffs und der Abtei selbst vom Kunstsinn und Wohlstand der Mönche zeugt. Wohl damals als sie
den Grundstein zum edeln Bau legten, pflanzten sie die Linde
vor dem Westportal, die heute noch am Eingang zu Kirche und
Pfarrhaus dort über die Trümmer, hier über das ewig sich verjüngende Menschenleben die mächtige grüne Krone breitet, unter
der, uraltem Brauche folgend, am zweiten Hochzeitstag nach dem
Austritt aus der Kirche das junge Ehepaar den ersten Reigen tanzt.
Wenn sie erzählen könnte!

10.
Der Hermannstädter Gau unter König Ludwig I.
Der Sachsen Blütezeit.
1342—1382.

> Sie folgten, wenn der Heerbann erging
> Dem Reichspanier und schlugen seine Schlachten.
> Daheim regierten sie sich fröhlich selbst
> Nach altem Brauch und eigenem Gesetze.
>
> Schiller.

Nach dem Tode König Karl Roberts krönten die Stände seinen jungen siebzehnjährigen Sohn Ludwig zum König. Der regierte vierzig Jahre lang mit Glück und Weisheit und erhob das ungarische Reich zur ersten Macht des europäischen Ostens. Die untern Donauländer, die Moldau, die Walachei, Bulgarien, Serbien, Bosnien unterwarf er der ungarischen Hoheit, führte siegreiche Kriege in Neapel, gegen Venedig und die Tartaren, erhielt nach dem Tod des polnischen Königs Kasimir auch die Krone dieses Reiches und herrschte über alle Lande vom Baltischen bis zum Schwarzen Meer. In Ungarn kräftigte er die Königsgewalt, hob Landbau, Gewerbe, Handel und Städte, begünstigte die Wissenschaften und verdient so mit Recht den Beinamen des Großen. Das Hoflager der ungarischen Könige verlegte Ludwig bleibend nach Ofen.

Siebenbürgen, der südöstlichen Naturburg Ungarns, widmete der König große Sorgfalt. Nicht weniger als zwölfmal ist er in Siebenbürgen gewesen. Seine ständischen Völker — der ungarische Adel, die Sachsen, die Szekler — kamen unter ihm häufiger als früher auf Landtagen zusammen. Das Land genoß endlich nach langer Zeit dauernde innere Ruhe. Als ein Tartareneinfall ihm von außen drohte, zog der Woiwode Andreas gegen den wilden Feind, schlug ihn und tötete so viele, daß „seine Krieger die Kraft verließ, ihren Bogen die Pfeile ausgingen und ihre Schwerter stumpf wurden".

Nur im ersten Jahre der Regierung Ludwigs hätte der Woiwode Thomas das Land fast in innern Krieg gestürzt. Er belegte die Sachsen mit ungerechten Steuern also, daß diese zum Schwert griffen. Die Väter achteten nämlich ihr Recht höher als Bequemlichkeit und Leben; wie hätten sie sich sonst erhalten mögen bei solchen Angriffen von innen und außen?

Jenes aber wurde dem König Ludwig als Aufstand dargestellt; doch als er die wahre Sachlage erkannte, rief er Thomas vom Woiwodate ab und die Ruhe ward nicht mehr gestört.

Den Sachsen aber blieb Ludwig auch fortan in Gnaden gewogen, oft rühmt er ihre Treue in erhebender Weise, und was er 1379 an die sieben Stühle schrieb: „falls sich etwas Euch Ungünstiges in Euren Freibriefen findet, das wollen wir, so weit es recht und möglich ist, zu Euerm Vorteil ändern und bessern; um eines Wortes willen, das da stehen mag aus Rücksicht auf irgend eine Mitteilung oder aus Gunst gegen einen lebenden Mann, werden wir Euer Freitum nie und in keiner Weise brechen, was ihm schädlich und verderblich ist vielmehr vernichten und ganz tadellos machen und wenn euch Jemand anders sagt, so glaubet ihm nicht, weil er über unsere Gesinnung nicht unterrichtet ist", waren nicht bloß schöne Worte auf dem Papier zu lesen, wie wir deren auch von andern Fürsten haben, sondern Ludwig, der ungarische König, bewährte sie durch die Tat. Er hatte eben die Wichtigkeit der deutschen Ansiedler an der Grenze des Reichs für ihre Sicherheit und die Bildung jener Lande erkannt.

Als Ludwig im Jahre 1366 in Siebenbürgen war, erschienen vor ihm Wilhelm Hammer, Bischof von Fünfkirchen, den der König ausnahmsweise in jenem Jahre dem Hermannstädter Gau zum obersten Statthalter und unmittelbaren Beschützer eingesetzt, zusamt Johann dem Sohn des Petrus von Heltau und Nikolaus dem Sohn Martins von Burgberg und baten im Namen der „sieben Stühle" um die Bestätigung des Andreanischen Freibriefes. Der König gewährte sie und wiederholte im folgenden Jahr den ernsten Befehl, daß die Sachsen Niemandem außer ihrem Grafen oder dem König zu Recht stehen sollten.

Solchen gerechten Sinn des Herrschers vergalten die Sachsen wiederum mit treuen Diensten. Zu derselben Zeit war Wlaik, der Woiwode der Walachei, den Landen Ludwigs ein böser Nachbar. Längst der Treulosigkeit verdächtig fiel er 1369 vom König ab. Niklas Apor, der Woiwode von Siebenbürgen, der gegen ihn zog, wurde geschlagen; Wlaik drang ins Land ein und verbrannte in Talmesch das Kloster des h. Nikolaus. Da ließ Ludwig, um die Grenze zu befestigen und sich den Zugang in des Nachbars Land zu sichern, nahe an dem Passe, den der Altfluß durch den Gebirgswall gebrochen, unweit von Talmesch die Landskrone

erbauen. Die Sachsen unterstützten den Bau mit Geld und Hülfeleistung, so daß schon 1370 die Burg fast fertig war und von der
steilen Höhe stolz ins Land hernieder schaute. Als ihre „Abgeordneten und Botschafter", mit Bischof Wilhelm der Hermannstädter
Dechant Martin, dann die Grafen Lorenz von Rothberg, Johann
von Hermannstadt, Andreas von Mühlbach, Henning von Schenk,
Nikolaus von Reps, Heinrich von Alzen und Jakob von Schäßburg
dem König dieses 1370 meldeten, sprach er die Sachsen von aller
weitern Hülfeleistung und jedem künftigen Dienst an die Burg frei
und ihnen zugleich in ehrenden Worten seinen Dank aus. „Sie
seien," rühmte er von ihnen, „diejenigen Bürger seines
Reiches, auf deren Kraft die Sicherheit jener Grenze
wie auf festen Säulen ruhe und deren unwandelbare
Treue die Erfahrung fortwährend rühmlich bewähre."
Der erste Vogt von der Landskrone war Johann von Scharfeneck,
sein Untervogt Johann Bachritter.

Ein Zeichen von des Königs Achtung ist das neue Siegel,
das er dem Hermannstädter Gau nach seiner Thronbesteigung
von Polen verliehen. In einem Vierpaß, umgeben von den
Anjouschen Lilien, stehen unter einer mit denselben Lilien geschmückten Krone drei Schilde, unten einer, oben zwei, in dem
untern das kleine sächsische Wappen, unter der liliengezierten
Krone ein Dreieck mit dem Seeblumenblatt an jeder Spitze, in
den beiden obern das ungarische und polnische Wappen. Das
Siegel führt die alte ehrende lateinische Umschrift: Siegel der
Hermannstädter Provinz zum Schutz der Krone. Auch das Siegel
des Schenker Stuhls zeigt die Anjouschen Lilien.

So standen die „sieben Stühle" unter König Ludwig stark da
und geehrt im Reiche. Und ihre Innerangelegenheiten ordneten
sie selbst mit einer Weisheit und Umsicht, die Ehrfurcht einflößen
vor den Vätern. An der Spitze jeder Gemeinde stand vielfach
noch immer der Graf, der Vertreter der königl. Gerichtsbarkeit
und neben ihm der Hann, wie sie ihn nannten und heute noch
nennen. Den wählte man alljährlich frei, daß er richte und schlichte
und Ordnung halte und gab ihm an die Seite, wer noch das
Vertrauen des Volkes besaß, die man Geschworne oder Ältere
hieß, weil gewöhnlich gereiftere Lebenserfahrung dazu gewählt
wurde. Wenn es aber eine wichtigere Sache galt oder eine
schwierigere Bestimmung vorkam, so trat die ganze Gemeinde

zusammen und beriet über das gemeine Wohl. Denn damals hatte man noch nicht erfunden, daß nur wenige wissen dürften von dem, was alle anging, oder daß Einzelne festsetzten, was über Wohl und Wehe der Gesamtheit entschied und diese hätte nichts als das Folgen und das Zahlen für's Befehlen. Auch war allerdings das gesamte Leben damals einfacher und naturgemäßer, und darum Verwaltung, Gesetzgebung und Rechtspflege nicht in den Händen einer dem Volke fremden Gewalt, sondern aus ihm selbst hervorgegangen und von ihm selbst geübt. Daraus entsprang jene weise Kenntnis der Verhältnisse und jene lebendige Teilnahme an allem Gemeinsamen, jene Selbständigkeit und Kraft, die die Väter groß gemacht hat und die, weil sie sich nicht befehlen läßt, den spätern Geschlechtern oft fehlte. Hätte man schon damals nur in engen Ratsstuben für das Gemeindewohl gesorgt und hätte nur reden und entscheiden dürfen, wen man dafür bezahlt, unser Volk hätte keine Blütezeit gehabt.

Schwierigere Rechtsfälle und Angelegenheiten von umfassenderer Wichtigkeit wurden auf Stuhlsversammlungen entschieden. In diesen erschienen Richter, Geschworne und Älteste der einzelnen Gemeinden und der Zutritt stand allen Bürgern frei. Sie traten regelmäßig im Jahre viermal zusammen, ordneten die Innerangelegenheiten des Stuhls und entschieden die Rechtsstreitigkeiten, die man vor sie brachte, nach dem alten deutschen Grundsatze Mitbürger über Mitbürger, Freie über Freie. Klage und Antwort war mündlich und öffentlich. Den Eid schworen sie bei entblößtem, zum Zeichen des Gerichts in die Erde gestoßenem Schwerte oder wenn es streitige Grenzen galt mit bloßen Füßen, gelösten Gürteln und einer Erdscholle auf dem Haupte. Im Jahre 1380 stritten die Gemeinden Burgberg und Rothberg hartnäckig um Mühlrecht und Mühlgrund (die Gundolfsmühle), so daß endlich die Hermannstädter Stuhlsversammlung selbst auf den streitigen Platz hinauszog, Frieden zwischen den zürnenden Nachbarn zu machen. Da stellten die von Rothberg den von Burgberg es frei, wenn sie mit ihrem Eid beweisen wollten, daß jenes Stück Erde und jener Mühlgrund und das Wasserbeet daselbst nach Erbrecht ihnen gehöre, so sollten sie ferner im ungestörten Besitz bleiben. Sofort stiegen Graf Andreas von Burgberg mit sechzehn Männern aus der Gemeinde, und mit ihnen acht von Stolzenburg, sechs von Großscheuern und drei von Hahnebach, alle gut berüchtigt, von ihren

Rossen und erklärten sich bereit den Eid zu leisten. Schon war
das Schwert aus der Scheide gezogen und in die Erde gestoßen,
als die Rothberger den Nachbarn den Schwur erließen, die dann
sofort das Gerichtsgeld erlegten und gerechtfertigt nach Hause
zogen. Bei Kauf, Wechsel oder Verkauf tranken sie mit den Zeugen,
die ehrbare und glaubwürdige Männer sein mußten, zu voller
Rechtskraft den Wißwein oder Almesch, so Donnerstag nach
Pfingsten 1389 vor der Schenker Stuhlsversammlung die Ge=
schwornen und Ältesten von Seligstatt mit den Grafen Ladislaus
und Thylo von Rethersdorf. Für die Abtretung der Hälfte einer
Mühle, die bis dahin den Grafen gehört und eines Fischteiches
übernahm die Gemeinde Seligstatt, auf der Grafen Gebiet einen
andern Fischteich zu graben, hundert Ellen lang und eine Elle
tiefer als der ehrbare Mann Michael Kröcher von Seligstatt groß
sei; an dem neuen Eigentum aber dürfe sie hinfort Keiner, weder
die Grafen noch ihre Angehörigen, auf Baumeslänge und Stein=
wurfweite schädigen.

An der Spitze der Stühle standen die vom König ernannten
Königsrichter. Der Sitz war an keinen bestimmten Ort gebunden.
So war im Jahre 1377 Graf Johann von Agnetheln Königsrichter
des Schenker Stuhls; im folgenden Jahrhundert ist es einmal
Johann der Graf von Mergeln; Andreas von Stein ist Königs=
richter von Reps gewesen. Auch hat Ludwig gleichzeitig die Königs=
richterwürde über mehrere Stühle einem, über einen Stuhl mehreren
anvertraut. So waren 1375 Heidenreich und Salomon von Alzen
Königsrichter in Leschkirch, 1376 Andreas von Burgberg Königs=
richter von Reußmarkt, Mühlbach und Broos. Dieselben hatten
in den Stuhlsversammlungen den Vorsitz und vollzogen das Urteil,
wie es diese gefällt. Im Krieg waren sie die Heerführer. Fremde
Volksgenossen hat Ludwig nie zu dieser Würde erhoben.

Was den ganzen Gau anging und die wichtigsten Rechts=
fälle entschied man auf der Gauversammlung, d. i. die spätere
Nationsuniversität. Dahin schickte jeder Stuhl seine Abgeordneten
und sie sandten hin wer ihnen der Tüchtigste schien. Ja wenn
man die Zeugnisse aus jenen Zeiten liest, meint man fast, jeder
Ort habe seine Vertreter hinsenden dürfen. So finden wir auf
jenen Versammlungen neben den Grafen und Richtern von
Hermannstadt auch die von Großscheuern, von Neudorf, von
Burgberg, von Heltau, von Stolzenburg; neben den Grafen von

Mühlbach und Reußmarkt und Leschkirch Männer von Kleinpold, von Brotdorf, von Marpod; noch im 15. Jahrhundert sind die „Gräfen" von Schweischer, von Draas, von Hamruden, von Bodendorf Mitglieder jener Versammlung. So groß war die Einfachheit jener Zeiten und die Gemeinsamkeit der Bildung, begünstigt besonders durch die Öffentlichkeit des gesamten Lebens und die unverkümmerte Teilnahme aller daran! Je mehr diese unserem Volke entzogen worden, desto mehr ist seine politische Reife und seine gesamte Tüchtigkeit verfallen. Denn ein Volk kann nur groß sein und blühen durch Gemeinsinn; doch woher soll der kommen, wenn die eigenen Zustände in tiefes Geheimnis gehüllt sind?

Damals aber lebte die Ansicht, allgemeine Teilnahme an öffentlichen Angelegenheiten sei Bürgerpflicht. König Ludwig, in wahrem Königssinn, unterstützte jene Ansicht. Als in der Mitte der sieben Stühle, wahrscheinlich über das Maß der den königlichen Gewaltträgern zustehenden Machtvollkommenheit Zwietracht ausgebrochen, da berief der König die Gauversammlung, damit sie in Gegenwart der königlichen Sendboten die alten Freibriefe lese und durch Abgeordnete an den König berichte, der auf keine Weise und um keines Menschen willen ihr altes Recht verletzen wolle. Darum befahl er (1. Mai 1379), daß Richter, Aldermänner, Geschworne, Angesehenere, vereint mit dem Gemeinvolk auf dem freien Felde zur gewöhnlichen Tagfahrt zusammenträten. Und das nennt der König der sieben Stühle Gewohnheit.

Bei solchem Sinne des Königs mußte die Wohlfahrt des Volkes gedeihen. Ihn unterstützte dabei aufs eifrigste der damalige Bischof von Siebenbürgen, Goblinus. Goblinus war ein Sachse, sein Vater Adalbert von Großscheuern, der den Sohn noch auf dem Bischofsstuhl des Landes sah. In der heimatlichen Gemeinde, wo der Familienname heute noch lebt, war einer seiner Brüder, Leo, 1386 Pfarrer, ein anderer, Heinz, geschworener „Bürger". Eine seiner Schwestern, Katharina, war an Georg von Arbägen, eine andere, Margaretha, an Heinz von Stolzenburg verheiratet. Zuerst Pfarrer in Schellenberg, dann in Großau, wurde er von Papst Gregor XI. 1376 zum Bischof von Siebenbürgen ernannt, weil er wissenschaftlich hoch gebildet sei und sittenrein, in geistlichen und weltlichen Angelegenheiten erfahren, umsichtig und mit vieler Tugenden Verdienst geschmückt. Wie ihn darum sein Volk liebte und gern in schwierigen Angelegenheiten sich an „seine große

Klugheit" wandte, so achtete ihn der König und handelte oft nach seinem Rat. Wegen seiner vielen treuen Dienste schenkte die Königin Maria ihm und seinen Sippen im Jahre 1383 Hamlesch unter dem Walde, das damals noch nicht zum Sachsenlande gehörte, mit Szelischt und drei anderen rumänischen Dörfern im Gebirge.

Den Bischof Goblinus sandte Ludwig mit Herrn Johann von Scharfeneck, dem Vogt von der Landskrone, auch auf die Gauversammlung der sieben Stühle, die er in der Woche vor Martini 1376 zusammenrief, damit sie ihre alte Gewerbe- und Zunftordnung verbesserten. Die Zünfte sind nämlich eine uralte deutsche Einrichtung und unsere Väter brachten sie mit ihrer Gewerbstätigkeit aus dem deutschen Mutterland mit in die neue Heimat. Und die Gewerbe und Zünfte blühten frühe im Hermannstädter Gau in Broos, in Mühlbach, in Hermannstadt und Schäßburg; schon 1367 kaufte die Hermannstädter Ledererzunft vom Grafen Johann von Häzeldorf sich eine eigene Lohmühle. Als aber mit der Zeit viele Mißbräuche sich eingeschlichen hatten, ja der König die Zünfte eine Zeitlang aufgehoben, berief er nach ihrer Wiederherstellung jene Versammlung, auf daß sie Gesetze mache, die alles Unrecht in Zukunft und alles üble Wesen fern hielten.

Also berieten die Väter in ernster Überlegung und machten mit Wissen und Willen aller Gewerbe und mit Beistimmung der königlichen Sendboten für die Zünfte an jenen vier Orten — denn anderwärts gab es damals noch keine — zum gemeinen Besten folgende Ordnung: in der Woche nach Weihnachten wählt fortan jede Zunft alljährlich zwei Zunftmeister; diese schwören, für Stadt und Land auf Billigkeit in den Gewerbserzeugnissen zu halten, in der Zunft keine Ungerechtigkeit zu dulden oder ungestraft zu lassen, weder aus Freundschaft, noch aus Gunst oder um Geschenke und keinen Unschuldigen aus Haß zu verfolgen. Die Zunftmeister sind verpflichtet, die vierteljährlichen Stuhlsversammlungen zu besuchen und dort Übelstände im Gewerbe oder sonst im gemeinen Wesen heben zu helfen. Bei Strafe von zwanzig Mark feinen Silbers durfte niemand mehr als **ein** Gewerbe treiben, niemand dem Schuldner das Werkzeug pfänden oder jemanden hindern, bei ihm zu arbeiten; die Väter wollten nicht, daß einzelne alles an sich rissen. Dagegen durfte jeder das Gewerbe so schwunghaft treiben, als er wollte, was er dazu brauchte kaufen, wo, wie oder wie viel ihm gefiel, Gehilfen halten nach Belieben, seine Erzeugnisse zu Hause oder auf dem Markte verkaufen; die Unternehmenden und Betriebsamen sollten nicht in beengende Schranken gezwungen sein. Durchgängig war makel- und tadellose Arbeit geboten; darum warf man nicht frisches Fleisch aus den Bänken den Hunden vor, büßte den Bäcker, der nicht weißes Brot buk, um einen Gulden und ließ ihn acht Wochen nicht backen, nahm dem Wollenweber, der unechtes Tuch machte, sein ganzes bewegliches Vermögen als Strafe, oder wenn die Stücke zu schmal oder zu kurz waren, wenigstens diese hinweg. Dasselbe geschah mit schlecht ausgearbeitetem Leder, und wenn ein Schmied ein Pferd beim Beschlag verletzte, mußte er es umsonst heilen. So sehr waren die Väter überzeugt von der Notwendigkeit, daß die Mitgliedschaft der Zunft bürgen müsse für die Tüchtigkeit der Arbeit. Das war des Handwerks goldner Boden. — Wäre es doch immer so geblieben!

Die Zunftordnung sorgte auch auf Ehrbarkeit und sittliches Verhalten. Der Ehrlose wurde in die Zunft weder aufgenommen noch darin geduldet, unanständiges Betragen bestraft. Der Schmied, der den Mitmeister schmähte, mußte so viel mal elf Denare büßen, als Zunftgenossen gegenwärtig gewesen; der Weißgerber zahlte in demselben Falle ein Pfund Wachs Strafe, der Fleischer, der Mann oder Frau in der Fleischbank unanständig behandelte, erlegte eine Geldbuße. Auch bei dem Leichenbegängnis des Zunftgenossen erschien die Zunft; die im Leben einander so nahe gewesen, verließen sich nicht bis zum Grabe. Mittellos Verstorbene wurden auf der Zunft Kosten von jenen Bußgeldern bestattet.

Die neue Zunftordnung war, und das ist einer ihrer großen Vorzüge, zugleich ein Einwanderergesetz im kleinen. Denn jener Geist der Engherzigkeit, der in späterer Zeit jede einzelne Zunft wie mit einer ehernen Mauer umgab, daß sie keinen „in die Lehre nehmen" wollten, der nicht ein Meisterssohn oder doch ein Stadtkind war, und daß der „zugereiste Fremde" kaum in kostspieligem Prozeß sein Recht erhielt, ist unserer alten Zunftordnung unbekannt. Jeder Handwerker, Einheimischer wie Auswärtiger — doch nach dem Geiste jener Zeit natürlich nur der Deutsche — der in der Mitte der Sachsen sich von beschimpfendem Makel rein erhalten, muß in die betreffende Zunft aufgenommen werden. Wer dagegen war und den Fremden irgend einer ehrlosen Tat anklagte, um seine Aufnahme in die Zunft zu hindern, mußte die Klage auf eigene Kosten beweisen, sonst litt er die Strafe dafür; nie war der Fremde gehalten, Beweise seines guten Rufes und seiner Ehrenhaftigkeit aus seinem Vaterlande zu holen. Wenn eine Zunft die Aufnahme jemandem acht Tage verweigerte und vom Rate der Stadt deswegen gemahnt, sie aufs neue acht Tage verzögerte ohne rechtlichen Grund, fiel sie in eine Strafe von zwanzig Mark feinen Silbers. Wer das Gewerbe in einer jener vier Städte gelernt, zahlte nur die Hälfte der Einrichtungsgebühren, ebenso wer eine Meisterswitwe heiratete; Meisterssöhne, die Meisterstöchter zur Ehe nahmen, kamen unentgeltlich in die Zunft. Die Unbemittelten verhielt man nicht gleich zur Zahlung. Die Einrichtungsgebühr bestand überall in einem Mittagsmahl; der weitere Preis war verschieden und wechselte zwischen zehn Gulden, zwei Pfund Wachs und zwei Eimern Wein, wie bei den Fleischern, bis zu einem Gulden, vier Pfund Wachs und zwei Eimern Wein, wie bei den Seilern. Die Zunft, die mehr als die festgesetzte Gebühr forderte oder von diesen Satzungen abwich, verfiel in eine Strafe von zwanzig Mark Silber zur Hälfte dem König an die Landskrone, zur Hälfte der Gauversammlung.

Zu dieser Zeit bestanden in dem Hermannstädter Gau neunzehn Zünfte mit fünfundzwanzig Gewerben: die Fleischhackerzunft, die Bäckerzunft, die Ledererzunft, die Weißgerberzunft, die Schusterzunft, die Schmiedzunft, zu der auch die Nagler, Kupferschmiede, Wagner, Gürtler, Schwertfeger, Schlosser gehörten, die Kürschnerzunft, die Handschuhmacherzunft, die Mantelschneiderzunft, die Hutmacherzunft, die Seilerzunft, die Wollenweberzunft, die Weberzunft, die Faßbinderzunft, die Töpferzunft, die Bognerzunft, die Schneiderzunft, die Beutelmacherzunft. Auffallend ist, daß die Goldschmiede nicht genannt sind; sie trieben das Gewerbe noch nicht zünftig. In Augsburg waren zu derselben Zeit sechzehn Zünfte mit zwanzig Gewerben, in Straßburg achtundzwanzig Zünfte.

Die Grundgedanken, auf denen diese Einrichtungen beruhten und die Art und Weise, wie sie im Leben Gestalt gewannen, haben die sächsischen Zünfte zu ebenso einflußreichen politischen als gewerblichen Institutionen gemacht, und nicht minder groß und tiefgehend sind ihre Wirkungen in sittlicher Beziehung ge=

wesen. Jahrhunderte lang mit Hüter und Träger einer auf dem Grund von Zucht und Ordnung ruhenden häuslichen wie öffentlichen Ehrbarkeit und guten Sitte, durch ihre Selbstregierung in ihrer guten Zeit eine Stütze bürgerlicher Freiheit, eine Einigung der Kräfte nicht nur für den Gewerbsbetrieb und stark durch gemeinsames Eintreten für gemeinsames Recht hat das Zunftwesen auch durch Unterstützung von Wandernden, Kranken, Witwen wahrhaft segensreich und sittigend gewirkt. Hätten die Enkel nur stets an der Väter Einsicht und Rechtssinn festgehalten und den Auswüchsen und Mißbräuchen, die später wucherten, gewehrt! Das Sachsenvolk verdankt dem vernünftig geordneten Zunftwesen einen Teil seiner Blüte und seines Bestandes.

Bis in die Gegenwart haben sich Werke sächsischen Gewerbefleißes aus jener Zeit erhalten. Heute noch reichen sie in mehr als einer evangelisch-sächsischen Kirche — so in Schellenberg, Heltau, Hahnebach, Tartlau, Klosdorf, Michelsdorf (bei Marktschelken) — den Gläubigen den Kelch, den, wie die ganze Gestalt und nicht selten auch die Inschrift durch die Form der Buchstaben zweifellos lehrt, des kunstreichen Goldschmieds Hand damals gemacht. Vom Kelch in Alzen klingt auch schon der deutsche Gruß zu uns herüber: Jesus Maria, hilf Gott!

Der Landbau wurde zu jener Zeit nicht weniger verständig betrieben. Die Bebauung des Bodens wechselte zwischen Korn, Hafer und Hirse. Es hat lange gedauert, bis wir heute weiter gekommen sind, noch immer weit zurück hinter Deutschland und andern Ländern, wo der Boden durch der Menschen Fleiß und Kunst vielfach reichern Ertrag liefert als hier.

Der Ackerbau entwickelte sich auf der alten, aus der Heimat mitgebrachten markgenossenschaftlichen Grundlage in der Drei-, hin und wieder Zweifelderwirtschaft, wo jedes Jahr ein Teil brach lag. Gleiche Lose wurden dem Einzelnen zur Bebauung zugeteilt, der Wald blieb, wie der nicht aufgeteilte Besitz des „Freitums" zur gemeinsamen Ausnutzung frei. Nicht selten erwarben da Einzelne erweiterten Besitz, spät erst wirkliches Eigentum. Der Hof bildete den Rechtstitel, der dem Ansiedler Anrecht gab auf Rechte innerhalb des Hattertgebiets und noch heute ist der Hof im sächsischen Sprachgebrauch mehr als Haus und Feld. Nach fränkischer Art wurden im Dorf gassenweise die Häuser aneinandergereiht, nach dieser Art im „Hof" Haus, Scheune,

Stall, Garten voneinander gesondert. Draußen trat das Gemeinsame in den Vordergrund, „de Gemin" war und ist das Dorf, die Sonderung konnte nur innerhalb der eigenen Hofstelle erfolgen. Aus der gewannweisen Feldverteilung (der Jurlenk) erwuchs die gemeinsame Bestellung des Feldes mit Flurzwang und Weide, die Allmendbenutzung, die bisweilen mehrere Gemeinden auch gemeinsam hatten. Diese Wirtschaftsverfassung, verankert im Volkscharakter, half mit, den Gedanken der Einheit und Zusammengehörigkeit zu festigen und zu stärken, den Einzelnen ganz in den Dienst des Ganzen zu stellen, wie auch im Wort Gebauer, das wir allein für Bauer haben, das Gemeinsame, Zusammenfassende auch sprachlich ausgedrückt ist.

Unser Volk stand damals mit Deutschland auf gleicher Stufe. Und wie also Landbau und Gewerbe blühten, blieb auch der Handel nicht aus. Märkte wurden gehalten, wo der Landmann verkaufte, was seine Felder und Herden ihm gaben, und der Gewerbsmann, was sein Fleiß und Erfindungsgeist bereitet. Ja seine Erzeugnisse fanden den Weg weithin ins Land und in große Ferne. Denn die andern Völker Siebenbürgens waren damals roh und der größte Teil schmachtete unter dem harten Druck des Adels, der seinerseits wieder nur Waidwerk und Krieg liebte und alle Künste des Friedens als des Mannes unwert verachtete. Wo aber keine Freiheit ist, kann auch Gewerbefleiß und Handel nicht gedeihen.

So waren die Sachsen damals die Einzigen in Siebenbürgen, die mit diesem sich beschäftigten. Wie aber zu jener Zeit das Vorgebirge der guten Hoffnung noch nicht entdeckt war und ein Teil des Welthandels über das Mittelländische Meer und durch Ungarn ging, war ihrer Tätigkeit ein weites Feld offen. Durch alle diese Umstände begünstigt, gedieh und wuchs der Handel der Sachsen zu einer Höhe, von der wir kaum eine Ahnung haben. Und zwar nahmen daran nicht nur die Hermannstädter Gaugenossen, sondern vorzüglich auch die Kronstädter, Bistritzer und die übrigen Sachsen teil. Die Gegenstände ihres Handels waren teils Naturprodukte: Getreide, allerlei Vieh, Fische, Salz, Wachs, Honig, Wein, teils Erzeugnisse ihres Gewerbefleißes: Tücher, fertige Kleider, Gürtel, Bogen, gegerbte Ziegen-, Kalb-, Fuchs-, Marderfelle und vieles andere. König Ludwig begünstigte diesen Handel nicht nur zur Belohnung ihrer unwandelbaren

Treue und der vielen Dienste, die sie ihm geleistet und damit ihre Zahl und ihre Ergebenheit stets zunehme, sondern auch weil dem ganzen Lande, ja dem gesamten Reiche dadurch Ehre und Nutzen erwachse und dieses mit ausländischen und überseeischen Waren durch sie versorgt und bereichert werde. So wird nicht nur aller Handel und Verkehr in Siebenbürgen wesentlich von den Sachsen betrieben, begünstigt durch der Könige mannigfache Beschränkung von fremden Kaufleuten im Sachsenland, wie denn unter anderm Kronstadt 1369 das Stapelrecht gegenüber polnischen und deutschen Tuchhändlern erhielt, sondern ihre Tätigkeit geht weit hinaus über die engen Grenzen der Heimat. Jenseits des Waldgebirges, das Siebenbürgen von Ungarn trennt, besuchen sie die Messen in Wardein und ziehen mit ihren Waren weithin nach Polen, wo sie die Rechte der Kaufleute von Krakau haben. In der reichen Handelsstadt Ofen sind sie frei von der Niederlagspflicht, der alle anderen unterlagen; zwischen Ofen und Wien schwimmen häufig ihre Schiffe, die von jedem Fuß Bodenraum in die Breite auf der Talfahrt einen halben, auf der Bergfahrt einen Viertelgulden an den Zollstätten zu zahlen haben; zu Land über Wien hinaus nach Prag und weiterhin nach Deutschland gehen ihre Handelsreisen. Im Süden durchzogen sie die untern Donaugegenden, besuchten Dalmatien, die Seeküste, Zara, Venedig; ja sächsische Erzeugnisse sollen von den Sachsen bis nach Ägypten verführt und abgesetzt worden sein. Und doch waren damals die Verkehrsmittel so gering und das Reisen so schwierig; häufig geschah es nur zu Pferd, und die Waffe durfte von der Seite nicht weichen zum Schutz des Lebens und der Habe gegen Räuber und Mörder.

In der Mitte der Sachsen aber erwuchs durch solchen ausgebreiteten Handel jener Wohlstand, der sie befähigte zu des Landes Schutz Burgen zu bauen und was mehr ist als Wohlstand, Weltkenntnis, Bildung, Gesittung. Die wurde genährt und gefördert durch Volksschulen. In vielen Gemeinden bestanden sie zu einer Zeit, wo Ungarn, wo Deutschland noch keine hatte. Für den rühmlichen Bestand eines Volkes, besonders eines an Zahl geringern, ist hervorragende geistige Bildung ein Grund= und Eckstein.

Die steigende Gewerbs= und Handelsblüte hat unter König Ludwig im Hermannstädter Gau die Entstehung der Städte fördern helfen. Das ist so gekommen. Wie ursprünglich alle Ge=

meinden gleich gewesen, ist oben geschildert. Allmählich aber erhoben sich einzelne vor den andern, weil sie bequem gelegen, volkreicher oder älter waren. Auch konnte anfangs nicht jede Gemeinde sogleich die schützende Burg bauen; mehrere führten am geeignetesten Ort eine auf, bargen sich darin im Feindeseinfall und schirmten sie mit vereinter Kraft. Die Gemeinde aber, in deren Mitte die Burg stand, erhielt bald einen Vorzug und wurde ansehnlicher als die andern. Und wenn, wie meist geschah, dort auch die Malstätte war und die gemeinschaftlichen Versammlungen dort gehalten wurden, konnten die Bürger, die da seßhaft waren, diese stets besuchen; sie lernten Gewohnheiten und Rechte am besten kennen und hoben des Ortes Bedeutung auch dadurch nicht wenig. Wenn nun durch alles dieses begünstigt in solche Orte noch die Gewerbe sich hinzogen, sich dort mehrten und allmählich ein blühender Handel entstand, dadurch Wohlstand und Bildung in ihrer Mitte stieg, da gewöhnte man sich jene Gemeinden als Vororte anzusehen, wo der Königsgraf wohnen müsse. Hatten aber einzelne Orte eine solche Stellung erworben — und da geschah es am ersten, wo Gewerbtätigkeit und Handel sich entfaltete —, da strebten andere auch darnach und bis in späte Zeiten hat es im Leschkircher, im Schenker, im Mediascher und Schelker Stuhl bittere Kämpfe darüber gegeben.

In diesem neuen, rasch aufblühenden städtischen Bürgertum erstand dem sächsischen Volk eine frische Lebensmacht. Seine durch Gewerbfleiß und Handel wohlhabenden und an Weltkenntnis reichen Geschlechter traten bald als wetteifernde Genossen an die Seite, auch wohl gegenüber den alten Erbgrafenhäusern und den ihnen verwandten, mit großem Grundbesitz ausgestatteten „nach der Weise der Adeligen lebenden Sachsen", in der Folge wohl auch selbst durch ausgedehnten Landbesitz in und außer der Stadt mächtig und einflußreich. Von allen Städten des Hermannstädter Gaues aber war unzweifelhaft Hermannstadt die erste. Seit dem Jahre 1366 finden wir Bürgermeister, jährlich von der Gemeinde gewählt, an ihrer Spitze; der erste ist Jakob Heinzmann (Henzemanisse); unter seinem Nachfolger, Michael Nonnenkleppel genannt, stiftete die junge Brüderschaft des heiligen Leichnams mit dem Stadtpfarrer Johannes in der Marienkirche, deren altes nun vermauertes Westportal unter dem Turm mit seinem Rundbogen noch ins dreizehnte Jahrhundert zurückging, einen Altar, an dem sie jeden Donnerstag „mit wohlklingender Stimme" die Messe sollten singen helfen. Auch stellten sie zum Dienst des Stadtpfarrers einen Kaplan an, für dessen Unterhalt sie dem Pfarrer jährlich zweiundzwanzig Gulden zahlten und ließen Arme und Fremde auf ihre Kosten beerdigen. Der Rat der Stadt bestätigte am 10. August 1372 die Satzungen der Brüderschaft. Damals stand an der Südseite jener mit reichem Erbe von Land und Gefällen ausgestatteten Kirche bereits die Schule von Hermannstadt, für deren Ausbesserung sie um diese Zeit einmal neunzehn und einen Viertelgulden ausgegeben und gewiß aus ihrem Unterricht bezog jener Johannes von Hermannstadt die neue Hochschule von Wien, der dort 1386, einer der ersten, Baccalaureus der freien Künste wurde. Gleichzeitig erweiterte sich der Mauerring um die wachsende Stadt. Wie alte Mauerspuren lehren, umschloß die erste Befestigung wohl nur die Kirche, die vom Westrand der aus dem Zibinstal aufsteigenden Hochebene auf den Fluß niedersah; in späterer Zeit auch „den kleinen Ring" umfassend, spannte sie ihre turmgekrönten Zinnen unter Ludwig um die ganze alte Oberstadt. Die Wehrhaftigkeit in ihr mehrte die neue Feuerwaffe; neben Ausgaben für „Armbrust-Gezeug" finden wir in der Stadtrechnung schon für den „Büchsenmeister" einmal hundert und achtzehn Gulden und dann wieder „für die Räder zu den Büchsen" neunundzwanzig Gulden. An den Schutz der durch sie verteidigten Mauer lehnte sich unten in den gewerbfleißigen Gassen nach Westen zunächst das Spital mit seiner Siechenkirche, neben der noch die Dominikaner unmittelbar vor der Unterstadt und die Minoriten nahe daran in ihr bereits seit lange ihre Kirchen und Klöster hatten. Am Zibinsarm, der den Saum der Unterstadt durchschnitt, stand das Badhaus, die Annehmlichkeit und Gesundheit des aufstrebenden Gemeinwesens mehrend.

Im Jahre 1367 wird Schäßburg als Stadt genannt, in der Komes Salamon von Schäßburg eine Mühle an der Kokel an Bürger der Stadt verkauft, die aber gleichfalls den Titel Graf (Comites) führen. Schon 1345 erscheinen die Senatoren und Bürger von Mühlbach, 1349 die Gesamtheit der Bürger und die Altern von Schäßburg, so daß neben den Königsrichtern und Bürgermeistern eine Vertretung der Stadt durch die Bürger, — sei es in ihrer Gesamtheit, sei es durch Aldermänner — bezeugt ist.

König Ludwig wachte über den königlichen Einfluß, daß er nicht gemindert werde. Wenn es sich um wichtige, besonders richterliche Entscheidungen handelte, schickte er öfter besondere Grafen zur Teilnahme an der Entscheidung.

Inzwischen gingen die alten Erbgrafen und nach der Weise der Adeligen lebenden Geschlechter zunächst ihres alten Weges weiter. Die Kellinger nicht zufrieden mit ihrem reichen Besitz in und außer dem Sachsenland griffen ins Eigentum der heimischen Gemeinde ein; Erwins Urenkel, fünf Brüder mit ihrem Oheim Michael rissen Wälder, Wiesen und Felder, die jener gehörten, an sich; in schwerem Rechtsstreit wahrte die Gemeinde 1366 ihr Eigentum. Aber das reiche Gut kam bald aus Sachsenhänden; 1380 war von jenen sechs Kellingern keiner mehr am Leben; ein einziger, Salomon, hinterließ einen Sohn, Johann, der allein übrig aus dem Mannsstamm des Hauses, in jenem Jahre die Zersplitterung des alten Erbes sah. Das Haupt des Hauses nämlich, Chiels Enkel Graf Michael von Kelling, hatte unter zehn Kindern nur einen Sohn; als auch dieser vor dem Vater ins Grab sank, machte Graf Michael 1345 sein Testament und setzte darin seine Töchter zu Erben auch der adeligen Güter im Komitat ein, die er teils ererbt, teils selbst erworben. König Ludwig bestätigte es in demselben Jahre. Da nun Graf Michael 1374 oder kurz vorher gestorben, entbrannte schwerer Prozeß zwischen den weiblichen Erben und dem einen übriggebliebenen männlichen Nachkommen aus Erwins Geschlecht, Johann von Kelling, der als solcher sämtliche adlige Güter des Verstorbenen haben wollte. Das Reichsgericht aber sprach den Frauen gleichen Anteil zu. Infolge hievon schloß Johann mit diesen im Jahre 1380 einen Vergleich ab, indem er ihnen die Dörfer Weingartskirchen und Kuth, je die Hälfte von Rothkirch, Gergeschdorf und Benzenz, den dritten Teil von Ringelskirch und den vierten Teil von Henningdorf, Birnbaum, Spring und Troschen überließ. Von den Erbinnen hatten aber alle Verehlichten, mit Ausnahme Annas der Gattin Johanns von Heltau, ungarische Männer; die Grafenwürde und der Grafenhof von Kelling selbst ging an Michaels Eidam Gregor von „Wingarth" über, von dessen Nachkommen Petrus „Gereb de Wingarth" ein Ururenkel Erwins, ein Jahrhundert später Palatin und wie oben erwähnt dessen Bruder Ladislaus Gereb de Wingarth Bischof von Siebenbürgen wurde. Ehe das

Jahrhundert zu Ende ging, starb auch der letzte Kellinger, Johann, ohne Erben, und all' sein Gut ging an seinen Halbbruder Ladislaus von Benyik über. Über den Gräbern jener wuchs das Gras; die Erinnerung an sie entschwand dem Volke, von dem ihre Nachkommen abgefallen waren und nur die vergilbten Pergamente haben das Bild ihres Daseins erhalten.

Bemerkenswert ist das Schicksal einzelner sächsischer Gemeinden. Von der Gemeinde Schlatt sagt König Karl 1335 ausdrücklich, daß sie „mitten unter den Sachsen von Hermannstadt" liege; 1357 mit Magarei, Bürgesch und andern Orten im Besitz eines Mag. Nicolaus, kam es in den Besitz des Weißenburger Kapitels, wobei es 1361 zum Alzner (Leschkircher) Stuhl gehörte. Neben dem Domkapitel von Weißenburg sprachen Eigentumsrechte auch Nikolaus von Keisd, Stephan von Schellenberg und andere Sachsen an. Ludwig schützte in ernsten Erlässen an den Grafen Gerhard von Hermannstadt, wie an den ganzen Gau (1361), das Kapitel im Besitz; dieses erscheint auch im folgenden Jahrhundert darin und die Gemeinde als Komitatsboden.

Dasselbe Geschick traf Wolkendorf in der Nähe von Schäßburg. Zur Zeit Königs Ludwig tritt ein Graf Petrus von Wolkendorf auf, neben ihm haben dort, zweifellos auf Prädialboden, Besitz der Graf Nikolaus von Arkeden und seine Eidame Graf Nikolaus von Henndorf und Demetrius von Reichesdorf. Die Anteile der letztern kauft 1369 der Schäßburger Ratsmann Petrus Sewer, der bald darauf von der Witwe des Wolkendorfers auch den ihr gehörigen Anteil in Pfandbesitz bekömmt. Wie ihr Enkel, der Adelige Nikolaus von Flagen, von den Söhnen des Schäßburger Bürgers Nikolaus und Hench Sewer jenen Anteil zurückverlangt, fließt der Prozeß schon nicht vor dem sächsischen Gerichtshof, sondern vor dem Woiwoden und der Tagfahrt des Adels, welche 1393 den Flagner abweisen und die Schäßburger Bürger im Besitz der Hälfte von Wolkendorf erhalten, ein Beweis, daß sie damals schon nicht zum Sachsenland gehörte.

Außer den Erbgrafen aber lebten im Sachsenland damals noch andere Adelige. Auf Befehl des Königs und in Anwesenheit seines Vertreters des Bischofs Wilhelm (Hammer) von Fünfkirchen kam die sächsische Gauversammlung 1370 unter der Landskrone zusammen, darauf auch die Adeligen, die unter den Sachsen Besitz und Erbe hatten, um jeden in seinem gesetzlichen Recht zu schützen,

und wurde aufgefordert, bei einer Teilung Kornetzels mitzu=
wirken, das „im Albenser Komitat im Distrikt des Hermann=
städter Stuhls" liegt.

Drüben im Gebirge an der Grenze des Hermannstädter
Stuhls ging gleichzeitig eine andre Entwicklung eigner Art vor
sich. Da hausten in den Waldtälern, die ihre Gewässer dem Alt
und dem Zibin zusenden, rumänische Scharen, deren Zahl sich
allmählich im Lande mehrte. Denn seit nach dem großen Mon=
golensturm, der die Kumanenherrschaft im Süden von Sieben=
bürgen vernichtete, die rumänischen Einwanderungen in das offene
fruchtbare Flachland am linken Donauufer zunahmen und die
ungarischen Könige um der Sicherheit des eigenen Reiches willen
nicht müde wurden in Versuchen, bald durch Krieg, bald durch
Frieden dasselbe unter ihre Oberherrlichkeit zu bringen, stieg
eine immer größere Zahl jenes Volkes über das Gebirge herüber
und siedelte sich weithin im Lande an, wo es dem Adel die Zahl
seiner Hörigen vermehrte, der oft gar schwere Klage führt über
deren Rechtsverachtung. Der König selbst begünstigte diese Ein=
wanderung zu einer Zeit. Um den Woiwoden der Walachei
Wlaik, mit dem er nach unglücklichem Krieg Frieden geschlossen,
fester an das Reich zu knüpfen, verlieh er ihm, wie er ihn zum
Ban von Sevrin gemacht, das Fogarascher Gebiet oder doch
einen Teil desselben und Wlaik nennt sich 1372 geradezu „Herzog
der neuen Ansiedlung des Fogarascher Gebiets". So erhielt
dieses vermehrte rumänische Bewohner; im Sachsenland aber
waren zu der Zeit noch wenige.

Der Hermannstädter Stuhl hatte mit den, die im Gebirg an
seiner Grenze wohnten, viel zu tun. Diese trieben ihre Herden auf
die Felder der Sachsen und besonders der Großauer, raubten,
brannten, mordeten. Die Sachsen dagegen, wo sie einen Frevler
bekamen und der sich zur Wehre setzte, erschlugen ihn. Das ver=
galten wieder die Andern in ihrer Weise und der Hader hatte
kein Ende. Da schlossen endlich die erbitterten Parteien im Jahre
1383 Frieden und Vergleich miteinander. Was vergangen, solle
vergeben und vergessen sein; die „Walachen" gelobten, fortan
ihre Herden nicht mehr auf dem „Boden der Deutschen" ohne
deren Erlaubnis zu weiden; im Gebirge von Talmesch bis zum
rumänischen Dorf Großdorf (Szelischt) gute Hut zu halten, keine
Übeltäter, Mörder, Brandstifter zu beherbergen, keinen Bogen zu

tragen, außer in Notfällen. Wer ihn dennoch trägt, wird an Gut und Leben gestraft; wer den Verbrecher herbergt, wird mit ihm verbrannt, verbrannt jeder, auf den sieben Männer schwören, daß er gestohlen, geraubt, Brand gestiftet oder mit Feuer auch nur gedroht habe.

11.
Zustände und Innerverhältnisse „der zwei Stühle", des Burzenlandes, des Nösnergaues und Klausenburgs unter König Ludwig.

> Tausend Hände belebt ein Geist, doch schläget in tausend
> Brüsten von einem Gefühl glühend ein einziges Herz,
> Schlägt für das Vaterland und glüht für der Ahnen Gesetze.
>   Schiller.

Die Befreiung der „zwei Stühle" vom Kriegsdienste und der königlichen Bewirtung, die sie im Jahre 1318 mit einer jährlichen Steuer von 400 Mark Silbers erkauft hatten, dauerte nur fünfzig Jahre. Denn als im Jahre 1369 der Pfarrer Georg von Schelken und der Graf Andreas von Pretai die Bestätigung jenes Freibriefes bei König Ludwig nachsuchten, erklärte er, daß jene Verfügung mit dem Vorteil der Krone unvereinbar sei, und verpflichtete die zwei Stühle aufs neue zur Bewirtung des Königs sowie, wenn der Feldzug in die östlichen Teile gehe, zugleich zur Heeresfolge in der Weise wie die Sachsen von Hermannstadt, d. h. unter dem eigenen Banner, auf ihre Kosten und in derselben Rüstung, aber nicht nur in einer bestimmten Zahl, sondern in der Menge wie ihre Kräfte es zuließen. Jene 400 Mark Silber jährlicher Steuer und die Gerichtsbarkeit des Szeklergrafen als Königsgrafen der zwei Stühle blieb auch für die Zukunft, ebenso die anderweitige Gerichtsordnung und Rechtspflege ganz wie im Hermannstädter Gau. Streitfälle, die vor der Gauversammlung der zwei Stühle nicht entschieden werden konnten, kamen im Wege der Berufung vor die Gauversammlung der sieben Stühle, d. h. in der Rechtssprache des Mittelalters, diese waren der Oberhof für jene. So lag 1359 die Entscheidung eines Hattertstreits zwischen Wölz und Baaßen vor den Hermannstädter Provinzialen, und so wurde 1365 der Streit zwischen Jägendorf und Kleinschelken über eine von dem letztern Ort an der Kokel erbaute Mühle von der Hermannstädter Gauversammlung zugunsten Kleinschelks entschieden. Im übrigen waren die Innerverhältnisse der zwei Stühle den der sieben Stühle ähnlich. Hier wie dort neben den vom König ernannten Grafen (Richtern) frei gewählte Grafen oder Richter und Geschworne an der Spitze der Gemeinden, dabei noch immer mächtige Geschlechter in einzelnen Orten in Besitz des Erbgräfentums; hier und dort Stuhls- und Gauversammlung zur Ordnung der Innerangelegenheiten und Entscheidung der Rechtssachen; hier wie dort manche Gemeinde in Gefahr, ihre Freiheit an die nach der Weise der Adeligen lebenden Sachsen zu verlieren. Graf Nikolaus der Schwarze von Burgberg mit seinen Genossen war im Besitz von Schaal im Schelker Stuhl gewesen. Im Jahre 1368 erklärten sie vor dem Weißenburger Domkapitel, sie hätten wegen gewalttätiger Widersetzlichkeit der Gemeinde ihrer Besitzung nicht froh werden können und unter Vermittlung von Mediascher Stuhlsgenossen mit den Schaalern sich dahin verglichen, die Gemeinde solle mit Gunst und Hülfe der Schelker Stuhlsgeschwornen von dem König eine andere Besitzung für sie fordern und durchsetzen, für ihre, der Burgberger, bisherige Ausgaben aber solle Schaal ihnen drei Tage nach Michaelis vierhundert Gulden zahlen. Sechzig hätten sie gezahlt, nun aber wollten sie nichts mehr zahlen und hätten auch jene Feststellung wegen einer andern Besitzung nicht gehalten. Schaal aber blieb Stuhlsgemeinde.

Im Norden zwischen der großen und kleinen Kokel grenzten damals die zwei Stühle an jene zahlreichen sächsischen Orte, deren Ursprung wir früher nachgewiesen haben. Und die wackern Gemeinden fanden in ihrem Kampf um die Freiheit ein Vorbild bei den freien glücklichern Nachbarn. Auf die Bitten Ladislaus', des Sohns Emrich von Epeschdorf, und des Bischofs Goblinus Rat vereinigte Ludwig im Jahre 1381 die Besitzungen Ladislaus' vollständig mit den zwei Stühlen; aber der baldige Tod des Königs wahrscheinlich hinderte den Vollzug. In der Folge schloß Ladislaus eine Erbverbrüderung mit Gregor von Bethlen und Petrus von Malmkrog, wodurch die Orte Epeschdorf, Johannisdorf, Irrgang, Hohndorf, Gogeschdorf, Manyersch, Belleschdorf meist in die Hände der Bethlen und der Apafi kamen.

Dasselbe ungünstige Geschick, das den zwei Stühlen den Zuwachs der benachbarten stattlichen Sachsendörfer vorenthielt, griff in das kirchliche Recht der Schelker ein. Noch immer dauerte der Prozeß des Kapitels, den dieses unter König Karl gegen Bischof und Domkapitel von Weißenburg vor den Papst appelliert hatte. Da standen am 30. Oktober 1357 Georg der Dechant von Schelken mit dem Pfarrer Gebhard von Wurmloch und Stephan von Martinsdorf im Namen des Schelker Kapitels in Weißenburg vor dem Bischof Dominikus, der am 15. März dem Papst 1500 Gulden an Annaten gezahlt hatte, und vor dem ganzen Domkapitel und — unterwarfen sich den vieljährigen Gegnern. Den Streit, den sie wider Gott und das Gewissen aufgenommen hätten, fahren lassend, die „leichtfertige Apellation" beklagend widerriefen sie feierlich ihre Widerspenstigkeit gegen die geistlichen Obern und zogen, dafür in den Schoß der Kirche wieder aufgenommen, ihre Berufung an den Papst zurück. Sie gelobten fortan dem Bischof zwei, dem Archidiakonus eine Zehntquarte zu überlassen, bekannten sich ausdrücklich nur als Quartisten und beschworen die Erfüllung des Versprochenen mit Berührung des heiligen Kreuzes. Es ist schwer zu sagen, was das Kapitel dazu hat bestimmen können, oder was auf die Gemeinden einwirkte, daß ihre Häupter die Grafen Nikolaus von Arbägen, Nikolaus von Schelken, Akus von Bell und Walter von Busd stillschweigend an dieser „Einigung" teilnahmen. Nur das ist gewiß, daß sie keine Dauer gehabt hat und wahrscheinlich nie ins Leben getreten ist, da Bischof Demetrius schon 1369 die Exekution am römischen Hof anzusuchen sich genötigt sah. Die Pfarrer selbst taten einen gewagten Schritt.

Eines Tages sahen die Martinsdorfer ihren Pleban aus der Gemeinde fortziehen, ein schwer beladenes Pferd trug ihm die Lebensmittel. Das gleiche geschah aus den andern Gemeinden, die Kapitelsbrüder wanderten auf einen Berg aus, der seither der „Pfaffenberg" hieß, es war eine neue Kriegserklärung gegen den Bischof, der sie vor sich lud. Als sie nicht erschienen, wurden sie in ihrer Abwesenheit verurteilt und nun hatte der Bischof in Form des Rechts, was er begehrte — den Zehnten. Da wurde Goblinus, der Sachse, Bischof in Weißenburg (1376). Zur Überraschung der Pfarrer erkannte er das Recht der Pfarrer auf den ganzen Zehnten an, die bereit waren, zu des Bischofs Bedürfnissen etwas beizusteuern. Er bat sie um zwei Quarten als Liebeszeichen, die sie ihm gaben, im zweiten Jahr auf sein Ansuchen gegen eine angemessene Geldentschädigung. Im dritten Jahr erklärte Goblinus, die zwei Quarten seien sein Eigentum. Die Sache stand wieder am Ausgangspunkt.

Im Südosten Siebenbürgens entwickelte sich unter Ludwig das Burzenland zu schöner Blüte. Wie ehemals die Ritter, so schirmten nun die deutschen Bürger des wunderschönen Ländchens die Grenzen. Darum rühmte Ludwig so gern ihre unwandelbare Treue und förderte ihr Wohl. Darum ließ er sie in ihrem Siegel unter der offenen Königskrone die silberne Lilie führen, seines Hauses Zeichen. Darum stellte er ihre alten Rechte wieder her, als im März 1353 Graf Jakob, Nikolaus' Sohn, der Hann von Kronstadt im Namen des ganzen Gaues klagte, daß sie durch die unfriedlichen Zeiten ihre frühern Freibriefe verloren hätten. Sie sollten an Zahl und an Treue wachsen, war des Königs Wunsch; im Schutze des Friedens solle sich die volkreiche Stadt entfalten und alles Volk seines Wohlstandes in Ruhe genießen.

An der Spitze des Gaues steht hienach, wie in den sieben und zwei Stühlen der vom König ernannte Graf oder Richter, in der Regel der Szeklergraf, neben ihm ein Graf oder Richter, den das Volk wählt; schwerere Fälle entscheiden beide vereint und ein Viertel der Bußgelder fällt dem Volksrichter zu. Begeht jemand einen Mord, so darf der Königsgraf auf erhobene Klage den Täter verhaften, doch gewaltsam in sein Haus eindringen und seine Habe wegnehmen darf er nicht. Denn das Haus war nach altdeutschem Rechte ein Heiligtum und unverletzbar. Erst wenn die Volksgemeinde den Verbrecher gebannt und geächtet, durfte der Graf auch jenes tun. Vergleicht sich aber der Mörder in Frieden mit seinen Gegnern, so zahlt er dem Königsgrafen eine Buße von fünf Mark Silber und ist weiterer Strafe ledig. Das Streben einzelner Königsgrafen nach ausgedehnterer Macht hielt Ludwig darnieder. Als der Szeklergraf Stephan versuchte, das Gericht ohne den Volksgrafen zu halten und sich sogar die Rechts=
pflege über falsches Maß und in andern Handelssachen heraus=
nahm, die dem Volksgrafen und den Bürgern zustand, wies ihn der König 1370 ernst in die Grenzen seines Amtes und sprach es wenige Jahre später ausdrücklich aus (1377), daß wenn der Königsgraf in die Mitte seines treuen Burzenlandes käme, dieses nur gehalten sein solle, jenem im Jahre einmal ein Mittagessen und ein Abendessen und ein Roß zwanzig Gulden wert zu geben. Wer mit dem Urteil des ersten Gerichts nicht zufrieden war,

legte Berufung ein vor die Gauversammlung der sieben Stühle.
So sprach diese 1371 im Hattertprozeß zwischen Marienburg
und Rothbach „das endgiltige Urteil", das den Marienburgern
recht gab.

Königliche Steuer zahlte das Burzenland nach dem Frei=
brief von 1353, der ebenso wie der Andreanische allen Bürgern
die freie Benützung von Wald, Wasser und Weide als altes
Recht zusicherte, jährlich 150 Mark Silber Hermannstädter Gewichts.
Im Krieg, der in die östlichen Länder ging, zogen alle zu Felde
und dienten nach ihrem Vermögen zu Fuß oder zu Roß; zu
Feldzügen im Westen des Reichs, wenn der König das Heer
führte, schickten sie 50 wohlbewaffnete Lanzenmänner.

Fast zu derselben Zeit als die Landskrone von dem Her=
mannstädter Gau zu des Reiches Schutz erbaut wurde, erhob sich
an der Südgrenze des Burzenlandes auf schwer zugänglicher
Felsenhöhe die Törzburg, ebenfalls deutscher Hände Werk. Im
Jahre 1377 erboten sich nämlich die Burzenländer Sachsen, wie
König Ludwig selbst rühmend anerkennt, einmütig und aus freiem
Willen, auf eigene Kosten auf dem Dietrichstein eine neue Burg
zu bauen und den umliegenden Wald zu roden. Zum Dank dafür
bestätigte der König den Verband der freien Dörfer Weidenbach,
Neustadt, Rosenau, Wolkendorf, Zeiden, Marienburg, Nußbach,
Rothbach, Heldsdorf, Honigberg, Petersberg, Brenndorf, Tartlau
mit Kronstadt wie er von alters her bestanden. Doch wurde dadurch
die Freiheit jener Orte nicht geschmälert. Alle Lasten, die der
Dienst des Königs erforderte, trugen alle Orte gemeinschaftlich;
an Wald, Wasser, Weide, Jagd, Fischfang, so sprach das rechts=
sichernde Wort Ludwigs aufs neue, hatten alle gemeinschaftlichen
Anteil. Die Einsetzung des Vogtes in der Törzburg und in der
Heldenburg behielt der König der Krone vor, wie es bei der
Repser Burg und der Landskrone der Fall war.

So erscheint Kronstadt unter Ludwig bereits als entschiedener
Vorort des Burzenlandes. Als solchen erkannte die Stadt 1380
auch das Kapitel an, indem es dem Rat von Kronstadt gelobte,
fortan seine Sitzungen nur hier zu halten. Der blühende Handel
der Stadt, besonders stark getrieben in die untern Donauländer,
hat zu jener Erhebung, wie überall, gewiß viel beigetragen. Schon
1364 hatte Ludwig der Stadt auf den Tag aller Heiligen dieselbe
Jahrmarktsbefugnis erteilt wie sie die Ofner besaßen.

Jene Einigung des Kapitels mit dem Vorort des Gaues war übrigens um so mehr von dem Bedürfnis beider geboten, da einem der einflußreichsten Rechte der Gemeinden und der Kirche in den Königsgrafen ein mächtiger Feind erstand. Wie im Hermannstädter Gau der Bischof, so griffen sie hier nach dem sächsischen Zehnten, den die Pfarrer bezogen. Schon 1351 klagten Nikolaus der Dechant und Pfarrer von Kronstadt und Christian von Weidenbach, daß der Graf von Kronstadt den Pfarrern eine Zehntquarte nehme gegen alles Recht und die Berichte Kronstadts und des Hermannstädter Gaues bestätigten es, der letztere mit dem Zusatz, daß alle Pfarreien des Burzenlandes von der Gründung des Stuhles an das gleiche Recht und die gleiche Freiheit gehabt hätten wie die Hermannstädter Pfarreien. Darum befahl der Herzog von Siebenbürgen, Stephan, König Ludwigs Bruder, dem Grafen strenge, fortan von solchem Rechtsraub abzulassen; wenn er für des Königs Burg oder für seinen eigenen Nutzen Zehntteile wolle, so solle er sie von den Pfarrern kaufen; diese würden gewiß ihm sie vor Andern geben. Mit ähnlichem Ernst verfügte auf erneuerte Beschwerde 1352 die Königin Elisabeth und 1361 König Ludwig die Rückstellung der Zehntquarte, die den Pfarrern in den friedlosen Zeiten zur Erhaltung der königlichen Burgen war entzogen worden; ganz gebühre der Zehnten den Pfarrern, bedeutete der König dem Szeklergrafen Leukus (1355). Ebenso verhießen Stadt und Gau 1380 den Pfarrern nicht nur Gehorsam in allem, was das Kirchenrecht fordere, sondern auch willige Entrichtung des ganzen Zehntens. Dafür wieder versprach das Kapitel für jeden in rechtem Gericht gute Rechtspflege und nicht zuzulassen, daß jemand von den Seinen einen Bürger in Stadt und Land ungerecht behandle oder bedrücke. Das ging zum Teil gegen die Eigenmacht des Dechanten, des Pfarrers Nikolaus von Marienburg. Dem mußte der Erzbischof von Gran schon 1379 befehlen, nicht leichtfertig, wie er oft getan, über Orte und Personen, geistliche wie weltliche, Bann und Interdikt zu verhängen, die der strenge Mann nicht einmal im kirchlichen Gericht des Kapitels, sondern unter Beistand und Mitwirkung von Laien ausspreche. Wenn weiter solche Klage gegen ihn laut werde, sollten die Pfarrer von Großau und Freck die Sache untersuchen und gegen den Unbotmäßigen nötigenfalls mit dem Bann einschreiten. Aber auch zwischen den Laien und

Geistlichen gab es allerlei Streit, die Kirchenväter suchten die
Pfarrer beiseite zu schieben, wenn es sich um Verwaltung und
Verfügung über die Einnahmen der Kirche handelte. Die Pfarrer
beizuziehn befahl der Erzbischof Demetrius von Gran (1384).

Das Wahlrecht der Gemeinden wurde öfter beiseite geschoben,
indem auf Einschreiten des Königs sogar der Papst Geistliche
ernannte, so an Stelle des Goblinus nach Großau den Pfarrer
von Hahnbach (1376). Wenn er 1373 die Pfarrstelle in Zied dem
Pfarrer von Martinsdorf, Mich. von Mardisch, verlieh, der als
Kaplan des Königs bezeichnet wird, so war das nichts anders
als neue Häufung von Pfründen auf eine Person, die die Ein=
künfte bezog und die Pfarre durch andre Geistliche gegen geringe
Entlohnung verwalten ließ — wo Papst und König zusammen=
standen, hatte das sächsische Kirchenrecht keine Aussicht auf Erfolg.

Wie in Hermannstadt, so stand in Kronstadt zu dieser Zeit
bereits eine Schule. Ja aus ihr tritt uns einer der ersten bisher
bekannten sächsischen Lehrernamen entgegen in „Theodoricus, dem
ehemaligen Unterkantor der Schulen in der Stadt Kronstadt",
über den im Juni 1388 auf dem Pfarrhof in Kronstadt der
kaiserliche Notar Stephan Heinzmann, Pfarrer von Rosenau, eine
umfangreiche Zeugenaussage niederschrieb, durch die sich Theo=
doricus, damals Rektor der Schule in Nagy=Banya, von den
gegen ihn erhobenen ehrenrührigen Anschuldigungen reinigte,
unter denen ihm besonders die Verläumdung schwer gefallen,
daß er in Kronstadt dem Stadtpfarrer Thomas ein Brevier ge=
stohlen habe.

Dem süddeutschen Gau, dem Burzenland, steht unter König
Ludwig der norddeutsche, das Nösnerland, würdig zur Seite.
Der König selbst war mehrmals in Bistritz und den freien Männern
zugetan, die, wie er rühmend erwähnt, durch zahlreiche treue
Dienste seine Gunst gewonnen hatten. So feierte er 1366 den Fron=
leichnamstag (4. Juni) dort und bewährte in der Woche darauf
das königliche Wort, das er zu ihnen sprach, wie des Herrschers
Hoheit denjenigen insbesondere die Hand seiner Macht reiche,
welche die Fülle des Gehorsams und die Reinheit der Treue
empfehle; denn während er für sie sorge und mit Verleihungen
und Freiheiten sie begünstige, vergrößere und mehre er weise die
eigene Ehre. Als nämlich die Gaugemeinde vor Ludwig klagte,
daß sie von vielen Jahren her in ihrem Recht, Richter und

Geschworne jährlich aus ihrer Mitte frei zu wählen, beeinträchtigt und geschädigt werde, so daß hiedurch selbst in die Entrichtung der königlichen Abgaben Unordnung eingerissen, stellte er ihnen 11. Juni 1366 „ebenso in Pflicht seines Amtes, als zum Nutzen der heiligen Krone" jenen Freibrief aus, der ein Grundstein für die weitere gedeihliche Entwicklung des Nösnerlandes geworden ist. Er gewährleistet diesem ausdrücklich den ungehinderten Genuß seiner althergebrachten Freiheit. In der Stadt sollen sie jährlich nach gemeinem Rat und Willen Richter und Geschworne aus ihrer Mitte frei wählen, ebenso in den Dorfgemeinden den Hannen oder „Gräfen" mit seinen Schöffen; doch sollen diese Wahlen der Genehmigung des Richters und Rates in der Stadt unterliegen. Das letztere geschah deswegen, damit nicht die kleineren Gemeinden von Mächtigern in ihrem Rechte gedrückt würden. Denn auf manchen Dörfern wohnten Reiche, die außerhalb des Nösner=gaues adelige Güter besaßen und der gemeinen Freiheit gern Abbruch taten. Darum verordnete der König, daß solche Adelige zu keinem Amt gewählt würden, aber Steuer und alle Lasten mit den andern Bürgern gleichmäßig trügen. Von den Richtern des Gaues, die in wichtigern Fällen mit dem Königsgrafen vereint das Urteil sprachen und ein Drittel der Bußgelder empfingen, ging die Berufung an den Hermannstädter Gau, dessen Rechte und Freiheiten fortan auch das Nösnerland besitzen solle. So kam dieses, von allen deutschen Ansiedlungen zuerst, in den Genuß des Hermannstädter Freitums — ein bedeutender Schritt zu der spätern innigern Vereinigung.

Aber mit dem königlichen Freibrief war der Friede im Gau nicht hergestellt. Gewerbetreibende und Landbauer und diese selbst untereinander waren in argem Hader. Da traten im Jahre 1367 die freien Männer zu einer Gauversammlung zusammen und setzten fest: daß fortan von der Weinlese bis zum Fest Jakobi in der Ernte (25. Juli) niemand Weine, die außerhalb des Gaues gewachsen, in diesen einführen solle bei Verlust des Weines und des besten Gespanns am Wagen, nur Erzeugnisse eigener Wein=gärten waren gestattet, doch dürfe außerhalb des Gaues niemand dergleichen weiter kaufen. So groß war die Gefahr vor der Über=macht der Reichen mit Adelsbesitz! Den Preis des Weines in den Schenken bestimmten die Aldermänner der Stadt, sie den Wert der Gewerbserzeugnisse jedem einzelnen Gewerbe. Diese

sollten ehrbarer Leute Söhne in die Lehre nehmen, darin unter=
richten und jeder Gewerbsmann ehrbarer Sitte in der Stadt
Aufnahme finden, wenn er den Steuern und Zinsen sich unter=
zöge. Die Siegel der Stadt und des Gaues bekräftigen die
neue Ordnung.

Es konnte in solchen Verhältnissen und bei den Kulturzu=
ständen des Landes und der Nachbarländer nicht fehlen, daß
Bistritz der Mittelpunkt eines weithin reichenden Handels wurde.
Ludwig förderte ihn mit jener einsichtsvollen Tatkraft, die ihm in
seiner Wirksamkeit für die Sachsen in Siebenbürgen so eigen ist.
Auf die Bitte der Bistritzer Geschwornen Martin und Stephan
erteilte er der Stadt am 1. Mai 1353 das Jahrmarktsrecht nach
dem Ofner Freitum. Am Bartholomäustag (24. August) solle der
Markt beginnen und fünfzehn Tage dauern; aus Ungarn und
den umliegenden Reichen sollten Kaufleute, Krämer und Menschen
jeden Standes mit Waren und Gütern welcher Art immer frei
und sicher kommen dürfen und keiner während der Dauer des
Marktes Zoll oder Maut zahlen. Die zum Jahrmarkt Erschienenen
dürften sich gegenseitig nicht verhaften oder ihre Waren mit Beschlag
belegen; kein Magnat oder Reichsbaron habe während desselben
irgend eine Gerichtsbarkeit, nicht einmal der Woiwode oder der
Königsgraf von Bistritz, sondern alle Streitsachen müssen vom
Rat der Stadt untersucht und endgültig entschieden werden.

So tritt die Sachsenstadt an der Bistritz neben die Schwestern
an der Burzen und am Zibin als ebenbürtige Trägerin gold=
bringenden und sittigenden Verkehrs hin. Damals entstanden wohl
die Anlagen jener mächtigen Arkaden, deren Laubenreihen —
einzelne sind, wie in Hermannstadt noch vorhanden — den Handel
zwischen dem Abend= und Morgenland vermitteln halfen. „Über
Rodnas Wolkenhöhen, über der Kukuraßa mächtige Gipfel" ver=
knüpfte die länderverbindende Straße Bistritz mit Polen, mit der
Moldau und dem Schwarzen Meer; zahlreiche Urkunden bezeugen,
daß diese und andere Handelsgebiete von ihr nicht ohne Erfolg
besucht worden.

Im aufstrebenden Leben der regen Stadtgemeinde fehlte
auch die Schule nicht. Bei jenen Aussagen auf dem Pfarrhof
in Kronstadt, die im Juni 1388 die Ehre des einstigen Kantors
Theodoricus wiederherstellten, war auch „Vinzentius ehemals
Rektor der Schüler von Bistritz" als Zeuge gegenwärtig.

So setzte König Ludwig der Große nicht umsonst in das Siegel der Stadt des ungarischen Reiches und seines eigenen Hauses Zeichen: im senkrecht geteilten deutschen Schild die vier ungarischen Streifen und die Anjouschen Lilien, darüber aus der Krone über dem Stechhelm der Anjousche gekrönte Straußenkopf mit dem Hufeisen im Schnabel, die Umschrift: Siegel der Stadt Bistritz.

Mitten im Lande an den Ufern des Szamosch blühte durch eigene Tüchtigkeit und Ludwigs schützende Gunst die Sachsenstadt Klausenburg fort. Durch Tätigkeit und großen Handel, den Ludwig dem habgierigen ungerechten Adel gegenüber wiederholt schützte, reich geworden, kaufte die Stadt adelige Güter und der König schirmte sie in deren Besitz. Die Volkszahl Klausenburgs zu mehren gebot er allen Adeligen und Begüterten im Lande, ihren Hörigen den Abzug dahin zu gestatten. So wurde die Stadt eine Schirmstätte der Freiheit mitten in der Knechtschaft. Ihrem Siegel, einem Schild mit drei Türmen, verlieh Ludwig 1377 rechtliche Gültigkeit und schenkte ihr zur Förderung des Wohlstandes und der Sicherheit in demselben Jahre das Dorf Felek, das in dem nahen Walde lag, und dessen rumänische Bewohner die Straße von Räubern rein hielten. Die Abgabe der Stadt verminderte er 1378 auf zweiundfünfzig Mark Silber und sprach sie gegen eine Kriegssteuer von zweihundert Goldgulden von der Heeresfolge frei. Auch der Woiwode solle nur einmal im Jahr unter dem Titel der Bewirtung Lebensmittel von ihnen fordern, sonst aber alle Woiwodatsrechte nach gewohnter Weise unter ihnen ausüben können.

Von Klausenburg hinüber im Erzgebirge standen zur Zeit König Ludwigs noch stattliche deutsche Volksgemeinden. Damals lebte in Thorotzko noch der deutsche Laut; Groß- und Kleinschlatten und Offenburg (Zalathna und Offenbanya) waren deutsche Gemeinden, deren Bewohner vor allem Bergleute, die der Freiheit und Rechte sich erfreuten, die König Karl ihnen 1325 gegeben, und am östlichen Abhange des Gebirges blühten Chrapundorf und Krako und zeugten tüchtige Männer, die sich gegen die Rechtsverletzungen des Siebenbürger Bischofs mutig wehrten. Sie gehörten zum nahen königlichen Schlosse, das von der weißen Höhe des Gemsensteines weithin in die Täler herabschaute und leisteten wie früher mit vier wohlgerüsteten Männern und ebensoviel Rossen Heeresfolge unter des Königs Banner.

12.
Sigmund von Brandenburg, König von Ungarn. Die ersten Türkeneinfälle in Siebenbürgen. Der Aufstand der Hörigen und die erste Einigung.
1382—1437.

Der Adel steigt von seinen alten Burgen
Und schwört den Städten seinen Bürgereid.
Schiller.

Mit König Ludwig dem Großen sank die Blütezeit des ungarischen Reichs ins Grab. Zwar erbte seine ältere Tochter Maria die Krone von Ungarn; aber Polen ging auf die jüngere Hedwig über. In Ungarn selbst, als Ludwigs starker Arm nicht mehr waltete, erhob sich der Adel zur frühern Zügellosigkeit; was konnte die zwölfjährige Maria dagegen? Bei steigender Unzufriedenheit vermählte sie sich 1385 mit ihrem Verlobten, Sigmund von Brandenburg, als der von Mißvergnügten herbeigerufene Karl von Neapel in Ungarn landete. Der widerrechtlichen Krönung dieses folgte nach dreißig Tagen gewaltsamer Tod; aber die Königin ward von den Gegnern gefangen genommen und rettete kaum das Leben. In dieser Zeit wurde Sigmund, der aus Böhmen der Gemahlin zu Hilfe eilte, gekrönt (1387).

Die schwere Rache, die Sigmund an seinen Feinden nahm, machte ihn verhaßt. Aufs neue riefen seine Gegner Ladislaus von Neapel ins Land. Ja sie nahmen ihn gefangen (1401) und hielten ihn 18 Wochen in enger Haft. Doch verlor er die Krone nicht, seine Freunde kämpften tapfer für ihn, darunter insonderheit die Städte, die er zum Dank dafür auf den Reichstag berief — seit 1402. Im dreiundzwanzigsten Jahr der Regierung Ungarns wurde er zum deutschen Kaiser gewählt und war fortan viel von Ungarn abwesend. Die Zerrissenheit der katholischen Kirche, in der drei Päpste gegeneinander standen, nahm seine Hülfe in Anspruch. Aber die große Kirchenversammlung, die er 1414 nach Konstanz berief, wo auch Abgeordnete von Kronstadt und Klausenburg zugegen waren, führte nicht zum Ziele und brachte durch die Verbrennung von Huß neuen Jammer.

Die innern Wirren unter Sigmund ließen auch Siebenbürgen nicht unberührt. Die Gegner des Königs waren auch im Lande stark und verwüsteten mit Feuer und Schwert die Umgegend von Klausenburg. Schrecklicher aber waren die Einfälle der Türken.

Diese sind ein asiatischer Volksstamm, mit den Magyaren verwandt und der Lehre Mohammeds zugetan. Von einem ihrer tapfersten Herrscher nennt man sie osmanische Türken zum Unterschied von andern. In der Mitte des 14. Jahrhunderts setzten sie über die Meerenge von Konstantinopel und gewannen dem schwachen griechischen Kaisertum viel Land ab. Adrianopel war der Hauptsitz ihrer stets wachsenden Macht. In siegreichen Schlachten bedrängten sie die Slawenstämme im Hämusgebirge, zwangen die gefangenen Christenknaben und Jünglinge zu Mohammeds Lehre und errichteten aus ihnen ihr stehendes Fußvolk, die Janitscharen, die den Christen furchtbar gewesen sind Jahrhunderte lang. Schon Ludwig zog 1366 gegen sie zu Felde den Serben zu Hülfe, doch er wurde geschlagen. Von da an drangen die Türken immer weiter herauf; 1391 brachen sie plündernd in Ungarn ein. Da schloß Sigmund 1395 in Kronstadt ein Verteidigungsbündnis mit dem Woiwoden der Walachei, rüstete die Reichsmacht mit großem Ernst und rief alle christlichen Fürsten um Hülfe an gegen die Ungläubigen. Aus England, Frankreich, Deutschland kamen viele Ritter und Sigmunds Heer zählte 100.000 Mann, als er 1396 die Donau hinabzog. Es war voll stolzer Siegeszuversicht; wenn der Himmel einfiele, mit ihren Speeren wollten sie ihn aufhalten, so prahlten sie. Bei Nicopolis geschah die Schlacht. Durch den übereilten Angriff der Franzosen, die feige Flucht der Bundesgenossen und die Treulosigkeit der Ungarn ging sie verloren. Die steierischen und baterischen Ritter fielen alle; 20.000 Christen bedeckten das Schlachtfeld; 10.000 ließ am folgenden Tag der ergrimmte Sultan niederhauen.

Zwar wurde bald darauf die türkische Macht durch den Mongolen Tamerlan erschüttert; aber sie erholte sich schnell wieder und war fortan die furchtbarste Geißel Ungarns. Auch Siebenbürgen hat ihre Schwere oft gefühlt; ein Teil des Sachsenlandes ist durch ihre Schläge der sächsischen Bevölkerung beraubt worden.

Der Woiwode der Walachei suchte gegen die Stürme der Türken Zuflucht bei Sigmund. Ihm zu Hülfe zog 1420 der Siebenbürger Woiwode Stephan von Loschonz mit viel Volk durch den roten Turm. Aber er fiel in der Schlacht und mit ihm der größte Teil seines Heeres. Dasselbe Schicksal erlitt in demselben Jahr der andere Woiwode Niklas Tschaki bei Hazeg, worauf 26. September die Türken Broos zerstörten und alle Bewohner des Stuhls in die Knechtschaft schleppten. Im folgenden Jahr (1421) taten die Türken einen unvermuteten Einfall in das Burzenland und überfielen Kronstadt. Sigmund hatte 1395 befohlen die Stadt stärker zu befestigen, aber die Werke waren noch nicht vollendet. So führte Murad den Rat mit dem Richter Nikolaus Weihrauch in die Gefangenschaft; das Volk hielt sich in dem stärkern Bergschloß. Das Aufgebot der sieben Stühle wurde am 3. April durch die Flucht der Szekler jämmerlich geschlagen, hinunter ins Alttal bis zur Kerzer Abtei erstreckte sich die türkische Verwüstung.

Nicht mehr Sicherheit brachte die Folge. Der Woiwode der Walachei fiel treulos von Sigmund ab und brach 1432 mit den Türken verbündet im Lande ein. Doch Hermannstadt wurde vergeblich belagert, auch Kronstadts Mauern und Türme, mannhaft von ihren Bürgern verteidigt, brannte der Feind umsonst, aber das ganze Burzenland, ein Teil des Repser Stuhles und des Szeklerlandes wurde mit Feuer und Schwert verwüstet, eine zahllose Menschenmenge in die Sklaverei geschleppt. Zwei Jahre später standen die Türken wieder drohend an der Grenze; die Fogarascher Rumänen gingen zum Feinde über, so daß der Szeklergraf Michael Jakch die Kronstädter aufforderte, indem er ihnen für ihre bisherige Hülfe warm dankte, schnell mit all ihrer Macht über das Gebirg zu steigen, die Treulosen und Wankelmütigen alle zu erschlagen und nur der Weiber und Kinder zu schonen. Die gewohnten Einfälle wollten die Nachbarn und die Türken 1437 wiederholen. Durch den roten Turm brachen sie ins Land; aber die Einwohner waren geflohen und hatten eine Wüste zurückgelassen. So kamen sie vor Hermannstadt. Da stand der Königsrichter Antonius Trautenberger mit dem sächsischen Heerbann gerüstet zur Verteidigung des Vaterlandes. Der Vortrab der Türken wurde mit großem Verluste geschlagen, worauf Murad über die Donau zurückging.

Zur Abwehr so vieler Feindeseinfälle tat König Sigmund wenig. Zwar hatte er noch vor diesen Mühlbachs (1387) und Kronstadts (1395) Befestigung gefördert, auch erließ er dem verheerten Burzenland wiederholt die Steuern auf sechs, zehn, zwölf Jahre — mit dem Bettelstab in der Hand müßten sie sonst die Heimat verlassen, klagten sie: doch was half das, wenn inzwischen die Kräfte des Reiches in innern Kämpfen versplittert wurden? Wohl kam der König mehrmals persönlich an die bedrohte Grenze, so 1427 nach Kronstadt, wo er mit Gemahlin und Hofstaat herrlich empfangen und bewirtet ein halbes Jahr weilte. Von da aus gab er Gesetze über Mannszucht und Lagerordnung und setzte die Preise fest, um die man dem Krieger Lebensbedürfnisse ins Feld liefern müsse. Heubedarf für ein Pferd auf Tag und Nacht solle einen Denar kosten, Brot für zwei Menschen auf eine Mahlzeit ebensoviel; ein junges Huhn zwei Denare, ein Lamm acht Denare, einen Denar acht Eier. Aber das alles reichte nicht hin zur Abwehr der Feinde und gerade in der größten Not war der König oft abwesend und Hülfe vom Reich kam nie. So mußten die Sachsen, so mußte Siebenbürgen sich selber allein schützen. Also traten der ungarische Adel, die Szekler und die Sachsen auf einem Landtag in Thorenburg zusammen und beschlossen, daß fortan von dem Adel je der dritte, von den Hörigen je der zehnte Mann zu den Waffen greife, wenn der Feind ins Land falle. Die Sachsen der sieben Stühle aber, ihrer alten Bestimmung nach Hüter des Landes zum Schutz der Krone, bewachten die Grenze, so 1432 mit 2000 Streitern von den Fogarascher Gebirgen bis ins Hazeger Tal und hielten, wie die Burzenländer, Kundschafter in der Walachei, die ihnen die Bewegungen des Feindes rechtzeitig meldeten. Zu gleicher Zeit fuhren alle Sachsen fort, ihre Städte und Burgen stärker zu befestigen und die Gemeinden, die keine Burg und noch keine befestigte Kirche hatten, ummauerten im Bereich der Türken= einfälle, das ist im Süden des Landes, überall mindestens diese, damit neben Leben und Habe auch das Heiligtum geschützt sei im häufigen Feindeseinfall.

In dem letzten Jahr der Regierung Sigmunds kam zur Türkennot ein Bauernaufstand. Der siebenbürgische Bischof und der ungarische Adel beschwerten nämlich die Hörigen mit uner= träglichen Lasten, raubten ihnen alle Rechte und brachten sie durch den Mißbrauch geistlicher und weltlicher Macht fast zur Verzweiflung. Der schweren Bürde frei zu werden kamen 1437 ungarische und rumänische bewaffnete Bauernhaufen auf dem Berge Babolna bei Alpareth in der Mittelszolnoker Gespanschaft zusammen, forderten Abhülfe ihrer Beschwerden und namentlich die Freiheiten wieder zurück, die alle Bewohner Ungarns von den heiligen Königen erhalten hätten, oder drohten mit Waffen= gewalt. Auf der andern Seite standen der Woiwode, die Szekler= grafen und der Adel mit Heeresmacht. Sie hielten es unter ihrer

Würde zu unterhandeln. Ladislaus Chaak, der Woiwode, ließ
die Abgeordneten der Bauern greifen und verstümmeln. Da entbrannte die Schlacht; viele auf beiden Seiten wurden erschlagen,
der Sieg war zweifelhaft. So schlossen sie Waffenstillstand, um
Gesandte an den König zu schicken, damit diese von dort die Briefe
des heiligen Königs Stephan oder seiner Nachfolger brächten,
worin ihr Freitum beschrieben sei. Bis dahin aber, und falls jene
Briefe sich nicht fänden für alle Zukunft, wurde eine Ordnung
festgestellt, in der die Hörigen zu ihren Herrn und bezüglich der
Zehntabgabe stehen sollten. Darin war jenen Freiheit von der
Abgabe des Neunten, eine nur wenig eingeschränkte Freizügigkeit
und die freie Verfügung über das Vermögen auf den Todesfall
zugesichert; als Jahreszins solle der Hörige dem Grundherrn am
Stephanstag zehn Denare zahlen.

Das geschah am 13. Juli, aber schon zwei Monate später
waren die Schwerter wieder aus der Scheide. Am 30. September
lag der Woiwode mit Heeresmacht am Szamosch; wieder floß in
unentschiedener Schlacht das Blut; wieder schlossen sie, am
6. Oktober in Apathi, einen Waffenstillstand, damit beide Teile,
und zwar unnachsichtlich bis 1. November Abgeordnete zum Kaiser
Sigmund schickten. Bis zu ihrer Rückkehr sollten die Hörigen
ihren Grundherren an den drei großen Festen die gewöhnlichen
Geschenke bringen, jährlich je nach ihrem Grundbesitz und Viehstand einen Gulden, oder einen halben Gulden oder zwölf
Denare Grundzins zahlen und jeder einen Tag im Jahr Frondienste leisten.

Aber Sigmund starb und der Krieg brach wieder aus, jetzt
mit mehr Glück für den Adel. Sie bekamen den Führer des Aufstandes Antonius Magnus de Buda in ihre Hände und hieben
ihn bei Koloschmonoster in Stücke; neun seiner Genossen spießten
sie bei Thorenburg. Am dritten Adventsonntag (14. Dezember)
verwüsteten sie Enyed, wo die Aufständischen sich festgesetzt hatten.
"Sehet," schreiben den 9. Januar 1438 der Szeklergraf, der Vizewoiwode und viele hohe Adelige, ‚mit geziemender Achtung und
Ehrerbietung ihren vielgeliebten Freunden den Sachsen der sieben
Stühle', „sehet wir haben heute mit großer Macht die Vorstadt
von Klausenburg eingenommen, also daß aus der Stadt Niemand
heraus kann. Daher ersuchen wir Eure Liebden und tragen Euch
im Namen des Königs auf, daß Ihr sofort nach Empfang dieses

mit Euren Reisigen und Eurem Fußvolk zur Ausrottung der ungetreuen Hörigen uns eilig zu Hülfe kommet."

In solcher Not war damals der Adel. Seine Furcht vor dem drohenden Bauernaufstand vereint mit der unter Sigmunds Regierung immer klarer werdenden Notwendigkeit des Selbstschutzes gegen Feindesgefahr hat den ersten Bund der drei ständischen Völker Siebenbürgens hervorgerufen.

Am 18. September 1437 traten der Vizewoiwode Lorand Lepesch de Varaschlezi, die Szeklergrafen Michael Jakch de Kusal und Henricus de Thamaschi mit dem ungarischen Adel, den Sachsen des Hermannstädter, Mediascher und Bistritzer Gaues und den Szeklern in Kapolna zusammen und schlossen eidlich, mit Berührung des heiligen Kreuzes, für ewige Zeiten eine brüderliche Einigung. Sie schworen, sich gegenseitig gegen alle und jeden zu schützen, die sie angreifen würden; nur wenn der König eines Volkes Rechte verletze, sollten die beiden andern gebeugten Kniees vor ihn treten und seine Gnade erflehen. Sonst solle jedes Volk den zweiten Tag, nachdem man es zur Hülfe gerufen, zur schnellen Unterstützung des Bedrängten mit Heeresmacht aufbrechen und mindestens drei Meilen des Tages machen. Ausdrücklich bedang der Adel, wie der Vizewoiwode am 6. Februar des folgenden Jahres urkundlich bezeugt, sich die rasche Hülfe der Sachsen „zur Niederwerfung der Frechheit der verfluchten Bauern" aus und verpflichtete sich ihnen zu derselben schnellen Hülfe bei Türkeneinfällen. Streit unter den drei Völkern solle auf dem Rechtsweg entschieden werden, wer die neue Ordnung breche, ehrlos sein und der andern Hülfe verlustig gehen.

So entstand im ungarischen Reich ein Sonderbund. Die ferne Grenzprovinz fing an sich als ein Ganzes anzusehen, weil das Reich dem Teil nicht half.

Die „brüderliche Einigung" wurde am Tag Mariä Reinigung (2. Februar) 1438 auf dem Landtag in Thorenburg bestätigt und ihr Zweck nach beiden Richtungen aufs neue hervorgehoben.

Und es hat damals niemand von dem Adel gewünscht, die Sachsen sollten nach Flandern zurück!

13.
Von der Sachsen anderweiten Zuständen unter König Sigmund.

Wisset,
Ob uns der See, ob uns die Berge trennen,
So sind wir e i n e s Stammes doch und Blutes.
Schiller.

Die Sachsen hatten an dem deutschen König Sigmund einen gütigen Herrn, er an ihnen treue Bürger. In den blutigen Wirren, die die Berufung Ladislaus' von Neapel auch in Siebenbürgen erregte, standen sie fest und opferfreudig zu ihm. Einer der Führer der königlichen Streitmacht war Michael, der Sohn Salomons von Schäßburg, der im Besitz von Weißkirch und Nadesch war und sich später insbesondere von dem letztern nennt, in der Folge zugleich vom König ernannter Szeklergraf und in vielen Angelegenheiten der Sachsen und des Landes tätig. Im Bauernaufstand kämpfte er in den Reihen des Adels mit Nikolaus dem Sohne des Apa von Malmkrog und war mit diesem unter den Vertretern des Adels, die den Vertrag vom 6. Oktober 1437 mit den Hörigen schlossen. Während Sigmund diesen nicht zu helfen vermochte, war er, soweit seine Vielgeschäftigkeit es gestattete, der sächsischen Rechte und Freiheiten stets eifriger Schirmer. Den Andreanischen Freibrief bestätigte er 1387 und 1406. Den Handel der Sachsen förderte er durch Aufrechthaltung der alten Zollfreiheit. So konnten mitten unter Türkeneinfällen diese ihre Städte ummauern und ihre Burgen befestigen, ja noch Kirchen bauen, die Zierden des Landes sind bis auf den heutigen Tag und, wenn alles schwiege, zeugen würden von der Tüchtigkeit der Väter.

Der Wohlstand der Sachsen reizte den Neid der andern Völker. Räuber fielen häufig plündernd in ihre Mitte ein. „Immer nur sächsisches Gebiet verwüsten diese," klagt selbst der Vizewoiwode Lorand Lepesch. Die Adeligen aber, deren Hörige jene waren, handhabten schlechte Gerechtigkeit, schützten die Übeltäter auch wohl. Klagten die Sachsen, so wurden sie zu den Tagfahrten des Adels nach Thorenburg gewiesen, verfolgten sie aber die Übeltäter auf frischer Tat, so ließ der Adel Nachsuchungen auf seinen Gütern nicht zu. So rühmten sich die Bösen öffentlich ihrer Übeltaten und den Sachsen erwuchs großer Schaden. Darum befahl Sigmund 1391 dem Adel strenge, die Verbrecher da, wo

sie die Sachsen ergriffen, sofort zu hängen, oder sonstwie gerecht zu
strafen, jede Untersuchung auf seinen Besitzungen zu gestatten, oder
die Spuren des flüchtigen Verbrechers auf fremdem Boden nach=
zuweisen. Wer das nicht tue, habe den Sachsen Schaden und
Kosten zu ersetzen. Ebenso ernst befahl der König 1432 den Reichs=
verwesern, den Szeklergrafen zur Zahlung von 7000 Gulden an=
zuhalten, als Ersatz vielfachen Schadens, den er und seine Truppen
dem Repser Stuhl zugefügt. Demselben Grafen mußte er vier
Jahre später gebieten, Sorge zu tragen, daß die Szekler fortan
Mord, Raub und ähnliche Taten im Repser Stuhl unterließen.
Falls er von Parteigeist verführt nicht gehorche, werde es ihn
bald reuen, dem königlichen Befehl nicht Folge geleistet zu haben.
Auch gegen die Übergriffe seiner Steuerboten schützte Sigmund
den Hermannstädter Gau. Wenn diese um den Martinstag nach
Hermannstadt kamen, um die fünfhundert Mark Silbers zu holen,
die jener jährlich dem König „als seinem natürlichen Herrn" ent=
richtete, da wollten sie diese nach Ofner Gewicht haben, nicht nach
der Mark Belas, wie sie im Andreanischen Freibrief stand und
berechneten dazu den Wert der Mark zu hoch. Darum befahl
ihnen der König auf die Klage der Sachsen 1426 bei dem alten
gesetzlichen Gewicht zu bleiben; über den wirklichen Wert der
Silbermark in laufendem Gelde aber sollten sie alljährlich das
Zeugnis des Ofner Rates vorlegen. Mit gleichem Nachdruck wies
Sigmund den Woiwoden Ladislaus von Chaak in die Schranken,
als dieser sich herausnahm, in sächsische Hattertprozesse einzu=
greifen und Gerichtsbarkeit auf Sachsenboden auszuüben; kein
Woiwode, gebot der König 1435 auf die Beschwerde des Hermann=
städter Bürgermeisters, solle unter welchem Vorwand immer sich
in die Rechtspflege der Sachsen einmischen und sie in ihren alten
Freiheiten stören oder hindern.

Auch das Gebiet der sieben Stühle vergrößerte Sigmund.
Die sächsischen Gemeinden Winz und Burgberg am Mieresch
waren seit dem Mongoleneinfall immer mehr emporgeblüht. Zur
Belohnung ihrer Treue und zur Mehrung der Einwohner befreite
sie Sigmund 1393 von der Woiwodalgerichtsbarkeit und vereinigte
sie mit den sieben Stühlen. Alle Rechte und Freiheiten dieser
sollten sie hinfort genießen, nur eine abgesonderte Steuer von
fünfunddreißig Mark Silber zahlen; 1430 setzte der König diese
auf zwanzig Mark herunter und erhob jene Orte zu einer freien

Stadt mit allen Rechten und Freiheiten der Städte in den sieben
Stühlen. Von jener Zeit an sind auf den Tagfahrten der sieben
Stühle auch Abgeordnete von Winz.

Diese Tagfahrten oder Gauversammlungen wurden unter
Sigmund wesentlich in der frühern Weise gehalten. Dagegen er=
hoben sich in den Stühlen, wo Städte waren, die Räte derselben,
deren Vorsteher die Bürgermeister waren, zu immer größerer
Bedeutung. Bereits fing man an, Rechtsstreitigkeiten, die früher
von den Stuhlsversammlungen entschieden worden waren, vor sie
zu bringen. So klagten die Geschwornen von Burgberg 1413 vor
dem Hermannstädter Rat gegen den Grafen Andreas desselben
Orts, daß er sie in der freien Benützung ihrer Mühlen und
Fischteiche beeinträchtige, und der Rat von Hermannstadt sprach
das Recht zugunsten der Gemeinde, da Graf Andreas seine
Ansprüche, wozu er sich erboten hatte, nicht beweisen konnte. Eine
Folge dieser Entwicklung war, daß einzelne Landgemeinden, die
die leitende Stellung der früher bloß gleichberechtigten Stadt=
gemeinde nur unwillig ertrugen, im Gegensatz zu ihr, damit aber
teilweise zum gesamten Stuhlsverband, nach der Befreiung von
der städtischen Gerichtsbarkeit strebten. Die Stellung der vom
Komitat exemten Orte bot ein naheliegendes, wenn auch nicht
ganz zutreffendes Vorbild.

Zu diesem Mittel griff der wachsenden Bedeutung Schäß=
burgs gegenüber die Stuhlsgemeinde Keisd. In ihrem Namen
wandte sich der Szeklergraf Michael, Salomons von Nádesch
Sohn, an Sigmund und stellte ihm vor, wie er aus „den Er=
zählungen teils seiner Vorfahren, teils der Ältern von Keisd", daß
er eine Stadt nennt, wisse, daß in allen Rechtsfällen, die dort vor=
gekommen, die eigenen Richter und Geschwornen vereint mit dem
königlichen Richter daselbst, den er, der König, eingesetzt, das Urteil
gesprochen; die Berufung sei vor den Gerichtsstuhl nach Schäßburg,
von hier an die sieben Stühle gegangen. So sei es noch unter
König Ludwig gewesen. Sigmund bestätigte 1419 diese Freiheit
„der Stadt" Keisd, insofern sie wirklich unter König Ludwig
bestanden. Gewiß ist es, daß jene fortan eigne Rechtspflege selbst
in peinlichen Fällen übte. Bis auf den heutigen Tag bewahrt der
stattliche Flecken, dessen Burg von der grünen Höhe wehmütig
ins enge Tal heruntersieht, in seinen Einrichtungen und Innerver=
hältnissen noch manche Erinnerung an jene alte Unabhängigkeit.

Glücklichere Veränderung als unter Ludwig erfuhren die **zwei Stühle** unter Sigmund. Als 1402 Kunz der Hann von Mediasch und Michael der Graf von Kleinkopisch im Namen derselben ihm klagten, daß der Szeklergraf, der zugleich auch der Königsgraf war, ihr Recht häufig verletze und ihre Freiheit schmälere, erkannte der König, es sei nicht billig, daß der Mediascher Gau, in der Mitte oder in der Nachbarschaft der andern sächsischen Stühle gelegen, den Königsgrafen eines fremden Volkes an seiner Spitze habe. Und als er dazu ihre vielen treuen Dienste erwog, sprach er sie für alle Zeiten frei von der Gerichtsbarkeit des Szeklergrafen; fortan sollten sie den Grafen oder Richter sich selber wählen und das Recht sprechen und Gerechtigkeit handhaben, wie es in den sieben Stühlen geschehe.

Wetteifernd mit allen Gemeinden in den zwei Stühlen und vor ihnen durch die Lage begünstigt tritt damals schon der Flecken Mediasch bedeutsam hervor. Am Anfang des 15. Jahrhunderts war der Graf Johann daselbst in hohem Ansehen. Wegen treuer Dienste am Anfang der Regierung Sigmunds hatte er von diesem 1387 zugleich mit Thomas von Kendhid und Jakob Saas von Hermannstadt die Besitzungen S. Janosfalva und Ujfalu im Weißenburger Komitat erhalten. Wenig später (1392) kaufte er mit seinem Bruder einen Anteil von Puschendorf um 1000 Goldgulden. Oberhalb Mediasch besaß er eine Mühle mit einem Gang für Getreide und einem Walkrad. Und weil er der Gemeinde mit Eifer diente, gab sie ihm einen Anteil (vier Kübel bei jedem Ausheben des Getreides) auch von dem Fruchtertrag der Gemeindemühle und ließ diesen in Erinnerung an des Vaters Verdienste seinem Sohn Petrus gleichfalls zukommen, ja dazu noch weitere Kübel unter der Bedingung, daß er in allen Geschäften von Mediasch, so oft es nötig, unentgeltlich reite eine Tagreise weit und die Gemeinde in eigenen Kosten vertrete. Als über die Beachtung dieser Bestimmungen, sowie über die Benützung und den Umbau der Mühlen sich Streit erhob und Johanns anderer Sohn Nikolaus ebenfalls die acht Kübel forderte, verglichen sie sich 1428 vor der Tagfahrt der sieben Stühle, daß Nikolaus jene acht Kübel zu beziehen habe, wenn er zugleich jene Bedingung erfülle. Dasselbe Recht solle auf seine Nachkommen sächsischer Nation forterben, und zwar demjenigen zufallen, den die Gemeinde hiezu wähle. Wer aber in der Erfüllung jener

Pflicht nachläſſig ſei, dem brauche die Gemeinde nichts zu geben. Siehe da, lange nach dem Tode der beiden Brüder, erhoben ſich die Söhne und Nachkommen ihrer Schweſter, darunter Johann der Pfarrer von Stolzenburg und Janko, der ſich Greb de Megyeſch nannte und forderten jenen Fruchtanteil und das Mediaſcher Richtertum erblich. Daraus entſtand ein heftiger Rechtsſtreit; vergebens wieſen die Mediaſcher nach, daß ſelbſt erbliches Richtertum doch nie auf Weiber erbe und daß ſchon Graf Nikolaus die Bedingung für den Bezug der acht Kübel nicht eingehalten hätte, weshalb ſie von jener Leiſtung längſt frei ſeien; jene wußten es 1456 bei der Gauverſammlung der ſieben Stühle, ja im folgenden Jahr ſelbſt vor dem König Ladislaus V. durchzuſetzen, daß ſie gewannen, hier weſentlich darum, weil es ihnen gelungen war, kurz zuvor eine königliche Verleihung des Mediaſcher Erbgrafentums für ſich zu erwirken. Aber weder dieſe Verleihung, noch jenes Urteil half ihnen etwas. Die Mediaſcher erkannten die Prätendenten nicht an, ſondern wählten ſich ihren Richter und jene ſind zum Amte nie gelangt. Nach mehr als zwei Menſchenaltern verſuchte zwar einer ihrer Nachkommen das alte Spiel aufs neue. Ludwig II. befahl in der Tat 1524 den Mediaſchern, Jankos Enkel als Erbgrafen anzuerkennen, aber ſeine Worte verhallten unbefolgt in den Donnern von Mohatſch.

Ähnlicher Streit bewegte zur Zeit Sigmunds die nahe Gemeinde Kirtſch. Ladislaus, der Pfarrer von Häzeldorf und ſeine Verwandten erhoben Anſprüche auf das erbliche Richtertum dieſer Gemeinde, ſie widerſprach; wohl hätten ſie einſt Kaspar von Häzeldorf zum Richter oder Gräfen gewählt, doch nur auf Lebensdauer, aber er habe das Amt nicht angenommen und nie tatſächlich innegehabt. So ſtand Behauptung gegen Behauptung. Die richterliche Entſcheidung ſprach den Häzeldorfern 1430 das begehrte Amt zu, als ſie eine Urkunde der ſieben Stühle vorlegten, worin enthalten war, dieſes gehöre von Rechts wegen ihnen. Ob ſie dadurch wirklich zum ruhigen Beſitz gekommen, iſt unbekannt.

Im Wettkampf um die Vorortſchaft, der Mediaſch bereits unter Sigmund entgegenging, rang mit ihm insbeſondere das rebenfrohe Birthälm. Auf dem ſagenumſpielten Weg, den es zu dieſem Ziele wandelte, ſollte es wohl eine Hülfe ſein, als es ſich 1418 von König Sigmund den Blutbann erwirkte. Es iſt

bezeichnend, daß Nikolaus Apafi von Malmkrog ihm dabei
fördernd half. Auf seine Verwendung, und um die öffentliche,
vielgefährdete Sicherheit „des königlichen Fleckens" zu mehren,
erteilt der König diesem von Konstanz aus das Recht, Galgen
zu errichten und Marterwerkzeuge zu halten wie die andern freien
Städte und alle auf seinem Gebiet ergriffenen Diebe, Räuber,
Mörder, Brandstifter, Beutelschneider, Siegel= und Münzfälscher
und andere Übeltäter in Haft zu setzen, zu richten, hinzurichten.
Dafür fehlt es auch an Werken der Milde nicht. Auf dem Birt=
hälmer Pfarrhof sammelte und schrieb 1397 der Pfarrer des
Marktes, zugleich ein Sohn desselben, Franziskus, Baccalaureus
des kanonischen Rechtes, die Statuten des Mediascher Kapitels,
aus denen unzweifelhaft hervorgeht, daß in dessen Gemeinden
bereits die Volksschule bestand, wie sie allerdings schon drei Jahre
früher in Alexius dem fünfzigjährigen Gemeindeschreiber und
„Rektor der Schulen" in Stolzenburg für den Hermannstädter
Gau und schon 1334 für eine Anzahl der Gemeinden des Brooser
Kapitels und 1352 für Mühlbach gleichfalls urkundlich nachge=
wiesen ist, vor 1388 in Kronstadt und Bistritz.

Auch dem Nösnergau ließ sich König Sigmund nicht
unbezeugt. Im gefahrvollen Kampf, in dem seine Gegenpartei
am Anfang des Jahrhunderts ihn vom Thron zu stoßen suchte,
hielten Stadt und Land mit deutscher Treue am deutschen Herrscher
fest und hatten dafür mannigfache Zerstörung und Verwüstung zu
tragen. Dafür sprach Sigmund 1410 und wiederholt 1414, damit
die Bürger wie an Zahl so an Treue zunähmen, dreijährige Ab=
gabenfreiheit für jeden aus, der sich auf einem wüsten Hof nieder=
lasse, sechsjährige für den, der ein neues Haus baue. Wertvoller
noch war es, daß der König mit allem Ernst die freie Richter=
wahl der Stadt schirmte. In Speier, der alten Kaiserstadt am
Rhein, traten 1414 vor ihn der Nösner Richter Andreas Rymer
und der Geschworne Nikolaus Scherer und klagten, daß wenn
die Zeit zur Richterwahl da sei, immer eine kleine, aber mächtige
Partei sich zusammenrotte und gegen Wissen und Willen der
Gemeinde den Richter einsetze, woraus dann stets eine reiche
Saat von Zwietracht, Haß und Streit aufgehe. Man meint jenes
sächsische Adel= und Geschlechtertum zu sehen, dem doch schon
Ludwig I. das Urteil gesprochen hatte. Der König, um solchem
Ärgernis und der dadurch entstehenden Verödung der Stadt

vorzubeugen, befahl 29. Juli mit aller Strenge die Aufrechterhaltung der freien Richterwahl; gegen Störer der Ordnung solle Michael, Salomons von Nádesch Sohn, der Szeklergraf oder sein Nachfolger ohne Erbarmen mit solchen Strafen einschreiten, daß sie noch der Nachwelt zum traurigen Beispiel dienten.

Hieraus erhellt zugleich, daß die Krone noch immer gewohnt war, die Königsgrafenwürde über den Nösnergau ihrem Szeklergrafen zu übertragen. Daraus entsprang eine neue böse Quelle vielfacher Rechtsschädigung. Denn die ungarischen Richter und das Hofgesinde des Szeklergrafen, so klagten 1412 Richter und Rat von Bistritz vor dem Woiwoden Stiborius und seinem Gerichtshof, den der König mit der Herstellung der Ordnung im Lande betraut hatte, beschwerten gegen alte Freiheit und Gewohnheit die Gemeinden mit Einlagerungen und Erpressungen; wenn sie irgendwohin kämen zu pfänden, nähmen sie immer die besten Rosse und ritten sie zu Schanden, so daß, wenn dann des Gaues Banner in des Königs Dienst und zur Verteidigung des Landes ins Feld rücken solle, ihre Rosse laß und müde wären und das gemeine Wohl Schaden leide. Da sprach der Woiwode und der sächsische Szeklergraf stimmte bei in des Königs Namen, fortan solle der ungarische Richter nirgends umreiten und des Szeklergrafen Gesinde nirgends einkehren im Gau, außer wohin sie rechtlich und notwendig gerufen würden. Dann solle man ihnen das Notwendige in gewohnter Weise geben, doch nichts mehr. Wenn sie eine Pfändung vorzunehmen in eine Gemeinde kämen, sollten sie nur acht Groschen nehmen dürfen und nicht mehr, auch als Pfand kein anderes Pferd als Stuten, oder Ochsen und Kühe. Sigmund bestätigte den Spruch — unter den darum bittenden Nösner Abgeordneten war auch der Richter von Mettersdorf Johannes Clobis — 1. August 1414 in Speier.

Um diese Zeit starb das Haus jenes deutschen Grafen Lentink aus, dem Bela IV. nach dem Mongoleneinfall wegen seiner Treue königliche Schloßgüter im Dobokaer Komitat verliehen hatte. Ob seine Nachkommen wohl Deutsche geblieben? Jedenfalls kam nun sein Erbe in deutsche Hände. König Sigmund vergabte den stattlichen Landbesitz, der an die Krone heimgefallen, den Gemeinden Treppen und Mettersdorf. Aber die ungarische Familie der von Zegö, die in weiblicher Linie von Lentink stammte, erhob Anspruch auf jene Güter, die Mettersdorfer und Treppiger wandten Gewalt an, sie zu behaupten (1434). Fünfzehn Jahre dauerten die Rechtshändel, bis ein Vertrag und 2000 Gulden die sächsischen Bauerngemeinden in den fortan unbestrittenen Besitz des adeligen Gutes einführten, das sie mit dem eigenen Weichbild vereinigten. Heute noch dauert der besondere Name desselben fort, wie seine adelige Eigenart in der Freiheit von Steuern und Zehntabgabe bis zum Jahre 1848 sprechenden Ausdruck fand.

Umgeben von solchen Dorfgemeinden, die, wie bischöfliche Urkunden von 1438 und 1439 beweisen, in ihrer Mitte bereits die Volksschule hatten, gedieh die Stadt Bistritz, deren Handel und Verkehr von der Krone wohlwollend geschirmt wurde, fröhlich weiter, während der Woiwode 1412 Rodna verödet fand, und mit der Stadt erstarkte zugleich der Gau um so mehr, da ihn die glücklichere Lage vor den schweren Verwüstungen bewahrte, die dem Sachsenlande unten im Süden die Türkeneinfälle brachten. So bedurfte die Stadt damals der schützenden Steinmauer minder, wie sie denn in der Tat noch von keiner umgeben war; wohl aber hatte sie eine Burg, deren beginnendem Verfall die Königin Elisabeth 1438 durch das Aufgebot auch der Landgemeinden zu neuer Befestigung und Ausbesserung zu wehren suchte.

Desto eifriger bauten sie im Burzenland an den Mauern der allmählich südlich von der alten Stadt immer mehr in die Enge der schützenden Bergwände hineinrückenden Kronstadt. Zum Graben und Erdwall, die sie umgaben, fingen sie 1395 an die stärkere Steinmauer zu fügen. König Sigmund, der gegen die unzuverlässigen Nachbarn, die Woiwoden der Moldau und Walachei, die Bedeutung der Stadt erkannte, trug in jenem Jahr den Landgemeinden die Förderung des Baues durch Unterstützung mit Stein- und Sandfuhren ernst auf, wohl mit zum Dank dafür, daß die „an der Reichsgrenze gelegene Stadt" ihm, wie er gleichzeitig rühmt, im frühern Feldzug gegen die Moldau (1390) wertvolle Dienste geleistet hatte. Als der Türkensturm 1421 die noch nicht oder kaum vollendeten Werke wieder gebrochen hatte, schenkte der König der Stadt den Martinszins auf zehn Jahre (1422) zum Wiederaufbau der Mauern. Ebenso fürsorglich förderte er in zahlreichen Schutzbriefen ihren gewinnbringenden Handel, „damit die Stadt voll von Volk in der Schönheit des Friedens und in sicherer Ruhe das Haupt erhebe und heitern Lebensgenusses zu guter Stunde sich freue." Dem Stadtpfarrer Thomas, Nikolaus

dem Sohn Herbords Grafen von Zeiden und vier Ratsmännern
von Kronstadt — deren einer Michaels von Agnetheln Sohn —
verlieh Sigmund 1395 die zum königlichen Schloß Törzburg gehörige Besitzung Tohan, wofür diese zwanzig Goldgulden jährlich
an das Schloß zu entrichten hatten. In demselben Jahr bestätigte
der König, am Sonntag Reminiscere (7. März) selbst in Kronstadt
anwesend, „den Richtern, Geschwornen und der ganzen Volksgemeinde der Sachsen des Kronstädter Stuhls" den großen
Freibrief König Ludwigs von 1353, ließ 1412 durch den Woiwoden
Stiborius und dessen Gerichtshof eine, Handel und Rechtspflege
des Gaues fördernde Ordnung festsetzen, und fügte in seinem
eigenen Freibrief 27. Juli 1428 weitere rechtssichernde Bestimmungen hinzu. Darin war der Stadt und den freien Dorfgemeinden
„der Burzenländer Provinz", die fortan von allen Zöllen in Törzburg frei sein sollten, aufs neue die freie Wahl ihrer Pfarrer,
Richter, Hannen und Ratsmänner gewährleistet. Diese von der
Mehrheit der Gemeinde freigewählten Richter und Geschwornen
sprachen das Recht in mindern Fällen; nur was an Leib und
Leben ging, mußte unter des Szeklergrafen Vorsitz entschieden
werden. Der hätte gern, wie schon früher, seine Macht erweitert,
aber der freie Bürgersinn hielt ihn in den Schranken des Gesetzes.
Also durfte der Königsgraf keinen erbgesessenen Bürger verhaften
und mußte jeden andern Verhafteten sofort dem Volksgrafen
überantworten. Auf vorgebrachte Klagen durfte er keine Buße
nehmen, wenn die Sache nicht erwiesen war. Die altdeutsche
Heiligkeit des Hauses, selbst wenn es eines Mörders Wohnung,
durfte er nicht verletzen. Noch immer mußte zuvor die Gemeinde
diesen ächten; erst den dritten Tag darauf war Haus und Habe
dem Königsgrafen verfallen. Von der Beschuldigung auf Raub,
Mord und ähnliche Verbrechen konnte das Zeugnis fünfundzwanzig unbescholtener Männer frei machen; die Klage auf Verwundung war nichtig, wenn sieben Männer das Gegenteil
beschworen. Eingestandener Diebstahl wurde achtfach gebüßt, auf
äußere Ehre und Achtung des Gerichtshofes so sehr gehalten, daß
Schimpfreden im Rechtsstreit wider den Gegner ausgestoßen eine
Strafe von fünf Mark Silber nach sich zogen. Streit über Höhe der
Bußgelder zwischen dem Königsgrafen und der Volksgemeinde entschieden nach ihrem Gewohnheitsrecht die sieben Stühle. Wenn der
Krieg ausbrach und die Männer ins Feld zogen, wählte die Gau=

gemeinde den Führer, der, so lange sie im Feld standen, zugleich ihr oberster Richter war. Wie flatterte da ihr Banner so stolz im Sturme der Schlacht! Nicht umsonst führten sie die Krone darin. „Wie ihre Väter in lichtem Tatenglanz strahlten," sprach König Sigmund voll Bewunderung im Jahre 1427 in Kronstadt, „so hätten auch sie, von der Ahnen hohem Geist getrieben, in des Reiches schweren Nöten Gut und Blut, Leib und Leben nie geschont, also daß an ihrer Treue kein Makel hafte und den Ruhm ihrer Taten die Zeit nie verlöschen, nie mit der Nacht der Vergessenheit decken dürfe." Darum hatte Sigmund schon 1422 den Kronstädtern auf ihr eigenes Verlangen gestattet, daß, wie sie „nach reifer Verhandlung und ausführlicher Beratung" beschlossen, sie sich in allem nach den Gesetzen, Gewohnheiten und Rechten der sieben Stühle halten sollten.

In ähnliche Rechtslage trat zu dieser Zeit Klausenburg ein, das Sigmund 1433 geradezu unter die Sachsen zählt, wie denn die Stadt auch bereits eine Schule hat, deren Rektor Kaspar 1409 zugleich Ratsschreiber war. Die Last des bisherigen beschwerlichen Rechtszuges, der vor den Palatin und den Judex curiae ging, zu erleichtern, setzte der König von Kronstadt aus am 21. Dezember 1397 für Klausenburg auf seine Bitte Bistritz und Hermannstadt zu Oberhöfen ein; hieher solle vom eigenen Rat die Berufung gehen und Hermannstadt nach dem Hermannstädter Freitum das endgültige Urteil sprechen. Auf das Ansuchen der Klausenburger Ratsmänner Jakob Bulkescher, Meisters der freien Künste und Nikolaus Mun wiederholte Sigmund 1405 diese Bestimmung, wie er es auf die Bitte des Richters Hermann Brestel und des Geschwornen Thomas Wember schon 1402 getan, befahl in demselben Jahr (1405) die Stadt mit Mauern, Türmen und Gräben zu befestigen und stellte sie in die Reihe der freien Reichsstädte, was er 1409 näher dahin bestimmte, daß sie namentlich mit den freien Städten Siebenbürgens sich gleichen Freitums erfreuen solle.

Solches alles tat Sigmund an Klausenburg zur Vergeltung der vielen treuen Dienste, die die Stadt ihm beständig erzeigt, und namentlich in jener Zeit der Not, als seine Feinde und Nebenbuhler Siebenbürgen beunruhigten und Klausenburg selbst bedrängten, ohne daß sie diese hätten wankend machen können durch Brand und Mord und vielfachen Raub.

So sind zur Zeit des Königs Sigmund alle bedeutendern sächsischen Ansiedlungen in den Besitz des Hermannstädter Freitums gekommen. Die deutschen Gaue stehen nicht mehr vereinzelt da; der naturgemäße, durch Sprache und Volkstum bedingte Zusammenhang derselben wird fortan immer stärker, da das wesentlich gleiche Recht bereits alle im Geist zu einem Gemeinwesen vereinigt, dessen Mittelpunkt und Stamm der Hermannstädter Gau, zugleich Oberhof für alle, ist. Darum befahl schon 1433 König Sigmund den zwei Stühlen, den Klausenburgern, den Bistritzern und Burzenländern, den Hermannstädter Gau bei der Verteidigung der Landesgrenze mit verhältnismäßiger Hülfe zu unterstützen. Und da die trennende Schranke der anfänglichen Rechtsungleichheit einmal gefallen, lehrte die alles reifende Zeit bald, auch das äußere Band der Vereinigung fester zu schlingen und die Teile in ein Ganzes zu sammeln, auf daß immer mehr verwirklicht werde des Königs Andreas weissagendes Wort: Alle deutschen Ansiedler des Waldlandes sollen Ein Volk sein!

Zur Zeit König Sigmunds geschah es, daß die großen Schäden, die sich im Lauf der Jahrhunderte in die katholische Kirche eingeschlichen hatten, immer schreiender hervortraten. Auch unter den Sachsen fing das Übel an kenntlich zu werden. Die Pröpste von Hermannstadt, welche häufig Kanzler der Könige waren, drückten ihren Sprengel bisweilen wider alles Recht, zu dessen Schutz doch König Bela III. die Propstei errichtet hatte. Dagegen vernachlässigten sie die geistlichen Pflichten, also daß die Propstei in innerer Auflösung zugrunde ging. Zu Sigmunds Zeit waren schon lange keine Pröpste gewesen und die notwendigen gottesdienstlichen Handlungen wurden weder bei Tag noch bei Nacht besorgt. Wie das alles König Sigmund mit tiefem Schmerze erfuhr, hob er die Propstei im Jahre 1424 auf und schenkte alle Zehnten, Einkünfte und die Güter derselben, Reußen, Groß- und Klein-Probstdorf, dann ihre Besitzungen in Bulkesch und Seiden für ewige Zeiten der Stadt Hermannstadt. Diese solle dafür jährlich eine bestimmte Anzahl Messen lesen lassen. Der Weißenburger Propst Georg Lepesch bestätigte 1426 im Namen und Auftrag Papst Martin V. kraft apostolischer Vollmacht diese Anordnung Sigmunds. Die Propstei mit ihrem geistlichen Amte, mit ihrem Titel und ihrer Pfründe solle aufgehoben sein und gänzlich aufhören; niemals in

Zukunft solle Jemand weiter zu dieser Würde erwählt oder ernannt werden, und wenn es geschehe, solle es ungültig sein und kraftlos. Der ehemalige Propsteisprengel aber, d. i. das Hermannstädter, Leschkircher und Schenker Kapitel, die beiden letzten in manchen Beziehungen jenem untergeordnet, standen wie früher so auch fortan unter dem Erzbischof von Gran.

Die sächsischen Kapitel, denen solches Glück nicht zuteil geworden, mußten auch zu dieser Zeit die Abhängigkeit vom Siebenbürger Bischof schwer empfinden. Gegen Übermacht und Gewalttat der Woiwoden und weltlichen Beamten schützte Sigmund seine Sachsen, gegen bischöfliche Rechtsverletzungen vermochte er es nicht. So viele Abgaben und Steuern erpreßte Bischof Stephan (aus dem Hause Apor, 1402—1419) von den unter ihm stehenden sächsischen Geistlichen, daß die Pfarrer das Feld selbst bauen mußten, wollten sie leben. Papst Bonifacius IX. untersagte ernst die ungerechte Bedrückung. Doch wenige Jahre darauf forderte derselbe Bischof die gesamten Zehnten des Schelker Kapitels, die dieses wieder für sich in Anspruch nahm. Die Pfarrer, ihr gutes Recht verteidigend, legten Berufung ein nach Rom; der Schelker Stuhl appellierte an den König. Von Konstanz aus befahl Papst Johann der XXIII. 1415, unter Anordnung des Bannes, die sächsischen Geistlichen in ihrem Recht ungekränkt zu lassen; von Italien aus schrieb Sigmund Zornbriefe an Stephan ob solcher Taten gegen Gott und seine Gerechtigkeit. Aber der Bischof war nah, der Papst und der König fern. Das Kapitel unterlag den Angriffen des Bischofs und verlor zwei Zehntquarten, die nach nochmaligem Besitzwechsel am Anfang des folgenden Jahrhunderts zur Zeit der Reformation mit den übrigen bischöflichen Gütern, als diese „secularisiert" wurden, d. i. „dem Fürsten dieser Welt zufielen", in den Besitz des Fiskus kamen.

Ob solcher Gewalttaten wuchs Erbitterung gegen den ungerechten Bischof in den Gemütern alles Volkes. Und die öffnete die Herzen, daß um so leichter die Lehren des Johann Huß gegen die Verderbtheit der hohen Geistlichkeit und viele Mißbräuche der katholischen Kirche Eingang fanden. Er wurde wider Treue und Recht in Konstanz verbrannt, aber sein Wort erhielt sich und drang bis nach Siebenbürgen. Gegen „die verpestete Lehre und das tötliche Gift" schickte der Bischof den Franziskanermönch Jakob dahin; als dessen Beredsamkeit nicht zureichte, wütete er mit Todesstrafen gegen die Ketzer. Wie bald darauf die große Kirchenversammlung in Basel zusammenkam (1431), die Mißbräuche der Kirche streng rügte, und eine Verbesserung derselben an Haupt und Gliedern erstrebte, auch den widerspenstigen Papst Eugen IV. absetzte und einen andern, Felix V., wählte, brachten sächsische Kaufleute Schriften von Basel als Handelsware ins Land und das Volk las sie mit großer Begierde. Thomas, Pfarrer von Pold, predigte öffentlich in diesem Geiste und viele Pfarrer folgten ihm nach. Dagegen klagte Georg Lepesch, der Bischof, bei der Königin Elisabeth; sie befahl, jene Pfarrer ins Gefängnis zu werfen, damit der Friede der Kirche erhalten werde.

Aber das Licht vom Himmel läßt sich nicht verdrängen. Nach wenigen Jahren erstand Luther und alle Macht der Erde war nicht imstande, die Wahrheit zu unterdrücken, die schnell ihren Weg auch in die deutschen Gaue Siebenbürgens fand.

Die deutschen Ansiedler, die noch nicht dreihundert Jahre im Lande waren, mit dem ungarischen Adel und den Szeklern im Bund zu Schutz und Trutz; ihre bedeutendsten Gaue im Besitz des Hermannstädter Freitums, wohlhabend durch ihren Fleiß, stark durch ihren Mut; in ihren Herzen die Sehnsucht nach Wahrheit und Licht: sieh da die Zustände der Sachsen am Ende der Regierung Sigmunds!

Drittes Buch.

14.
Wie Mühlbach zugrunde ging. Hermannstadt der Christenheit Bollwerk.

Nun schließ' dich fest zusammen, du ritterliche Schar;
Wohl hast du nicht geahnet so dräuende Gefahr!

Uhland.

König Sigmund starb 1437. Unter ihm sind die Zigeuner nach Ungarn und Siebenbürgen gekommen. Ihre frühere Heimat ist das westliche Hindostan, woher sie den Grausamkeiten der Mongolen zu entgehen, auswanderten.

Auf Sigmund folgte durch frühern Erbvertrag und Wahl der Stände der Herzog von Österreich, Albrecht, der erste Habsburger, der die ungarische Krone getragen. Er starb schon nach zwei Jahren von einem mißglückten Feldzug gegen die Türken heimkehrend.

Während er in Südungarn zu Felde lag, ohne daß der Adel des Reichs seinem Aufgebot Folge leistete, brach ein türkisches, durch Serbier und Walachen verstärktes Heer in Siebenbürgen ein. Durch das eiserne Tor im Miereschtal aufwärts zogen sie, Mord und Brand bezeichnete ihren Weg. So kamen sie vor Mühlbach (1438). Die Stadt war volkreich, aber schwach befestigt. Da lagerten die Türken rings um sie und begannen sie zu berennen. Den Woiwoden der Walachei aber jammerte der Stadt von früherer Freundschaft her. Darum ritt er zur Mauer hin und redete den Bürgern zu, Frieden zu machen und die Waffen niederzulegen, da sie zu schwach wären gegen die übergroße Macht. Falls sie das täten, wolle er vom Türken erwirken, daß die Obersten der Stadt mit ihm zögen in die Walachei und Hab und Gut mit sich nähmen, von wannen sie zurückkehren könnten, wenn es ihnen gefiele. Das übrige Volk aber werde der Türke ohne einigen Schaden an Leib und Gut in die Türkei führen, ihm allda Wohnsitze anweisen, die ein jeglicher behalten

oder verlassen könne, um heimzukehren, wie er wolle. Darauf
ging das Volk ein, weil es sich zu schwach dünkte zum Wider=
stand. Und die Waffen ruhten bis zum folgenden Morgen,
damit ein jeder sich rüste, mit Habe und Hausgenossen fortzu=
ziehen an demselben.

Einer vom Adel aber in der Stadt, ein kühner Mann, der
früher viel mit den Türken gefochten, nahm mit seinem Bruder
jenen Rat nicht an: „er wolle lieber hundertmal sterben als sich
und Weib und Kind in der Türken Hände geben." Und die
beiden bewogen viele zu demselben Entschluß und zogen sich in
einen Turm, den sie mit Lebensmitteln, mit Wehr und Waffen
wohl versahen und stark befestigten, entschlossen zum Kampf auf
Tod und Leben. Aber der Pfarrer Antonius und einige Bürger
mit ihm bewogen durch Drohungen und Versprechungen die Mehr=
heit der Bürger, die Stadt an die Türken zu übergeben.

Am Morgen kam der Führer der Türken zum Stadttor
und ließ alle, die herausgingen, aufschreiben und sorgte für ihre
Sicherheit, daß sie in die Türkei zögen ungekränkt an Leib und
Gut. Die Obersten der Stadt aber überantwortete er dem Woi=
woden der Walachei, daß er sie führe in sein Land.

Als nun das ganze Heer von alle diesem Volk keine Beute
davontrug, griffen sie mit großer Wut den Turm an, in der Hoff=
nung, dort viel zu gewinnen. Wie der Hagel so dicht flogen die
Pfeile und Steine. Über dem Geschrei der Stürmenden und dem
Klirren der Waffen meinte man stürze Himmel und Erde ein.
Und weil der Turm nicht hoch war, zerstörten sie das Dach in
kurzer Zeit, aber gegen die starken Mauern konnten sie nichts
ausrichten. Schon neigte sich die Sonne dem Untergange zu; da
fingen sie an Holz herbeizuschleppen, fast so hoch als der Turm
war. Bald schlug die Flamme lodernd empor — drinnen im Turme
wurde es allmählich stille. Da löschten jene das Feuer, brachen
die Türe auf und suchten ob noch jemand lebe, damit sie ihn
erfrischten und in die Knechtschaft führten. Darunter fanden sie
auch halbtot einen Knaben von sechzehn Jahren, einen Studenten
von Rumes, der auf der Schule in Mühlbach gewesen und mit in
den Turm gegangen war, den Tod der Sklaverei vorziehend. Dem
Leben wiedergegeben, wurde er in Ketten nach Adrianoppel ge=
führt und mußte zwanzig Jahre lang die Last der Knechtschaft
tragen. Siebenmal wurde er verkauft, achtmal entrann er seinen

Peinigern und wurde wieder gefangen. In dem langen Jammer vergaß er seine Muttersprache, doch nicht sein Vaterland. Denn obwohl sein letzter Herr ihn liebte wie sein eigenes Kind und ihn nur unter dem Versprechen, wieder zu kommen, fortließ, dankte er Gott für seine Freiheit und kam mit einem kaiserlichen Geleitbrief in seine alte Heimat. Daselbst beschrieb er den jammervollen Untergang Mühlbachs und seine Schicksale in rührender Weise, seiner Peiniger, der Türken Sitten, Gebräuche, Glauben und Sekten mit großer Kenntnis und Treue.

Im folgenden Jahre bestätigte König Albrecht der Stadt Mühlbach, die aus der umliegenden Gegend wieder bevölkert wurde, auf die Bitte ihres Grafen, des Meisters Johann Sachs von Enyed, ihre alten Rechte und Freiheiten ebenso wie dem Stuhl, dessen Orte alle bis in den Grund verbrannt waren.

Günstigeres Schicksal erfuhr Hermannstadt. Die Stadt war wohl befestigt, ihre Bürger tapfer. Acht Tage lagen die Türken vor der Stadt; da fielen die Bürger heraus und schlugen den Feind. Darum rühmte Papst Eugen IV., daß die Stadt nicht nur des ungarischen Reiches, sondern der gesamten Christenheit schirmendes Bollwerk, Mauer und Schild gegen die Ungläubigen sei.

Fünfundvierzig Tage lang wurde das Land verheert, 70.000 Menschen in die Sklaverei geschleppt. Die an der Grenze zunächst gelegenen Striche, d. i. das Sachsenland, trafen solche Raubzüge immer am schwersten. So kam es, daß bisweilen Bewohner sächsischer Dörfer, die die schützende Mauer um die Kirche oder die nahegelegene Burg nicht alle fassen konnte, wenn der Türke über die Grenzen brach, tiefer ins Land auf adeligen Boden flohen. Die Gastfreundschaft, mit der sie da empfangen wurden, verwandelte sich bald in Zwang, der die freie Rückkehr verweigerte. Bischof Georg Lepesch stand auch hierin obenan. Bei spätern Feindeseinfällen wiederholte sich jenes Rettungsmittel und zugleich des Adels Ungerechtigkeit. Zahllose königliche Briefe sind vorhanden, in welchen ihm bei schwerer Strafe geboten wird, die auf seine Güter geflüchteten Sachsen in ihre Heimat zurückkehren zu lassen. Aber die Befehle fruchteten wenig, da die starke Hand fehlte, die sie ausgeführt hätte. Und doch erkannten die Könige es gut, daß der Wohlstand eines Reiches im Verhältnisse seiner freien Bürger wachse und diese geeigneter seien zur Verteidigung des Vaterlandes als Knechte. Darum suchten sie auch die Frei=

zügigkeit der Hörigen so eifrig zu schirmen und befahlen, um die
Kraft der freien Sachsen zu mehren, gern, daß Orte, die unter
ihrem Schutze standen, wie die Besitzungen der Abtei Egresch
(Donnersmarkt, Abtsdorf, Schorsten und Scholten) oder Eigentum sächsischer Körperschaften waren, jedoch im Komitat lagen,
Steuer- und Kriegslasten nicht dem Komitate, sondern den Sachsen
tragen hülfen.

Abwendung der Knechtschaft und Sorge für das Heil ihrer
Seele war der Zweck, um dessentwillen Katharina, die Witwe
des Schäßburger Bürgers Aegidius Klein, 1438 neunzehn Höfe
in Wolkendorf der Schäßburger Bergkirche, die gerade damals
gebaut wurde, vergabte. Schenkungen und Kauf vermehrten später
den Besitz der Kirche dort, so daß sie allmählich die Gemeinde
ganz zu eigen bekam. Alljährlich am Martinstag zahlten die
„Wirte" von Wolkendorf je einen ungarischen Gulden an sie
und halfen, wenn es Not tat, mit Handarbeit und Fuhren, waren
im übrigen freie Leute und schalteten unbeschränkt mit ihrem Vermögen, das nur von Erbenlosen an die Kirche fiel. König Matthias
verleibte 1487 das Dorf dem Schäßburger Stuhle ein und mit Unrecht ist es im Weißenburger Komitat geblieben bis zur Gegenwart.

15.

Fortgesetzte Türkennot. Ehrentage der sieben Stühle. Das Bistritzer Erbgrafentum. Anfänge des Magyarentums in Klausenburg.

1440—1458.

> Abtreiben wollen wir verhaßten Zwang;
> Die alten Rechte, wie wir sie ererbt
> Von unsern Vätern, wollen wir bewahren.
> Schiller.

Kurze Zeit nach König Albrechts Tod gebar seine Witwe
Elisabeth einen Sohn, Ladislaus, den man, weil er nach dem
Tode des Vaters zur Welt gekommen, den Nachgeborenen
(Posthumus) nennt. Aber ein Teil des Adels wollte einen Mann
zum König, der sie gegen die Türken schützen könne und wählte
deshalb Wladislaus den König von Polen. Die andern krönten
den Knaben Ladislaus (V.), obwohl er nur vier Monate alt war,

mit der auf abenteuerliche Art geraubten Krone; aufs neue entbrannte der Bürgerkrieg. Die Spaltung durchzog das ganze Reich; auch die Sachsen teilten sich in Parteien. Die Klausenburger hingen an Wladislaus, die sieben Stühle am österreichischen Fürsten, Albrechts Sohn. Doch hat Wladislaus den Hermannstädter Gau hochgeachtet und seine Rechte eifrig geschirmt. Adelige von Illye hatten gewalttätig Land und Leute vom Brooser Stuhl losgerissen und wollten dort Erbkönigsrichter sein. Da befahl ihnen Wladislaus 1441 strenge, von solchen ungerechten Versuchen abzulassen, da nicht einmal des Königs Majestät, viel weniger sonst jemand was zum Sachsenrecht und Sachsenland gehöre, kränken und losreißen dürfe. In Hermannstadt ließ der König eine Präge- und eine neue Münzkammer errichten.

Zu derselben Zeit war Woiwode von Siebenbürgen Johannes Hunyadi, der sagenumspielte Sohn eines rumänischen Knesengeschlechtes, in den Kämpfen gegen die hussitischen Raubscharen zum Krieger und Feldherrn gebildet, voll Tatkraft und begeistert von dem Gedanken, die Türken aus Europa zu verjagen. Diese belagerten mit großer Macht Belgrad; als die starke Festung sich hielt, brachen ungezählte Scharen unter Mezeth-Beg nach Siebenbürgen. Johann Hunyadi wurde bei Szent-Imre, unweit Weißenburg aufs Haupt geschlagen; der harte Bischof Georg Lepesch fiel in der Schlacht (1442).

Da zogen die Türken jubelnd vor Hermannstadt und umlagerten die Stadt. Doch die Bürger widerstanden mutig und hielten die Türken auf, bis Hunyadi ein neues Heer gesammelt. Als er mit diesem den Feind angriff, fielen die Bürger aus der Stadt heraus, brachen ins türkische Lager, befreiten die gefangenen Christensklaven und griffen die Türken im Rücken an. Diese flohen in wilder Flucht; Mezeth-Beg und sein Sohn wurden erschossen; der Weg bis an das Gebirge war mit Leichen bedeckt.

Als der Streit zwischen Elisabeth und Wladislaus beendigt war und der letztere unangefochten die Krone trug, führte Hunyadi die gesamte Reichskraft gegen die Türken. Sie wurden in einem siegreichen Feldzug geschlagen und zum Frieden gezwungen. Von dem päpstlichen Legaten zum Eidbruch verleitet, griff Wladislaus 1444 wieder zu den Waffen; auf dem Schlachtfeld bei Varna den 10. November ereilte ihn die Strafe dafür; das ungarische Heer wurde von Sultan Murad vernichtet; der König selbst fiel.

Auch das Banner der Sachsen focht in der Schlacht; dort stand wohl Hans Mägest, dessen Mitteilungen an Michael Beheim wir die Kunde hievon verdanken. Dieser brachte in Verse, was jener ihm aus den blutigen zwei Jahren erzählte:

> Dys lieblin ich getihtet hab
> als mirs Hans Mägest füre gab,
> Der selb waz in dem streite.
> Woll auf sechczen iar
> er der türken gevangen war.

Zwölf Banner führte nach ihm der König in die Schlacht; das achte

> Der sybenburger (der Sachsen) waz,
> Daz neunb der zekelender, daz
> zehend daz waz anis herren
> Hunadienusch genannt.

So stehen die Fahnen der ungarischen Reichsteile aus dem „Land jenseits des Waldes" dort am Schwarzen Meer nebeneinander; die der Szekler konnte nur ein Sachse mit jenem Namen bezeichnen. Wie lebendig ist die Schilderung der Schlacht:

> Von den speren ward ein gestech,
> alz ob ein ganzer walt zerbrech,
> von pagen (Bogen) ein geschneter,
> alz ob all störch in aller welt
> pei ain weren in ainem veldt,
> ez waz alz ain sturmveter!

Und als es ausgetobt hatte, bedeckte fast das ganze ungarische Heer die Walstatt und unter den Seinen lag vom Janitscharensäbel enthauptet der zwanzigjährige Wladislaus.

Da wählte der Reichstag einmütig Albrechts Sohn Ladislaus den Nachgebornen zum König. Johannes Hunyadi wurde Reichsverweser. Die Niederlage bei Varna zu rächen, zog er im Jahre 1448 mit einem großen Heer gegen die Türken. Tief unten in Serbien, auf dem Amselfeld, wurde die Schlacht geschlagen. Auf dem rechten Flügel standen die Ungarn und Szekler, auf dem linken die Walachen, in der Mitte die deutschen und böhmischen Büchsen und die Siebenbürger Sachsen. Zwei Tage dauerte die Schlacht. Mitten im Kampf des zweiten Tages ging der linke Flügel zu den Türken über; so wurde das ungarische Heer geschlagen; siebzehntausend fielen; Hunyadi rettete sich durch die Flucht.

Fünf Jahre nach dieser Schlacht wurde Ladislaus zum König gekrönt (1453). Während böse Neider Zwietracht zwischen den jungen Fürsten und Hunyadi brachten, eroberten die Türken Konstantinopel (1453) — am 15. Mai 1454 schrieb Oswald, der Bürgermeister von Hermannstadt, voll banger Sorge die Kunde an den Rat von Wien — und belagerten bald darauf mit großer Macht Belgrad. Hunyadi entsetzte die Veste und zwang den Sultan Mohammed II. zum Abzug nach großen Verlusten; die ganze Christenheit jubelte. Zwanzig Tage nach der Befreiung Belgrads starb auch der Sieger (1456). Sein Leichnam liegt in Weißenburg begraben. Ein Jahr später starb König Ladislaus in Prag.

Waffengetöse begleitete ihn ins Grab. Weil er eidbrüchig und widerrechtlich Ladislaus Hunyadi, des großen Johannes Hunyadi Sohn, hatte hinrichten und Matthias ins Gefängnis werfen lassen, stand ihr Oheim Szilagyi auf. Weil die Sachsen zum Könige hielten, verwüstete er auch ihr Land. So mußten sie, bei der Schwäche der königlichen Gewalt, zur Selbsthülfe greifen. Die Burzenländer vereinigten ihr Banner mit dem Szeklergrafen und belagerten Diod. Gegen den siebenbürgischen Adel, der seine bedrückten deutschen Hörigen nicht wollte in das Sachsenland auswandern lassen, hatte schon früher Hunyadi die Sachsen ermächtigt, Waffengewalt anzuwenden und des Streites drohte kein Ende zu werden.

Das war um so trauriger, da der fast ununterbrochene Krieg gegen die Türken alle Kräfte der Sachsen erschöpfte. Mehr als einmal wurde das ganze Volk Mann für Mann aufgeboten zum Kampf gegen den Erbfeind. Als Hunyadi 1456 Belgrad zu Hülfe zog, rief er sie in Eilmärschen an die Donau. „Kommet," schrieb er bringend, „kommet bald, denn schon stehe ich mit den Türken von Angesicht zu Angesicht." Während sie dort gegen den Feind des Vaterlandes kämpften, sollte der Woiwode der Walachei ihre Heimat schützen. Aber der konnte dem alten bösen Gelüste nicht widerstehen und verwüstete die Dörfer, die seinem Schirme anvertraut waren. „Tut er es noch einmal," schrieb der König an die Sachsen, „so zieht zu Felde gegen den Verräter." Drei Jahre früher hatte sie Ladislaus aufgeboten zu einem Streifzug gegen Räuberbanden in der Zips, die dort durch die Trägheit des hohen Adels und seine Nachlässigkeit unterstützt, weit und breit alles in Schrecken setzten.

Wie die Kraft der Sachsen, so wurde unter Ladislaus ihr Vermögen oft und oft in Anspruch genommen in den Nöten des Reiches. Der königliche Schatz war zu jener Zeit stets leer. Dann mußten sächsische Kriegsbeisteuern und außerordentliche Abgaben helfen. „So groß ist unsere Not," schrieb der König 1457 an die sieben Stühle, von welchen er 2500 Goldgulden forderte, „daß wir weder Eurer noch eines Andern schonen können." Dem Heere Hunyadis lieferten die Kronstädter 1451 auf Abschlag ihrer Steuern zweitausend Pfeile, fünfzehn Bogen, zweihundert Wurfspieße und bald darauf wieder viertausend Pfeile und zweihundert Lanzen.

Burgen, Kirchen und Städte wurden im Sachsenland immer stärker befestigt. Dazu gab auch der König 1454 den Hermannstädtern vierzig Mark Silbers. Auf Hunyadis Befehl mußten die Kronstädter das Felsenschloß auf der Zinne abbrechen, aus nicht ganz klaren Ursachen; dafür wurden Türme und Mauern immer fester um die Stadt, die in den Türkeneinfällen seit dem Ende des 14. Jahrhunderts aus dem offenen Tal sich in die Enge zwischen die Berge zurückgezogen hatte. Über dem Bau der Bollwerke aus Stein aber vergaß man nicht den tiefern Grund, worauf alle Kraft beruht, geistige und sittliche Bildung. Also beschloß das Burzenländer Kapitel 1444, daß niemand eine Pfarre erhalten dürfe, der nicht eine Hochschule besucht habe.

Zu derselben Zeit war die Landskrone, die König Ludwig vor einem Jahrhundert durch Mithülfe der sieben Stühle erbaut hatte, verfallen. Auch der rote Turm und die Lauterburg waren in wehrlosem Zustande. So stand dem Feind der Engpaß offen zu freiem Einfall ins Land. Da vergabte der König Ladislaus, die Grenze zu sichern, auf Hunyadis, des Kriegshelden, Rat und mit Beistimmung des Reichstags im Jahre 1453 den sieben Stühlen Talmesch mit den dazu gehörigen, das sächsische Talmesch selbst ausgenommen, durchweg von Rumänen bewohnten neun Ortschaften, d. i. den Talmescher Stuhl, den roten Turm und die Lauterburg mit den dort fälligen Zöllen. Das gesamte königliche Schloßgut, das im Weißenburger Komitat lag, wurde ihnen mit allen seinen Gemeinden, Ländereien, Äckern, Wiesen, Weiden, Feldern, Gebirgen, Wäldern, fließenden Gewässern, Fischteichen und Mühlen, mit allen Nutzungen und Rechten, so wie die Krone es bisher besessen, zu vollem Eigentum gegeben, damit sie es mit demselben Recht und Freitum besäßen, inne hätten und ver-

walteten und die Gemeinden fortan in Steuerleistung und Heeres=
folge sich des Rechtes der neuen Herren erfreueten. Noch in
demselben Jahr erfolgte ihre Einführung in den neuen Besitz zu
adeligem Eigentumsrecht mit derselben rechtssichernden Formel,
wie gleichzeitig Johannes Hunyadi in den Besitz der königlichen
Schloßgüter Görgeny und Deva eingeführt wurde. Dafür sollten sie
die Landskrone völlig abtragen, weil sie zu entlegen vom Engpaß,
die Lauterburg und den roten Turm dagegen so befestigen, daß
die Feinde dort nicht mehr hereinbrechen könnten. So erfüllten
die Sachsen der sieben Stühle den Zweck ihrer Berufung, davon
ihr Siegel und Banner verkündeten: zum Schutz der Krone!

Das erkannte Ladislaus und sprach es offen und ehrenvoll
aus schon im ersten Jahre seiner Selbstregierung. „Die öffentliche Gerechtigkeit erfordere es und sein eigenes Gewissen, daß
er die großen Verdienste ihrer ausgezeichneten Treue vergelte,
wie es sich gebühre, wenn er bedenke, wie sie an seinem Groß=
vater Sigmund und an seinem Vater Albrecht unverbrüchlich gehalten und auch von ihm, dem elternlosen verwaisten Kinde, in allen
Stürmen des Reiches nie gelassen, inzwischen in den wilden
Einfällen der Türken Unsägliches gelitten und gegen den grausen
Feind so viele blutige Schlachten zu des Vaterlandes Schirm
geschlagen." Darum verlieh er ihnen von Wien aus am 11. März
1453 eine, damals nur Königen gebührende, nicht einmal allen
Prälaten und Reichsbaronen zukommende Auszeichnung, das
Recht nämlich, ihre Urkunden, Zeugnisse, Vorladungen, Urteile
und Sendbriefe in rotem Wachs zu siegeln. Johannes Hunyadi,
der gewesene Reichsstatthalter, erhielt das Recht in demselben
Jahre und acht Jahre später wegen seiner vielen treuen Dienste
auch Kronstadt.

Wie der Sachsen Banner geachtet im Felde, so war ihre
Stimme gern gehört im Rate. Wie früher, so erscheinen auch
jetzt die Sachsen als Glieder des Reichstags. So entbieten
Rafael, Erzbischof von Kalotscha, Johannes von Hunyad mit
mehreren anderen Prälaten und Baronen im Jahre 1454 den
sieben Stühlen Gruß und Freundschaft mit geziemender Ehrerbietung und fordern sie bringend auf, ihre Abgeordneten zum
Reichstag nach Ofen zu schicken.

Nicht so wohl wars dem Nösnerland unter König
Ladislaus. Als dieser 1452, der Vormundschaft ledig, die Ver=

waltung seiner Reiche übernahm und Hunyadi die Statthalter=
würde niederlegte, da ernannte ihn der König zur Belohnung
seiner treuen Dienste zum Erbgrafen des Bistritzer Gaues.
Das hieß, fortan solle die Königsgrafenwürde über diesen, die
der König dem ihm zustehenden Rechte zufolge bisher an wen
er wollte, gewöhnlich an die Szeklergrafen, verliehen, erblich sein
in Hunyadis Hause und die damit verbundenen Einkünfte, sowie
die, welche die Krone bis dahin bezogen, sollten an den Erb=
grafen fallen. Der König, es ist kein Zweifel, wollte dadurch
Bistritz kein Leid zufügen und bloß seinen Diener ehren. Aber
es ist etwas anderes, wenn ein so hohes Amt wechselnd von
Hand zu Hand geht, oder erblich ist in einem Hause. Die
Gefahr des Mißbrauchs wächst da riesengroß. Für Bistritz
brachen mit jener unheilvollen Vergabung traurige Tage herein,
denn Johannes Hunyadi, wiewohl er ein edler Mann war,
konnte sich doch als magyarischer Adeliger schwer finden in die
Gemeinfreiheit. Er betrachtete sich als Grundherrn des Bistritzer
Gaues und nannte sich so, obwohl ihm der König nur ein Amt erblich
verliehen und nicht Land und Leute, die er in jenem Gau nach
Recht und Pflicht nicht verschenken durfte.

Voll schlimmer Ahnung baten die Gaugenossen von Bistritz
den neuen Grafen, als er 1453 in ihrer Mitte weilte, um die
Bestätigung ihrer alten Freiheiten. Er gewährte, damit ihr Wohl=
stand und ihre Zahl nicht abnehme, die Bitte, wenngleich in
Ausdrücken, die ihrem alten Recht zuwider liefen. Sie, die stets
frei gewesen, sollten für alle Zukunft im Genusse dieser Freiheit,
Stadt und Kreis im Besitz ihres Siegels bleiben und Waffen=
dienst leisten unter eigenem Banner mit der von Sigmund fest=
gesetzten Anzahl. Die Tage der sieben Stühle und des Adels
sollten sie, wie früher, besuchen dürfen, doch solle das seinem
Grafenamt keinen Eintrag tun. Auch solle kein ungarischer Richter
mehr Befugnis haben als früher; das alte Recht, Streitfälle im
Weg der Berufung vor die sieben Stühle zu bringen und die
freie Pfarrerswahl in der Stadt blieb. Die Steuern versprach
Hunyadi nicht höher zu stellen, als sie zu König Sigmunds Zeit
gestanden, und die ihm als Königsgrafen gebührende Abgabe nicht
über sechzig Mark zu erhöhen, wie sie zu derselben Zeit gewesen.

Gleichzeitig aber erbaute er an der Abendseite der Stadt
eine Burg, den Flestenturm, und zwang die Bürger anfangs an

dem Baue zu helfen. Zwar sollten die Vögte keine Gewalt weder über die Bürger von Nösen, noch über die Landbewohner, ihre Wälder, Wiesen, Weinberge, Maße, Gewichte haben; aber das rechtsichernde Wort verscholl, doch die Mauern der Zwingburg blieben und dem Besitzer der Macht lag die Gewalttat nicht fern.

Das erfuhr zu seinem Unglück das Nösnerland, als nach Hunyadis Tod sein Sohn Matthias 1458 das Erbgrafentum dem Oheim Szilagyi verlieh. Die Vögte in rohem Übermut mißbrauchten ihre Macht, behandelten die freien Männer wie Leibeigene, schleppten ehrbare Frauen und Mädchen in ihre Veste und verschonten kein Geschlecht noch Alter mit frecher Gewalttat. Da griffen, als die Klagen nichts fruchteten, die Bistritzer unter ihrem Richter Ulrich Thümmel zum Schwerte, die Mauern ihrer Zwingherren zu brechen. Doch diese widerstanden dem Angriff. Szilagyi dagegen eroberte die Stadt, plünderte, verbrannte sie; die Gefangenen verloren die Hände, die Augen, das Leben (1458). Wer noch übrig blieb und im stande war, wanderte aus.

Da lud bald darauf Szilagyi durch seinen Übermut die Ungnade des Königs auf sich und wurde 1460 in türkischer Gefangenschaft enthauptet. Die Bistritzer aber wurden nicht müde, dem König treu zu dienen. Da erkannte er das Unrecht, das sie erlitten und sah die Verödung der Stadt mit Schmerzen. Darum und weil in der Not des Reiches ihm die Bistritzer aufs neue sechstausend Goldgulden gegeben, verlieh Matthias 1464 ihnen die von Hunyadi erbaute Burg. Und im folgenden Jahre gestattete er ihnen, sie zu zerstören und ihre Steine zum Bau der Stadtmauer zu verwenden, hob zugleich die Würde und den Namen des Bistritzer Erbgrafentums auf und stellte den frühern Rechtsstand des Gaues wieder her. So stieg die Herrenveste von der stolzen Berghöhe herab, um fortan im Tal der bürgerlichen Freiheit Bollwerk zu sein. Zehn Jahre nachher fuhren die langen Reihen der Lastwagen noch immer hinauf, um von dort das wertvolle Material für die langdauernde Arbeit der Werkmeister zu bringen, unter deren Hand sich allmählich der stattliche Ring der neuen Steinmauern mit den weithinsehenden übergekragten Tortürmen erhob. Um alle Besorgnis der Bürger zu entfernen, gelobte Matthias 1474, die Bistritzer, deren Stadt er als eine feste Säule in den Tagen der Not habe kennen lernen, nie mehr von der heiligen Krone des Reiches zu trennen, oder einem andern

Oberrichter als des Königs Majestät unterzuordnen; wenn er oder einer seiner Nachfolger jenes Recht jemandem verliehen, sollten die Bistritzer ohne Hochverrat gegen denselben die Waffen ergreifen und ihm nach Kräften Widerstand leisten.

Die Errichtung der Erbgrafenwürde über Bistritz erregte in den übrigen Sachsen schwere Sorge für die eigene Freiheit. Denn sie sahen ein, daß dem guten Rechte Aller Gefahr drohe, wenn auch nur ein einzelner Gau unter Bedrückung und Willkür schmachte. Daher ließen sie sich jene alte Unverletzbarkeit ihres Bodens und ihrer Rechte, die schon Andreas II. für einen Teil von ihnen ausgesprochen und Wladislaus I. in so kräftigen Worten wiederholt anerkannt hatte, aufs neue bestätigen. Von Wien aus, am 11. November 1453, gelobte der König, die Sachsen der sieben und zwei Stühle, des Burzenlandes, Klausenburgs und von Winz, **die immer eins gewesen und stets ungetrennt bleiben sollten**, nie von der heiligen Krone des Reiches zu trennen, Städte, Dörfer, Gebiete nie von ihnen zu entfremden und keinem Menschen jemals zu schenken, sondern sie in allen Rechten, Freiheiten, Gewohnheiten, die sie von Ungarns frühern Königen erhalten, für alle Zukunft zu schirmen. Falls er oder seine Nachfolger dagegen täten, sollten solche Befehle kraftlos und ungültig sein und die Nichtbeachtung derselben den Sachsen nicht zugerechnet werden. — Also schützte die Weisheit und Gerechtigkeit der ungarischen Könige das Sachsenrecht.

Gerade zu derselben Zeit aber geschah es, daß in der wackern Sachsenstadt Klausenburg ein fremdes Volkstum anfing, sich in bedenklicher Weise geltend zu machen. Allmählich waren nämlich, von der Sicherheit und der Anmut der Stadt gelockt, auch Ungarn in diese eingewandert und die Gemeinde von Klausenburg hatte die Tore nicht verschlossen vor ihnen, wie die vorsichtigern Brüder im Hermannstädter Gau und sonstwo taten. Auch fügten sich die neuen Gäste sich anfangs ihren Sitten und Gebräuchen und wohnten zusammen in einer Gasse, die, schon 1372 genannt, außerhalb des Mauerrings der „alten Burg" gelegen nach ihrem Namen die Ungergasse hieß und noch heißt bis auf den heutigen Tag. Über die Kirche zu St. Peter, die in jener Gasse war, entstand Streit zwischen ihnen und dem Stadtpfarrer, der so lange währte, bis ihn der Bischof Matthäus 1453 dahin entschied, daß der Stadtpfarrer, dem auch sie den Zehnten gaben, gehalten sein solle,

daselbst auf eigene Kosten einen Kaplan zu halten, der ihrer
Bildungsstufe angemessen den Gottesdienst daselbst besorge und
nach ihren Bräuchen die Toten begrabe. Gleichzeitig erhoben die
Ungarn auch Anspruch auf Teilnahme an der Verwaltung des
Gemeinwesens. Und da die Sachsen das nicht zugeben wollten,
entbrannte heftige Zwietracht, bis die Streitenden endlich 1458
sich dahin verglichen, daß in der Folge alljährlich hundert recht=
liche unbescholtene Männer zur Hälfte Sachsen, zur Hälfte Ungarn
ernannt werden sollten, die gemeinschaftlich und einträchtiglich
sechs sächsische und sechs ungarische Geschworne und abwechselnd
zum Richter für ein Jahr einen Sachsen, für das andere einen
Ungarn zu wählen hätten. Die Gemeindeeinkünfte aber sollten
allen gemeinschaftlich gehören. — So wurde fast zu derselben Zeit,
als Klausenburg in das Hermannstädter Freitum eintrat, ein
deutschem Wesen feindliches Volkstum in der Gemeinde mächtig,
das in der Folge durch der Umstände Gunst erstarkend das ur=
sprüngliche Deutschtum der Stadt nicht ohne schwere Ungerechtigkeit
bis auf wenige Spuren vernichtet hat. Doch gilt noch länger denn
zwei Menschenalter hindurch Klausenburg für eine sächsische Stadt.

16.
**Vom neuen Bund der drei Völker, dem Aufstand
gegen König Matthias und der großen Türken=
schlacht auf dem Brotfelde.**

1459—1479.

Zu Eurem Volk steht und zu Eurem Lande
Und kämpft für Euer heilig Recht.

Schiller.

Als König Ladislaus noch im Jünglingsalter zu seinen
Vätern gegangen, stand das Haus Hunyadi in Waffen gegen
ihn. Szilagyi, des fünfzehnjährigen Matthias Hunyadi Oheim, zog
mit 20.000 Mann nach Pest, ließ Galgen und Blutgerüste an
der Donau errichten und setzte durch, daß sein Neffe zum König
gewählt wurde.

Zum Erstaunen der Großen ergriff Matthias sogleich die
Zügel der Regierung mit fester Hand. Er erhöhte die Macht des
Thrones durch die Anfänge eines stehenden Heeres und durch

neue Steuern, erhob Niedriggeborene zu hohen Würden, handhabte strenges Recht gegen den stolzen Adel, und zog sich dadurch ebenso dessen Haß zu, als ihn das gemeine Volk verehrte. Voll kriegerischen Feuers liebte er Kampf und Streit, eroberte, ungerecht genug, von Böhmen die Lausitz, Mähren und Schlesien, von Kaiser Friedrich III. Österreich mit Wien. Aber gegen die Türken führte er nur lässig Krieg, wodurch über die Länder an der Süd- und Ostgrenze großes Unheil kam.

Wie König Matthias gleich im ersten Jahr seiner Regierung mit großer Strenge auftrat, seinen Oheim Szilagyi den Grafen von Bistritz in den Kerker warf, den Woiwoden von Siebenbürgen Nikolaus Ujlaki absetzte, begann der siebenbürgische Adel mit den Szeklern für seine Freiheiten zu fürchten. Auch die Sachsen hatte das schreckliche Schicksal des Nösnerlandes in Sorge gesetzt. Also traten die drei Völker im November 1459 auf einer Tagfahrt in Mediasch zusammen und erneuerten den Bund, den sie vor zweiundzwanzig Jahren in Kapolna geschlossen hatten. Nur die Bistritzer, unter dem harten Druck ihrer Erbgrafen seufzend, waren nicht dabei. Da gelobten sie sich aufs neue gegenseitige Beschirmung ihrer Rechte und Freiheiten. Mit gewaffneter Hand, wenn es Not täte, wollten sie einander sich schützen. Das ging, obwohl in wenigen Worten die der heiligen Krone gebührende Treue erwähnt wurde, gegen gefürchtete Übergriffe des Königs. Seine Abgeordneten solle niemand mit Rat oder Tat unterstützen. Für Kriegsgefahren bedangen sich Adel und Szekler das Recht der Zuflucht in die sächsischen befestigten Städte und Burgen aus und verpflichteten sich dagegen, den Sachsen gegen die Türken und jeden andern Feind mit all' ihrer Macht zu helfen.

An jenem Tage der Einigung erhoben die drei Völker laute Klage über die Not der Zeiten. Von steten Stürmen werde das Vaterland heimgesucht. Wilde Türkenhorden durchplünderten dieses in unablässigen Einfällen, wie sie es wahrscheinlich durch ihre Sünden nicht anders verdienten. Der schreckliche Feind raube und zerstöre Hab und Gut der Bewohner, schleppe Eltern, Kinder und Gatten in ferne Knechtschaft. Häufige innere Unruhe und Zwietracht vergrößere das Übel und bringe das Land dem Untergange nahe.

So schrieben sie in den Einigungsbrief.

Die unwilligen Gemüter des Siebenbürger Adels aber wurden, je länger Matthias regierte, immer mehr verstimmt. Die

Einrichtungen des Königs, die neuen Abgaben, seine strenge
Sprache, seine vielen Kriege gefielen ihnen immer weniger. Auch
die Pracht, mit der er sich umgab, reizte ihren Zorn gegen den
König, der ja vor kurzem noch ihresgleichen gewesen. Bald begannen sie zu sprechen von Siebenbürgens Kraft, Fruchtbarkeit,
Reichtum und wie das Land imstande sei, auch unabhängig von
Ungarn, das sich doch nichts um sie kümmere, ein selbständiges
Reich zu bilden. Was die Sachsen in diese, gegen Matthias
erbitterten Kreise hineinzog, ist nach den bekannten Geschichtsquellen jener Zeit unerklärlich. Denn der König hatte bisher immer
mit Ernst und Entschiedenheit ihre Rechte geschirmt. Waren es
denn ihre, „nach der Weise der Adeligen lebenden" Volksgenossen,
deren Leitung sie folgten, gewiß ist es, daß am 18. August 1467
vor dem Konvent in Koloschmonostor neben den Vertretern des
Komitatsadels und der Szekler auch Nikolaus von Salzburg,
Ladislaus, der Richter von Broos, Kaspar Door von Mediasch,
Laurentius der Richter von Kronstadt, mit Antonius Puns eben-
daher und Petrus Thewrek (Türk) von Bistritz im Namen der
Sachsen erschienen und ein Zeugnis darüber ausstellen ließen,
daß Adel, Szekler und Sachsen gegen König Matthias, den
Unterdrücker ihrer Freiheiten und Privilegien, ein Bündnis zur
Rettung derselben beschworen hätten. Sie geloben mit Geld und
Waffen zusammenzustehen, mit niemandem einzeln Frieden zu
schließen, mit Gut und Blut bei den Führern zu halten und kein
geistlicher oder weltlicher Richter, ja nicht einmal der Papst kann
von dem Eid entbinden. So brach der glimmende Funke des
Unmuts bald in hellen Flammen der Empörung aus. Sie ließen
öffentlich verkündigen, Siebenbürgen brauche fortan Matthias
nicht mehr zu gehorchen; der Woiwode Graf Johann von Pösing
und St. Georg wurde an die Spitze gestellt, der werde die Rechte
und Freiheiten des Landes achten; der Reichsschatzmeister Emerich
Zapolya und sein Bruder Stephan standen unter den Führern.
Der Adelige Benedikt Veres de Farnas soll einer der Haupt-
anstifter gewesen sein; gewiß ist es, daß er unter den Vertretern
des Adels vor dem Konvent in Koloschmonostor war; ungenaue
Quellenkenntnis hatte früher aus ihm einen Sachsengrafen Benedikt
Roth gemacht, den es nie gegeben hat.

  Matthias war in großer Gefahr, die Provinz zu verlieren.
Seine Schnelligkeit rettete ihm sie. Ehe die Aufständischen daran

gedacht, die Pässe des Landes zu besetzen, war er mit 12.000 Mann in Klausenburg. Diese, seine Geburtsstadt, war ihm treu geblieben. Da überfiel allgemeiner Schrecken die Aufrührer. Der Adel wollte nicht fechten; der Woiwode bat reuevoll um Verzeihung; die Rädelsführer ergriffen die Flucht; Benedikt Veres starb in Polen. Der König hielt strenges Gericht; viele Adelige wurden mit glühenden Zangen zu Tode gebrannt, geviertelt, aufs Rad geflochten, in Pfähle gezogen. Das Wehrgeld des Adels setzte er von zweihundert auf sechsundsechzig Gulden, damit er, dem Bauer näher gerückt, aufhöre, sich gegen seinen Fürsten zu empören.

Auch unter den Sachsen hatte der Aufstand Wurzel gefaßt. Petrus Gräf von Rothberg, im März 1466 Bürgermeister, später Königsrichter von Hermannstadt und vieler adeligen Güter reicher Besitzer, verlor zur Strafe seines Treubruchs in Hermannstadt das Haupt durch Henkershand, ebenso in Klausenburg Nikolaus von Salzburg, Johann von Mergeln, Königsrichter des Schenker Stuhls, aus derselben Ursache sein Amt. Die zwei Stühle, die dem König, als er im Oktober in Hermannstadt war, vorstellten, sie seien vom Woiwoden mit Gewalt zur Teilnahme am Aufstand gezwungen worden, erhielten leicht Verzeihung. Die Kronstädter dagegen hatten dem König standhafte Treue gehalten. Als Boten der Empörer mit Versprechungen und Drohungen zum Beitritt drängten und ein Teil des Rates schon schwankte, beschloß man, die Entscheidung dem Stadtpfarrer zu überlassen. Der, schon bejahrt, trat in die Versammlung und wies in gewichtiger Rede auf der königlichen Gewalt göttlichen Ursprung hin, und wie man von dem Herrscher, dem man einmal Treue gelobt, nicht abfallen könne ohne Sünde. Der Rat wurde angenommen und trotz aller feindlichen Anfechtung die Treue gehalten. Darum wandte Matthias den Burzenländern vorzügliche Gunst zu, begabte sie mit Zollbefreiungen und andern Rechten und rühmte in ehrenden Sendschreiben, wie weder böse Beispiele noch harte Bedrückungen oder feindliche Einfälle die Standhaftigkeit ihrer Treue, die durch alle Wolken der Trübsal nur desto heller geleuchtet, jemals hätten erschüttern können.

Zur innern Unruhe kamen Türkeneinfälle. Im Jahre 1479 brach Ali-Beg mit 40.000 Mann in Siebenbürgen ein und drang mit Feuer und Schwert im Mierestal aufwärts. Dahin warf sich mit der schnell aufgebotenen Kriegsmacht des Landes der

Woiwode Stephan Bathori, um dem mit Beute beladenen Feind den Rückzug abzuschneiden. Den Grafen von Temesch, seinen Freund Paul Kinischi, rief er eilig zu Hülse. In der Nähe von Broos auf dem Brotfeld kam es den 13. Oktober 1479 zur Schlacht. Durch den Empfang des Abendmahls bereitete sich das christliche Heer darauf vor und gelobte, eher zu sterben als zu fliehen.

Das Aufgebot der Sachsen führte Georg Hecht, Bürgermeister von Hermannstadt. Sie forderten Stellung im Vordertreffen; Bathori gewährte sie. Den rechten Flügel bildend, lehnten sie sich an den Mieresch; die Szekler standen auf dem linken, Rumänen und Adel im zweiten Treffen. Gegen den rechten Flügel richtete sich der Angriff der Türken; unerschüttert hielten die Sachsen den gewaltigen Anprall aus, viele von beiden Seiten sanken; bald rötete sich die Erde von Blut. Da griffen neue türkische Haufen an; die Überzahl war zu groß. Ein Teil der Sachsen wurde in den Mieresch geworfen; die andern zogen sich kämpfend auf das zweite Treffen zurück. Inzwischen waren auch die Szekler auf dem linken Flügel zum Weichen gebracht; Bathori mit der schweren Reiterei nahm das Gefecht auf. Es war umsonst; sein Haufe wurde umzingelt und beinahe gesprengt; zwei Rosse waren unter ihm getötet, aus sechs Wunden strömte sein Blut; da, in der höchsten dringendsten Not erschien Kinischi. Wie ein rasender Löwe, in jeder Hand ein Schwert, stürzte der riesenkräftige Mann in die Feinde und hieb unter lautem Rufe nach dem Freunde sich Bahn bis dahin, wo dieser mit fast ersterbender Kraft kämpfte. Der Sieg war entschieden; 30.000 Türken deckten das Schlacht= feld. Mitten unter den Erschlagenen aßen die Sieger; einen gefallenen Türken zwischen den Zähnen hoch in der Luft haltend führte Kinischi den Siegesreigen.

Auf dem Platz, wo Bathori verwundet mit dem Pferde gestürzt, ließ er „zu ewigem Gedächtnis" eine Kapelle bauen und der Brooser Rat war kraft eines Privilegs, wohl auch einer Schenkung — man erzählte von hundert Goldgulden jährlich — zur Erhaltung der Kapelle verpflichtet, die aber am Anfang des 19. Jahrhunderts verfiel. Der Hermannstädter Bürgermeister Georg Hecht erhielt zum Danke für die Tapferkeit, die er in dieser und andern Schlachten gegen die Türken bewiesen, von König Wladislaus 1493 die Ritterwürde.

Dem Unterwalde hatte der Türkeneinfall wieder Tausende seiner sächsischen Bewohner geraubt.

17.
Wie das Königreich Ungarn zugrunde geht und Siebenbürgens Selbständigkeit steigt.
1490—1526.

Das ist der Fluch des unglücksel'gen Landes,
Wo Freiheit und Gesetz darniederliegt!
Schiller.

Als König Matthias 1490 starb, klagte das Volk: „König Matthias ist tot, tot die Gerechtigkeit"; der Adel aber, der wiederholt sich gegen ihn empört hatte, war voll Freude, daß der strenge Herr nicht mehr war. „Wir wollen einen König wählen, dessen Schopf wir in der Hand haben," sprach Bathori, und sie wählten Wladislaus von Böhmen. Der war ein guter Mann, aber zu milde, der wilden Zeit nicht gewachsen. Während er täglich betete: Herr, gib Frieden in unseren Tagen, und zu allem „gut" sagte, verachtete der Adel Recht und Gesetz, riß alle Einkünfte des Reiches an sich, befehdete sich untereinander statt Krieg gegen die Türken zu führen, und drückte seine Bauern so maßlos, daß sie 1514 zu Tausenden aufstanden gegen die stolzen Herren und nur nach vielem Blutvergießen wieder unterworfen wurden. Das verdankten diese insbesondere dem siebenbürgischen Heerbann, mit dem der Woiwode Johann Zapolya bei Temeschwar den entscheidenden Schlag führte. Auch das Aufgebot der Sachsen, mit Geschütz versehen, war darunter; eine außerordentliche Kriegssteuer von ihnen hatte die Rüstung des Woiwoden gefördert, der Nösner Gau allein zahlte 2000 Gulden dazu. Der Aufstand drohte auch in Siebenbürgen sein blutiges Haupt zu erheben. Die Schloßhörigen von Törzburg verweigerten ihren Herren, den Kronstädtern, die gesetzlichen Abgaben. Auch droben im Szamoschtal gärte es, ja ein Haufe der mit dem Kreuz bezeichneten Aufständischen — es sollte ursprünglich ein Zug gegen die Türken sein — drang aus Ungarn herein und lagerte in der Nähe von Klausenburg. Die Stadt mußte den Führer mit einigen seiner Schar in die Mauern einlassen. Diese verstanden es, die Wut des gemeinen Volks aufzustacheln, so daß es die in die Stadt geflüchteten Güter einiger Adeligen herausforderte und da sie verweigert wurden, mit Gewalt nahm und unter sich verteilte. Eine Zeitlang fürchteten Richter und Rat, die aufständische Menge werde es mit der ganzen Stadt so machen, bis die durch anfängliches Nachgeben wieder gefestigte Gewalt der Obrigkeit stark genug wurde, den Hauptmann der „Kruzzen" mit zweiundzwanzig Mann gefangen zu setzen und an Zapolya auszuliefern, der sie unter Henkershand sterben ließ. Wie groß diesem die in dem Bauernaufstand drohende Gefahr erschien, beweist seine Aufforderung, die er an Bistritz und Mühlbach — wohl auch sonstwohin — von Enyed aus am 19. Juni erließ, alle diejenigen, welche sich Kruzzen hießen oder es werden wollten, welchen Standes sie immerhin seien, sofort gefangen zu nehmen, zu enthaupten, zu schinden, zu verbrennen, überhaupt mit möglichst schrecklichen Martern zu töten, zu strafen, zu züchtigen und auszurotten.

Kurze Zeit früher hatten die Szekler die Waffen ergriffen gegen die Erpressungen der königlichen Beamten, die nach der Geburt des Thronfolgers die Ochsensteuer von ihnen erhoben (1506). Die Herstellung der Ruhe kostete viel Blut. Auch in der Folge zeigten sie sich dem Woiwoden wenig willfährig. „Wir haben vernommen," schrieb der Vizewoiwode Leonhard Barlabasy am 30. November 1515 an die Sachsen, „daß die Szekler auf den nächstkünftigen Luciatag (13. Dezember) eine Versammlung ansagen und Euere Herrlichkeit auch dazu rufen wollen. Diese Versammlung soll gegen unsern Woiwoden gehen und wird nicht zum Heil, sondern zur Gefährdung des Reichs ausfallen. Euere Herrlichkeit weiß, wie die Szekler gegen die Woiwoden stets Streit anfangen und dem Reich immer Sorgen und Ausgaben machen. Darum bitten wir Euch fleißig in dieser Sache nicht mit ihnen zu halten und nicht zur Versammlung zu gehen. In Zukunft wird Euere Herrlichkeit sehen, daß dieses Verhalten zum Heile führen wird".

Auch unter den Sachsen fehlte es nicht an Wirren. Über Aufforderung des Königs hatten jene auf ihrer Tagfahrt in Hermannstadt 1510 eine außerordentliche Geldhülfe zu Reichsnöten bewilligt. Als diese in den einzelnen Orten eingehoben wurde, standen sie in Schäßburg gegen den Bürgermeister Antonius Polnar auf und redeten dem Volke ein, die Steuer solle nicht dem Reich zugute kommen, sondern der Bürgermeister wolle damit seine Schulden zahlen und er mit einigen seines Schlages sei Schuld an der neuen Bedrückung. Der Tumult voll wüsten Parteilärms war so groß, daß der König von Breslau aus am

2. Februar 1511 der sächsischen Nationsuniversität ernst befahl, sofort in Schäßburg zusammenzutreten, die Sache zu untersuchen, und die Urheber des Aufruhrs so zu strafen, daß sich andere ein Beispiel daran nähmen. Falls sie hiebei lau oder nachlässig vorgingen, werde er den Woiwoden hinschicken, daß der dazu sähe. Gleichzeitig trug der König dem Rat von Schäßburg auf, die Namen der Anstifter der Universität ohne Rückhalt zu nennen; sonst sollten sie gewiß sein, daß er um zweier oder dreier Aufrührer willen die ganze Stadt schwer strafen werde.

Zwei Jahre später entbrannte in Hermannstadt der Unwille der Bürgerschaft gegen den Königsrichter und Kammergrafen Johann Lulai, wie er in Urkunden, Lula, wie er auf seinem Grabstein heißt. Der Anlaß ist unbekannt, aber der König spricht am 1. November 1513 der Stadt Hermannstadt seinen schweren Unwillen aus, daß einige in ihrer Mitte sich mit bewaffneter Hand gegen den Königsrichter und Kammergrafen erhoben, ihn mit Wort und Tat mißhandelt und aus der Stadt vertrieben. Eine Strafe von 6000 Gulden, nicht nach dem Vermögen, sondern gleichmäßig von allen Häusern erhoben, sollte das von der ganzen Stadt begangene „öffentliche Vergehen" sühnen und Sendboten des Königs die Sache weiter untersuchen. Wahrscheinlich zu diesem Zwecke mit sollte die Universität zusammentreten, die „zur Beilegung und Ausgleichung der sächsischen Aufstände, Bewegungen und Gegensätze, die in einigen Stühlen entstanden", im Auftrag des Königs am 30. November 1513 der Vogt von Ofen Johann Bornemißa, der königliche Feldhauptmann Ladislaus Cherthynger und die beiden Vizewoiwoden zusammenberiefen. Sie hätten königliche Briefe an die Sachsen, schrieben sie an diese von Klausenburg aus. Vielleicht galt es auch wieder eine Geldhülfe, deren man oben im Ofen stets bedürftig war. Kurze Zeit früher hatten die Sachsen die von dem König verlangten Subsidien von 25.000 Gulden nicht bewilligt „und das hat uns mehr mißfallen als man glauben kann," schreibt Wladislaus am 29. Oktober 1513 darüber nach Hermannstadt. Dafür fordert er zur Strafe eine Geldhülfe von 40.000 Gulden und kündigt ihnen den Vogt von Ofen Johann Bornemißa an, der sie erheben solle.

Bei diesem Zustand des Reichs, den Verbözis dreiteiliges Gesetzbuch (Tripartitum) (1514) nicht bessern konnte, das nur bevorrechteten Adel und „elendes steuerzahlendes Volk" kannte, fielen die Türken oft plündernd in Ungarn ein und schleppten fort, was sie fanden. Also drang 1493 Ali-Beg durch den roten Turm nach Siebenbürgen, streifte und raubte fünf Tage lang im Land der Sachsen. „Am Tage nach Agnes" (22. Januar), so schrieb Dr. Blasius, der Pfarrer von Großau, in jenem Jahr auf das letzte weiße Blatt seiner Predigten des heiligen Bernhard, „sind die Teufer in den Hermannstädter Stuhl mit Feuer und Schwert eingebrochen und haben sehr viele Orte, Salzburg, Großau, Heltau, Kleinscheuern, Neußdörschen, Neppendorf und mehrere walachische Besitzungen verbrannt, auch viele Gefangene fortgeführt; doch ist es ihnen nicht gut abgelaufen." Die Sachsen boten nämlich ihre Streitkraft auf; auch der Vizewoiwode stand im Hazeger Tal unter Waffen. Doch früher noch als ihnen irgend woher Hülfe kommen konnte, traten die Türken mit Beute beladen den Rückzug an. So besetzten die Sachsen allein den roten Turm, Georg Hecht führte sie. Die Türken wurden geschlagen und verloren ihren Raub; 15.000 blieben auf der Walstatt, in den Abgründen des Gebirges, in den Fluten des Altflusses. Doch brachen sie im Oktober desselben Jahres zum zweitenmal herein und verwüsteten das Burzenland. Schon im September hatten die Woiwoden gegen den drohenden Einfall gerüstet und den Hermannstädter Bürgermeister Johann Agnethler aufgefordert, das sächsische Banner, Reiter und Fußvolk zu ihnen stoßen zu lassen. „Auch hören wir," schreiben sie an ihn aus Kelling am 27. September, „daß ihr eine große Zahl Handbüchsenschützen habet, die bringet alle mit Euch."

Im folgenden Jahr (1494) besuchte der König das verheerte Land und hielt mit den drei Völkern einen Landtag in Hermannstadt. Schon ein Jahr früher hatten sie in Ofen den Entschluß hiezu gefaßt; im Januar 1493 schrieb Laurentius Han, der Hermannstädter Königsrichter, der sich am Hoflager befand, an den Rat seiner Stadt, daß der König nächstens kommen werde, die Städte und Lande zu besehen. „Und unseres Herren Genad," fügte er hinzu, „ist etwas pegerund." Etliche Hofherren hätten zu verstehen gegeben, daß der König bei seiner Anwesenheit in Hermannstadt ein Silbergefäß im Gewicht von etwa fünfunddreißig Mark zur Ehrung erwarte, dessen Form er selbst bezeichnet habe. Dieselbe Andeutung sei dem Herrn Jakob von Meschen geworden; auch die Kroner Herren würden etwas machen lassen und die Nösner desgleichen. Gewiß, die Geschenke

Türkeneinfälle. Erbvertrag von 1491.

werden dem königlichen Hofhalt wohl zustatten gekommen sein. Denn Wladislaus, der in Ofen oft das Fleisch zu seiner Küche auf Borg nehmen und bei dem Bischof von Fünfkirchen um einige Flaschen Wein bitten mußte, war auch diesmal so entblößt von allen Mitteln, daß er vom Siebenbürger Bischof siebenundfünfzig Gulden borgte. Daher betrieb er mit großer Eile von den Sachsen die Einzahlung des Martinszinses (7650 Gulden) und erhob von ihnen noch eine außerordentliche Steuer von 21.000 Gulden. Auch die Bewirtung des Königs kostete sie viel Geld; die Mediascher allein trugen dazu 700 Gulden bei. Dem Siebenbürger Adel, der zu dieser 1500 Gulden gegeben hatte, wurden sie später aus dem Reichsschatz, dem immer leeren, zurückgezahlt.

König Wladislaus hatte 1491 einen Vertrag mit Österreich geschlossen, in dem das Haus Habsburg die Erbfolge zugesichert erhielt, wenn Wladislaus ohne Söhne sterbe. Der Reichstag in Preßburg nahm ihn 1492 an und die hervorragendsten Würdenträger und Körperschaften nahmen ihn für sich besonders an. Darüber zürnte der hohe Adel und beschloß auf dem Reichstag 1505, im Falle der König erbenlos sterbe, einen Mann „aus dem scytischen Volk", er meinte damit das magyarische, auf den Thron zu heben. Vor allen strebte insgeheim das Haus Zapolya nach dieser Würde, das, ursprünglich ein slawisches Geschlecht, von Matthias erhöht worden war und die Erbgrafschaft Zips besaß.

Da wurde dem König ein Sohn geboren, Ludwig, worauf der Erbvertrag mit Habsburg erneuert und durch eine Doppelheirat bekräftigt ward. Als Ludwig zehn Jahre alt war, starb sein Vater (1516). Ein Reichsrat leitete die Regierung, Jakob Piso, ein Mediascher Sachse und Hieronimus Balbus seine Erziehung.

Unter dem Adel aber, der alle Gewalt an sich gerissen, wuchs von Tag zu Tag Zwietracht und Parteisucht und alles böse Wesen. Der Mehrzahl des Adels galt der Haß gegen die Deutschen am Hof als erste Bürgerpflicht. Während es dem König oft an Stiefeln und Nahrung mangelte, obwohl ganze Städte zum Ankauf von Speck und Wein angewiesen waren, während selbst die Krönung der Königin der sächsischen Hülfsgelder bedurfte, die Ludwig (12.000 Gulden) „zur Ausstaffierung ihrer selbst und ihres Gesindes" bestimmte, „damit die Krönung bei gehöriger Bekleidung des Hofgesindes um so anständiger vor sich gehen könne" (1522), — mit 1760 Gulden, die der Nösnergau hiezu beitrug, bezahlte der Kanzler die Gläubiger der Königin — ja während der König zwei Jahre später vom Sachsengrafen Markus Pemfflinger 2000 Gulden borgen mußte, ihm den Ersatz hiefür an die sächsische Steuer anweisend, trieb der Adel große Hoffart und Verschwendung. Auf den Reichstagen hörte man nur Scheltworte und Säbelgeklirr und arge Leidenschaften, und den Gesetzen, die man dort gab, gehorchte niemand. Im Reichsrat rauften sie sich am Bart und gaben sich Ohrfeigen. „Es hatte eine solche Gestalt, als solle es nicht lange währen."

Da brach Sultan Soliman mit 200.000 Mann in Ungarn ein; 3000 Kamele schleppten Pulver und Blei, 300 Kanonen begleiteten das Heer. In dieser schrecklichen Not schrieb der König einen Reichstag auf das Rakoscher Feld aus. Alle streitbaren Männer wurden aufgeboten zum Feldzug, das blutige Schwert zum Zeichen der Not durch das Land getragen. Aber der Adel unterschätzte die Gefahr. Während der Feind schon auf ungarischem Boden stand, schwelgte er in Ofen in üppigem Übermut. Mit seinen Fingerringen werde er die Türken erdrücken, prahlten sie und wetteten auf fünf, auf zehn und mehr Türkenköpfe. Noch nie ist ein Reich, schreibt ein Augenzeuge, mit so viel Lust und Jubel dem Untergang entgegengegangen.

Die festgesetzte Zeit des Aufbruches war lange verstrichen, aber das Heer war noch nicht zusammen. Als der König dem Palatin befahl, den Türken den Übergang über die Drau zu wehren, wollte der Adel nicht folgen, bis nicht auch Ludwig ins Feld rücke. So brach auch er, empört darüber und das Schlimmste ahnend, auf.

Bei Mohatsch lagerte man; Paul Tomori, früher Kriegsmann, jetzt Erzbischof von Kalotscha, hatte den Oberbefehl. 24.000 Mann und 80 Kanonen zählte das Heer. Der Siebenbürger Woiwode Johann Zapolya nahte mit 40.000 Mann, auch er hatte im Lande Mann für Mann aufgeboten und schrieb, man solle die Schlacht verschieben, bis er gleichfalls käme. Aber der Kriegsrat drängte zum Angriff in wahnsinniger Tollkühnheit. So geschah am 29. August 1526 die Schlacht.

Acht Stunden lang stand schon das ungarische Heer in Schlachtordnung, als die ersten türkischen Haufen auf den gegenüberliegenden Höhen sichtbar wurden. Da setzte man dem König den Helm auf und Totenblässe überzog das jugendliche Antlitz. Das Heer aber griff sofort mutig an und drängte die feindlichen Reihen zurück, sei es, daß diese absichtlich wichen oder der Gewalt des Stoßes in der Tat nicht widerstehen konnten. Schon sprengte Andreas Bathori zum König und verkündete ihm den Sieg, schon rückte das zweite Treffen jubelnd nach; nur noch wenige Schritte vorwärts und das türkische Schwergeschütz war in den Händen der Sieger, als dieses plötzlich losdonnerte und die Angreifenden vernichtete. Nach anderthalb Schlachtstunden lagen über 23.000 von dem ungarischen Heer tot auf der Walstatt. Der König floh Fünfkirchen zu. Eine halbe Meile von Mohatsch hinderte ein Sumpf die weitere Flucht. Ludwig wähnte den Feind zu nahe hinter sich und sprengte hinein. Glücklich an das jenseitige höhere Ufer gelangt, überschlug sich das Pferd, stürzte rücklings und erdrückte seinen Reiter in dem tiefen Schlamm.

Sechzehn Meilen davon bei Szegedin lagerte an demselben Tage der Woiwode von Siebenbürgen Johann Zapolya mit seinen Vierzigtausenden. Ob er zum Schlachttage nicht habe eintreffen können oder nicht habe eintreffen wollen, ist ungewiß. Gewiß, daß er ruhig zusah, wie Soliman Ofen einnahm, das Land verheerte, seine Städte verbrannte und 200.000 Menschen in die Gefangenschaft schleppte; gewiß, daß er bald darauf Solimans Hülfe erbettelte, um, sei es auch nur einen Teil des alten ungarischen Reiches an sich zu reißen. Also ging dieses durch die Schlacht von Mohatsch und nach derselben zugrunde; ein Tag vernichtete, was Jahrhunderte gebaut hatten, weil fast alle Kraft und alle Tugend in seinem Innern schon längst verloren gegangen war.

Hatte das Reich doch unter den drei letzten Königen sich um seine eigene gefährdete Grenzprovinz wenig gekümmert! Darum hatte diese sich selbst schützen müssen und waren die drei ständischen Völker Siebenbürgens gezwungen gewesen, schon 1459 die frühere Einigung, das Schutz- und Trutzbündnis zu erneuern. Ja als in der Folge auch unter Wladislaus die innere Auflösung noch mehr zunahm und der Woiwode selbst lange Zeit außer Landes war und die Rechtspflege seines Amtes stille stand, als die drei „Nationen" im häufigen Streit untereinander kein Gericht fanden und selbst Diebe, Räuber, Mordbrenner, Falschmünzer sich der Strafe durch die Flucht vom Gebiet der einen in das der andern

leicht entzogen, traten jene im Jahre 1506 in Schäßburg wieder
zusammen und beschlossen am 10. Februar, das alte Einigungs=
bündnis wiederholend, die Aufstellung eines gemeinsamen Ge=
richtshofs. Jede der „drei Nationen", „der Adel (der Komitate)
nämlich, die Szekler und die Sachsen" sollten aus ihrer Mitte
vierzehn Richter wählen, das Domkapitel von Weißenburg seinen
Dekan dazu geben und dieser Gerichtshof so lange es Not tue,
jährlich zweimal zusammentreten und über alle Gewalttat end=
gültig richten, die seit dreißig Jahren eine Nation der andern
zugefügt; nur wenn das Urteil an Hals und Leben gehe, solle
die Berufung vor den König gestattet sein. Von den verhängten
Geldbußen solle bei Adeligen der nach alter Rechtsgewohnheit
den Woiwoden zustehende Teil diesen zufallen, bei Szeklern den
Szeklergrafen, bei Sachsen den sächsischen Richtern, wie denn
auch die Rechtssache von Volksgenossen untereinander vor den
ordentlichen Richtern, nicht vor diesen Gerichtshof kommen sollte.
Wieder wurde das alte Gelöbnis erneuert, daß eine Nation die
andere in ihren Rechten schützen helfe, doch wie es Getreuen
zieme, dem König gegenüber so viel ihnen möglich nur mit Bitte
und Vorstellung. Durch solche Zustände und Entwicklungen aber
wuchs im Lande das Gefühl der Unabhängigkeit und die Macht
des königlichen Oberbeamten über den größten Teil desselben,
die Komitate, d. i. die Macht des Woiwoden, der zu dieser Zeit
gewöhnlich auch Graf der Szekler war. Wenn er in der jähr=
lichen Heerschau die stolzen Scharen des geharnischten Adels
übersah oder in den eingesandten Rollen die langen Reihen der
wehrbaren Männer zählte, wenn er den Blick wandte zu den
hohen Gebirgen, die rings wie ein fester Wall das Land um=
gaben, und seine Entfernung vom Sitz des Königs erwog,
konnten leicht kühne Gedanken im Herzen sich regen. Das ahnte
Matthias und wechselte deshalb die Woiwoden häufig; doch
haben sich zwei derselben gegen ihn empört.

Unter den zwei schwachen Nachfolgern Matthias, bei dem
Mangel aller Tatkraft und aller Macht der Könige löste sich
das Band zwischen dem Reich und Siebenbürgen immer mehr
und wurde dieses immer selbständiger. Auf den alljährlich häufiger
werdenden Landtagen trafen die drei Völker, fast unabhängig
von Ungarn, alle Anordnungen, die die Not des Landes er=
heischte. Schon unter Wladislaus war es anerkannt, daß das

"Reich Siebenbürgen" gültige Satzungen und Sonderrechte für sich machen könne.

Seine Verbindung mit Ungarn hing nur noch an einem Faden; die Schlacht bei Mohatsch und der Ehrgeiz des Woiwoden Johann Zapolya, wie die politische Entwicklung der Jahre, zerriß auch diesen.

18.
Von der Stellung der Sachsen im ungarischen Reichsverband unter den drei letzten Königen.
1458—1526.

> Wer ist das würdigste Glied des Staats? Ein wackerer Bürger!
> Unter jeglicher Form bleibt er der edelste Stoff.
> Goethe.

Wenn ein ganzes Reich durch innere Fäulnis zugrunde geht, ist ein einzelnes Glied, das vor dem fressenden Gifte durch seine innere Lebenskraft bewahrt bleibt, eine um so erhebendere Erscheinung. Eine solche sind die Sachsen unter den drei letzten Königen. In der allgemeinen Zerrüttung haben sie die Ordnung, in der überhandnehmenden Adelstyrannei die Bürgerfreiheit, in der rings wuchernden Roheit höhere Bildung und das edlere Volkstum gewahrt. Ja wie der Sturm den starken Baum nicht zerbricht, sondern nur tiefer zu wurzeln nötigt und dadurch kräftigt, so ist im allgemeinen Verfalle aus den einzelnen Sachsengauen ein politischer Körper, eine sächsische Nation im Sinn des siebenbürgischen Staatsrechts entstanden. Die Blüten, die auch an ihrem Lebensbaume der Sturm der Zeit allerdings gebrochen, kommen nicht auf ihre Rechnung.

Wie König Matthias überhaupt dem Bürger- und Bauernstand gern seinen Schutz angedeihen ließ, sei es, weil er dessen Geld und Arme gegen den Adel brauchte, oder den wahren Wert des Menschen kannte, so wandte er auch den Sachsen in Siebenbürgen seine schirmende Gunst zu. Seine Taten in selten verletzter Achtung sächsischen Rechtes zeugen laut davon, und seine beiden Nachfolger waren wenigstens hierin des Vorgängers nicht ganz unwürdig. Selbst wenn Ungerechtigkeit der königlichen Kammer, der stets armen, scheinbar Vorteil brachte, duldete

Matthias sie in der Regel nicht. Als im Jahre 1470 der Hermannstädter Goldschmied Simon erbenlos starb, nahm der k. Münzbeamte Georg Fejer dessen Haus, Hof und Grundstücke für den König in Beschlag; nach Sachsenrecht fielen sie an die Gemeinde. Ihr mußte auf die Klage der Hermannstädter nach dem strengen Befehl des Königs jener sie zurückgeben. Eben so unantastbar als Grund und Boden war die Gerichtsbarkeit der Sachsen. Doch machten Adel und Szekler Angriffe auf sie und forderten, daß, wenn sie eine Klage gegen Sachsen hätten, die Berufung (Appellation) an den Woiwoden gehen solle. Wladislaus II. dagegen schützte (1511) sein Volk in der alten Freiheit, daß von sächsischen Gerichten die Berufung unmittelbar an den König gehen müsse.

Zu derselben Zeit und noch lange darnach galten die Sachsen stets für die Grundkraft Siebenbürgens. Doch überstiegen die Lasten, die sie in jenen Tagen in Kriegssteuern und Kriegszügen zu des Landes Wohlfahrt tragen mußten, bisweilen ihre Kräfte weithin. Darum erließen die Könige ihnen manchmal die Steuer zum Teile oder ganz. Nicht weniger suchten sie Wohlstand und Bevölkerung auf dem Sachsenboden zu mehren. Deshalb schirmten sie die Freizügigkeit der (deutschen) Bauern auf Sachsenboden. Deshalb erhielten sie das alte Recht in Kraft, nach welchem die Egrescher Abteigüter Donnersmarkt, Scholten, Abtsdorf und Schorsten, weil ihre Bewohner Deutsche waren, zu den Abgaben der Sachsen beitrugen und unter ihnen Kriegsdienste leisteten. Ebenso gehörten die andern Besitzungen sächsischer Städte und Kirchen in Steuer und Heeresfolge nicht zu dem Adel, wenn sie auch in den Komitaten lagen, sondern zu den Sachsen. Ja König Matthias verordnete im Jahre 1481, daß wo immer ein Edelmann ein an Sachsenboden grenzendes Grundstück oder Gut verkaufen oder verpfänden wolle, die Sachsen das Näherrecht hätten.

So ungern der ungarische Adel dieses auch sah, so standhaft blieben die Könige in weiser Begünstigung des getreuen Volkes. „Der ungarischen Könige einziges und vorzügliches Volk" nannte König Matthias die Sachsen und rühmte laut (1468), „wie sie das Reich mit Dörfern und Städten geziert und vergrößert, wie diese und ihre Tapferkeit des Landes Kraft, Stütze und Vormauer an der fernen Grenze seien." Zur Belohnung so vieler ausgezeichneten Dienste schenkte Matthias den Sachsen wiederholt bedeutende Gebietsstrecken. So vergabte derselbe 1470 Kolosch und die Hälfte von Jeserd an Klausenburg, erneuerte zwei Jahre später den sieben Stühlen wegen ihrer großen Verdienste um die heilige Krone und um den König selber, sowie wegen des vielfachen Schadens, den ihnen die Rumänen so häufig zufügten, die schon früher an sie gemachte Verleihung des Fogarascher Distrikts und der sächsischen Gemeinde Hamlesch mit den zu dieser gehörigen rumänischen Gemeinden, die später unter dem Namen des Szelischter Stuhles vorkommen. Alle Orte und Besitzungen dort mit allem Lande, bebautem und unbebautem, mit allen Äckern, Wiesen, Weiden, Feldern, Wäldern, Tälern, Weinbergen, Bächen, Flüssen, Wasserbeeten, Fischteichen, Mühlen, überhaupt mit allem Zugehör und allen Nutzungen sollten fortan den Sachsen der sieben Stühle zu immerwährendem und unwiderruflichem Eigentum gehören. Ebenso schenkte Matthias 1475 den Bistritzern das Rodnaer Tal, das seit geraumer Zeit zur Dobokaer Gespanschaft gehört hatte.

Dasselbe Wohlwollen bekundete die Krone dem Burzenland gegenüber. Das hatte zum Schutz der Grenze 1377 die Törzburg gebaut, nicht gezwungen oder unwillig, wie Ludwig der Große rühmt, sondern aus freien Stücken und keine Kosten scheuend. Dafür versicherte der König, daß die Burgvögte, ob er Deutsche oder Ungarn dazu mache, seine „treuen Sachsen" in ihren Rechten nicht kränken sollten. Aber jene hielten sich nicht immer nach dem Königswort. Sie erhoben vom sächsischen Kaufmann zu großen Zoll; die Wälder rings wurden der Schauplatz bösester Taten. Ja wenn die Vögte zu ihrer Lust oder in ihrem Amt ins Land hineinfuhren, mußten die Sachsen Roß und Wagen stellen, so daß sie die ungerechte Last in einem Jahre kaum mit 600 Gulden bestreiten konnten. Bald mied alle Welt den Paß, zu dessen Schutz die Burg erbaut war und die Einkünfte der Krone daselbst hörten auf durch die Gewalttätigkeit der Vögte, die der Woiwode ernannte, weil die Burg in letzter Zeit zum Woiwodalgut gehörte.

So fingen Kronstadt und die Krone an daran zu denken, wie man einen andern Herrn dahin setze. Schon unter Matthias flossen Verhandlungen hierüber. Da überließ am Neujahrstag 1498 Wladislaus II. die Burg mit allen ihren Besitzungen und Nutzungen der Stadt Kronstadt, um ihr und dem ganzen Burzen=land „die unerträglichen Bedrückungen, die sie von dort erlitten und auf keinen Fall länger tragen könnten, vom Hals zu schaffen" unter der Bedingung, das Schloß zu befestigen und zu bewachen.

Wolle der König den Besitz nach zehn Jahren wieder haben, so solle er Kronstadt jene 1000 Gulden zurückzahlen, die sie ihm geliehen. Damit war das Schicksal jener Schloßgüter entschieden. Ehe noch zehn Jahre um waren, hatte Wladislaus „in der mannigfachen und sehr großen Not", die ihn bedrängte, das „Dominium Törzburg" den „Sachsen von Kronstadt und des Burzenlandes" wiederholt und zuletzt am 25. Januar 1508 neu verliehen und verpfändet; die „Inskriptionssumme" betrug jetzt 6500 Gulden. Der König sicherte den Kronstädtern den Besitz mit den stärksten Garantien. Keine Verfügung von ihm oder seinen Nachfolgern, die den Zweck habe jenen Törzburg zu nehmen, solle irgendwie gültig sein; alle derartigen Befehle oder Verordnungen, die in irgend welcher Weise immer „auf die zudringlich=ungebührlichen Bitten" Jemandes je ergehen könnten, wurden im voraus für nichtig erklärt, ja wenn es nötig, solle Kronstadt sich mit bewaffneter Hand im Besitz schützen, und zugleich sollten die übrigen Sachsen der sieben und zwei Stühle, des Nösnergaues und Burzenlandes verpflichtet sein, bei sonstiger Strafe des Hochverrats jenen hierin zu Hülfe zu sein. Im Fall der Not sollten sie auf Kronstadts Mahnung Mann für Mann zu den Waffen greifen und, sei es gegen den Woiwoden, sei es gegen wen immer, den Kronstädtern ihr Recht verteidigen und schirmen helfen. — Am 22. Mai 1513 bestätigte Wladislaus diese Verfügung.

So viel taten die ungarischen Könige zur Kräftigung des Sachsentums! Ja als durch die Türkeneinfälle die deutsche Bevölkerung von Broos sich vermindert und eine magyarische sich neben ihr gebildet hatte, die den Ort gern vom Sachsenland getrennt hätte, befahlen die Könige ernst, und ebenso in ihrem Auftrag der Woiwode Stephan Bathori 1491, den Verband mit dem Hermannstädter Gau nicht zu zerreißen. Fast zu derselben Zeit drohte der Schäßburger Burg Verfall. Viele ihrer Einwohner verließen dieselbe der mannigfachen Beschwerden wegen, die der Aufenthalt in ihren Mauern mit sich brachte und siedelten sich in der Unterstadt an. Die Burg stand bereits fast öde und König Wladislaus fürchtete, Stadt und Land werde dadurch zu großem Schaden ein festes Bollwerk in den häufigen Feindeseinfällen verlieren. Daher verordnete er im Jahre 1513, daß fortan alle, nach der frühern Gewohnheit in der Burg wohnpflichtigen Gewerbe bloß daselbst und nirgends anders wohnen und alle Waren nur hier zum Verkauf ausgelegt werden dürften, wie das auch früher so gewesen. Wer ein neues Haus in der Burg baue, solle sieben Jahre abgabenfrei sein. In demselben Geiste beschlossen 1517 Rat und Volksgemeinde von Schäßburg, daß fortan nach altem Recht das Gericht nur in der Burg gehalten werde, die Hälfte des Rates und die vier großen Zünfte: Schneider, Goldschmiede, Schlosser und Riemer nur dort wohnen und keine andern Waren sonstwo verkauft werden dürften als höchstens grobes Tuch, das bloß einen oder zwei Denare die Elle koste.

Solch' edlem und wahrhaft königlichem Sinn der ungarischen Herrscher in Mehrung des Sachsenwohls kam von unsern Vätern selbst ein Geist der Freiheit und der Tatkraft entgegen, der keine Rechtsverletzung ungestraft duldete. In Hermannstadt lebte zur Zeit des Königs Matthias ein reicher Bürger Paul Horwath. Von einem Badehaus und mehrern andern Häusern zog er jährlich große Einkünfte. Und wie er dadurch übermütig wurde, wollte er die Gemeindelasten nicht mehr tragen und erschlich sich einen königl. Freibrief darüber. Die Bürger aber klagten vor dem König mit solchem Nachdruck, daß der sofort Paul Horwath befahl, die Gemeindelasten wie alle andern Bürger zu tragen, oder die Stadt zu verlassen. Ein andermal hatte Matthias selbst in großer Geldverlegenheit — er mußte einst im Würfelspiel von seinen Führern den Sold für seine Truppen gewinnen — Mühlbach mit seinem Stuhl dem Woiwoden J. Pongratz für 20.000 Goldgulden verpfändet (1472), nachdem er das Gebiet ihm schon 1464 geschenkt hatte. Da legte der Hermannstädter Gau (1473) bei dem Weißenburger Kapitel feierliche Verwahrung ein gegen den königlichen Verleiher und den mächtigen Empfänger. Doch der Woiwode achtete dessen nicht, setzte sich mit Gewalt in den Besitz der Stadt und richtete sie durch unerschwingliche Steuern zugrunde. Endlich starb er (1476), da griffen die sieben Stühle zu den Waffen, verjagten die Dränger und stellten den alten freien Zustand Mühlbachs wieder her, nicht ohne neue Opfer an Geld, das sie bringen mußten.

So konnte man oft in den Wirren jener Zeit nicht anders zu seinem Rechte gelangen, als durch Selbsthülfe. Und die alten Freibriefe der Sachsen sprachen ihnen diese Befugnis offen zu. Auch König Matthias erkannte sie an, als er 1468 den Sachsen der sieben und zwei Stühle, in Erwägung ihrer großen Verdienste um das gesamte Reich gelobte, ihre Städte, Märkte und Dörfer von der heiligen Krone, zu der sie von altersher unzweifelhaft gehörten, nie zu trennen, und alle ihre Besitzungen, Rechte, Freiheiten für alle Zukunft zu erhalten. Daher sollten seine oder seiner Nachfolger Briefe und Befehle, welche jenen Eintrag täten, ungültig sein und ihre Nichtbefolgung ihnen nicht zugerechnet werden.

Wie sehr Matthias sein Sachsenvolk schätzte, das wurde nicht minder klar, als er den alten Königssitz Bischegrad aus dem Schutt, in den die Stadt versunken war, wieder erheben und mit „guten Einwohnern" bevölkern wollte. Da erließ er 1474 einen Aufruf an sie und lud hundert Hausväter ein, daß sie hinkämen, die zerstörten Häuser wieder bauten und die ganze Feldmark in Besitz nähmen mit großen Rechten und Freiheiten. Ähnliche ehrenvolle Zeugnisse hat Wladislaus den Sachsen gegeben. Im Streite mit seinen Gegenkönigen teilte er ihnen alle Kriegsfälle mit und hielt es nicht unter seiner Würde Brief und Boten in dieser Angelegenheit an sie zu schicken. Bei dem Abschluß des Erbvertrags mit Österreich auf dem Reichstag in Preßburg forderte Wladislaus aus Siebenbürgen nur die Beistimmung des Woiwoden, des Bischofs und der Sachsen. Also erklärten diese 1492, und zwar die sieben Stühle, die zwei Stühle, die Kronstädter, die Bistritzer und Klausenburg, alle einzeln für sich urkundlich und feierlich die Annahme der österreichischen Erbfolge, und gelobten, daß sie nach dem Ausgang des Wladislaus'schen Stammes Maximilian von Österreich oder seinen rechtmäßigen Nachfolger zum König wählen und treu zu ihm stehen wollten für alle Zeiten. Graf der sieben Stühle war damals Laurentius Hahn, Bürgermeister von Hermannstadt Georg Hecht, Königsrichter und Bürgermeister von Schäßburg Michael Polnar, Königsrichter von Reps Nikolaus Schukesch, von Leschkirch Nikolaus Gerendi, von Reußmarkt Meister Matthäus, von Mühlbach Franz Sachs, von Schenk Michael Gräf von Marienthal (Mergeln), von Broos Stephan Kroner und alle samt vielen andern Geschwornen sind in der Urkunde namentlich angeführt.

Solche Bedeutung hatten die Sachsen im ungarischen Reich, auf dessen Tagfahrten sie bereits seit zwei Jahrhunderten saßen. Auch aus dieser Zeit sind zahlreiche königliche Einberufungsschreiben vorhanden; mehr als einmal wird ihnen unausbleibliches Erscheinen zur strengen Pflicht gemacht, weil sie „ein besonderer

Zweig der heiligen Krone" und wichtige Reichsglieder seien, in deren Abwesenheit die Reichsgeschäfte unerledigt blieben zu nicht geringem Schaden des Landes. So berief sie König Matthias 1458 zum Reichstag: der König von Bosnien werde nach Szegedin kommen, auch vom römischen Kaiser seien die ungarischen Abgesandten zurückgekehrt und hätten dessen Antwort und Beschlüsse mitgebracht, „die ohne Euch und Eure Brüder nicht vollzogen werden können", und sein Nachfolger lud sie zum Krönungslandtag nach Stuhlweißenburg 1490: weil Ihr in diesem Reiche Menschen von nicht geringer Stellung seid!

Und solche Stellung im Ungarreiche haben die Väter gewonnen als ein deutsches Volk. Denn in den Tagen, von welchen wir sprechen, lebten sie noch rein und unvermischt und mit Ausnahme von Broos und Klausenburg sahst du keinen fremden Volksgenossen unter ihnen mit Bürgerrecht. Und weil sie erkannten, daß darin eine der festesten Säulen ihrer Kraft, wachten sie strenge über das kostbare Recht. Sogar bei der Aufnahme der Dominikaner in den Ring der Stadtmauern 1447 machte Hermannstadt die Bedingung, daß der Prior und die Mehrzahl der Mönche stets Deutsche seien. Der König und hochgestellte magyarische Reichsbeamte unterstützten sie in diesem Streben. Der Reichsschatzmeister Benedikt Batthyani warnte 1508 die Hermannstädter Bürger, zu gestatten, daß Emrich Zobor sich dort ansässig mache. Kurze Zeit später (1515) befahl Wladislaus dem Adeligen Paul Beldi, das Haus, das er in Tartlau im Burzenland besitze und von dem er keine Steuer zahlen wolle, entweder den Bürgern von Tartlau zu verkaufen, oder alle ordentlichen und außerordentlichen Abgaben mit der Gemeinde und in ihrer Mitte zu entrichten; schon acht Wochen später konnte der Woiwode Zapolya die Urkunde ausstellen, daß Paul, Albert Beldis von Bodola Sohn, die ihm gehörige Hälfte des Steinhauses an der Burg im Markte Tartlau zusamt dem Garten und allen zu jenem gehörigen Gebäuden dem Richter, den Geschwornen und Einwohnern von Tartlau um hundert Gulden, die diese sofort bar erlegt, verkauft und alle Schriften, die er darüber in Händen gehabt, übergeben habe. In demselben Sinne beschloß Rat und Bürgergemeinde von Schäßburg 1517, daß auch fortan kein andrer als ein Deutscher Haus- und Bürgerrecht in ihrer Mitte besitzen dürfe und die Tagfahrt der sieben Stühle bestätigte den Beschluß, ja es bestätigte ihn noch 1532 der von der magyarischen Partei zum König erhobene Zapolya, gegen den Schäßburg die Waffen getragen viele Jahre lang.

Zu dieser Zeit aber geschah es, daß in den vielen Türkeneinfällen große Landstriche auf Sachsenboden verheert wurden und ihre deutschen Bewohner verloren. Da stiegen die Rumänen herab aus den Gebirgen und ließen sich nieder in die verödeten Täler und Dörfer, und die Sachsen gestatteten es ihnen an manchen Orten, gegen gewisse Verpflichtungen bald dem Dorf gegenüber, auf dessen Gebiet sie angesiedelt wurden, bald dem Stuhl oder seinem Beamten gegenüber, der die Ansiedlung zuließ, immer aber auf bestimmte Leistungen hin, die mithelfen sollten, auch den Steuerdruck zu erleichtern. Nirgends jedoch besaßen sie volles Bürgerrecht oder machten darauf auch nur Anspruch, sie waren zufrieden mit der persönlichen Freiheit, die sie sonst nirgends besaßen. An manchen Orten aber schlugen sie ihre Wohnsitze auf ohne Erlaubnis der Eigentümer, und es erhoben sich allenthalben Klagen gegen sie über ihre Rechtsverachtung, ihre Übergriffe und Schädigungen. Die Bestimmungen und Ordnungen, die die sieben und zwei Stühle 1469 mit Matthias Bestätigung in einer Einigung zu gemeinem Nutzen aufrichteten, gehen hauptsächlich gegen die Bewohner namentlich des Fogarascher und Hamlescher Geländes, gegen ihre Feld- und Waldverwüstung, gegen ihren Viehdiebstahl. Also mußten die Könige zu harten Mitteln greifen. Ein solches auf dem Sachsenboden angesiedeltes Dorf — Käppelsbach (Kerpenisch auf Urweger Gebiet) — ließ Matthias 1487 verbrennen und ganz vertilgen, weil er nicht wolle, daß die Übeltäter daselbst zum Schaden der Umgegend Wurzel faßten. Als die Bewohner es neuerdings aufgebaut, gegen den Willen der Sachsen, gebot Wladislaus 1504 die Rumänen daraus zu vertreiben und Sachsen dort anzusiedeln. Sprach doch König Matthias 1484, als Gregor Kemeny im Namen des Adels und Gottfried Töpfer aus Hermannstadt in dem der Sachsen ihm wiederholt über sie klagten, das strafende Wort, daß diese zur Freiheit weder geboren noch berufen seien.

Also sorgten die ungarischen Könige für das deutsche Volkstum ihrer „getreuen Sachsen". Sie erkannten nämlich, von welcher Bedeutung für Krone und Landeswohl die höhere

Bildung des unvermischten deutschen Stammes sei, welch' unheilvoller Rückschritt ein rohes Volksgemengsel an dessen Stelle wäre und von welch' geringer Weisheit — des Unrechtes zu geschweigen — es zeugen würde, wenn sie in jenem treuen Stamme ihrer Vorfahren schönes Denkmal tätiger Sorge für Hebung des Reiches selber vernichteten.

19.
Von der Sachsen Wehrhaftigkeit, dem Erbrichtertum und ihrer Innerverfassung unter den drei letzten Königen.

<blockquote>
So wurde klug errichtet
Der Freiheit Damm und Wehr,
Gar manchen Streit geschlichtet
Hat kleines Bürgerheer.

Der mag auch Schwerter schwingen,
Der kühn das Werkzeug führt,
Und Ritterschlösser zwingen,
Die seine Kunst verziert.

Schenkendorf.
</blockquote>

In jenen Zeiten wilder Stürme von außen und innerer Auflösung bedurfte außerordentliche Kraft, wer nicht untergehen wollte. Sie fehlte den Vätern nicht. In der unablässig drohenden Gefahr blieb der alte Heldengeist stark unter ihnen. So standen sie auf dem Brotfeld und erwarben sich Bathoris Lob; so stritten sie am roten Turm. Die im Andreanischen Freibrief festgesetzte Zahl der Streiter wurde in den Tagen der Not stets freiwillig vergrößert; mehrmals lesen wir von Aufgeboten, die Mann für Mann unter die Waffen rufen. Die befestigtesten Städte waren die sächsischen: Kronstadt und Hermannstadt von Geschlecht zu Geschlecht mit erweitertem Mauergürtel und vermehrten Türmen, jene nach Königs Matthias ehrenden Worten „Zierde Wall und Tor des Reiches", diese noch immer die „Schutzwehr der Christenheit." An sie reihten sich Klausenburg mit seinen deutschen Zunftordnungen in der doppelsprachigen Bürgerschaft, deren stolze Mauern und Türme aus Quadersteinen — nicht genug bewacht vom Wächter — in den klaren Wellen des Szamosch sich spiegelten; an sie die Blume des Nordgaues, Bistritz, auf deren doppelte Mauern und stattliche Tortürme, aus den Trümmern der Zwingburg erbaut, die malerischen Kuppen des nahen Henul herabsahen. Nächst ihnen stand Mühlbach da, wieder erhoben aus dem Schutt der Türkenzerstörung; an Mediasch's Mauern baute noch die emsige Hand seiner Bürger. Dagegen sah die alte Schäßburg unbezwungen ins Tal herunter und die Türme der Unterstadt strebten freudig auf zur mütterlichen Burg; an der Ostgrenze ragte von hohem Basaltfelsen die Repser Burg in die blauen Lüfte, eine k. Burg, der Umwohner Schirm und Hort, die in j e d e r Gemeinde eine gewaltige Kirchenburg sich gebaut; im Burzenland standen die Marienburg und Rosenau und die Heldenburg, nächst Hermannstadt die Stolzenburg und neben ihnen in allen Gauen des Sachsenlandes wenigstens um die Kirche, oft auf freundlicher Berghöhe, die schirmende Mauer, häufig mit Graben und Türmen — alles Bürger- und Bauernburgen, zum Schutz der Freiheit, nicht zu ihrer Unterdrückung, wie du sie nirgends mehr findest in der weiten Welt. Darin fanden, wenn der Kriegssturm tobte, auch der Adel und die Szekler Schutz und Sicherheit nach der Einigung von 1459. An der Grenze wehrte der rote Turm, der sieben Stühle Eigentum, so wie die Törzburg seit 1498 in Kronstadts Pfandbesitz und von ihm verteidigt, oft mit Erfolg feindlichem Einfall. Nicht umsonst leuchtete: ad retinendam coronam in dem blauroten Banner!

In allen sächsischen Städten bestanden Kriegsordnungen und der Rat wachte, daß sie gehalten wurden. In kriegerischen Übungen lernte die Bürgerschaft Handhabung der Waffen, damit sie in den Kriegsläuften geschickter und bereiter seien und die jährliche Heerschau, die der Rat hielt, war ein großes Fest. Von Kronstadt sind, allerdings aus etwas späterer Zeit, Satzungen des Rats erhalten, wie „man des Feinds Anlaufen und Stürmen begegnen" solle, „daß der Not Gefährlichkeit männlich und glücklich mit Gottes Beistand überwunden werde". Es ist ein Bild voll Leben und ergreifender Wahrheit, das sie bieten. Zur Bürgerpflicht gehörte, daß sich ein jeder mit gutem Gewehr versorge, in alter Zeit mit Spieß und Bogen, später mit Büchse und Schwert und allerlei Zugehör. Die gesamte Bürgerschaft war in Zehntschaften geteilt und über jede Zehntschaft war gesetzt ein Hauptmann aus den Herren des Rates oder ein anderer Mann aus der Gemeinde, der der Sachen erfahren war und dazu wußte, das vertraute Volk zu regieren. Von den Türmen der Stadt gehörte ein jeder einer Zunft an; seine Stärke war der Zunft Ehre, die volle Waffenkammer darin ihr Stolz und seine beherzte Verteidigung ihr Ruhm, der die stillen Räume der Werkstatt belebte bis zu fernen Geschlechtern herab. Wurde Feindeseinfall befürchtet, den die reichbezahlten Kundschafter aus der Walachei und Türkei gewöhnlich frühe genug verkündeten — achtundvierzig Gulden neunzig Denare zahlte der Hermannstädter Bürgermeister 1526 für sechzehn solcher Botengänge — da ging von Richter und Rat dem Stadt- und Landmann die Kunde zu, daß sich jedermann fürsehe und versorge mit allerlei notwendigen Dingen, sonderlich aber mit Korn, Mehl, Salz und Holz. Und die Stücke wurden in die Schießscharten geführt und die streitbarsten Männer zur Beschützung der Türme und Mauern auserlesen und für jegliches Tor zum mindesten fünfzig mannhaftige Streiter verordnet. Und alle hielten neben den andern Wehren bereit eine große Axt. Für die Männer, die auf die Mauern und Türme nicht aufgeteilt waren, war ein Sammelplatz bestimmt, wohin sie auf das erste Zeichen eilten; um den Königsrichter oder Bürgermeister, die Oberführer, waren stets vier Hauptleute, daß sie ihnen in allen Sachen zur Hand seien. Lagerte der Feind vor der Stadt, so wurde ein Heerzeichen ausgegeben, daß sich das Volk zu nächtlicher Zeit und im Streit erkenne, und den Freund vom Feind unterscheide. Die Hunde wurden verschafft, daß sie kein Geheul erhüben. Auch den Weibern und Mägden und Kindern und Knaben, die zum Gewehr noch untüchtig waren, wurde geboten, daß sie kein Geschrei noch kläglich Heulen anrichteten, auch nicht die Gassen umliefen, eine auf, die andere ab, sondern daß sie sich in den Häusern still hielten und Gott um Beistand anriefen. Ihre Gefäße auf den Häusern und in den Ställen aber hielten sie mit Wasser gefüllt, auch genetzte Tücher und Löschdecken bereit, die Feuer, so vielleicht angingen, zu löschen. Und wenn solches geschah, so steckte der Türmer auf den Ort ein rotes Fähnlein aus; rannte aber der Feind an und stürmte, so zeigte es ein weißes Fähnlein an und wenn hohe Not war, so erklang die Sturmglocke, die man allein läutete während der Belagerung, daß man der bedrohten Stelle zu Hülfe liefe und den Feind abschlage. Den Hauptleuten aber mußte jeglicher gehorchen bei schwerer Strafe; bei Verlust des Kopfes durfte niemand die Stadt verlassen, niemand ohne Einwilligung des Führers weder heimlich noch öffentlich mit dem Feinde reden oder Briefe schreiben oder Zeichen mit ihm wechseln.

Also wachsam waren die Väter im Krieg und Frieden und sorgten, „daß der Feinde Macht und Gewalt, so viel an Menschen gelegen ist, abgewendet werde." Und je größer die Gefahr, mit desto freudigerer Zuversicht stritten sie „tapfer und männlich, mit großem Gemüt und mit Hoffnung in dem Namen Gottes, welcher eine sichere und feste Burg ist wider alle Feinde."

Die Wehrkraft der Sachsen wurde seit dem letzten Viertel des 15. Jahrhunderts bedeutsam vermehrt durch die Feuerwaffen. Sie hatten sie lange in Siebenbürgen allein und in großer Zahl. Und wenn die Büchsenmeister in der fröhlichen Übung um den Preis, den der Rat allmonatlich setzte, auf den fernen Vogel schossen, oder am ernstern Tag die Hakenkugeln aus den Schleßscharten der starken Türme und der erhöhten Mauern den Feind vertrieben, da wird sie wohl auch unter ihnen nicht gefehlt haben die Frage, die Hans Hasenwein aus dem Hasenhof bei Landshut in seinem Kunstbuch von der Archelei, das im 16. Jahrhundert durch Ferdinands Zeugmeister Konrad Haas nach Hermannstadt kam, so eingehend bespricht: ob das Feuer den Stein treibe, oder der Dunst der vom Feuer geht, ob Salpeter oder Schwefel die Kraft habe, so Gewaltiges zu wirken, und was sonst noch an der neuen Waffe wundersam erschienen sein mag. Mit welchem Eifer sie die Macht dieser in ihren Dienst stellten, davon geben schon die städtischen Rechnungen und die Zunftbücher jener Zeit sprechendes Zeugnis. Im Jahre 1478 hatte die Hermannstädter Schneiderzunft sechsundzwanzig Büchsen, darunter sieben gegossene Hakenbüchsen und neun Büchsen in den Gestellen; im Mäurerturm in Hermannstadt lagen 1493 acht Haken, dreizehn Handbüchsen, ein Viertelzentner Pulver — in andern Türmen zwei und drei Zentner — dazu sechshundert Bogen= und Armbrustpfeile. 1495 beriefen sie aus Schlesien einen Büchsenmeister nach Hermannstadt, Hieronymus von Rahnke aus Breslau, und sicherten ihm für das erste Jahr zweiunddreißig, für weitere acht Jahre je fünfundzwanzig Gulden Gehalt zu; sein Genosse, der Armbrustschütze Matthias von Nissa, der zugleich mit ihm hinkam, erhielt im ersten Jahr achtzehn, in den folgenden zwölf Gulden und dazu acht Kübel Korn. Noch 1463 schreibt der Woiwode an die Hermannstädter: „Wir bitten Euch angelegentlich und tragen Euch im Namen des Königs auf, uns alle Eure Donner= und Handbüchsen und alle dazu gehörigen Werkzeuge zu übersenden. Solltet Ihr vielleicht fürchten, daß wir Euch sie nicht mehr zurückstellen würden, so versprechen wir

Euch hiemit bei unserm christlichen Glauben treuliche Wiedergabe." Als Matthias 1464 schweres Geschütz in Siebenbürgen brauchte, mußten ihm die Hermannstädter eine Bombarde mit Kugeln nach Thorenburg schicken. Die größern dieser waren aus Stein; die kleinern machten die fünfundzwanzig Zelte Zigeuner, die damals rings um Hermannstadt wohnten.

Im stets wachsenden Besitze so gefürchteter Kriegsmittel, dazu der stärksten Städte und der zahlreichsten Burgen — Bürger- und Bauernburgen! — haben die Sachsen auch dem sinkenden und zerfallenden Staate in Krieg und Schlacht jene Bürgerpflicht in deutscher Treue geleistet, um deretwillen der größte ungarische König im 14. Jahrhundert sie die Säulen des Reiches an dieser Grenze genannt hatte. In Erfüllung dieser Pflicht führte Markus Pemsflinger das Aufgebot der sieben Stühle 1526 zum siebenbürgischen Heerbann unter dem Woiwoden Zapolya und mit diesem den Feldern von Mohatsch zu. Um Stephan König zogen sie aus Hermannstadt aus, mit dem Königsrichter auch der Stuhlsrichter Stephan Kleser und Johann von Marienthal; das Banner der sieben Stühle zählte — Zapolyas allgemeines Aufgebot hatte noch keine Folge gehabt — 2000 Reiter (5000 sollte die ganze „Universität" stellen) und vierhundert Büchsenschützen mit vier großen Bombarden, die mit drei Zentnern Pulver, drei Zentnern Blei, achtundzwanzig steinernen und fünfundsiebzig eisernen Kugeln versehen waren. Die Fahne trug zu Roß der Fleischer Valentin König aus Hermannstadt. Auch der Wundarzt fehlte dem Zug nicht; die Apotheke in Hermannstadt hatte ihn mit dem Erforderlichen versorgt. Die Heerfahrt dauerte sechzehn Wochen; daß sie den Feind nicht gesehen, war nicht ihre Schuld. Nur die Bombarden brachten sie vom rechten Theißufer, bis wohin sie gelangt, nicht mehr zurück; sie mußten sie in Ungarn zu des Königs Dienst zurücklassen; auf zweihundert Gulden schätzten die Büchsenmeister deren Wert.

Größere Gefahr als von den häufigen Feindeseinfällen jener Zeit kam den Sachsen aus ihrer eigenen Mitte. Die alte Rechtsgleichheit im Volke und damit die Grundbedingung der öffentlichen Wohlfahrt war noch immer ernsten Angriffen ausgesetzt und ein bevorrechteter adeliger Stand wäre gar zu gern entstanden. Jene mächtigen Häuser mit großem Grundbesitz in und außer dem Sachsenlande, die nach der Weise der Adeligen lebten und

an manchen Orten erbliche Richterstellen besaßen, waren noch
immer in einer beträchtlichen Zahl vorhanden und wußten durch=
zusetzen, was der gemeinen Freiheit abträglich war. So anerkannte
1465 nach langem Streit Salzburg den Grafen Nikolaus aufs
neue als Erbgräfen (Grebionen heißen sie in der Urkundensprache
dieser Zeit) und daß für alle Zukunft weder er noch seine Erben
zu irgend einer Abgabe oder Zehnten verpflichtet seien. Jährlich
erhielt er zur Betreibung des Landbaues 48 Joch Acker, Brenn=
und Bauholz aus den Wäldern, freie Weide für seine Herden
auf den Feldern. Seine Hofhörigen wohnten im Orte. Jeder
Rechtsstreit in Salzburg mußte auf seinem Hofe vor ihm oder
seinem Vogte entschieden werden; Gefangene wurden daselbst in
Haft gehalten; von Bußen und Gerichtsstrafen gehörte die Hälfte
ihm, ihm das Schankrecht, wofür, wer es benützen wollte, aber=
mals ihm zahlen mußte.

Solche Erbgräfentümer gab es im 15. Jahrhundert im
Sachsenland nicht wenige; einzelne sind uns bisher schon entgegen=
getreten. Zwar das uralte in Kelling bestand nicht mehr; Erwins
Nachkommen waren Magyaren geworden und einer seiner Ur=
enkel, Joh. von Wingarth verkaufte Grafentum und Grafenhof
der Gemeinde von Kelling, wogegen seine drei Söhne 1430 nach
des Vaters Tod umsonst bei dem Palatin Verwahrung einlegten.
Um so seltsamer tritt es uns entgegen, wenn wir den „königlichen
Markt" Birthälm zehn Jahre später sich selbst von freien Stücken
in das Joch des Erbgräfentums beugen sehen. Allerdings das
Haus, dem sie es übertrugen, war im Orte wohlbekannt. Niko=
laus dem Sohn Apa von Malmkrog verdankten die Birthälmer,
daß sie von Sigmund den Blutbann erhalten, ihm das Markt=
recht; eine Tochter des Hauses Anna hatte der Kirche den Pfarr=
hof vermacht und den Weingarten gegenüber, damit der Pfarrer
daraus für seinen Tisch sorge, und das alles darum, weil zwei
Pfarrherren nacheinander ihr jährlich in Freundlichkeit ein Faß
Wein gegeben. Auch die Hälfte ihrer Mühle im „Hanfthal" ließ
sie in ihrem Testament den Pfarrherren von Birthälm, die andere
Hälfte der Gemeinde, weil diese sie stets frei von allen öffentlichen
Arbeiten und Steuern gehalten hatte und der Malmkroger, ihre
Sippe erkannte das Vermächtnis an, wenn auch erst nachdem
Frau Anna ihn mit Thränen im Auge darum gebeten. Aber die
Birthälmer kannten ihn auch als härtern Mann. Dort oben im

Nösnerland hatte er die Jaader auf ihrem Weichbild, das von der Bistritz hinüber ins Rodnaer Tal bis an den Szamosch ging, von den Besitzungen, die er da hatte, mit Johann von Bethlen vielfach geschädigt: von Speier aus untersagte ihm Sigmund 1414 ernst weiteres Unrecht. Auch wußte man in Birthälm wohl, wie die Nachbarn in Kopisch und Waldhütten gegen seinen Vater und Großvater, als der Pergamentbrief nicht helfen wollte, zum Schutz ihrer Marken zu Gewalt und Waffen hatten greifen müssen. Dessenungeachtet übertrugen sie jetzt dem „gestrengen Ritter" Herrn Nikolaus, dem Sohn Apa von Malmkrog und seinem Bruder Georg „von freien Stücken und in Freundschaft" das Erbgräfentum von Birthälm, mit allen Rechten, mit allem Zugehör und Besitz, der daran hafte, auf Kind und Kindeskind für alle Zeiten. Es ist unzweifelhaft der friedlose Geist der Vorortschaftsgelüste, der im stillen Kampf mit Mediasch die freien Männer blind machte, daß sie in der Hoffnung, so leichter zum Ziel zu kommen, den mächtigen Bundesgenossen mit der Hingabe des edelsten Rechtes nicht zu teuer zu erkaufen meinten.

Doch ebenso überraschend, wie die Erscheinung gekommen, verschwindet sie wieder. Am 2. August 1440 stellt Nikolaus der Sohn Apa auf dem Pfarrhof in Waldhütten in Gegenwart des Kerzer Abts Johann von Burnequel und anderer Zeugen die Urkunde der Verzichtleistung auf das Birthälmer Erbgräfentum aus, er für sich und seinen verstorbenen Bruder und alle ihre Erben; wie man es ihnen freiwillig gegeben, so legen sie es freiwillig nieder mit allem, was daran hänge. Sollte die Birthälmer diesfalls jemand angreifen, so will er sie mit eigenen Kosten verteidigen gegen wen immer. Das Ende ist so seltsam wie der Anfang. Am 5. Dezember 1440 beurkundete und bestätigte die Gauversammlung der sieben Stühle, vor der Nikolaus und Birthälmer Abgeordnete persönlich erschienen waren, die Tatsache der freiwilligen Rückstellung der Erbgräfenwürde durch jenen — weil er Gott und die Gerechtigkeit vor Augen in der Beibehaltung desselben für sein und seiner Nachkommen Seelenheil gefürchtet. Sollte einer von diesen die Birthälmer aus jenem Grunde mit Prozeß beschweren, so solle er vor dem Beginn desselben den Birthälmern 600 Gulden reinen Goldes erlegen. An demselben Tag gab Nikolaus von Malmkrog dieselbe Erklärung in Hermannstadt vor dem Vizewoiwoden Nikolaus von Salzburg ab und am 14. Januar 1441 wiederholten sie die zwei Töchter seines verstorbenen Bruders vor der Gauversammlung der zwei Stühle. Niemand aus dem Hause hat weiter das Erbgräfentum von Birthälm in Anspruch genommen.

Dafür dauert dieses in anderen Gemeinden länger und ist das Ende kein so friedliches. So in Rothberg, in Marienthal (Mergeln), in Großkopisch, in Häzeldorf. Als der Kopischer Erb= gräf zu Anfang des Jahres 1477 oder kurz zuvor gestorben war, erkannte die Gemeinde seinen Sohn nicht an; dieser klagte mit seinen Brüdern und Sippen dagegen vor der Gauversammlung der zwei Stühle. Diese wies das Recht, der junge Gräf Jakob solle mit Briefen und Urkunden seinen Erbanspruch beweisen, könne er das nicht, so solle die Gemeinde mit vierundzwanzig glaubwürdigen Männern den Eid ablegen, daß Jakobs Väter die Richterwürde in Kopisch nicht erblich besessen. Als am fest= gesetzten Tage jener keine Urkunden vorlegte, wies auch die Gemeinde „so schwere Eide" zurück und appellierte dagegen, daß man sie so beschweren wolle, vor die Gauversammlung der sieben Stühle. Hier erschien jedoch der Kläger nicht, wiewohl sie des= halb drei Tage länger tagte; da ließen sie „nach dem Gewohn= heitsrecht des Vaterlandes" zum ersten=, zweiten= und drittenmal öffentlich ausrufen und durch den Herold von der Schwelle des Ratssaales verkündigen, daß wenn jemand für den Jakob Gräf von Kopisch, für seine Brüder und Sippen in der Sache ant= worten wolle, er kommen möge. Wie niemand kam, sprachen sie am 6. Juni 1477 die Gemeinde von allen Anforderungen des Gegners frei und legten diesem ewiges Stillschweigen auf.

Schlimmer gings in Häzeldorf. Da besaß das Geschlecht der Tobiasdörfer — die Urkunden nennen sie immer mit dem ungarischen Namen Thabiasy — das Erbgräfentum, wenn auch nicht ohne Widerstand der Gemeinde, die im Jahre 1516 auf der Tagfahrt der zwei Stühle und mit ihr gegen einen neuen Verleihungsbrief des Königs die sehr ernste Einrede der Un= gesetzlichkeit und damit Ungültigkeit erhob, um des Friedens willen aber Petrus Thabiasy als lebenslänglichen Richter anerkannte. Zu Haus und Hof und stattlichem Erbe, das sie dort hatten, er= warben sie große Besitzungen in den Komitaten, Puschendorf, einen Teil von Durles u. A. Die reichen Söhne und Töchter heirateten in die ansehnlichsten magyarisch=adeligen Geschlechter

Siebenbürgens, die Kemeny, die Banffy und ähnliche. Mit
solcher Macht in Händen wandelten sie widerrechtlich Haus und
Hof in Häzeldorf in adeliges Gut um. Die Gruft in der Häzel=
dorfer Kirche gebrauchten sie als Familienbegräbnis, bis dieses
endlich 1557 den letzten des in sächsischen Verhältnissen viel-
genannten Geschlechtes aufnahm. Die in Häzeldorf befindlichen
Grundstücke gingen auf die weiblichen Nachkommen über in
magyarischen Besitz. Einer derselben, ein Petki, verkaufte sie zu
Anfang des 17. Jahrhunderts dem Fürsten Gabriel Bethlen,
der sie urkundlich wieder den Häzeldorfer Sachsen verlieh und
so die lange Zeit hindurch adeligen Besitzungen endlich wieder
zu freiem Boden umwandelte.

Solcher Gewaltmißbrauch lastete schwer auf allem Volk, um
so schwerer, da selbst das Königsrichtertum über ganze Stühle,
so über den Brooser, Reußmärkter, Leschkircher, Schenker, Schäßburger, Repser Stuhl zu Zeiten erblich im Besitz mächtiger Geschlechter war, die alle mehr oder weniger zu magyarischem
Adelswesen hinneigten. Darum ging das Streben des Volkes
dahin jene Einrichtungen in seiner Mitte zu vertilgen und so.
großer freiheitsverderblicher Macht zu steuern; im Geiste des
städtischen Bürgertums hatte es darin den treuesten Verbündeten,
wiewohl auch unter den Geschlechtern dieses mehr als eines nach
denselben lockenden Preisen jagte. „Auf keinen Fall wollen wir
einen Adeligen in unserer Mitte haben," schreiben die Brooser
1464 an den Rat von Hermannstadt. König Matthias unterstützte die gerechte Sache. Denn der magyarische Adel schon
machte ihm viel zu schaffen, es bedurfte weiter keines sächsischen.
Art nämlich läßt nicht von Art und in dem Aufstand von 1467
standen jener sächsischen Edlinge nicht wenige gegen ihn. Also
gelobte er 1468 dafür zu sorgen, daß zum Schaden der Sachsen
niemand in ihrer Mitte übermächtig werde. Als im folgenden
Jahre die sieben und zwei Stühle klagten, daß sie von den
Königsrichtern in Gut und Besitz vielfach geschädigt würden,
gestattete er ihnen, sie zu vertreiben und andere an deren Stelle
zu setzen. Wenige Jahre früher (1462) hatte er den Vögten von
Bistritz (es war in der schweren Erbgrafenzeit) Stephan Hederfai
und Michael Zekel von Szent=Jván auch die Hermannstädter
Grafenwürde übertragen; schon 1464 aber, am 6. April von
Stuhlweißenburg aus, gewiß auf die Klage gegen Besetzung des

hohen Amtes mit einem fremden Volksgenossen, verlieh der König das Recht, den Hermannstädter Grafen zu wählen, der unter den Königsgrafen der sieben Stühle der erste sei, der Hermannstädter Gemeinde, um ihr ein Zeichen seiner königlichen Gunst zu geben, ihre Wohlfahrt zu erhöhen und ihre Treue zu stärken, obwohl bis dahin das Ernennungsrecht des Hermannstädter Grafen ein ausschließliches Königsrecht gewesen sei. Kurze Zeit darauf verzichtete Matthias zur Belohnung der vielen treuen Dienste der Sachsen auch auf das Recht, die Königsrichter in den einzelnen Stühlen zu ernennen, und hob die Erblichkeit des Amtes, dort, wo sie bestand, auf (1477). Die Königsrichterwürde in den sieben Stühlen solle fortan nicht nach Erbrecht vom Vater auf den Sohn übergehen, sondern der Würdigste dazu, jedoch immer mit des Königs Beistimmung, gewählt werden. Gestützt hierauf gewannen die Sachsen der sieben Stühle schon im folgenden Jahr in einem Rechtsstreit mit den Söhnen des Georg Thabiasy von Häzeldorf vor König Matthias die freie Wahl des Königsrichters im Schenker Stuhl, auf welche Stelle jene erblichen Anspruch erhoben. Aufs neue erkannte der König feierlich an, daß die Sachsen den Königsrichter nach dem Sinne seines eigenen und des Andreanischen Freibriefs, den ihm die Abgeordneten der sieben Stühle, der Schäßburger Bürgermeister Michael Literatus und Benedikt Fleischer, Ratsgeschworener von Hermannstadt, in der Bestätigung der Königin Maria vorlegten, aus ihrer Mitte, von ihren Volks- und Sprachgenossen wählen könnten. Ebenso bestätigte der König die freie Wahl des Michael von Mergeln zum Königsrichter des Schenker Stuhles (1481). Es half nichts, daß dessen Sohn sich die erbliche Verleihung der Königsrichterwürde über den Schenker Stuhl für sich und seine geeigneten Erben von König Wladislaus 1503 erschlich. Denn ob jemand zum Amte geeignet sei, das werde nur durch freie Wahl klar, sprachen die Sachsen.

Die Verleihung der Wahlfreiheit rücksichtlich des Hermannstädter Königsrichters erkannte Wladislaus an und bestätigte 1490 den Laurentius Han, den Hermannstadt zum Gaugrafen gewählt, wie dieses bereits früher Matthias getan. Ludwig II. dagen erachtete sich durch Matthias Freibrief nicht gebunden. Nach dem Tode des Grafen Johann Lulai (1521) bewarb sich Markus Pemsflinger, ein Schwabe von Geburt und schon unter

Wladislaus Unter-Reichsschatzmeister, um die Stelle, kam nach Hermannstadt und heiratete die Witwe Lulais. Der königliche Kanzler unterstützte sein Gesuch; aber die Sachsen waren nicht zu bewegen, die hohe Würde dem neuen Ankömmling zu übertragen. Sie baten um Bestätigung der Wahlfreiheit. Der König aber forderte, sie sollten ihm vorschlagen, wen sie zu dem Amt fähig hielten und wünschten, er werde einen aus ihnen bestimmen, der ihm vor allen und dann auch ihnen genehm sei. Ob die Sachsen Pemfflinger unter jenen genannt, weiß man nicht, gewiß ist, daß er zu des Volkes großem Heil von Ludwig (1521) zum Hermannstädter Königsrichter und damit zum Gaugrafen der sieben Stühle ernannt worden.

Die freie Königsrichterwahl in den einzelnen Stühlen erlitt, wiewohl Wladislaus II. und Ludwig II. sich an König Matthias' Verleihung des freien Wahlrechts an die Sachsen nicht immer hielten, in der Folge immer seltenere Angriffe und auch diese, wie die der Gerendi in Leschkirch, wurden siegreich zurückgeschlagen. Die Königsrichter wurden von der Stuhlsversammlung auf ein, auf drei, bisweilen auf zehn Jahre gewählt, und von dem Hermannstädter Grafen, manchmal auch vom Könige bestätigt. Ihnen lag noch immer die alte Pflicht ob: Recht und Gerechtigkeit schirmen im Frieden, das Heer führen im Kriege.

Neben dem Königsrichter stand an der Spitze des Stuhles der Bürgermeister. Beide Würden sind gleich hoch und es hat sich getroffen, daß sie mehrmals Ein Mann nacheinander, bisweilen auch zu gleicher Zeit bekleidet. Doch steht in den alten Briefen der Bürgermeister immer vor dem Königsrichter geschrieben. Auf sie folgt der Stuhlrichter. In den zwei Stühlen wird der gemeinsame Königsrichter abwechselnd aus dem Mediascher und Schelker Stuhl genommen. Der Versuch Mediaschs, das 1498 Jahrmarktsrecht erhielt, den Sitz des Königsrichters bleibend in seine Mitte zu verlegen, scheiterte noch trotz der Begünstigung von Matthias und Wladislaus an dem zähen Widerstand der andern Gemeinden. In Städten und Dörfern stehen neben den Oberbeamten die Geschwornen, dort gewöhnlich zwölf an der Zahl, alle jährlich frei vom Volke gewählt. Doch traf es sich, daß auch die Gewählten bisweilen dem Vertrauen der Wähler nicht entsprachen und die Macht, die ihnen die Gemeinde übertragen, mißbrauchten. So mußte König Wladislaus 1494 den Hermann-

städter Bürgermeister Johann Agnethler zu genauerer Rechnungs=
legung mahnen.

Den Nachteilen vorzubeugen, die hieraus der gemeinen
Freiheit und Wohlfahrt drohten, wählten die Stadtgemeinden,
denen es schwer wurde sich auf jede Veranlassung zu versammeln,
jährlich hundert ehrbare Männer aus ihrer Mitte, die da gute
Ordnungen geben und sorgen sollten, daß die Beamten ihre
Schuldigkeit täten und sich nicht Übergriffe erlaubten. Bald machten
es die Dörfer ebenso. So entstand die Einrichtung der Hundert=
mannschaften, der äußern Räte oder der „Kommunitäten" im
Sachsenlande und König Wladislaus bestätigte sie im Jahre 1495.
„Wir haben," schreibt er, „vernommen, daß Ihr nach der Weise
anderer Städte unsers Reichs hundert auserlesene Männer jährlich
aus Eurer Mitte zu erwählen begonnen habt. Da wir in dieser Ein=
richtung großes Heil für Euch und eine Bürgschaft künftigen innern
Friedens in Eurer Mitte erblicken, so bestätigen und bekräftigen
wir dieselbe hiemit für alle nachfolgenden Zeiten."

Doch wurde hiedurch das Volk von der Teilnahme an den
öffentlichen Angelegenheiten nicht ausgeschlossen. Zur Beratung
wichtigerer Gegenstände zog man die Angesehenern aus den
Zünften zu, und was noch tiefer ins Leben eingriff, kam vor die
Bürgergemeinde. So erließ der Rat von Schäßburg die wichtige
Innerordnung in dem Jahre 1517 unter Mitwirkung der an=
gesehenern Zunftglieder, der Hundertmänner und fast der gesamten
Volksgemeinde.

Auf der Gauversammlung der sieben Stühle in Hermannstadt
erscheinen zu dieser Zeit immer die Bürgermeister, Königsrichter,
Stuhlsrichter, die Geschwornen und übrigen Abgeordneten der
sieben Stühle. Ähnlich war es in den zwei Stühlen, im Burzen=
land und Nösnerland. Rechtspflege und Ordnung allgemeiner
Angelegenheiten blieb fortwährend die Bestimmung jener Ver=
sammlungen. Die öffentliche Sicherheit zu fördern erteilte König
Matthias 1466 dem Richter und den Geschwornen von Agnetheln
den Blutbann; seit drei Menschenaltern (1376) war die Gemeinde
bereits, wenngleich anfangs nicht ohne Anfechtung, im Besitze des
Jahrmarktsrechts; beides sind auch hier Zeichen des Kampfes
um die Vorortschaft, um die sie mit Groß=Schenk stetig rang; nun
erwirkte dieses von Ludwig 1516 den Erlaß, daß der Sitz des Stuhls=
gerichtes und des Stuhlsrichters stets hier sein müsse. Bloßes

Bedürfnis nach Rechtsschutz war es, um dessentwillen Ladislaus V. den wackern Gemeinden Bulkesch und Seiden 1453 den Blutbann verlieh, nachdem sie schon 1448 von Johannes Hunyadi Vollmacht und Auftrag erhalten hatten, auf die Vögte der Kokelburg, wenn diese nicht aufhörten sie zu schädigen, mit Hülfe der andern Sachsen zu fahnden, sie zu fangen, zu rädern, zu pfählen oder an den Galgen zu hängen. Im peinlichen und bürgerlichen Rechtsstreit sprach man das Urteil wesentlich nach dem alten Gewohnheitsrecht. In zweifelhaften Fällen sich Rats zu erholen, ließ 1481 Thomas Altenberger, Bürgermeister, Königsrichter und Kammergraf in Hermannstadt das Nürnberger, Magdeburger und Jglauer Recht in einen Pergamentband zusammenschreiben. Allgemein gültiges Gesetzbuch ist die Sammlung nicht gewesen und hat es nicht sein sollen. Wohl aber enthielt sie den Eid, den die Hermannstädter Ratsmänner bei dem Eintritt in ihr Amt schworen. Auf der letzten Seite des Buches, unter dem Bilde des gekreuzigten Heilandes, war er geschrieben und lautete: „Ich schwöre Gott und der Königin Maria und allen lieben Heiligen, daß ich unserm allergnädigsten Herrn dem König und der heiligen Krone in allen meinen Ratschlägen gehorsam und getreu will sein, auch dieser löblichen Stadt Ehre, Nutzen und Gerechtigkeit suchen will nach allem meinem Vermögen, den Freunden sowohl als Fremden, Armen, Reichen Gerechtigkeit nach meinem Verständnis tun will und dabei nicht an will sehen Freundschaft, Gewinnst oder Gabe, Witwen und Waisen besonderlich mir befohlen will lassen sein, sie nach meinem Vermögen in ihrer Gerechtigkeit zu schützen, des ehrsamen Rates Heimlichkeit nicht offenbaren will anders als wenn es sich ziemt. Also wahr helfe mir Gott und alle lieben Heiligen!"

20.

Gewerbs- und Handelstätigkeit der Sachsen. Der sächsischen Gaue Vereinigung zu einem Nationskörper.

> Das ist die deutsche Treue,
> Das ist der deutsche Fleiß,
> Der sonder Wank und Reue
> Sein Werk zu treiben weiß.
> 	Schenkendorf.

In der sturmbewegten Zeit der drei letzten Könige, bei fortwährenden innern Wirren und steter Feindesnot, wo die eine Hand den Pflug, die andere das Schwert führen mußte, sank die Gewerbs- und Handelstätigkeit der Sachsen von jener Stufe, die sie in besserer Zeit erstiegen, mit nichten. Voll Verwunderung rühmt der Gesandte von Neapel, daß sie die tüchtigsten Gewerbsleute seien im ganzen ungarischen Reiche. Auch in Siebenbürgen lag noch immer Gewerbe und Handel ganz in ihren Händen. Kaum daß schwache, unbedeutende Anfänge sich unter Szeklern und Rumänen finden; daß die alte barbarische Verachtung jener Beschäftigungen aus den Herzen der Magyaren nicht ausgetilgt werden könne, klagt ihr eigenes Gesetzbuch. Dafür mehrten sich unter den Sachsen die Gewerbe und die Orte, wo sie betrieben wurden. In den Rechnungen der Städte, in äußerst zahlreichen, auch für die Kultur- und Sittengeschichte so inhaltvollen Zunftordnungen, in vielen andern Urkunden jener Zeit tritt uns eine Fülle frischen vielgestaltigen Lebens auf diesem Gebiete entgegen. Neben den Maurern und Zimmerleuten, die, wenn auch nicht zünftig, von jeher bestanden und tätig waren, neben den Goldschmieden, deren Arbeiten schon früher erwähnt wurden, finden wir darin die neuen Gewerbe der Pfeilschnitzer, Sporer, Glockengießer, Steinmetze, Glaser, Maler. Der letztere mußte zu „seiner Meisterschaft Beweisung" unter anderm ein Marienbild machen, eine Elle breit, mit Lazur und planiertem Gold. In Heltau erstand eine Sichelschmiedzunft, zahlreich und weithin genannt; in Hermannstadt, Kronstadt und den andern Städten Pulver- und Büchsenmacher, hundert Jahre früher als in England. Noch sind Helme, Panzer, Schwerter und Picken im Lande aus jener Zeit vorhanden. Marktschelken hatte eine Zinngießerzunft von mehr als hundert Meistern, Marpod große Innungen der wohlhabendsten Schuster und Schneider; mehr als eine Zunft bestand in Keisd, wo 1508 die „Schuhknechte", nachdem sie lange „gar unziemlich gelebt, daß man viel Übels von ihnen geredet", mit „Gewalt und Macht der ehrbaren Meister des Handwerks" und „mit Willen des würdigen Herrn des Pfarrers Meister Peteren" eine Ordnung feststellten, die ihr Leben in geziemender Zucht halten sollte, an Wochen= und Sonntagen im Ernst der Arbeit, wie „wenn die Gesellen beisammen sein zu dem guten frischen und kühlen Wein." Der Wohlstand, der im Gefolge solcher Gewerbstätigkeit kam, durch die Wirren jener Tage zwar erschüttert, aber weil auf dem goldenen Boden der Arbeit ruhend nie ganz vernichtet werden konnte, war es, der der verhältnismäßig geringen Zahl der Sachsen von vielen Seiten schnöde Mißgunst und argen Neid zuzog, worüber der Abt von Koloschmonostor Gabriel Polner schon 1493 dem Hermannstädter Rat so schmerzlich klagt, wenn er von Schäßburg (24. Juni) schreibt: „von allen Seiten droht Gefahr den armen Sachsen, deren Zahl so klein ist und die, niemandem zu Leide sei es gesagt, von allen gehaßt sind, nicht weil sie böse sind, sondern weil ihr durch Fleiß erworbener Wohlstand der andern Neid gegen sie erweckt."

Die Hauptsitze von Gewerbe und Handel waren, wie früher, Hermannstadt, Kronstadt und Bistritz; unmittelbar neben ihnen steht Klausenburg. Zwischen jenen Gauen herrschte reger Wetteifer, der so weit ging, daß sie sich bisweilen den Kleinverkauf innerhalb ihrer Grenzen gegenseitig verboten. Und doch war andrerseits die Erkenntnis von der Gemeinsamkeit der Interessen und der jene Zeit erfüllende korporative Geist so stark, daß er selbst um die in den verschiedenen Orten bestehenden Zünfte desselben Gewerbes ein neues Band der Einigung schlang. Sie treten seit dem Ende des 15. Jahrhunderts in eine Gesamtverbindung, die „Union", zusammen, haben in der Regel gleichzeitig mit der Universität in Hermannstadt ihre Tagfahrten, beraten über ihre Angelegenheiten und setzen neue Ordnungen fest, der nahen Versuchung, einseitig nur ihres Vorteils wahrzunehmen, nicht immer ausweichend. Doch erhält dadurch das Gewerbwesen unzweifelhaft eine neue Stütze und wird das Streben einheitlicher Entwicklung desselben gefördert. Im ganzen Lande galten nach einem Befehle Königs Matthias vom Jahre 1489 im Verkehr nur die Längen= und Gewichtsmaße, die im Hermannstädter Gau, den zwei Stühlen und im Burzenland uralt waren.

Der Zug des sächsischen Handels ging im wesentlichen immer noch in der alten Richtung. Wenngleich die Türkenherrschaft im untern Donauland ihn hier bereits zu beschränken begann, trugen doch die siebenbürgischen Zölle an der Ost- und Südgrenze einen jährlichen Pacht von 7000 Gulden. Und auf Handelsreisen nach Ungarn führte ein einziger sächsischer Kaufmann manchmal Waren in Wert von 3000—4000 Gulden mit sich. Dahin gehörten Zwiebel, Getreide, Flachs, Hanf, Hopfen, Kräuter, Heu, Wein, Honig, Wachs, Talg, Speck, Ochsen, Kühe, Pferde, Schweine, Widder, Ziegen, Rinderhäute, Kalb=, Fuchs=, Marder= und andere rohe Felle, Hausen und andere Fische, Eisen, Salz, Wolle, Tücher, Bettdecken, Hüte, Bogen, Sättel, Kessel, Schwerter und viele andere Roh= und Kunstprodukte. Gold- und Silberarbeiten, die aus den sieben Stühlen in die Moldau geführt wurden, waren nach den Zollbestimmungen des Woiwoden Elias von 1433 zollfrei. Diesem sächsischen Handel ins Ausland gegenüber fehlte es freilich auch an Einfuhr nicht. Hieher gehören nicht nur die Gewürze des Südens Safran, Pfeffer usw. und fremde Weine, sondern namentlich auch feinere Tücher. Aus den Zollordnungen des Woiwoden Stiborius für den Rodnaer und Törzburger Paß von 1412, sowie den Satzungen der Schneiderzunft von Hermannstadt in der zweiten Hälfte des 15. Jahrhunderts sehen wir, daß Tuch aus Frankreich und Polen, von Ypern, von Mecheln und Köln, daneben „pernisches" (von Verona nach der Hermannstädter Rechnung von 1467, in der neun Ellen desselben sechs Gulden kosten), Fülfurtisches, Nürnberger, Breslauer, Speierer „Gewand" und noch anderes ins Land kommt und von Männern und Frauen getragen wird.

Solcher Verkehr warf an den Zollstätten reichen Ertrag ab, um so mehr, da einzelne Gegenstände mit überaus hohen Zollsätzen belastet erscheinen. Mußte man doch nach der, den Kronstädtern von Stiborius 1412 hinausgegebenen Zollordnung für ein Stück yperischen Tuchs zwanzig „Dukaten", für ein Stück französisches vierundzwanzig, für kölnisches zwölf, für polnisches sechs Dukaten entrichten, für ein Faß Honig zwölf Dukaten, für einen Zentner Wachs ebensoviel, während auffällig nach desselben Stiborius Zollbestimmungen für Rodna hier für ein Stück yperischen Tuchs nur zweiunddreißig Groschen, für ein Stück kölnisches ein halber Gulden, für ein Stück polnischen Tuchs elf Denare gezahlt werden. Und von diesen Zöllen waren tatsächlich auch die Hermannstädter Gaugenossen nicht immer frei, wiewohl König Sigmund 1413 und Wladislaus 1441 die den Kaufleuten in dem Andreanischen Freibrief gewährleistete Zollfreiheit bestätigten. In der häufigen Rechtlosigkeit der Zeit mußte man oft selbst Ungebührliches ertragen und die grade hier immer wiederkehrenden Klagen der Sachsen beweisen, wie groß die Willkür auf allen Seiten war. Das Domkapitel in Wardein, das von König Emrich einundzwanzig Jahre vor dem Andreanischen Freibrief zwei Drittteile der dortigen Zölle geschenkt erhalten hatte, zeichnete sich hierin insbesondere aus und zwang die Sachsen, gegen seine übermäßigen Forderungen vor dem König Matthias bittere Beschwerde zu führen. Der wies die Entscheidung des Streites an seinen Palatin Michael Orsag de Guth und vor ihm verteidigten 1478 das gute Recht der Sachsen mit Hinweisung auf das Andreanum Benedikt Fleischer aus Hermannstadt, Johann Dobo aus Klausenburg und Bartholomäus Chonkabonka aus Kronstadt. Das Domkapitel eiferte heftig dagegen, aber der Palatin sprach die Sachsen von dem dritten Teil der Zölle frei, und setzte den Zollbetrag für die einzelnen Gegenstände fest, auf daß die frühere Willkür ein Ende habe.

In diesen Tagen geschah es, daß das alte Wort der Könige von der Einheit aller Sachsen in Siebenbürgen in Erfüllung zu gehen begann. Den Stürmen jener Zeiten mußte man die vereinte Kraft entgegensetzen und seit die bedeutendsten deutschen Gaue in den Besitz des Hermannstädter Freitums gekommen, mußte ihnen daran gelegen sein, zu nachdrücklicherer Wahrung ihrer Rechte auch nach außen als ein Ganzes zu erscheinen. So wandten sich schon 1446 die Sachsen der sieben und zwei Stühle vereinigt mit dem Burzenland und dem Nösnergau an den Kardinal=Erzbischof Dionysius von Gran und begehrten ein Weistum über eine Anzahl von Fragen des kirchlichen und bürgerlichen Rechtes, die zwischen Laien und Geistlichen streitig waren. Eine Antwort auf eine Anfrage desselben Inhalts schickte Papst Nikolaus V. im folgenden Jahr gradezu an seine „geliebten Söhne, die Bürgermeister, Richter und Universität (Gesamtheit) der Sachsen in den siebenbürgischen Teilen." So traten diese im Zollstreit gegen Wardein zusammen auf und verteidigten sich vereint gegen das Unrecht des Domkapitels. Auf Thomas Altenbergers Bitten bestätigte König Matthias am 6. Februar 1486 den Andreanischen

Freibrief für die „Gesamtheit der Sachsen", weil es des Königs
Pflicht sei, seine Getreuen in den Freiheiten zu schirmen, die sie
durch große Tugenden und Verdienste von den alten Königen
erhalten.

Aus dieser beginnenden engeren Vereinigung schied allmählich
das alte deutsche Klausenburg aus. Zwar gilt es unter den letzten
Königen vorzugsweise noch für eine sächsische Stadt. Ein Ab=
geordneter aus ihrer Mitte vertrat das sächsische Recht in dem
Zollstreit und berief sich mit den andern auch für Klausenburg
auf den Andreanischen Freibrief; noch 1481 ernennt Matthias
Hermannstadt zum unmittelbaren Oberhof Klausenburgs; noch 1527
rühmt Johann Zapolya, daß Klausenburg unter den sächsischen
Städten allein ihm angehangen: aber das magyarische Wesen
wird immer mächtiger in ihr. Und als sie im Thronstreit nach dem
Falle des Reichs nicht mit den Sachsen auf Ferdinands Seite
stand, als sie in der Folge aus der evangelischen Kirche Augs=
burgischen Bekenntnisses, in die sie zugleich mit den Sachsen
übergetreten, ausschied und mit den Magyaren zur reformierten,
später zur unitarischen Kirche überging, da wurde das Band
zwischen beiden noch loser, das fremde Volkstum in Klausenburg
noch stärker, bis das vereinzelte Deutschtum dem heftigen Gegner
endlich ganz erlag.

Wie Klausenburgs, so hinderte der Zeiten Ungunst auch der
stattlichen freien Volksgemeinde Sächsisch=Regen engern bürger=
lichen Verband mit den Sachsen. Wie sie im Lauf der Zeit an
Rechten und Freiheiten zugenommen, kann aus Mangel an
Zeugnissen nicht angegeben werden. Die neu aufgefundene Jahres=
zahl in seiner 1848 verwüsteten Kirche (1330) und die Anjouschen
Lilien auf seinem alten Wappen deuten auf frühe Blüte unter
Karl und Ludwig. Matthias gab ihm Bistritz und Hermannstadt
zu Oberhöfen; aber die wirrvollen Zeiten nach des Königs Tod
und die baldige Trennung Siebenbürgens von Ungarn hinderte
seine gänzliche Vereinigung mit den Sachsen, die sich die wackere
Gemeinde durch hundertjährige Leiden und deutsche Treue mit
namenlosen Opfern nicht hat erkaufen können.

Wie Klausenburg und Sächsisch=Regen, so blieben von der
Vereinigung mit den Sachsen ausgeschlossen, weil auf Komitats=
boden liegend, die Gemeinden des Tekendorfer, Schogener und
Zekescher Kapitels, die meisten Orte des Bogeschdorfer, Bulkescher

und Laßler, dann einige Gemeinden des Schelker Kapitels. Diese versanken von Jahr zu Jahr in schwerere Knechtschaft, aber die Spuren des alten freiern Zustandes konnten doch nicht ganz vertilgt werden. Das alte deutsche Recht, auf das sie angesiedelt worden, blieb in manchen Gemeinden kenntlich in dem Recht der Mühlen, der Schenke, des Waldbesitzes, der freien Pfarrer= und Richterwahl, so wie hie und da des Gerichtzuges vor freie sächsische Behörden. So wahrten sie, mitten in dem vom Adel geknechteten Lande, sei es auch nur einige Trümmer schönerer Freiheit, und ihr Segen war kenntlich in vollern Scheunen, schmuckern Häusern und menschlicher Bildung. Wie zahlreich aber auf dem Komitatsboden die deutsche Bevölkerung gewesen, geht schon aus den vielen, heute noch gebräuchlichen, das alte Sachsentum jetziger rumänischer oder ungarischer Dörfer beurkundenden Ortsbenennungen hervor. Vor vielen Namen hörst du ein „Sächsisch" klingen (Szász-Csávás usw.), aber das Deutschtum dort ist längst erloschen.

Also kam es, daß bei weitem nicht alle sächsischen Orte mit den größeren Gauen zu einem bürgerlichen Gemeinwesen vereinigt wurden, während auf dem Gebiet des kirchlichen Lebens alle in „Kapitel" oder Dekanate zusammengeschlossene sächsische Gemeinden, auch die auf Komitatsboden liegenden bereits seit dem Anfang des 15. Jahrhunderts als eine für sich bestehende ab= geschlossene sächsisch=kirchliche Einheit und Gesamtheit (Universität) erscheinen. Auch hier hat neben dem Volkstum wesentlich das gemeinsame gleiche Recht das Band der Einheit gewoben und die zahlreichen bischöflichen Angriffe darauf haben es nicht wenig gestärkt. Unter Dechanten stehend, die von den Pfarrern des Kapitels frei gewählt wurden, sind diese im Besitz einer vielum= fassenden kirchlichen Gerichtsbarkeit; sie beaufsichtigen die Kirche und ihr Vermögen, doch unter der Mitwirkung der Gemeinde, und vollziehen die Einsetzung des Pfarrers, den nie der Bischof ernennt, sondern die Gemeinde nach dem Gemeinrecht frei wählt, wenn auch in einzelnen Fällen in letzter Zeit im Nösnerland ein Patronatsrecht der Stadt sich geltend machen will. Diese Kapitel, wie sie angegriffen gemeinschaftlich gegen den Bischof sich verteidigen (schon seit 1309), treten in ihren Dechanten und Ab= geordneten zur „geistlichen Universität" zusammen, wenn eine gemeinsame Angelegenheit, sei es eine von der Krone geforderte Leistung, sei es ein andrer Grund sie ruft (so schon 1420) und feste Vertragsbestimmungen (die ältesten von 1423) regeln die Forderungen, die in solchem Fall an die Kapitel der Graner und an die der siebenbürgischen Diöcese zu stellen sind, daß nicht die Minderheit unbilligem Beschluß der Mehrheit preisgegeben sei. An der Spitze der Geistlichkeit der sächsischen Kapitel erscheint im 15. Jahrhundert der Mediascher Dechant, der seit dem Anfang des 16. Jahrhunderts den Namen Generaldechant führt.

Dasselbe Gesetz der Einigung vollzog sich auf dem Feld des bürgerlichen Lebens, wenn auch nur an den Sachsen des Königsbodens, immer entschiedener seit König Ladislaus ihnen 1453 geschrieben: „ihr die ihr stets eins gewesen und auch fortan ungeteilt bleiben sollt." Die Könige selbst sahen in ihnen immer mehr eine politische Einheit und behandelten sie als solche. Schon 1454 wurden die sieben und zwei Stühle gemeinsam zum Reichstag berufen. Seit dem Anfang der Regierung des Königs Matthias geschah zunächst dieser sieben und zwei Stühle als einer politischen Einheit immer häufiger Erwähnung, obwohl die alte Sonderstellung beider Gaue in innern Angelegenheiten nicht wesentlich verändert wurde. Hatten sich schon früher alle freien Sachsen zur Ordnung gemeinsamer Landesangelegenheiten mit den übrigen ständischen Völkern auf Landtagen vereinigt, so traten sie unter Matthias auch auf besondern Völkstagen zur Ordnung rein sächsischer Angelegenheiten zusammen. Im Jahre 1475 forderte König Matthias von allen Sachsen der sieben und zwei Stühle, des Burzenlandes und Nösnerlandes eine gemeinschaftliche Steuer von 10.000 Gulden und über das Verhältnis der diesbezüglichen Leistungen des Nösnergaues zu den andern traf schon derselbe König Bestimmungen, die Wladislaus 1508 neuerdings einschärfte. Das Verlangen der stets geldbedürftigen Krone nach „Subsidien", nach außerordentlichen Unterstützungen, erging fortan in der Regel an diese Gesamtheit, ebenso wenn die in den alten Freibriefen festgesetzte Zahl der Krieger gegen drohende Feindesgefahr zum Schutz des Landes vermehrt werden mußte. So traten 1485 die sieben und zwei Stühle mit den Abgeordneten des Burzenlandes und des Nösnergaues zusammen, um über die gemeinsame Stellung von schwerem Geschütz zu beraten und beschlossen einstimmig ohne jemandes Widerrede, den etwaigen Schaden oder Verlust in dieser Sache gemeinsam zu tragen. So forderte der Woiwode Stephan Zapolya 1497 die „Gesamtheit der Sachsen" zur Unterhaltung

von Kundschaftern im türkischen Reiche auf und auf den Reichs=
tagen zur Zeit Wladislaus und Ludwigs erscheint in der Regel
nach den königlichen Einberufungsschreiben die „Gesamtheit der
Sachsen" des Hermannstädter, Mediascher, Burzenländer und
Nösner Gaues vertreten. Die weltliche „**Universität der
Sachsen in Siebenbürgen**" trat eben an die Stelle der alten
einzelnen deutschen Gaue.

So umschlingt bereits unter den letzten Königen das Band
äußerer Einheit die Sachsen, und obwohl der Hermannstädter
Gaugraf erst unter den Fürsten als „Nationsgraf" erscheint und
die alte Sonderung in einzelnem Unwesentlichen noch fortdauert,
wie sie denn bis in die letzten Zeiten nicht ganz verschwunden
ist, so treten jene Gaue doch unzweifelhaft in die Zeit der ein=
heimischen Fürsten als ein bürgerliches Gemeinwesen, als Eine
politische „Nation" im Sinn des siebenbürgischen Staatsrechts ein.

21.
Bildung und Sitten in jener Zeit.

In fester Mauern Mitte
Blüht eine frische Welt;
Da ward die milde Sitte
Zum Wächter hingestellt;

Die hat gar treu gehütet
Den anvertrauten Schatz;
Als rauher Sturm gewütet,
Stand sie an ihrem Platz.

Schenkendorf.

Bei den anhaltenden Kriegen und innern Wirren unter den
drei letzten Königen konnte im Ungarreiche die Bildung im ganzen
schlecht gedeihen. Zwar rühmen viele den König Matthias, und
mit Recht, wie er die Wissenschaften gepflegt und eine Hochschule
und Büchersammlung gegründet, auch wurden ausländische Hoch=
schulen, namentlich Krakau und Wien von Ungarn aus insbe=
sondre von den Städten und Bischofssitzen nicht wenig besucht,
aber das war doch nicht von durchgreifendem Einfluß. Denn
Bildung und Sittenveredlung ist bedingt von der Naturgemäßheit
aller Verhältnisse und Zustände und eine Einrichtung oder zwei
machen es nicht aus. So konnte es geschehen, daß kurz nach König
Matthias Tod der Sohn des Palatins seinen Namen nicht zu
schreiben, der Judex curiae Paul Kinischi weder zu lesen noch zu
schreiben vermochte; auch der siebenbürgische Woiwode Bathori

war fern von aller wissenschaftlichen Bildung. Daß ein Bischof Bücher las, war den Ungarn ein ungewöhnlicher Anblick. Der Abschreiber der Geschichte des Bonfinius wurde von Wladislaus II. geadelt; seine Geschicklichkeit muß also eine seltene gewesen sein. Das geschah zu derselben Zeit, als in Deutschland die Buchdruckerkunst bereits ein halbes Jahrhundert blühte, siebzehn Universitäten und eine große Zahl Stadt- und Dorfschulen bestanden.

Die Bildung der Sachsen war des fernen Mutterlandes nicht unwürdig. Immer reicher und vielseitiger tritt die Wirksamkeit der von altersher in ihrer Mitte bestehenden Schulen hervor, und diese selbst werden in den Zeugnissen seit dem Anfang des 15. Jahrhunderts immer häufiger genannt. In Volkszählungen, die uns von 1510 aus dem Burzenland, von 1516 aus dem Mediascher Stuhl erhalten sind, fehlt fast in keiner Gemeinde „das Schulhaus" oder „der Schulmeister"; das kleine Bußd mit seinen dreißig „Wirten" und sechs „Witwen" hat sie ebenso, wie das reiche Tartlau, das zweihundertdreißig Wirte zählt und zwölf Hirten für seine Herden hält. Diese deutschen Schulen im entlegenen Karpathenhochland am Südostrand Europas helfen in mehr als einer Richtung mit, den Zusammenhang der vereinsamten Kolonie mit dem fernen Mutterland zu erhalten. Im Jahre 1430 ist Heinrich Halbgebachsen aus Regensburg Rektor der Schule in Großschenk; dort schrieb und malte er das prächtige Meßbuch mit den reich vergoldeten Anfangsbuchstaben, an dessen Schluß er für den arbeitenden Kiel sich den Lohn des Himmelreichs wünschte. Wenige Jahre später (1446) leitete Johannes Arnoldi von Graudenz die Schule in Hermannstadt; er ist der erste Rektor hier, dessen Name uns erhalten ist, nicht ein am Zibin geborner Mann, sondern fern aus der Stadt an der Weichsel, wo der deutsche Ritterorden und das unter ihm erstarkte deutsche Bürgertum die Wacht gegen Roheit und Barbarei hielten, wie es dasselbe Bürgertum tat am Alt und an der Kokel.

Diese Schulen — für die Kronstädter ist uns 1464 in Hieronymus Reuchin der erste bis jetzt bekannte Rektorname erhalten — boten in den Städten ein Maß des Wissens, das ihre Schüler zum Besuch der Hochschule befähigte. Es ist geradezu überraschend, wie zahlreich dieser war. In Krakau haben in den hundertzwanzig Jahren von 1402—1522 mindestens hundertsechzehn Siebenbürger Sachsen in der artistischen Fakultät akademische Grade

erworben (das Baccalaureat und das Magisterium), darunter
sechzehn von Bistritz, achtzehn von Hermannstadt, vierundzwanzig
von Kronstadt, andere von Schäßburg, Mediasch, Mühlbach, Reps,
Großau, Agnetheln, Birthälm, Häzeldorf, Großkopisch, Schaas.
Besuchter noch war die Hochschule in Wien, deren Lehrer und
Studenten sich in die österreichische, rheinische, ungarische und
sächsische Nation gliederten. Als Prokuratoren an der Spitze der
ungarischen stehen wiederholt Sachsen, so 1459 Magister Thomas
Altenberger, der später die Sammlung des Nürnberger, Iglauer
und Magdeburger Rechts nach Hermannstadt brachte, 1466 Michael
von Schäßburg, 1491 Michael Altenberger von Hermannstadt,
des vorigen Sohn, 1508 Martin Huet von Hermannstadt; nicht
wenige blieben jahrelang an der Universität, erwarben sich den
Magister- und Doktortitel und hielten eine Zeitlang Vorlesungen
dort. So las 1445 Magister Nikolaus von Heltau über die
Planeten; aus den bisher bei weitem nicht ganz erschlossenen
Quellen kennen wir außer ihm nicht weniger als sechzehn Sachsen,
die im 15. Jahrhundert an jener Hochschule lehrend tätig gewesen,
so 1414 Nikolaus Philippi von Kronstadt, 1452 Kaspar von
Schäßburg, 1455 Jakob von Hermannstadt, 1456 Blasius von
Marpod, 1457 Petrus von Kleinpold und ein Jahr früher Johannes
Krull von „Seligenstatt", der später Doktor der Heilkunde wurde.
Im Jahre 1473 war Petrus Suck von Kronstadt Rektor. Unter
den (beiläufig) 265 Siebenbürgern, deren Name in den Jahren
1501—1526 in den bisher bekannt gewordenen Matrikeln der
Wiener Hochschule eingetragen sind, finden sich 219 unzweifelhafte
Sachsen; gewiß mehr als einer mag außerdem noch unter der
allgemeinen Bezeichnung „ein Siebenbürger" sich bergen. Darunter
sind sechsundvierzig Hermannstädter (zwei Thonhäuser, zwei Altenberger, ein Armbruster, ein Huet), siebenundzwanzig Kronstädter,
zehn Schäßburger, überraschend viele aus Markt- und Dorfgemeinden, aus Heltau, Großau, Stolzenburg, Wurmloch, Birthälm,
Hälvelagen, Schaas, Henndorf, Mergeln, Agnetheln, Probstdorf,
Dürrbach u. a. Bis an den Neckar hinauf nach Heidelberg fand
der junge Predigermönch Andreas aus „Siebenbürgen" 1502 den
Weg; auf der Hochschule in Leipzig studierten von ihrer Gründung
an bis zur Reformation sechs Siebenbürger Sachsen. Der Kronstädter Stadtpfarrer Johannes Reudel bezog 1454 mit des Erzbischofs von Gran Erlaubnis zum zweitenmal die Hochschule; er

war bereits Meister der freien Künste, behielt auch für diese Zeit die Einkünfte der Pfarre und kehrte als Baccalaureus des Kirchenrechts zurück. Überhaupt sind die akademischen Würden nicht nur bei Geistlichen, sondern auch bei Weltlichen, den Bürgermeistern und Ratsmännern der Städte zahlreich. Wenn die vielen Urkunden, die davon Zeugnis geben, schwiegen, so hat schon das alte Buch der Schneiderzunft in Hermannstadt die Kunde erhalten. Unter den vielen Stücken, die der Gesell kennen soll, wenn er „Meister werden und die Meisterschaft beweisen will nach Handwerksgewohnheit", muß er auch wissen, „wie viel Ellen pernisch Gewand ein Magister soll haben zu einer Gugel." Die Bezeichnung „schriftkundig" „Literat" (wissenschaftlich gebildet) ist ein Ehrenwort und wird mit Auszeichnung Zeugen beigelegt, die bei Rechtsgeschäften erscheinen. Und in immer weitere Kreise dringt das Licht der Schulbildung. Die Zunftbücher aus dieser Zeit mit vielen wertvollen Mitteilungen, die zunehmende Zahl der aus der Schlußfassung der Zünfte hervorgegangenen und in ihrer Mitte niedergeschriebenen Artikel bezeugen nicht nur die Kenntnis des Lesens und Schreibens in diesem Stande, sondern auch eine ganz achtungswerte Beherrschung der Sprache, der lateinischen sowohl als der deutschen. Jene war in solcher Ehre, daß sie über das wahrscheinlich der Schneiderzunft gehörige schöne Chorgestühl in Schäßburg die Worte setzten: wer in dis gestyl wil stan und nit lateyn reden kann, der solt bleyben daraus, das man ym nit mit kolben laus — während der Gebrauch der deutschen Sprache in den noch vorhandenen Urkunden doch schon im zweiten Zehent des 15. Jahrhunderts beginnt und deutsche Zunftartikel im achten (die der Klausenburger Goldschmiede 1473) anfangen. Selbst außer dem Kreis der Männer scheint Achtung, Bedürfnis und Fähigkeit des Lesens vorhanden gewesen zu sein: Darauf deutet es wenigstens hin, wenn die Witwe Frau Ursula Meister Paulin in Nösen 1505 in ihrem Testament festsetzt: „item die Bücher laß ich zur Capellen, daß man sie soll anketten an die Stühle."

Zur Erhaltung der städtischen Schulen trug überall das Gemeindevermögen bei. In Hermannstadt bezog der Rektor aus dem Stadtsäckel ein Jahresgehalt von zwanzig, später fünfzig Gulden, ebensoviel in Kronstadt — Summen, die nach damaligem Geldwert angesehen ein sprechendes Zeugnis sind, welche Bedeutung jenes Geschlecht seiner Schule zuerkannt. Denn in der zweiten

Hälfte des 15. Jahrhunderts kaufte man in Hermannstadt um drei Gulden einen Ochsen; in zehn Wochen verdiente der beste Geselle der Schneiderzunft nur einen Gulden. Als 1468 der Bürgermeister und Königsrichter von Hermannstadt dem König Matthias die außerordentliche Steuer aus Stadt und Stuhl von 15.000 Goldgulden nach Mediasch führten, galt es nicht für zu gering, daß sie „unserm Herrn König" ein Geschenk von Semmeln für einen Gulden und Äpfel und Birnen auch für einen Gulden mitnahmen. Noch sechsundzwanzig Jahre später erachtete König Wladislaus II. ein Geschenk von vier Gulden, das den Überbringern der Hermannstädter Ehrengaben gespendet wurde, nicht unter seiner Würde. Das Pferd, das der Schäßburger Stuhl 1522 dem neuen Königsrichter von Hermannstadt Markus Pemsflinger zum Geschenk brachte, kostete vier Gulden, oder doch wenig mehr. So war das Kleid, das der Rat von Schäßburg 1522 um vier Gulden kaufte und dem Rektor der Schule, einem Baccalaureus, verehrte, „damit er sich Mühe gäbe mit den Jünglingen," der Stadt, die es gab und dem Amt, das es erhielt, nicht unangemessen.

Die Arbeit der Schule wurde schon damals durch Büchersammlungen gefördert, die allmählich um die städtischen Pfarrkirchen sich bildeten und gleichzeitig still in den Klöstern wuchsen. Um den Anfang des 15. Jahrhunderts gehörten zum Pfarrhof von Hermannstadt bereits einundzwanzig Bücher, teils auf Pergament, teils auf Papier geschrieben, darunter eine Bibel und kirchenrechtliche Werke. Im Jahre 1424 vermachte der Stadtpfarrer Nikolaus Sybelinder der Pfarrkirche weitere vierzehn Bücher und als 1442 das bewegliche Eigentum der Kirche dem neuerwählten Kirchenvater Lukas Trautenberger mittelst schriftlichen Verzeichnisses übergeben wurde, trugen sie hundertvierzig Bände darin ein, von welchen dreiundsechzig in der Kirche, die andern auf dem Pfarrhof aufbewahrt wurden. Es ist natürlich in der großen Mehrzahl Theologisches und Kirchenrechtliches, aber doch auch ein Virgil darunter, eine Trojanische Geschichte und die Moral von Aristoteles. Außer jenen Büchern standen auf dem Pfarrhof noch neun Breviere, darunter eins, das dem Bischof Goblinus, ein anderes, das dem Bürgermeister Jakobus gehört hatte. Überhaupt wurde der Bücherschatz auch von Weltlichen benützt. Der Bürgermeister Jakobus hatte 1442 eine kleine Bibel und eine Erklärung des Buchs der

Weisheit herausgenommen, Magister Johann Guldeners Sohn auch eine Bibel, ein Rechtsbuch und drei andere Bücher, darunter wahrscheinlich eins über den gestirnten Himmel.

Gewiß dieser Bücherschatz, von dem einige Trümmer sich bis heute erhalten haben, war nicht von geringerm Wert, als die einundfünfzig Gold- und Silberkelche, die dem pflichtgetreuen Kirchenvater gleichzeitig zur Besorgung übergeben wurden.

Diesen so vielfach dem Licht und höherer Gesittung zustrebenden Keimen brachte in der zweiten Hälfte des 15. Jahrhunderts die leuchtende Sonne der größten Erfindung jener Zeit, die Buchdruckerkunst, neues Leben. Bei der engen Verbindung, in der die Sachsen durch Gewerbe, Handel und Studien mit Deutschland standen, muß die Kunde von derselben bald auch hieher gedrungen sein. Der Student, der Kaufmann, der von der Donau, vom Rhein, von der Oder zurückkehrte, erzählte wohl dem aufhorchenden Schreiber der Stadt und ihren Ratsmännern, oder dem ungläubig lächelnden Klosterbruder, wie sie draußen Bücher schüfen durch eine neue Kunst ohne Dinte und Griffel; noch vor dem Schluß des Jahrhunderts arbeiten sächsische Drucker in italienischen Druckereien, so 1472 und 1481 Thomas von Hermannstadt in Mantua, 1476 Andreas von Kronstadt in Venedig, 1483 Andreas Corvus (Rabe) aus Zeiden im Burzenland gleichfalls dort. Noch überraschender ist die große Zahl gedruckter Bücher aus dem 15. Jahrhundert, die ihren Weg hieher fanden. In fast allen sächsischen Gymnasien zeigen die Bibliotheken eine Anzahl jener seltenen Werke, oft mit den Handschriften der damaligen Besitzer; die zahlreichsten hat die alte Büchersammlung der Hermannstädter Schule aufbewahrt. Die meisten sind Venetianer Drucke, andere aus Basel, Mainz, Köln, Ulm, Nürnberg. Eine frische Quelle tausendfach neuen geistigen Lebens entsprang in den neuen Büchern jenem Geschlecht; man fühlt die Freude über den Erwerb, wenn man in dem 1474 in Ulm gedruckten Buch „vom Jammer der Kirche" liest: „Dieses Buch habe ich Johannes Pfarrer von Meschen und Mediascher Dechant im Jahr des Herrn 1477 ohne Trug und Hinterlist gekauft für dreizehn Gulden von Paulus dem Grafen von Kronstadt." Neben den einen geschriebenen Virgil der Hermannstädter Kirchenbibliothek treten nun gleich zwei Drucke, die griechischen und römischen Klassiker allzumal hielten ihren Einzug in die ferne deutsche Stadt, alle

bedeutendern Dichter, Geschichtschreiber, Philosophen sind in jener
Büchersammlung vertreten, Aristoteles in acht Exemplaren, alle
vor 1500 gedruckt; in vielen zeigen die handschriftlichen Rand=
bemerkungen, mit welchem Eifer sie gelesen wurden. Vor allem
bedeutsam ist, daß die 1483 durch Antonius Koburger in Nürn=
berg gedruckte deutsche Bibel gleichfalls unter den fernen Volks=
genossen Aufnahme fand. In der Hermannstädter Bibliothek
stehen heute noch zwei Exemplare. Während die Eckbeschläge des
Einbandes die alte gut christliche Inschrift führen: sei gegrüßt
Maria voll der Gnaden, läßt das Bild zum zehnten Kapitel des
dritten Buchs Mosis Aarons Söhne, die durch Feuer vom Himmel
verzehrt werden, die Bischofsmütze auf dem Haupte tragen. Welchen
Eindruck wohl das „Wort" in der Muttersprache auf jenes
Geschlecht machte? Schmerzliche Stellen hat es gewiß oft berührt
in jener Zeit des Verfalls aller staatlichen Ordnung. Oder wenn
der Hermannstädter Ratsmann den Brief des Koloschmonostorer
Abtes vom 24. Juni 1493 gelesen hatte, oder hören mußte, wie
der oberste Reichsrichter 1504 an die Sachsen schrieb: Geschenke
versöhnen die Götter und Menschen — und dann daheim in
den Klageliedern Jeremiä in seiner neuen deutschen Bibel las:
„Juda ist gefangen im Elend und schweren Dienst, sie wohnet
unter Heiden und findet keine Ruhe, alle Verfolger halten sie
übel. Alle unsere Feinde sperren ihr Maul auf wider uns.
Man treibt uns über Hals und wenn wir schon müde sind, läßt
man uns doch keine Ruhe" — was mochte dabei durch seine
Seele gehen?

Es ist unmöglich, sich bei dem Anblick dieser bestaubten
wurmzerfressenen Bände, deren manche bei ihrer Größe und
Schwere eine volle Manneskraft zur Handhabung erfordern, die
in der Gestalt ihrer Buchstaben, in den Abkürzungen der Wörter,
ja bisweilen in den Resten der Ketten, mit welchen sie an ihr
Lesepult befestigt waren, so viele Erinnerungen an das Mittel=
alter an sich tragen — es ist unmöglich, sich bei diesem Anblick
eines Gefühls freudiger Rührung zu erwehren. Denn so wie sie
sind waren diese Bücher Boten eines neuen Tages; sie zogen
neue Fäden des Zusammenhangs zwischen der fortschreitenden
Bildung des Abendlandes und unserm Volke und nährten in
diesem die stillwirkenden Kräfte, die in ihm den Aufgang einer
neuen großen Zeit geistigen und sittlichen Fortschrittes vorbereiteten.

Zu dieser allmählichen Umwandlung des Volksgeistes trug der überaus zahlreiche Besuch der Wiener Hochschule aus Stadt und Land nicht wenig bei. Denn diese stand damals in erster Reihe unter den Vorkämpfern jener neuen Bildung, die freudig den wiedererstandenen Meistern der griechischen und römischen Welt sich zuwendend in offenem Kampfe brach mit allem, was sich bisher als Wissenschaft ausgegeben und das scharfe Messer der Prüfung bald auch an die Lehren und Einrichtungen der Kirche legte. So fand die große Bewegung der Geister, die seit 1517 von Wittenberg ausging, dort vorbereiteten Boden; die Universität verweigerte 1520 die Veröffentlichung der päpstlichen Bannbulle gegen Luther und der Rektor verfaßte eine feierliche Verwahrung dagegen. In den vier Jahren 1517—1520 allein sind aber sechsundfünfzig Sachsen an derselben neu immatrikuliert worden; Matthias Ramser, der später als Stadtpfarrer in Hermannstadt hier zuletzt die Reformation einführen half, studierte seit 1516 in Wien. In jenem wissenschaftlichen Treiben voll Leben und Bewegung, das im ersten Viertel des 16. Jahrhunderts den Charakter jener damals jährlich von 7000 Studenten besuchten Hochschule bildet, stehen Sachsen selbsttätig mitten inne. Kaum einundzwanzig Jahre alt sang Adrian Wolfhart 1512 in fließenden lateinischen Versen das Lob Kaiser Maximilians I. und gab als Magister der freien Künste und Professor der Philosophie 1522 Teile der Werke von Horaz heraus. Der Rektor der Wiener Universität, zugleich Arzt des Erzherzogs Ferdinand, Johannes Salius, widmete 1510 sein Buch über die Bewahrung vor der Pest dem Königsrichter Johann Lulai sowie den Bürgermeistern und Ratsmännern aller sieben Stühle; er schrieb die Zueignung im August jenes Jahres in Hermannstadt selbst. Auch Jakob Piso von Mediasch, der Erzieher König Ludwigs II., gehört diesem Kreise an. Wie stark der Zug war, der die Geister in dieses wissenschaftliche Leben nach Wien führte, beweist schon der Hermannstädter Rektor Thomas Wal. Sohn eines wohlhabenden Hermannstädter Hauses, im Juni 1511 in die artistische Fakultät in Wien eingetreten, später in die juridische übergehend, kehrte er als Magister der freien Künste im Juli 1516 in die Heimat zurück, übernahm im Dezember 1517 das Rektorat der Schule, das er nach zwei Jahren an Magister Clemens von Oppeln abgab, um wieder nach Wien zu gehen, wo er sofort in die

Prüfungskommission der Baccalaureanden gewählt wurde und an der Universität die Satiren von Horaz und die Tristia von Ovid erklärte. Im Jahre 1521 war er Prokurator der ungarischen Nation; es ist wohl derselbe, der 1527 Pfarrer in Schellenberg wurde. In Wien selbst stand eine Zeitlang ein sächsisches Haus mit an der Spitze des wissenschaftlichen und bürgerlichen Lebens, Siegmund Siebenburger, 1490 Stadtrichter von Wien, dem Kaiser Maximilian für seine treuen Dienste ein Haus am hohen Markt schenkte und sein Sohn Doktor Martin Siebenburger (oder Capinius) Professor der Philosophie und des Rechts an der Universität, seit 1505 dreimal Dekan seiner Fakultät, wiederholt Stadtrichter und Bürgermeister von Wien. Zeitgenossen rühmen an ihm die Tiefe wissenschaftlicher Bildung; wie zu einem Orakel sei man zu seinem Hause gegangen; in den Unruhen des Jahres 1522, an welchen er sich gegen Ferdinand beteiligt hatte, fiel sein Haupt. Ihm hatte Adrian Wolfhard das Loblied auf Maximilian gewidmet.

Doch auch in andern Denkmalen der Kultur hat jene ruhmreiche Zeit der Väter sich nicht unbezeugt gelassen. Wie spricht sie heute noch so vernehmlich in den zahlreichen hochragenden Kirchen, die der fromme Sinn und nicht geringe Kunstverständigkeit jenes Geschlechtes erbaut! Seit dem zweiten Viertel des 14. Jahrhunderts durchweg dem gotischen oder Spitzbogenstil angehörig hat unsere kirchliche Baukunst allerdings weder die Erhabenheit noch jene höchste Schönheit der Formvollendung erreicht, die die Gegenwart in den ewigen Werken am Rhein und an der Donau bewundert. Stellte sich dem an vielen Orten schon der Mangel rechten Materials hindernd entgegen — an wie vielen Kirchen haben sie Tagereisen gebraucht, um den gehauenen Stein herbeizuführen —, so ließ das gesamte Leben, das dem deutschen Bürgervolke hier schon damals ein ununterbrochener Kampf ums Dasein war, jene freie und heitere Entfaltung und Sammlung der Kräfte nicht zu, die einer solchen Kunstentwicklung erste Bedingung sind. Trotz solcher Hemmnisse hat auch auf diesem Gebiete jene Zeit wahrhaft Großes und Schönes hervorgebracht und den Ernst und die Strenge seines Bürgertums in den allgemeinen Formen der Baukunst jene Zeit zu edlem Ausdruck bringend, bei aller Not des Tages in Bauwerken, die oft mehr als ein Menschenalter in Anspruch nahmen, Denkmale geschaffen von dauernder Bedeutung, die mit nicht wenigen Deutschlands auf gleicher Stufe stehen.

Hieher gehören die Pfarrkirche von Hermannstadt, in ihrer jetzigen Gestalt, mit Ausnahme des alten jetzt vermauerten Westportals unter dem Turm, von der Mitte des 14. bis zum Anfang des 16. Jahrhunderts in drei Bauperioden hergestellt, dann die von Kronstadt (1385—1425, einzelne Teile später), von Klausenburg, beendigt 1414, das schöne Chor der Mühlbacher Kirche aus dem Schluß des 14. und dem Anfang des 15. Jahrhunderts (1414), die Bergkirche in Schäßburg (1429—1525), die Pfarrkirche in Mediasch aus der zweiten Hälfte des 15. Jahrhunderts, in Reichesdorf aus derselben Zeit, ebenso die in Meschen, in Großau, in Wermesch, in Dürrbach und manche andere. Von Baumeistern kennen wir nur den der Schäßburger, Jakobus Kendlinger von S. Wolfgang, also nicht ein einheimischer Mann, dann den der Meschner und Großauer Andreas Lapicida (der Steinmetz) aus Hermannstadt, der die Mauern der letztern einige Jahre vor 1498 höher geführt, inwendig und auswendig beworfen und die Kirche gewölbt um den Preis von 400 Gulden. Fast überall haben die Fenster edles Maßwerk; neben dem ernsten Kreuzgewölbe löst in mannigfaltigsten Formen bisweilen wie hingehaucht das Netz- und Sterngewölbe — wie über der Südhalle in Hermannstadt — alle Masse auf; nicht selten sind die Portale reich gegliedert, an den Kapitälen der Halbsäulen oder Rundstäbe mit zierlichstem Blätterschmuck, oder der Eingang von reichem schön verschlungenem Stabwerk umrankt, so die schönen Westportale in Klausenburg (während der Türstock im nördlichen Seitenschiff mit der Jahrzahl 1528 den reizendsten Renaissancestil zeigt), dann in Bogeschdorf, Kirtsch, Durles, Birthälm, Häzeldorf, Kronstadt, Reichesdorf, Treppen, die Nord- und Südportale in Hermannstadt. Würdigen Schmuck der edeln Bauwerke bilden die alten Predigtstühle aus gehauenem Stein in Hermannstadt, Schäßburg, Wermesch; unter zahlreichen Sakramentshäuschen und Schränken steht das schönste Werk in der Schäßburger Bergkirche, auf schlankem Fuß aus dem Viereck in das Sechseck übergehend, aus dem die viereckige verjüngt aufstrebende Pyramide die offene Kreuzblume dem Himmel zuträgt „so schlank und zierlich, daß auch heute noch der Blick gern aufwärts eilt mit den mehr und mehr verschwebenden Formen, die selbst in ihrer Spitze der irdischen Sehnsucht keinen Abschluß gewähren, sondern bedeutungsvoll weiter zeigen nach oben." Zu dem Schönsten gehören die alten lindenen Chor= gestühle dieser Kirche mit reichem Maß= und Schnitzwerk, vielleicht von der Hand desselben Meisters, des Schäßburger Tischlers Johannes Reychmut, dessen wenig spätere Arbeit (1533) in zier= lichster Ausführung heute noch die Bogeschdorfer Kirche schmückt, dann die Chorgestühle in Wurmloch, Häzeldorf, Tartlau (im Burzenland) und Bistritz, alle aus dem Anfang des 16. Jahr= hunderts. Durch ihr Schnitzwerk, doch mehr noch durch ihre Malerei wertvoll sind die alten Flügelaltäre in Mühlbach, Mediasch, Reichesdorf, Pretai, Tobsdorf, Schmiegen, Reußdorf, Bogeschdorf, Großprobstdorf, Schäßburg, Meschendorf, Meeburg, Radeln, Schweischer, Heldsdorf, Tartlau, Agnetheln und Reste derselben in Schaas und Birthälm. In allen steht Zeichnung und Malerei weit über der Höhe bloß zünftigen Kunstbetriebs; das edelste Werk jener Kunst aber, die auch in anderen Kirchen, so in Malmkrog und Durles namentlich, noch tätig gewesen, ist das große Wandge= mälde an der Nordseite des Hermannstädter Chors, das Johannes von Rosenau 1445 (vielleicht erst 1495) gemalt hat, die Kreuzigung Christi, nach der Zahl der Figuren, nach der Gruppierung des Ganzen, im Ausdruck des Einzelnen, in der Verteilung von Licht und Schatten, in Zeichnung und Farbengebung alles, was sonst derartiges im Lande aus jener Zeit erhalten ist, hoch überragend, wertvoll auch dadurch, daß in einzelnen Figuren unzweifelhaft ein Stück der damaligen Volkstracht dem Anschauenden lebendig entgegentritt. Vom Bilde sieht zwischen dem ungarischen Doppel= kreuz und dem böhmischen Löwen der deutsche Reichsadler im goldenen Felde herab ins stille Chor.

Auch an andrer Stelle haben unsere alten Kirchen Zeugnisse erhebender Kunsttätigkeit bewahrt, tüchtige Werke des Erzgusses, hoch oben in den Türmen dem Donner nachbarlich die Glocken, deren eherner Mund die Gemeinde damals nicht nur zu Werken des Friedens rief und unten auf der Grenze von Chor und Schiff die Taufkessel, diese wie jene mit vielfachem Schilderschmuck, mit Pflanzen= und Tiergebilden und oft lehrreicher Inschrift. Diese hat uns auf dem Hermannstädter Taufkessel (gegossen 1438) den Namen des Meisters Leonhardus erhalten, den in Schäßburg goß 1440 der Glockengießer Jakobus, den Kronstädter ließ 1475 der Stadt= pfarrer Mag. Johannes Reudel machen. Der Klein=Schelker von

1477 hat neben der lateinischen zum Teil (gleich der des Hermannstädters) kabalistischen Inschrift auch die deutsche Bitte: Jesus Christus hilf uns. An den Anfang des Jahrhunderts (1404) gehört der einfach schöne Taufkessel von Alzen, wohl in noch frühere Zeit, nach der Inschrift in Mönchsmajuskel zu schließen, der in Mediasch und Schaas. Der Meister des Hermannstädter, Leonhardus, ist auch als Glockengießer tätig gewesen; sieben von seinen Glocken (auf zweien stehen die Jahrzahlen 1429 und 1430) begleiten heute noch von den Türmen der stillen Dorfgemeinden des Lebens wechselvolles Spiel. Außer ihm nennen von der großen Zahl, die aus jenen Jahrhunderten den Wandel der Zeiten überdauert haben, — es sind weit über hundert — ihren Meister noch die Hermannstädter von 1411 Johannes von Wertheim, die Weißkircher Magister Johannes van Schespurg — denselben, der 1430 die im Brande von 1857 zerstörte Bistritzer Glocke gegossen — die Mediascher 1501 Meister Wolfgang von Hermannstadt. Eine große Zahl der Glocken hat die (lateinische) Inschrift: o König der Ehren komm mit dem Frieden; dagegen bittet die in Nadesch von 1470 in deutscher Sprache „helf got maria berot" und die in Sächsisch-Pien: „maria bit dein Kind vor uns."

Zu den edelsten Denkmalen heimischen Kunstverständnisses gehört endlich die reiche Zahl der Kelche und kirchlichen Geräte, unter den letztern besonders Kreuz und Ostensorium von Heltau, unübertroffene Meisterstücke des 15. Jahrhunderts, die unzweifelhaft das Werk sächsischer Goldschmiede aus Krieg und Not der Vergangenheit haben gerettet werden können. Aus der einfachen Form des 14. Jahrhunderts, die in Michelsberg und Neppendorf in den Anjouschen Lilien des runden Fußes an die große und glückliche Zeit des Sachsenlandes erinnert, zu immer kunstreicherer Gestaltung hinansteigend, in lieblichsten Zieraten in Laubwerk, Tier- und Menschenfiguren namentlich als Hülle der Kelchschale in gravierter, ziselierter, getriebener, nicht selten auch Emailarbeit mit einer fast unübersehbaren Mannigfaltigkeit im einzelnen erfreuend, seit dem Ende des 15. Jahrhunderts oft mit gotischer Ornamentik in anmutigster Weise Renaissance verbindend, — so unter andern Kelche in Schäßburg, Mediasch, Kronstadt — bilden die durch schöne Form, innern Wert und den Ernst der Gedanken, die sich daran knüpfen, gleich wertvollen Werke einen doppelt kostbaren Schatz unserer Kirchen in Stadt und Land. Bisweilen nennt eine Inschrift den frommen Widmer, so in Petersdorf im Nösnergau Kurcu (Georg) Schusser und Michel Deutschländer; den Hamrudner Kelch „hat lassen machen Hans Wewer und seine Sester", den in Holzmengen Andris Topper mit seiner Ehefrau; an andern sprechen Gebetsworte aus der grauen Vergangenheit zur Gegenwart, so am Esepaner aus der Mitte des 15. Jahrhunderts: hilf got, maria berot; hilf got, maria hilf, hilf got an dem, wohl etwas ältern Sakadater; JHESVS MARJA ERBARM DJCH VBER VNS am Leblanger.

Gewiß, wenn der kunstverständige Gesell aus Nürnberg, Stettin, Halberstadt und aus andern Städten Deutschlands zur fernen Zunft in der siebenbürgisch=sächsischen Stadt zugewandert kam und mit dem, noch in der Zunftlade vorliegenden Brief seines Rates Aufnahme suchte, worin dieser „Meister und Gesellen des Hanthwerks der Goldsmede" deutschen Gruß entbot, da fanden sie nicht unebenbürtige Meister.

Ihre Werke aber sahen in den Kirchen, den sie gehörten, gar oft nicht die Stätte des Friedens Seit die Türken ins Land fielen und bei dem immer größern Verfall der staatlichen Ordnung die Sicherung gegen äußere und innere Feindesgefahr für jede Gemeinde die erste Bedingung des Daseins ward, da wurde, wo eine Gemeindeburg nicht stand, ja selbst neben ihr, die immer stärkere Befestigung der Kirchenburg die drängende Aufgabe jedes Geschlechts. Schon zu König Sigmunds Zeit schrieb der Hermannstädter Dechant an Papst Eugen IV. (1436), wie bei den Einfällen der Türken der befestigte Kirchhof der Bedrängten Zuflucht sei, wie dessen Türme und die Kirche selbst zum Bollwerk gegen ihren Ansturm werde. So wurde diese in den Kreis der Verteidigungswerke hineingezogen und für den schwersten Notfall der letzte feste Punkt. Dadurch entstand an der Scheide des 15. und 16. Jahrhunderts in der sächsisch=kirchlichen Baukunst ein eigener Verteidigungsstil. Die Mauern wurden dicker und durch zahlreiche gewaltige Strebepfeiler verstärkt, diese durch Rundbogen oben verbunden, auf ihnen die Mauer erhöht und mit Schießscharten versehen, während abwärts Pechscharten gegen den feindlichen Anlauf geöffnet blieben und das Gewölbe von Schiff und Chor zur Verteidigung geordnet wurde. Bisweilen umfaßt diese Herstellung die gesamte Kirche wie in Keisd, bisweilen nur das Chor, wie in Trapold; dann geschieht es, daß dieses das Schiff über=

ragt, oder geradezu als massenhafter Turm hinausgebaut ist, wie in Baaßen und Bonnesdorf, in Wurmloch und Großkopisch.

Es ist ein seltsam ansprechendes, immer malerisches Bild und dem tiefern Gemüt nie ohne bleibenden Eindruck, diese Verteidigungskirchen so oft wiederkehrend in der ganzen Länge des südlichen Sachsenlandes, wenn aus den Bäumen des grünen Hügels, um den das stille Dorf gelagert ist, die graue Burgmauer heruntersieht und über ihr die Spitzbogenfenster des Gotteshauses in der Abendsonne funkeln, die die letzten leuchtenden Strahlen durch die Schießscharten des Chorturmes sendet, von dem die Glocke eben zur Ruhe läutet. Ihre verschwebenden Klänge deuten erst recht, was einst alles ihre alte Inschrift gewollt: o König der Ehren komm mit dem Frieden!

Auch von weltlichen Bauwerken hat die damalige Baukunst nicht Unwürdiges hinterlassen. Dahin gehört der Pfarrhof und Kapitelshof in Bistritz, der letztere mit schönem steinernen Türstock von 1480, der Pfarrhof in Hermannstadt gleichfalls mit kunstreichem Türstock von 1502, vor allem aber des Königsrichters und Kammergrafen Johannes Lulai stattliches Haus, das früher dem Bürgermeister und Kammergrafen Nikolaus Proll gehörig an der Westseite des alten Mauerrings an der steilen Einfahrt in die Oberstadt, gestützt auf den trotzigen steinernen Eckpfeiler sich burgähnlich erhebt und in den breiten lichtvollen Fenstern, in den steinernen Fenster- und Türstöcken von Meisterhand, in der reichen Zahl der geräumigen Gemächer einst den blühenden Wohlstand seines Herrn zur Schau stellte, dem es aus dem hohen Erker die liebliche Fernsicht in die weite Abendlandschaft eröffnete, während vor den Spitzbogenarkaden des untern Geschosses sich das freundliche Stilleben des Hausgärtchens ausbreitete. In seinen Räumen befand sich die Präge- und die Münzkammer, deren Sitz Hermannstadt seit Sigmund war und dessen Bürgermeister, später Königsrichter regelmäßig das Amt des Kammergrafen führten.

So Erhebendes auf allen Gebieten menschenwürdigen Strebens vermochten die Sachsen jener Zeit nicht etwa durch ihre große Menge. Denn diese war damals im ganzen unzweifelhaft geringer als in unsern Tagen. Seit die Türkeneinfälle von Geschlecht zu Geschlecht immer verderblicher wiederkehrten, fing die Bevölkerung an dünner zu werden. Es geschah, daß zusammengeschmolzene Gemeinden die alte Heimatstätte eine Zeitlang aufgaben; dann überbrachten sie, wie die von Holzmengen 1479, den Kelch und die andern kirchlichen Geräte mit den geistlichen Gewändern dem Dechanten des Kapitels, daß er sie besorge, bis wieder eine Gemeinde sich dort anbaue und ein Pfarrer friedlich leben könne. Andere gingen ganz zugrunde. Dann teilten die Nachbargemeinden die Feldmark — wie bei Jurkeschdorf und Unterten —; es traf sich wohl, daß sie „hinter die Kirche" den Grenzstein setzten und der Sämann fortan über die heilige Stätte schritt. So wechselten die Gemeinden Eulenbach, Hochfeld und Ziegental im Leschkircher Stuhl ihre Bevölkerung, die noch im Jahre 1402 deutsch war; so kam es, daß nach den Steuerverzeichnissen selbst Schäßburg im Jahre 1522 im günstigsten Falle 2650 Seelen oder wenig darüber zählte. Die Hermannstädter Steuerrolle von 1458 enthält 896 Hauswirte; die Steuerverzeichnisse Kronstadts von 1497 führen 1933 Namen auf; nach einer Zählung von 1510 hat Rosenau 140, Zeiden 142 „Hauswirte", nach einer Aufnahme von 1516 Markt=Schelken 62, Klein=Schelken 129, Mediasch 223 Wirte — wie weit hinter der Gegenwart! Die großen Zeugnisse aus unseres Volkes Vergangenheit sind eine Frucht des Geistes unserer Väter, nicht der Masse.

Mit höherer Bildung geht Rechtsachtung, gehen mildere Sitten Hand in Hand. Mit jener sah es dazumal in Ungarn oft schlecht aus. Sogar König Matthias klagte, das Reich sei voll von Mördern, Dieben, Räubern, Mordbrennern, nicht sei der Wanderer, nicht der Bruder vor dem Bruder, der Gast vor dem Gastfreunde sicher. In Siebenbürgen mußte König Wladislaus II. das Schloß auf dem Gemsenstein nächst Weißenburg 1512 zerstören lassen, damit es nicht auch ferner eine Räuber= höhle und eine Schirmstätte flüchtiger Verbrecher sei. Adelige lebten häufig aus dem Stegreif. Von ihren Burgen und Türmen fielen sie auf die Heerstraßen herab und schädigten den Wanderer. So überfielen 1460 die Adeligen von Földvar Hermannstädter Kaufleute; die aber wehrten sich männlich und erschlugen zwei Räuber. Der adelige Besitzer des Marktes Tekendorf erklärte diesen während der Jahrmärkte zu einer Freistätte für Verbrecher jeder Art. Am meisten hatte Klausenburg von dem benachbarten Adel zu leiden. Die Edelleute aus der Umgegend der Stadt machten Schulden bei den Bürgern; wurden sie um die Bezahlung an= gegangen, so hieß es: sie seien von Adel und wer etwas mit ihnen habe, solle sie vor ihrem eigenen Gerichtsstuhle im Komitat suchen. Da aber versäumten die Kläger aus Unkenntnis häufig die Tagfahrt, oder verloren aus Unbekanntschaft mit dem fremden Rechtsgang die Sache. Andere scheuten sich nicht, tätliche Angriffe auf Häuser, Güter und Personen von Klausenburger Bürgern zu machen, so daß König Wladislaus der Stadt nicht nur das alte Recht erneuerte, solche adelige Verbrecher sofort vor dem Woiwodalgericht zu belangen (1504), sondern auch das Wehrgeld eines Klausenburger Bürgers auf 200 Goldgulden erhöhte (1512).

Die Sachsen bewahrte vor so wilden Sitten ihre Verfassung und ihre gesamte Lebensweise. Leben und Eigentum sicherten unter ihnen strenge Ordnungen. Die Hand verlor nach dem Weistum der Stadt Schäßburg von 1517, wer auf der Burg im Streit das Schwert entblößte, Leib und Leben, wer einen andern bis aufs Blut verwundete. Auch an öffentlichen Einrichtungen zu Behagen und leiblicher Pflege fehlte es nicht. Auf dem Markt verkauften sie sogar an Sonn- und Festtagen Brot, Birnen, Äpfel und andere Gartenfrüchte. Die Semmel der Hermannstädter waren ein beliebtes Geschenk an Große; eine Anzahl derselben und „eine große Torte", zusammen im Preis von zwei Gulden, brachte mit „Lemonien" für zwei Gulden und anderen Gaben der Rat von Hermannstadt 1495 dem Bischof von Weißenburg dar, als er Abgeordnete zu schwerer Klage gegen die Gewalttaten seiner Hörigen dahin sandte. In allen Städten stand das Badhaus an günstiger Stelle am Wasser, das durch die Gassen floß; Spitäler, Armen- und Siechenhäuser, gern von milden Stiftungen begabt, hatte nicht nur jede Stadt, Kronstadt sogar drei, sondern auch Mediasch, Keisd, Marienburg, Zeiden, Rosenau, Baierdorf. Schon 1494 besaß Hermannstadt seine Stadtapotheke, die unter ihrem Geräte sich einer Marcipanpfanne erfreute und unter vielen andern Arzneimitteln Fuchslunge, Hirschhorn, Arsenik, Rinde von medischen Apfelbaum, die als Gegengift diente, Priestersalz und Pulver gegen Seitenstechen rühmte; der Apotheker Martinus — in Bistritz wird 1516 Velten Kugler als solcher genannt — bezieht ein Jahresgehalt von 10 Gulden. Gleichzeitig erscheint ein Arzt im Dienste der Stadt; 1497 zahlten sie dem „Doktor Andreas" sechs Gulden; der „Physikus" Doktor Johannes bezieht 1516 hundertfünfzig Gulden. Auch verkündet hier nicht mehr allein das Geläute der Glocken oder die Trompete

des Türmers dem arbeitenden Mann die Tageszeit auf dem
Turm der Pfarrkirche schlägt bereits die Uhr, für deren Besor=
gung Meister Peter der Schlosser 1496 aus der Stadt Säckel
einen Gulden Gehalt bezog. Und wenn sie zum Kirchgang des
Festtags oder zu Tanz und Freude rief, da entfalteten die reichen
Geschlechter gern die farbenstrahlende Pracht in Schmuck und
Kleidung, die aus alten Tagen und der Gegenwart daheim die
eichenen Truhen bargen. Da schimmerten die „Perlengoller" der
Wäsche, wallten die Schleier, glänzten die vergoldeten Gürtel
und „Hesteln", leuchteten weithin die Damasket= und Scharlach=
röcke, die „himmelfarben Seidel", die Korallen=Betschnüre mit
vergoldeten Steinen im Kreis der Frauen und der Mädchen,
deren „Buorten" sie gern mit Perlen zierten, in Scherz und Ernst
nachbarlich gesellt dem blauen „Haseck", dem „roten Schamlot"
der schwarzen Zobel= und roten Damasketschaube der Männer,
die über dem Harnisch wohl noch einen Taffetrock mit Flügeln
trugen. Im Jahre 1471 fehlt selbst ein Tanzmeister in Hermann=
stadt nicht.

So wechselte Arbeit und Freude in dem Leben jenes Ge=
schlechtes, so übten sie in Städten und Dörfern die milden Künste
des Friedens, welche die Sitten sänftigen und das Leben ver=
schönern und was der Fleiß erwarb, schützten mehr als irgend
wo im Lande Wall und Graben, Burg und Stadt vor fremder
Raubgier. Größere Sorge für das Leben ist aber stets im Ge=
folge des Wohlstandes; wer durch höhere Bildung des Daseins
Wert erkannt hat, ist nicht so leicht bereit, es in unbedachtem Streit
aufs Spiel zu setzen und der edlere Sinn hat keine Lust an wüstem
Wesen. Daher kommt es, daß die Sachsen jener Zeit nicht so
raufsüchtig und schlagfertig sind, als ihre wilde Umgebung. Dessen
ungeachtet riefen die Woiwoden bei Heerzug und Feindesgefahr
das sächsische Aufgebot immer früher ins Feld, als das des
Adels und der Szekler, weshalb der König 1508 auf die Klage
aller Sachsen jenen die Beachtung der gleichen Berechtigung und
Verpflichtung aller Stände einschärfte. Den Krieg selbst betrachteten
sie, „die tapfern und kampfgeübten Männer", wie Aeneas Sylvius
sie nennt, nur als Sicherungsmittel vor Feinden und daher fiel
es ihnen, so mutig sie auch zum Schutz des eigenen Herdes
und Vaterlandes das Schwert ergriffen, lästig, in fernen, dem
Vaterland nutzlosen Kriegen Zeit und Leben zu vergeuden, die

sie gewohnt waren, in Betreibung friedlicher Künste nicht ohne
Erfolg zuzubringen. Zu solchen Heerfahrten stellten sie darum
lieber Söldner, meist Szekler, die gerne ihre rauhen Berge verließen und den sächsischen Fahnen folgten, wenn der Ratsmann
mit dem vollen Säckel der Stadt zur Werbung in ihre Mitte kam,
oder kauften sich mit Geld davon frei, wie 1521, wo sie dem
König Ludwig zur Ablösung eines Kriegszugs nach Serbien und
Bosnien 12.000 Gulden erlegten. Die Könige selbst billigten dieses
Verfahren nicht nur, weil sie in steten Geldnöten waren, sondern
auch weil sie einsahen, daß, wer zu der Diebe Abwehr einen
Zaun um seinen Garten machen wolle, töricht handle, wenn er
die Fruchtbäume umhaue und dazu verwende.

Über die Sitten der sächsischen Geistlichen aus dieser Zeit
wird mehr als einmal das Wort schwerer Klage laut. Obwohl
ihnen gestattet war, einmal (doch nur eine Jungfrau keine Witwe)
zu heiraten, die katholische Kirche also die Strenge einer ihrer
härtesten Satzungen hier gemildert hatte, so gaben doch viele allen
rechtschaffenen und verständigen Leuten großen Anstoß durch zuchtlosen Wandel. Schon 1447 wandte sich „die Universität der Sachsen"
mit einer Anfrage nach Rom, weil verschiedene streitige Fragen
zwischen dem geistlichen und weltlichen Stande bestanden, die
wiederholt böses Ärgernis und Zwietracht erregt hätten. Eine
war, ob das Gesinde der Geistlichen, die Stallknechte, die Mägde,
die Wirtschafterinnen und alle, die keine Weihe erhalten hätten,
ob ihre Konkubinen, ihre Söhne und Töchter dem geistlichen oder
weltlichen Gericht unterständen. Papst Nikolaus V. antwortete:
daß jeder Laie, der den Geistlichen um Lohn diene, dem weltlichen
Gericht unterstehe, außer er sei der Kirche sonst zum Gehorsam
verpflichtet, oder diese habe ein Privilegium, oder führe überhaupt
die Verwaltung, so daß kraft dieser jene vor das geistliche Gericht
gehörten, oder wenn es infolge von Übereinkunft geschehe bezüglich
eines Besitzes, den der Laie von der Kirche habe; die Konkubine
aber unterstehe gleichfalls weltlichem Gericht und ihre Söhne seien
Laien. In demselben Jahr brachten Richter und Rat von Kronstadt im Namen des Burzenlandes ähnliche Fragen auch für sich
allein vor Thomas Armenus, den Propst von Gran, der vom
Graner Erzbischof als Visitator dahin entsandt worden war. Der
Streit zwischen Geistlichen und Weltlichen war unter anderm, ob
verheiratete Geistliche vor das weltliche Gericht gehörten. Der

Visitator entschied: der verheiratete Geistliche, der nur einmal, und zwar eine Jungfrau geheiratet habe, könne und solle sich des doppelten Privilegiums, des Standes und des eigenen Gerichtes erfreuen. Jenes besage, daß wer am Geweihten Gewalttat übe, sofort durch die Tat in den Bann falle, dieses, daß er in allen Sachen, in welchen das geistliche Gericht zuständig sei, vor weltliches Gericht nicht gezogen werden könne. Wenn aber der so verheiratete Geistliche die Tonsur und geistliche Tracht nicht trage, könne er sich keines geistlichen Privilegiums erfreuen, und der eine Witwe oder zum zweitenmal geheiratet habe, dürfe die Tonsur nicht tragen und könne keines geistlichen Privilegiums teilhaftig sein.

Schon ein Jahr früher, als im Namen der sieben und zwei Stühle, sowie des Burzenlandes und Nösnergaues der Edling Johannes Sachs Königsrichter von Hermannstadt und Mühlbach vor dem Erzbischof von Gran ähnliche Beschwerden vorbrachte, verhieß dieser dafür zu sorgen, daß Pfarrer und Geistliche überall die gehörige Zahl Messen läsen und ihres Amtes mit entsprechendem Fleiße warteten, auch ihre Gemeinden, insbesondere die ihre Patronen seien, in Ehren hielten, wie sich das zieme, und mit ihnen Umgang pflögen. Denn in der Unnatur der Verhältnisse, die ihnen die volle und rechte Teilnahme am Volksleben nahezu unmöglich machten, lag die schwere Versuchung, sich im eigenen engen Stand diesem gegenüber völlig abzuschließen und zugleich in niedrigem Sinnengenuß für die Pflichten des Amtes und edlern Strebungen verloren zu gehen. Die Kapitularstatuten aus jener Zeit haben eine Menge dahin einschlagender Bestimmungen. Um Völlerei hintanzuhalten setzten sie sogar die Zahl der Gerichte bei den Kapitularversammlungen fest. Nach den Statuten des Mediascher Kapitels von 1397 dürfen nicht mehr als sechs aufgetragen und soll der Mißbrauch nicht geduldet werden, daß die Trinker sich zum gleichen Trunk verpflichten und der am meisten gelobt wird, der die Meisten trunken macht und die größere Zahl Becher austrinkt. Wer dawider fehlt, wird, wenn er vom Dechanten ermahnt nicht Buße tut, des Amtes entsetzt. Und damit niemand sich mit Unkenntnis entschuldigen könne, soll jeder sich die in Versen beigesetzte Schilderung der Trunkenheit merken, die die mannigfaltigen Gestalten ausmalt, in welchen der Berauschte seinem bösen Geiste Ausdruck gibt:

Wer trunken ist und essensvoll, der ist auf manche Weise toll,
Der eine singt, der andre schreit, der lästert Gottes Herrlichkeit,
Der kann vom Zank nicht lassen, und der rennt durch die Gassen,
Dem hier wird gleich die Zunge schwer, der andre schwatzt nur um so mehr,
Dem einen kommts zu wandern, der Schlaf sucht heim den andern usw.

Die Statuten des Burzenländer Kapitels von 1444 gestatten für alle Kapitelsmähler nur fünf Gänge außer dem Nachtisch; wer dawider fehlt, zahlt einen Gulden Strafe, doch, wie in zarter Weise hinzugefügt wird, nicht im eigenen Hause, wo und wann er das Mahl gibt und die Ordnung übertritt, sondern bei der nächsten Gelegenheit. Auch wer vom Dechanten in die Pfarre eingeführt werden soll, hat diesen mit einem Mählchen und einem Trunke heimzusuchen und in dem Becher soll ein Gulden liegen, über den nicht hinauszugehen ist, außer die Würde der Person und die Größe des Zehntens empfehle eine fettere Gabe, „was wir nicht mißbilligen". Von jedem verstorbenen Pfarrer hatte der Dechant das beste Pferd mit Sattel und Zaum, das Kapitel ein Sechzehntel des großen Zehntens „zum Schutz der Kapitularrechte". Ja, es war ein lebensfreudiges Geschlecht diese Pfarrherren des Burzenlandes, die in ihre Kapitularstatuten hineinsetzten, daß der neugewählte Pfarrer der wählenden Gemeinde doch nicht mehr als ein Faß Wein geben möge, die wenn sie den Amtsbruder bestattet hatten und von seinem Grabe kamen, sich mit vier Gängen bei Tische auf dem nun verwaisten Pfarrhof begnügten, und wenn der Verstorbene etwa nichts hinterlassen, das Mahl aus der eigenen Tasche bezahlten. Wie leuchteten oft die roten Wagendächer derselben im Sonnenschein der schönen Ebene! Fuhr der Pfarrer, so mußte der reitende Knecht mindestens an einem Fuß den Sporn haben und am Arm den Schild. Ritt der Herr aber und der Knecht begleitete ihn zu Rosse, so mußte er Schild und Schwert zu des Herrn Verteidigung tragen und an jedem Fuß gespornt sein. So stand in der Ordnung der Pfarrersknechte geschrieben, die das Kapitel 1493 gemacht hatte. Anderes darin sollte ihren Übermut zähmen. In der Kapitularversammlung mußten sie mit drei Gerichten zufrieden sein, Vier erhielten sie zur Genüge und nach dem dritten Gang je drei ein Maß Wein. Wenn der Gastfreund, bei dem sie waren, einen Bekannten zwischen sie setzte, so durften sie von diesem nichts erpressen. Nach Tisch ehrte des Gastfreunds Knecht die Andern mit einem Maß Wein, doch durften sie nicht trunken werden bei Strafe von einem Asper und der an eines andern Wagen mit dem hintern Rad hängen blieb, zahlte ein Maß Wein Strafe, der mit dem vordern zwei.

Ein solches Standesleben mußte allmählich in immer stärkern Gegensatz treten zu dem, was sonst den Geist des Volkes bewegte und namentlich sein gesamtes Bürgertum trug und leitete. Umsonst drohte 1507 der Erzbischof von Gran allen mit dem Bann, den Richter von Kronstadt nicht ausgenommen, wenn sie die Amtsgewalt des Burzenländer Dechanten antasteten; selbst der auf handhafter Tat in Unzucht und Diebstahl ergriffene Geistliche solle vom Gericht der Laien längstens innerhalb zwanzig Stunden dem Dechanten ausgeliefert werden. Daß man über solches vor dem erzbischöflichen Stuhl verhandeln konnte oder mußte, deutete schon das nahe Ende an. Dasselbe bezeichnet es, wenn der Graner Erzbischof 1513 an das Hermannstädter Kapitel schreibt: „Es gelangen viele Klagen über unehrbaren und ausschweifenden Wandel der Pfarrer an uns," und ebenso 1524 sein Nachfolger: „Man spricht häufig von Euch, daß zwar nicht alle, aber viele aus Eurer Mitte ein zügelloses Leben führen, wie es dem geistlichen Stand am wenigsten ziemt, weswegen Ihr auch der Weltlichen Gemüter so sehr gegen Euch aufgeregt habt." Nicht minder klagt der Siebenbürger Bischof 1476 über die unter ihm stehende sächsische Geistlichkeit, daß bittere Klagen über sie zunähmen, daß böse Sitte, Laster und Sünde täglich in ihrer Mitte sich mehre. Freilich enthielten sich die Bischöfe selbst ungeistlicher Taten nicht. Der Erzbischof von Gran machte Angriffe auf Rechte und Zehntteile des Hermannstädter und Kronstädter Kapitels; Abgeordnete beider waren im Jahre 1512 in Ofen und legten Berufung ein an den Papst. „Der Erzbischof," schrieben die Hermannstädter nach Hause, „will eine Zehntquarte haben und uns das Recht der Dechantenwahl rauben; wie der wildeste Löwe ist er in der Stadt. Sie sagen, wenn wir uns in Demut ihm unterwürfen und ihn alles ordnen ließen nach seinem Belieben, so würde er milder und besser mit uns verfahren. Das aber können wir auf keine Weise tun. Darum stehet auf und schaffet, daß die Bürger gleichfalls hieher kommen und den König angehen; sie haben versprochen uns beizustehen; es handelt sich um unser völliges Verderben." Auch die alten ähnlichen Versuche der Siebenbürger Bischöfe dauerten fort. Wiederholt mußte 1506 der Schelker Stuhl zur Wahrung seiner kirchlichen Rechte Berufung einlegen nach Rom.

Bischof Franz von Varda besonders war von unmäßiger Habsucht erfüllt. Um zehn Gulden wurden Zahlungsunfähige in den Bann getan.

Am schwersten aber bluteten die Wunden, die Rom selbst schlug. Bei der steten Geldnot der Päpste und der Leichtfertigkeit des Sinnes, die dort ihren Thron aufschlug, wurden die Kirchen und Kapellen mit Ablaß völlig überschüttet, der für die äußerlichsten Dinge, für Geschenke an die Kirche, für Kreuzschlagen und Kniebeugen zu haben war. Verkäufer von allerlei päpstlichen Bullen zogen im Lande umher, alle kirchliche und bürgerliche Ordnung durchbrechend, so daß Geistliche und Weltliche laute Klagen dagegen erhoben. Gegen des Reiches Freiheit, schrieb der Reichsverweser Johannes Hunyadi 1448 an das Hermannstädter Kapitel, das sich um Abhilfe an ihn gewandt, gehe der Unfug und trug ihm auf, alle ohne Unterschied des Standes, welche solche päpstliche Bullen ohne seine Erlaubnis herumtrügen, gefangen zu nehmen und so lange in sicherem Gewahrsam zu halten, bis er das weitere anordne, damit diese durch Strafe belehrt unzweifelhaft einsähen, wie sehr ihm solche Verletzung der Reichsfreiheit mißfalle und sie weiterhin derartiges nicht wagten.

Auch die Sitten der Klostergeistlichen stimmten häufig mit den Anforderungen ihres Standes nicht überein. Mönche von verschiedenen Orden zogen im Lande umher, wie sie vorgaben mit päpstlicher Vollmacht, verwirrten damit die einfachen Gemüter, führten die Rechtsunkundigen irre, erhoben Gelder von den Armen und trieben so viel Unfug und schandbare Dinge, daß der Erzbischof von Gran 1445 dem Burzenländer und Hermannstädter Dechanten auftragen mußte, dem bösen Wesen Einhalt zu tun. Ebenso mußte König Matthias den Abt von Kerz, Raimund Bärenfuß 1469 ernst tadeln, daß er seine geistlichen Pflichten versäume und die Abteigüter zwecklos verschleudere. Als die Ermahnung nichts wirkte, sah sich der König 1474 genötigt, die Abtei Kerz, da die Sachsen der sieben und zwei Stühle durch der Äbte zügelloses Leben vielen Schaden erlitten, die Klostergebäude verlassen, die Klostergüter dem Untergang nahe und der Gottesdienst ganz vernachlässigt sei, aufzuheben und mit der Pfarrkirche in Hermannstadt zu vereinigen. Gleichzeitig überschwemmten die Dominikanermönche, die in Hermannstadt, Kronstadt, Schäßburg, Mühlbach, Winz, Weißenburg, Klausenburg, Bistritz und Udvarhely ihre Klöster hatten, mit ihren Bettelsäcken das Land und wenn aus mehreren Klöstern die bettelnden Brüder in einem Ort zusammentrafen, haderten sie miteinander, also daß alles Volk murrte und der Ordensprovinzial 1497 sich genötigt sah, jedem einzelnen Kloster seinen Bettelkreis anzuweisen. Welcher Ernst der Lebensziele überhaupt dort gewaltet, darauf wirft schon die Aufschrift über der Zelle des Priors im Schäßburger Kloster grelles Licht. In den Kranz von Rebenlaub und Trauben hatten sie das Wort aus dem Prediger Salomo hingeschrieben: so gehe denn hin mein Sohn und iß dein Brot mit Freuden und trink deinen Wein mit gutem Mut, denn dein Werk gefällt Gott. Und in der Zelle daneben, an deren Wand sie die Ordnung des Kalenders aufgezeichnet, hatten sie für die Verse, die jene Ordnung dem Gedächtnis einprägen sollten, keinen bessern Inhalt gefunden, als die Zahl von Schweinen, Speckseiten, Bratwürsten und ähnliches, was in Küche und Stall gehörte.

Bei solchen geistlichen Hirten mußte die Achtung vor dem katholischen Kirchentum in den Herzen des Volkes um so mehr dahinsinken, je zahlreicher gleichzeitig die Jünger der neuen Wissenschaft und Bildung wurden, die dort an der freudig besuchten Hochschule an der Donau ihren Sitz aufgeschlagen hatte, je häufigern Zugang die Boten des neuen Tages, die Werke aus Gutenbergs Kunst in die fernen Täler fanden. Wohl setzten sie am Tag Petri und Pauli 1474 aufs neue fest, daß der Stadtpfarrer von Hermannstadt nach alter Ordnung sechsundzwanzig Kapläne und einen „Prediger" halten solle und fügten seinen Bezügen hundert Gulden hinzu, damit die altgestifteten Messen vor ihren Altären an den bestimmten Tagen gelesen würden, wohl sang der sächsische Pfarrer sein rührendes Loblied auf „Mutter Maria, die reine Magd" und fürchtete sich nicht, denn „in Hoffnung und in Treuen dein, so steht der Glauben sein", wohl wuchsen und mehrten sich aller Orten die kirchlichen Stiftungen und zeigten, daß das religiöse Leben nicht erkaltet sei, aber die alten Formen befriedigten es nicht mehr. Der Zweifel erhob sein bleiches Haupt auch in priesterlichen Kreisen; am neuen Chorgestühl der Schäßburger Bergkirche lesen wir seinen bangen Ausdruck, dem dort wohl der Prediger Martinus Worte gab:

Drei Dinge scheinen so ernst mir, daß ich oft muß weinen:
Erst ist mir herbe zu wissen, daß ich einstens sterbe,
Mir bangt zum andern, weil ich nicht weiß, wann ich muß wandern,
Zum dritten ist mir wehe, weil ich nicht weiß, wohin ich gehe.

Und als die Hermannstädter Geistlichkeit lehrte, Nichtfasten sei ein größeres Verbrechen als Mord, wie viele mögen ungläubig das Haupt geschüttelt haben?

So fand die neue auf Bibelwort und Vernunft gegründete Lehre des frommen und kühnen Mönches Martin Luther in den Herzen der Sachsen freudigen Anklang, aus dem bald eine Umgestaltung ihres kirchlichen Lebens hervorging, wie der blutige Tag bei Mohatsch und seine Folgen ihre und des gesamten Landes staatliche Stellung änderte.

Viertes Buch.

22.
Der Thronstreit zwischen König Ferdinand und Zapolya. Markus Pemfflinger. Deutsche Treue.
1526—1538.

> Wenn alle untreu werden,
> So bleiben wir doch treu!
> Schenkendorf.

Der frühe Tod Ludwigs in der unglücklichen Schlacht bei Mohafsch hatte den ungarischen Thron in Erledigung gebracht. Dem Preßburger Frieden nach gebührte er Ferdinand, dem Erzherzoge von Österreich, Maximilians Sohn. Denn nun war in Erfüllung gegangen, worüber König Wladislaus und der Reichstag 1491 und 1492 sich mit Maximilian vertragen; Wladislaus Mannesstamm war ausgestorben und die Krone kam demnach an Maximilians Haus. Aus diesem hatte den nächsten Anspruch darauf Ferdinand, da er Wladislaus Tochter, Ludwigs Schwester, Anna zur Gemahlin hatte. Aber ein großer Teil des ungarischen Adels wollte des Österreichers Recht nicht anerkennen, und um der Herrschaft des deutschen Fürsten zu entgehen, verbanden sie sich mit dem Türken.

An der Spitze dieser Partei stand Johann Zapolya, der Woiwode von Siebenbürgen. Schon sein Vater Stephan war Erbgraf der Zips und gehörte zu den mächtigsten Großen. Johann war mit unter denen, die 1505 beschlossen hatten, nach des Königs erbenlosem Tode nur einen „Mann aus dem skythischen Volke" auf den Thron zu heben; unter Ludwig hatte sein Anhang Parteiung und Zügellosigkeit nicht wenig mehren helfen. Nach der Schlacht bei Mohatsch stand er an der Spitze von 40.000 Mann; was, dachte er da bei sich, kann mich hindern, mir die Krone aufzusetzen! In Ofen warteten seine Anhänger dem Sultan auf und erbaten sich Zapolya zum König. Wie hier mit dem Erbfeind der Christenheit, so trat er (1528) mit dem Erbfeind Deutsch=

lands, mit Frankreich in den Bund, dessen König Franz ihm monatlich 30.000 Kronen zum Krieg gegen Ferdinand verhieß. Gleichzeitig wandte er sich an die deutschen Stände und suchte in langjährigen Verhandlungen ein Bündnis mit dem Kurfürsten von Sachsen, dem Landgrafen von Hessen und den Herzogen von Bayern; ja um der Krone von Ungarn willen wollte er selbst in den schwäbischen Bund eintreten, wiewohl seine Partei zwei Jahre früher ungebärdig auf die Vertreibung aller Deutschen vom Hof gedrungen hatte: „es sei auch hievor dergleichen Begehren andern fremden Nationen abgeschlagen worden," mahnten die Bayern= herzoge ab. Selbst Papst Clemens' VII. Bann schreckte Zapolya vom Krieg gegen Ferdinand, vom Bund mit dem Türken nicht zurück.

Nach dem Abzug Solimans versammelte sich Zapolyas Partei auf einem Reichstag zu Stuhlweißenburg und wählte ihn zum König (10. November 1526). Der Bischof von Neutra krönte ihn mit der heiligen Krone. Wenige Tage später trat ein anderer Reichstag in Preßburg zusammen und wählte den Erzherzog Ferdinand von Österreich. Der nahm die Wahl an, schwor in die Hände des Bischofs von Vesprim den Königseid und rückte mit Waffengewalt nach Ungarn gegen den gekrönten Gegner. Raab öffnete die Tore, Ofen ergab sich; bei Tokai wurde Zapolya geschlagen. Ein Reichstag in Ofen bestätigte die Wahl von Preß= burg; Ferdinand wurde in Stuhlweißenburg (3. November 1527) von demselben Bischof von Neutra mit derselben Krone gekrönt, die er vor einem Jahr auf Johanns Haupt gesetzt, und so hatte Ungarn zwei Könige. Wider den Gegner aber mußte das Schwert entscheiden; elf Jahre noch dauerte der Krieg. Zapolya floh nach Siebenbürgen und von Siebenbürgen nach Polen. Von da aus bat Hieronymus Lasky den Sultan Soliman um Hülfe für Zapolya, während der Mönch Martinuzzi (Bruder Georg) dreimal über die Karpathen nach Ungarn kam, zu Fuß ob der Armut Zapolyas, den Adel heimlich gegen Ferdinand aufzuwiegeln. Und als nun Soliman mit seinen Hunderttausenden 1529 in Ungarn einbrach, zog Zapolya dem Heere entgegen, dem Sultan auf dem Mohatscher Felde die Hand zu küssen. Nach der vergeblichen Belagerung Wiens ernannte dieser seinen Diener Johann Zapolya zum König von Ungarn; 1532 kam er ihm aufs neue zu Hülfe, wie er gelobt hatte, dieses fortwährend zu tun und sollten alle seine Reiche darüber zugrunde gehen und sollte er allein bleiben oder nur mit einem beschnittenen Muselmann oder mit dreien oder höchstens mit vieren.

Während dieses in Ungarn vorging, blieb Siebenbürgen, blieben die Sachsen von den Leiden des Krieges nicht verschont. In Siebenbürgen suchte Zapolya Zuflucht nach seinen ersten Niederlagen; als er das Land verlassen, drängte sein Woiwode Stephan Bathori; ein großer Teil des Adels stand auf seiner Seite. Die eigentliche Kraft des Landes aber lag in den Sachsen; sie hatten die befestigten Städte, sie hatten Waffen und Geld. Für wen werden sie sich entscheiden?

Zapolya lud sie (3. März) „wie seine andern Getreuen" auf den Sonntag Reminiscere 1527 zum Reichstag nach Ofen, wo Pemfflinger des Hochverrates angeklagt, mit 4000 Goldgulden das Leben erkaufte. Dieser Reichstag forderte (15. Mai) bei Verlust des Hauptes und aller Güter Bogen und Pfeile von ihnen, die Ausrüstung von 1000 Reitern und die Zehntabgabe von allem Vermögen; sie verweigerten jede Leistung. Da entbrannte Zapolyas Zorn über sie, und in heftigem Schreiben (24. August) warf er ihnen vor, wie sie längst verdächtig wären des Einverständnisses mit Ferdinand und der deutschen Partei; wenn sie davon nicht abließen, werde er seine Scharen aussenden und Männer, Weiber und Kinder erschlagen lassen.

Die Stellung der Sachsen in diesen wirrvollen Zeiten und zwischen den beiden Parteien war keine leichte. Sie waren anfangs, mit dem ganzen Land, auf Zapolyas Seite, wie ihre Vertreter auch 1505 auf dem ungarischen Reichstag anwesend gewesen waren. Siebenbürgen stand nahezu ganz auf „König Johanns" Seite. Es war sein Verhängnis, daß er nicht die Tatkraft und nicht die herzhafte Kühnheit fand, für die Behauptung der Macht und die Aufrechthaltung des Königtums, nach dem er die Hand ausgestreckt, alles zu wagen und die vorhandenen Mittel auszunützen. Die Erfolge Ferdinands in Ungarn brachten ihn 1527 um den größten Teil seines Anhangs und als „das Reich" ihn verließ, da sind auch die Sachsen, zuletzt Hermannstadt, von ihm abgefallen.

Dazu halfen die „Praktiken" der Ferdinandischen Partei mit, die Agenten nach Siebenbürgen schickten, um mit Versprechungen und mit allerlei Gerede von den Heeren, die ins Land kommen sollten, das Land zu gewinnen. Einer der Agenten war Georg Reichestorffer, ein Hermannstädter, früher (noch 1526) Rats=

schreiber in Hermannstadt, dann Schreiber der Königin Maria, seit dem 2. Juni 1527 Geheimschreiber Ferdinands. In seinem Auftrag kam er im August dieses Jahres nach Kronstadt und wußte die Stadt und das ganze Burzenland zur Anerkennung Ferdinands (8. September) zu bewegen. Ebenso kurze Zeit darauf Hermannstadt und das ganze Sachsenland. Als der Herbstwind die gelben Blätter von den Bäumen schüttelte, schrieben sie von dort an Zapolya, der in Klausenburg weilte, daß er von ihnen fortan weder Treue noch Gehorsam oder Hülfe verlangen wolle. Weil er Krone und Reich verloren, und weil ihre Unterstützung ihm nichts mehr nützen könne, ihnen selbst aber den Untergang bringe, mußten sie ihm die Treue aufsagen. Dafür nahmen sie „gegen unsere und des ganzen Reiches Feinde" zweitausend Büchsenschützen in Sold und forderten „die Universität der sächsischen Herrn Pfarrer" auf ihrerseits zweihundertvierundachtzig jenen zur Seite ins Feld zu stellen.

Das war der Anfang langjährigen Krieges auch in Siebenbürgen. Dabei war das Verhängnis der Sachsen und des Landes, daß Ferdinand meinte, diese Lebensfrage für ihn, sein Haus und die Länder, um die es sich handelte, lasse sich mit Briefen und Versprechungen lösen, die in unerschöpflicher Fülle durch das Land flogen, aber nichts als leere Worte waren. So versprach er den Sachsen schon im Oktober 1527 baldige Hülfe, forderte sie auf, in der Treue zu beharren und Zapolya gefangen zu nehmen; aber die Unterstützung blieb aus, sogar als Zapolyas letztes Heer im März 1528 bei Szina in Oberungarn geschlagen worden war und er selbst nach Polen floh. So mußten die Sachsen Ferdinands Kommissär Kaspar Horvath schon im Frühjahr 5000 Gulden bewilligen „zur Verfolgung und Ausrottung Johanns, der sich König nenne" und als im April Nikolaus Tomori, Zapolyas Parteigänger, in Fogarasch belagert wurde, gab das Mediascher Kapitel die Rosse zum Schwergeschütz, das der Sachsengraf mit vierzig Reitern am Ostersonnabend von Hermannstadt gegen die Mauern des Schlosses führte; auch die 300 Büchsenschützen des Woiwoden Peter Perenyi, die dort standen, wurden zum Teil mit sächsischem Gelde besoldet, bis Fogarasch Ende April fiel. Auf dem Landtag in Neumarkt im August übernahmen sie wieder 4000 Gulden und 1000 Büchsenschützen „gegen die Partei des Johann Zapolya"; im September führte Markus

Pemfflinger das sächsische Aufgebot mit vier Geschützen gegen
Emrich Zibak, der das Land vom untern Mieresch her bedrohte.
Monatelang hielten sie nach dem gemeinsamen Beschluß der drei
Nationen, den diese in der Mitte Oktobers in S. Marton gefaßt,
300 Büchsenschützen in Klausenburg; auch jede der andern hatte
dieselbe Zahl gestellt. Zu gleicher Zeit lagen in Großau drei
sächsische Fähnlein. So kam es, daß Zapolyas Partei nirgends
im Land das Haupt erheben konnte, wiewohl ein Teil des Adels
und der Szekler zu ihm hinneigte und bald offen und trotzig die
aufrührerische Rede unter vielen ging, sie wollten zu ihm über=
treten. Noch im Juli 1528 belagerte Bathori Schäßburg vergeblich;
wohl verbrannte er die Vorstädte samt dem größten Teil der
Unterstadt, die starke kürzlich neu befestigte Burg konnte er nicht
einnehmen. Sie hielt noch jahrelang treu an Ferdinand, obwohl
sie und alle sächsischen Städte „große Not und viel Jammer
dadurch erwarben." Denn ähnlicher Geist beseelte auch die andern.
Als gegen Ende des Jahres neue Schreckensgerüchte erschollen
und Hermannstadt die Zahl der Knechte in den Türmen vermehrte,
wiewohl die ordentlichen Einnahmen zu ihrer Besoldung schon
nicht mehr reichten, holte Großschenk sich sofort zwei Bombarden
aus der vollen Rüstkammer Hermannstadts, ebenso Marpod,
Seligstadt, Katzendorf, während die Gemeinden Neudorf und
Holzmengen je eine noch zu den vorhandenen in ihre Kirchenburgen
führten. So warteten sie der Dinge, die da kommen sollten.

Die Seele dieses Widerstandes gegen Zapolya, der Hort
der Ferdinandischen Partei war der Sachsengraf Markus Pemf=
flinger, ein Mann klug im Rat und weise in der Ausführung,
voll hohen Geistes und nie zu erschütternden Mutes. Aus einem
schwäbischen Geschlecht entsprossen, am Hof Ludwigs II. in großem
Ansehen, war er vom königlichen Kanzler, dem Bischof von Waizen,
dem Rat warm empfohlen im Jahre 1521 nach Hermannstadt
gekommen, hatte sich mit der Witwe des Sachsengrafen Lulai
Klara Tobiaschi vermählt und war bald sein Nachfolger in jenem
Amt geworden. Wohl mit der Hand der Gattin kam er in den
Besitz reichen Gutes; Bell im Weißenburger Komitat gehörte ihm
mit Besitzungen in Engenthal, Michelsdorf, Wassid, Kaltwasser,
Walach=Eibesdorf, Saldorf, Salkö, Kövesd, Emberestetek, Alamor,
Mukendorf. So vermochte er die Sache, in deren Dienst ihn seine
Überzeugung geführt, nicht nur mit dem Einfluß seines Amtes

und durch die Mittel seines Geistes, sondern auch mit Geld=
unterstützung wirksam zu fördern. Schon 1529 hatte er zur Besoldung
der Ferdinandischen Truppen 12.000 Goldgulden ausgegeben;
nach fünf weitern Jahren erreichten seine Vorschüsse für den
König aufs neue die Höhe von 20.000 Gulden. Wohl verpfändete
ihm Ferdinand dafür 1529 die Burg Balvanosch und die Kron=
städter Zwanzigsteinkünfte und verlieh ihm 1533 die Rodnaer
Bergwerke, ja fügte ein Jahr später neue wertvolle königliche
Gefälle dazu, aber der unglückliche Gang der Ereignisse ließ den
Beschenkten nie in deren Besitz kommen. Kronstadt selbst ver=
weigerte die Abtretung des Zwanzigsten und Pemsflinger hatte
nichts davon als den bittern Zorn des Stadtrichters Lukas Hirscher.
Doch wurde er nicht wankend in seiner Treue, nicht irre an der
guten Sache; mit Recht rühmte Ferdinand von ihm, daß er in
seinem Dienst „weder Habe noch Gut, weder Gesundheit noch
selbst das Leben geschont habe". Denn in dem Krieg Zapolyas
gegen Ferdinand sah er nicht nur die Erhebung des Unrechts
gegen das Recht, sondern auch den Kampf türkischer Barbarei
und Knechtschaft gegen Christentum und Freiheit. Im tiefsten
Herzen für „sein armes teutsches Volk" fühlend, hatte er sein
Leben der guten Sache geweiht und es Gottes Willen anheim=
gestellt. Darum sammelte sich selbst der treue ungarische Adel um
ihn; die Feinde aber haßten ihn bis in den Tod. „Wenn ich
mich mit einem Land ablösen möchte," schrieb er (22. Oktober 1529)
an seinen Bruder, „so werden sie es nicht tun, sondern mich
schändlich töten."

Inzwischen wandte sich Johann Zapolya noch einmal mit
freundlichen Worten an die Sachsen, ob er sie nicht gewinne.
„Wir haben euch zu wissen getan," schrieb er an sie (24. Februar
1529), „daß wir mit dem allgewaltigen Kaiser der Türken ewigen
Frieden geschlossen. Mögen nun immerhin einige von Euch treulos
von uns abgefallen sein, so wollen wir das nicht allen zurechnen,
sintemal einige durch Furcht, andere durch böse Künste und Lügen
zum Abfall verführt sind, dessen Grund wir nur in wenigen
Häuptern zu suchen haben. Da nun aber der Kaiser der Türken
alle unsere Feinde für die seinen erklärt und sie zu vertilgen
beschlossen hat, so mahnen wir Euch, auf unsere Seite herüber=
zutreten. Oder könnt Ihr nicht mit Händen greifen, was Ferdinands
leere Versprechungen bis jetzt dem Reich geholfen? Tut ihr

nicht also, so verdankt Euch, was Euch und Euern Kindern geschehen wird."

Doch Zapolyas Worte fanden keinen Eingang in den Herzen der Sachsen, hier und dort griff man zum Schwert. Des Sultans, seines Schutzherrn wartend war Zapolya schon im Oktober 1528 von Polen herüber nach Ungarn gekommen und lag in Lippa, hart an der Grenze Siebenbürgens. Hier gingen seine Boten eifrig aus und ein; die Hoffnung der „Johannisten" stieg, der Geist des Abfalls verbreitete sich immer ansteckender unter dem Adel und den Szeklern. Da fiel im Januar 1529 der Woiwode der Moldau, Peter, ins Szeklerland mit gräulicher Verwüstung, unter dem Vorwand Ferdinands Gegner zu züchtigen das eigene Raubgelüste befriedigend; Anfangs Februar brach der Heerbann der sieben Stühle mit vier Geschützen dem Szeklerland zu Hülfe auf. Zugleich gingen Abgeordnete der drei Nationen an den Moldauer: warum er denn das Land verwüste; gute Worte und schwere Geldzahlungen, zu welchen die Sachsen 2000 Gulden gaben, bewogen ihn endlich zum Abzug. Über ihren rauchenden Dörfern aber vergaßen die Szekler noch rascher der Treue für Ferdinand. Ohnehin hatte der Schatzmeister und Bischof von Siebenbürgen, Nikolaus von Gerendi, eines der Häupter der königlichen Regierung im Lande, wie er selbst im Januar an Ferdinand schreibt, schon seit dem Herbst das Volk nur mit Lügen getröstet und es mit der Nachricht naher Hülfe getäuscht; jetzt höhnten sie, der Feldhauptmann Katzianer, der von Nordungarn aus mit Truppen kommen sollte, reite wohl auf einem Krebs, oder sprachen sogar das bösere Wort, Seine Majestät wolle, daß dieses Reich gänzlich zugrunde gehe mit dem ungarischen Volk und der ungarischen Sprache. So wuchs Zapolyas Anhang; im Mai schrieb sein Sekretär aus Lippa: „Der ganze Adel, sehr wenige ausgenommen und alle Szekler sind zum Gehorsam zurückgekehrt; nur die Sachsen sind Rebellen." Gegen sie richtete sich nun der neue Sturm.

Er traf sie nicht unvorbereitet. Schon am 16. März hatte die Universität beschlossen, 17.000 Gulden aufzuschlagen, dazu 1000 Büchsenschützen und 1000 Reiter ins Feld zu stellen, die dem Katzianer entgegenziehen sollten; auf einer Versammlung in Mediasch, die Bischof Gerendi auf den 2. Mai zusammenberufen, übernahmen sie aufs neue die Stellung von 4000 Mann auf anderthalb Monate oder im Notfall auf länger und 18.000 Gulden, damit der „edle Herr königliche Feldhauptmann Johann Katzianer endlich hereingebracht werde." Doch der Feind war schneller da als er. Mühlbach fiel in „des Janusch=Beg Gewalt", im Frühjahr 1529 standen seine Haufen um Hermannstadt; die Gemeinden ringsum waren in ihren Händen. Am 29. März mußte der bedrängte Rat an Ferdinand schreiben — vor zwei Wochen erst war sein Bote vom König aus Speier gekommen —: „wir thun Ew. kön Majestät zu wissen, das unser Sach gar übel steht. Wir sind mit trefflichem Volk und Geschütz belagert; die Walachen und Ibrahim=Pascha gewarten wir alle Tage. Darum so bitten wir Ew. Majestät demütiglich, angesehen Gott und die Christenheit, auch unser groß Verderben und Getreuheit, geruhe uns in diesen letzten Nöten zu Hülfe zu kommen mit einer trefflichen Stärk, sonst sind wir mit Hermannstadt gar verloren, dadurch Ew. Majestät mit samt der ganzen Christenheit unaussprechlichen und unüberwindlichen Schaden und Verderben empfahen werden." In demselben Sinn voll schwerer Sorge schrieb Pemfflinger vier Wochen später (29. April) an den König: „daß wir jetzund in den größten und letzten Nöten sein. Darum fleh ich, Ew. kön. Majestät um die Marter Gottes willen komm uns eilend zu Hilf, sonst sind wir mit dem Land verloren. Und so uns Ew. Maj. helfen will, so gescheh es bald. Gott sei geklagt, daß wir Ew. kön. Majestät mit unserm Leib und Gütern so treulich gedient haben und Ew. Majestät uns also verläßt und nu in das viert Jahr uns keine Hilf thut."

Um so stärker und entschlossener spannten sie die eigene Kraft an. An der Westgrenze des Sachsenlandes in Broos hielten 100 Büchsenschützen die Wache; am 2. April brachte Martin Sydonius ihnen den ersten Monatssold von 300 Gulden aus Hermannstadt. Anfangs Mai trat die Universität in Mediasch zusammen; wohl infolge ihrer Beschlüsse gingen am 6. Mai 109 Büchsenschützen nach Schäßburg an die bedrohte Ostgrenze, zwei Wochen später weitere 113 Mann, die der Hermannstädter Rats= mann Johann Enyeter befehligte. Dort in der mauerumgürteten Burg tagte in der Pfingstwoche, zum zweitenmal im Mai, die Universität; auch Pemfflinger war da. Im Anblick des blühenden Frühlings mag er wohl der Sorge gedacht haben, die er noch am 25. März dem fernen König ans Herz gelegt: wie sehnsüchtig

Zapolya der warmen Jahreszeit warte, die mit der bessern Witterung und dem Gras auf den Feldern zum Futter der Rosse ihm den Türken zu Hülfe bringen solle. Nun war Soliman Anfangs Mai in der Tat mit seinen Hunderttausenden nach Ungarn aufgebrochen; Wien war des Zuges Ziel. Diese Stadt und damit das Einbruchstor nach Deutschland zu halten, mußte Ferdinands erste Sorge sein; ein Sieg über die Türken, erkannte daher Pemfflinger richtig, werde die sicherste Hülfe auch für das vereinsamte Vorwerk sein, zu dessen Behauptung die Sachsen in Siebenbürgen noch immer hoffnungsfreudig und im Bewußtsein dessen was es gelte alle ihre Kraft aufboten.

Sie zu bezwingen, verband sich Zapolya mit Peter dem Woiwoden der Moldau, dem er als Preis der Hülfe die Schlösser Csicso und Balvanosch, die Kokelburg und den Nösnergau mit dem Rodnaer Tal vergabte. Im Juni brach jener ins Land; am 13. Juni erging von Hermannstadt das Aufgebot an die obern Stühle, Mann für Mann aufzustehen, der Moldauer sei wieder da. Schon zwei Tage später zog das Banner von Hermannstadt mit sechs Geschützen ins Burzenland, dorthin eilten die anderen Fähnlein der Sachsen, alle unter Pemfflinger vereinigt. Auch Valentin Török und Stephan Mailath standen dort, in ihren Reihen was vom Adel und den Szeklern noch Ferdinand treu war oder schien. Am 22. Juni ging nachträglich noch ein voller Pulverwagen von Hermannstadt ins Lager ab; ehe er ankam, war die Sache entschieden. Denn an demselben Tage geschah die Schlacht bei Marienburg. Sie ging verloren durch die Verräterei der Szekler; die Führer selbst kamen mit Mühe davon — Mailath suchte bis zur schützenden Nacht Zuflucht unter einer Brücke, Pemfflinger wurde von Török herausgehauen — und eilten nach Hermannstadt, da aufs neue zu beraten, was fürder in der Sache zu tun sei. Hieher kam die Kunde der Niederlage schon am 23. Juni; mitten in der Nacht sprengte der Bote mit der schweren Nachricht in die zwei Stühle, deren Bewohnern zu sicherrem Schutze Hermannstadt angetragen wurde. Unerschüttert vermehrte hier der Rat die Pulvervorräte und Büchsenschützen, stärkte Türme und Mauern und gab dem Türmer auf dem Turm der Pfarrkirche noch zwei Genossen, auf daß die „nach dem Moldner Schlage von allen Seiten von Feinden umgebene Stadt desto sorgsamer bewacht würde." Der rote Turm wurde verproviantiert und alles zu einem neuen Feldzug vorbereitet. Das sächsische Aufgebot, das bisher noch immer in Klausenburg gestanden, wurde zurückgerufen und nach Mühlbach verlegt, die wieder in der Sachsen Hände gefallene Stadt „gegen die Johannisten" zu halten. Vor Hermannstadt wurde ein Lager errichtet und mit Geschütz versehen, auch Bischof Gerendi, Mailath und andere ungarische Führer bezogen es; eine Anzahl Büchsenschützen wurde nach Schäßburg geschickt, wo eine Zeitlang auch Valentin Török und der Vizewoiwode lagen. Die Universität trat in Hermannstadt zusammen; Jakob Steiler, der Hann von Mediasch, Michael Hegyesch, der Königsrichter von Schäßburg, Kaspar Roth, Königsrichter von Schenk und andere waren darin, als sie jenen ungarischen Herren zur Besoldung von 510 Reitern auf einen Monat am 22. Juli 1530 Gulden lieh, eine Zahlung, die sich am 8. August wiederholte. Inzwischen sammelten Stephan Bathori, Gotthard Kun, Michael Jarna, Emrich Balassa und andere Adellge um Klausenburg ihre Heerhaufen und rückten auf Weißenburg. Um den Laurentiustag (10. August) brachen sie aus dem Lager von Hermannstadt gegen den Feind auf; vier schwere Geschütze zogen aus der Stadt mit, deren Banner nach altem Heerrecht ein Meister der Fleischerzunft trug, zu dessen Beschützung die Kaufmannsgilde diesmal siebzehn Reiter ausgerüstet hatte. Die Sachsen befehligte Pemfflinger; unter seinen Feldhauptleuten war Petrus Haller. Am 14. August standen sie in Mühlbach; der Mieresch schied die feindlichen Heere. Doch kam es nicht zum Treffen; Bathori scheute das Geschütz des Gegners und schloß einen Waffenstillstand, wornach Weißenburg von ihm besetzt blieb; in Hermannstadt sangen sie eine Messe für den Frieden und Sieg über den Feind.

Über so heftigen Widerstand ergrimmte Zapolya aufs neue. Den hohen Mut Pemfflingers zu brechen zog er dessen Güter ein und schenkte sie seinen Anhängern Matthias Frathai, Wolfgang Bethlen und Gregor Sarvari. „Ich habe nun nichts mehr als das Leben, das andere Geld und Gut ist alles dahin," schrieb Pemfflinger (29. Oktober 1529) an seinen Bruder. Schon früher hatte er an Ferdinand berichtet: „Ich habe bisher mit Leib und Gut, mit Tod und Blutvergießen vieler meiner Diener Euer Majestät gedient williglich; nun gibt es die Zeit, daß ich mein Leben auch muß dahingeben. Wie es Gott haben will! Eure Majestät vergesse aber meiner treuen Dienste nicht und hab mein Sohn und meine Brüder gnädiglich empfohlen!"

Der Krieg im Sachsenland.

Auch den Hermannstädter Gau ließ Zapolya seinen Zorn fühlen. Er riß Winz und Burgberg von ihm los und schenkte sie seinem Getreuen Nikolaus Kotschardi. Den Fogarascher Distrikt vergabte er an Johann Bornemissa. Den Talmescher Stuhl verpfändete er für 2000 Gulden an Stephan Mailath, der dreimal in diesem Kriege die Parteien wechselte. Die Münzkammer verlegte er beim Ausbruch des Kampfes von Hermannstadt nach Klausenburg, weil dieses ihm unter allen sächsischen Städten allein treu geblieben, Hermannstadt aber zunächst nach Kronstadt zur deutschen Partei übergetreten sei, Ferdinandische Sendboten aufgenommen und die Waffen gegen ihn ergriffen habe. Ebenso sollte Kronstadt die Macht und den Zorn des Gegners empfinden. Zapolya schenkte die zu Törzburg gehörigen Orte Csernatfalu, Türkösch, Hossufalu und Apatza an die vier Brüder Forro de Haporton, wogegen der Rat von Kronstadt durch seine Törzburger Vögte gesetzliche Einrede erhob.

Das alles änderte den Sinn der Sachsen nicht; sie fuhren fort zu rüsten und nahmen immer aufs neue Reisige und Fußknechte in Sold, oft mit erborgtem Geld. Zum Zuge gegen Bathori schoß Herr Johannes Hecht, Ratsmann in Hermannstadt, fünfzig Gulden vor. Die 1350 Gulden, die die Universität am 22. Juli an Bischof Gerendi, Mailath und die andern Ferdinandischen Führer zahlte, streckten ihr Kaufleute aus der Walachei vor, welchen sie hiefür auf nicht volle acht Wochen zehn Prozent Interessen entrichtete. Als der Hermannstädter Bürgermeister Matthias Armbruster für das kriegsschwere Jahr 1529 die Rechnung der sieben Stühle legte, hatte er nicht weniger als 27.500 Gulden, meist zu Rüstung und Heerzug für Ferdinand ausgegeben und dazu bei dem Mangel an vorrätigen Mitteln 9424 Gulden aus Eigenem vorschießen müssen.

Noch während des Zuges gegen Bathori war die Kunde nach Hermannstadt gekommen, dem Sachsenland drohe auch von der Walachei Gefahr. Der Rat schickte Bogen und Pfeile in die rumänischen Gebirgsgemeinden, daß sie die Fußsteige bewachten, dazu Boten in die Walachei, vom Zuge abzumahnen. Aber der Bojare Dragan brach durch das eiserne Tor herein, bis nach Großau drang er vor. Wieder flog von Hermannstadt der Ruf zu den Waffen durch das Sachsenland; aufs höchste schien die Gefahr gestiegen, zum Zeichen dafür trug Petrus Haller (20. August) das blutige Schwert durch die obern Stühle. Zwischen Hermann=

stadt und Großau standen die sächsischen Heerhaufen: Lanzen=
träger, Büchsenschützen, Reiter und schweres Geschütz; Johannes
Omlescher befehligte sie. Die Eingefallenen aber, welchen es um
Beute zu tun war, ließen es nicht aufs Schwert ankommen; schwere
Silberkannen an Dragan und seine Genossen und noch schwerere
Geldzahlungen machten, daß sie den Abzug versprachen. Am
6. September tranken sie den Friedensbecher aus dem Faß Wein,
das ihnen der Rat zugleich mit Semmeln, Brot und sechs Schlacht=
ochsen nach Großau hinausgeschickt hatte.

Das geschah am Samstag vor Mariä Geburt; Sonntag
darauf brachten die Boten die Nachricht, Peter der Woiwode der
Moldau sei wieder ins Burzenland hereingebrochen. Von Radnoth
aus am 9. September schrieb Stephan Bathori an den Hermann=
städter Gau und an das Burzenland: „Wir glauben es werde
Euch nicht verborgen sein, daß der erlauchte Herr Peter, der
Moldauer Woiwode unseres Königs Johann Getreuer, nach dem
Willen Sr. Majestät und dem Befehle des allgewaltigen türkischen
Kaisers in diese Provinz mit großer Macht gegen Euch aufgebrochen,
die Ihr noch immer gegen Se. Majestät ungetreu, ungehorsam
und rebellisch seid. In wenigen Tagen wird er kommen, Euch zu
bekriegen. Kehrt darum zu unserm König zurück und haltet nicht
länger die Verräter Sr. Majestät in Eurer Mitte. Tut Ihr nicht
also, so wollen wir zusamt den beiden andern Nationen, dem
Adel und Szeklern, gegen Euch zu Felde ziehen, vereint mit dem
Moldauer Woiwoden Euch heimsuchen und unter Gottes Beistand
mit aller Grausamkeit zum Gehorsam bringen." Nun erfüllte sich
wieder, was der Rat von Kronstadt und die Geschworenen des
Burzenlandes in ihrem drängenden Gesuch um Hülfe schon im
Februar Ferdinanden geklagt, wie sie mitten im Elend säßen, auf
der einen Seite das Feuer, auf der andern das Wasser. Denn
wie der Moldauer die Burg in Tartlau genommen und verbrannt,
zog er vor Kronstadt und berannte die Stadt durch drei Wochen
mit großer Gewalt. Als sie mannhaft widerstand, warf er in die
hölzernen Verteidigungswerke auf dem Schloßberg Feuer, also
daß die wenigen Männer, welche nicht in Rauch und Flammen
umkamen, am Tag Simonis und Judä (28. Oktober) sich ergaben.
Sie wurden durch schweres Lösegeld wieder frei. Die Stadt aber
blieb unbezwungen, und Peter zog nach Allerheiligen ab, die
Bistritzer seine Rache fühlen zu lassen. Denn weil auch sie zu

Ferdinand standen und von ihm nichts wissen wollten, sollten sie seine Hand fühlen. Schon hatte er einige Haufen vorangeschickt, daß sie die Weingärten aushieben und das Nösnerland schreckten. Jetzt komme er selber, schrieb er, sie und ihre Söhne zu töten und alles in kleine Stücke zu hauen. Aber die Bistritzer überfielen ihn unversehens im Feld, schlugen ihn in die Flucht und jagten ihn aus dem Lande.

So schlug das Unheil in immer entsetzlichern Wogen über dem Sachsenland zusammen. „Ich weiß nicht, wie es um euch steht," schrieb Pemfflinger im Oktober an seinen Bruder in Ofen, „aber wir sind in dem letzten Verderben." Doch sein Mannesmut und die Kraft der starken Seele erscheinen nie größer als jetzt. Seine und des Hermannstädter Rates Tätigkeit in den letzten Monaten des Jahres 1529 übersteigt alles Maß. Wie der Moldauer wieder ins Land gefallen, wird sofort die Verhandlung mit Bathori um Fortdauer des Waffenstillstandes in Klausenburg angeknüpft. Am 18. September wendet sich der Rat an die Szekler, sie von fernerer Feindseligkeit abzubringen; am 2. Oktober geht Michael Horvath im Namen der Universität zu ihrer und des Adels Tagfahrt nach Thorenburg, um mit ihnen zu verhandeln, daß sie die Sachsen nicht weiter schädigen, sondern im Frieden bleiben. Wenige Tage früher ist Valentin Török nach Temeschwar abgezogen, die Veste zu halten, die noch im März vom Sachsenland aus und durch sächsisches Geld mit Korn und Hafer verproviantiert worden war; beim Abzug erhält der Temescher Graf vom Hermannstädter Bürgermeister als Sold für 500 Mann 1814 Gulden und 50 Denare. Und wie Not hätten sie hier getan! Denn in denselben Tagen brach der Bojare Dragan treubrüchig den Frieden und Simon Deak bedrohte Broos. Am 25. September zog Pemfflinger gegen ihn; um am 2. Oktober dem von Gotthard Kun schwer bedrängten Mediasch zu Hülfe zu eilen — zu spät, da der Feind schon in der Stadt stand. Es war, als wenn dieser aus der Erde wüchse. Seit Anfang Oktober lag Deak vor Mühlbach; am 27. September hatte Pemfflinger von hier nach Hermannstadt an Gerendi um 100 Büchsenschützen, eine Hakenbüchse und Schießpulver geschrieben; ohne diese könne die Stadt, die doch eine Vormauer für das hinter ihr liegende Sachsenland sei, sich nicht halten. Nun war sie eingeschlossen; auf allerlei Schleichwegen wurde sie von Hermannstadt aus mit Pulver versehen und hielt sich mannhaft unter dem Hauptmann Balthasar, den der Rat noch zur rechten Zeit hingeschickt, bis Pemfflinger am Martinstag (11. November) mit vier Geschützen, mit sächsischer und bischöflicher Mannschaft gegen Deak zog und sie entsetzte. Inzwischen mußte auch die Heltauer Burg und die Stolzenburg gegen feindlichen Anlauf in bessern Stand gesetzt werden; hieher und dorthin wurden anfangs Oktober Büchsenschützen aus der Stadt gelegt, in deren Mauern ihre Güter zu bergen der Rat die umliegenden Gemeinden aufforderte. Denn alle, zehn ausgenommen, lagen in Asche. Gleichzeitig wurden vor den Toren Schanzen aufgeworfen; wochenlang standen Bürger der Stadt in den Vorwerken oder in den Stückbetten. Da geschah es, daß unversehens ein feindlicher Haufe die Stolzenburg überfiel und einnahm; das Dorf ging in Flammen auf, die Gefangenen wurden rings auf den Mauern in Pfähle gezogen. Doch schon in der nächsten Nacht verlor der Feind die Burg wieder; bei Fackelschein zogen sie von Hermannstadt hinüber, verstärkten die Befestigungen und legten (7. November) unter dem Hauptmann Johann Lang wieder zwanzig Büchsenschützen hinein. Noch am Schlusse des Jahres in der Kälte des Winters flog Pemfflinger in raschen Streifzügen mit Fußvolk und Reitern durch das Land, jede Schwäche der „Johannisten" erspähend. In der dritten Adventwoche stand er in der Gegend von Mediasch, bald darauf den Feind verfolgend bei Schäßburg, wo Büchsenschützen im Dienst der Universität der Bürgerschaft in der Abwehr des Feindes halfen; Donnerstag vor Weihnachten schickten sie aus Hermannstadt Boten an ihn „Neumarkt zu"; am 21. Dezember riefen sie ihn nach Hause zur Neuwahl des Rates.

Mitten in die aufregende Sorge dieser Tage kam (15. Oktober) die Siegesbotschaft nach Hermannstadt, der türkische Sultan, der seit dem 26. September vor Wien lag, sei geschlagen. Eilboten in das Sachsenland verkündeten die damit neu erwachte Hoffnung, die in Hermannstadt in lodernden Freudenfeuern unter dem Jubel der Bürger die Nacht erleuchtete.

Doch sie sollte nicht in Erfüllung gehen. Moses der Woiwode der Walachei wollte die Wirren im Nachbarland mit List benützen und schickte plötzlich, während der Moldauer vor Kronstadt lag, einen starken Haufen über die Grenze. Sie umschlossen Törzburg; aber der Kronstädter Ratsmann Johannes Hoch verteidigte die Veste standhaft, also daß jene abziehen mußten. Wie nun jener Woiwode bald darauf von einigen Gegnern vertrieben wurde und Mailath mit Ferdinandischen Haufen ihn wieder einsetzen wollte, fiel der türkische Pascha mit vielem Volk ins Land und berannte Kronstadt. Hier wütete, während draußen das Schwert war, drinnen die Pest. Schon im vorigen Jahr hatte die Stadt Abgeordnete geschickt an König Ferdinand, ihn zu schleuniger Hülfe zu mahnen und guten Bescheid erhalten; wie die aber noch immer nicht kam und weit und breit keine Rettung war, mußten sie sich ergeben und des Königs Hansen Banner aufstecken (Oktober 1530). Auch gegen Schäßburg zog Bathori, doch mißlang der Handstreich.

Wie Stephan Bathori solche Treue der Sachsen sah, erstaunte er. „Es ist doch niemandem besser als Euch bewußt," schrieb er den 19. Juni 1530 an die Sachsen, „von welchen Niederlagen, von wie viel Raub, Mord, Erpressungen und großen Übeln jeglicher Art ihr heimgesucht worden, seitdem ihr von König Johann abgefallen. Und das alles ist geschehen, weil ihr jenem Fremden anhänget, der wie ein Wolf in eines andern Schafstall eingebrochen. Wahrlich es ist ein Wunder, daß ihr allein für jenen so viel leidet, von dem ihr doch keine einzige Wohltat empfangen. Darum kehret zurück zu unserm König und lasset Eure Ehrlichkeit nicht länger täuschen von Menschen, die nur das ihre suchen und nicht was zu Eurem Heile dient. Wir geloben Euch in seinem Namen, daß er Eure Rechte und Freiheiten schützen wird." Also schrieb Bathori an die Sachsen, sie aber mußten mit Bitternis daran denken, daß Ferdinand abermals nichts als luftige Versprechungen hatte, ja daß er selbst vor kurzem, ihrer Treue und der Hinweisung auf ihr Eigentumsrecht ungeachtet, den Fogarascher Distrikt — gerade wie Zapolya zur Belohnung seiner Freunde getan — an den Erlauer Bischof und seine Schwestern geschenkt hatte (1528); sie mußten es erleben, daß Ferdinand 1535 dem Woiwoden der Moldau, dem Barbaren, um ihn von Zapolya ab und auf seine Seite zu ziehen, mit der Kokelburg und Balvanosch auch Bistritz vergabte.

Doch wo die Stimme der Pflicht gesprochen, da bleibt für den Mann keine Wahl mehr übrig. „Der Moldauer und Walachische Woiwode, die Türken an der Seite, die Edelleute und Szekler im Land, sind alle wider uns," schrieb Pemsflinger (30. Mai 1530) an seinen Bruder. „Ist es denn der Wille Gottes, daß ich mein Leben für meine Treue geben soll, so geschehe es also. Aber daß die armen Teutschen also in Grund verderben und verloren gehen, das frißt mir mein Herz." Also sandte man aufs neue Boten an Ferdinand; sie hatten keinen andern Trost davon als neue Briefe und neue Versprechen. Im Mai schrieben Gerendi und die Adeligen aus Hermannstadt mit den Sachsen der sieben Stühle, ernste Worte an Ferdinand: "Alle Nationen wählten sich einen Fürsten, dienen ihm und sind ihm ergeben, damit er als Fürst sie schütze und verteidige in ihrer Treue und Freiheit, ihrer Ehre und ihren Gütern. Aber daß wir die Wahrheit sagen, gnädigster König, von Eurer Majestät ist gar nichts Derartiges uns zuteil geworden... Wir sehen offenkundig, daß Eure Maj. uns nicht mehr haben will." Sie sahen sich gezwungen, für sich selbst zu sorgen und anderswo Schutz zu suchen. In der Tat mußte sich Schäßburg im Spätjahr 1530 ergeben; auch Mühlbach, trotz des Waffenstillstandes vom Feind belagert und beschossen, kam wieder in dessen Gewalt (April 1531). Als das der Schenker, Repser und Leschkircher Stuhl sah, traten die Abgeordneten derselben zusammen und sprachen bekümmerten Herzens: "Wer mag uns retten?" Sie schwuren König Hansen. Der Aufforderung des Bischofs Gerendi und des Hermannstädter Rates zu weiterm Widerstand setzten sie die Unmöglichkeit entgegen. Zu Anfang des Jahres 1531 war alles Sachsenland in der Gewalt Zapolyas; nur Hermannstadt hielt sich noch. Türken, Walachen und Tartaren und andere von Zapolyas Partei belagerten sie im Herbst 1530; "aber ich hab ihnen Antwort getan und ihnen Pillen und Munera geschickt," schreibt Pemfflinger am 6. November an Martin Sydonius, der mit dem Kronstädter Ratsmann Hans Fuchs am königlichen Hoflager weilte. Wer mag aber die Dörfer zählen, die die wilden Feinde in Asche gelegt, wer das Volk, das sie niedergehauen, oder den Raub ermessen, den sie fortgeführt?

Da zeigte der Waffenstillstand, den Ferdinand mit Zapolya zu Anfang des Jahres 1531 schloß — er sollte vom 22. Januar bis 21. April dauern — den Bedrängten einen neuen Hoffnungsstrahl. Er leuchtete nicht lange. Auf einem Tag in Mediasch traf Zapolya eifrig Vorkehrungen zu weiterm Kampf gegen Hermannstadt; die Szekler stellten 1500 Mann und halfen mit Geld. Als die Hermannstädter, wohl von Mühlbachs Schicksal gewarnt, anfragten, ob er sie in den Waffenstillstand einzuschließen gedenke, antwortete er zornig und drohend. So rüsteten sie weiter, die Anstalten leitete Martin von Frunsperg, der deutsche Feldhauptmann, der im Heer Kaiser Karls V. in Italien gedient, dort zu den Franzosen übergegangen und von Franz I. an Zapolya geschickt worden war, diesen aber verlassen hatte und, um des Kaisers Gnade wieder zu erlangen, nach Hermannstadt gekommen war. Nach seiner Weisung wurden die Werke verstärkt, die die neue Belagerung Zapolyas bald erprobte. Am 22. Mai war die ganze Umgebung wieder in seiner Gewalt und die Stadt eingeschlossen, in ihr Not und Jammer aller Art, da zum Schwert des Feindes da draußen drinnen sich Pest und Hunger gesellten. Doch verlor das Häuflein der Getreuen den Mut nicht, wenn auch der Mauerring von Hermannstadt sie alle umschloß, die noch an Ferdinand hielten.

Am 1. Mai 1531 schworen hier der Bischof Gerendi, der königliche Kämmerer Kaspar Horvath, Alexander Bethlen, der Vizewoiwode, Nikolaus Apafi und Stephan Mailath dem Bürgermeister, den Richtern, Geschwornen, Hundertmännern, Zunftmeistern und der ganzen Gemeinde von Hermannstadt zur Erhaltung des christlichen Glaubens und des heimgesuchten Vaterlandes in der Verteidigung der Stadt mit ihnen treu auszuharren, wie es ihre Pflicht gegen Ferdinand erheische, und Glück und Unglück mit ihnen zu teilen. Kurze Zeit darauf vergaß Mailath seines Schwures, ging zu Zapolya über und bedrängte selber Hermannstadt aufs heftigste.

Dort stieg die Not von Tag zu Tag, mit ihr aber, die ganze Scharen aus der Stadt trieb und edle Frauen und Kinder zwang, das Holz auf dem Rücken zum Herde zu bringen, zugleich der Entschluß, so lang als möglich nicht zu weichen. Im Jahre 1532 gingen Abgesandte zum Reichstag nach Regensburg, um dort „mit höchstem Fleiß um Hilf und Entschüttung" zu bitten. Wieder wurde die Aussicht heller. Nicht ohne Sorge schrieb Ritter Kaspar Winzerer, Zapolyas Vertreter bei den Herzogen von Bayern, wie kaiserliche Majestät selbst in Bedenkung, daß ihr Bruder König Ferdinand gar mittellos, bewilligt, Geld zur Rüstung zu geben; sofort seien acht Hauptleute verordnet worden, daß ein jeder von ihnen ein Fähnlein Knechte aufnehme, die alsbald nach Siebenbürgen ziehen sollten und Kaspar Ritschain solle sie als Obrister führen; auch würden 10.000 italienische Knechte nächstens zum

Katzianer stoßen. Aber „das Geschrei" wurde nicht zur Tat, obwohl Pemfflinger selbst, den die Sorge um sein Volk eisgrau gemacht hatte, schon im Sommer 1531 nach Wien gegangen war, schnellere Hülfe zu bringen. Wohl wiederholte sich in Ungarn im Sommer 1532 und 1533 das Gerücht, Katzianer werde endlich nach Siebenbürgen aufbrechen, Pemfflinger selbst war eine Zeitlang in Kaschau an des Führers Seite; wohl brachte Ferdinands Abgeordneter Jakob von Een geringe Hülfsgelder der nahe dem Hungertode stehenden Stadt, die Mailaths Truppen immer enger umschlossen und deren Mauer 1533 ein unerhörtes Hochwasser des Zibin 104 Schritte lang niederriß; wohl raffte sich diese auf neue Verheißungen Ferdinands im Februar 1535 noch einmal auf und kündigte den Vertrag, den sie am 2. November 1534 mit Zapolya geschlossen: binnen vierzehn Wochen sollen Abgeordnete der Stadt zu Ferdinand gehen, diesem anzukündigen, daß sie zum Lande getreten und mit diesem und den drei Nationen König Johann zum Fürsten haben wolle — als aber Katzianer im Frühjahr 1535 nach Hermannstadt schrieb und begehrte, daß man ihm zuvor Geld und zwei oder drei verständige und geschickte Männer sende, die ihm den Weg nach Siebenbürgen zeigten und aller Wege, Wasser und Wälder kundig wären, da ergriff die Gemüter vieler Entsetzen. „Jetzt sehen wir," klagten sie, „daß wir verloren sind und nur mit Worten aufgehalten werden. Gott erbarm es, daß wir erst den Weg nach Siebenbürgen zeigen sollen, die da ganz versperret sind. Haben denn die andern nicht Wegweiser genug, die die Straße ebenso gut kennen wie das Vater unser? Oder sind sie blind, daß sie Siebenbürgen nicht zu finden wissen in acht Jahren, es sei denn, daß belagerte Hermannstädter ihnen den Weg zeigen?"

Als die „Praktiken" auch in Siebenbürgen nicht mehr verfangen wollten, schloß Ferdinand endlich Waffenstillstand mit Zapolya, den er am 24. Mai 1535 Hermannstadt bekannt gab und der später bis 1. Februar 1536 verlängert wurde. Den Bürgern sollte gestattet sein, während dieser Zeit frei zu verkehren und die Stadt zu befestigen. „Nichts ist unter dem Himmel," schrieb Ferdinand an seine Stadt, „das wir nicht um euch und euerer leuchtenden Treue thun wollen." Am 19. Juni versuchte Mailath einen Überfall und — ward geschlagen; „viel Volk und treffliche Hauptleute" fielen ihm. Um so erbitterter bedrängte er die verhaßte Stadt, die entvölkerte, in der endlich innere Zwietracht das finstere Haupt erhob. Ein Teil begann die Übergabe dem Hungertode vorzuziehen; immer ängstlicher wurden die Sendschreiben an Ferdinand, „durch Gottes Willen die Armen eilend, eilend zu erlösen." Am 8. Oktober bewog Cen und der Stuhlrichter Hans Roth die zum Aufstand geneigte Bürgerschaft noch einen Monat auszuharren. Auf diese Nachrichten verhieß wieder einmal Ferdinand Kaspar Horvath mit Geld nach Hermannstadt zu senden — er ist gar nicht nach Siebenbürgen gekommen — und setzte einen Preis auf Mailaths Gefangennahme oder Tötung. Dieser aber besetzte die Stadt im November und verpflichtete sie, wenn bis Ende Februar 1536 keine Hülfe komme, Zapolya anzuerkennen. Der Februar verging, es erschien keine Hülfe. Da stiegen die Hermannstädter von den Mauern und Türmen, die sie in deutscher Treue unerschütterten Mutes bis ins siebente Jahr für König Ferdinand gehalten — es waren nicht tausend wehrhafte Männer darin — und legten die Waffen nieder. Mit Hermannstadt war ganz Siebenbürgen in Zapolyas Händen.

Pemfflinger überlebte den Kummer nicht lange. Zu Anfang des Jahres 1536 war er am Hof Ferdinands in Wien; stets von dem Gedanken an die Rettung seines „teutschen Volkes" erfüllt, wollte er zum Woiwoden der Moldau gehen, der gerade damals wieder Treue für Ferdinand heuchelte. Als die Reise nicht zu stande kam, begab er sich, wohl im Zusammenhang mit Katzianers bevorstehendem Zug nach Siebenbürgen, nach Oberungarn; von Kaschau schrieb er am 25. Februar an seinen Bruder: „mag Se. Majestät doch einmal, sei es durch Krieg, sei es durch Frieden ein Ende machen. Ich fürchte der Eimer wird endlich in Stücke gehen, da Ihr nichts als Worte habt; rafft Euch doch einmal zu Thaten auf, es wird Euch sonst gereuen." Später finden wir ihn in Leutschau an der Spitze eines Fähnleins von 125 Mann, zu deren Besoldung ihm bald die Mittel fehlen: „Ich bin wie ein Vogel," schreibt er an Ferdinand, „und habe nicht, wo ich mein altersmüdes Haupt zur Ruhe legen könnte." Die letzte Kunde von ihm ist aus dem Februar 1537, eine letzte Bitte an Ferdinand, voll Entsagung: „ich erwarte nichts mehr und wenn etwas kömmt, wird es zu spät sein, denn inzwischen kann der Tod es vollenden." In der Tat hat der ihn bald darauf erlöst; im September schreiben sie von ihm wie von einem nicht mehr lebenden Manne. Niemand

weiß, wo er gestorben, wo sein Gebein ruht. In der Pfarrkirche
in Hermannstadt aber, die bald nachher dem neu aufgehenden
Licht des Evangeliums sich öffnete, trug bis zur Gegenwart herab
ein Pfeiler eine Gedenktafel, an deren Inschrift das Volk die
Erinnerung an ihn knüpfte:

> Schirmer des Rechts war er, des Bösen eifrigster Gegner,
> Teuer den Besten stets, nie niedrigem Geize ergeben.

Von seinem reichen Gut ließ er nur eine Last von Schulden zurück,
die er für Ferdinands Sache gemacht. Sein Sohn konnte nichts
aus dem Schiffbruch retten; es war noch eine ehrenvolle Wendung,
als 1545 die Stadt Pemfflingers Haus um 1922 Gulden und
64 Denare kaufte und fortan als Rathaus gebrauchte.

Zapolya aber verkannte nicht, wie sehr er seine Herrschaft
kräftigen werde, wenn er die Sachsen in Wahrheit für sich gewinne.
Darum hatte er 1531 des Burzenlandes alte Freibriefe von
Ludwig I. und Wladislaus II. bestätigt und in demselben Jahr
den Schenker Stuhl von aller Einquartierung freigesprochen.
Darum hatte er 1532 die Satzungen Schäßburgs von 1517 be=
kräftigt, worin geschrieben stand, daß kein anderer als ein Sachse
oder Deutscher Haus und Bürgerrecht in Schäßburg besitzen dürfe.
Auch den Hermannstädtern erwies er sich freundlich. Also schenkte
er der Stadt die Zwanzigstabgabe auf zehn Jahre ohne Entgelt,
woher 13.181 Gulden in den Stadtsäckel flossen. Ebenso schützte
er die Sachsen bei dem alten Rechte, daß die der Gesamtheit
oder irgend einer Kirche gehörigen Besitzungen, auch wenn sie auf
Komitatsboden lägen, zur Steuer der Sachsen beitrügen. Solche
Achtung zollte Zapolya seinen langjährigen Gegnern. Ferdinand
aber hatte bereits 1527 an die Sachsen geschrieben: „daß Ihr
einmütigen Beschlusses dem treulosen Johann Zapolya, der in des
Reiches Acht liegt, nicht nur auf das Tapferste Widerstand
geleistet, sondern ihn mit seinem ganzen Anhang aus jenen Landen
vertrieben habt, darin erkennen wir Eure ausgezeichnete An=
hänglichkeit an uns und die heilige Krone, darin Eure vorzügliche
Treue. Diese rühmlichen von Euch vollführten Thaten werden
Euch und Euren Kindern und Nachkommen selbst bei unsern
Erben zur Ehre und zum größen Lob gereichen." Und im No=
vember 1535 fügte er aus der Burg in Wien hinzu: „Da die
Reinheit Eurer Treue gegen uns der Art ist, daß wir euch mit

besondrer Neigung zugethan sind, wird Euer Ruhm und Eurer
Thaten Gedächtnis mit Recht bei uns fort und fort würdig gefeiert
und vor andern erhoben werden."

Selbst dem Gegner ging das Schicksal der Sachsen und ihr
Elend zu Herzen. An die Herzoge von Bayern berichtete ihr Ab=
geordneter an König Johanns Hof im Februar 1536 aus Ofen:
„Dieselb Stadt (Hermannstadt) ist nun bis in das neunt Jahr
sehr erarmt, denn die Inwohner kein Handel geführt, sondern
dieweil man ihnen nichts hat lassen zuegen (zugehn), alle ihr Hab
und Gut verzehrt, die Häuser zerrissen und verprennt, und große
Armut von des König Ferdinanden (wegen) erlitten." Wie viel
tiefer mußte Bischof Gerendi das fühlen, als er im Januar des=
selben Jahres an Ferdinand schrieb: „der Hermannstädter Ge=
schichte kann ich nicht vergessen" — „wie ehrlich und getreulich die
frum Stadt und Ein Ehrsamer Rat und Gemein sich gehalten
hat" nach Jakobs von Een Worten an Katzianer — „und wenn
ich in den Bitten für sie das Maß überschreite, wolle Ew. Maj.
mir das verzeihen und zu guten Treuen schreiben."

Am 2. Januar 1535 traten die nun unter einem Haupte
stehenden drei Nationen Siebenbürgens auf einem Landtag in
Vásárhely zusammen und setzten eine Kriegsordnung fest gegen
drohende Feindesgefahr. Wenn das blutige Schwert durchs Land
getragen werde, sollten alle, die das Aufgebot beträfe, bei Leibes=
und Lebensstrafe ins Feld ziehen, die Begüterten aus dem Adel,
den Szeklern und den Sachsen auf guten Streitrossen im Panzer
oder Harnisch mit Helm, Schild, Schwert und Speer; die Minder=
wohlhabenden aus den beiden andern Nationen zu Roß oder zu
Fuß mit Helm, Schild, Speer, Schwert, Streitaxt und Streitkolben,
mit Pfeil und Bogen, oder doch mindestens mit Axt und Sense.
Die Sachsen aber, wenn sie ein Vermögen von zwölf Gulden
hätten, sollten in der Rüstung ausziehen mit Schild und Schwert
und Streitaxt, mit Büchse, Pulver und Blei; Schild und Bogen
führte nur, wer nicht mehr als sechs Gulden besaß. Die Krieger,
die zu Felde zogen, sollten für ein gewöhnliches Schlachtvieh dreißig
Denare zahlen, Haut und Unschlitt aber zurückstellen; ein Zugochse
und eine Milchkuh kosteten sechs Gulden, das Fleisch von einem
Schafe zwölf Denare, eine Henne einen, eine Gans zwei, eine
Speckseite achtzig Denare, ein Kübel Hafer fünf, Heu zum Futter
für ein Pferd auf Tag und Nacht einen Denar.

Drüben in Ungarn begann nach Ablauf des Waffenstill=
standes Krieg und Verrat aufs neue. Dort hielten die Städte
Leutschau, Bartfeld, Eperies und andere mit derselben Treue an
Ferdinand wie in Siebenbürgen die Sachsen. Nach vielem Wechsel
des Glückes wurden endlich die Könige des Streites müde und
neigten sich zum Frieden. Im Februar 1538 schlossen sie ihn zu
Großwardein. Zapolya erhielt darin ganz Siebenbürgen und von
Ungarn was er inne hatte, dazu den Königstitel — alles aber
nur auf Lebenszeit. Nach seinem Tode solle das ganze Königreich
Ungarn an Ferdinand oder dessen rechtmäßige Erben fallen, auch
bei Zapolyas Leben für beide Teile Ungarns nur ein Palatin
gewählt werden.

So wurde der verderbliche brudermörderische Krieg geendet.

23.
Siebenbürgens Trennung von Ungarn und der neue Bund, den die drei Völker schließen.
1538—1542.

Wo öffnet sich dem Frieden,
Wo der Freiheit sich ein Zufluchtsort?
Schiller.

Johann Zapolya genoß der Herrschaft nicht lange. Er lebte
in steter Furcht vor dem Sultan, dessen Zorn über den Groß=
wardeiner Frieden er mit schwerem Golde stillte und starb geängstet
vom Aufstand einiger magyarischen Großen den 21. Juli 1540 in
Mühlbach. Nun sollte nach dem beschworenen Vertrag alles, was er
besessen, unter Ferdinand kommen. Aber auf dem Sterbebette hatte
Zapolya den Mönch Georg Utissenitz Martinuzzi, seinen getreuen
Ratgeber, aufgefordert und alle Großen mit ihm, seinen wenige
Wochen alten Sohn krönen zu lassen, nie aus dem Haus Österreich
einen Fürsten anzunehmen und alles Heil nur von dem Türken
Soliman zu hoffen. Also geschah es denn. Während Ferdinand fern
in Deutschland weilte und seinem Bruder, dem Kaiser Karl V. die
Reformation bedrängen half, versammelte Zapolyas Gemahlin
Isabella ihren Anhang und ließ das Kind krönen, das fortan
den Titel „erwählter König von Ungarn" führte. Während seiner
Unmündigkeit sollte Isabella die Reichsverwaltung leiten in Ge=

meinschaft mit Petrovich, Török und Martinuzzi, von dem Ferdinand sagte, er beneide seine Gegner nur um diesen Einen Mann in der Mönchskutte, der mehr wert sei als 10.000 Geharnischte.

Da begann aufs neue große Verwirrung im Vaterland. Stephan Mailath mochte gern selbst Fürst werden. Weil aber ein Teil des Landes für Ferdinand war, gab er sich den Anschein, als stehe er auch auf dieser Seite und bewirkte dadurch, daß man ihn zum Landeshauptmann wählte. Bei dem Sultan sprengte er aus, Zapolya sei ohne Erben gestorben; da ließ dieser dem Landtag in Birthälm erklären (1540), er habe Siebenbürgen, das ihm leibeigen sei, seinem getreuen Stephan Mailath vergabt. Auf der andern Seite drohte Isabella und ihre Partei; seit Zapolyas Tod hielten sie Mühlbach besetzt als Bürgschaft für die Treue der Sachsen. Auch Ferdinand endlich schickte wieder Briefe und Boten, warnte vor der Wahl eines Königs, denn er sei der rechtmäßige Herrscher und werde schleunig Hülfe schicken.

Nach Zapolyas Tod waren die siebenbürgischen Stände in Schäßburg zusammengetreten (29. August) und hatten sich geeinigt, 3000 Mann auf gemeinsame Kosten aufzustellen und zu erhalten und beschlossen, wenn irgend jemand mit auswärtigen Fürsten Verbindungen anknüpfe gegen den Willen des Reichs zum Zweck einen König zu gewinnen, der solle als Hochverräter bestraft werden. Zunächst wollten sie abwarten, wer in Ungarn zum König gewählt werde, die Sachsen auch, in wessen Besitz Ofen komme. Als auf dem Rakosfeld der Sohn Zapolyas, Johann Sigismund, zum König erwählt wurde, entschied sich auch Siebenbürgens Schicksal, insbesonders da auch der Sultan eingriff. Als Soliman nämlich erfahren, daß Mailath ihn getäuscht, sandte er einen Pascha nach Siebenbürgen und ließ ihn gefangen nehmen. Er selbst zog nach Ungarn und nahm im August 1541 Ofen ein; die Hauptkirche wurde zur Moschee eingeweiht. Nach langer Beratung überließ er Johann Sigmund, Zapolyas Sohn, unter seinem Schutz und der Königin Vormundschaft Siebenbürgen und einen Teil des angrenzenden Ungarn. Des Reiches Erhaltung aber fordere, daß er bis zu ihres Sohnes Mündigkeit Ofen in Besitz nehme; anderthalb Jahrhunderte hat von da an auf den Zinnen der alten ungarischen Königsstadt der Roßschweif geweht. Der größte Teil von Ungarn wurde türkische Provinz; Ferdinand behielt nach langem Krieg nur die westlichen Komitate.

Inzwischen schwankten die Gemüter in Siebenbürgen zwischen Furcht und Hoffnung. Im Oktober 1540 gab Ferdinand wieder wortreiche Versicherungen, unter dem Hinweis darauf, welche Gefahren das Knabenregiment des neugeborenen Zapolya für sie in sich berge, daß er mit Hülfe seines Bruders, des Papstes, Frankreichs und des deutschen Reichs stark genug sei, nicht nur dieses Reich zu schützen, sondern mit Gottes Hülfe die ganze Christenheit. Aber die Worte verfingen nicht mehr und von allen Seiten drohten die Türken. „Wir zweifeln nicht," schrieb Georg Martinuzzi 1541 an die Hermannstädter, „seine Herren und verehrten Freunde," „wir zweifeln nicht, ihr werdet noch die Mühsal, den Schaden, den unendlichen Geldverlust, die Plagen, die Verheerungen gut im Sinne haben, die Euer armes Volk jüngst erlitten. Höret daher nicht auf diejenigen, die durch Schmeichelworte und glänzende Versprechungen Euch aufs neue ins Elend bringen wollen. Ja wenn irgendwie Hoffnung wäre, daß ein christlicher Fürst uns schütze, was gäbe es Besseres? Aber der türkische Kaiser hat geschworen, daß er Johann Zapolyas Sohn zum König einsetzen wolle. Bricht nun ein Krieg aus, wen trifft er ärger als Euer Volk?"

Dieses aber trug schon schwer genug an den innern Wirren des Landes. Denn bei der Auflösung aller Bande der Ordnung schaltete jeder wie ihn gelüstete und der ungarische Adel achtete sächsisches Gut und Recht mit nichten. Als die drei Nationen am 25. Januar 1542 zu einem Landtag in Vasarhely zusammenkamen, führten die Sachsen bittere Klage: „Unerträglich sei der Zustand des Landes. Ungarische Beamte übten Willkür auf Sachsenboden; Adelige hätten Dörfer im Nösnerland an sich gerissen; Mühlbach sei noch immer nicht in der Sachsen Hand. Das Kriegsvolk betrachte alles als sein Eigentum, mißhandle die Bewohner und richte ganze Landstriche auf so gotteslästerliche Weise zugrunde, daß man es nicht einmal mit Namen nennen könne, ohne Sünde zu begehen. Wenn das nicht aufhöre, so müßten sie gegen jene Dränger zum Schwerte greifen, sintemal schon das natürliche Recht gebiete, Gewalt mit Gewalt zu vertreiben." So klagten die Sachsen, und man ward von Tag zu Tag mehr inne, wie notwendig ein Herrscher im Lande sei, der Recht und Gerechtigkeit handhabe. Der Adel selbst mußte in jedem Komitat eigene Gerichtshöfe aufstellen zur Bestrafung der Räuber, Diebe, Mörder, Mordbrenner, Falschmünzer; der Adelige, der mit seinen Knechten

auf Raub ausgehe, solle am Galgen sterben; ebenso wer von
zwei Adeligen des Diebstahls beschuldigt sich nicht durch sechs
untadeliger Adeligen Zeugnis reinigen könne.

Schon am 22. Juli 1541 hatte der Landtag Jsabella und
ihren Knaben anerkannt, aber die Stimmung im Lande war nicht
allenthalben günstig für sie. Sie war von Lippa, wo sie wohnte,
ins Land hereingekommen, aber bald wieder auf jene Festung
zurückgegangen. „Bruder Georg" (Martinuzzi) aber gelang es,
die Stimmung umzuwandeln. Am 29. März 1542 wurde Jsabella
auf dem Landtag in Thorenburg neuerdings anerkannt. Die Zer=
rüttung des Landes, das Bedürfnis nach Ruhe und Frieden,
die Furcht vor den Türken vermochten sie dazu. Auf derselben
Tagfahrt wurde der Zwist der Völker, der nun sechzehn Jahre
lang das Reich verheerte, geendet; sie erneuerten den alten Bund
der Väter, reichten sich die Hand der Versöhnung und stellten
das Staatsgrundgesetz fest, nach dem die Angelegenheiten des
Vaterlandes hinfort sollten geordnet werden. „Durch Gottes
Gnade," schrieben sie in den Landtagsschluß, „sind alle drei
Nationen übereingekommen, gegenseitig Frieden zu halten und
alle Angelegenheiten des Reichs in derselben Weise und durch
den gleichberechtigten Rat mit Übereinstimmung aller zu ordnen,
und dem Herrn Statthalter Gehorsam zu leisten nach der Frei=
heit und der alten Gewohnheit des Reichs." Also ernannten
sie sofort einen Reichsrat „zum Nutzen und zur Erhaltung des
Reichs", jede Nation wählte sieben Männer aus ihrer Mitte,
die Sachsen den Hermannstädter Königsrichter G. Huet, Johann
Fuchs aus Kronstadt, Michael Hegyesch aus Schäßburg und
andere. Sie schwuren, alles in Treuen zu treiben und die Bera=
tungen geheim zu halten. Zum Schluß wählten sie eine Abordnung
von sieben Männern, von den Sachsen wieder Huet und Fuchs,
die Königin ins Land hereinzubringen, mit je 33 Pferden, die
jede Nation beistellen sollte. Im Jahre 1544 erklärte der Landtag
in Thorenburg in wahrhaft hochherzigem Sinne: Da alle nur
ein Vaterland hätten und dieses von allen die gleiche Liebe
verlange, sei es notwendig, daß jeder mit gleichem Eifer und
gleicher Treue an ihm hange und sich niemand einer Pflicht ent=
ziehe, sei es nun Verteidigung, sei es Geldbeitrag, die von des
Vaterlandes Heil gefordert würde. Daher beschlossen sie, daß alle
drei Nationen dergleichen Lasten nach des Reiches alter Gewohnheit

und Verfassung gleichmäßig tragen sollten, da der Nutzen, den des Vaterlandes guter Zustand gewähre, sich gleichmäßig auf alle erstrecke.

Das ist die erste Union, die die drei ständischen Völker Siebenbürgens, der ungarische Adel, die Szekler und die Sachsen zur Zeit der einheimischen Fürsten geschlossen haben. Da die Völker als solche den Vertrag eingingen, so verstand es sich von selber, daß man auf den Landtagen die Beschlüsse nicht nach Abstimmung der Einzelnen machte, sondern daß jedes Volk nur eine Stimme hatte. Auch waren meist nur die Verhältnisse des ganzen Landes, Verteidigung, Höhe der Steuer usw., das öffentliche Recht, wie sie es heißen, Gegenstände des Landtages; mit den Angelegenheiten der einzelnen Völker, ihrem Sonderrecht, hatte dieser nichts zu tun; was sich hierüber findet, geht nur den Adel und die Szekler an oder ist Übergriff. Denn wie Bildungsstand, Rechtslage und Bedürfnisse der einzelnen Nationen so weit voneinander abstanden, erschien es dem gesunden Sinn der damaligen Zeit unzulässig, die Obergespäne der Komitate oder die Königsrichter der Szekler sollten befugt sein festzusetzen, wie man auf Sachsenboden erbe, oder die Zunft einrichte, oder das Eigentum schützen solle; wie hinwiederum nach demselben Grundsatz die Sachsen ohne Einfluß auf die Ordnung der Innerverhältnisse der beiden Schwesternationen waren. So besaßen jene das Recht der umfassendsten Selbstgesetzgebung und haben es nicht zu des Landes, noch zu eigenem Schaden ungekränkt ausgeübt Jahrhunderte lang.

Damit hatte sich Siebenbürgen als eigener Staat eingerichtet, unabhängig von Ungarn, wie seine Innerverhältnisse von Anfang an von den ungarischen verschieden gewesen waren, — aber seit Dezember 1542 erkannte es auch die Oberhoheit der Türken an.

In diesen Zeiten der Wirren wurde jenes Band, das die deutschen Gaue Siebenbürgens zu einer Gesamtheit, zu einem staatsbürgerlichen Ganzen vereinigte, immer enger. Um den Hermannstädter Grafen Pemsslinger scharte sich, wer an Ferdinand hielt; auf gemeinschaftlichen Tagen beriet man, was zum Schutz des guten Rechtes zu tun sein. Und wie von allem Anfang an der Hermannstädter Gau seiner Ausdehnung und seiner Rechtslage nach der bedeutendste gewesen, so wurden allmählich seine Tagfahrten Versammlungen des ganzen Volkes; schon Zapolya nennt Hermannstadt die Hauptstadt desselben. In den Kämpfen, in den Verträgen jener Zeit, in Ferdinands Briefen, in der Union von

Siebenbürgen unter türkischer Oberhoheit. 243

1542 kommen die Sachsen überall als ein Volk, als die dritte ständische „Nation" vor.

Auch nach der Unterwerfung unter Isabella verlor diese die Hoffnung, mit den unter Ferdinand stehenden Teilen vereinigt zu werden, nicht sogleich. Es flossen noch lange Zeit Unterhandlungen zwischen Ferdinand und Isabella. Die Sachsen suchten durch Briefe und Boten das Werk zu fördern. Petrus Haller von Hermannstadt war noch im Oktober 1542 in Wien. Ergriffen von solcher Anhänglichkeit schrieb Ferdinand im August 1542 an die Sachsen und gelobte, ihre Rechte und Freiheiten zu bestätigen und für ihre Wohlfahrt und ihre Beschützung immer vorzügliche Sorge zu tragen, „damit sie nie mehr von dem Adel und den Szeklern erdulden müßten, was sie bisher erduldet." Der Stadt Schäßburg bestätigte er den Bezug des Freisalzes aus dem Szeklerland, den Kronstädtern die alten Rechte. „Hermannstadts aber," sprach er „wollen wir in Gnaden eingedenk sein und ob der zahllosen Verluste, die sie wegen unserer Majestät erlitten, Fürsorge treffen für sie zu unserem Gedächtnis für ewige Zeiten. Denn unvergeßlich sind uns ihre treuen Dienste und was sie gelitten haben für uns, weshalb sie mit Recht von unserer Gnade die Überzeugung haben sollen, daß wenn der Herr Herr uns den ruhigen Besitz jenes Reiches gewährt, wir ihnen ein so gnädiger und dankbarer Fürst sein wollen, daß sie Ursache haben werden, zu allen Zeiten für uns und unsere Nachkommen zu beten."

24.
Der Anfang der Reformation oder Kirchenverbesserung im Sachsenland.
1519—1529.

> Ein' feste Burg ist unser Gott,
> Eine gute Wehr und Waffen.
> Luther.

Mitten in den Stürmen, die nach der Schlacht von Mohatsch das Vaterland verheerten, während das ungarische Reich in Trümmer fiel, erhob sich die Reformation nach Deutschlands Vorgang auch unter den Sachsen in Siebenbürgen. Ja gerade jenen Stürmen verdankt sie es hier, daß der Fürst dieser Welt ihr nichts anhaben konnte. So ordnet der Herr Herr, der über die Menschheit waltet, die Geschicke der Erde.

Es ist bekannt, wie schon wenige Jahrhunderte nach ihrer Stiftung die christliche Kirche angefangen hatte, ihre ursprüngliche Reinheit zu verlieren und Mißbräuche einrissen über Mißbräuche. Umsonst war es, daß gelehrte und fromme Männer aufstanden, daß selbst Kirchenversammlungen wiederholt eine „Reformation der Kirche an Haupt und Gliedern" forderten, bis endlich Doktor Martin Luther im Jahre 1517 sich voll Entrüstung dagegen erhob, daß man Ablaß der Sünden für Geld verkaufe. Wie ihn da der Papst zum Widerruf zwingen wollte, ging er immer tiefer auf die Schäden der Kirche ein und verteidigte mit Berufung auf Vernunft und Bibel glaubensmutig und siegreich seine Lehre. Die Anhänger derselben nannten sich die Evangelischen, oder weil sie auf einem Reichstag in Speier 1529 gegen die Beschränkung in Glaubenssachen protestiert hatten, die Protestanten, auch die Anhänger des Augsburgischen Bekenntnisses, weil sie dem Reichstag in Augsburg 1530 ihr Glaubensbekenntnis übergaben.

Auch in Siebenbürgen und namentlich unter den Sachsen fand die Lehre Luthers bald den größten Beifall. Unzweifelhaft hatte hier die freie Verfassung und Selbstregierung in Stadt und Land, im kirchlichen und bürgerlichen Leben, der Reformation seit lange schon wirksam die Wege bereitet. Der Zug der Unzufriedenheit im sächsischen Volk, sein Gegensatz gegen die, alle geistige und bürgerliche Entwicklung hemmenden Fesseln des römischen Kirchenwesens ist uralt; mehr als einmal im fünfzehnten Jahrhundert hat der ernste Kampf dagegen seine Vertreter nach Gran und Rom geführt. Nie hatte hier das von den Päpsten ausgegangene neue Kirchenrecht das alte Recht der Gemeinde ganz verdrängen können; noch immer war die freie Pfarrerswahl ein Teil ihres Freitums und dadurch das geistliche Amt der Gemeinde näher gerückt; ja es geschah, wie bei dem Spital und seiner Kirche in Schäßburg, daß selbst wo der Geistliche ein Ordensbruder war, die Gemeinde einen Laien dazu wählen durfte, und der Obere des Ordens (hier der vom h. Antonius) mußte ihn, wenn er nur sonst geeignet und wohlverdient, nicht mißgestaltet oder ein gezeichneter Mann war, in den Orden aufnehmen und nach Jahresfrist weihen. Auch auf die Verwaltung des Kirchenvermögens hatte die Gemeinde von jeher weitreichenden Einfluß. Um so eifriger wehrte sie sich gegen die Eingriffe der geistlichen Gerichtsbarkeit in das bürgerliche Recht — noch 1507 mußte der Erzbischof von Gran zwischen dem Burzenländer Kapitel und dem Rat von Kronstadt eine Entscheidung über die Grenzen beider treffen, noch 1525 der siebenbürgische Bischof den Mediascher Dechanten wegen solcher Ausschreitungen zurechtweisen — um so schwerer ertrug sie es, wenn die widernatürliche Stellung, in die Rom den geistlichen Stand gezwungen hatte, in schweren sittlichen Vergehen seiner Glieder, wie solche wiederholt in den nächsten Jahren vor der Reformation vorkommen, zutage trat, oder wenn der Pfarrer Paulus von Schirkanyen 1530 Geschriebenes nicht lesen konnte. Dazu kam bei den führenden Klassen, auch bei einem großen Teil der Geistlichen, nicht nur die reiche, von Vorurteilen befreiende Weltkenntnis, welche ein ausgebreiteter Handel und Verkehr vermittelt, sondern auch, namentlich durch den Besuch der Wiener Hochschule die volle Teilnahme an der aufstrebenden Bildung jenes Jahrhunderts, die seit dem Wiedererwachen der Wissenschaften die Geister hob, und in dieser des Gegensatzes gegen Roms Lehre sich um so tiefer bewußt wurde. Wenn dann Griechen und Bulgaren auf ihren Handelsreisen die sächsischen Städte besuchten und der kirchlichen Bräuche spotteten, was konnte man ihnen erwidern?

Selbst die Bessern des geistlichen Standes, meist in der Luft der Wiener Hochschule und der neuen Wissenschaft, die ihrer viele mit dem Doktortitel geschmückt, zu Männern erwachsen, fühlten ohne Zweifel den unheilbaren Gegensatz der Kirchenlehre gegen das Wort der Schrift; es ist eine bedeutsame Erscheinung, daß von allem Anfang an sächsische Geistliche eifrige Anhänger und Verbreiter der Reformation waren und ein ernsterer Kampf gegen dieselbe fast nur von seiten des Hermannstädter Kapitels geführt wurde. Gewiß trugen auch die, gerade in der letzten Zeit wieder heftigern Angriffe der Bischöfe von Weißenburg und Gran auf Zehnten und Rechte der sächsischen Geistlichkeit dazu bei, das Band, das sie an jene knüpfte, zu lockern; noch im Juni 1516 legten Abgeordnete der Sachsen aus allen Gauen, darunter Johannes Benkner aus Kronstadt und Wolfgang Flaschner, Pfarrer von Heltau, vor des Königs Majestät, vor den Prälaten und Baronen des Reichs feierliche Verwahrung ein wider die versuchte ungebührliche Ausdehnung der erzbischöflichen Macht von Gran, die das alte Sachsenrecht schädigen wolle; ein Jahr früher hatten die unter dem siebenbürgischen Bischof stehenden sächsischen Kapitel Vertreter ernennen müssen (die Pfarrer Andreas von Reichesdorf Doktor des kanonischen Rechts, Andreas Thomel von Senndorf, Erasmus von Winz, Johannes Foyt von S.=Regen und Thomas von Schweischer) zu neuem Prozesse gegen Franz von Varda, der das alte Recht der sächsischen Pfarrer letztwillig über ihre Habe zu verfügen selbst gegen des Königs Matthias Schutzbrief von 1472 gewalttätig beschränken wollte. Und es ist nicht unwesentlich, daß solche Angriffe auf das alte sächsische Kirchenrecht von den Gemeinden zugleich als Verletzung des eigenen Rechtsstandes empfunden und bekämpft wurden. Als der Rat von Kronstadt im Herbst 1515 die „weisen Herrn Bürger=meister, Richter und alle andern geschworenen Ältesten der sieben und zweier deutschen Stühl", seine „lieben ehrsamen Herren und Freunde" anging, gemeinsam mit ihm den Übergriffen des Graner Erzbischofs entgegenzutreten, sprach er es offen aus: „denn wenn seiner Hochwürdigkeit all' das nachgelassen würd, so verstehen wir das so, daß nicht allein den Pfarrern unseres Kapitels an ihrem Zehent, sondern viel mehr unser weltlich Freiheit uns selbst genommen und von uns geraubt würde."

Bei dieser Lage der Dinge und solcher Stimmung der Geister geschah es um das Jahr 1519, daß Hermannstädter Kaufleute einige Schriften Luthers von der Leipziger Messe nach Hause brachten. Sie wurden eifrig gelesen und fanden Anklang in aller Herzen. Als bald darauf nach Johann Lulais Tod 1521 Markus Pemfflinger Graf der Sachsen wurde, fand die neue Lehre durch seine Gunst noch raschere Verbreitung. Vergebens eiferte die Hermannstädter Geistlichkeit, an ihrer Spitze der Dechant und Pfarrer von Großscheuern, Petrus Thonheuser, dagegen. In Hermannstadt selbst erhoben sich als Lehrer derselben die Prediger Ambrosius (der) Schlesier und Konrad Weich; in heimlichen Zusammenkünften der Kaufleute lasen und erklärten sie die luthe=rischen Schriften. Da klagte das Hermannstädter Kapitel vor dem erzbischöflichen Stuhle in Gran; die beiden Prediger wurden vorgeladen, der Tod harrte ihrer. Pemfflinger aber, der zu derselben Zeit auf dem Reichstag in Ofen war, benützte des Erzbischofs Abwesenheit in Rom und bewog den König Ludwig, daß er befahl, man solle das Urteil bis zur Rückkehr des Erzbischofs verschieben. So entkamen die beiden Prediger. Der Reichstag

aber, der im April 1523 zusammentrat, beschloß von der über=
mächtigen Geistlichkeit geleitet, daß alle Anhänger der lutherischen
Lehre als öffentliche Ketzer und Feinde der heiligsten Jungfrau
Maria mit Tod und Güterverlust bestraft werden sollten.

Wenige Tage später (2. Mai 1523) sandte König Ludwig
ein drohendes Schreiben an den Rat von Hermannstadt. Er habe
mit großem Mißfallen erfahren, daß die gottesläsnerliche Lehre
eines gewissen Martin Luther ihren Sinn so verfinstert habe, daß
seine Bücher von allen gelesen und deren Inhalt befolgt würde.
Das verbietet der König ernstlich und trägt dem Rat auf schleunigst
in Dorf und Stadt Haussuchung vorzunehmen, die aufgefundenen
lutherischen Schriften zu verbrennen und öffentlich bekannt zu
machen, daß fortan niemand dergleichen kaufen, verkaufen oder
lesen dürfe bei Strafe des Güterverlustes. Mit demselben sandte
der Erzbischof von Gran einen Abgeordneten nach Hermannstadt.
In dieser Lage der Dinge konnte der Rat den Worten des Königs
den Gehorsam nicht versagen. Er mußte, wenn auch gegen seine
Überzeugung es gestatten, daß einige aufgefundene Schriften
Luthers in Hermannstadt öffentlich auf dem großen Ring durch
Henkershand verbrannt wurden. Auf die Gemüter des Volkes
aber hatte die Tat nicht die gehoffte Wirkung. Die Flammen
des Scheiterhaufens bestärkten es in dem Widerwillen gegen eine
Lehre, die sich solcher Mittel zu ihrer Erhaltung bediente, und
mehrte die Zahl derjenigen, die an dem Glauben der Väter und an
der Lehre der Geistlichen zu zweifeln begannen. Und hatte des Volkes
Unwillen die Verbrennung jener Bücher nicht hindern können, so
fand sich wenigstens ein Wunder zur Bestrafung der Täter. An=
derthalbhundert Jahre später erzählte man noch in Hermannstadt,
wie sich mitten aus der Lohe vom Winde getragen ein deutsches
Psalmbüchlein Luthers erhoben und brennend durch die Luft dem
erzbischöflichen Abgeordneten, der auf dem Kirchhof mit großem
Jubel und vielen Wachskerzen feierlichen Umzug gehalten, auf den
geschorenen Kopf geflogen sei, wie seine Geistlichen sich vergebens
bemüht, dasselbe herunterzureißen, und es so lange und heftig
gebrannt, daß jener den dritten Tag elendiglich habe sterben müssen.

Gewiß ist es, die Macht der Wahrheit und der Fortschritt
der Zeit kann durch Scheiterhaufen, durch Strafen und Drohungen,
durch Menschengewalt nicht aufgehalten werden. Dazu kam, daß
der ungarische König Ludwig II. wenig Kraft besaß, der sieben=

bürgische Woiwode Johann Zapolya, schon damals in Gedanken die Krone begehrend, sich um die Kirche wenig kümmerte, der Erzbischof von Gran aber, unter dem das Hermannstädter Kapitel stand, zu weit entfernt war und von der Not des Reichs vielfach in Anspruch genommen wurde.

Also wuchs die Zahl derer, die sich öffentlich als Anhänger Luthers bekannten, von Tag zu Tag, und die Unruhen, Verwirrungen und Feindseligkeiten stiegen immer mehr. Je heftiger aber das Hermannstädter Kapitel gegen jede Neuerung eiferte, um so mehr griff die evangelische Lehre um sich und sanken die Verteidiger der römisch=katholischen Kirche in der Achtung des Volks. Schon wurden Priester und Mönche mit Spottschriften verfolgt. Als der Stadtpfarrer Martin Huet die Verfasser vor den Richterstuhl des Kapitels forderte, erschien niemand. Da belegte er sie mit dem Bann und schlug ihn öffentlich an alle Kirchtüren an (Januar 1524); auch das half nichts. Vielmehr mußte er bald Schmählieder hören auf Papst und Geistlichkeit, sehen, wie seine Kirchenkinder an Fasttagen Fleisch aßen, dulden, daß sie allgemein die Beichte verachteten. Und wenn er oder seine Amtsgenossen gegen solche den Kirchenfluch aussprechen wollten, kam ihr Leben in Gefahr. Dem geistlichen Gericht stellte sich bald niemand mehr. Also mußte Simon, Pfarrer aus Rothberg, es ertragen, daß ihn Franz Stresner öffentlich einen Räuber und alten Satan nannte, der wert sei des Scheiterhaufens.

Zu derselben Zeit traten bereits einige Hermannstädter Geistliche offen gegen die alte Kirche auf; eine immer größere Zahl Laien folgte ihrer Lehre und ihrem Beispiel. Selbst der Rektor der Hermannstädter Schule Johannes Mildt schien sich der neuen Lehre zuzuneigen. Da zog der Hermannstädter Dechant Wolfgang Flaschner, Pfarrer in Hettau aufs neue klagend zu dem Erzbischof von Gran. Der sagte zwar seine Hülfe zu, forderte aber die Klagenden auf, auch ihrerseits ihre Pflicht zu erfüllen. „Wir ermahnen euch ernstlich" schrieb er am 27. November 1524, „bessert euer Leben und ändert was an euren Sitten und Taten getadelt werden kann, damit man euch nicht mit Recht strafen müßte, denn wir können und wollen euer und auch unser andern Untergebenen zügelloses Leben nicht ohne Züchtigung lassen."

Mit solcher Unterstützung vom König und Erzbischof versuchten sie denn in Hermannstadt „der verabscheuungswürdigsten

lutherischen Ketzerei" Einhalt zu tun, zwangen den Pfarrer von
Burgberg Simon von Trapold, der freien Künste Meister, zweimal
zum Widerruf, sahen aber mit Schrecken, wie die neue Lehre
bereits die Grenzen Hermannstadts überschritten und überall feste
Wurzeln geschlagen hatte. Der Sachsengraf Markus Pemsslinger tat
nichts gegen die Lutheraner, der Rat stand ebenfalls auf ihrer Seite,
viele Anhänger der alten Kirche waren durch ihre Sittenlosigkeit
verhaßt, wenige Rechtschaffene nur stritten aus Überzeugung für
den frühern Glauben. Was half es da, daß alle Sonn= und Feier=
tage einige Abgefallene in den Kirchen unter Glockengeläute und
Auslöschung der Kerzen in den Bann getan und mit der Rotte
Korah, Dathan und Abiram der ewigen Verdammnis übergeben
wurden? Als sie so in Hermannstadt eines Sonntags einen Kauf=
mann gebannt hatten, ließ dieser den nach Großscheuern heim=
kehrenden Dechanten bei dem alten Berge von Reitern umringen,
bedrohen und durch schwere Schmähreden mißhandeln.

 Da schien den Wünschen und Bestrebungen der altkirchlichen
Partei ein neuer Hoffnungsstrahl aufzugehen. Der ungarische
Reichstag erneuerte und verschärfte 1525 die Strafen gegen die
Lutheraner. Sie sollten, wo sie immer im Reich angetroffen würden,
gefangen und verbrannt werden. Doch war bei dem Verfalle des
Reiches niemand da, der das ungerechte Gesetz vollzogen hätte;
auch lenkten die Rüstungen der Türken die Sorge bald auf
andere Seiten. So wurde das Gebot des Reichstags auch in
Siebenbürgen nicht befolgt; ja es konnte zu derselben Zeit die
evangelische Lehre in Hermannstadt durch Gründung einer evan=
gelischen Schule noch tiefere Wurzeln schlagen.

 Im Jahre 1525 kam nämlich, geschickt vom entflohenen
Prediger Ambrosius, ein früherer Dominikanermönch Georgius
nach Hermannstadt. Der Ratsherr Johannes Hecht nahm ihn
gastfreundlich auf und ließ ihn in seinem Haus eine Schule er=
richten, wo nach Luthers Schriften gelehrt und in deutscher Sprache
Gottesdienst gehalten wurde. Die angesehensten Ratsherrn und
Bürger: Matthias Armbruster, Johann Rappolt, Martin Hahn,
Georg Hutter, Peter Wolf, Andreas Seidner unterstützten mit
ihren Verwandten und Freunden die gute Sache. Wetteifernd
luden sie und viele andere den neuen Lehrer zu sich ein. Da bei
dem Mahl, inmitten vieler Gäste lehrte er, wie das Licht des
Evangeliums vierhundert Jahre und mehr noch verdunkelt ge=

wesen und die Priester keine Wahrheit gepredigt hätten; die
Christen seien aber durch die evangelische Freiheit aller Menschen=
erfindungen und Menschensatzungen entbunden. In derselben
Weise predigte er ohne Erlaubnis des Stadtpfarrers vor vielen
Zuhörern in den kleinern Kirchen Hermannstadts und belehrte sie
über die Nutzlosigkeit des Fastens und anderer altkirchlicher Ein=
richtungen. Bald mußte sogar der Stadtpfarrer Huet der For=
derung des Rats nachgeben und selbst in der Pfarrkirche die
Predigten der evangelischen Lehrer gestatten; „ich fürchte," schrieb
er klagend, „ich werde entweder den Glauben oder die Heimat
lassen müssen." Da fiel nicht nur die nächste Umgebung von
Hermannstadt offen von der römisch=katholischen Kirche ab, sondern
von allen Seiten strömten die Anhänger der neuen Lehre dahin,
wo sie von Rat und Bürgerschaft freundlich aufgenommen wurden.
Schon mußten die Priester beim feierlichen Umgang am Fron=
leichnamsfest viele arge Reden hören. Einige sagten: „unsere
Pfaffen müssen glauben, Gott sei blödsichtig geworden, daß sie
ihm so viele Lichter anzünden," andere „oder halten sie Gott für
ein Kind, welches auf den Armen alter Weiber in der Stadt
herumgetragen sein will?" Ja als der Stadtpfarrer einen Rats=
befehl erwirkte, daß der neue Prediger Georg Johann Hechts
Haus verlassen solle, floh dieser in Pemfflingers Wohnung, der
damals auf dem Reichstag in Ofen war und blieb da unange=
fochten. So sehr, klagte das Kapitel, habe in Hermannstadt die „Pest
der lutherischen Lehre" um sich gegriffen, daß es nach dem Zeugnis
Kundiger in Luthers Wohnort selbst nicht ärger der Fall sei.

Als es so weit gekommen, entschloß sich der Dechant Petrus
Thonheuser zum äußersten Mittel. Es war ihm gelungen eines
Predigers, Johannes Clementis, habhaft zu werden, der, ein
Mediascher von Geburt, die lutherische Lehre in Hermannstadt,
Schellenberg, Gierelsau verbreitet hatte. Er war auch wirklicher
Verbrechen angeklagt und hatte sich der Ladung des geistlichen
Gerichtes gestellt. Durch einen Spruch des Kapitels wurde er
zum Feuertod verurteilt. Aber der Bürgermeister Johann Rappolt
und andere Ratsmänner erhoben sich dagegen und das Kapitel
mußte den Gefangenen auf die schriftliche Erklärung seiner Reue
und das Versprechen öffentlichen Widerrufs freilassen.

Das geschah im November 1525. Im Katharinalkonflux
dieses Jahres beschloß die Universität in Hermannstadt, daß fortan

niemand mehr Grund und Boden zum Heil seiner Seele an Kirchen oder Klöster oder überhaupt zu kirchlichen Zwecken durch letztwillige Verfügung für immer vergaben könne, sondern die betreffenden Erben sollten alle derartigen Vermächtnisse auslösen und an sich bringen; wo aber Erben fehlten, solle es die Gemeinde tun. Das Hermannstädter Kapitel hatte dagegen nur vergebliche Klagen.

Zwar versuchte der Bischof von Weißenburg Johannes Goston im Mai 1526 in einem alle Saiten der Rührung anklingenden Schreiben den Rat von Hermannstadt zu bewegen, daß er der Verkündigung der „neuen Lehre" Einhalt tue; falsche Propheten stünden dort auf, die den Geist ihrer Weissagung nicht aus der Quelle des Lichtes, sondern vom Fürsten der Finsternis nähmen: aber die wortreiche Rede hatte keinen Erfolg, wiewohl sie den Zorn des Papstes und die beleidigte Majestät aller Fürsten in drohende Aussicht stellte. Zwar befahl König Ludwig II. in demselben Jahr in zwei Drohbriefen, zuletzt am 19. Juli 1526 dem Komes Pemfflinger mit großem Unwillen, bei Verlust seiner Güter und Würden dahin zu wirken, daß der katholische Glaube wieder hergestellt und durch Bestrafung der Abtrünnigen die Ruhe der Kirche erhalten werde; aber Kraft und Zeit zur Vollziehung des Befehls fehlten jetzt noch mehr als früher, da Pemfflinger, von der Wahrheit der neuen Lehre überzeugt, dem Gebot des Königs nicht nachkam. Als Soliman nämlich in Ungarn einfiel, beschlossen die Stände in Enyed, daß auch die Geistlichen zu Felde ziehen sollten. In je zwei Dörfern solle nur ein Pfarrer zurück= bleiben, alle übrigen Geistlichen sollten die Waffen ergreifen. Infolge hievon befahl der Woiwode im April und wiederholt im Juni 1526 dem Dechanten Petrus Thonheuser und seinen Kapi= tularen, sich jeden Augenblick fertig zu halten und zum Heere zu stoßen, wenn es die Not erfordere. Doch ehe noch das allgemeine Aufgebot hätte ins Feld rücken können, erfolgte die Schlacht von Mohatsch und des Königs Tod.

Sofort entbrannte der Bürgerkrieg. Um sich die Katholiken und namentlich ihre Geistlichen geneigt zu machen, erließ Zapolya im Januar 1527 den strengsten Befehl, die Lutheraner überall mit Feuer und Schwert zu verfolgen. Aber die Sachsen standen gegen ihn und das Kriegsglück war ihm lange Zeit nicht hold. Auch Ferdinand war zwar eifriger Anhänger der katholischen Kirche, aber er begriff wohl, daß man den Umständen nachgeben müsse, und wollte sich nicht der Gefahr aussetzen, durch Glaubensverfolgungen die Treue der Sachsen wankend zu machen. Also befestigte sich Luthers Lehre ungehindert in Hermannstadt. Als Zapolyas Heer 1529 mit Belagerung drohte, da wollten sie nicht vor und in den Mauern den Feind haben. Darum, so heißt es, erging den 18. Februar das Gebot an alle Mönche und Anhänger der alten Kirche, bei Todesstrafe innerhalb acht Tagen die Stadt oder ihren Glauben zu verlassen; nach drei Tagen schon, fügt die Sage hinzu, sei kein Katholik mehr in Hermannstadt gewesen. Aber die Sache verhält sich nicht so. Der Befehl, wenn überhaupt je erlassen, kann nur gegen die magyarische, wohl größtenteils mit den Gegnern der evangelischen Lehre zusammenfallende Partei gerichtet gewesen sein; gewiß ist nur, daß der Dominikanerprior mit noch einem Ordensbruder im Jahre 1529 eine Zeitlang verhaftet war, und ein Befehl des Bürgermeisters Matthias Armbruster dem Konvent die Stadt zu räumen gebot. Doch hat die katholische Kirche noch lange Anhänger in Hermannstadt gehabt. Selbst nach des Stadtpfarrers Huet Tod (1530) wurde ein eifriger Förderer des katholischen Glaubens, Petrus Woll von Reichesdorf, zum Pfarrer gewählt. Erst dessen Nachfolger (von 1536 an) Matthias Ramser, früher Pfarrer in Broos, führte die Reformation in Hermannstadt durch, wesentlich unterstützt von den Ereignissen im Burzenland.

25.
Der weitere Fortgang der Reformation im Sachsenland. Johannes Honterus, der Apostel des Herrn.
1529—1553.

Das Wort sie sollen lassen stahn,
Und kein Dank dazu haben.
Luther.

Auf demselben Weg wie nach Hermannstadt waren auch nach Kronstadt gleichzeitig Luthers Schriften gekommen. Sie fanden auch hier empfängliche Herzen, nicht nur weil sie die Wahrheit lehrten, sondern weil auch die Gemeinden des Burzenlandes mit ihren Geistlichen über die Grenzen der geistlichen Gerichtsbarkeit, über angemaßte Vorrechte des Kapitels, über den Mißbrauch des Bannes in arger Spannung lebten. Als der Rat von Kronstadt 1483 um unbekannter Ursache willen einen Honigberger Knecht, den das geistliche Gericht freigesprochen hatte, in Haft setzen ließ, gebot der Dechant Martinus, Pfarrer von Tartlau, seine Loslassung und drohte mit dem Kirchenfluch. Gegen Recht und Brauch hielten Pfarrer und Kaplane des Burzenlandes in ihren Wohnungen Weinschenken, ohne den Gemeinden dafür eine Gebühr zu entrichten, wie doch die andern Bürger taten, also daß der König 1502 ihnen den Unfug strenge verweisen mußte, da sie auch ohne jene Wirtschaft ehrliches Auskommen genössen.

Solche und andere Willkür des Kapitels erregte den Unwillen der freien Männer in Stadt und Land, wo ohnehin mitten in dem Zusammenfluß des Handels und des Wohlstandes der Zweifel über die Lehrsatzungen der Kirche längst Wurzel geschlagen. Also fanden Luthers Ansichten lauten Beifall. Schon 1524 mußte der Erzbischof von Gran dem Dechanten befehlen, alle Sonntage in allen Kirchen bei Strafe des Bannes vor Luthers Ketzerei und seinen verführerischen Schriften warnen zu lassen, während der Rat von Kronstadt vom König den Auftrag erhielt, jene Bücher aufzusuchen, zu zerreißen und zu verbrennen und mit weltlicher Macht den Bann in Vollzug zu setzen. Doch die Befehle fruchteten so wenig, daß man sich im Jahre 1529 bereits aus vielen Teilen des Sachsenlandes um Lehrer der neuen Lehre nach Kronstadt wandte.

Da trat im Sommer 1533 der Mann auf, der der Grund- und Eckstein des neuen Bundes wurde, der Streiter Gottes, durch den der Herr hier seine Kirche gründete, ein Quell, aus dem neues sittliches und religiöses Leben strömte für viele Geschlechter — Johannes Honterus. Er war geboren 1498, der Sohn des Kronstädter Lederers und Bürgers, der Georg Graß geheißen haben soll. Diesen Namen änderte er, wie die Sage geht, zum Dank dafür, daß er sich einst in Wassersgefahr, als er in einem Fluß ertrinken sollte, durch Anklammern an einen Hollunderstrauch rettete, der sächsisch Hontert heißt. Über die Jugend des bald so großen Mannes fehlen leider gleichzeitige und sichere Mitteilungen. Erst viel spätere Nachrichten rühmen, wie die treffliche Mutter schon in das Herz des Knaben Gottesfurcht und den Sinn für alles Edle gepflanzt habe, wie der Jüngling auf den Schulen der Vaterstadt gut vorbereitet die Hochschulen in Krakau, in Wittenberg und in Basel besucht und hier zugleich die Buchdruckerkunst gelernt habe, schon damals mit seinen Gedanken auf

Großes gerichtet. Jedenfalls hat er in Wien studiert und ist dann in Krakau und in der Schweiz gewesen. Von ihm selbst wissen wir nur, daß er lange fern von der Heimat auf vielen Reisen die Welt hat kennen lernen, immer eingedenk seines „teuren Siebenbürgens", das er bei dem Wüten so großer Zwietracht nicht betreten könne. So schreibt er in der Zueignung eines Buches über Erd= und Himmelskunde an seine Freunde in der Heimat; es scheint um das Jahr 1530 gewesen zu sein. Von Krakau, wo 1532 eine vielgerühmte von ihm verfaßte Grammatik der lateinischen Sprache gedruckt worden, kehrte er über Kaschau im Juli 1533 mit einem reichen Bücherschatze voll heiligen Eifers in seine Vaterstadt zurück, „ein Mann von einziger Gelehrsamkeit und Frömmigkeit, von großem Mut, der berühmteste Dichter, Redner, Philosoph und Mathematiker seiner Zeit, sehr erfahren in der Zeichenkunst", namentlich auch der Holzschneidekunst Meister. Mit sich brachte er Werkzeuge und Gehilfen zur Errichtung einer Buchdruckerei.

Da erwachte neues Leben in dem stillen Hause der verwit= weten Mutter. Bald erschienen freudig begrüßt von allem Volke lutherische Schriften, lateinische und griechische Bücher, neben den Lehren der alten griechischen Weisen neue Schulbücher, Boten des Lichtes nach langer Finsternis. In kurzer Zeit sammelte sich ein Kreis wißbegieriger Schüler um den begeisterten Lehrer und lernte an seiner Hand kennen die Geheimnisse der Schrift, die Weisheit des griechischen und römischen Altertums und die Wunder des Herrn, die Himmel und Erde erzählen. Bald strömte Groß und Klein, Vornehm und Gering zu dem hohen ernsten Manne, der wie ein Prophet des alten Bundes dastand und mit dem siegesfreudigen Blick zum Himmel dem Volke zurief: Wachet und betet! Dann hub er an zu predigen gewaltig und lehrte, wie die Religion des Heilandes in Irrtum verstrickt worden und Menschensatzungen das Wort Gottes gefangen genommen so lange Zeit. Nun aber seien gelehrte Männer aufgestanden und hätten Zeugnis gegeben, und in viel tausend Schriften sei es dem Erdkreis verkündet, auf daß niemand mit Unwissenheit sich ausreden könne, es sei denn, wer seine Ohren verhärte, daß er nicht höre, und seine Augen verschließe, daß er nicht sehe. Damit aber der Widersacher dem Werke Gottes nichts anhabe, schrieb Honterus ein Reformationsbüchlein, eine „Kirchenordnung", la=

teinisch und deutsch, zuerst nur für das Burzenland 1542, dann
erweitert und umgearbeitet 1547 für alle sächsischen Kirchen in
Siebenbürgen, und zeigte darin eindringlich und klärlich die Haupt=
stücke der neuen Kirche, die da eigentlich nur sei die wahrhaftige
alte; wie man darin berufen solle zu Pfarrherren und Predigern,
die da seien unsträflichen Wandels und kundig der Lehre, nicht
aber Diener des Bauches und unbewandert in Wissenschaft; wie
diese einfältiglich und in der Muttersprache zu lehren hätten das
unverfälschte Evangelium und den Glauben an Christus, der
Früchte zeuge der Gerechtigkeit; worin nach des Herrn Wort die
Taufe bestehe und das Abendmahl; wie nach der Schrift die
Ehesachen zu ordnen, was man von der Messe, von der Ohren=
beichte und von dem Bann zu halten habe; wie der Gottesdienst
einzurichten sei; wie man die Schulen wiederherstellen, für Kranke,
Arme und Waisen sorgen und Gebrechen des bürgerlichen Lebens
heilen solle. Und er wies in dem Büchlein nach, daß die ge=
zwungene Ehelosigkeit der Geistlichen streite mit dem Wort des
Apostels und daß die vielen Festtage ein Mißbrauch seien, den
man abschaffen müsse, wie denn darin die Würde eines Christen=
menschen bestehe, daß er sich nicht beuge in das Joch der Menschen=
satzungen, die da verschließen das Himmelreich, sondern fest bleibe
in der Freiheit, mit welcher Christus uns befreit hat. „Nun aber,"
rief er aus, „ist die Zeit gekommen, in welcher der Herr sich ein
neues Volk erweckt; darum wer Ohren hat zu hören der höre!"

Wie das Volk, das täglich in dichtern Scharen Honterus'
Wohnung umstand, solche Rede vernahm, entsetzte es sich und in
seinem Herzen entzündete sich immer größere Liebe zur evangelischen
Kirche. Als Luther das Reformationsbüchlein des Honterus las,
rief er aus: „Das ist wahrlich ein Apostel, den der Herr dem
Ungerland erweckt hat." In diesem selbst richteten sich bald auch
außer dem Sachsenland die Augen der Besten auf den Mann,
der durch seine „Wissenschaft, seinen Fleiß und seinen Geist"
bisher Unerhörtes leistete. Am Königshof in Ofen freute sich
Zapolya und sein ganzer Rat über den Auszug aus dem römischen
Recht, den Honterus hatte drucken lassen (1540). In Venedig
sprächen sie ehrenvoll von seinen Werken, im Ausland sei Sieben=
bürgen durch ihn bekannter und Kronstadt berühmter geworden,
war die herzliche Freude des Weißenburger Dompropstes, spätern
Fünfkirchner Bischofs, dann Erzbischofs von Gran, Anton Veran=

tius, Neffen des siebenbürgischen Bischofs Statilius. Er selbst stand mit Honterus in Freundschaft, in brieflichem und wissenschaftlichem Verkehr; die kirchliche Trennung trennte die Männer nicht. „Sobald das Ende des Winters vorüber sein wird, der Himmel wieder milde scheint und die Wege gangbar werden," schreibt Verantius an ihn im März 1540 aus Weißenburg, „komme ich, so Gott will, nach Kronstadt, nicht um Kronstadt, nicht um den Alt, nicht um das Burzenland zu sehen, sondern Dich zu umarmen." Hier aber, in seiner Heimat, waren sie dem „hocherleuchten" Manne von allem Anfang mit warmem hoffnungsfreudigem Herzen entgegengekommen. Am ersten Neujahrstag, den der Zurückgekehrte wieder in ihrer Mitte feierte (1534), brachte Stadt und Land „dem Herrn Magister Johannes Honter einen schönen Teppich auf den Tisch und eine Bettdecke (für zehn Gulden) zur Ehrung." Als er im folgenden Jahr (1535) sich verehlichte, kauften sie am Sonntag nach Johanni (27. Juni) um 23 Gulden 44 Aspern die fast zwei Mark schwere vergoldete Silberkanne, die sie ihm „zur Hochzeit" gaben. Da legte der Kronstädter Stadtpfarrer Paul Benkner seine Stelle nieder voll Unwillens über die böse Zeit (1535), Lucas Plecker nach ihm starb schon im folgenden Jahr, sein Nachfolger Jeremias Jekel machte Gebrauch von der christlichen Freiheit und trat in die Ehe, wie ein Jahr früher der Brenndorfer Pfarrer Petrus; den fünften Sonntag nach Ostern 1542 feierte er das Hochzeitsfest, wobei sein Kapitel ihm einen Teppich für sieben Gulden zur „Gabe" brachte.

Für das neue Werk der Reformation standen die besten Männer des Burzenlandes; wetteifernd haben dafür gewirkt die drei großen Stadtrichter Lukas Hirscher, Johannes Fuchs und Hans Benkner. Neben Honterus lehrten Valentin Wagner, ein Schüler Wittenbergs, Doktor der Weltweisheit und Meister der freien Künste, ihm gleich an Wissenschaft und Gottesfurcht und vor allem bewandert in der griechischen Sprache, dann Matthias Glatz, ein Mann ohne Menschenfurcht, den der Bischof Statilius wohl aus Reps vertreiben, nicht in seiner Überzeugung wankend machen konnte. Im Oktober 1542, als Johannes Fuchs zum anderten Mal Richter war, wurde „Gott und seinem heiligen Namen zu Ehren" die Messe abgeschafft und das Abendmahl in der Kronstädter Kirche unter beiden Gestalten ausgeteilt. Im November desselben Jahres trat die Tagfahrt „der Provinz"

zusammen — Freitag nach Allerheiligen sandten sie die Boten
aus, sie zu berufen — zur Beratung und Schlußfassung „wegen
der reinen Predigt des Evangeliums und der Reformation der
Kirche." Eine Kirchenvisitation untersuchte in der Folge hier und
anderswo den Zustand der einzelnen Gemeinden; die untüchtigen
Diener des Wortes wurden entfernt, auf daß hinfort nicht mehr
durch ihre Unwissenheit oder Trägheit das Volk versäumt werde.

Diese große Umwandlung in den Seelen und Kirchen jenes
Geschlechtes vollzog sich um so ungestörter, als nirgendsher eine
äußere Gewalt auf den Gang der Dinge Einfluß nehmen, oder
die Freiheit der Gewissen beengen konnte. Der langdauernde
Kampf zwischen Zapolya und Ferdinand mit seinen wechselvollen
Befürchtungen und Hoffnungen hinderte diese, zu der Sorge, die
die Waffen des Gegners und die eigene Geldnot brachte, auch
den Kampf in der Kirche aufzunehmen, oder gar gegen die Re=
formation im Sachsenland einzutreten, da beide so wesentlich auf
die Sachsen angewiesen waren. Als der Friede von Großwardein
geschlossen war und Johann Zapolya auf den Tisch gestützt zu
seinen Landherrn sprechen konnte: Gott sei Dank, meine Feinde
sind so sehr zusammengedroschen, daß ich nun von niemandem
etwas fürchte, war sogar er entweder wirklich überzeugt, wie sie
ihm später in den Mund legten, „daß das Papsttum eine Teufels=
erfindung sei," oder hielt es doch nicht für geraten, den Forderungen
der katholischen Eiferer willfährig zu sein. Denn als diese durch
das Religionsgespräch in Schäßburg im März 1538 den Lehrer
der Reformation in Ungarn Stephan Santai nicht widerlegen
konnten, ihn aber um so lieber auf dem Scheiterhaufen gesehen
hätten, ließ ihn Zapolya, den Zorn seiner Anhänger fürchtend, wenn
er sich offen für ihn erkläre, heimlich entweichen. Ja Ferdinand
verlieh sogar die Burgen, Güter und Besitzungen des sieben=
bürgischen Bistums im Oktober 1542 an seinen Feldhauptmann
Kaspar Seredy; das werde eine Gelegenheit sein, hatte Georg
Werner noch im Mai an den König geschrieben, sichere Grund=
lagen seiner Herrschaft in Siebenbürgen zu legen. Erst als Isabella
an der Spitze der Regierung stand, gedachte Martinuzzi mit
mehr Glück einen Schlag gegen die gehaßte Neuerung zu führen.
Die Königin schrieb 1543 einen Landtag nach Weißenburg aus
und lud die Kronstädter vor, daß sie mit sich brächten Honterus
und das Reformationsbüchlein und Rede und Antwort gäben

über ihren Abfall von der Kirche. Wie aber Johannes Fuchs die Gefahr sah, die Honterus drohte, traute er dem Geleitsbrief der Königin nicht, sondern nahm mit sich zwei Herren vom Rat und an Honterus Statt Matthias Glatz, die Pfarrer von Kronstadt, Rosenau und Heldsdorf und zog nach Weißenburg. Da forderte Martinuzzi, man solle die Ketzer mit Feuer verbrennen, aber die andern Räte der Königin, Petrovich, Batthyani, Michael Tschaki wiesen die Schmach solchen Verrates von sich. Das Religionsgespräch, das darauf Martinuzzi veranstaltete, war fruchtlos; ebenso fruchtlos waren die heimlichen Drohungen und Versprechungen des Bischofs, dessen erneuerten Antrag auf Gewalt die Räte wiederholt mit Abscheu verwarfen. So bestand Johannes Fuchs mit den Seinen durch Gottes Hülfe wohl „gegen die papistischen Gesellen" und kehrte glücklich heim; das Evangelium aber ward je mehr im Lande ausgebreitet. Als Kronstadt zu Weihnachten 1543 die Wahl seiner Amtleute vornahm, gelobten Rat und Hundertmänner im Namen der gesamten Gemeinde aufs neue für alle Zeiten, sich nach Honterus' Reformationsbüchlein zu halten. Kurze Zeit darauf legte Jeremias Jekel freiwillig sein Amt nieder und zog als Pfarrer nach Tartlau; den 22. April 1544 wurde in seine Stelle einmütig Johannes Honterus gewählt. Zugleich wurden auf Anordnung der Obrigkeit alle Bilder und Altäre bis auf den einen Hauptaltar aus den Kirchen entfernt, die Klöster aufgehoben und aus ihren Gütern den 1. Dezember 1544 die neue Schule eröffnet, die nach Honterus' Grundsätzen und Anordnungen eingerichtet, eine Leuchte wurde und ein Herd geistigen Lebens für viele Geschlechter. Valentin Wagner war der erste Rektor. Schon 1533 hatten sie in Kronstadt, wohl im Zusammenhang mit Honterus' Rückkehr, einen Schatz neuer Bücher aus Deutschland kommen lassen, wozu der Rat dem den Kauf besorgenden Prediger Lukas Plecker zehn Gulden „zur Beihilfe" aus dem Stadtsäckel angewiesen hatte.

Denselben glücklichen und schnellen Fortgang nahm die Reformation in den anderen Teilen des Sachsenlandes. Überall erhoben sich Lehrer und Prediger, gewöhnlich gingen Pfarrer und Gemeinden insgesamt zur evangelischen Lehre über. In Hermannstadt förderten sie eifrig die großen Bürgermeister Matthias Armbruster und Peter Haller. Schon 1535 mußte die Schneiderzunft Meister Niklas Weiß büßen, weil er am Fronleichnam am

Der weitere Fortgang der Reformation.

„Himmel" nicht wollte tragen helfen, sondern sich „dessen schämte".
Im Jahre 1541 zog der Stadtpfarrer Matthias Ramser nach
Kronstadt, dort mit den Reformatoren des Burzenlandes Zwie=
sprache zu pflegen; bis dahin hatte man das Abendmahl in
Hermannstadt noch immer in katholischer Weise gefeiert. Bald
darauf überschickte er an Luther Honterus' Reformationsbüchlein:
„Alles was Du mich fragst," antwortete dieser am 1. September
1543, „findest Du in jenem Buche besser, als ich es schreiben kann.
Wie sehr gefällt es mir, das mit so großer Gelehrsamkeit, Rein=
heit und Treue verfaßt ist! Dieses Büchlein lies und gehe zu
Rat mit den Lehrern der Kronstädter Gemeinde; sie werden Dir
die nützlichsten Mithelfer sein zur Verbesserung Deiner Kirche."
Auch Melanchthon und Bugenhagen, an die Ramser sich gewendet
hatte, antworteten aufmunternd und belehrend; „sorget vor allem,"
schrieb der erstere, „daß die Heilslehre unverfälscht dem Volk
mitgeteilt werde und die Jugend den Katechismus lerne." Nun
ging Melanchthons fromme Hoffnung in Erfüllung: in Hermann=
stadts Kirchen „leuchtete das Licht des Evangeliums auf;" seit
1543 wurde die Reformation in Lehre, Gottesdienst und Leben
durchgeführt; eine deutsche Übersetzung von Honterus' Reforma=
tionsbüchlein aus jenem Jahre hat sich im Archiv der Stadt bis
heute erhalten. Da öffneten die Klöster ihre langverschlossenen
Pforten; schon im Frühjahr 1543 traten einzelne „Brüder" ins
Leben zurück und wohl auch in den Stand der Ehe über, vom
Rat gern mit nicht armen Geschenken unterstützt; eine Gabe von
zwölf Gulden half dem Mönch Matthias seinen Hausstand
gründen, als er im Mai jenes Jahres sich verehlichte. Die
Klostergüter wurden eingezogen oder verkauft. Dafür errichteten
sie (1545) an der Südseite der nun evangelischen Kirche ein neues
Schulhaus und gaben (1556) dem Rektor einen „Lektor" an die
Seite mit einem Gehalt von achtzig Gulden.

In Schäßburg verbreitete schon am Anfang der zwanziger
Jahre Simon von Trapold, Meister der freien Künste, Luthers
Ansichten; bereits 1529 führt der dortige Dominikanerprior Petrus
von Reps wehmütige Klage, daß fast alle der Irrlehre Martin
Luthers anhingen, die Gebote der Kirche verachteten, Fleisch äßen
am Freitag und in der Fastenzeit, die „Milchspeisen und Bann=
sprüche" geringschätzten und die Priester verfolgten; als, wie die
Sage geht, die Dominikaner ein geschändetes Frauenzimmer auf

dem Mönchhof ermordet hatten, erhoben sich die Bürger, vertrieben die Mörder, schafften die katholischen Gebräuche ab und führten „das Wort Gottes und den rechten Gebrauch der heiligen Sakramente" in ihren Kirchen ein. Es soll im Jahre 1544 gewesen sein; Lukas Roth oder Crocäus war Stadtpfarrer. Die zwei Nonnenklöster wurden aufgehoben, ihre Güter eingezogen und die Schwestern, die nicht mehr in das fremde Leben zurück wollten, aus der Stadt Beutel verpflegt mit einer Freigebigkeit, die es ihnen selbst an Wein nicht fehlen ließ. Das Dominikanerkloster wurde in der Folge zum Teil als Rathaus gebraucht und „der Mönch Kochhaus auf dem Klosterhof" 1555 an den ehrbaren Mann Petrus Bernardt um 140 Gulden verkauft. In Kaisd reformierte der Pfarrer Ägidius; in Mühlbach der Pfarrer Jakobus; in Mediasch Bartholomäus Altenberger; in Birthälm Franz Weidner; die Reichesdorfer beriefen Matthias Glatz aus Kronstadt und verjagten die Mönche. In Bistritz schritt die Kirchenverbesserung unter dem Stadtpfarrer Michael Fleischer (seit 1541), vom Rat einsichtsvoll befördert, gedeihlich vorwärts; zu Anfang des Jahres 1543 waren bereits die Bilder aus den Kirchen entfernt, ein Jahr später trat der Heidendorfer Pfarrer Adam Pomarius in den Stand der Ehe. Zu derselben Zeit (1544) beschloß die Universität in Hermannstadt, daß die Städte, die nun fast alle das Wort Gottes angenommen hätten, sich gleicher kirchlicher Gebräuche bedienen sollten. Die aber das Wort Gottes noch nicht angenommen, wolle man ermahnen, daß sie einmütiglich mit den andern Gottes Gnade anriefen, auf daß auch sie in gleicher Weise es annähmen und glaubeten.

Am Sonntag den 17. Mai 1545 traten der Generaldechant (von Mediasch), der Hermannstädter und Burzenländer Dechant im Namen ihrer Dekanate und Pfarrer in Mediasch zusammen und erkannten sich als Glieder einer Religion und eines Körpers an. Sie und ihre Gemeinden standen bereits in der Mehrheit der Tat nach auf dem Grund des Augsburgischen Bekenntnisses. Und da sie bis dahin nicht unter einem Bischof gewesen, so setzten sie jetzt das Verhältnis fest, in dem sie fortan als ein Körper zu den öffentlichen Lasten beizutragen hätten. Mit unablässigem, erhebendem Eifer war zugleich die weltliche Universität für Befestigung und Durchführung der Kirchenverbesserung tätig. Sie ermahnte 1546 „alle Glieder des Volks" sich gleicher kirchlicher Gebräuche zu bedienen, auf daß kein Anstoß entstehe und berief 1547 gelehrte Männer zusammen, auf Grundlage der heiligen Schrift eine gemeinsame Kirchenordnung festzusetzen. Sie drang 1548 auf fleißigen Besuch des Gottesdienstes, „damit unser frommes Leben Auswärtigen ein gutes Beispiel gebe", und gab endlich der Reformation des Sachsenlandes die Rechtskraft des weltlichen Gesetzes, indem sie im Frühjahrskonflux des Jahres 1550 beschloß und verordnete, „daß in allen Städten, Märkten und Dörfern die Kirchen nach dem Reformationsbüchlein Honteri verbessert werden und alle Pfarrer nach seinem Inhalt sich halten sollten." Das ist, 1547 zugleich in lateinischer und deutscher Sprache veröffentlicht, die „Kirchenordnung aller Deutschen in Siebenbürgen", ein Werk voll tiefsten sittlich-religiösen Geistes, mit dem offen ausgesprochenen Willen, durch die Macht des gereinigten Glaubens auch das bürgerliche Leben zu reinigen, eine evangelische Umgestaltung, eine christliche Verbesserung auch der „weltlichen Sachen" zu bewirken.

So wurde die neue Ordnung allerorts eingeführt, auch in den sächsischen Kapiteln außerhalb des „Königsbodens"; 1552 schafften die Bruderschaften der Zünfte in S.-Regen alle katholischen Eingrußworte, Ausrufungen, Sitten und Gebräuche ab und behielten, wie es in ihren „Artikeln" heißt, nur solche bei, die „mit der geläuterten Lehre des Evangeliums" übereinstimmten. Und da die Gegner die Evangelischen arg schmähten, daß sie ohne Ordnung und ohne Regiment wären, da mehr noch das natürliche Bedürfnis zu festerer kirchlicher Einheit in einem kirchlichen Oberhaupt drängte, wählte, nach vorausgegangenen Verhandlungen mit der weltlichen Universität und mit ihrer Beistimmung, die geistliche Synode den 6. Februar 1553 den Stadtpfarrer von Hermannstadt Paul Wiener zum Superintendenten oder Bischof, daß er ihr sichtbares Haupt sei und die Versammlungen berufe und die Ordnung erhalte und Pfarrer und Prediger durch Segen und Handauflegen weihe. Paul Wikner war Prediger in Laibach gewesen und von den Feinden des Evangeliums vertrieben flüchtig nach Hermannstadt gekommen. Hier hatte ihn der Rat um so lieber aufgenommen, als durch der Zeiten Schuld gelehrte und fromme Männer nicht im Überfluß vorhanden waren. Vier Jahre vor Wieners Wahl zum Bischof, den 23. Januar 1549 war Honterus gestorben, der Mann Gottes, der wie die Zeitgenossen rühmten, „den rechten Gottesdienst angericht und des heiligen Evangelii halben viel erlitten, fromm, demütig, lehrhaftig, niemand verschmähend", für das Sachsenland Luther und Melanchthon zugleich. Valentin Wagner wurde sein Nachfolger. Als Paul Wiener im August 1554 gestorben, wurde **Matthias Hebler**, aus Karpfen in Ungarn, gleichfalls ein Schüler der Wittenberger Hochschule, seit 1551 Lehrer, dann Rektor, endlich Prediger in Hermannstadt, hier Stadtpfarrer; 1556 wählte ihn die Synode auch zum evang. Bischof. Als ihn 1571 „wie einen streitenden Kämpfer der sein Werk gethan" der Tod abgerufen, wählte die Synode 1572 den **Birthälmer** Pfarrer M. **Lucas Ungleich** (Unglerus) zum evangelischen Bischof, wodurch Birthälm Bischofssitz wurde. Im selben Jahr nahm die evangelische Synode förmlich das Augsburger Glaubensbekenntnis an und bestätigte Stephan Bathori ihre ausschließliche Gültigkeit in der „in Christo geeinigten Kirche des ganzen sächsischen Volkes."

Also wurde die evang. Kirche in Siebenbürgen gegründet; überall gingen im Sachsenland Obrigkeit und Gemeinde Hand in Hand, nirgends in dem freien Bürgervolk roher Pöbelauflauf oder Bilderstürmerei; oft standen die Pfarrer selbst an der Spitze der Bewegung. Und wie von allem Anfang an die Häupter derselben den Grundsatz ausgesprochen hatten, daß man die Kirchenverbesserung beginnen müsse nicht mit Umsturz, sondern mit Lehre und Unterricht, auf daß die Gemeinde den Grund der Änderung zuvor einsehe, so ließen sie anfangs manches von den alten Bräuchen bestehen, auf daß die Gewissen der Schwachen nicht beunruhigt würden. So gestattete die Synode 1565 noch den Gebrauch der Meßgewänder bei der Austeilung des Abendmahls, doch möge der weißlinnene Chorkittel darüber angezogen werden, während Petrus Bogner, der in Paris, Orleans, Padua, Bologna und auf anderen Universitäten Weltweisheit und Arzneikunde studiert, Italien, Frankreich, England durchreist hatte und Doktor beider Rechte war, aus dem Lehramt des Kronstädter Gymnasiums 1572 zum Stadtpfarrer berufen, das geistliche Amt sechs Jahre ohne geistliche Kleidung verwalten durfte. Neben den neuen deutschen Kirchenliedern ließen sie auch die beliebtern lateinischen in Übung, weil der heilige Geist in verschiedenen Zungen geredet habe. Erst 1578 ging die Synode daran, die Feier der Aposteltage teils abzuschaffen, teils zu beschränken;

als der fromme Greis Joachim Teutsch von Bistritz dagegen sprach, fuhr ihn Georg Melas von Rosenau so hart an, daß er aus Gram darüber bald starb. Wie aber in demselben Jahre starker Hagelschlag die Felder verwüstete, zürnte das Volk und sprach: Das sei die Folge, daß die Pfarrer die Tage Petri und Pauli und Jakobi nicht gefeiert und auch die Feste der andern Apostel nach der Weise der ungarischen Kalvinisten aufheben wollten; an manchen Orten erhoben sich die Gemeinden wider die Geistlichen; die Feier der Aposteltage wurde wieder eingeführt. Um so leichter beruhigten sich die einzelnen Pfarrer, die im Herzen der katholischen Kirche zugetan, nur ungern dem Drängen der Gemeinde folgend, zur evangelischen übergegangen waren. Denn auch solche gab es; noch 1570 vermacht der Denndorfer Pfarrer Antonius Schwarz den Minoriten in der Tschik ein Sechzehntel seines jährlichen Zehnteinkommens, damit sie ihm zum Heil seiner Seele Exequien halten und Messe lesen möchten und bedenkt alle katholischen Priester samt den Nonnen der Tschik, die gewesenen Nonnen in Schäßburg samt den Nonnen in Neumarkt und S.-Regen, falls noch welche dort wären, im Testamente mit Geld, Wein, Früchten oder Haustieren.

Die immer festere Begründung der evangelischen Kirche im Sachsenlande konnte denn fortan nichts, am allerwenigsten Isabellas Abneigung hindern. Denn die Königin herrschte unter dem Schutze der Türken, die des kirchlichen Streites unbekümmert, beide Teile in ihrem Bestande schützten, ja bisweilen selbst die Evangelischen bevorzugten. Auch durfte Isabella es nicht mit den Sachsen verderben, die so mächtig waren im Lande und, wie sie wußte, im Herzen noch immer an Ferdinand hingen, auch stets zu rechter Zeit ihrem leeren Schatz zu Hülfe kamen. Oder, wenn sie Gewalt hätte brauchen wollen, war sie nicht stark genug dazu; denn eine so große Fürstenmacht, wie in andern Ländern die evangelische Kirche unterdrückt hat, gab es in Siebenbürgen nicht. Dazu nahm der ungarische Adel gleichfalls die evangelische Lehre an, selbst in die rauhen Szeklerberge drang sie ein, freudig begrüßt; nur unter den Rumänen fand sie keinen Eingang, obwohl 1559 der Kronstädter Rat Luthers Katechismus und Hans Benkner 1560 die Evangelien in ihre Sprache übersetzen ließ, „damit die walachischen Pfaffen sie läsen und verstünden, weil es besser sei in der Gemeinde zu reden fünf Worte, die man verstehe, als zehntausend

in fremder Sprache, die man nicht verstehe." Auf den Synoden
von 1545 an sind durch neunzehn Jahre wiederholt die Geistlichen
der Sachsen, Szekler und Ungarn vereint gewesen und haben
einmütig das Evangelium nach der Augsburgischen Konfession
bekannt. Die römisch=katholische Kirche zählte fast keine Anhänger
mehr. Und als Paul Bornemissa, von König Ferdinand zum
siebenbürgischen katholischen Bischof ernannt, nach Statilius Tod
im Besitz der bischöflichen Güter eifrig auf Ferdinands Seite stand,
entbot ihm der Landtag in Mühlbach (1556) auf den Antrag
Petrovichs, der an der Spitze des ungarisch=evangelischen Adels
war, wenn er nicht sofort zu Isabellas Partei übertrete, werde
man die bischöflichen Güter einziehen. Als Bornemissa nicht abfiel
von Ferdinand, vollzog der Landtag in Klausenburg in demselben
Jahre jene Drohung; so kamen die bischöflichen Besitzungen und
Einkünfte in die Hände des Fürsten, damit auch alle jene Steuern
und Zehnten, die der Bischof im Lauf der Jahrhunderte von
sächsischen Pfarrern erpreßt hatte. Bornemissa floh nach Ungarn;
anderhalb Jahrhunderte lang hatte Siebenbürgen keinen katho=
lischen Bischof; der sächsischen Geistlichkeit aber bestätigte Isabella
und Johann Sigmund den 10. Juni 1559 feierlich den Fortbezug
des bisherigen Zehntens und der übrigen Einkünfte, sowie die
uralte geistliche Gerichtsbarkeit.

Hand in Hand mit der Kirchenverbesserung ging im Sachsen=
land die Wiederherstellung der Schulen. Wie man in
Gärten junge Bäumchen pflanzt, auf daß man, wenn die alten
abgehen, andere an ihrer Stelle habe, so hatten nach Honterus'
schönem Worte die Väter zu gemeinem Nutzen überall Schulen
errichtet; aber in den vergangenen „langen ungnädigen Zeiten"
waren sie durch die „Nachlässigkeit der Feinde der Frömmigkeit"
beinahe ganz verfallen. Damit dieses Übel nicht weiter zunehme,
wurden die Schulen im ganzen Sachsenlande wieder hergestellt,
mit Gebäuden und Besoldungen aus dem Gemeinsäckel „in eine
rechte Form gebracht", daß kein Knabe seiner Armut halber von
der Schule ausgeschlossen bleibe, und überall in Städten und
auf Dörfern „fleißige Schulmeister" verordnet, „damit nicht einmal
dies Vaterland, mitten unter den Feinden von Gott so herrlich
begnadet, durch Unfleiß der Obrigkeit, welche darauf zu sorgen
geschworen, zu einem heidnischen Wesen gerate." Wo die Schulen
in den Städten zu klein seien, solle man die Klöster dazu ver=

wenden, verordnete das Reformationsbüchlein. Was, getragen von diesem Geiste der Bildung Kronstadt ruhmwürdig vorangehend und Hermannstadt tat, — das in e i n e m Jahr (1557) für hundert Gulden Bücher für die Schulbibliothek aus Deutschland kaufen ließ, — ist früher erwähnt; auch in den andern Städten geschah Ähnliches; selbst in Dorfschulen lernten die Knaben nicht nur lesen, schreiben, rechnen und singen, sondern sogar lateinisch und griechisch. Im Burzenland beschlossen sie 1578 zur Unterstützung armer Kinder im Schulbesuch jährlich etwas zur Anschaffung von Kleidungsstücken aus dem Kircheneinkommen zu verwenden; in Hermannstadt gründeten sie 1555 einen Studienfond, in den reiche Gaben und Vermächtnisse flossen, um daraus Studierende auf deutschen Hochschulen zu unterstützen. Unter diesen war namentlich Wittenberg besucht, wo auch nach Luthers Tod Melanchthons mildes Licht gleich segensreich für die Kirche wie für die Schule leuchtete. Selbst im fernen Sachsenland, in Hermannstadt und Kronstadt kamen neue Ausgaben seiner Schriften heraus; es war der Zoll der Verehrung und Dankbarkeit, als die Universität der Sachsen dem großen Lehrer 1557 mit dem Hermannstädter Rats=
mann Thomas Bomelius Ehrengeschenke, darunter ein Zehn=
Dukatenstück, nach Wittenberg sandte.

Zu derselben Zeit geschah es, daß unter den Ungarn und Szeklern die Lehre Zwinglis und Calvins Eingang fand. Auch manche sächsische Geistliche neigten sich ihr zu und auf mehr als einer Synode haben sie über die Lutherische und Calvinische Auf=
fassung des Abendmahls harten Streit geführt. Im ganzen be=
hauptete sich bei den Sachsen jene, bei den Ungarn diese Ansicht; auf der Synode von Enyed 1564 trennten sich die Kirchen und Nationen, und die Reformierten wählten sich Dionysius Alesius, den Hofprediger des Fürsten, zum Bischof. Als bald darauf der fürstliche Leibarzt Blandrata und der Klausenburger Pfarrer Franz Davidis die Ansicht in Glaubenssachen verbreitete, die Lälius und Faustus Socinus aufgestellt hatten, welche die Kirchenlehre von der Dreieinigkeit nicht anerkannten, und als nicht nur Klausenburg, sondern auch der Fürst selbst und eine große An=
zahl ungarischer Herren und Gemeinden jener Lehre beitrat, da wurde auch diese auf dem Landtage in Neumarkt 1571 als gleich=
berechtigt anerkannt; man nannte ihre Anhänger die Unitarier oder Socinianer.

So erstanden die verschiedenen Kirchen im Vaterlande, so die evangelisch=sächsische Nationalkirche. Und während sonst in Europa die alte und neue Kirche in schwerem Kampf gegeneinander lagen, ging die Entwicklung in Siebenbürgen ohne Religionskrieg vor sich. Zwar verbot der Landtag 1544 jede Neuerung in Religionssachen und befahl 1548 den Ausgang des Tridentiner Konzils zu erwarten; aber schon 1554 sprachen die drei Völker auf dem Landtag in Mediasch das schöne Wort, **daß der Glaube der Christen nur einer sei**, wenn auch verschiedene kirchliche Bräuche herrschten. Der Landtag in Thorenburg setzte 1557 fest, daß ein jeglicher des Glaubens leben könne, des er wolle; ebenso 1563; 1564 sprachen die drei Nationen auf dem Landtag in Schäßburg aufs neue das Gesetz aus, daß ein jeder sich zu der Religion bekennen dürfe, die er vorziehe, daß keine Kirche der andern zum Schaden oder Hindernis dienen oder Unrecht zufügen dürfe, und wiederholten 1568 auf dem Landtag in Thorenburg, daß das Evangelium allerorts gepredigt, doch niemand mit Gewalt dazu gezwungen werden dürfe, wenn seine Seele sich dabei nicht beruhige. Darum solle niemand wegen der Religion verspottet oder verfolgt werden; denn der Glaube sei Gottes Geschenk. Aus diesen und ähnlichen Landtagsbeschlüssen ist das Gesetz entstanden, das in dem siebenbürgischen Gesetzbuch der Approbaten sich findet: „die vier landtäglich gesetzlich anerkannten Religionen sollen für alle Zeiten als solche anerkannt werden nach dem ruhmwürdigen Beispiel unserer Vorfahren, wie denn in der Tat die Wohlfahrt des Landes, der Beschluß der Stände und die mehr als einmal eingegangene Union dasselbe dringend erheischt. Die freie Ausübung dieser vier rezipierten Religionen, nämlich der evangelisch=reformierten oder calvinischen, der lutherischen oder der des Augsburgischen Bekenntnisses, der römisch=katholischen, der unitarischen oder antitrinitarischen, wird in allen nach den Landtagsbeschlüssen gewöhnlichen Orten für alle Zukunft gewährleistet." Und weiter: „die Kirchen der vier rezipierten Religionen, nämlich der reformiert=evangelischen, der lutherischen oder augsburgischen, der unitarischen oder antitrinitarischen sollen Bischöfe eigenen Glaubens haben, die Katholiken oder Papistischen aber Vikare, die über den ihrer Religion und Aufsicht untergebenen geistlichen Stand (bezüglich die kirchlichen Ordnungen) wachen sollen." Ebenso sicherte ein Gesetz den Besuch fremder Länder zur Erwerbung von Kenntnissen, wer es breche, solle verdammt sein vor Gott im zukünftigen Leben und in dieser Welt aller Ehre bar.

Unter dem Schutze solcher, unter ihrer eigenen Mitwirkung entstandenen Gesetze, welche stets von den Ständen und Fürsten beschworen wurden bis fast auf unsere Tage, hat die sächsisch-evangelische Kirche sich entwickelt und mit den Schwesterkirchen im Lande das schöne Bild christlicher Eintracht gegeben, die von ihr nie und überhaupt nie gestört worden ist, wenn nicht fremde ungesetzliche Einflüsse die heilige Grundlage der Gleichberechtigung der vier rezipierten Kirchen anzugreifen gewagt haben.

Die kirchliche Gerichtsbarkeit, vor welche namentlich der Eheprozeß gehörte, übte die evangelische Kirche aus durch die Kapitel, die nach der frühern Abgrenzung fortbestanden und worin alle Pfarrer, nach dem alten Recht von den Gemeinden frei gewählt, zusammentraten. In allgemeinen Angelegenheiten der kirchlichen Ordnung, namentlich den geistlichen Stand betreffend, sprach die Synode, die aus den Dechanten und Abgeordneten der Kapitel bestand; wenn die Gegenstände zugleich ins bürgerliche Leben hinübergriffen, traten Synode und Konflux, „geistliche und weltliche Universität", zusammen oder einigten sich durch Botschaften. Allerorts machten endlich Pfarrer und Amtleute nützliche Ordnungen nach jeder Gemeinde Bedürfnis für die mannigfachen Fälle der häuslichen, bürgerlichen und kirchlichen Verhältnisse, auf daß der christliche Geist nicht nur im Tempel wohne, sondern auch draußen im Leben. Und damit das Gute immer kräftiger werde, waren jährliche Visitationen festgesetzt, worin geistliche und weltliche Obrigkeit Lehre und Wandel untersuchten und durch Gottes Wort und Strafe immer mehr zu reinigen sich mühten. Die erste allgemeine Kirchenvisitation, — besondere in einzelnen Kapiteln waren schon lange früher, so im Hermannstädter 1544, im Burzenländer 1556, im Mediascher 1557 vorausgegangen — fand 1577 statt.

Also wuchs und gedieh die evangelische Kirche unter dem Volk der Sachsen.

26.

König Ferdinand gewinnt und verliert aufs neue Siebenbürgen. Petrus Haller. Der Brand von Hermannstadt.
1542—1556.

Zu Chinon hält der König seinen Hof;
Es fehlt an Volk, er kann das Feld nicht halten.
Schiller.

Als die drei Völker 1542 auf dem Landtag in Thorenburg der Königin Isabella huldigten, geschah es, wie sie sprachen, zumeist aus Furcht vor den Türken. Während die Stände ihr den Eid schworen, waren ihre Gesandten in Wien, Ferdinand Treue zu geloben. Doch war des Adels und der Szekler Herz nicht mit ihren Abgeordneten; als sie zurückkehrten, erkannten sie dieselben nicht an; nur die Sachsen hielten sich durch den Schwur an Ferdinand gebunden und betrachteten ihn als den rechtmäßigen König. Darum wandten sich ihre Blicke sehnsüchtig nach Wien und hörten nicht auf, Briefe und Boten an Ferdinand zu senden, der seinerseits gleichfalls fortfuhr, sie baldiger Hülfe zu versichern und sie zu Ausdauer und Treue zu vermahnen. Darum zögerten sie mit den ersten von Isabella angeordneten Steuerzahlungen in der Hoffnung, sie für die gute Sache der Befreiung des Landes verwenden zu können. Sie zweifelten nicht, wurde nach Wien berichtet, falls des Statthalters scheinbare Anhänglichkeit an Ferdinand nicht täusche, mit Gottes Hülfe und geringer Unterstützung Sr. Majestät auch wider Willen der beiden andern Nationen Siebenbürgen im Gehorsam des Königs erhalten zu können. Am äußersten Ende der Christenheit und fast im Rachen des Feindes wollten sie Gut und Leben darbringen, um in der Treue des Königs zu verharren und die Rettung des Vaterlandes zu wagen; doch möge auch er um der Liebe Christi willen gebeten sein, rechtzeitig dafür zu sorgen, daß sich nicht gänzlich zugrunde gingen.

Dasselbe rieten dem König täglich und dringend seine Räte und Feldhauptleute in Ungarn. Siebenbürgen könne nur Österreichs oder der Türken sein, darum möge er der Sachsen Anhänglichkeit nicht unbenützt lassen. „Auf die Sachsen kann man sich verlassen," sprach der Bischof von Großwardein, „den beiden andern Nationen ist nicht zu trauen." „Mit geringem Kriegsvolk,"

drängte der treue Kanzler Kaspar Seredy unablässig, „ist in
Siebenbürgen für die ganze Christenheit unsägliches Heil zu erreichen:
ohne die Sachsen sind die Königin und alle ihre Freunde nichts."
„Mit 4 oder 5000 Landsknechten und 400 Reitern," schrieb Georg
Werner aus Oberungarn an Ferdinand, „ist in Siebenbürgen
alles zu thun; Sold aus des Königs Schatz bedarf es nur bis
an die Grenzen des Landes; öffnet Hermannstadt einmal die
Thore, woran nicht zu zweifeln, so ist das Reich trotz der Königin
und des Mönches in Ferdinands Hand."

In Hermannstadt aber und unter den „treuen Sachsen" war,
wie einst Markus Pemfflinger, so jetzt Petrus Haller Haupt und
Führer. Er war geboren 1500 in Ofen, wo sein Vater Ruprecht
Haller aus Nürnberg Heimat und Wohlstand gefunden hatte.
Von den vier Söhnen des am Hofe einflußreichen Mannes — er
war eine Zeitlang königlicher Schatzmeister — kamen drei, Johann,
Paul und Peter nach Siebenbürgen; der letztere war vor der
Schlacht von Mohatsch bereits in Hermannstadt ansässig. Als
König Ferdinand 1527 dem reichen Haus der Fugger in Augs=
burg die siebenbürgischen Gold=, Silber= und Salzbergwerke ver=
pachtete, übertrug dasselbe an Petrus Haller einen Teil der Ver=
waltung, der gleichzeitig großen Handel in die Moldau und
Walachei trieb und aus dem Hermannstädter Kammerhandel
allein jährlich 10—11.000 Gulden erwarb. In erster Ehe mit
Margaretha, der Tochter des Kronstädter Richters Johann
Schirmer vermählt, wurde er 1529 Ratsmann, bekleidete von 1536
an vier Jahre das Stuhlsrichter=, von 1543 ebenso lange das
Bürgermeisteramt und wurde nach dem unglücklichen Johannes
Roth 1556 Graf der Sachsen. Auf dem großen Ring in Hermann=
stadt stand sein Haus; im Abendsonnenschein funkelten gar hell
die Wappenzierden seiner Fensterscheiben, die silbernen Helme
mit den goldenen Kronen, den roten Büffelhörnern, den Pfauen=
federn und Adlerflügeln. Auch weiteres reiches Vermögen kam
hinzu, nicht nur ein zweites Haus auf dem großen Ring, sondern
auch Mühle, Meierhof, Gärten, Acker, Wiesen, Fischteich auf
dem Weichbild der Stadt, ferner, zum Teil vielleicht mit seiner
zweiten Gemahlin Katharina Kemeny erworben, Gutsanteile und
Edelsitze in zwölf Dörfern und durch Ferdinands Verleihung von
1553 die ganzen Gemeinden Weißkirch und Langenthal, dann
das Erbgrafentum in Salzburg mit neuem reichem Gutsbesitz;

bei seinem Tode hatte Petrus Haller bei der Stadt seiner Väter, Nürnberg, allein 14.900 Gulden auf Zinsen angelegt. Vielgeehrt von allen Fürsten des Landes starb er den 12. Dezember 1569. Er hat vor allem die Reformation eifrig fördern helfen. Als er Bürgermeister war, wurde (1543) der Dominikanerteich, der gegen Hammersdorf zu lag, an Franz Baier um 100 Gulden zugunsten der Stadt verkauft. Auf seinem erzgegossenen Grabdenkmal in der Hermannstädter Pfarrkirche liest man:

> Tugend und Frömmigkeit hab' ich immer heilig gehalten,
> Schirm' uns, allmächtiger Gott, schirme das herrliche Gut!

Ebenso eifrig wie Pemfflinger und Armbruster hing Haller an Ferdinand. In der schweren Zeit gegen Zapolya stand er unter den Ersten treu zum fernen deutschen Fürsten; im Heerzug für ihn geriet er mit Matthias Armbruster in die Gefangenschaft und mußte dem Gegner Stephan Thelegdi 3000 Gulden für seine Freiheit zahlen; 1000 davon kamen an Ferdinand Anhänger Franz Nyary, weil dieser Zapolyas Parteigänger Franz Baso gefangen hatte, den man gegen ihn auswechselte. Auch nach Zapolyas Tod förderte Haller die Sache Ferdinands durch ein Darlehen von 2000 Gulden. Er war im Jahre 1542 mit unter den Gesandten, die dem König huldigten. Als diese nach ihrer Rückkehr des Eides vergaßen, weil inzwischen das Land sich unter den Schutz des Königs Johann begeben, eiferte Petrus Haller mit harten Worten wider solchen Wankelsinn und sprach zu großem Schrecken des Mönchs Martinuzzi vor den Ständen laut, daß sie im Namen des Landes bereits Ferdinand geschworen bis zum letzten Atemzug. Darum verweigerte er dem Schatzmeister die Steuer der Sachsen. Als dieser mit dem Adel und den Szeklern eine Gesandtschaft an den Sultan schickte, enthielten sich die Sachsen auf seinen Rat der Teilnahme. Wie die Stände ihn 1543, da er Bürgermeister von Hermannstadt geworden, mit Hans Fuchs aus Kronstadt und Michael Hegyesch aus Schäßburg in der Königin Rat wählten und nun forderten, daß er der Königin und dem jüngern König schwören solle, schlug er es ab; jene mußten sich begnügen als er gelobte, der Königin Heimlichkeiten niemanden zu offenbaren und Sorge zu tragen für Siebenbürgens Wohl. Der Haß seiner Feinde stieg, als er Isabella die Tore von Hermannstadt nicht öffnete, weil er erfahren, sie

wolle die Stadt mit Heeresmacht besetzen. In fortwährendem
Zusammenhang mit Ferdinand durch Briefe und Boten teilte er
ihm die Lage des Landes und die Schritte der Sachsen mit und
beschwor ihn um Hülfe. „Es ist uns unerträglich und wir können
uns nicht fügen darin," schrieb er den 15. März 1543 an Ferdinand,
„daß jene sogar nach dem Tod des Sohnes von König Johann
einen Fürsten aus seinem Blut wählen wollen." „Nie wird,"
sprach sein Abgeordneter Laurenzius Zekel zum König, „mein
Herr in seiner Treue wanken, selbst wenn er Hab und Gut ver=
lieren sollte; Euer Kunigliche Majestät soll gewiß glauben, daß
sie mit treuem Herzen hierher sind." „Hier am äußersten Ende
der Christenheit und im Rachen der Feinde gelegen," fügte der
Rat von Hermannstadt und „die ganze Universität der Sachsen"
am 11. Juli 1543 hinzu, „müssen wir ungern viel Unwürdiges
zugeben und hingehen lassen, doch wollen wir Gut und Blut
nicht sparend mit Gottes Hülfe in rechter Treue zu Ew. Majestät
bis zum letzten Atemzug beharren, unserer Befreiung wartend.
Aber wir bitten Ew. Majestät um der Liebe Christi willen, auf
unsere Rettung und Befreiung eilig und so lange es noch Zeit
ist bedacht zu sein, damit wir nicht in Grund verderben. Das
wollen wir alle Zeit mit unaufhörlichem treuen Dienst verdienen."

Ferdinand nahm solche anhängliche Gesinnung mit Wohl=
gefallen entgegen und sparte keine Worte sie zu erhalten und zu
steigern. Er nannte Petrus Haller „einen bewährten Mann und
seinen lieben Getreuen". „Wir haben," schrieb der König von
Prag aus an den Bürgermeister unter dem 13. August 1543,
„gnädig vernommen von deiner unerschütterten Treue und deinem
ausgezeichneten Eifer für uns und des Vaterlandes Heil. Tue
auch fortan desgleichen und verwalte dein Amt also, daß nicht
nur deine eigene Treue stets heller leuchte, sondern dein Beispiel
auch andere antreibe, der Verteidigung des Vaterlandes ihre
ganze Kraft zu weihen. Wie wir nun nicht zweifeln, daß das
geschehen werde, so sei du überzeugt, daß wir dafür mit unserer
vorzüglichen Gnade, so oft sich eine Gelegenheit darbietet, gegen
dich erkenntlich sein werden." Wenige Wochen früher (im Oktober
1542) hatte Ferdinand die Sachsen getröstet: „wir haben durch
die Mitteilung eures Botschafters Petrus Haller eure **wunder=
bare Treue** gegen uns und eure ausgezeichnete Tätigkeit für
die gesamte Christenheit erfahren und können nicht umhin, derselben

das größte Lob zu zollen. Seid standhaft in dieser Gesinnung und empfangt die Versicherung, daß wir euer Reich, euch Alle, euer Hab und Gut in unsern besondern Schutz nehmen, euch gegen jeden Feind schirmen und Sorge tragen werden, **daß euch so große Treue und Liebe gegen uns nie gereue.**"

Also sprach Ferdinand zu seinen „treuen Sachsen"; aber die gewünschte und versprochene Unterstützung sandte er nicht. Selbst in Ungarn vermochte er den Krieg gegen die Türken nicht mit Nachdruck zu führen; er mußte zur Besoldung seiner Truppen Landvogteien in Deutschland verpfänden. Auch an dem Kriege Karls gegen die Protestanten in Deutschland nahm er teil; zu einer Unternehmung gegen Siebenbürgen kam er nur, als jene besiegt waren und mit den Türken Waffenstillstand war.

Dazu bot zu derselben Zeit der Schatzmeister Bischof Martinuzzi erwünschte Gelegenheit. Seit alter Zeit her eifriger Diener des Zapolyaschen Hauses gehörte er zu den Ersten im Rat der Königin. Seit sie aber in Siebenbürgen Hof hielt, brach Uneinigkeit zwischen beiden aus. Ihr gefiel die Bevormundung des Bischofs nicht; er nahm Anstoß an der Lebensart der Königin und haßte ihre Räte, Petrovich besonders, schon weil dieser ein Protestant war. Als Isabella bei Soliman klagte und der Sultan dem Schatzmeister Gehorsam befahl, wurde der Gedanke, die Königin zu entfernen, noch lebendiger in ihm. Er trug Ferdinand seine Dienste an; ein großes Gewirr von Trug und List, von Heuchelei gegen Konstantinopel und Täuschung gegen Wien begann. Nach mehrjährigen Unterhandlungen schloß Martinuzzi mit Ferdinand einen geheimen Vertrag ab über die Vereinigung Siebenbürgens mit Ungarn. Als Isabella davon erfuhr, berief sie den Landtag nach Enyed und klagte den Schatzmeister des Hochverrats an. Er selbst erschien vor den Ständen; sie konnte kein Urteil gegen ihn erwirken und hätte es noch weniger vollziehen lassen können. Denn zu derselben Zeit überschritten die kaiserlichen Truppen die siebenbürgische Grenze, darunter dreitausend Spanier und drei Regimenter Deutsche. Johann Baptista Kastaldo führte den Oberbefehl. Die Königin floh nach Mühlbach und entsagte gegen Oppeln und Ratibor und einige andere Bedingungen für sich und ihren Sohn dem Besitz Siebenbürgens. Im Juli 1551 wurde der Vertrag auf dem Landtag in Klausenburg vollzogen; Isabella übergab Krone und Reichskleinodien an Kastaldo und

verließ Siebenbürgen weinend. Martinuzzi wurde kurze Zeit
darauf Kardinal; doch noch vor Ablauf des Jahres ließ ihn
Kastaldo ermorden, weil er in schwerem Verdacht verräterischen
Einverständnisses mit den Türken stand.

Die kaiserlichen Truppen besetzten sofort das Land; die säch=
sischen Städte öffneten ihnen die Tore; den 17. August zogen die
Grafen von Arch mit vierzehn Kompagnien in Hermannstadt ein;
fünf Fähnlein Reiter zogen ins Burzenland, spanische Haufen
nach Mediasch und Schäßburg. Der größte Teil der Truppen
wurde ins Sachsenland verlegt, das in ihnen die Befreier vom
Türkenjoch, die Streiter des rechtmäßigen Königs begrüßte. Fer=
dinand richtete die Verwaltung neu ein; Petrus Haller wurde
Schatzmeister; königliche Sendboten, der Bischof von Vesprim
Paul Bornemissa und Georg Werner kamen ins Land, die königs
lichen Einkünfte, die durch schlechte Amtleute viel gelitten, wieder
zu ordnen. In dem ausführlichen Bericht, den sie dem König
unterlegten, halten sie es für eine Pflicht der Wahrhaftigkeit,
offen zu erklären, daß die Sachsen die Grundkraft Siebenbürgens
(nervus Transsilvaniae) seien, und wie das gesamte Volk hoffe,
er werde seine alten Rechte und Freiheiten bestätigen und achten.
Man kann nicht läugnen, fahren sie fort, daß die Sachsen würdig
sind aller königlichen Gunst und Gnade, wie sie vor allen andern
Völkern Siebenbürgens verdienen, daß man Rücksicht auf sie nehme.

Aber zeigte Ferdinand nur in Sendschreiben und Urkunden
vielen Eifer, das Wort, das er den Sachsen so feierlich gegeben,
zu halten. Er bestätigte den 20. März 1552 den Andreanischen
Freibrief. Er ernannte Haller zum Landesschatzmeister und zum
erblichen Königsrichter von Salzburg. Er befahl seinen Send=
boten, die Sachsen als das vorzügliche Gut der heiligen unga=
rischen Krone zu schirmen und gebot den Woiwoden, sie sollten
dieselben und insbesondere die Hermannstädter, die von Anfang
an seiner Majestät stets treu gewesen, sich vor allen Bewohnern
des Landes empfohlen sein lassen und in ihren Rechten und
Freiheiten schützen. Er versprach für stärkere Befestigung der
sächsischen Städte zu sorgen und ihnen die Summen, die sie für
seine Truppen ausgelegt, zurückzuerstatten. Er vergabte den Her=
mannstädtern unentgeltlich die Befugnis der Goldeinlösung, weil
er, wie es sich zieme, die treuen Dienste derselben erwäge, die sie,
weder Gut noch Blut schonend, der heiligen Krone des Reichs

und ihm selbst vom Anfang seiner Regierung geleistet. Auch
bestätigte er das alte Recht, wornach die auf Komitatsboden
liegenden sächsischen Besitzungen zu den Steuern der Sachsen
beitrugen, und untersagte seinen Gewaltträgern, die Landtage
stets in sächsische Städte zu verlegen.

Manche andere Hoffnungen der Sachsen gingen nicht in
Erfüllung. Winz und Burgberg wurden trotz all ihrer Bitten
mit der Nation nicht vereint, obwohl Ferdinand den alten
Vereinigungsbrief König Sigmunds bestätigte. Die Söhne des
verdienten Hermannstädter Bürgermeisters Matthias Armbruster,
der jahrelang für Ferdinand gekämpft, hatten sich in bitterer Not
um Aufrechterhaltung einer vom König bestätigten Verfügung
vergeblich an ihn gewandt, während Alexius Bethlen in dem
Besitz von Treppen, das Johann Zapolya gegen alles Recht
von Bistritz getrennt hatte, geschützt wurde, als er den König
gebeten, er möge ihm, dem Getreuen, jene Schenkung Johanns
bestätigen, da er dasselbe so vielen getan, die immer gegen ihn
im Aussland gewesen.

Eine für den Augenblick besonders drückende Last lag auf
den sächsischen Städten durch die Anwesenheit der königlichen
Truppen. Das waren meist zuchtlose Haufen, die weder Gehorsam
noch Ordnung kannten und durch den häufigen Mangel des Soldes
sich um so mehr alles Gesetzes entbunden achteten. Kastaldo hatte
sie zu zügeln weder immer die Macht noch immer den Willen;
er selbst in Krieg und Schlachten ergraut, war von bösen Leiden=
schaften nicht frei, hochmütig und habsüchtig. „Er ist der schlech=
teste von allen Sterblichen, jeder Mensch flieht ihn," schrieb der
treue Nadasdy, Ferdinands Anhänger. So waren der Feldherr
und die Truppen, als die Geldsendungen von Wien ausblieben.
Das wurde der Vorwand zu den ärgsten Untaten. Sie beschossen
Klausenburg mit Bomben, Weißenburg steckten sie am hellen
Mittag in Brand. In Hermannstadt ermordeten sie den Obristen;
sie hätten die Stadt geplündert und verbrannt, wenn die Bürger
nicht zu den Waffen gegriffen; Kastaldo mußte drohen, den Bürgern
seine eigenen Truppen zu Hülfe zu schicken. Als Mangel an Ge=
treide einriß, raubten sie die Garben vom Felde; die Bauern
setzten sich zur Wehr, es floß Blut. „Es hat niemals so zuchtlose,
hartnäckige und bestialische Leute gegeben," gestand Kastaldo selber.
„Überall haben sie sich so grausam gezeigt, daß die Einwohner

lieber Sklaven der Türken werden wollen, als sie im Hause haben." Schon nach wenigen Monaten mußte Ferdinand den Hermannstädter Rat dringend auffordern, sich die Aufstände der deutschen Truppen nicht allzuschwer fallen zu lassen, sondern die Last mit Rücksicht auf ihn noch einige Zeit zu tragen.

In seinen großen Geldnöten wandte sich Kastaldo an die sächsischen Städte, in denen seine Truppen lagen. Sie halfen mit Verpflegung und Vorschüssen, so lange sie vermochten. Schon am 1. April 1552 mußte Kastaldo vom Königsrichter Johannes Roth 750 Gulden borgen. Als Hermannstadt die Truppen mit 18.000 Gulden unterstützt hatte, dankte Ferdinand verbindlich für solchen Eifer; der Schuldschein liegt noch im Archiv der Stadt. „Schon vielmal haben wir es geschrieben und gesagt," schrieb Kastaldo 1552 dem Hermannstädter Rat, „daß Eure Herrlichkeit es allein sei, die dieses Reich erhalten hat; und das werden wir nicht nur vor des Königs Majestät, sondern vor der ganzen Christenheit bezeugen und bekennen. Wir müßten zu den undankbarsten aller Menschen gehören, wenn wir so großer Wohltaten und so willigen Gehorsams Eurer Herrlichkeit je vergäßen." Er sprach zugleich seinen Dank aus, daß sie aufs neue den Sold für 500 Landsknechte dargeliehen. Als er aber aufs neue Lebensmittel für zwanzig Tage forderte, mußte auch Hermannstadt das Begehren ablehnen; es sei schwer für zwei Tage genug aufzubringen, sie hätten schon 30.000 Gulden ausgegeben. Nicht anders ging es in Kronstadt. Sechs Monate erhielt die Besatzung keinen Sold und hinterließ so viele Schulden, daß der Landtag den 2. September 1552 beschloß, die Bezahlung auf das ganze Land zu verteilen, da die Last für Kronstadt zu schwer sei. Gegen den kommenden Winter weigerten sich die Städte, Besatzung aufzunehmen; kein Stückchen Brot wollten sie ohne Geld mehr geben; „sie dazu zwingen wollen," schrieb Kastaldo, „hieße sofort niedergemacht werden."

So waren die Retter von der Tyrannei der Türken ärgere Bedrücker geworden als diese. Auch der äußere Feind war schnell im Land. Während der Sultan mit schweren Drohungen befahl, Isabella zurückzurufen und seine Paschas Temesvar eroberten, fiel der Woiwode der Moldau über die Grenze, verwüstete die Szeklerstühle und brach ins Burzenland ein. Die Kastaldischen Truppen und das Siebenbürger Aufgebot lagerten vor Kronstadt,

dessen Bergschloß neu befestigt wurde. Im Lager herrschte Un=
einigkeit; die deutschen Fähnlein wollten gar nicht hinaus, weil
sie den Verrat der Szekler fürchteten. So berannte angesichts der
königlichen Macht der Moldauer Tartlau und drängte die Bauern
hart; sie aber wehrten sich „ritterlich, also, daß er ihnen nichts
können abgewinnen;" doch brannte der Markt den 12. Juli 1552
ab. Dasselbe Schicksal erlitt zwei Tage darauf Honigberg; der
Burg vermochte er nichts anzutun. Mit Raub beladen und un=
gehindert zog der Woiwode heim.

Die Not des Landes wurde vermehrt durch eine entsetzliche
Pest. In drei Monaten starben 1553 in Kronstadt an die 5000
Menschen. Von hier aus verbreitete sie sich bald auch in andere
Landesteile. Nach großen Verheerungen und als sie schon im
Abnehmen war, zählte man in Hermannstadt 1555 3200 „nur der
fürnehmsten Toten." Der Friedhof in der Stadt wurde voll; auch
die zwei neuen außerhalb der Mauern angelegten erhielten eine
übergroße Zahl stiller Bewohner. Bald nach dem Ausbruch der
schrecklichen Seuche erlag ihr auch Paul Wiener (16. August 1554),
der erste evangelisch=sächsische Bischof, „mit sonderlicher Frömmig=
keit, Klugheit und Beredsamkeit von Gott geziert." Der Furcht
und damit dem Übel zu steuern, verordnete der Hermannstädter
Rat Männer, welche die Kranken mit Speise und Arzenei ver=
pflegten, und ließ die Toten bei Nacht ohne Grabgesang und
Gefolge begraben; nur Ratsherren und Geistlichen läuteten noch
die Glocken. Doch alles war umsonst; „wie der Wind im Sommer
die Kornähren niederschlägt, so ergriff die Seuche die Menschen."
Die das Schwert der Wallonen und Türken gefressen, wurden
glücklich gepriesen. Die sächsischen Dörfer wurden entvölkert; „einen
Walachen zu sehen," sagt der Chronist, „war ein seltsam Ding,
maßen sie entweder alle gestorben oder jenseits die Donau geflohen."

Inzwischen hatten die Drohungen des Sultans zugenommen
und die Entrüstung über die Zuchtlosigkeit der Truppen öffnete
ihnen viele Herzen; die Szekler sandten heimlich Boten an Isabella,
sie zurückzurufen; ein großer Teil des Adels wünschte dasselbe.
Als die Spanier wieder monatelang keinen Sold erhielten,
zogen sie um den Feldherrn unbekümmert mit fliegenden Fahnen
aus dem Land; als Kastaldo das sah, packte er seine Schätze
zusammen, und verließ Siebenbürgen (Frühjahr 1553.) Ferdinand
übertrug die Verwaltung zwei Woiwoden; der eine derselben

Stephan Kendy war bald mit dem Feind im Einverständnis.
Als die Woiwoden der Walachei und Moldau bereits den Befehl
erhalten hatten, mit Tartaren in Siebenbürgen einzufallen, als
der Sultan entschieden erklärt, Ferdinand müsse Siebenbürgen
räumen, traten die drei Völker im Januar 1556 auf dem Landtag
in Neumarkt zusammen, die schwere Lage des Vaterlandes zu
beraten. Sie beschlossen eine Gesandtschaft an Ferdinand zu schicken;
die Sachsen vertrat darin Thomas Bomel Ratsmann in Hermann=
stadt. Den 9. Februar stellte er in Wien dem König vor: wie
sie lange genug unter seiner Regierung zwischen Angst und froher
Erwartung geschwebt. Jetzt stehe der Feind mächtiger und furcht=
barer als je an der Grenze; er habe gedroht, ihr Land mit Feuer
und Schwert zu verwüsten, die Männer zu töten, die Kinder und
Frauen in ewige Knechtschaft zu führen. Daß er Wort halten
werde und könne, dürfe man nicht bezweifeln. Der König möge
daher entweder ein hinlänglich starkes Heer zum Schutze des
Landes senden, oder sie des Eides der Treue entbinden. Könne
er jenes nicht, so möge er dieses in Ansehung ihrer Treue und
ihres sonst unvermeidlichen Unterganges ihnen nicht verweigern.

Vierunddreißig Tage wartete er auf Antwort. Sie war wenig
befriedigend. Die Siebenbürger, gebot sie (13. März), sollten treu
in Eid und Pflicht beharren, keine Neuerungen anfangen, sich
keinem andern Fürsten ergeben und durch Bösgesinnte nicht zu
Schritten verführen lassen, welche ihrer bisherigen Treue und
Standhaftigkeit zuwiderliefen. Doch ehe die Botschaft ins Land
gelangte, war die Sache schon entschieden. Die Sachsen konnten
nicht länger widerstehen; voll Zuversicht auf Ferdinands Hülfe
hatten sie bis dahin nicht zugegeben, daß Johann Sigmunds
Banner aufgepflanzt werde. Da aber Thomas Bomel so lange
nicht zurückkehrte, das Verderben immer näher kam und Isabellas
Truppen schon im Lande standen, schickte die Universität Boten
an Petrovich (16. März) mit Anerbietungen der Treue und des
Gehorsams gegen Zapolyas Sohn unter der Bedingung, daß
vor der Ankunft der Königin in keine sächsische Stadt Besatzung
gelegt werde, daß alle Rechte und Freiheiten der Sachsen in
Kraft erhalten würden, daß das Ferdinandische Geschütz, „nachdem
königliche Majestät uns eine große Summa Geldes schuldig ist,"
in Hermannstadt bleibe, bis die Ruhe im Lande hergestellt und
der Sachsen Forderung an Ferdinand berichtigt sei, und daß alles

Vergangene vollkommen verziehen werde. Petrovich nahm die Bedingungen urkundlich an; zehntausend Mann aus der Walachei, achttausend Moldauer kamen ihm zu Hülfe. Die wenigen Plätze, in welchen Ferdinandisches Kriegsvolk war, wurden bald genommen; mit Szamosch-Ujvar, das Dobo bis zum November hielt, fiel des Königs Herrschaft im Lande. An den Bischof Bornemissa, Ferdinands Statthalter, aber sandten die Sachsen gleichfalls Boten und trugen ihm vor, wie sie als des Königs Getreue des Willens gewesen, ihre Abgeordneten zu erwarten. Nun aber, nachdem das Feuer im Lande angegangen und sie allenthalben mit Feinden umgeben seien, sie auch das Dräuen des türkischen Kaisers und der beiden walachischen Woiwoden vernommen, könnten sie sich als ein Glied des Landes von den zwei Nationen nicht abscheiden, sofern sie mit Weib und Kind nicht ins Verderben kommen wollten. Das wolle er für des Königs Majestät und bei allen frommen christlichen Fürsten entschuldigen und ausreden.

Dem Vertrag zuwider forderte Petrovich einen Teil des Ferdinandischen schweren Geschützes zur Belagerung von Szamosch-Ujvar von Hermannstadt. Der Rat, an seiner Spitze der von Ferdinand nicht anerkannte Sachsengraf Johannes Roth, willigte ein; aber das Volk weigerte sich die Stücke fahren zu lassen und steinigte den Abgeordneten zur Stadt hinaus. Damit der Auflauf nicht als Empörung angesehen werde, entschuldigte Johannes Roth die böse Tat und schickte dreihundert Fußknechte ins Lager, die Matschkaschi, Petrovichs Bote, gleichfalls gefordert hatte. Auch das wurde vom Volk als Verletzung seiner Rechte angesehen. Matschkaschi aber sann auf Rache. Er dang Brandstifter: den 31. März stand Hermannstadt urplötzlich von allen Seiten in Flammen. Fünfhundertsechsundfünfzig Häuser sanken in Asche, zwei Pulvertürme flogen in die Luft, einundachtzig Menschen verbrannten. Die Vorräte an Korn und Lebensmitteln gingen zugrunde; Wehr und Waffen in den Zeughäusern schmolzen in der Glut. Als das Volk den andern Tag die Größe des Unglücks gewahr wurde, liefen in der Verzweiflung große Haufen zusammen. Noch immer verdunkelte Rauch und Dampf den Himmel. Eine große Zahl stürzte vor Johann Roths Haus; es scheint, das Ferdinandisch gesinnte Volk habe das Unglück seiner Hinneigung zu Isabella's Sache Schuld gegeben. Als der Königsrichter sich fürchtete herauszukommen, schwur ihm der Haufe Sicherheit zu. Von ihm gedrängt, besuchte Roth die Brandstätte; als

er zurückgekehrt, traf ihn auf der Schwelle seines Hauses eine
Kugel, daß er rücklings niedersank. Im Augenblick wurde er
vollends erschlagen.

Wie der aufrührerische Pöbel das ersah, fiel er über die
Ratsherren her und schrie: auch die seien wert solches Todes zu
sterben, die der Stadt solch Unheil gebracht; mit Mühe schirmten
sie sich hinter Mauern und Riegel vor dem wütigen Volk. Roths
Leichnam wurde auf dem Richtplatz verscharrt. Die Rache für
das frevelhafte Beginnen kam aber schnell. Als der Stuhlrichter
Augustin Hedwig, ein beredter und bei dem Volk beliebter Mann,
die empörten Gemüter beruhigt und die Gewalt wieder in die
rechtmäßigen Hände zurückkam, wurde ein hoher Galgen auf dem
großen Ring aufgerichtet, die Rädelsführer wurden eingezogen
und drei aufgehängt. Roths Körper wurde ausgegraben und in
der Pfarrkirche bestattet. In der Folge ging das Geschrei, daß
man durch den Brand den Abfall von Ferdinand habe rächen
wollen, „welches doch wegen der Frommheit und Gottseligkeit
Ferdinandi schwerlich zu glauben." Stifter des Aufruhrs fanden
Zuflucht in Österreich. Es scheint, als ob in dem blutigen Auf=
tritt zugleich die Erbitterung der Zünfte gegen die Geschlechter=
herrschaft zum Ausdruck gekommen.

Zwei Monate später zog eine feierliche Gesandtschaft nach
Lemberg, Isabella nach Siebenbürgen zurückzubringen. Augustin
Hedwig, Johann Tartler von Kronstadt, Petrus Rhener von
Mediasch, Stephan Schäfer von Schäßburg waren ihre Mitglieder
von seiten der Sachsen. Den 25. November 1556 beschwor sie auf
dem Landtag in Klausenburg die Rechte der Stände und die
Beobachtung der Landesgesetze, da man wegen der Minder=
jährigkeit ihres Sohnes ihr die Verwaltung übertrug. Auf diesem
Landtag geschah es, daß dem Ferdinandisch gesinnten Bischof
Paul Bornemissa die bischöflichen Güter und Einkünfte entzogen
und der Königin überliefert wurden, obgleich wenige Monate
früher derselbe Landtag erklärt hatte, daß das einmal Gott geweihte
Gut nie zu weltlichen Zwecken verwendet werden solle.

An die Stelle von Johannes Roth trat als Sachsengraf
Petrus Haller. Seine Mühe, für Ferdinand das Land zu erhalten,
war, nicht durch seine noch durch der Sachsen Schuld, vergeblich
gewesen. Diesen blieben als Lohn Schulden, der Haß der Mit=
stände, zerstörte Dörfer, die Trümmer von Hermannstadt.

27.

Die Zeiten bis zum Ausgang des Hauses Zapolya. Wie man den Sachsen von Klausenburg ihr gutes Recht raubt.
1556—1571.

Es kann der Frömmste nicht in Frieden bleiben,
Wenn es dem bösen Nachbar nicht gefällt.

Schiller.

Drei Jahre verwaltete Isabella das Land, von Günstlingen geleitet, leichtsinnig, wankelmütig, verschwenderisch. Fünfzehntausend Dukaten betrug der jährliche Tribut, den man der Pforte zahlte, fast eben so viel die Geschenke und Ehrengaben, mit welchen man den Großwesir und die Paschas günstig stimmen mußte. Daher bei ungeregeltem Staatshaushalt der Schatz stets leer; in elf Monaten wurden dreizehn drückende Steuern eingetrieben, wozu Hermannstadt allein 52.000 Gulden beitrug; und doch mußte die sächsische Nation 1558 der Königin 4000 Gulden borgen, die sie bei der ersten Gelegenheit abzutragen versprach. Ihre Feinde räumte Isabella durch Meuchelmord aus dem Wege, darunter den mächtigen Franz Kendi, der zuerst an Ferdinand, dann an Zapolya Verrat geübt, und den tyrannischen Franz Bebeck, der dreimal von seinem rechtmäßigen König abgefallen war; der Landtag war ehrlos genug, den Mord für gesetzliche Strafe zu erkennen.

Als Isabella den 15. September 1559 gestorben, trat dem Namen nach ihr Sohn Johann Sigmund an die Spitze der Verwaltung. Zu wirklicher Führung fehlten ihm, den die Mutter in den Frauengemächern erzogen hatte, Einsicht, Tatkraft, Selbständigkeit. Daher in den ersten Jahren schon Empörung an allen Grenzen. Im Norden standen Melchior Balassa und Nikolaus Bathori auf. Johann Sigmund schickte seine Hauptleute gegen sie, die Sachsen gaben schweres Geschütz und zahlreiches Fußvolk, das der Kronstädter Ratsmann Sigmund Goldschmied und der Schäßburger Königsrichter Matthias Seiler führte. Durch den Leichtsinn des Führers wurde Johann Sigmunds Heer bei Hadad 1562 geschlagen; vierundzwanzig Kanonen gingen verloren. Viele Sachsen wurden gefangen, von Balassa aber ohne Lösegeld entlassen; viele Jahre später noch erinnerte Simon Goldschmieds zerschlagener Harnisch zu ewigem Gedächtnis auf dem Kronstädter

Rathaus aufgestellt, „wie viel Schuß und Hieb er auf seinen Leib
empfangen." Erst nach dem Empfang von 17.000 Dukaten war
der Pascha von Ofen zu bewegen, für Johann Sigmund ins Feld
zu rücken.

Zu derselben Zeit standen gegen diesen auch die Szekler auf.
Seit einem Jahrhundert etwa hatte sich in ihrer Mitte, die alle
gleich frei gewesen, ein Herrenstand gebildet, der sie sehr drückte;
jetzt lasteten die schweren Steuern des Königs nicht minder schwer
auf ihnen. Nun erhoben sie sich in den Waffen; Gabriel Mailath
führte sie; wer nicht mitziehe, also geboten die Obersten, den solle
man stracks an sein eignes Tor aufhängen. Sofort schickten sie
Boten an die nahen sächsischen Städte nach Mediasch, Schäßburg
und Kronstadt und forderten sie auf am Aufstand teilzunehmen.
Die Sachsen seien, sprachen die Szekler, von guten Mitteln,
hätten starke Städte, viel Geld und Geschoß; wo sie aber still
säßen, würden sie ebenso unterdrückt werden, und um ihre uralten
Freiheiten kommen durch der Ungarn Übermut. Doch die Sachsen
blieben dem Fürsten treu, die Szekler wurden geschlagen und
verloren auch den letzten Schein ihrer alten Freiheit (1562). In
Schäßburg ließ Johann Sigmund die Rädelsführer mit glühenden
Zangen reißen und in Spieße ziehen, andern wurden Nasen und
Ohren abgeschnitten.

Leider aber war auch das Wort, das die Szekler zu den
Sachsen gesprochen, von der „Ungern Übermut" nicht ungegründet.
Was so viele ihrer Großen seit Menschengedenken geträumt von
eigenen Fürsten aus ihrem Stamm war nun in Erfüllung gegangen.
Je mehr Opfer an Gut und Blut aber die vermeintliche Selbstän=
digkeit gekostet, um so höher stieg ihr Wert, und um so mehr
wurde der Feind gehaßt, der sie bekämpfte, der Deutsche. Zwischen
Deutschen und Ungarn, sprachen der letzteren Geschichtschreiber,
herrscht eine natürliche Feindschaft seit uralter Zeit; den Grund
dafür fanden sie in der Herrschsucht der Deutschen und in der
Freiheitsliebe der Ungarn. War es aber nicht möglich an Öster=
reich die Rache zu stillen, so fanden sich ja Deutsche im Lande
vor. Menschenalter war man gegen sie in den Waffen gestanden;
der Friede konnte nur das Schwert zur Ruhe bringen und erschien
vielen als ein Sieg, der dem alten Groll und der bittern Leiden=
schaft endlich freies Feld gewähre. Daher auf so vielen Landtagen
die Klagen der Sachsen über Beeinträchtigung und Rechts=

gefährdung; daher der böse Spott und der beißende Hohn, der in so vielen Denkmalen jener Zeit die Stimmung der verbündeten Brudervölker gegen die Sachsen kennzeichnet. Wenn nicht ein starker Fürst jenen verbissenen Groll zu zügeln verstand und mit strenger Hand Gerechtigkeit handhabte, so fehlte es nie an Männern, die ihre „Vaterlandsliebe" durch Verfolgung der Sachsen bewiesen.

Das erfuhren unter Johann Sigmunds Regierung zu schwerem Leide die Sachsen von Klausenburg. Vor vielen Jahren hatten diese den Ungarn, die allmählich in ihre schützenden Mauern eingewandert waren, bürgerliche Rechtsgleichheit gewährt und Teilnahme am Gemeindevermögen. Doch sahen die Könige und das oberste Reichsgericht noch Menschenalter lang Klausenburg als eine sächsische Stadt an; selbst Zapolya nennt sie so. Daß sie aber auf seiner Seite stand, zeigt, daß das ungarische Wesen damals schon mächtig in ihr gewesen. Es wuchs noch mehr, als die deutsche Herrschaft, wie es schien, auf immer das Reich verlassen mußte. Zu gleicher Zeit löste sich das Band, das die Stadt seit kurzem wieder inniger mit den Sachsen vereinigte. Auch sie hatte nämlich das Augsburgische Bekenntnis angenommen; der Sachse Kaspar Helth, der in Wittenberg studierte, und in Klausenburg eine Buchdruckerei anlegte, war der erste evangelische Stadtpfarrer. Das Dominikanerkloster wurde in eine Schule umgewandelt, an die Johann II. eine Klausenburger Zehntquarte schenkte. Der Name Helths flog vielgerühmt durch das Sachsenland; die Kronstädter wollten ihn 1557 nach Valentin Wagners Tod zu ihrem Stadtpfarrer; auf den sächsischen Synoden war Klausenburgs Stimme geachtet. Bald erhielt aber Blandratas und Franz Davidis neue, die Dreieinigkeit leugnende Lehre in der Stadt Anhänger; nicht lange, so trat sie offen zum „Arianismus" über, damit aber zugleich aus allem Freundesverkehr mit dem sächsischen Brudervolk, in dessen Mund und Herzen die kirchliche Ansicht Klausenburgs eine abscheuliche Lästerung war. Der Schritt war zugleich ein Todesstoß für das Deutschtum der Stadt.

Bis dahin waren noch immer die sächsischen Bürger Klausenburgs der Zahl und dem Besitz nach die bedeutendern gewesen. Sie bewohnten die „alte Burg", sie besaßen vorzugsweise in und außer der Stadt die „ersten Erbgüter", Häuser, Gärten, Äcker; nirgends sah man einen deutschen Bettler; die stattlichsten Zünfte waren mit wenigen Ausnahmen deutsch; die Deutschen mit Büchsen,

mit Wehr und Waffen wohl versehen, deutschen Ratsmännern
vertraute der Rat gern die Torschlüssel an. So folgte der größern
Tüchtigkeit die gebührende höhere Einfluß in der Gemeinde;
„gegen Richter- und Ratswahl", klagten aber die Ungarn, „halten
sie Versammlungen in den Häusern und außerhalb des Rathauses;
einen Monat zuvor beschließen sie, wer Richter werden, wer in
den Rat kommen soll. Zu Hundertmännern erwählen sie solche
Ungern, die weder durch Alter noch Erfahrung, noch Geschicklichkeit, Verstand und Kühnheit dazu tüchtig sind, der Ungern
gerechte Sache fortzubringen, oder sie erwählen solche Ungern,
die von altersher alle Zeit Teutsche sein und die ungrische Sprach
gar böslich können." Die Sachsen antworteten, daß nicht sie allein,
sondern auch die Ungarn die Stimmen dabei abgäben; „wir
vermeinen, daß sie die Erwählung aus gutem Gewissen und
Furcht Gottes anstellen."

Also kam es, daß die Zwietracht immer größer wurde zwischen
den zwei Nationen, weil die eine das natürliche Übergewicht der
andern nicht ertragen zu dürfen vermeinte und deren wohler-
worbenen Besitz für widerrechtliche Schmälerung des eigenen Gutes
ansah. Aus der Abneigung wurde Erbitterung, die nicht enden
konnte, weil der tägliche Verkehr die wirklichen oder eingebildeten
Ursachen immer neu weckte. Die Ungarn wollten nicht dulden,
daß es ein „Mittelthor" gebe, wie man es doch allezeit genannt;
sie ließen mit großen Buchstaben daran schreiben: Das Scythier-
Thor. Böse Worte und arge Reden hörte man hüben und drüben;
sie drückten den Stachel noch tiefer in die Wunde. Es geschah,
daß die Ungarn mit Schild und Schwert vor dem Rathaus erschienen; dann ließ man der Gerechtigkeit ihren Lauf und die
Köpfe der Schuldigen fielen. Die Kämpfe nach der Schlacht bei
Mohatsch vermehrten den Groll. Obgleich Klausenburg zu Zapolya
hielt, warfen die Ungarn den sächsischen Bürgern Hinneigung zu
Ferdinand vor, „sie hätten Johannem einen Löffelmacher gescholten
und warteten noch immer auf der Teutschen Herrschaft, wie die
Juden auf den Messias."

In solchem Zorn waren die Gemüter gegeneinander entbrannt, als Luthers und bald darauf die unitarische Lehre in der
Stadt Eingang fand und den alten Glauben verdrängte. Da
erhielt der frühere Groll gegen die Sachsen neue Nahrung. Seit
dem Bau der großen Kirche zu König Sigmunds Zeit waren

nämlich die Sachsen im ungestörten Besitz derselben, war der Stadtpfarrer, dem die ganze Gemeinde den Zehnten gab, immer ein Sachse gewesen; als die Zahl der Ungarn sich gemehrt, hatte er an Sankt Peters Kirche in der Ungergasse einen Kaplan gehalten, der „für ihre Sitten geeignet" den Gottesdienst besorgte. In der Folge vermehrte auf ihre Klage der Stadtpfarrer die Zahl der ungarischen Kapläne oder Prediger; auch die Messe hörten sie oft in der großen Kirche, die Predigt aber zu Sankt Peter oder in den Klöstern, wo sie ungarisch gehalten wurde. Wie nun durch die Reformation die Messe abgeschafft worden und sie vom deutschen Gottesdienst nichts verstanden, zürnten sie noch viel mehr und gedachten, wie sie die Kirche und die Pfarre in ihre Hände brächten.

Also erhoben sie im hundert und zehnten Jahre nach dem Einigungsbrief, wodurch sie Teilnahme an der Gemeindeverwaltung und dem Gemeindevermögen erhalten hatten, so daß ein Jahr ums andere ein Ungar Richter wäre, Rat und Hundertmannschaft aber immer zur Hälfte aus Ungarn bestünden, heftige Klage wider „die teutsche Nation zu Klausenburg" vor König Johann Sigmund und vor seinem Kanzler Michael Tschaki, die damals auf dem Landtag in Thorenburg waren, und liefen zu ihnen mit vielen Geschenken. Da zogen auch etliche von der „teutschen Nation" hinüber und brachten den hohen Herren gleichfalls „ein ehrlich Geschenk", damit sie bei ihren alten Rechten und Privilegien blieben. Der Kanzler aber beredete den König und setzte ihnen einen Tag fest in Weißenburg, und berief sie dahin, daß er zu Recht entscheide.

Da klagten denn die Ungarn: daß sie in diesem Lande die Hauptnation seien, die es mit dem Schwert erobert und derowegen das Regiment inne hätten. Die Deutschen seien nur profugi und Landläufer, nur permissione Hungarorum, d. i. mit Erlaubnis der Unger im Lande, vornehmlich aber zu Klausenburg, woselbst die Unger sie zu Mitbürgern erwählet, da sie zuvor nur Dorfleut und Bauern gewesen. Darum sei es vor Gott und den Menschen eine große Schmach und Unbilligkeit und dem ungrischen Geschlecht ein Präjudicium (d. i. ein Eintrag), wenn sie irgendwo geringeres Recht hätten als andere. Und also forderten sie mit vielen Vorwürfen über den größern Wohlstand der Sachsen und ihre geringern Leistungen, mit heftigen Klagen über ihre Ungerechtigkeiten im

Stadtregiment und mit spitzfindigen Berufungen auf den Unions=
brief und die Dekrete der Könige: daß wenn ein Deutscher Richter
sei, die Deutschen die Hauptkirche besitzen sollten, wenn aber ein
Ungar, die Ungarn; daß nach dem Tod des sächsischen Pfarrers
ein Ungar gewählt werde, darauf wieder ein Deutscher und so
abwechselnd; daß alle Stadttore Ungarn und Deutsche mitein=
ander hätten, endlich daß der halbe Rat und die ungarischen
Hundertmänner von den Ungarn allein erwählt würden, und
wer ihnen nicht gefalle, den sollten sie abzusetzen die Macht haben
und die Deutschen nichts dazu reden.

Darauf entgegneten diese: wider den Vorzug der Unger im
Lande wollten sie nicht reden, in Klausenburg aber seien durch
den Unionsbrief die beiden Nationen in bürgerlichen Dingen
gleichberechtigt. Daß man sie Landläufer und Fremdlinge nenne
sei wider die Union und die Ehre; denn sie seien nicht aus ihrem
Vaterland entlaufen und verirrt hieher gekommen, sondern durch
frommer Könige Bitte und Flehen berufen, hätten ihre Väter sich
des Landes erbarmt und seien ihm gegen die Tattern zu Hülfe
gekommen. Als sie es errettet, hätten ihnen die frommen Könige
Freiheiten und Privilegien gegeben und sie hätten Städte gebauet
mit Mauern und Türmen, und seien eine der drei Nationen der
„Landschaft" geworden. „Wenn wir Landläufer und verzagte Leute
wären, warum begehret ihr denn, liebe Unger, unsere Töchter zur
Ehe?" Was aber in der Wahl der Amtleute und Verwaltung
der Stadt von seiten der Deutschen geschehen, sei geschehen nach
Inhalt des Unionsbriefes und der Privilegien; wer da meine,
daß er Unrecht erlitten, dem stehe der Rechtsweg offen. Die Pfarre
und die Kirche, die die Sachsen erbaut, hätten sie nach der Union
besessen hundertundzehn Jahre lang, eben weil diese nur in bürger=
lichen, nicht in kirchlichen Dingen Änderungen getroffen. Schon
das Recht der Verjährung fordere, daß es auch fortan so bleibe;
oder sei es denn denkbar, daß die Unger, die jetzt sprächen:
zwischen Brüdern gilt keine Verjährung, Klausenburger Sachsen
und Unger sind aber Brüder, — so lange geschwiegen, wenn nicht
das offenbare Recht sie dazu gezwungen? Freilich habe man die
alte Aufschrift über der Türe: „Kirche der Sachsen" vor kurzem
fortgehauen.

So floß in vielen Worten und oft heftigen Reden die Klage
und die Antwort. Die Sachsen wollten bemerken, wie der Kanzler

an dem Vorlesen der „greulich erdichteten Anklag" großen Ge=
fallen zeige, bei ihrer Antwort aber übel zufrieden sei, die Farben
verwandle und mit den Zähnen knirsche. Sie sahen mit betrübtem
Herzen den Ausgang voraus. Freitag vor Pfingsten 1568 wurde
der Spruch gefällt. Er lautete: Alles solle fortan den Ungarn
und Sachsen in Klausenburg gemeinschaftlich sein. Sobald der
jetzige sächsische Pfarrer Franz Davidis nicht mehr im Amte sei,
solle ein Ungar zum Stadtpfarrer gewählt werden, nach dessen
Tod oder Abdankung wieder ein Sachse und so abwechselnd fort.
Nicht anders solle man es in der Besetzung der Lehrerstellen
halten; auf einen sächsischen Rektor folge ein ungarischer, dann
wieder ein Sachse; dieser aber müsse einen Ungar zum Lektor
haben, der ungarische Rektor einen Sachsen. Gleicherweise gehöre
die Pfarrkirche nicht ausschließlich den Sachsen an. In welchem
Jahr ein ungarischer Richter sei, in demselben sollten die Ungarn
allein die Kirche besitzen, unter dem sächsischen Richter die Sachsen.
Die Verwaltung des Kirchenvermögens und Spitals sollten immer
zwei Männer aus beiden Nationen besorgen, ebenso die Schlüssel
der Tore. Die Hundertmänner aber solle man hinfort nicht gemein=
schaftlich wählen, sondern je Ungarn und Sachsen aus ihrer Mitte
fünfzig, die wieder je sechs Geschworne ernenneten, ohne daß
einer Nation gegen die Wahlen der andern Einsprache zustände;
wer von ihnen durch Alter oder Krankheit, oder sonstwie untauglich
werde, solle entsetzt werden, daß in seine Stelle ein anderer komme.
Das Richteramt wechsle auch hinfort zwischen Ungarn und Sachsen;
vom Richter gehe die Berufung an die Geschwornen, von diesen
— nicht mehr an die sieben Stühle, sondern — an die königliche
Tafel. Weil sich endlich gebühre, daß gleiche Lasten trügen, die
gleiche Rechte genössen, solle der Klausenburger Banner in Kriegs=
zeit zur Hälfte aus Ungarn, zur Hälfte aus Sachsen bestehen,
zu Steuern und Abgaben aber jeder nach Vermögen beitragen,
damit die Ungarn nicht Ursache zur Klage hätten.

Das war der Spruch, den der Kanzler Michael Tschaki den
4. Juni 1568 im königlichen Saal von Weißenburg verkündete.
Alle Hofedelleute hatte er zusammengetrieben, daß sie die Sentenz
hörten, auch den König herausgebracht, und „in einen Winkel
gesetzt, wo er gesessen wie ein Schimmer." So entzog er den
„armen Teutschen" ihre Freiheit und sprach den Ungarn mehr
zu als sie in der Klage begehret. Das Pfingstfest, das die Sachsen
zwei Tage später in der hohen Kirche, die nun nicht mehr die

ihre war, feierten, war kein Tag der Freude; statt den heiligen
Geist anzurufen, beteten sie zum „gerechten Richter," daß er es
an dem verderblichen Mann und an seiner Rotte und an dem
giftigen Geschlecht räche und suche. Nach einem Jahrhundert noch
wurde das Gebet als „Andacht zu Landtagszeiten" auf einem
fliegenden Blatte gedruckt; so tief wurzelte das Bewußtsein vom
erlittenen Unrecht in den Gemütern.

Fortan bis in das 18. Jahrhundert herab lies man von
unitarisch-sächsischen Rektoren und Stadtpfarrern in Klausenburg,
aber das Deutschtum der Gemeinde sank von Jahr zu Jahr.
Abgeschlossen von den Volksgenossen durch ihr Kirchentum standen
die Klausenburger Sachsen vereinzelt da und erlagen der Ungunst
der Umstände. Es kam die Zeit, daß man nur noch an den, wenn
auch magyarisch gewordenen Familiennamen erkannte, daß die
Väter einst zur „teutschen Nation" gehört. Eine sächsisch-evange=
lische Kirche erstand wieder erst an dem Ende des 17. Jahrhunderts.

An einem der uralten schönen Türme von Klausenburg, die
die Gegenwart gebrochen, stand in Stein gehauen die ernste In=
schrift: „Wenn der Herr nicht die Stadt behütet, so wachet der
Wächter umsonst."

Die Wache der Deutschen war fruchtlos gewesen für sie,
nicht für das Vaterland, das in ihrer Gründung eine Stätte der
Bürgerfreiheit erhielt, wenn der deutsche Laut auch in den ur=
sprünglich deutschen Mauern fast verklang durch Unrecht und
Gewalttat derer, die sie gastlich darin aufgenommen.

28.
Der erste Bathori. Die Fiskalquarte. Albert Huet. Die Sachsen erhalten ein geschriebenes Gesetzbuch.
1571—1583.

> Es ist nur eins, was uns retten kann:
> Verbunden können sie uns nicht schaden,
> Wir stehen Alle für einen Mann!
>   Schiller.

Als kaum drei Jahre nach jenem Urteil den 14. März 1571
Johann Sigmund Zapolya im 31. Jahre, der letzte seines Ge=
schlechtes, starb, da erhob das feile Gezücht der Schmeichler am
Hofe laute Klagen und fand kein Ende, seine Tugenden zu rühmen.
Wehe, riefen sie aus, daß der ungarische Königsstamm nun zu

Grabe gegangen und die Krone unseres Hauptes gefallen ist. Aber die unparteiischen Zeitgenossen hatten während seines Lebens geklagt, wie er so unwissend sei und trunksüchtig, geistlos und menschenscheu, und ganz in der Gewalt schlechter Günstlinge. Als die Kunde seines Hintrittes im Land erscholl, schlossen die Städte die Tore; denn zur Stunde erhob sich allenthalben Raubgesindel, das die Straßen plünderte; die unterdrückten Szekler aber atmeten tief auf und griffen zu den Waffen. Der allgemeinen Zerrüttung zu steuern, traten die drei Völker in Weißenburg zusammen und ernannten Christoph Bathori zum Statthalter für die Zeit, bis man einen Fürsten wähle; bis dahin solle er mit 1500 Reitern und Fußknechten auf dem Kreuzerfeld bei Thorenburg lagern und die öffentliche Sicherheit schirmen.

Johann Sigmund war kurz nach dem Abschluß eines Friedens mit Maximilian von Österreich gestorben; dabei hatte des Fürsten Abgeordneter Kaspar Bekesch dem König versprochen, ihm als Oberlandesherrn zu huldigen, falls er die nächste Fürstenwahl auf ihn lenken könne. So warb Bekesch mit Empfehlungsschreiben von Maximilian um die Fürstenwürde; aber Christoph Bathori hatte das Kriegsvolk in Händen und arbeitete mit Rat, Geschenk und Gewalt für seinen Bruder Stephan; auch der türkische Abgeordnete sprach für diesen. So wurde Stephan Bathori von Schomlyo, der auf der hohen Schule von Padua den Wissenschaften obgelegen, im 37. Jahr seines Alters den 25. Mai 1571 einhellig zum Fürsten gewählt; Sultan Selim übersandte ihm sofort Fahne und Streitkolben als Zeichen seiner Bestätigung.

Doch Bekesch, von Träumen der Hoheit erfüllt, zog sich grollend auf sein festes Schloß Fogarasch zurück und floh bald darauf aus dem Lande. Wie er mit Maximilians Hülfe wieder kam, fiel fast der ganze Adel mit den Szeklern ihm zu und verließ den rechtmäßig gewählten Fürsten. Um so fester hielten die Sachsen am „frommen Bathori Istvan". „Aus Eurer Zuschrift," schreibt der Fürst den 26. Juni 1575 an den Rat von Hermannstadt, „haben wir den Eifer und die Thätigkeit erfahren, womit Ihr uns und dem Vaterlande voll feurigen Mutes und ausgezeichneter Treue zu dienen Euch bestrebet; das wollen wir Euch einmal mit unserer Gunst wieder vergelten." Der greise Sachsengraf Augustin Hedwig führte ihm die tausend Reiter zu, die die Nation stellte. Auf dem Blachfeld am Mieresch bei Szent Pal den

10. Juli 1575 geschah die Schlacht; Bathori blieb Sieger. Neun der gefangenen Hauptleute ließ der Fürst den 10. August auf dem Marktplatz in Klausenburg enthaupten, darunter einen Bartschai und einen Tschany; andere wurden durch den Strang hingerichtet oder an Nasen und Ohren verstümmelt. Dem Mühlbacher Stuhl aber vergabte Bathori in demselben Jahr zum Dank für die Tapferkeit, welche sein Banner unter dem Königsrichter Simon Gallus in der Schlacht bei Szent Pal bewiesen, Güteranteile in Saßtschor und Schebeschel, den sieben Stühlen aus demselben Grunde ähnliche in Schwarzwasser (Szetschel) und an andern Orten, dem Sachsengrafen Hedwig Kleinlogdes.

Zu derselben Zeit erhob sich in der nächsten Umgebung des Fürsten gegen das innerste Leben der Sachsen ein Feind, wie es keinen gefährlicheren geben konnte, die Jesuiten. Vor einem Menschenalter gestiftet durch den schwärmerischen Glaubenseifer des Spaniers Ignatius von Loyola, dem Papst zu unbedingtem Gehorsam verpflichtet, hatte der Orden das Ziel erhalten, die Sache der katholischen Kirche gegen die protestantische zu führen, d. i. diese zu erdrücken und jene wieder zur alleinherrschenden zu machen. Durch meisterhafte Gliederung und Verwendung der Kräfte, die freilich das Streben nach dem Reiche Gottes nicht in Jesu Sinn auffaßte, wurden die Jesuiten in der katholischen Christenheit bald fast allmächtig. In ihre Schulen strömte die Jugend, ihren Predigern horchte das Volk, bei Beichtvätern aus ihrer Mitte suchten die Fürsten des Staates und der Seele Heil. In allen Richtungen und Verhältnissen des Lebens innerhalb der katholischen Welt herrschte und entschied ihr Einfluß. Aber gegen die Verdienste, die man ihnen um die Erziehung der Jugend, um die Verbreitung des Christentums, um die Förderung der Wissenschaften und um manches andere zuschrieb, erhoben sich bald von allen Seiten schwere Anklagen. Der Zweck heiligte ihnen das Mittel, zur Erreichung ihrer Absicht schraken sie vor nichts zurück; nicht einmal Meineid und Königsmord verboten sie unbedingt; die Grundsätze, die sie lehrten, mußten alle Gesellschaft auflösen und alle Sitten ertöten. Darum wandte sich endlich auch die katholische Kirche mit Abscheu von ihnen, und der Papst hob sie nach 233 jährigem Bestehen auf.

Damals aber als Stephan Bathori Fürst von Siebenbürgen war, waren die Jesuiten eben im Aufblühen. Mit des Fürsten

Zulassung kamen sich nach Siebenbürgen und gründeten Schulen in Weißenburg und Klausenburg, die Bathori mit reichen Einkünften begabte. Sofort drangen sie in ihn, den Andersgläubigen seinen Schutz zu entziehen und die aus der katholischen Kirche ausgetreten seien auch aus dem Lande zu vertreiben. Doch Bathoris Fürstensinn entgegnete: er sei ein Herrscher über die Völker, nicht über die Gewissen. Denn dreierlei habe Gott sich vorbehalten: aus nichts etwas zu schaffen, die Zukunft zu wissen und über die Gewissen zu herrschen.

Als kurze Zeit darauf Stephan Bathori zum König von Polen gewählt wurde, wählten die Stände seinen Bruder Christoph Bathori zu seinem Nachfolger (1576). Der führte den Titel eines Woiwoden von Siebenbürgen, während der König von Polen die Oberaufsicht und Entscheidung über die wichtigsten Landesangelegenheiten sich bis zu seinem Tode vorbehielt. Christoph Bathori hörte auf den Rat der Jesuiten, ließ seinen Sohn von ihnen unterrichten, zog Kirche, Schule, Pfarrhaus und Buchdruckerei der Unitarier in Weißenburg ein und freute sich, daß an einem Tage vierzig derselben zur katholischen Kirche übergetreten. Um so größer war die Gefahr für die evangelisch-sächsische Kirche, als auf dem Landtag 1580 Adel und Szekler wiederholt darauf antrugen, der sächsischen Geistlichkeit drei Zehntquarten zu nehmen. Die Not des öffentlichen Schatzes, das Beispiel vieler eingezogenen Kirchengüter, der Wohlstand der sächsischen Geistlichkeit waren die scheinbaren oft vorgebrachten Gründe. Der Sachsengraf Huet widersprach und Christoph Bathori erkannte die Nichtigkeit derselben. „Es ist nicht erlaubt," sprach er, „unserer frommen Vorfahren Freibriefe zu verstümmeln und zurückzunehmen; ohne gerechte Ursache darf niemand seiner Einkünfte beraubt werden. Wie bald würdet ihr selbst nach den eingezogenen Zehnten haschen! Sprecht daher von den übrigen Nöten des Landes und laßt ihre Zehnten unberührt. Wo die Verkündigung des Wortes ungepflegt darnieder liegt, da stürzen die Reiche in Trümmer. Welch ein Greuel der Verwüstung würde einbrechen in die Kirchen und Schulen und von welcher entsetzlichen Barbarei würden wir begraben werden, wie man das sehen kann in benachbarten Gegenden und Provinzen! Daher sollen ihre Einkünfte und Freiheiten unverletzt bleiben."

So sprach der Woiwode; aber die Not seines Schatzes wurde täglich größer — 15.000 Dukaten mußte man jährlich dem

Sultan nach Konstantinopel schicken — und das Beispiel von
Zehntbesitz immer verlockender. Geschah es doch nicht selten, daß
Pfarrer eine Quarte ihrer Zehnten in Pacht gaben, ja das Burzen=
länder Kapitel mußte dem Drängen des Kronstädter Rates weichen
und 1575 zugunsten der Stadt eine Quarte und später andert=
halb Sechzehntel seiner Zehnteinkünfte gegen jährliche 299 Gulden
abtreten. Als darauf der Hermannstädter Bürgermeister Simon
Miles mit dem Stadthann Blasius Rhau und der Mediascher
Bürgermeister Joachim Koch von dem Klerus eine Zehntquarte
für sich oder für die Hermannstädter Schule verlangten und eine
abschlägige Antwort erhielten, trugen sie, so erzählt man, jene
Quarte Bathori an. Dieser von Armut und seinen Räten gedrängt
erklärte endlich (1580), daß er von den sächsischen Pfarrern eine
Zehntquarte gegen jährlichen gerechten Pacht übernehme, weil er
nächst Gott der oberste Schirmherr und Beschützer des Reiches
sei und er daher nähern Anspruch an jenen Zehntteil zu haben
vermeine, den sie bisher Unwürdigen überlassen. Dafür werde
er sie in der beliebigen Verwendung der andern drei Quarten
vollständig schützen. Doch war er damals schon hie und da im
Bezug einer Quarte. Als die Burzenländer und Brooser aber
dieselbe verweigerten und auch die Bistritzer ihm bloß einen Teil
des Zehntens, nämlich nur den sogenannten großen, überließen,
war er damit wohl zufrieden und gelobte urkundlich, daß alles
an die ursprünglichen Eigentümer zurückfallen solle, falls jemals
der Pacht nicht bezahlt würde. Die Summe betrug jährlich
6100 Reichstaler. Doch blieb es bei dem Versprechen; das
Geld wurde schon wenige Jahre später nicht entrichtet unter dem
Vorwand, daß keines vorhanden sei; und ein baldiger neuer
Sturm tyrannischer Willkür raffte auch den Anspruch darauf fort.
Für den sächsischen Landmann aber ist diese „Fiskalquarte", wie
sie in ihrem Ursprung ungerecht war, so in ihrer Fortdauer eine
Quelle unsäglicher Bedrückung geworden; nicht zufrieden mit ihrer
Entrichtung zwang man ihn bald, sie meilenweit in schlechtester
Jahreszeit und auf den schlechtesten Wegen unentgeltlich zu führen;
die alle Ehre und Manneswürde verletzende Willkür des herrischen
fürstlichen Zehntners bildet einen Strom von Klagen, der nicht
aufgehört hat Jahrhunderte lang.

Das Vertrauen und die Leichtgläubigkeit der sächsischen Geist=
lichkeit und des gesamten Volkes muß damals groß gewesen sein,

als sie jenen Vertrag mit dem Fürsten eingingen, oder es war die
Gewalt der Umstände so zwingend, daß man dem Unheil nicht
entgehen konnte. Und doch stand damals an der Spitze der
Nation ein Mann, hervorragend in Rat und Tat, voll tiefer
Kenntnis der Landesverhältnisse und von größtem Einflusse auf
dieselben — Albert Huet.

Albert Huet war der Sohn des Hermannstädter Ratsmannes
Georg Huet, der zu den eifrigsten Förderern der Reformation
gehörte. Georg Huet hatte sich der Sache Zapolyas zugeneigt,
der ihn 1539 zum Grafen von Hermannstadt ernannte; aber
Alberts Mutter Barbara war die Tochter des Bürgermeisters
und Königsrichters Matthias Armbruster, der in der Treue für
Ferdinand so große Verluste erlitten, daß der König ihm bis
zur Wiedererstattung den Reußmärkter Stuhl verpfändete. Albert
Huet war geboren den 2. Februar 1537. An der Schule in Hermannstadt und der Universität in Wien gebildet, trat er, ein
zwanzigjähriger Jüngling, in König Ferdinands und nach dessen
Tode in Maximilians Dienste, wo er „in und außerhalb der
ungarischen Kanzlei" verwendet wurde. Als siebenunddreißig-
jähriger Mann kehrte er 1574 in sein Vaterland zurück, gereiften
Geistes und geschärften Blickes für die großen Verhältnisse des
Lebens. Den 1. Februar 1578 wurde er Ratsmann von Hermannstadt; denselben Tag starb der Sachsengraf Augustin Hedwig; Huet
wurde sein Nachfolger. Auf den Antrag des Hermannstädter Rates
verlieh Christoph Bathori ihm die hohe Würde auf Lebenslang,
„weil er für dieselbe aus vielen Gründen geeignet sei"; den
26. März 1577 überreichten des Woiwoden Sendboten Gregor
Apafi und Alexander Kendi ihm vor Rat und Hundertmännern
die Urkunde seiner Ernennung und die Fahne mit der alten
Inschrift „ad retinendam coronam" und geboten allem Volke,
daß es Herrn Albert Huet für seinen wirklichen und rechtmäßigen
Königsrichter halte, seinen Vorladungen folge, seinem Gerichte sich
füge, ihm gehorche und alles, was er in des Woiwoden Namen
bezüglich seiner Würde und des öffentlichen Wohles anordne,
tue und vollziehe. In demselben Jahre schenkte ihm der Woiwode
Klein-Logdes, das nach Hedwigs erbenlosem Tod an ihn zurück-
gefallen war, und 1580 für seine treuen Dienste anderthalb Zehntquarten von Reussen, die bis dahin für fünfundsiebzig ungarische
Gulden verpachtet worden waren.

Albert Huet trat an die Spitze des Volkes, als in seinem
Rechts- und Gerichtsleben eine sehr wichtige und folgenschwere
Veränderung sich vorbereitete, die Abfassung nämlich eines ge=
schriebenen Gesetzbuches. Bis dahin hatte man sich nach dem
Gewohnheitsrecht gerichtet, wie es in dem Gedächtnis der Richter,
der Orts=, Stuhls= und Gaugemeinden lebte. Das hatte sich im
Lauf der Jahrhunderte überall als unzulänglich herausgestellt und
aus dem Billigkeitsrecht, das es ursprünglich war, wurde es
Willkür. Die Notwendigkeit, diese auszuschließen und ein einiges
Gesetz einzuführen wurde fühlbarer, als aus den verschiedenen
deutschen Gauen ein großes bürgerliches Gemeinwesen entstand,
dessen Vertretung, die Universität, zugleich der gemeinsame Ober-
gerichtshof war. Daß ein Teil der geistlichen Gerichtsbarkeit durch
die Reformation in die Hände der weltlichen Beamten überging,
machte feste Normen nicht minder notwendig. So kam es, daß
Honterus an der Kronstädter Schule einen Lehrstuhl für Rechts=
wissenschaft errichtete und ein lateinisches Handbüchlein des bürgerlichen Rechtes zum Gebrauch der sächsischen Städte und Stühle
schrieb, das vielen Beifall gewann. Es enthielt aber zum großen
Teile nicht das alte sächsische Gewohnheitsrecht, sondern römisches
Recht, das auch in Deutschland im Laufe des 14. und 15. Jahrhunderts das alte Volksrecht zum großen Teil verdrängt hatte,
auf allen deutschen Hochschulen gelehrt wurde und daher bei
allen studierten Leuten in großem Ansehen stand, also daß viele
nur mit Verachtung auf des Volkes alte Rechtsgewohnheiten
herabsahen. Und je häufiger auch seit der Verbreitung der Reformation die Sachsen die deutschen Hochschulen besuchten, um sich
dort nicht nur für das geistliche, sondern auch für weltliche Ämter
vorzubilden, desto mehr stieg das Ansehen des römischen Rechts
auch in diesen Landen. So geschah es, daß die Universität im
Jahre 1545, als sie „um die Unkenntnis des Rechts zu vermeiden",
die schon früher angeregte Festsetzung eines „geschriebenen Rechtes"
beriet, Johannes Honterus, der damals Stadtpfarrer in Kronstadt
war, aufforderte, sein Handbüchlein des bürgerlichen Rechtes ins
Deutsche zu übertragen. Wie die Universität im folgenden Jahre
die Einführung eines Gesetzbuches „ob seiner vielfachen Not=
wendigkeit" aufs neue besprach, beschloß sie, die alten Gewohn-
heitsrechte, wofern sie gut und christlich wären, in die Sammlung
mit aufzunehmen. Auch an die Übersetzung Verbözis dachte man.

Schon 1554 konnte die Universität einige „Titel des von ihr durchgesehenen Gewohnheitsrechtes" dem Statthalter überreichen mit der Bitte, ihre Streitfälle nach diesem zu entscheiden.

 Eine vollständigere Sammlung kam zustande durch Thomas Bomel, der ein Kronstädter von Geburt 1548 Provinzialnotär war, 1555 Ratsmann von Hermannstadt und endlich 1561 Pfarrer von Stolzenburg wurde. Seine „Statuta oder Satzungen gemeiner Stadtrechten der Hermannstadt und anderen Städte und aller Deutschen in Siebenbürgen, kolligiert durch Thomam Bomelium. 1560" fanden bald Eingang in die Rathäuser des Volkes. Dem allgemeinen Bedürfnisse entsprach endlich Matthias Fronius' Werk. Fronius war in Kronstadt den 28. Februar 1522 geboren; sein Vater trat in der Reformation zum geistlichen Stande über und starb als Pfarrer in Petersberg. Auch den Jüngling erfaßte das Wehen des neuen Geistes; im 24. Lebensjahr folgte er dem trefflichen Valentin Wagner als Rektor der Kronstädter Schule und lehrte nach Honterus Büchlein das römische Recht. Nachdem er im folgenden Jahr das Lehramt verlassen und später Ratsmann in Kronstadt geworden, verfaßte er nach Honterus und Bomels Vorgang „der Sachsen in Siebenbürgen Statuta oder eigen Landrecht", ursprünglich in lateinischer Sprache. In den Universitätssammlungen von 1570 bis 1582 wurde das neue Gesetzbuch wiederholt durchgesehen und verbessert, wobei die gelehrten Kronstädter Ratsmänner Lukas und Petrus Hirscher und Albert Huet insbesondere tätig waren. 1580 beschloß der Konflur „das Libell der geschriebenen Rechte dem König von Polen und Fürsten von Siebenbürgen Stephan Bathori zur Bestätigung vorzulegen." Am Ende des Jahres 1582 zog Albert Huet mit Dominikus Dietrich, Königsrichter von Schäßburg, Matthias Fronius, ältestem Ratsgeschwornen zu Kronstadt, Joachim Koch, Bürgermeister von Mediasch, Kaspar Budaker, Richter von Bistritz und Michael Hann, Ratsschreiber von Hermannstadt, nach Krakau zum Könige. Der ließ das Rechtsbüchlein, das sie ihm vorlegten, durch die Sekretäre der Stadt Danzig, Heinrich Lemka und Johann Torbek und dem königlichen Fiskal in Preußen, Simon Brunschwig prüfen. Als sie es gut hießen, verlieh Stephan Bathori den 18. Februar 1583 durch seine Bestätigung den „Statuten" oder dem „Eigen-Landrecht der Sachsen in Siebenbürgen" Gesetzeskraft. Er tat das, damit ihr Recht nicht auf bloßer Ge-

wohnheit beruhe, welche ungewiß und wandelbar sei und der
Vergeßlichkeit unterworfen; das Rechtsbuch selbst enthielt, wie der
König in der Einleitung dazu sagte, teils Gesetze und Gewohn=
heiten, die durch Gebrauch und Beachtung von altersher in Rechts=
kraft erwachsen waren, teils neue Bestimmungen, die „durch ge=
meinen Rat und Willen derselben unserer Sachsen" damals zur
Rechtsgültigkeit erhoben worden waren. Das Gesetzbuch sollte gelten
und Rechtskraft haben „für den sächsischen Boden und seine
Gerichtsbarkeiten", und zwar „oft gedachten allen unseren Sachsen,
ihren Erben und Nachkömmlingen zum ewig währenden Rechte"
dienen. Es umfaßte in vier Büchern das Gesetz über die Erwählung
der Amtleute und eine Gerichtsordnung, ferner das Eherecht, das
Erbrecht — zwischen Ehegatten herrscht Gütergemeinschaft, nach
dem Tod des Mannes gebührt der Frau ein Drittteil aus allen
Gütern, die Kinder teilten das Vermögen der Eltern gleichmäßig,
doch fällt Haus und Hof stets dem jüngsten Sohn oder in Er=
mangelung desselben der jüngsten Tochter zu — das Sachen=
recht und das peinliche Recht. Einflüsse des römischen Rechtes
sind stark kenntlich; wo das Büchlein und die alten Bräuche
und Rechtsgewohnheiten nicht ausreichen, wird geradezu auf
jenes verwiesen.

Das geschah neunundsechzig Jahre später, als durch Verbözis
dreiteiliges Gesetzbuch die Magyaren ein umfassendes Eigenrecht
erhalten, bald nach dem Anfang des vierten Jahrhunderts, seit
die Sachsen in einzelnen voneinander getrennten Ansiedlergruppen
in dem Lande sich festzusetzen angefangen hatten. Dieses „Landrecht"
hat, wie der fromme König Stephan es wollte, den Geschlechtern
der Väter Rechtsschutz gewährt in peinlichen und bürgerlichen
Fällen und die Selbständigkeit und Freiheit der Sachsen schirmen
helfen länger denn dritthalbhundert Jahre.

29.
Verfassung, Leben und Sitten jener Zeit.

Viel des Edlen hat die Zeit vernichtet,
Und das Schöne starb den frühen Tod.
Schiller.

Wir wissen nicht, ob den sächsischen Abgeordneten, die 1583 ihr Landrecht vom polnischen König bestätigen ließen, während die daheim Zins nach Konstantinopel zahlten, auf der langen Reise bis Krakau der Umschwung der Zeiten zu Gemüte gegangen, der innerhalb eines Jahrhunderts das staatliche Leben geändert hatte. 1483 stand Ungarn noch geehrt da in der Reihe selbständiger Reiche und führte den siegreichen Kampf gegen Österreich, dessen Herrscher gerade in jenem Jahr vor den Waffen des rastlosen Gegners flüchtig Wien verlassen mußte; jetzt war es ausgestrichen aus der Zahl der Staaten, zum größten Teil von türkischen Paschen beherrscht, zum geringern das unsichere Besitztum des Hauses Habsburg, Siebenbürgen aber mitten zwischen Feinden gelegen, dem Schein nach selbständig, doch in Wahrheit abhängig in elendester Weise bald von Konstantinopel, bald von Wien, stets angegriffen von beiden Seiten und im Innern von Parteien zerrissen ohne Aufhören. Am Großherrn hielten die mächtigen Geschlechter, die darin ihre eigene Erhebung suchten und der niedere Adel, den der trügerische Schein magyarischer Selbständigkeit blendete, am deutschen Kaiser die Stammgenossen, die tausend Bande der Hoffnung und Bildung an die alte Heimat knüpften.

Wir haben gesehen, wie in den ersten Jahren dieser Kämpfe und Waffenstillstände sich die Verfassung des Landes zum Bundesstaat der drei ständischen Völker herausgebildet, in dem diese gleichberechtigt als solche ihre Stimme hatten. Bei den Gesinnungen der Mehrzahl der Landtagsglieder, bei dem Mangel eines bindenden Gesetzes für Gang und Umfang der Verhandlungen lagen in der Willkür jener Zeiten Angriffe auf die gegenseitige Gleichberechtigung nahe. Es ist merkwürdig, daß der erste derselben gegen die Szekler gerichtet war. Als diese 1557 eine Steuer, die der Adel und die Sachsen bewilligt hatten, verweigerten, beschlossen diese, daß, wenn zwei Nationen über eine Sache eins geworden, die dritte sich dem füge. Das war eine offene Verletzung des Grundsatzes, auf den man wenige Jahre früher den Bund geschlossen hatte. Auch haben die Stände in der Folge gegen die allgemeine Geltung jenes Beschlusses wiederholt Verwahrung eingelegt, was aber Adel und Szekler nicht gehindert hat, mehr als einmal mit ihm ihre Verletzung sächsischer Rechte zu beschönigen. Schon wenige Jahre später klagten die Sachsen, jener Schluß sei nur zum Schein gegen die Szekler gerichtet gewesen, in Wahrheit aber „zu ihrer Bedrückung erfunden und ersonnen worden."

Solchen Versuchen gegenüber hätte nur eine über den Parteien stehende, mit der gehörigen Macht versehene **Staatsgewalt** das Recht schirmen können. Gerade aber sie fehlte in jenen Zeiten. Das Ansehen und der Einfluß der Fürsten sank oft zu einem Schatten herab. Sogar dem tatkräftigen Stephan Bathori durfte Bekesch wochenlang ungefährdet im festen Fogarasch grollen. Im Dezember 1542 traten die drei Nationen zu einem Landtag in Thorenburg zusammen, ohne daß die Königin etwas davon wußte. Als Isabella gegen die von Österreich drohende Gefahr 1551 die Stände zusammenrief, beschlossen sie, falls der Reichsschatzmeister die Urheber der Wirren nicht bestrafe, ihm nie mehr Folge zu leisten. Für den Adel und die Szekler mußte man 1543 eine Strafe von dreißig Gulden festsetzen, wenn einer den Landtag nicht besuche. Als 1556 der Landtag erfuhr, die Szekler Amtleute hätten die Steuer nicht eingeliefert, sondern zu ihren Zwecken verwendet, ersuchte er den Statthalter, Abgeordnete hinzuschicken, und jene um die Stellung der Rechnung zu „bitten". Die Beschlüsse der drei Nationen hatten anfangs Rechtskraft auch ohne die fürstliche Bestätigung, die erst vom Jahre 1556 an vorkommt.

Zu den fortwährenden Nöten des Landes bei der steten Armut des öffentlichen Schatzes kam die übertriebene Vorstellung von dem Wohlstand der Sachsen, um auf den Landtagen das **Steuermaß** derselben widerrechtlich hinaufzutreiben. Wie Paul Markhasi 1586 in Konstantinopel prahlte, ein einziger Hermannstädter Schuster sei imstande, der Pforte den jährlichen Tribut des Landes zu bezahlen, so dachten noch viele andere. Die ordentliche Steuer der Sachsen, von der Zeit ihrer Einlieferung Martinszins genannt, betrug am Anfang des 17. Jahrhunderts 7500 Taler; wann hätte sie ausgereicht? Daher Landtagszank ohne Ende über die Höhe der außerordentlichen Steuer, der „Subsidien", wie man sie häufig hieß. Der Adel erhob die seinen nach „Porten", zu denen gewöhnlich ein, dann mehrere Höfe gerechnet wurden, indem auf jede Porte eine Anzahl Denare aufgeschlagen wurde; dasselbe geschah später unter den Szeklern; die Sachsen zahlten in der Regel dieselbe Summe, die voraussichtlich von den Komitaten eingehen werde. So wurde 1545 die Steuer des Adels auf 16.000 Gulden berechnet und den Sachsen eben so viel aufgelegt. Wenn der Adel neunundneunzig Pfennige von einer Porte zahlte, gaben die Sachsen gewöhnlich 20.000 Gulden, die Szekler nie mehr als 6 oder 7000. Und doch umfaßte das Sachsenland nur 199, das Szeklerland 215, die Komitate 687 Flächenmeilen! Auch von jenen Teilen klagen die Sachsen 1552, hätten die Ungarn und Szekler nicht alles gezahlt und die Mächtigen von den eingegangenen Geldern im Einverständnis mit dem Schatzmeister einen Teil für sich behalten, was, wie Ferdinands Abgeordnete hinzusetzen, auch andere also erzählen. Gegen die großen Rückstände in den Komitaten und Szeklerstühlen mußte der Landtag mehr als einmal strenge Maßregeln ergreifen.

Die wiederholten vieljährigen Kriege, in welchen die Sachsen für Ferdinands gutes Recht kämpften, nährten den Unwillen derer, die sich „für das oberste Geschlecht im Lande" hielten, gegen die „Fremden", die „ausländischen Teutschen", wie sie sie nannten. Selbst die Billigen und Rechtlichen unter dem Adel mochten sich in das eigentümliche, von ihnen so sehr verschiedene Wesen des bürgerlichen Volkes kaum finden. Wenn sie auf dem Landtag 1549 erklärten: Die Herren Sachsen sollen bei jener Freiheit bleiben, die sie genossen haben von altersher, so setzten sie fünf Jahre später bei Ordnung der Heerespflicht die sächsischen Landbauer und Dorfsbürger in eine Reihe mit den adeligen Hörigen. Der schroffe Gegensatz aller Einrichtungen, die große Verschiedenheit in allen Zielen und Lebensansichten machte es den Sachsen des 16. Jahrhunderts zur ersten Pflicht gegen sich selbst, das uralte ausschließliche Bürgerrecht auf ihrem Grund und Boden mit unnachgiebiger Zähigkeit festzuhalten. Das Beispiel von Klausenburg, ja was man im eigenen Lande in Broos erlebte, rief nicht minder zur Wachsamkeit auf. Hier hatten die Ungarn, die nach den verheerenden Einfällen der Türken aus den benachbarten Komitaten im Orte Aufnahme gefunden, längst Ratsfähigkeit erlangt, es bestand die Ordnung, daß in Rat und Kommunität aus jeder Nation eine gleiche

Anzahl gewählt werden solle. Da sie zum Nachteil der Sachsen nicht beachtet wurde, mußte Stephan Bathori 1572 aufs neue ernst befehlen, daß fortan innerer und äußerer Rat gleich viele Glieder aus Sachsen und Ungarn zähle; doch sind in 400 Jahren nur neun Königsrichter Sachsen gewesen. Als in der Reformation die ungarische Bevölkerung zur reformierten Kirche übertrat, verlor der sächsische Pfarrer den Zehnten von Broos und die sächsische Gemeinde mußte ihren Gottesdienst in der Sakristei der Kirche halten.

Um so eifriger sorgte man in den andern Kreisen, daß die „teutsche Nation" unvermischt bleibe. Als der Adel 1544 begehrte, man möge ihm in den sächsischen Städten erlauben Häuser zu kaufen, versagten es die Sachsen „und soll in Ewigkeit nicht zugelassen werden," eifert in seiner schlichten Redlichkeit Hieronymus Ostermeier. Wie die Adeligen 1547 aufs neue darauf drangen, „ist es ihnen wie billig und recht abgeschlagen worden," sagt dasselbe Zeitbuch. Daß sogar Johann Zapolya den Schäßburgern das Recht des Ausschlusses aller Fremden aus ihrer Stadt bestätigt habe, ist bereits früher erwähnt worden. Als der Rat von Hermannstadt den 5. Februar 1546 ernst beriet, ob man eingewanderte Ungarn in die Zünfte aufnehmen solle, beschloß er nach langer Erwägung: nein. Selbst die Söhne derer, die ehemals ihren Wohnsitz hier aufgeschlagen, könnten nicht aufgenommen werden; ihren Nachkommen im vierten Glied erst stünde der Eintritt offen, falls die Väter das Bürgerrecht gehabt und nach der Stadt Rechten sich immer ehrbar und gesetzlich betragen. Wenn aber ein Ungar durch Heirat Erbgut erwerbe, so möge er es besitzen so lang die Gattin lebe, mit der fahrenden Habe auch nach ihrem Tode nach Belieben schalten; Haus und liegendes Gut aber müßten die Verwandten zurücklösen. „Das alles wahrlich", fügten sie hinzu, „nicht aus Neid oder Verachtung, sondern um der Erhaltung des gemeinen Friedens willen". Desselben Sinnes beschloß der „ehrbare Rat und die ganze ehrbare Gemeine" von Hermannstadt den 28. Januar 1589 „einmütiglich": „es solle jeder Nachbarhann samt der Nachbarschaft Achtung geben, daß keine auswelzige Nation, es sei Razen, Walachen, Ungern, Horvaten, Walonen, Spanier, Franzosen, Polaken oder dergleichen zu keinem Hauskauf gelassen werden, oder sich in den Ehestand einlassen ohne Vorwissen eines ehrsamen Rats und der ehrsamen Gemeine." Der Rat erkennt dann „aus reifer Betrachtung", wen man in die Stadt nehmen solle. Auch zur Vormundschaft dürfen die Fremden nicht zugelassen werden. „Wer aber wider solche der Stadt Ordnung handeln wird wollen, Rat und That dazu geben, Schutz und Schirm darüber halten, derselbe wird an den Tag geben sein unruhiges und unfreundliches Gemüt, welches deshalben demselben aufgemerket sein soll und er von allen gemeinen Ämtern verwiesen sein." Indem sie dieses „altherkommener Freitum und guter Ordnung halben" beschließen und einschreiben, verwahren sie sich gegen jede Mißdeutung; sie verabreden es „aus gutem christlichem Gemüt und jeder ehrlichen Nation ohne allen Nachteil und Schaden, auch unbeschadet des göttlichen Wortes des lieben Nächsten halber"; Gottes Gebot soll auch „in dem Fall geehrt und dennoch einem jeden das was sein ist, in der Gerechtigkeit bleiben". Denn „nachdem aus Gnaden Gottes des Allmächtigen unsere liebe Altväter sächsischer Nation durch ihre treue Dienste und Ritterschaft diesen teutschen Erdboden von altseligen Königen und Kaisern bekommen haben, und auch dieselbige Erden mit Städten, Märkten und Dörfern gebauet, auch an etlichen Orten mit ziemlichen Festungen bestätiget haben, als ihr Eigentum zu ewigen Zeiten zu besitzen", so kann das nur geschehen „mit Fest- und Steifhaltung über unser einerlei Nation der Sachsen." Wo solche Einheit nicht wäre gewesen, so wäre viel und mancherlei Unart, Spaltung und Zertrennung entstanden, wie denn Exempel vor Augen sein, als nämlich Klausenburg, wo nicht nur steter Neid zwischen dem Volk ist, sondern geschieht auch heutigen Tags daselbsten ein jährlich unerhörter Tauschwechsel mit den zwei Kirchen und den zweierlei Richtern, desgleichen in keinem Land der Christenheit je gehört worden. Um „mit fremden Schaden und Beispiel klug zu werden", wollen sie eben die alte Ordnung aufrecht halten; sie „wünschen, begehren und suchen" damit nichts anderes als „Gottes Ehre, des Landesfürsten Nutz und züchtiges stilles Leben und Wesen bei einander." Also sprachen und verordneten Rat und Gemeinde von Hermannstadt am 28. Januar 1589. Sechs Jahre früher hatte Stephan Bathori im Landrecht der Sachsen (den „Statuten") auch das Gesetz bestätigt, „daß ein jeder Kläger im sächsischen Gericht seine Proposition und Klage in **deutscher** Sprache klärlich und bescheiden führen soll."

Wo an den Säumen des Sachsenlandes in Teilen, die durch Krieg und Seuchen verödet worden waren, sich Rumänen ansiedelten, gewöhnlich nach festem Vertrag mit den Herrn des Bodens, machten sie nirgends Anspruch auf Bürgerrecht. Wo auf der großen Feldmark einzelner Gemeinden eine derartige Ansiedlung gestattet wurde, standen sie unter Aufsicht und Rechtspflege des Ortes, dem die Feldmark eigen war, so die Rumänen von Neuendorf (Vaydej) nach dem Spruch der Universität von 1551 unter den Sachsen von Rumes, die Bewohner von Walachisch=Pien unter den Deutschen von Sächsisch=Pien. Sie waren bloß Meier oder „Siedler" und wurden wie auch sonst im Lande nach dem harten Worte des Gesetzes bloß „geduldet wegen des Nutzens". Ihre Zahl war auf dem Sachsenboden noch gering, in den weitaus meisten Orten fand man keine. Doch lesen wir wiederholt von den Unbilden, die sie durch die Weide ihrer Schafe und durch Waldfrevel den Sachsen zufügen. Ob solcher Ursachen wohl beschloß die Universität zweimal (1554 und 1557) die Rumänen von Tekes alle fortzujagen; auch nicht einer solle bleiben. Waren doch schon die sächsischen Anwohner des „Fogarascher Landes" den größten Unbilden von seiten der dortigen Bewohner ausgesetzt. Die „Artikel, welche Frieden und Einigkeit zwischen allen Sachsen und dem Fogarascher Lande aufrecht erhalten" sollten, werfen ein dunkles Schlaglicht auf jene Zustände. Der Fogarascher Hirte, heißt es in denselben, treibe seine Herden nicht auf der Sachsen Land, ohne des Gemeinderichters Erlaubnis und der Vogt von Fogarasch hafte für jeglichen. Wenn der Hirt wiederholt ohne Erlaubnis hinkommt, fange man ihn, daß er sein Haupt löse, oder wenn der Sachse lieber will, mag er ihn töten. Wenn die Herde im Verbote weidet und der Hirte mit gewaffneter Hand sich widersetzt, ist auf den Schwur von Zeugen oder sieben Eideshelfern sein Haupt verfallen, verfallen sein Haupt, wenn er Brand anlegt oder mit Feuer droht, und wenn man ihn nicht fangen kann, muß der Vogt ihn stellen. Entflieht aber der Knecht, der die Übeltat begangen, so muß der Herr für ihn getötet werden. So hart waren „die Satzungen der Herren Sachsen mit dem Land Fogarasch über Wiederherstellung der Gepflogenheit, wodurch der Friede zwischen den Bewohnern beider Länder dauern könne"; der Statthalter Martinuzzi bestätigte sie in Thorenburg 1548. Ja als Neppendorf 1584 sich mit der, ursprünglich auf seiner Feldmark angesiedelten rumänischen Gemeinde Gunzendorf (Poplake) über deren häufige Waldfrevel vertrug, wurde durch gegenseitige

Übereinkunft festgesetzt: "wer von Poplake einen Baum im Walde schält und abdorren macht, soll an selbigem Baum aufgehenkt werden. Wird der Thäter nicht ertappt, so soll die Gemein Po=plake einen andern Walachen aus derselben Gemeine dahin auf=zuhenken dargeben." Die strengen Strafen waren einem Zeitalter entsprungen, wo Emerich Balassa im Krieg gegen Johann Sigmund auf feindlichen Leichen speiste, das Spießen eine gewöhnliche Strafe, ja auf gewisse Verbrechen der Scheiterhaufen oder lebendig begraben werden festgesetzt war.

In dem Innerleben der Sachsen wird das Band, das die uralten vier deutschen Gaue, die sieben und zwei Stühle, das Nösner= und Burzenland, zu einem Ganzen, zu einer "Nation" im staatsrechtlichen Sinne Siebenbürgens vereinte, immer enger und fester. Die alten Gauversammlungen werden zu "Landesversamm=lungen", zu "Landtagen", auf denen "die gantze Vniuersitet der Sachsen" oder der "Teutschen yn Syebenburgen", d. i. die Ver=tretung aller jener Gaue "in der Hermannstadt" sich versammelt und "einträchtiglich" verhandelt und beschließt. Wenn die zwei andern Nationen von den "Herrn Sachsen" sprechen, sind immer sie damit gemeint. Schon 1544 setzen sie fest, daß rücksichtlich der Verteidigung alle angehe, was einen betreffe, und daß in solchem Fall durch gemeinschaftlichen Zuzug der gefährdete Teil unter=stützt werde. Darum schickten sie 1545 hundert Büchsenschützen nach Mühlbach, weil die Ungarn die Stadt mit einem Überfall bedrohten. Noch 1555 hält die Universität dort fünfundzwanzig "Trabanten" und hilft den Broosern monatlich mit zehn Gulden. In allen Angelegenheiten, beschließt sie 1550, welche irgend eine Stadt oder einen Stuhl betreffen, soll nichts geschehen außer aus gemeinsamem Beschluß der Universität. Was irgendwo Bedeu=tendes sich ereignet, soll man sofort nach Hermannstadt melden und daselbst sich Rat erholen, bis die Universität reiflicher darüber berät. So beschickt diese im Namen der Sachsen die ungarischen Reichstage unter Ferdinand und auf den siebenbürgischen Land=tagen dürfen die Abgeordneten der einzelnen Stühle keine Last übernehmen, bis nicht die Gesamtheit sich darüber geeinigt, was in schwierigen Lagen zuvor in Hermannstadt geschieht.

Dieser "Landtag" der Sachsen, der gewöhnlich zu Georgi und Katharinä zusammentritt, umfaßt zunächst den Hermannstädter Rat; die übrigen Stühle und Distrikte entsenden, für wichtigere

Fälle mit bindendem Auftrag, ihre Abgeordneten, Schäßburg, Kronstadt, Mediasch und Nösen oft drei, die andern bisweilen nur einen. Gewöhnlich sind die Königsrichter und Bürgermeister der einzelnen Kreise darunter, daher die „Landesbesammlung" manchmal heißt „die Herren Richter und Amptleute der Teutschen Vniversität". Ein Bestreben, den obersten Amtleuten der Stühle den ausschließlichen Zutritt zur Universität zu verschaffen, tritt hervor in einem Beschluß derselben von 1550; aber er ist nie zur Ausführung gekommen. 1559 haben die „von Kronstadt" bloße Ratsgeschworne hingeschickt; neben Joachim Koch dem Königsrichter „von Mydwes" sitzt Paul Schuster, der Richter „vom Birthalben" und Benedictus Schuler, der Richter „zu Klein-Schelken"; Agnethler finden sich wiederholt unter den Schenker, Alzner und Holzmenger unter den Leschkircher Abgeordneten. Unzufrieden mit minder glänzenden Vertretern auf der „Landesbesammlung" von 1576 nennt der Schreiber dieselben „hinlänglich unbekannte und gemeine Brüder", die nur selten ihren Namen wissen.

In dieser „Vniversität der Teutschen", die aus der Erwählung von Männern hervorging, die selbst für ihre heimischen Ämter alljährlich neu gewählt wurden, fand der Gesamtwille des Volkes seinen Ausdruck, sein einheitliches Streben die Richtung, sein gemeinsames Ziel die Führer. Sie hat auch in diesem Zeitraum nicht nur als Ober-Gerichtshof in allen außer den peinlichen Fällen (die ohne Berufung im Stuhl oder Distrikt selbst endgültig entschieden wurden) Recht und Gerechtigkeit gehandhabt, sondern auch ein heimisches Gesetzbuch geschaffen, welches das Band der Einheit um ihr Volk noch fester schlang; sie hat die ganze Mannigfaltigkeit des Lebens mit ordnender und gesetzgeberischer Tätigkeit umfaßt, hier in den deutschen Gauen die Zunft geordnet, dort die deutsche Kraft ins Feld gestellt zum Schutz ihres guten Rechtes, hier die Wälder vor Verwüstung geschützt, dort die Reformation gefördert, Schulen gegründet und die gute Sitte zu wahren gesucht; eine Geschichte ihrer Wirksamkeit würde eine glänzende Strahlenkrone des Verdienstes um das Haupt jener schlichten Männer flechten!

Nach uraltem Recht war die Universität es, welche die auf den Landtagen übernommene Steuer und die andern Abgaben, die die Erhaltung des gemeinen Wesens forderte, auf die Kreise aufschlug. Der gesamte Betrag war in Zahlhäuser auf=

geteilt, deren auf jeden Stuhl oder Distrikt eine bestimmte Anzahl fiel; die Stuhlsversammlungen setzten den Aufschlag auf die einzelnen Orte fest, die Gemeinden endlich teilten den auf sie fallenden Betrag nach dem Maße des Vermögens und insbesondere des „unbeweglichen" auf; nur wenn man den Heerzug ablöste, zahlten die einzelnen Bürger gleich viel. Die Aufteilung des Steuerganzen unter die einzelnen frühern Gaue war eine unverhältnismäßige. Von den meisten Abgaben zahlten die sieben Stühle (zweiundneunzig Flächenmeilen groß) siebenundzwanzig Zahlhäuser, die zwei Stühle (zwölf Meilen) vierzehn, das Burzenland (zweiunddreißig Meilen) elf, das Nösnerland (siebenundfünfzig Meilen) zehn Zahlhäuser. Die öffentlichen Gelder empfing und verrechnete der Hermannstädter Bürgermeister; neben der allgemeinen „Nationskasse" bestand, damals gleichfalls von ihm verwaltet, das eigentümliche, den „sieben Richtern" gehörige Vermögen aus königlichen Güterschenkungen stammend, durch Hermannstädter Kirchengüter später vermehrt, bis auf unsere Tage. Die Höhe der jährlichen Steuer schwankte nach Maßgabe der Landesbedürfnisse, sie betrug 1563 20.000 Gulden, 1568 38.000 Gulden, 1567 67.000 Gulden, 1585 85.000 Gulden.

Das scheint wenig zu sein, wenn man liest, daß die Steuer des Sachsenlandes 1841 614.061 Gulden betrug; viel aber ist's, wenn man den **Geldwert** jener Zeit ins Auge faßt. In dem fruchtbaren Jahr 1583 kostete ein Faß Wein drei Gulden und ein Kübel Weizen zehn Pfennige, 1569 konnte man drei Maß des besten Weins um drei Pfennige kaufen, anderthalb Pfund Fleisch um einen Pfennig; 1538 kostete der Kübel Korn sechs Aspern, deren fünfzig auf einen Gulden gingen, ein Kübel Hafer zwei Aspern. Es war also in der Tat eine „treffliche Teuerung", als 1535 ein Viertel Korn um drei Gulden verkauft wurde, was „von des vielen Kriegsvolks Johannis wegen geschah, welcher noch immer daran war, Hermannstadt zu bezwingen", oder als 1585 ein Kübel Korn zwei Gulden fünfundzwanzig Pfennige, ja später sogar fünf Gulden galt, weil im vorhergehenden Winter die Saaten erfroren waren. Zehntausend „Hoken Kugeln" bezahlte man 1593 mit einundfünfzig Gulden, einen Zentner Pulver 1568 mit sechzehn Gulden; als der Schäßburger „Herr Königsrichter" in demselben Jahr „kegen Schink gezogen, do man hat die pfeffin hingericht", betrug seine „zerung" fünfundzwanzig

Pfennige. Der Sachsengraf Johannes Roth hatte sein Haus auf dem großen Ring um fünfhundert Gulden gekauft, nach dem Tod seiner Gattin 1546 schätzte man es auf eintausend, ein anderes unweit davon liegendes, gleichfalls ihm gehöriges auf fünfhundert Gulden. Das alte Siechenhaus in der Elisabethgasse in Hermannstadt wurde 1541 um einhundert, das alte Rathaus, der nachmalige Priesterhof (1898 abgetragen), 1545 um achthundert Gulden verkauft. Das Haus, das die Stadt Hermannstadt 1555 in der Heltauergasse von den Erben des Zacharias Schneider kaufte, um es mit einem Aufwand von hundertsieben Gulden zu einem Gasthaus einzurichten, kostete neunhundert Gulden; zwei Häuser zu demselben Zwecke in der Klostergasse und auf dem Rosenanger kaufte der Kronstädter Rat 1573 um neunhundertfünfundachtzig Gulden, die weitere Herstellung derselben zum städtischen Gasthof kostete fünfhundertachtundsechzig Gulden. Im ganzen 16. Jahrhundert ist in Kronstadt kein Haus bei Nachlaßabhandlungen höher als 1300 Gulden „geschätzt" worden. Der Wert des Geldes stand also im 16. Jahrhundert unendlich höher als jetzt. Eine Jahressteuer der Sachsen von 50.000 Gulden — und sie haben gewöhnlich mehr gezahlt — ist einem Betrag zwischen einer halben und einer ganzen Million Gulden nach dem Geldwert gleich, wie dieser um 1900 war. Die gesamte siebenbürgische Landessteuer betrug 1841 nicht anderthalb Millionen Gulden. Wenn daher die Bewirtung Johann Sigmunds 1563 die Stadt Schäßburg 264 Gulden 89 Denare kostete, oder 1568 bloß für Weine auf seine Tafel und für sein Gefolge 178 Gulden verausgabt wurden, wenn der siebentägige Aufenthalt Stephan Bathoris in Kronstadt, als er im Frühjahr 1576 zum Empfang der Königskrone nach Polen zog — 59.000 Gulden nahm er dazu von der sächsischen Nation auf — in Bewirtung und Geschenken an den König und sein Gefolge die Summe von 2212 Gulden 99 Denar erreichte, so konnte die Stadt noch lange an solche Besuche denken. Die 5000 Gulden, die die Universität 1552 zum Reichstag nach Preßburg dem König Ferdinand und „seinen durchlauchtigsten Söhnen" zum Geschenk sandte — nur die Reise der Abgeordneten sollte auch davon bestritten werden, — die 4000 Gulden, die auf „des Adels und der Zekel Begehren" 1556 die Sachsen der Königin Isabella „verehrten", waren mehr als „bürgerliche" Gaben.

Wie die Aufteilung der Steuer, so lag der Universität ob, die Heeresfolge zu ordnen, und wie dort, so gilt auch hier das Wort der Kommiſſäre Ferdinands: es läßt sich nicht leugnen, daß die Sachsen die Grundkraft Siebenbürgens sind. In gleichem Sinne schrieben des Königs Anhänger Seredy und Werner, sprach Martinuzzi: auf wessen Seite sie stünden, des sei das Land. Das Sachsenland war noch immer ein großes Heerlager, noch immer Wehr und Waffen zu besitzen Bürgerpflicht, eine volle Rüſt=kammer des Hauses Ehre. Donnerbüchsen hatte nicht nur jede Stadt in ansehnlicher Menge und jede Bauernburg in genügender Zahl: wir finden sie im Besitz einzelner Bürger. Wie hätten sie sonst ihr Recht gegen Ferdinand schirmen können und gegen „König Hans"? Während der Adel und die Szekler noch Pfeil und Bogen trugen, ja das Gesetz bei ihrem gemeinen Mann mit Sense oder Axt zufrieden war, rückten die Sachsen mit Pulver und Blei ins Feld; selbst bei deren letzten forderte man den Speer oder Pfeil und Bogen. Eine Pulvermühle fand sich in jeder Stadt; Stückgieße=reien waren gleichfalls vorhanden. Die „Nachtigall", die 1551 im Hermannstädter Zeughaus lag, wog dreiundvierzig Zentner und schoß Kugeln von fünfzig Pfund; der „Ochs von Nürnberg" war achtunddreißig Zentner schwer, seine Kugeln sechsunddreißig Pfund; die lange Mauerbrecherin, der „Falk", hatte dem „Januſch Waida" gehört, sie wog siebzig Zentner und schoß sechsundzwanzig Pfund schwere Kugeln. Auf der Feldschlange, die „zur Zeit Lucä Hirschers" Paul Neidel in Kronstadt gegossen, stehen die Worte: „Wenn Gott mit uns ist, wer will denn wider uns sein!" Für den Sachsengrafen war es eine Ehrensache, beim Antritt seines Amtes Hermannstadt mit einem „Stück" zu beschenken; die Kron=städter Richter taten häufig desgleichen. So konnte Johann Sigmund allein von Biſtritz 1563 zwölf Zentner Pulver, 1565 dreihundert Zentner Pulver, tausend Büchsenschützen und sechs=hundert Pferde fordern; auch die notwendigen Hufeisen, schrieb der König, möge man mitschicken. Wie der Landtag 1551 das Aufgebot ergehen ließ, das Mann für Mann ins Feld rief, setzte er hinzu: die Herren Sachsen sollen nach ihrer alten Gewohnheit die Donnerbüchsen mitnehmen mit Pulver und eisernen Kugeln und den Büchsenmeistern. In jährlicher Heerschau zählte jeder Kreis seine Männer und untersuchte die Waffen; 1548 am Tage Aller=Heiligen standen im Burzenland, doch darunter wohl auch

Söldner, 10.000 zu Roß und zu Fuß zusammen. Auch eine allgemeine sächsische Heerschau im schönen Kokeltal bei Mediasch kommt vor. Das Aufgebot des Stuhles führte nach altem Recht der Königsrichter oder ein Ratsmann; die roten Wagendächer ihrer Heerwagen haben oft weithin geleuchtet im Blachfeld. Die Obristen über das gesamte Volk ernannte die Universität, ebenso die vier Männer, die nach dem Landesgesetz dem Feldherrn zur Seite mitzogen. Die die „Heerfurt" mitmachten, unterstützte die Gemeinde; „welcher in den Krieg mitwandert," setzte die Hermannstädter Stuhlsversammlung 1564 fest, „dem soll man von der Gemein zu Hilf und Beistand geben auf alle Tag einem Fußgänger mit einem Spieß Denar vier, einem Püchsenschütz Denar fünf, einem zu Roß Denar sechs, weil ein armer Gesell sein Leib und Leben für die Gemeine wagen muß."

Wenn die Bürger nicht selbst ins Feld rückten, stellten sie Söldner, häufig Szekler; der gewöhnliche Monatssold für einen Fußknecht war zwei Gulden; ja nicht mehr zu geben verordneten die Stände auf dem Landtag 1556. Trommler und Bannerträger erhielten drei Gulden monatlich, der Hauptmann bekam sechs Gulden. So stellten die Sachsen 1554 6000 Mann, 1556 2000 und oft noch mehr; für je fünfundzwanzig, war das Gesetz, solle ein Wagen Lebensmittel führen.

Die Wehrhaftigkeit der Sachsen wurde auch in diesem Jahrhundert gemehrt durch die Festigkeit ihrer Burgen und Städte. Eine auf langen Strecken im Osten und Westen vierfache Mauer, Wall und Graben mit zweiunddreißig Türmen und sieben Basteien schirmte Kronstadt; das Bergschloß wurde 1556 stärker befestigt. Meist doppelte Mauern und zahlreiche Türme standen um Hermannstadt, bis dahin noch nie von einem Feind erstürmt; 1552 ließ Petrus Haller die nach ihm benannte Bastei auf Kastaldos Rat aufführen, — die Aufschrift schmückte die Stirnseite:

> Sieh', dies Werk führt auf, den Wall mit den Mauern umgebend,
> Haller, für's Vaterland redlichen Eifers besorgt! —

1578 Georg Hecht das Heltauer Tor mit einer Bastei befestigen; zum Bau der andern schenkte Stephan Bathori noch als König von Polen 1583 tausend Gulden. Die zahlreichen Fischteiche rings um die Stadt machten den Zugang unmöglich, wenn aus den festen Werken die Feuerschlünde donnerten. Fast überall bargen

zahlreiche, an geheimen Zeichen aufzufindende Korngruben Lebens=
mittel für die Zeit der Belagerung. Kein einziges Dorf, das nicht
wenigstens um das Gotteshaus die feste Mauer hatte; an den
alten Verteidigungskirchen mehrten sich fortwährend die Befesti=
gungswerke; auf dem Gewölbe der Schweischerer und mancher
andern findest du noch heute unter dem Dach die runden Kiesel=
steine als letzte Wehr, wenn alles verloren. Noch strahlte ad retinendam coronam leuchtend im blau=roten Banner, und in ehren=
vollen Worten haben mehr als einmal Ferdinand und die Fürsten
es anerkannt. Auch war in der Tat der alte Heldenmut doppelt
notwendig in Zeiten, in denen Honterus den Morgengottesdienst
aus den Frühstunden in spätere Tageszeit versetzen mußte, weil
es zu gefahrvoll sei, bei der Menge der Feinde die Burgen, in
denen die Kirchen stünden, im Zwielicht des Morgens zu öffnen.
Diese Tage der Not zwangen wohl den Wächter der doppelt um=
mauerten Keisder Burg, deren Tore niemandem außer Deutschen
geöffnet wurden, allnächtlich, wenn der Klang der Nachtglocke
verstummt war, in das Tal hinunterzurufen: „nicht diesen Weg,
ich sehe dich wohl, du Räuber!"

Wo die Zeit für Sicherheit und Leben solche Anstrengungen
forderte, war es natürlich, daß die Wohnungen der ein=
zelnen an Größe und Schönheit den Forderungen späterer
Tage oft nachstanden. Man mußte am Turm bauen helfen und
an der Stadtmauer und sie verteidigen, wenn sie fertig waren.
Selbst in Hermannstadt standen noch viele aus Holzwerk erbaute
Häuser; es klingt die damalige Abneigung gegen den geistlichen
Stand durch, wenn der Rat 1546 verordnet, die Pfarrer, die als
die Reichern bis dahin immer die bessern Wohnungen gekauft,
sollten fortan keine steinernen Häuser kaufen dürfen, sondern nur
aus Holzwerk errichtete und diese dann zur Zierde der Stadt von
Steinen erbauen. Die häufigen Feuersbrünste jener Zeit lehrten
die Zweckmäßigkeit jener Bauten; als Kronstadt 1558 von
Bränden wiederholt heimgesucht wurde, ließ der Rat nur steinerne
Neubauten zu, zu welchen er, wo es Not tat, selbst die Kosten
herschoß gegen eine Rückzahlung in zehnjähriger Frist.

Wenn auf dem Felde des Handels die alte Blüte der
Sachsen im 16. Jahrhundert sank, so trifft nicht sie die Schuld.
Den Handel in die untern Donauländer, der früher reichen
Gewinn gebracht hatte, die Verbindung mit Deutschland lähmte

und machte oft unmöglich die zerstörende Gewalt der Türken, die Siebenbürgen mit ihren eisernen Armen fast ganz umfaßte, in Kriege mit Österreich trieb und dem größten Teil von Ungarn das Sklavenjoch aufgelegt hatte. Zwar hätten die „selbständigen" Fürsten des Landes, dessen Bedürfnisse sie nun eigene Anschauung lehrte, durch achtunggebietende Stellung gegen die Türken Handels= verträge erzwingen können, wie es die italienischen Staaten taten; im Norden und Nordosten mit dem in Moskau e stehenden Handelsmarkte hätte umsichtige Weisheit ein neues Handelsgebiet öffnen können; fürstliche Sorgfalt hätte durch Rechtssicherheit und Straßen und Gesetze bei dem Metallreichtum des Landes, bei seinem fruchtbaren Boden und seinen Schätzen in Wald und Wasser, Ackerbau, Gewerbe und Handel noch immer zu schöner Höhe heben mögen; aber von allem geschah das Gegenteil. Wie konnten die Schützlinge der Türken Anspruch machen auf Handels= vergünstigungen? Dazu fast steter Krieg nach außen und der fort= während Zwist im Innern, die Willkür und der Mangel an Staatsweisheit oben, die Fürsten bei der eingeführten Wähl= barkeit meist nur besorgt, sich und ihren Nachkommen die Krone zu sichern: — es ist ein Wunder, daß die Handelstätigkeit unter den Sachsen nicht ganz erlosch.

Freilich ist von dem alten reichen Leben wenig vorhanden, der stolze befruchtende Strom versiegt in der Wüste. Unter den Wällen von Ofen landen keine sächsischen Schiffe mehr, seit der Halbmond sich in den Fluten spiegelt. Johann Sigmund sichert 1557 den Hermannstädtern freien Handel in Ungarn zu; aber sein Ungarn war klein. Stephan Bathori bestätigt 1583 die Zoll= freiheit der Sachsen auf den Mauten in Talmesch und Lauter= burg; aber wie selten war die Grenze frei! Daß die sächsischen Kaufleute, nachdem Johann Sigmund 1560 mit Ferdinand kurzen Frieden geschlossen, wieder bis nach Wien handeln können, ist eine außerordentliche Erscheinung, und wie bald bricht wieder Krieg aus! Der Fürsten Tätigkeit zur Hebung des Handels ist meist Notwehr gegen auswärtige Kaufleute, denen der Eintritt in Siebenbürgen verboten wird; ja es trifft sich, daß sie ihnen willkürlich Hindernisse zur Füllung der eigenen Kasse bereiten. So verbot Stephan Bathori 1571 die Einfuhr des rohen Kupfers, da im Lande kein Mangel daran sei und befahl die Konfiskation des eingeführten; ein Dritteil solle dem Anzeiger zufallen, mit zwei Dritteilen der Bau der Befestigungswerke von Großwardein gefördert werden. Schon elf Tage später schrieb er an den Rat von Kronstadt, falls die Kronstädter Kupfer brauchten, sollten sie einige ehrenhafte und verständige Männer an ihn senden, mit unbeschränkter Vollmacht, wie viel Kupfer und wie teuer sie jährlich von ihm kaufen wollten, da er alles vorhandene für seine Rechnung mit Beschlag belegt habe. Auch die Verordnungen der Landtage sind meist schwankend, engherzig und hemmen die freie Bewegung. So untersagen sie 1549 Fremden die Ausfuhr von Ochsen aus Siebenbürgen und den Einheimischen alle Handelsgenossenschaft mit Auswärtigen. Die Ausfuhr von Wolle, Fuchs-, Marder- und vielen andern Fellen, von Ochsen-, Kuh- und Schafhäuten ist gleichfalls verboten, die von Schmied-, Schneider- und Kürschnerarbeiten beschränkt. Die Schuster dürfen ihre Erzeugnisse in die Nachbarländer nur absetzen, wenn dadurch im eignen Land kein Mangel entstehe; 1550 wird die Ausfuhr von Schuhen ganz verboten; auch Pferde dürfen in fremde Länder keine verkauft werden. Ein Jahr früher muß die Universität die Woiwoden bitten, den sächsischen Kaufleuten den Eisenhandel in die Walachei zu gestatten, wo bisweilen die Siebenbürger Münze nicht angenommen wurde. Auch Gold und Silber durften nicht aus dem Lande geführt werden. Bei so vielen Hindernissen ist es natürlich, daß der auswärtige Handel immer mehr abnahm und die Kapitalien, welche Raub, Plünderung, vielnamige Abgaben und Türkensteuer übrig ließen, vergraben und vermauert wurden, statt den Verkehr zu beleben.

Unter diesen Umständen waren denn auch die Bestrebungen der Sachsen, Gewerbe und Verkehr in ihrer Mitte zu fördern und zu regeln von minderem Erfolg, als zu einer Zeit, wo das Gewerbe der Grund weithin reichenden auswärtigen Handels war. Doch ist die Gewerbstätigkeit unter ihnen noch immer auf achtbarer Stufe; Siebenbürgen gebraucht wesentlich nur ihre Erzeugnisse. Die Buchdruckerei, die Honterus 1533 in Kronstadt errichtete, war die erste im Lande, wenige Jahre später (1546) erstand auch eine Papiermühle in Kronstadt, gleichfalls die erste im Lande auf Hans Fuchs und Hans Benkners Kosten. Die Klausenburger Buchdruckerei errichtete um 1550 Kaspar Helth, gleichfalls ein Sachse; in Hermannstadt wurde 1573 eine Papiermühle gebaut, als Augustin Hedwig Sachsengraf war. „Wollen-

Gewand" wurde zuerst in Kronstadt 1546 verfertigt, Tuchmacher finden sich in Hermannstadt seit 1576, Anfänge der Seifensiederei in Bistritz 1563, Uhrmacher in Mediasch 1566. Dabei dauern neben den Schwertfegern, neben den neuen Pulvermachern und Büchsengießern die alten Gewerbe der Schildmacher und Pfeilschnitzer das ganze Jahrhundert fort.

Es gibt kaum eine Richtung des sächsischen Volkslebens im 16. Jahrhundert, in welchem die Universität tätiger gewesen wäre, als in der Ordnung der Gewerbs- und Verkehrsverhältnisse. Von dem ihr zustehenden Gesetzgebungsrecht für das Sachsenland hat sie auch hier den umfassendsten Gebrauch gemacht, unterstützt von umsichtiger Sachkenntnis, da die Glieder derselben, die Bürgermeister, Richter und Ratsmänner des Volkes mit wenigen Ausnahmen damals oft zünftige Gewerbsleute waren. Lange vor 1549, — als der Landtag verordnete, es solle im ganzen Land gleiches Maß und Gewicht sein, der sächsische Eimer, Zentner, Elle, Kübel wie in Klausenburg, — suchte die Universität aus dem Sachsenland die störende Ungleichheit zu entfernen; um den Gebrauch eines falschen Eimers zogen die Mediascher dem Martin Markel Hab und Gut ein. Die Universität gab ferner die Jahrmärkte im ganzen Umfang ihres Gebietes, die die einzelnen Gaue den andern früher verschlossen hatten, gegenseitig frei, ebenso den Kauf aller Rohstoffe für den Gewerbsbedarf, auf den die Einheimischen bis dahin ein Näherrecht behauptet hatten. Doch wurde dieses später mit einiger Beschränkung wieder anerkannt; wer dawider handle, dem solle „vom ganzen Land das Gesinde gelegt werden." In zahlreichen Zunftbriefen ordnete die Universität die innern Angelegenheiten der Zünfte, deren ohne ihre Zustimmung keine neuen errichtet werden durften. Sie erließ 1545 Bestimmungen über die Lehrjahre. Schon 1539 stellte sie „alle böse unnütze Gemächte, so in den Zechen entstanden sein", ab und machte neue „Statuta"; als Grundgesetz galt, daß nur in Städten und Märkten Zünfte sein dürften, weil insonderheit die Städte aus wohleingerichteten Innungen bestünden, durch deren Zunahme die Kraft und Blüte derselben wachse, während durch die Vermehrung der Gewerbe auf dem Lande der Ackerbau sinke und endlich die Handwerker aus den Städten auswandern müßten, um Ackerbau zu treiben. Darum erkannte Stephan Bathori 1583 an, Handwerkern, die auf sächsischen Dörfern lebten, dürfe ohne Bewilligung der Universität selbst der Fürst keine Zunftbefugnisse verleihen. Die frühern blieben natürlich in Kraft; in Heltau allein hatten sich 1576 acht Zünfte ihre Briefe bestätigen lassen. Die alte Ordnung, zünftige Arbeit müsse untadelig sein, wurde streng gehalten. Darum drückten die Goldschmiede nach dem Universitätsbeschluß von 1546 ihren Erzeugnissen ihr und der Stadt Wappen ein; als der Schäßburger Goldschmied Laurentius einen grünen Stein für einen Smaragd verkauft hatte, wurde er aus der Zunft gestoßen. Den Schmieden verbot die Universität 1559 ernstlich, ihre Arbeit „mit dem Wiener Zeichen" zu zeichnen; neben den ihrigen aber dürfen sie auch Wiener Erzeugnisse verkaufen.

In den Stürmen jener Zeit ist das Gewerbwesen fortwährend einer der Fäden, die die Verbindung und den Zusammenhang der Sachsen mit dem Ausland erhalten. Als 1538 die Goldschmiede von Hermannstadt die Söhne der Weber nicht aufdingen wollten, und diese vor dem Rat Klage führten, da das ihre Ehre kränke, antworteten sie, sie täten das nicht aus Verachtung jener, sondern weil sie fürchteten, die Söhne der Weber würden als Goldschmiedgesellen im Ausland Anstoß finden, und sie wollten deshalb keine Schuld tragen. Wie der Rat erklärte, das nehme er auf sich, die Goldschmiedzunft möge die ehelichen Söhne der Weber zum Gewerb zulassen, versprachen diese es und beide Teile beruhigten sich.

Bei dem Mangel eines Gewerbstandes außer dem Sachsenland war Siebenbürgen wesentlich auf seine Erzeugnisse angewiesen. Diese waren den Mitständen in demselben Maße immer zu teuer, als sie jene Beschäftigung verachteten. Sie erhoben Klage auf dem Landtag und drangen auf Festsetzung der Preise. Die Sachsen legten 1560 eine Regelung derselben vor, die auf das Gewerbswesen jener Zeit ein sehr belehrendes Licht wirft; bei allen Zünften aber knüpfen sie die Einhaltung des bestimmten Verkaufspreises an die Bedingung: die Stände möchten dafür sorgen, daß der Ankauf des Rohstoffes ebenfalls um den dort angegebenen Preis möglich sei. So sollen die Kürschner einen Pelz um sieben Gulden geben, wenn die Stände bewirken, daß man vier Fuchsfelle um einen Gulden kauft, um neun Gulden wenn drei Fuchsfelle einen Gulden kosten, die Lederer eine gegerbte Ochsenhaut um achtzig Pfennige, falls sie eine rohe um

dreiundfünfzig kaufen können; wenn ein Zentner Wolle andert=
halb Gulden kostet, soll ein Stück weißes Tuch von vierzig Ellen
um zwei verkauft werden. Der Landtag geht auf die Forderungen
der Sachsen ein, bestimmt die Preise der Rohstoffe — drei Fuchs=
felle kosten einen Gulden — und setzt so schwere Strafe auf jede
Übertretung, daß man sieht, wie er selbst nicht an die Dauer der
neuen Ordnung geglaubt hat.

Wie auf dem Gebiet des Handels und Verkehrs, so hatte
die Zeit auch in der Gemeinde= und Stuhlsverfassung
manches geändert. Das alte Gräfenwesen verschwindet im Lauf
des 16. Jahrhunderts gänzlich. Als der junge, noch unmündige
Edling Johann von Mergeln vor Johann Zapolya klagte, daß
der Schenker Stuhl ihm die Königsrichterwürde vorenthalte, die
ihm doch nach Erbrecht gebühre und dafür das Amt an Kaspar
Roth übertragen habe, der Schenker Stuhl aber sich auf das ihm
von altersher, und zwar schon durch König Andreas gewährleistete
freie Wahlrecht berief, wogegen selbst eine königliche Verleihung
ohne Rechtskraft sei, so wies der König mit seinem Gerichtshof
1532 den Kläger ab und hielt die Erwählung Kaspar Roths
durch den Schenker Stuhl in Kraft, wiewohl der Königsrichter
zusamt dem Stuhl eben jahrelang in Waffen gegen ihn gestanden.
Ebenso ging es unter Zapolyas Sohn ein Menschenalter später
Georg Gerendi, der 1560 nach seines Vaters, des Königsrichters
Petrus Gerendis, Tod von Johann Sigmund sich das Lesch=
kircher Königsrichteramt erblich hatte verleihen lassen, während
der Stuhl Georg Knoll dazu gewählt hatte. Dafür klagte wenige
Wochen später die sächsische Universität vor dem Hermannstädter
Königsrichter Petrus Haller und dem Stuhlrichter Franz Beyer
jenen des Volksverrats an; wohl kundig des Sachsenrechts habe
er durch jene Tat sich des Angriffs auf das sächsische Freitum
schuldig gemacht und sei seines Erbes auf Sachsenboden ver=
lustig geworden. In der Tat wiesen die Richter seinen Anspruch
auf die Erblichkeit jenes Amtes nach tiefeingehender Verhandlung
und wieder mit Berufung auf des „frommen Königs Andreas"
Freibrief von 1224 und die Briefe des Königs Matthias mit
großer Entschiedenheit zurück und erhielten Georg Knoll im Amte;
und weil Georg Gerendi, wiewohl auf Sachsenboden wohnend,
ungesetzlich das Sachsenrecht angegriffen und sich trotzig dagegen
empört habe, solle er in seinem ganzen Leben zu keinem Amt

unter den Sachsen zugelassen werden. Johann Sigmund bestätigte
1561 das Urteil, inwieweit es das Recht der freien Königsrichter=
wahl Leschkirchs betraf; nur den Teil, der auf Gerendis weitere
Unfähigkeit zu einem Amt unter den Sachsen erkannte, hob er
auf, da aus den vorgelegten Urkunden hervorgehe, daß er doch
den Rechtsstreit nicht böswillig, sondern im Glauben an sein
gutes Recht begonnen habe. — Übrigens wurde die Wahl der
Stuhlsbeamten nur in den nichtstädtischen Stühlen von der Stuhls=
versammlung vorgenommen; in den städtischen ist aller Grund
zur Annahme vorhanden, daß die Hundertmänner der Stadt sie
vollzogen; sogar in Leschkirch hatten die „Bürger" des Marktes
bei der Wahl „die vornehmen und mächtigen Stimmen." In
allen Stühlen waren bereits Vororte entstanden, wenn sie auch
nicht den Namen der Städte führten, in welchen der ausschließ=
liche Sitz des Stuhlsgerichtes war; für Leschkirch wurde diese
Vorortschaft als altes Recht 1588 bestätigt. In den städtischen
Stühlen war die richterliche Tätigkeit der Stuhlsversammlung
meist auf die städtischen Räte übergegangen, deren Übergewicht
durch das geschriebene lateinische Gesetzbuch gewiß bedeutend ge=
kräftigt wurde; nur in den andern Stühlen werden noch die
„Stuhlsgeschwornen" gewählt, bald aus dieser, bald aus jener
Gemeinde, die mit den Richtern das Recht weisen. Auch in den
zwei Stühlen geht nach einem Vergleich vom 5. Februar 1553 der
Sitz des Königsrichteramtes nach Mediasch über, dessen Mauern
inzwischen fertig geworden waren. Die Stuhlsgeschwornen und
die Hundertmänner von Mediasch wählen den Königsrichter, der
das Recht spricht, doch bleibt dem untern Stuhl (Marktschelken)
und den Märkten Birthälm, Meschen und Häzeldorf die alte
Rechtspflege mit dem Blutbann. Vom Königsrichter geht die Be=
rufung an den Mediascher Rat, nur bei der Entscheidung der Birt=
hälmer und Schelker Fälle sind die Stuhlsgeschwornen zugegen.

So bildet sich der Gegensatz von Stadt und Land
im sächsischen Rechtsleben immer mehr aus, und wie jene über
dieses eine gewisse Oberhoheit ausübt, die zum Sturz des Erb=
richterwesens nicht wenig beigetragen hat, so ist der Städte
„Haupt" Hermannstadt, wenn auch das handelsreiche „Kronen",
des Burzenländer Gaues alter Hauptort, jenen Vorrang un=
willig erträgt und oft eigene Wege wandelt. Selbst in äußern
Zeichen spricht sich die Überordnung der Stadt über die Dörfer

aus. Nur auf dem städtischen Turm oder dem des Marktes, der
gleichfalls eigene Gerichtsbarkeit besaß, durften sich oben auf den
vier Ecken des Mauerwerks die vier Türmchen erheben; als
Heltau, das gewerbfleißige Dorf, 1591 seinen baufälligen vom
Feuer beschädigten Turm abtrug und den neuen nach der Art
des Hermannstädter errichten wollte, mußte es um die Erlaubnis
bei dem Rat der Stadt einkommen. Der aber erlaubte nur „zwei
Wachhäusel innerhalb des Daches zu bauen". Wie nun die
Heltauer dessenungeachtet den neuen Turm mit vier Türmchen
schmückten, so wie der Hermannstädter war, und einen vergoldeten
Knopf aufsetzten, da erschien plötzlich der strenge Befehl des Rates,
„daß solch hohes Gezimmer abgekürzt und sonderlich der große
Knopf solle abgeschnitten werden." Erst auf vieles Bitten der Heltauer
erlaubte der Rat den Ausbau des Turmes in der begonnenen
Form. Doch mußten sie sich zuvor den Hermannstädtern „wegen
des Turen" „verschreiben", daß sie mit solcher neuer Form desselben
sich „keinen Vorzug oder Vorteil einiges Scheines irgend einer
Freiheit zumessen wollten, welche gereichen möge der Hermann=
stadt zum Schaden, Nachteil, Trotz, Pochen oder sonst Vermessenheit
oder Ungehorsam". Sie bekennen sich vielmehr „jetzt und her=
nachmals für unterthänige, gehorsame Dorfsleut und halten die
namhaftig weisen Herrn Bürgermeister, Königs= und Stuhlsrichter
und den ganzen ehrsamen weisen Rat für ihre rechten Schutzherrn,
Väter und Patrone, ihnen mit Ehren, Furcht und Freundschaft
zu begegnen." Falls sie dieses übertreten und aus Vermessenheit
mit dem neuen Turmbau der Hermannstadt trotzen und sich damit
„außer ihrem jetzigen Dorfsstand Freitum zumessen", so soll ein
ehrsamer weiser Rat den neuen Bau ändern und verwandeln nach
seinem Gutdünken und solchen Frevel und Mißhandlung strafen
und dämpfen. Bis auf den heutigen Tag aber erhebt sich „das
hohe Gezimmer" mit den vier Türmchen über die Kirche und
der „große Knopf" glänzt weithin im Sonnenstrahl in der para=
diesischen Gegend.

Auch die städtischen Amtleute wurden nicht mehr von
der Gemeinde gewählt, sondern von den Hundertmännern. Als
die Brooser 1545 das alte Recht tatsächlich ausübten, schrieben
Graf und Rat von Hermannstadt einen heftigen Brief hinüber:
die Kommunität solle die Wahl vollziehen und niemand außer
ihr dareinreden oder eine Stimme abgeben, wer dagegen handle,

solle in Ketten geworfen und gestraft werden. Ja nach den „Statuten" werden nicht einmal die „Geschwornen" von den Hundertmännern gewählt, sondern von der „Obrigkeit", dem Bürgermeister, den Richtern und dem Stadthannen ernannt; die Erwählung dieser aus der Zahl der Ratsmänner war allmählich so üblich geworden, daß Johannes Auner, der Pfarrer von Hermannstadt, Wehe ausruft über das Volk von Gomorrha, als die Hundertmänner 1581, was auch sonst doch vergeblich versucht worden war, Johann Waida aus ihrer Mitte zum Bürgermeister wählten. Das Gehalt des gesamten Hermannstädter Rates betrug dazumal nur achtzig Gulden; Bürgermeister, Königs- und Stuhlsrichter bezogen reichere Gefälle und Bußgelder von Talmesch und einigen Siebenrichtergütern. Vorgenommen wurde die Wahl jährlich in der Woche nach dem Christtag; am Montag nach dem Dreikönigsfest schwuren die Neugewählten den Eid, weshalb dieser der geschworene Montag heißt auch heute noch.

Das wird wohl damals ein lustiges Fest gewesen sein bei hoch und niedrig, da sich Nachklänge davon erhalten haben bis in unsere Zeit. Waren doch damals überhaupt die Tage, die eine Bedeutung hatten fürs ganze, Feiertage, deren Glanz die trübe Zeit erheiterte, in der, wie die Chronisten schreiben, so oft die brennenden Kometen und die doppelten Sonnen und der blutige Himmel den Türken oder die Pest verkündete. Nach geschlossenem „Zunfttag" versammelte die Gewerbsgenossen das gemeinsame Mahl, bei dem die alten vergoldeten Silberkannen auf dem Tische glänzten. Nicht weniger als 596 Maß Wein tranken sie 1576 bei dem „Hannenmahl" in Kronstadt, das jährlich um den Thomastag nach gelegter Hannenrechnung den Rat der Stadt und die Wortmänner aus den „Revieren" vereinigte. Wie donnerten die Haken so lustig am dritten Pfingsttag, wenn der Rat den Schützen drei Gulden „zu einem Kleinod" gegeben, während gleichzeitig die Bogenschützen — fünfzig Pfennige hatte der Rat gespendet — den Vogel von der Stange holten und die danebenaus dem „Handrohr" — ein Gulden aus dem Stadtsäckel war der Preis — die Kugel auf die ferne Scheibe schossen. Auch sonst benützten sie gerne, was die Zeit an Freude bot. Als Albert Huet von Christoph Bathori 1579 erfuhr, daß Stephan Bathori die russische Veste Polotzk erobert, feierte die Stadt ein frohes Dankfest. Den folgenden Tag nach dem Gottesdienst zogen

alle Zünfte gewaffnet mit fliegenden Fahnen zur Schießstatt und
hielten ein Freischießen, wo Teppiche und andere Siegespreise
winkten. Den Rat und die Hundertmänner lud der Königsrichter
um elf Uhr vormittags zu sich zum Mahl, das auf dem großen
Ring vor seinem Hause auf mehreren Tafeln ihrer harrte. Aus
goldnen Pokalen tranken sie in Malvasier in so reichem Maße
die Gesundheit des Königs, daß manche die Tische kaum geraden
Schrittes verlassen konnten. Unter die zahlreichen Zuschauer ließ
Huet Geld werfen; aus einem mächtigen Faß strömte der Wein
für alle den ganzen Tag; um einen lodernden Scheiterhaufen
tanzte eine Schar Zigeuner, kämpfte untereinander mit Knütteln
und bewarf sich mit Steinen, die in Lehm eingedrückt waren.
Um drei Uhr nachmittag nach geendigtem Freischießen rückten die
Bürger in geordnetem Zuge auf den Platz, voran die Schützen
unter Lukas Enyeter und Johann Rhener, dann die Reisigen
unter Michael Haller und Peter Wolf; hoch wehte in den Reihen
der Letztern der Stadt Banner und daneben Huets Fahne mit
dessen Wappen. Da donnerten auf dem großen Ring die Mörser
und Kanonen, denen das Geschütz auf den Wällen antwortete,
daß rings die Fensterscheiben klirrten. Nach geendigter Tafel,
gegen fünf Uhr abends, als die Bürger abgezogen, begleitete der
Königsrichter mit dem Rat den Bürgermeister nach Hause, wo
sie abermals im Freien die reiche Tafel erwartete. Darauf begann
Musik und neue Lust, vaterländischer und italienischer Tanz, bis
endlich die Nacht das Fest endigte.

 Nicht minder frohe Tage boten die Hochzeiten hochstehender
Männer dar. Da strömten aus der Nähe und Ferne die Gäste
herbei und brachten die reichen Gaben mit. Also geschah es auch,
als sich Herr Albert Huet, nachdem er aus „Kaiser Ferdinandi
und Maximiliani Diensten von Hof in sein Vaterland" gekommen,
mit des Kaufmanns Herrn Christoph Homlescher „in der Fleischer-
gassen" Tochter Margaretha, einer Jungfrau von fünfzehn Jahren
vermählte. Wie er am Tag Mariä Heimsuchung 1574, so erzählt
er selber, mit der Jungfrau geredet, schickte er den „Pfarrherrn
zur Auen" als Freimann zum Großvater, dem Königsrichter
Augustin Hedwig. Ihr Vater aber „sparte die Sache auf eines
Jahrmarktes halber." Die Braut ward ihm zugesagt den zweiten
Tag Augusti durch Herrn Blasium Weiß, Ratsherrn und
Stephanum Vierkoch. Ob des Todes von Huets Mutter ward

der „Handschlag" aufgespart bis zum zwanzigsten Sonntag nach
Trinitatis. Da bald darauf auch der „Schwiegerherr" starb, ward
die Hochzeit erst am Sonntag Sexagesimä 1575 gehalten, obwohl
nach mehr als einem Synodalbeschluß am Sonntag keine gefeiert
werden durfte. Aus den meisten Städten waren Ratsherren, Richter
und Bürgermeister anwesend. Stephan Bathori hatte seinen Rat
Mihály gesandt mit einer goldenen Kanne, der Kanzler Franz
Forgatsch einen weißen Teppich; das Hermannstädter Kapitel
brachte einen weißen Teppich, der Rat von Hermannstadt eine
goldene Kanne, die zwei Stühle ebenso; Georg Huets von Kronstadt
„verlassene Wittib" schickte einen silbernen Becher, Andere ähnlich,
so daß „viele schöne Teppiche und silberne Löffel, auch Faß Wein,
Fisch, Wildbrät u. dgl. verehret worden." Man speiste den ersten
Tag auf fünfzig Tischen in sechs Häusern: in Huets Haus saß
die Braut mit den Frauen und Jungfrauen, „zum Königsrichter
die Herren Gesandten und der ganze Rat, zum Bierkoch die Kroner
und Andere, zum Kirres Weidner die Priesterschaft und die
Hannen und Richter von den Dörfern, zum Georg Hecht die
Stadtleut, zum Veit Roth etliche Pauern." Auch von den nahen
untertänigen Gebirgsdörfern waren Bewohner geladen; sie saßen
zu Hans Fritsch. Am Montag wurde ein Ringelrennen gehalten;
ein Teppich und drei silberne Löffel waren die Kleinode, zwei
gewannen Kronstädter, der eine des tapfern Simon Goldschmied
Sohn. Auch der Pate der jungen Frau ritt mit, brach vier Spieße
und machte alle fröhlich.

In der Geschichte der Sachsen gibt es kein Ereignis, das
eine so tiefgehende Einwirkung auf alle Zweige des Volkslebens
ausgeübt hätte, als die Kirchenverbesserung. Schon des
Honterus Reformationsbüchlein legt der Obrigkeit ihre Christen=
pflicht ans Herz, dringt auf Abschaffung böser Satzungen im
Gewerbsstand, mahnt die Herren ihre Diener zu behandeln nach
den Worten Pauli und fordert eine Sorge für Arme und Waisen,
wie sie die Bibel befiehlt. Es ist wahr, auch weltliche Einflüsse
waren bei der raschen Annahme der neuen Lehre tätig gewesen;
aber im ganzen ist unleugbar, daß sie am mächtigsten gefördert
wurde von dem tiefen Bedürfnis nach reinem evangelischem Lichte,
von dem Gefühl der Notwendigkeit, die verfallene und verwelt=
lichte Kirche wieder herzustellen, von der Sehnsucht, der Religion
wieder Eingang zu verschaffen ins Leben. Darum fand sie gerade

in den gebildetsten Kreisen des Volkes den freudigsten Beifall, und niemand im Land hat sie mehr gefördert als die „Universität". Sie ermahnte — wie oben dargestellt wurde — 1546 „alle Glieder des Volkes," sich gleicher kirchlicher Bräuche zu bedienen, auf daß kein Anstoß entstehe, und berief gelehrte Männer zusammen, dieselben auf Grundlage der heiligen Schrift festzusetzen. Sie drang 1548 auf Besuch der Kirche, „damit unser frommes Leben Auswärtigen ein gutes Beispiel gebe." Sie verordnete 1550, daß in allen Städten, Märkten und Dörfern die Kirchen nach dem Reformationsbüchlein Honteri verbessert werden sollten und alle Pfarrer nach seinem Inhalt sich hielten. Sie sandte 1554 Abgeordnete an den Weißenburger Bischof, er möge die Sachsen in dem Bekenntnis ihres Glaubens nicht stören, darunter den Schäßburger Bürgermeister Paulus Volkesch, der in Wittenberg studiert hatte. Sie ermahnte 1555 alle Dechanten und Kapitel, auf die Wahl eines neuen evang. Bischofs zu denken. Sie beschloß 1572 nach Heblers Tod „zu Förderung göttlicher Ehr und damit zwischen den Deutschen Gottes Wort und die reine unverfälschte Lehr des Gesetzes und Evangelii und der rechte Gebrauch der heiligen Sakrament auch hinfort erhalten werde", mit Hilf und Beistand des Landesfürsten „einen ansehnlichen gelehrten Mann" der Augsburgischen Konfession zugetan „ins Land zu berufen, der ein Aufsehen hab auf die deutsche Kirchen" und verwilligte sich, „zu solch Manns und Präsidenten Steuer und Aufenthaltung jährlich zu kontribuieren fl. 200." Das alles tat die Universität, „weil es Gottes Wille, daß die Obrigkeit Wächter sei der ersten und der zweiten Tafel, weshalb es ihre Pflicht Sorge zu tragen, daß das Wort Gottes in der Kirche rein und ohne Beeinträchtigung des Gewissens gelehrt und bewahrt werde." So ernst nahm es die Universität mit dem „Wort Gottes" und der Aufgabe einer christlichen Obrigkeit, daß sie 1546 verbot, von ausgeliehenem Geld Zinsen zu nehmen, weil es jenem widerstreite; wer es tue, solle um den Betrag der Zinsen gestraft werden. Nicht umsonst legten die Kronstädter Amtsleute ihren Eid auf das Reformationsbüchlein des Honterus ab und schwor der Sachsengraf bei dem Eintritte in sein Amt „die recht erkannte evangelisch-lutherische oder unveränderte Augsburgische Konfession rein helfen zu erhalten und Kirchen und Schulen zu befördern". Selbst die Inschrift auf den neuen Glocken zeugt vom veränderten

Geist; statt der alten Bitte aus der katholischen Zeit: „O König der Ehren komm mit dem Frieden", gossen sie fortan in das geweihte Erz den Bibelspruch: „Das Wort Gottes bleibet in Ewigkeit!"

Wie der Anstoß zur Reformation im Sachsenland hauptsächlich auch von dem zuchtlosen Leben der Geistlichkeit gekommen war, und in dem langgenährten Wunsch des in der neuerstandenen Bildung der Zeit gereisten höhern weltlichen Standes: sich dem Druck der unmittelbaren geistlichen Aufsicht zu entziehen, einen mächtigen Verbündeten erhalten hatte, so war dieser gar nicht gesonnen, nachdem der Sieg durch seine Hülfe errungen, zu gestatten, daß die Geistlichkeit wieder so verfalle, oder die geistliche Gesetzgebung und Gerichtsbarkeit noch immer in der alten drückenden Ausdehnung bleibe. Die Einrichtung der Kirche geschah fortan nach dem wohlverstandenen Worte des Evangeliums unter Mitwirkung der Weltlichen; die geistliche und weltliche Universität verfaßte vereint und einmütig, obwohl dem Zusammenwirken derselben namentlich später aus der Erinnerung an die frühere Stellung auch dunkle Schatten nicht fehlen, die neuen Sittenordnungen, die „Visitationsartikel", die die Religion befördern, die Menschen zu frommem Wandel und Ehrbarkeit anleiten und die verschiedenen Stände über ihre Pflicht belehren sollten.

So geschah es zuerst in den Visitationsartikeln von 1577. Den Pfarrherrn schärften sie ein, ihres befohlenen Amtes fleißig und treulich zu warten und ihre Zuhörer mit dem reinen Wort Gottes zu weiden, mit christlichem Leben und aller Gottseligkeit gute Exempel zu geben, vor allen Dingen den Katechismus Luthers zu treiben und sonderlich in der Fastenzeit junge Leute und Kinder auch in der Woche darin zu unterrichten, mit jedermann friedlich zu leben und doch wider die Laster und Sünden nicht stumme Hunde zu sein, sondern ihnen mit dem Schwert des Geistes, mit Gottes Wort zu wehren, die Kirchenzucht mit Ernst zu handhaben, die Begräbnisse sauber und rein zu halten, „als unsere Ruh- und Schlafhäuser" und vieles andere, was zu frommer Führung des Amtes gehört. Die Zuhörer ermahnten sie, ihr Leben zu bessern, Kinder und Gesinde in der Furcht des Herrn aufzuziehen, abzulassen von gräulichem Schwören, Fluchen und Lästern, das ein Gräuel sei vor Gott, am Sonntag sich fleißig zur Kirche zu halten und von Geschäften abzustehen. Die Obrigkeit wurde aufgefordert, selber am Sonntag ihr Ratschlagen,

Zinsaufnehmen und Thädighören einzustellen, unordentliches Leben, gottloses Nachtsitzen und Völlerei zu züchtigen, Zauberei oder was sonst Teufelsgespenst — welcher Glaube aus der alten Kirche herübergekommen war — nach kaiserlichen Rechten mit dem Feuer, Ratfragen aber und Hilfsuchen bei Zauberern und Wahrsagern um eine Mark Silbers zu strafen. Ungehorsame Kinder, die ihre Eltern schmähten, schelteten oder schlügen, sollte man nicht nur „in die Feddel stellen", sondern mit Ruten streichen und aus der Gemeinde verweisen, die in Völlerei und Trunkenheit lebten, die in Lästerung und öffentlicher Verachtung des Wortes Gottes verharrten, als Unchristen auf das Feld begraben, weil das Licht keine Gemeinschaft habe mit der Finsternis.

Das und noch vieles Andere verordneten „beide Universitäten geistliches und weltliches Standes" 1577 zur Beförderung „der Gottseligkeit". Bereits früher hatte schon eine oder die andere manches in diesem Geist beschlossen, so 1545 und 1557 die weltliche Universität angeordnet, daß, wo das junge und rohe Volk mutwillig die Kirche versäume und unter dem Gottesdienst in den Häusern, auf dem Feld, in den Straßen sich herumtreibe, solle man es fangen und „in die Fidel" setzen, und dazu in allen Gemeinden „Fideln aufrichten". Die Synode aber war insbesondere bemüht, unter den Geistlichen ehrbaren Wandel zu erhalten und ihre Bildung zu mehren. Manche nämlich, die aus der alten Kirche herübergekommen waren, ermangelten vor allem der letztern. Noch auf der Synode von 1559 saßen „so viele ergraute Pfarrer, die durch der Zeiten Schuld mehr mit ehrwürdiger Bescheidenheit geschmückt als wissenschaftlichen Kenntnissen ausgerüstet waren." Darum war auch Matthias Hebler, der nach Paul Wiener 1556 Bischof und Pfarrer in Hermannstadt wurde, ein Auswärtiger; sogar nach seinem Tod gedachte man 1572 einen ausländischen Gelehrten in seine Stelle zu rufen, bis endlich Lukas Ungleich der Pfarrer von Birthälm sie erhielt, wodurch der Sitz des Bischofs hierher kam. Noch 1563 mußte die Synode anordnen, die Pfarrer möchten sich Bibeln kaufen, weil es ihre Pflicht sei, das reine und unverfälschte Evangelium zu lehren, ja fürs Burzenland wurde 1578 den Visitationsartikeln hinzugesetzt, daß Pfarrer, welche ihr Amt weder tun wollten noch könnten, einen genugsamen Prädikanten halten und kein Geistlicher eine Predigt der Zuhörer Wenigkeit wegen unterlassen solle.

Schon 1555 hatte die Synode den Geistlichen verboten, Schenken zu halten; 1563 wird den Dechanten abermals aufgetragen, dafür zu sorgen, daß die Pfarrer in Trinkgelagen nicht Genossen der Bauern seien; Jagd, Kaufmannschaft, Wucher, Kartenspiel wurde ihnen 1573 untersagt. Wiederholt rügt die Synode die eitle weltliche Pracht an den Geistlichen und ihren Frauen. Wozu trügen, sprach sie 1573, die Pfarrer goldene Ringe an den Fingern wie die Tänzer, wozu ihre Frauen Kleider mit Safran gefärbt und goldenen Schmuck? Auch für das Wagendach schickte sich die schwarze Farbe mehr als die rote. Freilich war der Aufwand des geistlichen nur ein Widerschein von dem des weltlichen Standes, bei dem die „Karmoisinschuhe" und „gesteppten Mäntel", die „Granatkleider" und das kostbare Pelzwerk, die „Gürtel" und das „Geschmeid von Gold" eine so große Rolle spielten. Von den Schultern Augustin Hedwigs flatterte im Reiten immer ein Luchsfell. In Hermannstadt mußten 1565 Rat und Hundertmänner dem „großen Überfluß und Unrat, der in Wirtschaften und Mahlzeiten" in der Stadt sich befand, durch Verbote steuern. Wenn man einen Lehrjungen eindinge, solle man nicht mehr denn zwei Gerichte machen und einen Tisch voll Gäste rufen, zum Meistermahl nicht mehr denn zwei Tische voll zu zwei Gerichten; beim „Handschlag" solle ein jeder „mit zwei Tisch voll Gästen und zur Hochzeit mit zehn Tisch voll Gästen" sich begnügen lassen und „hierüber nicht greifen ohne Nachgebung eines ehrsamen weisen Rates."

Die aus dem freien Geiste hervorgegangene neue Kirche erhielt in der neuen Schule eine unentbehrliche Stütze. Wenn Honterus klagte, „daß durch der wirrvollen Zeiten Unbill und die Feinde der Frömmigkeit die von den Vätern gegründeten Schulen fast gänzlich untergegangen", so sollte durch Wiederherstellung derselben vorgebeugt werden, „daß das alte Übel sich nicht wieder verbreite", oder die „frühere Finsternis des Irrtums zurückkehre." Zu diesem Zweck erhob sich zuerst das Kronstädter Gymnasium mit seiner ausgezeichneten Einrichtung, seinen großen Rektoren, seinen trefflichen Schülern. Im Jahre 1546 beschloß die Universität entweder Schulen einzurichten oder Knaben von guten Anlagen auf öffentliche Kosten studieren zu lassen, auf daß nicht mit der Zeit Stadtschreiber, Pfarrer, Prediger, Schulrektoren fehlten; 1557 verhandelten sie, „daß, nachdem das Wort Gottes zwischen uns, Gott sei Lob, so rein ist, und dasselbige auch hinfort zwischen uns rein gehalten mag werden, hier in der Hermannstadt zween gelehrte Männer oder Lektores zu ewigen Zeiten gehalten mögen werden", und als der Rat von Hermannstadt, der 1570 den Schulmeister von Reps zum Stadtschreiber berief „aus Mangel der einheimischen dazu tauglichen Leute", 1578 den Magister Martin Breslacus von Fürstenberg „angenommen und verdinget", taten die „Herren von allen Städten, ausgenommen Kronen, und von den sieben Stühlen Zusag, daß sie an deßselben gebührlicher Besoldung den ihrigen Teil wollten helfen ertragen." So wuchs allmählich auch die Hermannstädter Schule, während in Schäßburg, Mediasch, Bistritz sich die alten Stadtschulen gleichfalls zu Gymnasien erweiterten und nützliche Pflanzstätten der Kirche Gottes und des Gemeinwesens wurden. Der Hermannstädter Rektor erhielt 120, der Schäßburger 50 Gulden Gehalt aus dem Stadtsäckel. Auch in die Dorfschulen zog neues Leben ein; sie wurden in allen Gemeinden wieder hergestellt; die Synodalartikel sind voll von Beschlüssen über ihre Einrichtung. Die Schullehrer werden von Gemeinde und Pfarrer eingesetzt, müssen mit ordentlichem Zeugnis versehen und dürfen keiner Ketzerei verdächtig sein; sie helfen den Kirchendienst mit besorgen und stehen unter des Pfarrers Aufsicht und Leitung. „Indessen," heißt es in den Visitationsartikeln von 1577, „werden die Herren Pastores die Schulmeister, Kantores und andere Scholaren nicht mit übermäßiger Feldarbeit oder anderen Diensten bebürden (vornehmlich zur Zeit der Ernte und des Herbstes hatte schon Honterus gewarnt), weil solchergestalt die Jugend versäumt und die Schulen verwüstet werden." Der Schulmeister im Dorfe Kreuz sollte nach dem dortigen Schulrechte von 1593 „nicht nur alle Kinder fleißig und treulich den Katechismus lehren, und dazu lesen, schreiben, rechnen und singen, sondern den meisten Jungen neben den lateinischen Lektionibus auch eine griechische fürlesen, damit sie beide in lateinischer und griechischer Gramatika wohl geübt werden." Gegen „unnütze und verworfene" Bücher verordnete schon das Reformationsbüchlein, daß kein Verkäufer neue ausbiete, bis sie nicht von den gelehrten Männern des Ortes durchgesehen und gebilligt worden wären.

So arbeiteten die Väter im Geiste jenes Zeitalters an der Mehrung der Bildung. Sie kannten die Macht, die in ihr liegt, und hatten den Druck der Finsternis lange genug erfahren. Voll Hochgefühl schmückten sie in Hermannstadt das Buch, in das sie die Gaben zur Unterstützung Studierender auf deutschen Hochschulen eintrugen, mit dem hoffnungsfreudigen Bibelwort: Könige werden deine Pfleger sein und deine Säugammen Königinnen. Aufs neue beginnt der Zug der Jünglinge zu jenen Quellen des Lichts; in Wittenberg allein haben in den krieg= und sturmvollen Jahren 1530 bis 1566 hundertneunundzwanzig Sachsen studiert. Selbst über die Alpen hinüber nach Padua führte mehr als einen der ferne Weg. Es ist ein geradezu ergreifendes Zeugnis von dem Werte, den die Überzeugung jenes deutschen Bürgervolks auf Wissenschaft und Bildung legte, wenn es in sein Eigenlandrecht nach der Bestimmung, daß den Kindern das, was sie bei dem Leben der Eltern vorempfangen hätten, in das Erbteil einzurechnen sei, beschränkend hinzufügte: „schickt aber der Vater seinen erwachsenen Sohn in fremde Lande freier Kunst und Studierens halber, und steuert ihm zur Zehrung ein Summa Gelds zu, aus sonderlicher Lieb gegen ihn und Gutwilligkeit, sie mag ihm auf sein gebührendes Teil am Erbfall nicht geschlagen, noch mit keiner Billigkeit abgezogen werden." Wie würde die Entwicklung gefördert worden sein, wenn man auf Honterus Wort, den Überschuß der eingezogenen geistlichen Güter auf die Schule zu verwenden, geachtet hätte!

Auch so gibt es kaum ein Zeitalter in der sächsischen Geschichte, das so viele große Männer erzeugt hätte wie dieses. Konnte es doch sogar bedeutende an andere Volksgenossen abgeben, Jakob Piso, den Erzieher König Ludwigs II., Johann Listh, der königlicher Kanzler und Bischof zu Raab wurde. In seiner Mitte aber standen obenan hier der „Apostel im Ungarland" Honterus und sein Nachfolger Valentin Wagner, gleich groß auf dem Lehrstuhl, dem Ratsstuhl und Predigtstuhl, dort Markus Pemfflinger, des göttlichen und menschlichen Rechtes gleich eifriger Schirmer, todesmutiger Treue leuchtendes Vorbild; würdig neben ihm genannt zu werden sind die großen Kronstädter Richter Lukas Hirscher, dessen Witwe Apollonia der wackern Stadt im großen Kaufhause ihres Namens schönes Gedächtnis gelassen, Hans Fuchs, der Reformation eifriger Förderer, und Hans Benkner, der die Kronstädter Büchersammlung durch Ankäufe in Konstantinopel vermehrte; ebenso die hohen ernsten Ge=

stalten der drei ersten evang. Bischöfe Wiener, Hebler, Ungleich und
Kaspar Helths, der die Reformation in Klausenburg einführen
half und die Bibel ins Ungarische übersetzte; dann Pemfflingers
Nachfolger Matthias Armbruster, Petrus Haller, Augustin Hedwig,
Albert Huet, der Bürgermeister Georg Hecht, alle tatengewaltig
und vielberühmt in Krieg und Frieden. Auf Hallers Anordnung
ordnete Christian Pomarius, Provinzialnotär, 1546 das Nationalarchiv; ihn hielt Verantius für würdig, auf dem Felde der siebenbürgischen Erdkunde in die Stelle des Honterus zu treten, in
dessen lateinischer in Kronstadt gedruckter Kosmographie (1542)
damals die ersten einheimischen Landkarten erschienen, die Honterus mit eigner Hand in Holz geschnitten hatte. Thomas Bomel,
Matthias Fronius waren nicht umsonst Zöglinge Kronstadts und
der Wittenberger Hochschule. In der neuen Zeit erwachte das
Bedürfnis, die Vergangenheit und Gegenwart von Volk und
Vaterland zu kennen; an der Altertumskunde, die eben aus ihrem
Trümmergrab erstand, nahm schon Honterus fördernden Anteil;
die römischen Inschriften, die Paul Kerzius, Paduas Schüler,
erst Lehrer dann Arzt in Kronstadt, zusammenstellte, gehören zu
den ältesten siebenbürgischen Sammlungen. Simon Massa, Rektor
und Pfarrer von Kronstadt schrieb ein lateinisches Zeitbuch, das
Veranlassung geworden ist für viele Fortsetzungen; Michael Siegler
aus Hermannstadt, Rektor in Kronstadt, dann Provinzialnotär und
Pfarrer in Großscheuern zeichnete aus der vergangenen und seiner
Zeit vieles auf, das jetzt noch lehrreich und brauchbar ist; früher
als alle schrieb Johann Lebel aus Bistritz, Pfarrer in Talmesch,
„der älteste sächsische Geschichtsschreiber", doch mehr Märchen als
Geschichte; Christian Schesäus von Mediasch, Schüler von Kronstadt und Wittenberg, von Stephan Bathori gekrönter Dichter,
Stadtpfarrer von Mediasch besingt die Ereignisse seiner Zeit, so
daß aus den Trümmern Pannoniens lehrreich manches Bild
jener Tage hervortritt. Hieronymus Ostermeyer endlich, aus Großscheuern, Organist in Kronstadt, der

> „gelehrt, fromm und gut,
> nun im Himmel singen thut",

erzählt mit schlichter Wahrheit, Einfachheit und Treuherzigkeit die
Ereignisse seiner großen Zeit und insbesondere seiner Heimats-
stadt in deutscher Sprache, und nicht unwürdig stehen ihm die
Hermannstädter Andreas und Paul Scherer zur Seite.

Man sieht, der neue Aufschwung des Geistes blieb auch in dieser Richtung nicht ohne Blüten und Früchte; sie wurden gemehrt und gefördert von der Schule, die selbst wieder ein Erzeugnis jenes Geistes war. „Unendlicher Segen," sprach die Synode 1572, „strömt aus der Zucht und dem frommen Unterricht der Schule auf alle Menschen; gut eingerichtete Schulen sind gleichsam öffentliche Werkstätten der Wissenschaft, der Weisheit, der Tugend und der Erziehung." Und in der Tat, eine solche Wirksamkeit der Schule, unentbehrlich für jede Zeit, war doppelt notwendig und — segensreich für ein Geschlecht, das aufs neue entsetzlichen Leiden entgegenging.

Fünftes Buch.

30.
Die Zeit bis zum Regierungsantritt Sigmund Bathoris. Vertreibung der Jesuiten.
1583—1588.

Mit eitler Rede wird hier nichts geschafft.
Schiller.

Als Stephan Bathori im Februar und März 1583 in der hohen Burg der Polenkönige zu Krakau der Siebenbürger Sachsen Eigen-Landrecht bestätigte und zahlreiche Freibriefe, die die alten ungarischen Könige dem deutschen Volk gegeben, erneuerte, war sein Bruder Christoph, der Woiwode von Siebenbürgen, längst zu den Vätern versammelt. Er starb lebensmüde den 28. Mai 1581, Psalme Davids auf den Lippen; zwei Jahre später wurde ihm auf des Polenkönigs Anordnung das prachtvolle Leichenbegängnis gefeiert, wobei die Trauerfahne an der Schwelle der Kirche zerbrochen wurde, während die Jesuiten neue Klag- und Ruhmeslieder sangen.

Wenige Wochen vor Christoph Bathoris Tod hatte die Zaghaftigkeit und Gunstbuhlerei der Stände seinen neunjährigen Sohn Sigmund Bathori zum Woiwoden gewählt, ungewarnt von Stephans anfänglichem Unwillen ob des Gedankens, ein Kind an eine solche Stelle zu setzen, und nicht zugänglich des greisen Gregor Apafi prophetischen Worten: kommen werde der Tag, wo alle, die jetzt so sehr auf die Wahl des Knaben drängen, sich reuevoll schämen würden.

Die Verwaltung führten anfangs zwölf Räte, darauf drei Reichsverweser, bis auf der drei Völker Dringen ein Statthalter eingesetzt wurde, Johannes Gezi, früher Schloßhauptmann von Großwardein, ein Mann von solcher Tüchtigkeit, daß zwei Menschenalter lang seine Nachfolger bei ihrem Amtsantritt daran erinnert wurden, sie seien Gezis Nachfolger.

Ein Jahr darauf, den 13. Dezember 1586, starb der „fromme Unger" Stephan Bathori, den Sachsen wert wegen wiederholter Achtung und Beschirmung ihrer bürgerlichen und kirchlichen Rechte. Lange noch gedachten sie, wie der Fürst, obwohl ein treuer Sohn der katholischen Kirche, gerne evangelischen Gottesdienst besucht und freuten sich der Entrüstung, mit der Bathori selbst den Schein einer Bedrückung der Sachsen von sich gewiesen. Denn als der König einst Danzig belagern wollte und die Stadt zur Übergabe aufforderte, der Rat sie aber verweigerte, weil sie vernommen hätten, der König habe den Siebenbürger Sachsen alle Freiheiten und Privilegien benommen, rief er — also erzählte man — ob dieser Schmähworte den Danziger Ratsmännern arg zürnend aus: sie lügens in ihre Hälse und ist klar am Tag, daß ich ihre (der Sachsen) Wohlfahrt mit neuen Privilegien und Gütern vermehrt habe.

So geachtet übrigens das Andenken des Königs im Lande war, eines seiner Werke, die von ihm mit großer Vorliebe geförderte Einführung der Jesuiten in Siebenbürgen, war von keiner Dauer. Zwar hatte der Landtag in Thorenburg (1579) dem Orden, der bereits im Lande war, den Aufenthalt hier zum Unterricht der Jugend bewilligt, aber als dieser in heißem Eifer „für das verfallene Haus Israel" bald weiter ging, erhob sich ein Sturm des Unwillens von allen Seiten. Stephan Bathori erkannte dessen Zeichen und legte seinem Neffen Sigmund die Jesuitenkollegien zu Klausenburg und Weißenburg als ein heiliges Vermächtnis ans Herz. „Die Arianer," sprach er, „werden ihre Zerstörung fordern, deine Räte Kalviner und Lutheraner jene unterstützen, ketzerische Hofjunker ihnen beistimmen: du erhalte und beschirme sie, so lieb dir deine Seele ist." Als nun die Stände auf dem Landtag in Enyed im Oktober 1588 dem Fürsten eine Klagschrift wider die Jesuiten übergaben, diese aber sich verteidigten: wie sie nicht das Ihre suchten, sondern das, was Jesu Christi sei; wie man alle Religionsparteien, selbst Juden im Lande dulde, nur ihnen, den Erziehern des Fürsten, wolle man die Duldung versagen; allein sie wollten lieber in den Tod gehen, als des Fürsten und des Landes Heil den Feinden des Guten Preis geben: da löste der Fürst die Versammlung auf und berief die Völker für den 8. Dezember nach Mediasch. Dort wollte zugleich Gezi von Alter gebeugt sein Amt niederlegen und Sigmund, der achtzehnjährige

Jüngling, die Zügel der Regierung als selbständiger Fürst über=
nehmen.

So strömten in der zweiten Dezemberwoche 1588 die Stände
erwartungsvoll von allen Seiten nach Mediasch zusammen. Ein
Teil der „teutschen Herren" geängstet von der Pest, die sich in
der Stadt zeigte, harrte in Busd der Dinge, die da kommen
sollten; Albert Huet aber, der Hermannstädter Bürgermeister
Johann Baier, die Ratsgeschwornen von Nösen und Mühlbach
waren in Mediasch. Auch die Bischöfe der reformierten, evan=
gelischen und unitarischen Kirche waren dort anwesend und be=
suchten die Landtagsversammlungen. Wie nun der Fürst in seinen
Anträgen die Jesuiten gar nicht berührte, sondern aufforderte,
das Kriegswesen „in gute Acht zu nehmen", auf seine Hof=
haltung bedacht zu sein und anderes der Art, stellte die „ehrliche
Landschaft" das Ansuchen, „da Seine fürstliche Gnaden in Enyed
der Religionssachen halber gut Verheiß getan, nach Gottes Gebot
und der heiligen Schrift Anweisung für allen andern Dingen
diese vorzunehmen." „Und dieweil," fuhren sie fort, „die Jesuiten
hier im Land rasen, der Landschaft ihrem Frieden und ihrer
Seelen zuwider sein, derohalben wolle Ihre fürstliche Gnaden
dieselbigen Männer aus diesem Vaterland wegzuschaffen gnädig=
lich bedacht sein." Denn es sei ein, Gott und Menschen verhaßtes
Geschlecht und werde allgemein für einen Feind des Vaterlandes
gehalten, wie denn auch böse Exempel zu sehen seien in Frankreich,
England und den Niederlanden.

Doch ging der Antrag in der Versammlung nicht ohne
Widerrede durch. Es gab einige, die sich der Jesuiten annahmen.
Die Mediascher Kirche widertönte bald von „greulichem Schreien".
Die „ungrische Priesterschaft orierte etlichemal und zeigte des
Papsts und der Jesuiten Händel an"; der sächsische Bischof sprach
nichts in der Landschaft. Mitten im Getümmel traten die Jesuiten
selber ein und begehrten das Wort, worauf „die Landschaft gar
still zuhörte", wie sie sich und den Papst entschuldigten, „daß sie
niemanden kein Leid getan, auch kein Wasser getrübet hätten";
wie sie nicht aus eigenem Antrieb, sondern von den Landesfürsten
gerufen hereingekommen und von der Landschaft angenommen
wären, die sie jetzt als privilegierte Leute beschützen möge.

Als sie fortgegangen, fing „der Zank" wieder an und währte,
wie Albert Huet erzählt, bis Nachmittag um drei, worauf, da

niemand noch gegessen hatte, die Sache aufgespart wurde zum folgenden Tag.

Biß zu diesem, dem 12. Dezember, riß die Spaltung je länger desto böser ein. Beide Parteien suchten durch Lockungen und Drohungen die Sachsen auf ihre Seite zu ziehen. Die Freunde der Jesuiten wiesen darauf, wie Stephan Bathori, der den Orden hereingebracht, die sächsischen Privilegien konfirmiert habe, die „Landschaft" aber nach dem sächsischen Zehnten trachte; an ihrer Spitze standen die Bathori, die vom Land abzufallen drohten, wenn man die Jesuiten ausweise; würde aber die „teutsche Nation" zu ihnen halten in dieser Sache, so würde es ihr gut gehen für alle Zeiten. Franz Gezi, der zu den Bathori gehörte, schickte an Albert Huet früh am Morgen aus dem Bett einen Zettel, er wolle gern des Fürsten eigenen Willen ihm offenbaren, doch werde er nur bei Nacht heimlich und nicht am Tage ausgehen, worauf Huet Besorgnis schöpfte, es sei nur „ein Spiegelfechten" und die Sache schriftlich von ihm begehrte, womit aber Gezi zurückhielt. Dagegen warnten die Gegner der Jesuiten, wenn man sie im Lande dulde, so werde ihr Anhang überhandnehmen und bald auch über die sächsischen Mauern steigen. Da in der Tat die Jesuiten Anspruch auf die Güter der aufgehobenen sächsischen Klöster erhoben hatten und ihr Wesen im Lande der evangelischen Kirche feindlich gegenübertrat, hielten sich die sächsischen Abgeordneten nach „reiffem Ratschlag" zu den Gegnern der Jesuiten und drangen den 12. Dezember mit auf ihre Ausweisung, als man an diesem Tag aufs neue verhandelte, „ob man das Begehren wegen Ausweisung der Jesuiten fürstlichen Gnaden solle fürtragen oder nicht." Albert Huet und „Einer von den sieben Richtern" waren mit unter der Botschaft, die das Begehren „in Hannes Schullers Haus in der großen Stuben" vor den Fürsten brachte.

Den andern Tag (13. Dezember) schickte Sigmund durch seinen Kanzler den Ständen den Bescheid, er könne wider das gute löbliche Exempel der Eltern nichts tun; die Landschaft möge von solchem Begehren abstehen und andere notwendige Geschäfte traktieren.

Da wählte diese fünfundzwanzig Männer, darunter wieder Albert Huet war, die auf dem Rathaus ihr Begehren schriftlich verfaßten und „alle Ursachen ordentlich zusammenklaubten." Sie

wiesen hin, die Jesuiten seien ohne vorausgegangene Einwilligung
des Landes hereinberufen worden; schon das sei ungesetzlich.
Sie gaben zu, sie hätten die Jugend etwas gelehrt; aber bei
ihren „Discipeln" herrsche großer Mutwille. Sie selbst seien un=
ruhige Leute, die hin und wieder wanderten und überall Kund=
schafter hätten. Im ganzen Szeklerland zögen sie umher und
suchten ihre Lehre zu verbreiten; in Wardein hätten sie sogar
eine Kirche mit Gewalt genommen. In öffentlichen Prozessionen
ärgerten sie das Volk; mit wehrhafter Hand gingen ihre Schüler
mit; in Klausenburg hätten sie in den Gassen der Leute gelacht
und gespöttelt und die Trabanten beim Stadttor gestoßen und
gescholten, welches etlichemal schier einen Aufruhr gemacht hätte.
In allen anderen Ländern, da sie eingesetzt worden seien, wären
viel und große Uneinigkeiten ja auch Blutvergießen geschehen;
so in Spanien, in England, in Frankreich. Hier hätten sie sogar
blutsverwandte Fürsten, auch mit Verletzung des eidlich ver=
sprochenen sichern Geleits zu den Waffen aneinander gereizt, „daß an
einem Tage über 10.000 frommen Christen die Hälse entzwei ge=
schlagen worden, davon das Blut wie rote Bäche in den Gassen
geflossen." In Siebenbürgen aber seien sie immer und zu jeder
Zeit um den Fürsten und wer mit dem geringsten Worte etwas wider
sie verübe, den verläumdeten sie, als hätte er wider fürstliche Gnaden
hart gesündigt so lang, bis der Fürst seine Gunst von ihm wende,
also daß man sich keiner Sicherheit jemals zu getrösten habe.

Dies und noch viel anderes schrieben die fünfundzwanzig
Männer hin und baten Sigmund, er wolle solches dem Land zu
Gefallen tun; denn die ehrliche Landschaft vermeine, von der
Sache nicht abzulassen, dieweil es die Ehre Gottes angehe und
des Landes Frieden und Einigkeit.

Nach langem Harren erhielten die Stände durch den Kanzler
den Bescheid: weil die ehrliche Landschaft so heftig bitte, so wolle
der Fürst ihr den Gefallen tun, die Jesuiten aus allen Orten,
wo sie bis jetzt gewesen, zu entfernen und ihnen allein Kolosch=
monostor zum Aufenthaltsort anweisen. Hiemit möchten die Stände
sich begnügen und dieweil die Zeit mit Schaden vergehe, andere
notwendige Sachen traktieren. Der Versammlung aber fiel es
schwer, daß die Zahl der verhaßten Ordensglieder in Sieben=
bürgen wachsen solle, — denn nach jenem Anerbieten Sigmunds
wären auch die aus Wardein hereingekommen; — in kurzer Zu=

schrift baten sie den Fürsten zum drittenmal, ihnen zu Willen
zu sein, da es nicht möglich, daß jener Leben und Wesen im
Land ohne Schaden abgehe; die Stände seien entschlossen, so
lange nicht das geringste vorzunehmen, bis man nicht die Sache
"gänzlich entrichte". Wie Sigmund solche Einmütigkeit und Stand=
haftigkeit sah, gab er wenn auch unwilligen Herzens nach und
bestätigte den Landtagsbeschluß, daß die Jesuiten binnen fünfzehn
Tagen das Reich verließen und ihr Orden nie mehr in dasselbe
aufgenommen werde. Bekümmert sah der Fürst aus seinem Fenster
den Abziehenden nach; auch sein Beichtvater Johann Leleßi mußte
das Land verlassen.

Unter den Ständen aber war große Freude über diesen
Ausgang der Sache; mitten in der Versammlung dankten die
ungarischen Bischöfe Gott für seine Wohltat und wünschten allen,
die so große Mühe gehabt, "Glück, Heil, langes Leben und das
Himmelreich". Den folgenden Tag legte Johann Gezi seine Ver=
waltung nieder, welche die drei Völker dem Fürsten übertrugen,
da er "nun so wacker sei, daß man ihn zur freiwilligen Regierung
lassen könne". Doch wurden ihm zwölf Räte an die Seite gegeben
— Albert Huet war darunter — "damit auf alle Sachen wohl
geratschlagt werden möge;" auch solle der Fürst "bis zu seinem
vollkommenen Alter einen fürgestellten Mann haben, damit er in
guter Zucht verharrete". Der Hofmeister solle zugleich sorgen, daß
"Kuchel und Keller wohlgeordnet erhalten und versehen sei".

In der evangelischen Pfarrkirche in Mediasch schwor Sigmund
Bathori wenige Tage später (23. Dezember 1588) nach altem
"löblichem Brauch" den Fürsteneid, daß er das Land mit Gottes
Hülfe nach allen seinen Kräften wolle besorgen, beschützen und
bewahren und seine Freiheiten und Gewohnheiten und die zuletzt
beschlossenen Artikel ganz und unversehrt erhalten, so wahr ihm
Gott helfe. In die Kirche aber hatte der Mediascher Stadtpfarrer
Herr Simon Hermann seine "Kantores" und Herr Stephan Bathori
seine "Musika" verordnet; als "der Aktus geschehen", da sangen
die Kantoren eine "feine Motete", wozu der Posaunist blies und
ein "subtiler wälischer Geiger" geigte. Darauf sangen sie "Herr
Gott dich loben wir" und als der Fürst in rotem Sammtdolman
und rotem Zobelmantel mit vergoldetem Säbel nach der Herberge
ging, da geleitete ihn das Land, jeder "in seinen besten Kleidern",
in Zobel= und Luchsgewändern, in Damast und Sammt, mit

Reiherfedern und perlgeschmückten „Puschen", und vor der Kirche und dem Rathaus trompetete man und läutete mit allen Glocken. Während sie dann droben an zwölf Tischen von halb 2 Uhr mittags bis zehn Uhr in die Nacht beim Festmahl saßen und drinnen die wälschen Geiger musizierten, tönten draußen die Trompeten und Heerpauken, krachten die Schüsse der blauen Trabanten, donnerten der Stadt Haken und Falkonete und war ein „ziemlicher Freudenschuß".

Daß die Verbannung der Jesuiten aus Siebenbürgen von seiten der protestantischen Stände und die Mitwirkung der Sachsen dazu nicht ein Ausdruck der Feindseligkeit gegen die katholische Kirche, sondern in ihrem Sinn nur gerechte Notwehr gegen die Angriffe jener war, bewies die kurze Zeit darauf erfolgende Annahme des gregorianischen Kalenders. In der Zeitrechnung nämlich hatte man seit vielen hundert Jahren darin gefehlt, daß man das Jahr, d. i. die Zeit, welche die Erde braucht, sich einmal um die Sonne zu bewegen, um elf Minuten und zwölf Sekunden zu lang angenommen hatte. Das gab allmählich einen Irrtum von zehn Tagen; im Jahre 1582 fiel die Frühlingstag- und Nachtgleiche auf den 11., statt auf den 21. März. Deswegen nahm Papst Gregor XIII. auf den Rat der gelehrtesten Sternkundigen eine Verbesserung des Kalenders vor; 1582 ging die katholische Kirche vom 4. gleich zum 15. Oktober über. Aber die Protestanten weigerten sich überall, diese Neuerung einzuführen. In Siebenbürgen nicht. Der Landtag beschloß schon im November 1590 ihre Einführung, die sächsische Synode wenige Tage später gleichfalls, obwohl viele Pfarrer dagegen eiferten und das Volk murrte. Das Christfest wurde den 15. Dezember gefeiert und so der neue Kalender begonnen, während die Anhänger der griechischen Kirche im Lande bei dem alten blieben.

Auch den Reformierten gegenüber hat die evangelisch-sächsische Kirche nicht jene feindliche Stellung eingenommen, wie leider zu der Zeit oft die evangelische Kirche in Deutschland. Während man dort in evangelischen Gotteshäusern für die Ausrottung der „kalvinischen Ketzerei" betete, haben die Sachsen dem bedrängten Genf Liebesgaben und Almosen gesandt und sich der Dankbriefe Theodor Bezas erfreut.

Ebensowenig aber machte die Einführung des neuen Kalenders, oder die Verbannung der Jesuiten den Angriffen der

Katholiken und Reformierten auf sächsisches Gut ein Ende. Forderte doch 1592 der Kanzler Kovacsocci abermals die unentgeltliche Abtretung einer Zehntquarte; dann werde man nichts mehr von ihnen verlangen. Auch das Recht, die evangelischen Pfarrer einzusetzen, wollte er für den Fürsten in Anspruch nehmen. Albert Huet, der Hermannstädter Bürgermeister Johannes Waida und Bischof Lucas Ungleich legten dem Fürsten in Großau die alten Freibriefe vor, der sofort von den Forderungen abstand. Bei dem Kanzler halfen „goldne Gründe". Als man ihm die Pergamente zeigte, klagte er über Augenschwäche: er vermöge die Schrift nicht zu lesen. Nach wiederholten Vorstellungen, auf die immer dieselbe Antwort erfolgte, gingen endlich den Pfarrern die Augen auf; als sie dem blinden Mann das „wahrhaft königliche" Geschenk von 80 Gulden gebracht, rief er aus: ich sehe, Ehrwürdige Herren, Ihr habt die besten Privilegien, denen nicht einmal der Fürst etwas anhaben wird.

Wenn solche Gesinnung dort oben herrschte, welche Rechtsachtung konnte in den andern Kreisen walten?

31.

Wie Albert Huet das Sachsenrecht verteidigt.
1591.

Ein Mann ist viel wert in so teurer Zeit.
Schiller.

Das zeigte sich gleich in den ersten Jahren der Verwaltung Sigmunds, wo man bald anfing „des kindischen Regiments Nutzbarkeit" im Lande und besonders „unter den viel bedrängten Sachsen" zu spüren. Denn neben den vielen ungewöhnlichen Zinsen, die Sigmund für sich erpressen ließ, erhoben sich zahlreich die ungarischen Edelleute und gaben trotzig für: billig solle man die Sachsen zu allen Landeslasten und Beschwernissen brauchen, da sie nur Gäste, Fremdlinge und Siedler in dem Land seien. Denn da die Unger und ihre Altväter, die Hunnen, der Sachsen Vorfahren ausgejagt, daß nur dero Reliquien überblieben, müßten die heutigen Sachsen ohne Zweifel nur aus Gnaden der Hunnen da sein, damit man ihrer Arbeit, bevoraus da sie meistenteils Handwerker, desto besser genieße. Wie es nämlich der Türk mache,

wenn er ein Land überkäme, er erschlüge oder führe die besten
Einwohner davon und behielte nur den Pöbel zu seiner Arbeit
als leibeigene Unterthanen: also hättens auch die Unger in
Siebenbürgen mit der Sachsen Vätern gemacht, deren „Blum"
sie erschlagen oder fortgejagt; das übrige Bauernvolk aber hätten
sie am Leben gelassen und auf ihrem, nunmehr mit dem Schwert
erworbenen Boden zu ihrer Arbeit geduldet, weshalb die heutigen
Sachsen von rechtswegen der Unger Pekulium, d. i. Eigentum
sollten genannt werden.

So sprachen die ungarischen Edelleute und was sie taten,
war ihren Worten gemäß. Sie ließen sich vom Fürsten sächsische
Zehntquarten schenken und drückten das Volk mit schwerem Un=
recht. Sie trieben ihre Herden auf Sachsenboden, wo sie Saaten
und Wiesen niedertraten und Äcker und Wälder verwüsteten.
Auf Reisen durch das Sachsenland forderten die Adeligen und
Hofbeamten samt ihrem zahlreichen Gefolge unentgeltlich Vorspann
und Beköstigung und mißhandelten wer ihnen nicht zu Willen
lebte. Was sie so tatsächlich ausübten, fingen sie nun mehr noch
als früher an mit scharfen Worten als ein geschichtliches und
natürliches Recht darzustellen; es war kaum abzusehen, was aus
alle dem noch kommen werde.

Solcher Besorgnis voll trat 1591 die Universität der Sachsen
zusammen „diesem, aus unachtsamer Leut unnützem Gespräch er=
wachsenden Unheil einmal mit tapferm Gemüt zu begegnen" und
„von gründlichen Wegen" zu ratschlagen, „welchergestalt doch
dieser spöttische Glimpf von unserm edelen Geschlecht möge abge=
schafft werden." Sie beschlossen, es solle Albert Huet in Gegen=
wart des ganzen Landes oder des Fürsten und seiner Räte
„eine grundausführliche Sermon von der Sachsen Ursprung, Leben,
Handel und Wandel" halten und der schwache alte abgemattete
Krieger, wie er sich selbst nannte, ließ sich „diese Sach auszuführen
gerne auferlegen". Mit großem Geleite aus den sächsischen Städten
zog er nach Weißenburg und entledigte sich den 10. Juni 1591
in Gegenwart des Fürsten, seiner Räte und anderer Großen
seines Auftrags.

Die lateinische Rede Albert Huets, in der er sein Volk
„gegen den feindlichen Zahn böswilligen Neides" verteidigte, ist
zwar nicht ohne geschichtliche, jener Zeit anhaftende Irrtümer,
namentlich was die Herkunft der Sachsen betrifft, im ganzen

aber ein schönes Zeugnis gewandter Rednergabe, erhebender Begeisterung für Volkswohl und furchtlosen Freimuts.

Von zwei Stücken will „der greise Krieger" handeln und sie fleißig erwägen: das erste, zu wem er gekommen, wer und was derselbe sei; des andern, wer und was die seien, die bittweis dahin gekommen.

Nachdem er im ersten Teil nicht ohne Übertreibung das Lob Sigmunds erhoben und seine Tugend gepriesen, auch seine Freude ausgesprochen darüber, daß der Fürst durch der Stände Wahl seine Stelle erhalten und dem Allmächtigen gedankt, daß er „in diesem Winkel der Welt durch sein heiliges purlauteres Wort eine christliche Kirche gesammelt", geht er zum zweiten Teil über: „wer die seien, die anhero gekommen."

Sachsen seien es, die ihren Namen hätten vom lateinischen Wort saxum, welches so viel als einen harten Felsen bedeute, daß sie tapfere, mannhafte, starke und standhafte Leute seien. Oder wie andere den Namen ableiteten aus dem uralten deutschen Wörtlein Sachs, das so viel als ein zweischneidig Schwert bedeute und auch noch unter den Sachsen im Schwang sei, wie Se. Durchlaucht in Hermannstadt auf dem Schwerttanz selbst augenscheinlich erfahren.

Dieses Volkes alten Ursprung, fährt Huet fort, bezeuge eine große Zahl alter und neuer glaubwürdiger Geschichtschreiber; sie beweisen, daß die Sachsen in Siebenbürgen eines Geschlechts und Herkommens seien mit den Goten, Daken und Saken, die alle dem deutschen Volksstamm angehörten und von dem letzten Ausdruck stamme die ungarische Benennung Szász. Des Volkes Streitbarkeit und Tapferkeit aber beweise der Glanz seiner Taten in Ungarn und Siebenbürgen. Denn wie König Geisa, des blinden Bela Sohn, von grausamen barbarischen Völkern seines Reiches beraubt, drei Jahre in Deutschland das Elend bauen müssen, habe er sich nicht geschämt, von den sächsischen Fürsten Kriegsvolk, Obristen und Heerführer zu erbitten, die denn gekommen, den Feind gesehen und besiegt. Und von ihnen stammten viel stattliche Geschlechter in Ungerland und von ihren sieben castris oder Burgen, die sie gebaut, habe das Land Siebenbürgen den Namen bekommen. Nach vielen ruhmreichen Taten habe dann der König einen Teil jener Heerscharen mit stattlichem Raub und herrlichen Gaben reichlich beehrt in die Heimat entlassen;

„denn hilf Gott," rief Huet aus, „wenn allen Sachsen so dazumal sind ankommen, Land und Erbgut hätte sollen gegeben werden, es hätt ein ganz Königreich nicht zudienen können."

Dem andern Teil aber, der zurückgeblieben, habe König Geisa Grund und Boden verliehen, worauf sie sich festgesetzt und so lang gestritten, bis ihre Spieße und Schwerter sich in Pflugeisen verwandelt hätten. Darnach wären sie mit stattlichen Briefen, Privilegien, Freiheiten und Vorteilen nicht nur geziert, sondern so stark und steif bekräftigt worden, daß keine Veränderung der Fürsten oder Aufstand der Großen, nicht stürmische Zeit noch betrügliche Nachstellung sie hätten umstoßen können. Den Grund von alle dem aber zeige des Nationalsiegels Umschrift an, die da lautet: zum Schutz der Krone. Und damit das Volk mit den andern Völkern des Landes nicht in Zwietracht komme, hätten die Fürsten es von diesen geschieden wie mit einer Mauer, wie denn im Freibrief König Andreä des andern geschrieben stehe: von Draas bis Broos soll Ein Volk sein und unter Einen Richter gehören. Auch hätten die Sachsen allen Fürsten die altväterliche Treue und Tapferkeit bewiesen und das Land habe geblüht im Schmuck ihrer Städte.

„So ist," fuhr Huet fort, „des Königs Geisa Trübsal und Elend in Glück und Freude verkehrt worden; ja diese hat sich auch auf die nachfolgenden Fürsten ausgedehnt und heute noch genießt dieselbe Eure Fürstliche Durchlaucht, indem sie von diesem Volk einen nicht geringern, sondern viel größern Zins bezieht, als von den andern Nationen. Darum können wir nicht umhin, den spöttischen Worten zu entgegnen, die so viele unserm Volk vorhalten. Ihr seid nur Gäste, sagen sie, Zukömmlinge und Fremde, nicht Einheimische und Bürger; nur Schuster, Schneider und Kürschner, nicht Kriegsleute und Verteidiger des Reichs. Darauf sage ich also: es ist wahr, wir sind Gäste gewesen, wie es geschrieben steht in König Andreä Brief. Grade das aber rechnen wir uns zur Ehre. Denn wir sind eingeladen worden von König Geisa, seine Majestät wieder einzusetzen und haben das getan mit Ehren. Darum sind unsere Väter zurückbehalten worden auf diesem mit dem Schwert erworbenen Boden und darum sind wir nicht mehr Fremdlinge, sondern bestätigte Bürger des Landes, nicht Hörige, wie Einige falsch und ungerecht behaupten wollen, sondern Untertanen und liebe Getreue, wie es klar ist nicht nur aus Freibriefen, sondern auch aus königlichen Sendschreiben, deren wir mit großen Laden voll haben und auf dem Rathaus zu unserer Ehre und der Nachkommen Gedächtnis aufbewahren. Daß aber Schuster und Schneider Zunftleute sind, da sei Gott dafür gelobt, daß endlich so friedliche Zeiten gekommen sind, daß man sich mit Schuhmachen mag erhalten und E. F. Gnaden einen dicken fetten und angenehmen Zins kann geben. Oder hat nicht Gott selbst zu arbeiten befohlen? Im Schweiß deines Angesichts sollst du dein Brot essen steht es geschrieben. Sogar Fürsten, Kaiser und Könige haben sich des Handwerks nicht geschämt. Sultan Soliman hat Pfeile machen können; Maximilian der römische Kaiser war Goldschmied und der Apostel Paulus ist ein Teppichmacher gewesen. Darum soll E. F. Durchlaucht viel lieber dulden und wir wollen sie viel lieber tragen die Namen: szöcs, szabo, varga, Kürschner, Schuster, Schneider als dulo, foszto, koborlo, Diebe, Mörder und Räuber. Nichtsdestoweniger kann dieses Volk zur Zeit der Not auch zu den Waffen greifen. Glauben E. Durchlaucht was ich kühnlich verspreche, daß sie nach geringer Übung alles gegen den Feind wagen, so wohl ertragen sie Hunger und Durst, Frost und Hitze, sind weder dem Schlaf noch dem Wein ergeben, in Reisen und Plagen unermüdlich. Und siehst du auf ihren Glauben, so ist er rein und unverfälscht aus dem lautern Wort Gottes genommen nach Art der ursprünglichen apostolischen Kirche, die nicht weicht noch wanket, sondern sich immerdar gleich bleibet und unverrückt fest steht."

Darum fordert Huet, indem er zuletzt der Sachsen Bitte vorbringt, Recht und Gerechtigkeit. Der Sachsen Privilegien würden angefochten, ihr Hab und Gut geplündert, um so gewissenloser, da alle von der Sachsen Städten, wohlgebauten Häusern, großen Dörfern, Burgen und Kirchen schlössen, daß ihr Reichtum unermeßlich sei, da sie doch allwärts erschöpft und ausgesogen wären. Solch ein Zustand schmälere den Ruhm des Fürsten und schädige des Landes Freiheit, sintemal die Sachsen dessen dritte ständische Nation seien und ihre Städte niemandem eigen wären, sondern unter die Krone gehörten als königlich freie Städte. Darum solle der Fürst nicht gestatten, daß so viele sich erhöben, die da sprächen: so will ichs; so befehl ichs; wir sind Edelleute, ihr unedel! Wollte Gott, daß sie edel wären von schönen Tugenden!

Wenn jeder gemeine Edelmann seine Hörigen schirme, warum schütze der Fürst nicht seine Untertanen, seine lieben Getreuen? Wenn schon drei Nationen im Lande seien, so sei doch nur e i n Regiment, das mit e i n e r Wage messen müsse, auf daß der Zwiespalt in Eintracht sich verwandle. Schaffen müsse der Fürst, daß wer die Sachsen beleidige, meine, er beleidige des Fürsten Krone, Zepter und Augen, daß niemand ihre Güter und Freiheiten antaste, wie die Landesverfassung und das göttliche Recht es fordere. Solches werde das sächsische Volk mit Treue und Hingebung zu verdienen streben und freudig für ihn in den Tod gehen; dann werde er wie jener württembergische Fürst getrost und ohne Sorgen jedem Untertan das Haupt in den Schoß legen können; dadurch werde er seines Namens Ruhm vermehren, sein Gewissen rein erhalten, vor Gottes Richterstuhl einst richtige Rechenschaft tun können und darnach die unverwelkliche Krone des ewigen Lebens empfangen.

Also sprach Albert Huet, „dieser fürtreffliche Herr", im hohen Saal zu Weißenburg vor dem Fürsten und seinen Räten. Die Rede verfehlte des Eindrucks nicht und der Kanzler sprach gütige Worte darauf. Aber schon wenige Wochen später beschlossen die Ungarn und Szekler auf dem Landtag die Einziehung einer sächsischen Zehntquarte und forderten, durch Huets Dazwischenkunft wieder vergebens, des Fürsten Bestätigung, indem sie vorgaben, die Sachsen hätten beigestimmt. So wollten sie, „des kindischen Regimentes Nutzbarkeit" für ihre Zwecke mißbrauchen, bis kurze Zeit darauf aus des Fürsten Unselbständigkeit, auf die sie rechneten, und aus seinem Wankelmut der entsetzliche Sturm losbrach, der vernichtend hinfuhr auch über ihre Häupter.

32.
Neue Ehren= und Schreckenstage.
1592—1603.

*Das Jahrhundert ist im Sturm geschieden
Und das neue öffnet sich mit Mord.*
.Schiller.

Seit der Schlacht bei Mohatsch glich Siebenbürgen einem Schiff auf stürmischem Meer, das vom Wind bald hieher bald dorthin geworfen wird. Österreich und die Pforte stritten um seinen Besitz. Zwei Menschenalter waren in fast ununterbrochenem Kampf verflossen, ohne daß das Haus Habsburg imstande gewesen, sein gutes Recht zu behaupten; müde des langen Krieges erkannte Maximilian II. im Frieden zu Prag 1571 die Unabhängigkeit Siebenbürgens an. Doch wurden dadurch die gegenseitigen Beziehungen nicht feindlicher oder erbitterter; Albert Huet konnte bis zum Jahre 1574 in Maximilians Diensten bleiben; ja als nach dem Ausgang des Hauses Zapolya die katholischen Bathori den Fürstenstuhl bestiegen, fiel jenes Hindernis, das bis dahin Glieder des Kaiserhauses mit frommem Abscheu vor einer „heurat vnd freuntschafft" mit „dem gottlosen Ketzer" erfüllt und die Annäherung der herrschenden Geschlechter erschwert hatte. Die Einführung der Jesuiten ins Land mußte oben die Neigung nach Wien verstärken; Alphons Carrillo, ein spanischer Jesuit, der 1591 als Beichtvater des Fürsten nach Siebenbürgen kam und hier eine unheilvolle Tätigkeit entfaltete, hörte nicht auf, in diesem Sinne zu wirken und wenn die Reformierten und Unitarier die von den Türken geschirmte Glaubensfreiheit nach Konstantinopel zog: die Sachsen, obwohl durch und durch Protestanten, rief die Stimme des Blutes und der Bildung fortwährend zum verwandten Fürstengeschlecht.

So waren die Verhältnisse, als Sigmund Bathori die Verwaltung übernahm, die er nach Laune und Willkür führte. Bald nicht zufrieden in Siebenbürgen bot er dem Sultan 100.000, dem Großwesir 50.000 Dukaten für den polnischen Thron. Und doch fehlte es dem Schatz jederzeit an Geld; außer der ordentlichen Steuer mußte Kronstadt in einem Jahre 2000, die übrigen Städte 8000 Gulden zahlen. Sogar als der Fürst sich vermählte, fehlte der Wein zu den Hochzeittischen; die sächsische Geistlichkeit mußte dem Mangel mit sechsunddreißig Fässern abhelfen. Um die

Kosten zu einer Rüstung gegen die Türken zusammenzubringen, war man gezwungen, eine Pfennigsteuer auf die Kornhausen aufzuschlagen, ja vom Lohn eines jeden Dieners vier Denare zu fordern.

Grade mit jenem Gedanken aber trug sich Sigmund unabläſſig. Das türkische Joch lastete schwer auf ihm; der Großwesir Sinan Pascha nannte ihn einen Knecht und Hund; sein Beichtvater Carrillo, der Papst Clemens VIII. mahnten dringend zur Verbindung mit dem christlichen Kaiser. Doch als der Fürst auf dem Landtag auf Abfall von der Pforte und Bündnis mit dem deutschen Kaiser antrug, murrte, der Macht des Türken, der Entfernung der Hülfe und des frühern Druckes der deutschen Führer gedenkend, die Mehrzahl, der hohe ungarische Adel vor allen, bis Sigmund nach vielen Wirren seine Gegner ohne Verhör und Urteil hinrichten ließ, darunter seinen eigenen Vetter Balthasar Bathori und den Kanzler Wolfgang Kovacsocci (1594). Sofort sandte er Abgeordnete nach Prag, Albert Huet und Johann Singer aus Kronstadt unter ihnen (1595); es kam ein Bündnis mit Rudolf zustande und Sigmund erhielt die Hand der Erzherzogin Marie Christine, der Tochter Karls von Steiermark.

In dem Krieg, der nun gegen die Türken entbrannte, führte Huet als Sachsengraf das Aufgebot seines Volkes. Die alten Gaue, der Hermannstädter, der Mediascher, das Burzenland, das Nösnerland hatten je tausend Büchsenschützen gestellt und eine Anzahl Reiter; ein Jahrzehnt später noch rühmten die kaiserlichen Sendboten, wie Huet ihr Führer in diesen Feldzügen „bei Temeschwar und in der Walachei, bei den Eroberungen von Tergowischt und Giurgiu an der Donau und beim Abbrechen der Brücke, die die Türken über diesen Strom geschlagen, unerschütterlichen Heldenmut bewiesen, nicht achtend der um und über sein Haupt pfeifenden Kugeln."

Auch Sigmund Bathori ehrte die Tüchtigkeit Huets. Er machte ihm 1596 ein Geschenk von 100 Gulden auf vier Jahre, die er an die sächsische Steuer anwies, verdoppelte sie bald darauf und verlieh ihm sie auf lebenslang. Nicht minder erkannte das kaiserliche Haus die Bedeutung und Treue des Mannes, der so fest an Österreich hing: „dieweil ich guter teutscher Nation bin," schrieb er an Rudolf den 9. Januar 1597, „und dem kaiserlichen Hof von Jugend auf treulich gedient, habe mich auch höchlich beflissen, Euer Majestät aufrichtig zu dienen, davon ich gesonnen, auch hinfüro nicht abzulassen. Und gleichwie das Weiße im hochlöblichen österreichischen roten Schild in der Mitte ist, also ist der Candor (die Lauterkeit) in meinem Herzen gegen Eure Majestät in allen Sachen." „Die vorzügliche Reinheit deiner Gesinnungen," erwiderte Rudolf den 28. März desselben Jahres, „gegen uns und unser erlauchtes Haus und deinen Eifer für das Wohl der Christenheit haben wir mit Wohlgefallen aus vieler Zeugnissen ersehen; du kannst dir von unserer Gnade alles Gute versprechen. Wir setzen auf dich ein besonderes Vertrauen." Ebenso ehrenvoll behandelten Huet der Fürstin Mutter und Bruder und die Fürstin selber. Marie Christine nahm Anteil an seinem häuslichen Leben; es ist rührend, wie sie ihn mit den Worten christlicher Ergebung tröstet, als ihm sein Sohn gestorben: noch Schwereres müsse man erdulden, weil es menschlich sei und vom Schicksal der Sterblichen durchaus nicht zu trennen.

In der Tat sollte bald sie selber zusamt Huet und seinem Volk in schwere Widerwärtigkeit kommen.

Sigmund Bathori, unsteten und wankelmütigen Sinnes, wollte sich plötzlich von seiner Gemahlin scheiden lassen und das Land an Rudolf abtreten. Er war von dem Gedanken nicht abzubringen; der Kaiser mußte Siebenbürgen gegen die schlesischen Fürstentümer Oppeln und Ratibor übernehmen. Seinen Abgeordneten, die Huet, wie der Kaiser an ihn schrieb, mit Rat und Tat unterstützen solle, schworen die überraschten Stände im April 1598 den Eid der Treue und sie gelobten, der Kaiser werde des Landes und der Kirchen Rechte im gegenwärtigen Zustand erhalten. Bald darauf bereute Sigmund was er getan und da Maximilian der Erzherzog zur Übernahme der Landesverwaltung noch nicht gekommen, kehrte Sigmund um und wurde im August 1598 wieder als Fürst anerkannt. In wenigen Wochen des Landes abermals überdrüssig trug er es aufs neue dem Kaiser an; doch während er noch unterhandelte, zwang er im März 1599 seinen Vetter den Kardinal Andreas Bathori die Fürstenwürde anzunehmen und verließ das Land.

Daß die Sachsen den hohen katholischen Kirchenfürsten mit Besorgnis auf dem Fürstenstuhl gesehen, ist leicht glaublich. Seine ersten Schritte bestärkten sie darin. Er forderte vom Bistritzer Rat zu gestatten, daß Sigmund Bathori im aufgehobenen Bistritzer

Kloster seine Wohnung aufschlage ein halbes Jahr; er werde sorgen, daß ihrem Glauben und ihrer Freiheit daraus kein Schade erwachse. Der Rat bat sich Bedenkzeit aus; er mochte sich der Hunyadischen Zeit erinnern und schrieb den „wichtigen Handel" an die Universität. In Hermannstadt hielt man die Forderung für ungerecht; doch schrieben sie nach Kronstadt, ob aus der Weigerung nicht größeres Übel folgen könne; werde der Fürst im Unwillen ob der abgeschlagenen ersten Bitte nicht das Nößner= land für sich behalten? Dagegen erwiderten Stadtpfarrer, Richter und Rat von Kronstadt: man müsse Gottes Zorn mehr fürchten als den des Fürsten; Satans Betrug sei hier verborgen; was einer Stadt geschehe, werde man bald allen andern tun wollen; gegen die Verschenkung des Nößnerlandes stehe des Fürsten eigener Eid, der die Landesrechte beschworen. So sprach auch die Universität; der Fürst ließ die Sache ruhen. Dagegen waren die sächsischen Pfarrer genötigt, den leeren Keller des Fürsten aufs neue mit 60 Fässern zu füllen; statt des Darlehens von 3000 Gulden, das er gleichzeitig von ihnen forderte, machten sie ihm ein Geschenk von 2000.

Andreas Bathori konnte der Gaben, wie er bei Jagd und Fischfang begann, sich nicht lang freuen. Michael, der Woiwode der Walachei, fiel ins Land, um es, wie er vorgab, für Rudolf in Besitz zu nehmen. Die Szekler, zürnend über den Verlust ihrer alten Freiheit, die ihnen Johann Sigmund wegen ihres Aufstandes 1562 genommen hatte, gingen meist zu ihm über. Unerwartet erschien er im Burzenland und lagerte bei Tartlau. Die Auf= forderung zur Übergabe wiesen die Kronstädter zurück; wenn Gott sein Unternehmen begünstige, versprächen sie ihm treu zu sein. Inzwischen wüsteten seine zuchtlosen Haufen weit und breit; in Tartlau ließen sie kein einziges bewohnbares Haus zurück; Marien= burg und Nußbach legten sie in Asche; auf die Burg in Heldsdorf liefen sie sechsmal Sturm, bis es dem Woiwoden gelang, ihnen Einhalt zu tun. In Eile gegen Hermannstadt vordringend traf er bei Schellenberg auf die Truppen Andreas, der den Einfall lange nicht glaubend, endlich von streitbarer Mannschaft zu= sammengerafft was er bekommen und Huets Rat nicht achtete, unter Hermannstadts Mauern zu lagern und des Weiteren zu warten, da Michaels Heer im fremden Land sich nicht lang halten werde. So geschah die Schlacht am 18. November 1599. Das Heer zählte etwa 5000 streitfähige Männer; auf dem rechten Flügel wehte das Banner der Sachsen, geführt von der Kronstädter berühmtem Hauptmann Georg Aradi. Die Schlacht wurde nicht sowohl verloren als die Siebenbürger sie aufgaben; der Fürst wurde auf der Flucht von Szeklern ermordet. Dreihundert Sachsen waren gefallen.

Nun durchzogen die Sieger mit Raub und Mord das Land. Von allen Seiten wurden Unruhen und Untaten jeder Art gemeldet; in Großau bohrten sie dem Pfarrer einen Zimmermannsbohrer in das Rückgrat und hingen ihn daran in der Sakristei auf, bis er den Geist aufgab. Alle Dörfer im Unterwald wurden geplündert und verbrannt; wer sich nicht in der schützenden Burg bergen konnte, floh in Wald und Gebirge. So wüteten sie, daß selbst Michael am Anfang des Jahres 1600 den Sachsen den größten Teil der Steuern erlassen mußte, „weil," wie er sagte, „die sächsische Nation durch vielfältiges Rauben, Plündern und Mordbrennen der walachischen Truppen in die äußerste Dürftigkeit und das kläglichste Elend geraten." Um diese Unbilden vergessen zu machen, machte er Vergabungen an den Sachsengrafen und den Bürgermeister von Hermannstadt und schützte die Geistlichkeit im bisherigen Zehntbesitz.

Aber die Gemüter des Volkes blieben ihm abgewandt, um so mehr, als er endlich den Schein von sich warf und im Juli 1600 die Stände zur Huldigung für sich, nicht für Rudolf zwang. Der ungarische Adel, den Michael ausrotten zu wollen schien, sann auf einen Aufstand; er wandte sich an den Wiener Hof und rief den kaiserlichen Feldherrn Basta aus Oberungarn herein. Aus dem Lager vor Thorenburg forderte er die Sachsen zur Mithülfe auf; „da wir," schrieb er unter dem 2. September 1600 an sie, „alle das Wohl und die Erhaltung dieses armen Landes bezweckenden Angelegenheiten mit Euch einverständlich geleitet haben und Euch ebenso wie uns diese schreckliche Verwüstung und Zerstörung empfindlich sein wird, so bitten wir Euch freundschaftlichst, daß auch Ihr in diesen gefährlichen Zeiten mit Eurem Kriegsvolk ohne allen Verzug Euch bereit haltet und dasselbe ohne Aufschub zu uns aufbrechen lasset. Es wird uns dadurch unter Gottes Beistand gelingen, das Land von diesem entsetzlichen Joch und der unerträglichen Last zu befreien."

Noch abends um acht Uhr berief der Hermannstädter Bürgermeister Lukas Enyeter den äußern und innern Rat, als er das

Schreiben erhalten. Wie sie des andern Tags Nachmittag wieder
zusammentraten, um einen Entschluß zu fassen, schien der Abfall
von Michael manchen bedenklich des Gewissens wegen, bis sie
nicht vom geschwornen Eid entbunden seien. Doch der Stadtpfarrer
Christian Lupinus, um Rat gefragt, erklärte: Die Erhebung sei
gerecht, „da Michael kein Fürst sondern ein Tyrann, kein Statt=
halter sondern ein Mameluk und Verleugner des Christentums
sei". Nur sollten sie den Eid, den sie Rudolf geschworen, in
Treue halten. So entschied sich denn die Stadt einmütig und schickte
Briefe und Boten an die sächsischen Stühle und Distrikte, sie zum
Kampf gegen Michael zu rufen. Das brachte auch in Kronstadt
die Sache zum Ausschlag, dessen Rat auf die Zuschrift des
ungarischen Adels bisher vor dem Gedanken des Abfalls zurück=
geschreckt; am Abend des 10. September 1600 wurde von Rat
und Gemeinde unter großem Jubel der Schluß gefaßt, man solle
das Schwert ziehen gegen Michael. „Dem lieben Gott sei Lob,
Ehre und Dank gesagt" schrieben die Mediascher nach Hermann=
stadt, „daß einmütiglich die Sache soll angegriffen werden, da
dann wir uns sämtlich nicht sparen wollen, damit wir aus der
Hand des blutdürstigen Tyrannen erlöset mögen werden" und
einen Tag darauf: der „allmächtige Gott, der allen imperiis Maß
Ziel und gewisse terminos setzt, wolle auch gegenwärtiger Tyrannei
zu ihrem letzten Ende helfen und unser liebes Vaterland erretten."

Nun begann der Streit aufs neue an allen Orten. Schon
war der Kronstädter Banner im Begriff nach Hermannstadt auf=
zubrechen, als an 4000 Szekler in die Bozau rückten und wa=
lachische Haufen ins Burzenland fielen. Von Kronstadt bis zum
Alt floß in täglichen Gefechten das Blut; an einem Tage
brannten Tartlau, Honigberg, Brenndorf, Petersberg, Heldsdorf,
Neustadt, Marienburg, Rothbach, Rußbach. Ebenso wüteten Feuer
und Schwert im Zibinstal. In glücklichem Kampf warfen die
Hermannstädter einen feindlichen Heerhaufen, der den roten Turm
besetzt hatte, in die Walachei zurück; streifende Scharen rächten
sich dafür durch Brand; Szakadat, Gierelsau, Rothberg, Neu=
dorf, Talheim, Salzburg, Groß= und Kleinscheuern wurden ein
Raub der Flammen.

Den Jammer des Krieges schneller zu enden versuchte Huet
die Szekler, die in Michaels Heer stritten, ins Lager des Vater=
landes zurückzubringen. Im Auftrag der Stände schickte er den

10. September 1600 einen Hermannstädter Ratsmann an die Haromßeker. Doch vergebens erinnerte er sie an die alte Einigung mit den Brudervölkern, unter der sie bis dahin in gesetzlicher Ordnung gelebt und den Namen Gottes ungestört angerufen. Umsonst wies er sie auf die Tyrannei hin, die jetzt das Vaterland drücke; umsonst versprach er für ihre Mithülfe die Aufrechthaltung der alten Verfassung; umsonst zeigte er ihnen die Gefahr, der sie entgegengingen, wenn sie sich gegen das kaiserliche Heer und die beiden Nationen setzten, die Mann für Mann in den Waffen stünden. „Bei so gestellten Sachen," hatten die Sachsen geschrieben, „ermahnen wir Euch freundschaftlich und brüderlich, stehet auch Ihr dem Lande bei und streitet mit uns zusammen für die Freiheit des Vaterlandes. Gott lenke Euch zu allem Guten."

Doch das Schwert sollte entscheiden. Wenige Tage darauf (18. September) traf das vereinigte kaiserliche und siebenbürgische Heer, zu dem 1800 sächsische Reiter gestoßen waren, bei Mirißlo auf den Feind; Bastas umsichtige Führung trug den Sieg davon; 3000 von Michaels Truppen deckten das Schlachtfeld, darunter eine große Menge Szekler. Das fliehende Heer verwüstete den Leschkircher und Schenker Stuhl mit Mord und Brand; 800 Bauern erschlugen sie in dem letztern auf einmal; dem Repfer Stuhl drohten streifende Szekler Verderben. Das vereinigte siegende Heer rückte nur langsam nach; den 27. September schlugen sie das Lager vor Hermannstadt auf, woher Basta die bedrängten Kronstädter — welchen der Feind schon die Vorstadt anzündete, während ihre Heerhaufen des Michael Sohn bei Törzburg schlugen und den Feind aus der Bozau vertrieben — mit dem Versprechen baldiger Hülfe zur Ausdauer ermahnte. Doch lag das Heer eine ganze Woche vor Hermannstadt still, in der die deutschen Truppen Bastas alle Früchte verschlangen und alle Dörfer der Umgegend verwüsteten, die der Feind noch übriggelassen hatte.

So jammervoll war die Lage, worin Michael das Land gestürzt. Darum beschlossen die Stände, daß der Schlachttag von Mirißlo, an welchem „Gott das arme Siebenbürgen von des unmenschlichen Tyrannen Wüten gnädigst errettet", fortan als ein Festtag solle gefeiert werden; an die Sachsen aber schrieb Kaiser Rudolf den 4. November 1600 aus Prag voll warmer Anerkennung der Opfer, die sie für ihn und sein Haus gebracht. „Sobald wir erfahren," sprach er, „daß Siebenbürgen wieder unter unsre Botmäßigkeit zurückgeführt sei, haben wir für unsre erste Pflicht gehalten, vor allem zu Euch ein Wort der Ermutigung zu sprechen, die Ihr nach Herkunft und Sprache und was mehr ist als alles, nach angestammter Reinheit der Gesinnung **Deutsche**, d. i. unsers Blutes seid. Unsere Räte und Untergeordnete, die wir in diese Gegenden geschickt, haben uns mitgeteilt, wie eifrig Ihr zu jeder Zeit und so auch in den Tagen dieser jüngsten Umwälzung gewesen, Uns Eure Treue zu bewähren. Wohl gefällt uns diese ausgezeichnete und vorzügliche Neigung, die Ihr gegen Uns hegt und die Sorgfalt, die Ihr für Euer eigenes Heil tragt. Daher haben Wir dem Führer Unserer Truppen und Unsern Räten ernstlich befohlen und aufgetragen, in allem besondere Rücksicht auf Euch zu nehmen und lassen es Uns angelegen sein, **daß Euch die Treue, mit der Ihr Uns ergeben seid, nicht gereue!**"

Doch kaum hatten die Sachsen Rudolfs tröstendes Schreiben empfangen, so änderte sich die Lage der Dinge. Als die Stände Rudolf geschworen, schickten sie Abgeordnete nach Prag, darunter den Hermannstädter Bürgermeister Lukas Enyeter und baten, der Kaiser möge den Erzherzog Maximilian zur Verwaltung des Landes herabsenden, den Woiwoden Michael aber, der kühn genug nach Prag geflohen war, der verdienten Strafe unterziehen. Aber der Hof zögerte mit der Antwort gerade als ein neues schweres Gewitter heraufzog. Sigmund Bathori nämlich, wetterwenderischen Sinnes, wie er war, gedachte in Polen, wo er sich aufhielt, mit Schmerzen des verlassenen Fürstenstuhls und entschloß sich, ihn wieder zu gewinnen. Er schickte polnische, türkische, tartarische Heerhaufen gegen Siebenbürgen; es ging das Gerücht von türkischen Drohungen falls man ihn nicht annehme. Das benützten seine Anhänger aus dem ungarischen Adel, Stephan Tschaki der Landeshauptmann, Moses Szekely, der an der Spitze eines Söldnerhaufens stand. Mit Gewaltmitteln setzten sie es auf dem Landtag in Weißenburg (4. Februar 1601) durch, daß Sigmund Bathori zum drittenmal zum Fürsten ausgerufen wurde. Anfang April huldigten ihm die Stände in Klausenburg.

Basta, der sein Heer nach Ungarn in die Winterquartiere verlegt hatte, verließ nach jener Wahl das Land, um mit Michael, dem Woiwoden der Walachei, den Rudolf nun selbst zum Statthalter von Siebenbürgen ernannte, bald an der Spitze eines kaiserlichen Heeres zurückzukehren. Den 3. August besiegte er die Truppen Sigmunds bei Goroßlo, worauf dieser in die Moldau floh; Basta aber ließ Michael, da er mit ihm in Hader geriet, sechzehn Tage später von Wallonen im eigenen Zelt erstechen.

Raubend und plündernd streifte nun Bastas Kriegsvolk durch das Land, das unter den blutigen Tritten des unaufhör=
lichen Krieges zur Wüste wurde. Die zuchtlosen Truppen des siegenden Feldherrn kannten keine Menschlichkeit; ihr Wüten machte den Namen des Feldherrn zum Fluch im Munde des Volkes. Überall erpreßten sie unermeßliche Brandschatzung; in Schäßburg, der kaiserlich gesinnten Stadt, steckten sie die Maier=
höfe an und stürmten das Mühlgässer Tor; sie zu besänftigen mußte man mehr als 40.000 Gulden Schulden machen. Der Hermannstädter Rat hielt sich verpflichtet, als Bedingung der Unterwerfung zu fordern, daß Basta die Räuber und Mord=
brenner vom Sachsenlande abhalte und seine Truppen nicht in sächsische Orte lege. Darauf huldigten die Bürger den 9. Sep=
tember 1601 Rudolf aufs neue.

Wenige Tage **früher** waren Schreiben von Sigmund an=
gekommen: man solle sich den Deutschen ja nicht unterwerfen; er werde nächstens mit Heeresmacht zur Unterstützung der Stadt da sein. Wenige Tage **später** lief eine drohende Zuschrift vom Pascha in Temeschwar ein, worin er befahl, den Deutschen den äußersten Widerstand zu leisten; er werde bald mit einem starken Heer ins Land kommen. Sogar der Großwesir drohte mit Ver=
wüstung der Stadt, wenn sie nicht von Rudolf ließen; — sie blieben treu.

Da — neun Tage, nachdem Hermannstadt gehuldigt, am siebenten Tag, als Basta mit 700 Reitern in ihren Mauern gewesen und sie nochmals zur Treue gegen Rudolf ermahnt, stand plötzlich Sigmund mit seinem Kriegsvolk vor der Stadt, die ihm ihre Tore verschloß. Er war mit Türken und Tartaren ins Land gefallen; Moses Szekely folgte ihm mit 4000 Mann; Stephan Tschaki kam mit moldauischen Haufen. Basta — zog beim An=
bruch des Winters nach Ungarn in die Winterquartiere.

Im verlassenen Land trieben die Feinde um so ungescheuter ihr Wesen. Die Tartaren lagerten im Unterwald und trieben „abscheuliche Sachen". Tschaki aber lag mit seinen Scharen vor

Hermannstadt zehn Monate lang vom September 1601 bis Juli
1602. Neppendorf und Hammersdorf wurde angezündet; den
zuchtlosen Haufen zu entrinnen floh alles aus der Umgegend nach
Hermannstadt. Die Räume der Kirchen faßten die zuströmenden
Mengen nicht mehr; unter den Stadttoren predigten an Sonn-
und Festtagen die Pfarrer ihren Gemeinden und verwalteten in
der Kloster- und Spitalskirche die Sakramente. Tschaki konnte die
Stadt nicht nehmen, schon weil er kein schweres Geschütz hatte;
sie lachte seiner Drohungen. Schäßburgs und Mediaschs Aufforderungen zur Übergabe, die von Sigmund bezwungen dem
Willen Tschakis folgen mußten, antworteten Geistlichkeit, Rat und
Hundertmänner: Sie könnten um Anderer willen ihr Gewissen nicht
beschweren. „Es wär nicht billig," konnte mit Recht Basta an
die Hermannstädter schreiben, die durch Briefe und Boten um
schleunige Hülfe baten, „es wär nicht billig, daß man die, so Jhro
kaiserlichen Majestät so große Treue und Beständigkeit wie Ihr
getan erzeigt haben, verlassen sollt."

Während Tschakis Haufen vor Hermannstadt lagen, mußte
sich Bistritz, ohne alle Kunde von Basta, an die Szekler ergeben,
die „in schneller Eyl und schrecklichem Eifer" 20.000 Gulden
erpreßten (Anfang 1602). Mediasch hatte Georg Mako mit List
genommen und die Stadt geplündert und mißhandelt. Von dort
zog er mit Kosaken und Szeklerscharen, denen die Bürger ob ihrer
deutschen Gesinnung in den Tod verhaßt waren, auf Schäßburg
zu. Hier ließ man sie nach langem Schwanken, da Basta fern
war, in die offene Unterstadt ein; sie verbanden sich mit schwerem
Eid, niemanden an Hof und Gut, an Leib und Leben zu kränken.
Wirklich hielten sie sich einige Tage still und friedsam; um so
weniger achteten die Bürger der dunkeln drohenden Gerüchte, die
über des Feindes Absicht gingen. Der wollte, da seine Macht
zu klein war, die Burg mit List nehmen. Als der Bürgermeister
Andreas Göbbel um weiterer Verhandlungen willen zu Stephan
Tschaki hatte ziehen müssen und der alte Ratsmann Jakob
Schwarz von den Szeklern gewonnen war, forderten sie von den
Weinen, die der ungarische Edelmann Gabriel Haller in die Burg
geflüchtet hatte, weil er zu dem Kaiser übergegangen sei. Wie
nun Freitag, den 14. Dezember, während der Frühkirche, drei
beladene Wagen unter dem geöffneten vordern Burgtor heraus-
fuhren, hielten die Szekler sie plötzlich still, daß man das Tor

nicht zuschlagen konnte und fielen in hellen Haufen in die Burg hinein. In ihren engen Gassen konnten sich die Bürger nicht zum Widerstand sammeln; vereinzelt wurden sie niedergehauen oder verwundet. Die plünderungssüchtigen Rotten fielen in die Häuser, erbrachen die Kaufläden, raubten was sie in den Kirchen fanden, aus der Bergkirche die reichen Kelche, die alten Meßgewänder, die silbernen Bildsäulen der 12 Apostel. Nicht einmal die Ruhe der Gräber blieb ungestört. Ein großer Teil der Einwohner floh vertrieben, oft bloßen Leibes in der strengen Winterkälte in die nahen Dörfer. Den Zurückgebliebenen nahmen die Sieger alle Vorräte; eine Gabe von den Räubern die Blöße zu decken oder den Hunger zu stillen galt für ein großes Glück. Die Szekler teilten die Häuser in der Stadt untereinander auf und nannten sie Adelsburg (Nemesvár), denn sie waren „des Fürnehmens nimmer von dannen zu weichen und daß selbe in Ewigkeit nicht mehr von Sachsen möchte bewohnt werden." Aus den Edelleuten wählten sie eine neue Obrigkeit; den alten Rat warfen sie ins Gefängnis, wo der Königsrichter starb; von der Hinrichtung rettete die Ratsmänner nur das Lösegeld von 8143 Gulden und 100 Dukaten. In der nichtzerstörten „Klosterkirche" wurde ungarischer Gottesdienst gehalten; die „armen Bürgersleut" kamen in „elender Gestalt" in der Kapelle zusammen und es ist glaublich, daß, wie der Chronist erzählt, ihre Feiertage zu Trauertagen geworden.

Solches Wesen trieben die Szekler in der Stadt bis zum Juli 1602. Als sie abzogen, schätzte man den „gemeinen Raub" ohne der Kirchen Gut allein auf 500.000 Gulden, aus dem Stadtsäckel hatten sie mehr denn 3000 genommen.

So großer Not und Bedrängnis, als Sigmunds Haufen verbreiteten, entging diesmal von allen sächsischen Städten nur Kronstadt. Nach der Schlacht bei Goroßlo war nämlich Basta noch nicht ins Burzenland vorgedrungen, als Sigmund bereits wieder nach Siebenbürgen rückte. Zwei Wochen hindurch wurde nun Kronstadt fortwährend mit Aufforderungen von beiden Seiten bestürmt; Basta stellte die kaiserliche Gnade in Aussicht, wenn sie auf seine Seite träten; Sigmund drohte mit Türken und Tartaren. Doch sagten die Kronstädter anfangs dem Fürsten ab und baten ihn, ihr Gebiet nicht oder doch nicht ohne hinlängliche Macht zu betreten und sie nicht in Gefahr zu bringen; sie waren entschlossen, wie die übrigen Städte, sich Basta zu ergeben. Als dieser aber fern blieb und Sigmund immer näher rückte; als es dazu klar wurde, daß Adel und Szekler für den Fürsten stünden und die Besorgnis zunahm, die Türken in Ungarn würden das deutsche Heer im Rücken fassen: da fingen die Kronstädter an, angesichts auch des nahen Szeklerlandes, schwankend zu werden. Sie erwogen ferner die geringe Zahl der Bastaschen Truppen, ihre Zerstreuung im Land, die Grausamkeit und Zügellosigkeit, die sie auch gegen die Bundesgenossen übten, die fast unerschwinglichen Leistungen, die in ihrem Gefolge kamen, und wie der Deutsche Siebenbürgen doch nicht werde behaupten können gegen den Türken: wohin sollten sie sich entscheiden? Wie sie da beschlossen sich genauer zu erkundigen, unter anderm ob in der Tat der Sultan auf der Wiedereinsetzung Sigmunds bestehe, da geschah plötzlich, was sie gefürchtet; der Fürst rückte den 30. August ins Burzenland ein, zwar nur mit 400 Reitern, aber unter dem Gerücht, es folge ihm zahlreich türkische Hülfe. Den 6. September öffnete ihm Kronstadt die Tore, auf weitere Einladungen Hermannstadts und Bastas: ob sie des Deutschen oder des Türken sein wollten, entgegneten sie, das stehe nun nicht mehr in ihrer Gewalt. Basta rückte von Hermannstadt bis an den Alt vor, ohne ihn jedoch zu überschreiten; die Türken und Tartaren waren schnell genug im Lande. Den Kronstädtern aber zürnte Basta jahrelang, weil sie sich Sigmund ergeben; er drohte die Stadt mit Feuer und Schwert zu verderben. Vergebens versuchte Antonius Schirmer, den Hermannstadt im Frühjahr 1602 an ihn schickte und der später als Abgeordneter nach Prag ging, wo ihm Rudolf eine goldene Kette verehrte, die Tat Kronstadts mit ihrer Lage zu entschuldigen. „Wenn Eure Exzellenz nahe an Kronstadt kommen wäre," sprach er, „hätten die Kronstädter Euer Exzellenz Sigismundum gebunden übergeben"; er blieb dabei, daß „sie sich gröblich an Jhro Majestät versündigt" und „daß es mit ihnen geschehen sei."

Seine Drohung zu verwirklichen und das Land, das er im Spätjahr 1601 verlassen, wieder zu erobern, drang Basta im Januar 1602 abermals nach Siebenbürgen. Ende Januar streiften Heidukenhaufen vor Bistritz und hieben die Landleute auf den Straßen nieder, wodurch es zuerst „kundbar" wurde — in solcher Stille war der Einfall geschehen — daß „Georgius Basta in der Nähe sei". Die Stadt, die die Menge der Flüchtlinge aus den umliegenden Orten erfüllte, schloß sofort die Tore. Das Regiment in derselben führte Nikolaus Viteß und die Szeklerbesatzung, verstärkt durch zahlreichen flüchtigen ungarischen Adel, alle voll Haß gegen die Deutschen, bis die Grausamkeit der Bastaschen Truppen endlich alle Bewohner mit dem Mut der Verzweiflung beseelte. In den nahen Dörfern nämlich häuften sie den gebundenen Einwohnern glühende Kohlen auf den Leib, hingen sie an den Füßen auf, schnitten ihnen den Nabel aus und verübten noch andere Taten, die die Sprache zu erzählen sich scheuet, wie sie von Türken und Tartaren nie erhört waren. Mußte doch Antonius Schirmer aus Bastas Lager die Hermannstädter „warnen", daß alles Volk bei Bastas Vorrücken in die Städte flüchte, da es unmöglich, „daß die Hauptleute ihre Soldaten so im Zwang erhalten, daß dieselben dem Landvolk nit sollten Schaden zufügen."

Den 1. Februar langte Basta selbst mit dem Hauptheer vor Bistritz an; 40.000, hieß es, brächte er mit sich. Zwei Tage früher hatten die Szekler die Maierhöfe und Vorstädte niedergebrannt, daß sich der Feind nicht verschanze. Vom „Schieferreg" schleuderte sein schweres Geschütz Verderben auf die Stadt zwanzig Tage lang — ohne Erfolg. Da ließ Basta in einer Nacht „die großen Stücke, die so grob gewesen, daß sie achtundzwanzig Pfund schwere Kugeln getrieben", über die zugefrorene Bistritz auf Steinwurflänge vor der Stadt aufführen und unter ihrem Donner den 3. März stürmen. Zweimal lief sein Volk wütend an, zweimal vergebens. Unter den Kugeln und der Last des Sturmhaufens brach das Eis des Grabens; eine Menge sank in die Tiefe. Während so an den Mauern die Schlacht tobte, lagen Weiber, Kinder und Greise drinnen auf den Knieen und schrieen mit lauter Stimme: Jesu, Jesu hilf uns! Da brachen die Kugeln von fünf großen Stücken die Stadtmauer, daß sie drei Klafter weit niederstürzte. Zum drittenmal brauste der Sturm heran, der verderblichen Lücke zu; schon erfüllte das Geschrei „es sei alles verloren" die Stadt von einem Ende zum andern; schon stand der Feind im Bruch und pflanzte die Fahne auf: als ein Bürger der Stadt, ein Schmied seines Handwerks, Pfaffenbruder, herbeistürzte, den Nächsten mit der Hellebarde niederstieß, die Fahne herausriß und mit den Männern, die auf seinen Ruf herbeieilten, den Bruch ausfüllte. Das neue Feuer von den Türmen und Mauern hielt den Feind ferne; die Stadt war gerettet.

Drinnen freilich sah es jammervoll aus. Dort wütete der Hunger und die Pest. Drei große Gruben faßten die Toten kaum, die ohne Sang und Klang in das gemeinschaftliche Grab gelegt wurden; die auf der Mauer oder der Bastei fielen, kamen nicht einmal dahin, sondern wurden „nur hin und wieder, kaum Spannen tief in die Erde begraben." Schwerer aber als die Hand des Todes lastete die der Menschen auf der unglücklichen Stadt. Denn Ungarn und Szekler „übten gräuliche Tyrannei", raubten die Güter der Gestorbenen und rühmten sich, wenn Basta von dannen ziehe, wollten sie die Stadt für sich behalten. Die Schlüssel zu den Türmen, Basteien und Toren hatten sie schon längst an sich gerissen.

Wie nun der Widerstand der Stadt Basta, obwohl er „ganz wütend worden", daß er nichts ausgerichtet, da er sie „doch zuvor wie ein Frühstück geachtet", zu friedlicher Gesinnung brachte, ließ er den Abgeordneten vor sich, den Sigmund Bathori an ihn geschickt hatte, bekümmert um das Schicksal der Stadt. Wider den Willen der Ungarn wurde ein Waffenstillstand geschlossen auf sechs Tage. Währenddessen trat die Geistlichkeit, der Rat und die Hundertmannschaft, die noch übrig waren, zusammen und berieten, wie sie des äußern und innern Feindes los werden möchten. Da gingen der Stadtpfarrer Magister Gallus Rohrmann, Georg Beierdorfer der Richter und andere hinaus, mit Basta den Frieden zu unterhandeln. Er bewilligte ihn gegen 32.000 Gulden Strafe „wegen Abfalls von Ihrer kaiserlichen Majestät"; die Szeklerbesatzung und der Adel solle mit Weib und Kind und Gut freien Abzug haben. Sie nahmen ihn mit mehr denn hundert Wagen und vielem Gut, das sie aus der Stadt geraubt; aber die meisten wurden von den Wallonen wider Bastas Wort überfallen, mißhandelt, erschlagen, beraubt. Er ließ dafür die Schuldigen hinrichten; doch den Raub behielt er, gegen 300.000 Gulden an Wert. Als er einige Wochen später einen Hauptmann mit einem Haufen Wallonen in die Stadt schickte, jene Strafgelder vollends zu erheben, brach durch Unvorsichtigkeit eines derselben eine Feuersbrunst aus, während der die Wallonen die Gewölbe aufbrachen. Solch entsetzliches Schicksal traf die arme Stadt noch, in welcher Schwert, Pest und Hunger in der Belagerung 13.000 Menschen weggerafft hatten; ihr Wohlstand war auf Menschenalter dahin.

Zwischen Sigmund und Basta wurde im März ein Waffen=
stillstand geschlossen, der endlich zum Frieden zwischen dem Fürsten
und dem Kaiser führte. Sigmund trat Siebenbürgen ab gegen
das böhmische Schloß Lobkowitz und jährliche 50.000 Dukaten.
Den 26. Juli 1602 verließ er zum letztenmal Siebenbürgen, in
dem durch seine Schuld in wenigen Jahren Ströme von Blut
geflossen. Vor seiner Abreise entband er die Kronstädter des
Eides der Treue und verwandte sich bei Basta für sie, dessen
Zorn ein goldener Becher von 2000 Dukaten Wert milderte. Den
30. Juli schwor Kronstadt aufs neue dem Kaiser; acht Tage
später borgte sein Feldherr von der neugewonnenen Stadt
25.000 Gulden.

Doch mit Sigmunds Entfernung kehrte der Friede ins arme
Land noch nicht ein. Bastas Druck lastete zu schwer darauf. Erbittert
erhoben sich der ungarische Adel und die Szekler (August 1602);
Moses Szekely führte sie. Als ihn Basta bei Weißenburg ge=
schlagen, floh er zum Pascha von Temeschwar und kehrte 1603
stärker zurück. Er komme nicht als Feind, sondern als Beschützer,
ließ er im Lande ausrufen, mit Kriegsvölkern des großmächtigsten
türkischen Kaisers und des erhabenen Tartarenchans; sein Anhang
wählte ihn zum Fürsten. Basta, der sein Volk in die Winter=
quartiere entlassen, floh eilig aus Siebenbürgen. Broos, Mühlbach,
Bistritz, Mediasch mußten sich an Szekely ergeben. Den Hermann=
städtern, die aufs neue ihre Tore schlossen, drohte er Tod und
Verderben; um Schäßburg, wo drei Fähnlein deutscher Fußknechte
standen, lagerte er mit großer Macht. Es war im Juni; die Feinde
streiften bis in die Unterstadt, die sie an zwei Orten anzündeten;
als sie einmal die Herden fortgetrieben, fielen die Bürger ohne
Ordnung heraus ihnen nach; aber die Szekler kehrten plötzlich
um und erschlugen bei der „Hattertbrücke" sechzig. Mit großer
Trauer wurden die Erschlagenen in die Stadt gebracht „und
ehrlich begraben als welche für das Vaterland ihr Leben eingebüßt."

Während Szekely vor Schäßburg lag, schickte der Woiwode
der Walachei auf Hermannstadts und Schäßburgs Bitten seinen
Feldherrn Georg Ratz dem Kaiser zu Hülfe. Er brach ins Burzen=
land ein; ihm zog Szekely entgegen; vor Kronstadt schlug er sein
Lager auf; die wieder von zwei Seiten gedrängte Stadt mußte
ihm 150 Fußknechte, Lebensmittel, Pulver und Blei liefern. Den
17. Juli fiel er in der Schlacht bei Rosenau; sein Heer floh nach

allen Seiten. Nun kam die Hand des Siegers, der weithin im
Lande wüstete, über Kronstadt; mit 20.000 Gulden kaufte es die
Plünderung ab; doch raubten sie 3000 Pferde und erpreßten
vielnamigen Kriegsbedarf. Inzwischen kam auch Basta wieder
nach Siebenbürgen; man hatte gemeint, er lebe nicht mehr; auf
dem Landtag in Deva (September 1603) trug er auf eine Strafe
von 80.000 Gulden für Kronstadt an, weil es „vom Kaiser ab=
gefallen"; wie hart, klagt der Kronstädter Ratsmann Michael
Weiß, da abgefallen wir nicht von ihm, sondern er von uns;
20.000 erließ Rudolf der Stadt, deren oberste Verwaltung dem
wallonischen Hauptmann Jakob Beauri übergeben wurde, der den
Wolwoden Michael erstochen hatte; den Richter Valentin Hirscher
befreite der Tod von der Hinrichtung, womit ihn Basta bedrohte.
Auch der Stadt Bistritz wurden 60.000 Gulden Strafe auferlegt;
„des Herrn Barmherzigkeit ist es," riefen die Zeitgenossen mit
dem Propheten, „daß wir nicht zu Grunde gehen."

Mit der Besiegung des Widerstandes in Siebenbürgen
hörte der Jammer nicht auf. Die kaiserlichen Besatzungen, in=
sonderheit die Wallonen, übten überall wo sie waren, unsäglichen
Unfug; mit der Knechtschaft, die Pharao den Israeliten aufgelegt,
verglichen die damals Lebenden den Druck. Es ist unglaublich,
was die Wallonen brauchten. In Marienburg, das nur sechzehn
Hauswirte zählte, lagen 18 Wallonen; ihr Unterhalt, den die
Gemeinde stellen mußte, kostete in sechs Monaten 6787 Gulden;
der Offizier hatte allein 1600 Taler gebraucht. Die 57 Wallonen,
die vom 21. Januar bis August 1604 in Schäßburg lagen,
kosteten die Stadt 32.000 Gulden; Kapitän Salomon in Trapold
mit seiner Kompagnie brauchte 31.141 Gulden, Franziskus Hersel
zu Kaisd 38.561; auf „die flanzische blaue Fahne expendierte"
man 15.766 Gulden. Außerdem mußte man Basta, der in Be=
lobungsschreiben die Treue und den Eifer der Stadt rühmte,
28.000 Gulden leihen; der Schuldschein liegt noch im Archiv von
Schäßburg. Für gelieferte Lebensmittel verpflichteten sich die
kaiserlichen Räte, in sieben Monaten 6000 Gulden samt Zinsen
zu entrichten; zu der Summe, mit der die Statthalter die Wallonen
endlich nach Ungarn schickten, gab die Stadt 9000 Gulden, gegen
Rückersatz wie es hieß: „verba sunt" und „der Zahlung wartet
man noch," sagen die Chronisten. Als die Universität den 15. Juli
1604 nur die Kosten der Wallonenverpflegung berechnete (es

waren 1000 Köpfe), betrug die Summe auf sechs Monaten 800.000 Gulden. Wer ermißt dazu den Druck, der auf den Einzelnen lastete, den Übermut, die Willkür, die Zuchtlosigkeit jener Scharen, wovon alle Berichte jener Zeit voll sind. „Die Wallonen sind ein solches Volk," sagt der treffliche Ratsschreiber von Schäßburg Georg Kraus, „daß wenn ein Land soll verwüstet und verderbt werden, nur Wallonen dahin geschickt. Sie werden in einem Jahr dasselbe so ausfressen und aussaufen, daß kein Schwert noch Feuer dazu gebraucht dürfen werden, solches zu verwüsten." „Und das wußte der fromme Kaiser Rudolfus nicht," setzt Michael Weiß hinzu, „daß seine Völker nicht defensores (Verteidiger), sondern devastatores und devoratores (Verwüster und Verzehrer) wären."

Im Gefolge des Krieges — 1602 verbrannten die Basta'schen Truppen die Feldfrüchte im Lande und nahmen das Getreide fort — kam der Hunger. Das Feld konnte nicht bebaut werden, da selbst Wagen und Vieh fehlten; acht Männer spannten sich vor den Pflug, der neunte führte die Sterze. So lebte der Pfarrer von Broos von erbetteltem Brot; ein Kübel Korn kostete in Hermannstadt sechzehn, in Bistritz vierundzwanzig Gulden, ein Faß Wein fünfzig bis einhundert Gulden, damals unerhörte Preise. Die Zahl der Bettler in Schäßburg stieg so, daß wenn sie abends auf dem Markt Feuer machten, man ein Kriegslager zu sehen vermeinte. Die Menschen griffen zu den ekelhaftesten Nahrungsmitteln; in Reußmarkt aßen sie die Rindsblase von den Fenstern; in Bistritz verkaufte man öffentlich Katzenfleisch, das Viertel um acht Denare. Selbst Menschenfleisch habe man damals gegessen, melden übereinstimmend die Chroniken, Tote habe man nicht verschont, ja Leichname der Übeltäter vom Galgen zur Nahrung gebraucht.

Auch die Pest blieb nicht aus. In Hermannstadt mußte man einen neuen Friedhof vor dem Sagtor anlegen; der treue Bürgermeister Lukas Enyeter wurde gleichfalls weggerafft, kaum der vierte Teil der Bewohner blieb übrig. In Urwegen lebten nur elf, in Kelling nur neun Menschen noch. Viele Jahre später zählten sie in allen sächsischen Landgemeinden des Nösnergaues nur 336 Hauswirte, darunter in Weißkirch sechs, in Heidendorf vierzehn, in Lechnitz acht; die Nachbargemeinde Wermesch hatte keinen einzigen Bewohner mehr. In Bistritz selbst waren manchen

Tag siebzig, ja einhundert Leichen; ganze Zünfte starben aus; von siebzig Schmieden überlebten kaum zwanzig, von siebenundsechzig Lederern neun die Seuche; am Ende derselben zählte das Nösner Kapitel von siebenundzwanzig Pfarrern noch einen. In Schäßburg starben 1603 an zweitausend Menschen; an siebenhundert Bettler wurden aus dem Gemeinsäckel begraben.

Als Markus Fuchs, der Stadtpfarrer von Kronstadt, das volle Maß dieses Jammers, das er selbst erlebte, zum Gedächtnis der Nachkommen niederschrieb, da schien ihm in Erfüllung gegangen die Drohung im fünften Buch Mosis im 28. Kapitel und die Weissagung des Propheten Jesaias, wenn er spricht: Der Herr ist zornig über alle Heiden und grimmig über all' ihr Heer; er wird sie verbannen und zum Schlachten überantworten und ihre Erschlagenen werden hingeworfen werden, daß der Gestank von ihren Leichnamen aufgehen wird und die Berge mit ihrem Blut fließen. Und werden Dornen wachsen in ihren Palästen und Nesseln und Disteln in ihren Schlössern!

33.
Die Zeit unter Rudolf II. und der neue Verlust des Landes für Österreich.
1604—1606.

Gott helf' dem König und erbarme sich des Landes!
Schiller.

"Vor und hinter uns das Verderben; Gott sei uns endlich gnädig", so schlugen die Hermannstädter 1602 auf ihre Münzen. Als nun im folgenden Jahr der Krieg austobte und die Pest allmählich nachließ, auch das Jahr darauf die verderblichen Wallonen mit großen Opfern endlich aus dem Lande geschafft wurden, da fingen die Gemüter wieder an Hoffnung zu schöpfen und der Zukunft zu gedenken. Doch die Palmzweige, die Basta in Hermannstadt auf seine Münzen prägen ließ, wollten schwer Wurzel fassen im verwilderten Leben. Basta, so lang er noch im Lande war, und die Sendboten Rudolfs Hans von Molart, Nikolaus von Burghauß, Georg Hoffmann, Karl Imhof führten die oberste Verwaltung; den 25. Juli 1604 ernannte Rudolf auch Huet zum Rat derselben. Aber alle vermochten die Leiden des

Volkes nur wenig zu mildern. Der Kaiser in der fernen Burg in Prag hatte kaum mehr als tröstende Worte. Als der Rat von Schäßburg ihm klagte „in was Elend, Hunger und Not sie durch den Krieg und das Kriegsvolk gebracht seien" und „höchlich um wirkliche Hilf" flehte, antwortete Rudolf (1. Juni 1604), daß dergleichen Bedrängnisse Früchte des Kriegs seien und er allerdings „um der erzeigten Treue und Gehorsams willen ein sonder gnädiges Mitleiden" mit ihnen trage. Indessen ermahnte er sie gnädigst, nicht allein in der geschworenen Treue zu verharren und den jetzigen beschwerlichen Zustand etwa noch zu ertragen, sondern auch zu trachten und zu helfen, wie man zu schleuniger Bezahlung und Herausbringung des beschwerlichen Kriegsvolks gelangen könne. So groß war die Not des öffentlichen Schatzes, daß Huet mit Krauseneck schon im August desselben Jahres von der sächsischen Geistlichkeit ein Darlehen von 15.000 Gulden forderte und eine „Liebesgabe" von 5000, dazu achtundvierzig Zugochsen an das schwere Geschütz und sechs bespannte Pferdewagen für das andere Kriegsgeräte. Und doch hatte Basta schon 1603 selbst bekannt, daß noch gar viel Steuerrückstände außen stünden „wegen Armut des Volkes" und sie nicht finden könnten, soviel sie auch nachgefragt, daß zur Erhaltung der Landesbesatzung, die 500.000 Gulden erfordere, viel über 100.000 möchten zusammengebracht werden können, ja wenn Geld und Kriegsvolk vorhanden, dieses doch mit Proviant vom Lande nicht könne erhalten werden. Also sei dieses verwüstet und verödet, Dörfer und Flecken abgebrannt, Volk und Vieh darniedergehauen, weggeführt, gestorben und verdorben, die Straßen unsicher, Gewerbe, Handel und Wandel gefallen. Die Sachsen selbst klagten, daß nur „eine gräuliche Wüstenei vorhanden, in welcher sie nicht leben könnten", es sei denn, daß die römisch-kaiserliche Majestät „mit gottseligen, großmilden und barmherzigen Augen allergnädigst auf uns armes geplündertes und verderbtes Volk schaue."

Daß das geschehen werde, hoffte die Nation allerdings. Sie gedachte des erhebenden Trostbriefes, den ihr Rudolf vor wenigen Jahren geschickt und entschlug sich des Hochgefühls nicht „beständig in der Treuheit beharrt zu sein." Nun „da die Rebellischen im Land wieder bezwungen worden", rechnete sie zuversichtlich auf Linderung der großen Not und unterlegte ein dahin gehendes Gesuch den kaiserlichen Sendboten mit der Bitte es bei Ihrer

Majestät fördern zu helfen, was sie, wie es sich treuen Untertanen
zieme, mit allerlei Diensten Willens seien "zu beschulden." "Zum
allerersten, dieweil vor allen Dingen das Reich und Wort Gottes
zu suchen sei", baten sie um Schutz ihrer Religion, daß Ihre
Majestät "unserer sächsischen Nation das Augsburgische Bekenntnis
ganz frei und ungehindert wolle lassen bleiben, samt allen Kirchen
und Schulen", ebenso deren Güter und Einkommen samt allem
Besitz und den Rechten der Geistlichkeit. Darauf, daß der Kaiser
der Sachsen alte Freibriefe bestätige, wie auch Ferdinand und
Maximilian getan, insbesondere daß sie auch fortan eine
Gesamtheit seien, die ihre Landtage habe in alter Gewohnheit
und unter einem Haupt stehe in Hermannstadt, ebenso daß sie
ein unvermischtes Volk bleibe, unter dem fremde Nationen nicht
wohnen dürften. Andere Bitten gingen auf Abschaffung alten
Druckes und Linderung der gegenwärtigen Not: daß man die
seit Stephan Bathoris Zeit von den Fürsten gepachtete und
zum Teil an den Adel geschenkte Zehntquarte wieder zurückstelle,
daß man der Plage adeliger Einlagerung wehre, einige Jahre
den Zins erlasse, da das ganze Volk verarmt sei, indem die
sächsischen Dörfer sehr verbrannt worden und die Gewerbschaft
lang stille gestanden und anderes der Art. Für Hermannstadt
baten sie vor allem um Vermehrung der Befestigungswerke und
genügendes schweres Geschütz, auch um Unterstützung in der
damaligen Geldnot, da die Stadt zweimal in langwieriger
Belagerung dem hochlöblichen Haus Österreich Treue geleistet
habe mit merklichem Schaden.

Die frohen Erwartungen, die die Sachsen von der Bitte an
des Kaisers Majestät hegten, würden bedeutend gesunken sein,
hätten sie das Gutachten gelesen, das Basta, Molart und Burg=
hauß dazu schrieben. Die Religion zwar rieten sie ungekränkt zu
lassen, jedoch ohne Ausschluß der Katholiken von Ämtern und
Würden: aber schon die Bestätigung der alten Freibriefe befür=
worteten sie nicht geradezu; "die Privilegia werden sie zeigen,"
sprachen sie, "und wird sonderlich rühmlich sein, Euer Majestät
Vorfahren Privilegia zu konfirmieren." Daß die Sachsen eine
Gesamtheit bildeten, sei nicht zu widerraten; was aber die Ver=
sammlungen anbelange, könnten sie ein oder zwei im Jahre haben,
"die Kontributiones und anderes zu dirigieren"; andere solle der
Hermannstädter Bürgermeister nicht berufen dürfen, er habe denn

zuvor dem Gubernator die Ursachen angezeigt und Erlaubnis
erlangt. Dagegen erkannte Basta mit den kaiserlichen Räten für
„billig", daß unter den Sachsen die „teutsche Nation" das ausschließliche Bürgerrecht habe; es solle, „wo etwa Hungarn oder
Fremdde eingerissen, Ordnung gemacht werden, daß künftig keine
mehr angenommen würden", die bereits Seßhaften ihre Kinder
in der deutschen Sprache erzögen, Recht und Stadtbücher überall
deutsch gehalten und die ungarischen Priesterstellen mit Deutschen
besetzt würden. Alles hinwieder, was auf Steuernachlaß und
Staatsunterstützung ging, wurde abschlägig begutachtet; weil des
Landes Einkommen ohnedies gering, hieß es, „alß sind sie hierin
zur Gedult zu ermahnen: gute und friedliche Zeit unter Euer
Majestät Regiment würde alles ersezen und einbringen." „Die
Hermannstädter belangendt," schrieben sie, „ist nicht ohne, was
sie sagen und ist eine schöne feste Stadt; wie aber dieselbige zu
befestigen, gehöret Geld darzue, welches künftige Zeit kann geben."

Ähnlich waren die Ratschläge, welche Basta, Molart und
Burghauß dem Kaiser über die Ordnung der siebenbürgischen Angelegenheiten überhaupt gaben. Ehe die Stände den Eid der Treue
geleistet, berichteten die Kommissarien, hätten sie begehrt, daß Basta
und die an des Kaisers Statt seien, statt deßselben schwüren, das
Land bei seinen Privilegien und Ordnungen zu schützen; das aber
sei ihnen rund abgeschlagen und sie erinnert worden, „daß anizo
gar andere tempora (Zeiten) wären, sie auch mit viel anderer
Gelegenheit zum Gehorsamb gebracht als zuvore." Ferner hätten die
Stände auf dem Landtag mit allem Fleiß versucht, aus ihren
Forderungen und der Kommissarien Antwort Artikel zu machen,
die dann bindende Kraft für beide Teile hätten, was aber einem
solchen Volk und Land, das mit so vielen Unkosten und meist
mit dem Schwert in der Hand erlangt worden, auch „wegen der
übel affektionierten Gemüter" nicht könne eingeräumt werden, so daß
man künftig mehr per decreta et placata (Verordnungen und
Befehle) mit ihnen handle, als sich ihren Artikeln unterwerfe.
Darum seien auch die Landtage künftig zu vermeiden, um dadurch
diesem wankelmütigen Volk alle Mittel zur Empörung abzuschneiden. Dringende und größere Fälle könne der Gubernator
mit seinem Rat verhandeln und was der beschließe, den einzelnen
Ständen jedem für sich und insbesondere auftragen und den
Anfang bei der Nation machen, die ihm die willigste dazu scheine.

Werde das nur zwei- oder dreimal also gehalten, was im Augenblick leicht geschehen könne, da der Adel geschwächt und die andern
Stände mit ihm nicht einig seien, so könne man später hievon
argumenta und exempla (Beweis und Beispiel) nehmen, daß
der alte Modus vergessen werde. Für die oberste Landesverwaltung, die Statthalterschaft, schlugen sie die Einsetzung eines
Statthalters mit einem Kanzler und neun Räten vor. Die zweite
Stelle im Rat habe der katholische Bischof, dessen Wiedereinsetzung sie dringend rieten — er könne „zu mehrerer Fortpflanzung" der deutschen Nation auch ein Deutscher sein —; vier
Stellen solle man an ungarische Magnaten und ungarische
Adelige geben; zwei könnten an Sachsen verliehen werden, deren
eine „weil die Hermannstadt zuvor und anizo am meisten ihre
Treue bewiesen, aus sonderlicher kaiserlicher Gnade alzeit der
Königs-Richter zur Hermannstadt", den gleichfalls der Kaiser
einsetze, haben möge, während der Statthalter den zweiten aus
den andern sächsischen Städten nehme. Die letzten zwei Stellen
könne man mit Szeklern besetzen; oder wenn man Bedenken
trüge, sie in solchen Rat zu ziehen, könne man fremde Hauptleute
des Volkes, oder Sachsen oder andere Deutsche dazu nehmen.
Überhaupt werde es nötig sein „zur Verhütung künftiger alteration" (Änderung) nicht nur alle Ober- und Vizegespane in den
Komitaten einzusetzen, sondern auch alle Richter und Räte,
welche die Städte erwählten, zu bestätigen, dazu in die sächsischen
Städte, sonderlich nach Klausenburg und Kronstadt, „welche vor
andern zur alteration geneigt", „Stadtanwälde" zu verordnen,
wie zu Wien, Prag und in andern Städten in Böhmen seien,
Hermannstadt aber mit diesem zu verschonen zu einem Gedächtnis
ihrer Treue und weil der Kaiser dort allein nach altem Brauch
einen Königsrichter einsetze. Im ganzen solle man in der Bestätigung der sächsischen Freibriefe auf heilsame Rückhalte und Klauseln
nicht vergessen und die königlichen Rechte, die Bestätigung der
erwählten Richter und Amtleute, auch die Einsicht in den innern
Haushalt sich vorbehalten, obschon Basta gesteht, „daß die meisten
Städte und Gemeinen in vorigen turbis (Unruhen) sich in guter
devotion (Gehorsam) kegen Euer Majestät befunden." Vor allem
rät er, so viel möglich die deutsche Volkszahl im Land zu mehren,
deutsche Einwanderungen und Niederlassungen zu unterstützen,
der vorhandenen Deutschen Gewerb und Handel zu fördern,

damit durch solche Mittel das verwüstete Land „wieder in Aufnahme komme", das selbst jetzt zur Zeit des Friedens 1500 Fußknechte und 1000 Reiter Besatzung brauche, ohne die erforderlichen Kosten dafür, 500.0000 Gulden jährlich, bei seiner Armut aufbringen zu können.

Auch der Bischof Demetrius Napraghi rühmte in einem gleichzeitigen Bericht an den Kaiser die Sachsen als ein nützliches Volk, als „die Blume Siebenbürgens" und die Schatzkammer des Fürsten. Ihre Steuern und Abgaben würden später leicht 100.000 Taler eintragen. Nur seien sie alle aufs eifrigste der lutherischen Irrlehre zugetan und in diesen wirrvollen Zeiten könne man nichts dagegen tun; doch werde Gott den Tag geben, daß, wenn wieder Ruhe herrsche unter des Kaisers Schutz, der alte Glaube aufs neue triumphiere.

Diese Zeit schien unter Bastas Verwaltung bald kommen zu wollen. Er führte die Jesuiten wieder nach Siebenbürgen zurück; aus Klausenburg, wo ihnen Schule, Kirche und Pfarre eingeräumt worden, warfen sie die verlangenden Blicke in das Sachsenland. Sie fingen an die freie Wahl der evangelischen Pfarrer zu beanstanden; Georg Ratz vertrieb diese von einigen Dörfern, die er zum Geschenk erhalten, hinderte die Predigt des Evangeliums und riß die Kirchenschlüssel an sich. Als aber Bischof Matthias Schiffbaumer vor Basta klagte, schirmte der durch strengen Befehl vom 2. März 1604 die Freiheit der evangelischen Kirche, deren Geistliche Seiner Majestät immer treu geblieben wären.

So gut wurde es den Protestanten in Ungarn nicht. Obwohl der größte Teil der Städte und des Adels der reformierten oder evangelischen Kirche angehörte, verbot Rudolf die freie Religionsübung und erneuerte die alten Strafen gegen Alle, die nicht katholisch waren. Im Januar 1604 nahm sein Feldherr Belgiojoso die evangelische Kirche in Kaschau mit Gewalt und vertrieb die Prediger. Diese und andere Bedrückungen riefen in Ungarn einen Aufstand hervor, der bald fast im ganzen Land in hellen Flammen loderte und den Feuerbrand auch nach Siebenbürgen warf. Zürnten doch auch hier so viele Herzen über den Sturz der alten Verfassung und seufzten unter der Not des Tages! Ein großer Teil des Adels war vor Bastas Zorn geflohen und stand unter den Fahnen des Aufstandes in Ungarn; ja an die Spitze desselben wurde ein Siebenbürger Stephan Botschkai

Die Bedrückung der Protestanten. Botschkai.

erhoben. In großer Versammlung in Szerentsche riefen sie ihn zum Fürsten von Ungarn und Siebenbürgen, der Walachei und Moldau und zum Grafen der Szekler aus (17. April 1604). Die Türken erkannten ihn an; die kaiserlichen Truppen wurden geschlagen. Von den Fahnen der Sieger strahlte statt des Marienbildes das Bibelwort: Wenn Gott für uns ist, wer will wider uns sein, und in ihrem Lager erklang ins Ungarische übertragen Luthers Lied: Ein' feste Burg ist unser Gott!

In Siebenbürgen fand die Erhebung unter Adel und Szeklern freudigen Anhang. Grade in jenen Tagen war Basta nach Ungarn gezogen (März 1604); Truppen blieben wenige zurück und diese in gewohnter Weise eine schwere Last selbst der treuen Bevölkerung. So waren die Sachsen fast schutzlos dem neuen Sturm preisgegeben und wieder auf die eigene Hülfe angewiesen. Aus dem Lager von Rakosch forderte sie der Großwesir Mehemed Pascha (19. Oktober 1604) zum Abfall auf in Anbetracht des von der ungarischen Nation noch mit Soliman geschlossenen Bündnisses und des unter dem deutschen Joch erlittenen Elendes; träten sie nicht zu Botschkai über, so werde er befehlen, daß man in den sächsischen Städten keinen Stein auf dem andern lasse. Inzwischen verfügten sich die kaiserlichen Kommissäre von Klausenburg nach Hermannstadt, dessen Mauern und Bürgertreue mehr Sicherheit boten und forderten die Sachsen auf, gegen die bereits im Land streifenden feindlichen Scharen 1000 oder doch mindestens 500 Fußknechte ins Feld zu stellen. Einen ähnlichen Aufruf erließen sie an die Ungarn und Szekler; die Antwort dieser war, daß sie den 22. Februar 1605 in Szereda zusammentraten und einmütig Stephan Botschkai zum Fürsten wählten. Einen Monat früher hatte er an die Sachsen geschrieben: Wie er nicht das Verderben, sondern die Rettung des Landes wolle; daß sie sich nicht ausschlössen von der allgemeinen Befreiung und nicht die Letzten seien; er werde ungern das Schwert gegen sie ziehen, doch dazu gezwungen sein, wenn sie des Vaterlandes Wohl hindern wollten. Die Sachsen widerstanden dieser und den folgenden Aufforderungen des siegreichen Mannes und die kaiserlichen Kommissäre sprachen ihre Zufriedenheit aus, wenn sächsische Städte ihnen die feindlichen Aufrufe zuschickten. „Demnach Ihr Euch," schrieben sie den letzten Januar 1605 nach Schäßburg, das ihnen Mehemed Paschas und Botschkais Aufforderung übersandt, „demnach Ihr Euch der schuldigen Pflicht und Treue, so Ihr Ihrer kaiserlichen Majestät geschworen, die Ihr auch bisher standhaft mit Euem sondern Ruhm und Lob geleistet, zu erinnern habt, als wollet Euch dergleichen Anmutungen nichts irren noch anfechten lassen, sondern bei Ihrer kaiserlichen Majestät beständig verharren und halten. Solches gereicht Euch zu mehrerem Lob und gutem Namen und werdens Ihre kaiserliche Majestät mit allen kaiserlichen Gnaden zu erkennen gnädigst eingedenk sein". Dagegen konnte Basta den Kronstädtern, die nach Eperies Abgeordnete an ihn schickten mit der Anfrage, wie sie sich zu verhalten hätten, keine befriedigende Antwort geben. Daß Georg Ratz aus der Walachei mit einigen Truppen der kaiserlichen Sache zu Hülfe kam, entschied nichts. Die Gefahr wurde immer größer und wundersam — in der ersten Reihe des treuen Volkes für den andersgläubigen fernen Herrscher stand die sächsische Geistlichkeit. Aus dem Feldlager von Menschen forderten die Stände (6. April 1605) den Hermannstädter Rat auf, das Volk möge seine Pfarrer verlassen und mit ihnen Bündnis schließen.

Da es nicht geschah, mußten die Waffen entscheiden. Eine Gesandtschaft, welche die Universität im März 1605 an Botschkai schickte, war fruchtlos. Hermannstadt und die Nation rüstete — innerhalb eines Jahrhunderts nun schon zum wievieltenmal für ihren Kaiser? Vor dem Burgertor hatte Huet in Aussicht der Dinge, die da kommen sollten, eine neue Bastei angelegt, obwohl die Stadt nur in den Jahren 1600 und 1601 eine Mehrausgabe von 11.655 Gulden 36 Denaren gehabt und im Jahre 1604 abermals 4480 Gulden 96 Denare mehr ausgab als einnahm. Inzwischen entbrannte der Parteigängerkrieg mit seinen zahlreichen Gräueln im Lande. Botschkaische Führer erhoben sich in demselben; die Ungarn und Szekler fielen ihnen zu. Das glaubten die kaiserlichen Kommissäre in Hermannstadt nicht, „bis ihnen gleichwohl der Glaube in die Hände kam." Unter ihrem Einfluß konnten die Sachsen dem Drang der Verhältnisse nicht nachgeben, wie sie sich denn auch bisweilen nicht vorstellen konnten, „daß ein Edelmann, wie der Botschkai vor diesem gewesen, sollte seine Sache wider einen so mächtigen Kaiser ausführen". Zu nachhaltigem Widerstand aber, das wurde bald offenbar, war man zu schwach. Es fehlte an Zusammenhang und Einheit; die kaiserlichen Kommissäre entwickelten keine Tatkraft; kein großer

Mann trat mit Entschiedenheit an die Spitze; die alte Glut
todesmutiger Begeisterung flammte nicht mehr so hoch auf, vielleicht
gedämpft durch die Erfahrungen und die Not der jüngsten Ver=
gangenheit. Der Gedanke „der Sachen Ausgang zu erwarten
und sich dahin zu kehren, wo das Glück hinschlagen würde",
wurde immer mächtiger und an Rüstung und Widerstand hatte
des Adels Drängen, der eine entschiedene Antwort wollte, bald
ebenso großen Anteil, als die Pflicht der Treue gegen den Kaiser.

Unter solchen Verhältnissen rückte Ende März 1605 Stephan
Kun mit 400 Haiduken gegen Mediasch und wurde mit Vertrag
in die Stadt eingelassen. Als aber die Bürger merkten, daß er
Böses im Schilde führe, riefen sie Georg Ratz, der in der Nähe
streifte, heimlich zu Hülfe, überfielen den andern Tag die Haiduken,
erschlugen einen Teil und verjagten die andern. Wie darauf
zahlreicher Szeklerzuzug zur Rache gegen Mediasch aufbrach,
unterhandelte Schäßburg mit Botschkais Kommissarien, Franz
Balaschi und Wolfgang Bethlen, und schloß Frieden unter ge=
wissen Bedingungen. Das sahen die Ungarn für Übertritt zu
ihrer Sache an; Schäßburg aber wollte auch fortan als auf des
Kaisers Seite angesehen werden und nahm von den kaiserlichen
Kommissären in Hermannstadt Briefe und Aufträge an. Inzwischen
wurde Mediasch fortwährend berannt, die ganze Umgegend ge=
plündert und so vielfacher Unfug geübt, daß es selbst die unga=
rischen Hauptleute jammerte, „wie das gottlose Kriegsvolk so
übel hause". Bei den steten Truppenzügen im Kokeltal abwärts
schwebte Schäßburg in nicht geringer Gefahr; die Stadt, die im
Jahre 1604 20.017 Gulden 79 Denare Ausgaben gehabt hatte,
schrieb um schleunige Hülfe nach Hermannstadt. Da wußten die
kaiserlichen Kommissäre „der Sache keinen Rat zu finden." Sie
baten den Adel und die Szekler um Waffenstillstand, bis man
sähe, welchen Ausgang die Sachen in Ungarn nähmen. Dort
waren Botschkais Waffen siegreich; im April kam Ladislaus
Gyulafi, den er zum Statthalter Siebenbürgens gemacht, mit
Truppen und Geschütz ins Land und schrieb auf den 8. Mai
einen Landtag aus, alle mit schweren Strafen bedrohend, die
ihn nicht beschicken würden. Gleichzeitig trat die Universität in
Hermannstadt zusammen und einigte sich mit den kaiserlichen
Kommissären über die Artikel, unter denen man sich Botschkai
ergeben wolle. Abgeordnete, an deren Spitze der Kronstädter

Ratsmann Michael Weiß stand, überbrachten sie Gyulafi in das Lager von Epeschdorf. Die getrennten Gemüter der drei Stände fingen an sich zu nähern; da überfiel Georg Ratz von Mediasch aus, seinem Wort zuwider das Lager des sorglos gemachten Gyulafi (19. Mai) und sprengte es auseinander. Aber die Geschlagenen sammelten sich an der Grenze des Szeklerlandes wieder und ließen die nahen sächsischen Orte ihren Grimm fühlen. Mit Mühe hielten die Bauern in Denndorf Kirche und Burg gegen die räuberischen Rotten. Den 26. Mai brachen sie in die Unterstadt von Schäßburg, während man gerade über den Frieden unterhandelte und sich gegenseitig Geißeln gegeben und zündeten sie an allen Ecken an, des Willens in der Verwirrung die Burg zu nehmen. Schon hielt ein starker Haufe Reiter auf dem Hennerberg, bis das Geschütz aus den Türmen sie vertrieb, während die Fußknechte von den Bürgern blutig hinausgeschlagen wurden. Die Unterstadt aber sank in Asche. Auf den Trümmern ihres Glücks brach Uneinigkeit unter den Bürgern aus, die hier zu den Kaiserlichen, dort zu den Ungarn halten wollten, welche noch immer vor der Stadt lagen; mit Mühe einigten sie sich, weder die eine noch die andere einzulassen, sondern auf alle zu schießen, die der Stadt nahe kämen. Die Ungarn ließen sich das gefallen. Als aber einige Bürger die Streifzüge gegen sie nicht lassen konnten und heimliches Verständnis mit Georg Ratz anknüpften, drohten die Szekler voll Grimm der Stadt den Untergang und bewogen diese dadurch, Georg Ratz zu Hülfe zu rufen. Er kam (14. Juni) und nun ging „erst recht das gottlose Wesen" an. Bald hatten die Bürger in ihren eigenen Häusern kein Recht mehr und waren ihres Lebens nicht sicher; kaum wußte man, wer mehr zu fürchten, der Feind in oder außer der Stadt.

Der draußen war zum Frieden geneigt und die Bürger sehnten sich darnach, aber Georg Ratz wollte nicht abziehen. Da, als er nach geschlossenem Vertrag noch immer hartnäckig blieb, kam der Feind abermals mit großer Macht vor die Stadt und brachte Türken, Tartaren und Moldauer zum Beistand mit. Die Umschließung war so enge wie nie früher. Vom Kreuzberg warf das feindliche Geschütz in drei bis vier Tagen mehr denn fünfhundert Kugeln auf die Stadt, viele zwanzig bis fünfundzwanzig Pfund schwer. Ein Teil der Mauern lag in Trümmern; schon stürmten die Türken die oberste Schanze; schon hatten sie ihre Fahnen an dem Berge aufgepflanzt, da fiel die Besatzung heraus und schlug sie zurück; viele sanken unter den wohlgezielten Schüssen der Türme. Jenseits der Kokel von der Brücke bis zum Siechenhaus hatten sich die Szekler verschanzt, ein Ausfall aus der Stadt vertrieb sie. Die Friedensunterhandlungen, die inzwischen begannen, wurden immer von den deutschen Truppen gehemmt, die alle Häuser und Keller in ihre Gewalt genommen und das Leben in der Stadt unsicherer machten, als der Feind draußen. Die Bürger kamen auf den Gedanken sie zu überfallen und zu erschlagen. Wie sie den Ernst sahen, willigten sie endlich ein, daß die Stadt Frieden schließe. Den 9. September zogen sie ab unter dem Jubel der Bürger, die Gott dankten, daß nun „der jämmerliche Zustand" ein Ende habe.

Inzwischen hatten sich die kaiserlichen Kommissäre an Rudolf gewandt, um ihm die äußerste Not und Gefahr des Landes ans Herz zu legen. Johann Schirmer aus Hermannstadt zog mit der dringenden Bitte um schnelle Hülfe anfangs Juni 1605 nach Prag. Sie kam nicht. Da schrieben die Kommissäre den 1. Juli an den kaiserlichen Hauptmann nach Fogarasch von der Notwendigkeit eines Waffenstillstandes, weil alle Mittel zum weitern Krieg fehlten. „Aus Anbetracht der geringen Zahl unseres Kriegsvolks", teilten sie ihm mit, „wollen die Sachsen durchaus weder von weiterm Kampf noch von Aufgebot etwas hören, viel weniger Geld dazu geben. Weil auf unser vielfältiges Ansuchen in so langer Zeit weder vom kaiserlichen Hof, noch vom Grafen Basta eine Unterstützung an Geld oder an Kriegsvolk gekommen ist, die Feinde aber immer gewaltiger werden und die größte Gefahr uns vor Augen schwebt, haben die Sachsen mit den Unsrigen ihre Gesandten heute Nacht zum Gyulafi ins Lager geschickt. Jedoch sind sie zuvor von uns dringend ermahnt worden, des Eides, den sie dem Kaiser geschworen, eingedenk zu sein." Aber Gyulafi wollte nur unter der Bedingung Waffenstillstand schließen, wenn die sächsische Nation Botschkai als Fürsten anerkenne. Sie tat es den 4. Juli 1605; nur Schäßburg mußte noch die Schrecken einer Belagerung aushalten, bis der Friede auch in seine Mauern einzog.

In Mediasch traten die Stände, als die Waffen ruhten, den 4. September zu einem Landtag zusammen. Die geistliche und

weltliche Universität hatte Abgeordnete hingeschickt, von welchen
Huet, sein Sohn Gregor und der evang. Bischof Schiffbaumer
Botschkai bei seinem prachtvollen Einzug mit Reden begrüßten.
Ohne Widerspruch wurde er zum Fürsten von Siebenbürgen
ausgerufen; den Sachsen sicherte er die Aufrechterhaltung ihrer
Freiheiten zu. „Selbst Gott würde uns nichts Gutes geben",
sprach er zu ihnen, „wenn wir Eurer Gnaden Dienste nicht
würdigten." Den Antrag auf Einziehung einer sächsischen Zehnt=
quarte wies er zurück, er wolle keine Neuerungen vornehmen.
Den Sachsengrafen Huet, dem Rudolfs Sendboten vor wenigen
Wochen gegen die Anfeindungen „böswilliger Verläumder" das
ehrenvolle Zeugnis ausgestellt, „daß alle seine Ratschläge, Reden
und Taten dahin abgezweckt, Seiner Majestät treu zu dienen",
ehrte er mit dem Geschenk eines kristallenen Pokals im Wert
von zweihundertfünfzehn Dukaten.

So war endlich wieder Friede im Lande; „Gott allein die
Ehre" prägte Hermannstadt auf seine Münzen. Die kaiserlichen
Kommissäre nahmen Abschied vom Fürsten und verließen Sieben=
bürgen, mit Anstand bis zur Grenze geleitet. Nach achtzigjährigem
Kampfe, in dem das Abend- und Morgenland gestritten, wessen
Einfluß der herrschende in der Nordburg des untern Donaulandes
sein solle, hatte das Geschick, oder richtiger der Menschen Ver=
blendung und Leidenschaft für Konstantinopel entschieden; alle
Leiden und Opfer des kleinen deutschen Häufleins, das arme
Land den Strömungen abendländischer Entwicklung und Bildung
näher zu bringen, es dem Herrscherhaus zu erhalten, welches allein
Recht darauf hatte, waren vergeblich gewesen. Drei Menschen=
alter lang war Siebenbürgen fortan fast widerstandslos dem
türkischen Einfluß preisgegeben. Zwar setzte der Wiener Friede
(23. Juni 1606), in dem die Religionsfreiheit der Protestanten
in Ungarn gewährleistet wurde und Botschkai außer Siebenbürgen
mehr als achthundert Quadratmeilen von Ungarn erhielt, fest,
daß nach Botschkais erbenlosem Tod alles an die Krone von
Ungarn zurückfalle; aber der Artikel ging, wie einst der von
Großwardein, nicht in Erfüllung.

Huet überlebte den Fall von Habsburgs Herrschaft in
Siebenbürgen nicht lang. Häusliches Unglück, eine treulose Gattin,
trübte seine letzten Lebensjahre; er starb den 23. April 1607 im
einundsiebzigsten Jahr seines Alters, länger denn dreißig Jahre

Graf seines Volkes. Ein Vermächtnis von zweitausend Gulden an die Schule in Hermannstadt zeigte aufs neue den Freund der Bildung, der schon 1598 jene Anstalt durch eine neue Schulordnung fester gegründet und bereits früher ihre Büchersammlung vermehrt und geschmückt hatte. Nicht mit Unrecht zierte sein Bildnis die Pfarrkirche. Er starb der letzte seines Stammes. Sein Grabstein nennt ihn „den großen Komes der Sachsen" und unter der großen Orgel in der Kirche in Hermannstadt bewahrte an einem der Pfeiler eine Gedenktafel sein Wappen; darunter las man in lateinischer Sprache:

<blockquote>
Hieher begrub das Haus Huets den Teursten der Söhne;
Aber dem Tode fern lebt er im Lichte des Ruhms!
</blockquote>

34.
Vom Wiener Frieden bis zum Fall des Tyrannen Gabriel Bathori. Michael Weiß.
1606—1613.

<blockquote>
Wenn der Gedrückte nirgends Recht kann finden,
Wenn unerträglich wird die Last — greift er
Hinauf getrosten Mutes in den Himmel
Und holt herunter seine ew'gen Rechte,
Die droben hangen unveräußerlich
Und unzerbrechlich, wie die Sterne selbst . . .
Zum letzten Mittel, wenn kein anders mehr
Verfangen will, ist ihm das Schwert gegeben.
Schiller.
</blockquote>

Seltsames Verhängnis! So wenig wie Krieg und Waffengewalt vermag Eid und Friedensschluß Österreich in den langerstrebten Besitz der Fürstenkrone Siebenbürgens zu setzen. Die Geschicke des Landes haben sich noch nicht erfüllt und je näher das ferne Kaiserhaus dem Ziele zu stehen scheint, desto tiefer öffnet sich bald hier bald dort die trennende Kluft, die alle Pläne vereitelt. So geschah es mit den Aussichten, welche der Wiener Friede eröffnete, die selbst die Pforte im Frieden zu Sitvatorok (November 1606) anerkannte. Ebensosehr hiedurch als durch Botschkais Kränklichkeit schien der baldige Heimfall Siebenbürgens an Ungarn, das hieß hier an Österreich verbürgt.

In der Tat starb Botschkai, bevor das Jahr zu Ende ging, kinderlos in Kaschau (29. Dezember 1606). Den 22. Februar

1607 empfing das Grab im Dom zu Weißenburg den Leichnam; der Bischof und die Dechanten der Sachsen gingen unmittelbar vor dem Sarg, dem die Stücke des zerbrochenen Speers und des beilzerschlagenen Siegels in die Grube nachfolgten. Als dies geschah, hatte das Land bereits einen neuen Fürsten. Wie Botschkai einst dem Großwesir beteuert, als er ihm in Pest die Hand küßte: „Wir sind des Padischah Diener und dienen ihm nicht, wie mit Geld gekaufte und übel behandelte Sklaven aus Furcht, sondern durch seine Gnaden ihm verbunden von ganzem Herzen mit Freude und Liebe", so empfahl er dem Tode nahe seinen Anhängern, den Valentin Homonai zu seinem Nach=folger zu wählen, die Trennung Siebenbürgens vom Haus Öster=reich aufrecht zu erhalten und mit den Türken verbündet zu bleiben. Das letztere befolgten die Stände, das erstere nicht. Den 11. Februar 1607 wählten sie in Klausenburg den greisen Statthalter Sigmund Rakotzi wider seinen Willen zum Fürsten. Rudolf erkannte ihn an, nicht in der Lage aufs neue das Schwert zu ziehen. Wie aber weder Valentin Homonai noch Gabriel Bathori sich mit der Wahl zufrieden zeigten, dankte Rakotzi ab (Anfang März 1608) und zog sich nach Ungarn zurück, wo er bald darauf starb.

Da wählte der Landtag in der unitarischen Pfarrkirche von Klausenburg 4. März Gabriel, den letzten Sohn des altberühmten Hauses Bathori zum Fürsten. Im Namen der heiligen Drei=einigkeit schwor er, der Stände Rechte und Freiheiten zu achten und nach seinen Kräften zu schützen, nach den Gesetzen zu regieren und keine böse Neuerung einzuführen, so wahr ihm Gott helfe. Es war der ruchloseste Meineid und so half ihm Gott darnach.

In den Landtagsbeschlüssen jener Zeit heißt Siebenbürgen gewöhnlich das „arme Vaterland". Selten hat es den Namen mit vollerem traurigerem Rechte getragen, als zu Gabriel Bathoris Zeit. Achtzehnjähriger Jüngling, gewandt und tapfer, im Besitz überreicher Hausgüter, ermangelte er doch der ersten Bedingung der Menschengröße, der sittlichen Grundlage. Von jeher tollen unbändigen Sinnes war er „stolz, ehrgeizig, gottlos, meineidig"; als er die oberste Gewalt in Händen hatte, trat er um so un=gescheuter Gesetz und Sitte mit Füßen, „Siebenbürgens Pest", „ein Fürst nicht des Friedens, sondern des Aufruhrs", „ein Liebhaber aller Schelme und Dieberei" wie die Chronisten ihn

nennen, bald ein vollendeter Wüterich. Kein türkischer Pascha
hätte solche Willkürherrschaft geübt als er. Sie grenzt an Wahnsinn,
wie ihn denn die Türken selbst nur „den Narren" nannten.

Doch erkannte ihn die Pforte an und Rudolf in schwerem
Zerwürfnis mit dem eigenen Bruder mußte desgleichen tun. Die
Sachsen aber sahen der Zukunft voll banger Ahnung entgegen.
Ihre Zeitbücher haben nicht vergessen es aufzuzeichnen, wie der
Fürst in Klausenburg, als er mit seinen Landherrn die erste
Mahlzeit gehalten und über der Tafel gefragt, warum König
Johannes vor Zeiten die Hermannstadt belagert hätte, sofort selbst
darauf geantwortet: Die Sachsen brüsten sich mit ihrem Geld.
Als er gleich darauf hinzugefügt: Wer Siebenbürgen haben will,
der nehme die Schlüssel von Hermannstadt in seine Tasche und
er wird mit den Sachsen nach Belieben schalten können, habe
Balthasar Kornisch in prophetischem Geist heimlich zu den Um-
stehenden gesagt: Wahrlich, ihr Herren, dieser Bube wird uns
Siebenbürgen noch zugrunde richten.

Sein Wort fing bald an in Erfüllung zu gehen. Empört
über Bathoris zügelloses Leben verschworen sich die Häupter des
ungarischen Adels zu seinem Tod. Aber der Anschlag wurde
verraten; mit Mühe rettete sich die Mehrzahl der Teilnehmer,
darunter der Kanzler Kendi, durch die Flucht; Balthasar Kornischs
Haupt fiel unter des Henkers Hand auf dem Markt in Klausenburg.

Auch gegen die Sachsen zogen sich dunkle Gewitter zusammen.
Im Bewußtsein ihrer rechtlichen Stellung und ihrer Pflicht gegen
das Land zeigten sie sich nicht so gefügig als der Fürst wünschte.
Einem Bündnis mit der Moldau stimmten sie nur nach langer
Weigerung zu (1608). Als Bathori auf dem Landtag in Klausenburg (Mai 1609) widerrechtlich die außerordentliche Steuer von
25.000 Gulden forderte, widersprachen sie und verwilligten sich
zur Zahlung nur, als er gelobte, nie wieder eine ähnliche An-
gabe von den Sachsen zu verlangen. Doch begehrte er von der
Nation, als 1610 ein Bruch mit Ungarn drohte, ein Darlehen
von 100.000 Gulden, hundert sechsspännige Wagen und von
Kronstadt alle seine Lagerzelte; die Universität befriedigte ihn mit
einem Geschenk von 10.000 Gulden. Ob dieses Verhalten Bathoris
Herz mit Haß gegen die Sachsen erfüllt, wer kann es sagen?
Willkürherrschaft werde an ihnen den starken Gegner finden, mag
er eingesehen haben; Männern seines Wesens war der deutsche

Name an sich schon verhaßt; gegen Hermannstadt habe er insbesondere Rachegefühle gehegt, heißt es, weil er der Ansicht gewesen, sie sei Schuld an Andreas Bathoris Schicksal.

Im Spätjahr 1610 berief er den Landtag nach Hermannstadt. Bürgermeister war damals Gallus Lutsch, Daniel Malmer Graf der Sachsen. Dunkle Gerüchte gingen der Eröffnung des Landtags voran über das Schicksal, das der Stadt drohe; viele Edelleute, hieß es, hätten die Bürger gewarnt; als das Unglück eintrat, fehlte, wie das zu geschehen pflegt, auch der Verdacht nicht, Verräterei der Ratsherren sei mit im Spiel gewesen. Gewiß ist es, daß die Obrigkeit von Sorglosigkeit oder Feigheit kaum wird freigesprochen werden können.

Gegen Landrecht kam Bathori zum Landtag mit einem Heer von 20.000 Mann, das er gegen den Woiwoden der Walachei gesammelt. Als die Männer von Hermannstadt, die dem Fürsten bis Neppendorf entgegenzogen, die Menge des Volkes sahen, da wurde die heimliche Sorge laut; mit großem Geschrei und Unwillen brachte man die Kunde vor den Rat. Der aber trug Herrn Koloman Goßmeister, der Stadt Obristen auf, das Volk zu beschwichtigen; in den aufgeregten Straßen ritt er herum und stillte die Menge: es seien nur „Backesmären", man solle nichts glauben, sie hätten einen gnädigen Fürsten. So wurde „die schöne Stadt samt Weib und Kind und allem Gut dem Feind übergeben." Am Sonnabend vor dem zweiten Adventsonntag, den 11. Dezember 1610 zogen sie ein, eine lange Reihe in eng geschlossenen Haufen, viele voran versteckt auf großen Rüstwagen. Noch jetzt wollte das Volk, Schreckliches ahnend, das Tor sperren, die Schlagbäume niederziehen: die Amtleute ließen es nicht zu unter dem steten Geschrei der Truppen, der Fürst sei noch zurück. Wie der am Schluß über die Zugbrücke ritt, soll er mit lachendem Mund zu seiner Umgebung gesagt haben: das hätten wir nimmermehr geglaubt!

Die drei ersten Tage gingen ohne Feindseligkeit vorüber; die Stadt bewirtete ihren Fürsten. Nach Verfluß jener Zeit ließ Bathori den Rat vor sich fordern und begehrte die Schlüssel der Tore und Türme. Der Rat übergab sie „mit vielem Ach und Wehe"; die fürstlichen Söldner hielten fortan die Mauern besetzt. Da, sieben Tage nach seinem Einzug, klagte er vor dem Landtag Hermannstadt des Hochverrats an; sie hätten geratschlagt, ob man den Fürsten in die Stadt lassen solle; sie hätten Stephan Kendi 30.000 Gulden gegeben, ihn, Bathori, zu ermorden; sie hätten den walachischen Woiwoden Michael in das Land gerufen und dadurch Andreas Bathoris Tod verschuldet. Zur Verantwortung wurde niemand zugelassen; für die fürstliche Behauptung war falsches Zeugnis bereit; für dieses auch den Kronstädter Ratsmann Michael Weiß zu gewinnen hatte man umsonst selbst mit Todesdrohungen versucht. Die Bürger der Stadt wurden alle des Todes schuldig erkannt; später bezeichnete Bathori hundertsiebenundvierzig Männer, die für die andern mit dem Leben büßen sollten; endlich wollte er sich mit einem Lösegeld von 100.000 Gulden begnügen, das er mit Mühe bis auf die Hälfte ließ. Ein Landtagsbeschluß dankte dem Fürsten, daß er die Hermannstädter mit der wohlverdienten Strafe verschone und übergab ihm die Stadt für die Zukunft zur Residenz. Sie mit all' ihrem öffentlichen Gut und Besitz solle fortan der fürstlichen Kammer gehören, das Besatzungsrecht dem Fürsten zustehen, die Türme, Basteien, Zeughäuser mit den Waffen darin, mit Pulver und Kugeln und jeder Art Munition samt den Schlüsseln der Stadttore sollten sich unter den Händen Sr. Hoheit befinden, alle seiner Herrschaft unterstehenden Herren, Gespanschaften und Würdenträger des Landes „sowie nicht minder unsre Szekler Landsleute" hier ihre Häuser und Unterkunft haben. Während der An= und Abwesenheit des Fürsten sollten die Geistlichen seiner Religion in der Kirche ungehindert zu predigen befugt sein, die sächsischen Prediger ihren Gottesdienst so und auf eine solche Stunde anordnen, daß die Stunde der ungarischen Prediger dadurch nicht gestört werde. Am Sonntag vor Weihnachten (19. Dezember) mußten die Bürger bei Lebensstrafe Wehr und Waffen ausliefern; in hohen Haufen erhoben sich diese auf dem großen Ring und wurden unter die fürstlichen Söldner ausgeteilt, die schönern an Bathori übergeben. Tags darauf wurde das Rathaus geplündert, ein reicher Schatz an Geld und Geldeswert geraubt, ein unersetzlicher an alten Briefen und Schriften vernichtet. Was der wilde Haufe sonst noch an Schandtaten verübt, wer beschreibt es? Der Fürst ging in Tyrannei und Zuchtlosigkeit voran; wie der Hirt, so war die Herde. Wer von den Bürgern fliehen konnte, floh. Die untersten Stuben wandelten „die Bluthunde" zu Ställen um; aus den Fenstern steckten die Rosse die Köpfe heraus, während ihre Herren in den obern Gemächern schwelgten und tobten. Ein Sodom und Gomorrha nennen die Zeitgenossen die arme Stadt in mehr als einem Sinn. So nannte sie selbst der fürstliche Hofprediger Johannes Rettegi, dem das ruchlose Treiben das Herz rührte, daß er in öffentlicher Predigt Fürst und Volk um der „grausen Thrannei" willen strafte; mit demselben Maß würde man ihnen wieder messen. Als aber die Bürger dadurch Zutrauen zu ihm bekamen und ihm ihre Kleinodien anvertrauten zum Schutz vor den Räubern, da blendete das Gold auch seine Augen, so daß er die Güter heimlich nach Ungarn schaffte und nicht mehr herausgab. Wie man später erzählte, daß er vom Roß gestürzt und den Hals gebrochen, sahen sie es in Hermannstadt als Gottes gerechte Rache an.

Nach zwanzigtägigem Aufenthalt in der Stadt brach Bathori auf, um den unvorbereiteten Woiwoden der Walachei Radul Scherban mit Krieg zu überziehen. Eine starke Besatzung blieb in Hermannstadt zurück. Am Christtag stand der Fürst im Burzenland. Kronstadt zitterte vor dem Schicksal Hermannstadts. Bei zweimaligem Aufenthalt in ihren Mauern hatten die Bürger Bathoris wüste Weise schon kennen gelernt. Darum versuchten sie es mit einem Geschenk von 2500 Dukaten an des Fürsten Rat Imrefi; 4500 erhielt der Fürst selber; es gelang, er kam nicht in die Stadt. Von Zeiden aus ging er den 30. Dezember über das Gebirge. Von Kronstadt mußten sie Lebensmittel nachführen und Pulver und Blei, ja von Haus zu Haus sammelte man zinnerne Gefäße zu Kugeln; es erwachte der Gedanke, man wolle die Stadt von Verteidigungsmitteln entblößen. Wie Bathori nach drei Monaten heidnischen Wütens aus der Walachei, woraus er Radul vertrieben, im März 1611 zurückkehrte und drei Tage in Kronstadt praßte, schenkte er der Stadt vier eroberte Feldstücke; seine Söldner plünderten dafür in der Umgebung.

Durch seine Erfolge ermutigt, gedachte Bathori Kronstadt (und darauf Bistritz) das Schicksal Hermannstadts zu bereiten. Hätte er es erreicht, so wäre die ganze Nation der Unterjochung wohl schwerlich entgangen. Ob sie dann ihre Stellung in der Reihe der Stände behauptet hätte, mag billig bezweifelt werden. Die Wünsche der Männer von 1591 hätten unter dem eisernen Arm des Gewaltherrschers in Erfüllung gehen können; das Land wäre um sein freies Bürgertum, um seinen deutschen Kulturstamm gekommen. Daß das nicht geschah, verdankt man dem Mut Kronstadts und dem Geist des Mannes, der damals seine Seele war, Michael Weiß.

Michael Weiß, geboren den 13. Januar 1569, ist der Sohn des Mediascher Bürgermeisters Johannes Weiß und Gertruds, der Tochter des Mediascher Ratsschreibers Laurentius Wolf. Der Vater Johannes Weiß war in Eger geboren und hatte höchst wahrscheinlich um des Glaubens willen sein Vaterland verlassen müssen. Im siebzehnten Jahr verlor Michael Weiß durch die Pest (1586) in acht Tagen Vater und Mutter; aus dem vereinsamten elterlichen Haus, wo Todesgedanken ihn umfingen, zog der Jüngling nach Ungarn, wo er bei dem kaiserlichen Befehlshaber in Szathmar, dem Grafen Hardegg, Schreiber wurde. Von da ging er nach Prag und diente in der ungarischen Kanzlei an Kaiser Rudolfs Hof mit solchem Eifer, daß ihn der Kaiser den 21. März 1589 samt seinen drei Brüdern und zwei Schwestern in den Adelstand erhob und ihm das Bild der Gerechtigkeit ins Wappen gab. Als er 1590 nach Siebenbürgen zurückkehrte, wählte er Kronstadt zum Wohnort. Mit Agnes, der Tochter des Stadthannen Andreas Kemmel vermählt, wurde er 1600 Ratsmann, 1608 Stadthann. Seines Kreises häufiger Abgeordneter auf Landtagen und Konfluxen, von den Fürsten wiederholt in Geschäften des Reiches und Hauses, in Botschaften nach Prag und Konstantinopel gebraucht, lernte er mit großem Scharfblick die öffentlichen Angelegenheiten und die Männer, die sie leiteten, kennen, wie kaum einer noch. Auch Gabriel Bathori schätzte den Kronstädter Ratsmann, der ihm zuerst seine Bestätigung durch die Pforte mitgeteilt hatte und übertrug ihm gern und mit Erfolg Gesandtschaften an den Woiwoden der Walachei und Moldau.

Durch seine Verbindungen am Hof, durch die Anträge, die man ihm in Hermannstadt gemacht, hatte Weiß Kenntnis von den Absichten des Fürsten, als dieser im Mai 1611 aufs neue ein Heer sammelte und die Heiducken aus Ungarn eingedenk des reichen Raubes zahlreich zu seinen Fahnen strömten. Bathori hatte den Landtag im April Krieg gegen den Woiwoden der Moldau beschließen lassen; nun hieß es gehe der Zug gegen Radul Scherban, der sich wieder in den Besitz der Walachei gesetzt und mit dem Woiwoden der Moldau verbündet hatte. Zum

Teil mit Hermannstädter Waffen versehen, rückten fürstliche Haufen unter Andreas Nagy und Johannes Elek den 11. Juni ins Burzenland. Raub und Schandtaten bezeichneten ihren Weg. Um so warnender stand Hermannstadts Schicksal da; zahlreiche Flüchtlinge der armen Stadt, die in Kronstadt Sicherheit gefunden, wiesen darauf hin, wie es besser sei ritterlich gestorben, denn so jämmerlich verdorben.

Andreas Nagy lagerte mit zweihundert Mann in der Altstadt; am 12. Juni gedachte er die Stadt mit List zu nehmen. Unter allerlei Vorwänden gingen seine Leute aus und ein, Wachen und Mauern zu erkunden; in den nahen Häusern der Altstadt standen mehrere Haufen fertig unter den Waffen; in der „Graft" hielt ein Trupp zu Roß. Während der Predigt kam Nagy mit etwa zwanzig Begleitern vor das Klostertor geritten und verlangte Einlaß. Plumpen Trugs wollte er einen Wagen aus der Stadt führen lassen; auf der Zugbrücke sollte etwas an demselben brechen, in der Verwirrung das Tor genommen werden und sein Volk von allen Seiten einfallen. Aber das Tor blieb verschlossen bis nach geendigtem Gottesdienst; der Wagen wurde auf der entgegengesetzten Seite zum „Purzentor" hinausgeführt; Nagy sah die Bürgerschaft vorbereitet und zog denselben Tag unmutig ab. Als der Rat, um es nicht ganz mit ihm zu verderben, einen reichen Wagen und ein kostbares Sechsgespann ins Lager nach Tartlau schickte, schöpften die Heiducken Verdacht, der Führer stehe im Einverständnis mit der Stadt und habe sie geflissentlich um die Beute gebracht; sie zwangen ihn zum Abzug nach Ungarn (18. Juni.)

Unter der hohen „Zinne" aber, in den belebten Straßen von Kronstadt wechselte Hoffnung und Sorge. Die Tore waren geschlossen, die Bürger unter den Waffen. Die Männer sannen, wie man sich verteidige gegen den Fürsten, der den Fall der Stadt, des Volkes Vertilgung oder doch jammervolle Knechtschaft wolle. Da, zwei Tage später, stand er selbst im Burzenland mit Heeresmacht; zwischen Zeiden und Weidenbach schlug er das Lager.

Wie niemand aus der Stadt zur Begrüßung des Fürsten hinauskam, ritt Imrefi des anderen Tages mit zweihundert Begleitern hinein. Ein „Stadtreiter" begegnete ihm: er möge nicht näher kommen, man werde ihn nicht einlassen; zürnend kehrte er um. Nun jeden Augenblick eines Überfalls gewärtig beschloß der Rat Gewalt mit Gewalt zu vertreiben und zur Verteidigung der

Stadt, der Weiber, der Kinder, der Freiheit der Väter das Schwert zu ziehen. Kannte doch das Landrecht jener Zeit eine Pflicht unbedingten Gehorsams gegen den — treubrüchigen Fürsten mit nichten und in der Beratung, die zum schweren Beschluß führte, mochten sie des Freibriefs gedenken, den Ladislaus, Ungarns König und Österreichs Herzog, ihnen gegeben, der die Sachsen der sieben und zwei Stühle und des Burzenlandes (sowie Klausenburg und Winz) zu einer untrennbaren Einheit vereinigt und alle ihre Rechte und Freiheiten für alle Zukunft sicherstellt; falls er oder seine Nachfolger dagegen täten, sollten solche Befehle kraftlos und ungültig sein und ihre Nichtbefolgung dürfe den Sachsen nicht zugerechnet werden.

Inzwischen vermied Kronstadt noch immer den vollen Bruch; die Stadt sandte Zufuhr ins fürstliche Lager, nur Heer und Führer wollten sie nicht in die Mauern aufnehmen. Dafür drohte Bathori Tod und Verderben; seine Söldner plünderten die Vorstädte, zerschlugen das Hausgeräte, verwüsteten die Felder, hieben die Fruchtbäume in den Gärten um. Das Lager wurde nach Tartlau verlegt dem Szeklerland nahe, dessen Söhne zahlreich in Bathoris Reihen standen.

Da in der äußersten Not sandte Kronstadt Boten über das Gebirge zu Radul Scherban, der bereits zum Krieg gegen Bathori gerüstet war und bat ihn um Hülfe. Der folgte dem Rufe; mit 10.000 Mann, darunter an 1300 polnische Reiter, kam er auf heimlichen Wegen in großer Stille über die Karpathen; in Kronstadt selbst wußten nur zwei oder drei Ratsmänner von seiner Nähe. Am 9. Juli morgens frühe kam ein Flüchtling zu Bathori: seine Vorhut im Tömöscher Paß sei erschlagen von des Radul Scherban Volk. Erschrocken rief der Fürst: „Ich lasse dich schinden, wenn du nicht die Wahrheit sprichst." „In einer Stunde wird dir der Glaube in die Hände kommen," entgegnete der Bote.

In der Tat stand schon am Morgen desselben Tages Radul unter dem Galgenberg vor Kronstadt. Aus der Stadt schickten sie Brot und andere Lebensmittel hinaus; denn die Truppen waren müde und hatten lange nichts gegessen. Im Bathorischen Lager aber waren sie schnell fertig, alle zu Roß und zu Fuß, und rückten über Petersberg heran, die Ermatteten zu überfallen. Radul zog sich der Stadt zu; vor St. Bartholomä hielten seine Haufen; die polnischen Reiter beschligte er zur Papiermühle in den Hinter=

halt. Die Kronstädter schickten einige kleine Feldstücke mit ihren
Büchsenmeistern zu Hülfe und mehrere Wagen voll Spieße. Gegen
Mittag stießen die Haufen auf dem Mittelfeld zusammen; Bathoris
Scharen in dreifacher Überzahl und mit solchem Ungestüm, daß
die Walachen an vielen Stellen wichen und der Stadt Graben
bald voll Flüchtlinge waren. Schon lösten Bathoris Truppen
die Reihen und fingen an zu plündern; der Fürst rief: „Unser ist
der Sieg"; da sprengten plötzlich in leuchtendem Glanz ihrer
Waffen die polnischen Reiter an und nahmen den Kampf wieder
auf. Die fürstlichen Truppen hatten sich verschossen, lähmender
Schrecken fiel über sie; mit Schwerthieben wurden die walachischen
Flüchtlinge von ihren Hauptleuten wieder vorgeführt; der Tag
endigte mit einer schweren Niederlage Bathoris. Von den Türmen
Kronstadts sah man die Nacht hindurch mehr als zwanzig Dörfer
im Szeklerland brennen, die die Sieger auf der Verfolgung des
Feindes angezündet. An 8000 Tote, nach Einigen noch mehr,
begruben in den nächsten Tagen die Kronstädter; auf den reifen
Kornfeldern fanden die Schnitter später noch viele Leichname,
deren manchen die Habsucht die goldenen Ringe von den ver-
wesenden Fingern gezogen. Sachsen waren insonderheit viele
gefallen, da Bathori sie in die Vorderreihen „zur Schlachtbank"
geführt. Sein böser Rat Jmrefi ließ das Leben im Sumpf bei
Petersberg; drei gefangene Feldhauptleute befahl der Woiwode
zu enthaupten; andere gefangene Edelleute, die sich nicht auslösen
konnten, erschlugen die Walachen.

Gabriel Bathori selbst entkam nur mit Mühe der Schlacht;
der Pole Schiffka hielt schon dicht an ihm, als ihn das Blei
aus dem Rohr eines fürstlichen Fußknechtes niederstreckte. Des
Fürsten Roß stürzte von einer Kugel getroffen; er entfloh auf
einem fremden. Von wenigen Reitern begleitet kam er nach Reps,
dessen Königsrichter David Weyrauch den Todmüden „wie seinen
gnädigen Herrn und Fürsten" aufnahm, speiste und labte und
mit den eigenen Pferden nach Hermannstadt führen ließ. Von den
fürstlichen Truppen wußte niemand, ob Bathori lebe oder tot sei.

Die Hermannstädter sollten es bald erfahren. Über die arme
Stadt ergoß sich der Strom seines Zornes. Binnen drei Tagen
forderte er 100.000 Gulden von ihr, sonst werde er alle niederhauen und den Hunden vorwerfen lassen. Da für die Geplünderten
die Summe unerschwinglich war, wurden Rat und Hundertmänner

aufs Rathaus gefangen gesetzt, die Häupter in den unterirdischen
Kerker geworfen. Wochenlang dauerte die Haft; als das Geld
zusammengekommen war, erklärte Bathori, daß er fortan alle
Bürger aus der Stadt verbanne, ausgenommen die Gewerbs=
leute, die ihm unentbehrlich seien. Eine ganze Nacht ritten die
Ungarn mit einem Ratsherrn in der Stadt herum und bezeich=
neten die, die vertrieben werden sollten. Am folgenden Morgen
trat die Gemeinde vor dem Bürgermeister zusammen; man verlas
die Namen; mit dem Stab in der Hand wandten sie der Stadt
den Rücken. Es war anfangs September; schon im Frühjahr war
die Unterstadt fast entvölkert gewesen; in mehreren Straßen hatten
die neuen Herren gepflügt; Hirsfelder erhoben sich, wo bis dahin
Menschen gewandelt. Auf der Stadt aber lastete schwerer als
alles die Gottlosigkeit, mit der Bathori und die Seinen jede böse
Lust stillten und daß mitten unter den Taten der Schande die
Schamhaftigkeit auch aus Kreisen entwich, — nicht immer zogen
sie, wie Herrn Johannes Balck schöne Ehefrau den Tod der
Sünde vor, — die früher reinere Sitte gepflegt.

 Gegen Hermannstadt zog sich nun der Kriegssturm dem
geflohenen Fürsten nach, der den Führer der Szekler Stefan
Bedö enthaupten ließ. Wäre Radul rasch gewesen, er hätte die
Stadt nehmen können. Aber er zögerte vor Kronstadt; seine
eigenen Truppen waren schwierig; die polnischen Reiter forderten
den Sturmsold, wozu die Stadt endlich 34.000 Gulden dargeben
mußte. Währenddessen zog Bathori mit großen Versprechungen
Szeklerhaufen an sich, auch einiger Adel folgte seinem Aufgebot,
an die Türken schrieb er um Hülfe. Als Radul den 1. August
vor Hermannstadt ankam, empfingen ihn Kanonenschüsse von den
— freilich zu andern Zwecken erbauten — Wällen. Gleichzeitig
rückte aus Ungarn des Königs Matthias Feldobrister Sigismund
Forgatsch vor dieselben. Der Palatin Thurzo hatte ihn gegen
Bathori geschickt, weil der Fürst Siebenbürgen verderbe, Matthias
darum das Land aus reinem Mitleiden in seinen Schutz nehme
und seine königlichen Ansprüche auf dasselbe erneuere. In
schnellem Zug hatte Forgatsch Klausenburg, Weißenburg, Mühl=
bach genommen und forderte alle Sachsen auf, sich in Matthias
Schutz zu begeben, was Kronstadt sofort mit Freuden tat.

 Doch die beiden Heere bedrängten Hermannstadt nicht mit
entscheidender Kraft. Sie knüpften Unterhandlungen an, während

deren Bathori die Gefangenen vom Rathausturm stürzen, an den Füßen aufhängen, von Rossen zerreißen, den Schießübungen seiner Trabanten zum Ziel dienen ließ. Bald kam die Kunde, türkische Scharen seien ins Land gefallen; den 22. August hoben Radul und Forgatsch ihr Lager auf; beide kamen nach Kronstadt. Forgatsch nahm die Bürgerschaft für Matthias in Eid und Pflicht, erhob 14.000 Gulden, versprach baldige Hülfe und zog aus Furcht vor dem Feind nach Ungarn ab; Radul eilte in die Walachei, wo sich ein Gegenwoiwode erhob; sechs Geschütze verpfändete er den Kronstädtern für 6000 Gulden; sie — waren wieder allein.

Nicht allein; die Türken waren durch den Bodsauer Paß hereingebrochen, hatten Tartlau und „die sieben Dörfer" geplündert und lagerten vor Kronstadt, das in Eile um sein Bergschloß einen neuen Wall warf und dem Ratsmann Georg Nadescher die Verteidigung übertrug.

Auf die Nachricht vom türkischen Zuzug brach Bathori schnell mit 7000 Mann auf; jetzt sollte die verhaßte Stadt seinen Zorn fühlen. Durch das Kokeltal ging der Zug. In Mediasch hatte Forgatsch 300 Söldner gelassen; sie übergaben die Stadt gegen freien Abzug (13. September); der Fürst ließ sie in Eisen schlagen und nach langer Knechtsarbeit in Hermannstadt in türkische Sklaverei verkaufen. Mediasch, obschon es sich mit 12.000 Gulden gelöst, wurde von seinen Truppen geplündert.

Als Schäßburg von der Nähe Bathoris vernommen, schloß es die Tore und lud die Stücke, deren eines es kürzlich von „Herrn Apafi" um 75 Gulden gekauft. Die Stadt hatte dem Fürsten den Gehorsam aufgekündigt, obwohl er ihr 1609 die drei Zehntquarten jenseits der Kokel geschenkt und war bereit zur Verteidigung. Der Ratsmann Lukas Seiler wurde ihm entgegengeschickt: er möge einen andern Weg „für sich fassen"; sie könnten ihm weder die Stadt öffnen, noch ihn neben derselben vorbei lassen. Da, in dem Augenblick der ernsten Entscheidung zeigte das Geschick wie zum Spott die lustige Seite. Der wackere Schäßburger Ratsschreiber Georg Kraus erzählt, wie „der arme Herr Lukas Seiler unterwegs seltsame Cornelios und Grillen gehabt, wie er dem Bathori seine Kommission solle anbringen, bis er sich endlich gänzlich entschlossen, ihm dieselbe absolute anzusagen." Als er in solchen Gedanken bis Dunesdorf gekommen und dort aus etlichen Konjunkturen oder vielmehr aus Furcht des Bathori

indispositum animum (schwer zu behandelnden Sinn) vermerket,
sei ihm der Mut entfallen und wie der Fürst ihn höhnisch gefragt:
Nun du Rotbart, werdet Ihr uns Einlaß gewähren zu Euch, habe
der arme erschrockene Herr Lukas Seiler vor Furcht nicht gewußt
was er geantwortet und ihn in die Stadt geladen. Wie der
Bathori, darob erfreut, da ihm der Rachen längst nach Schäß=
burg offen gestanden, nicht faul zum Folgen gewesen, habe der
Legat erst gedacht, was er getan, sich flugs gewendet und sei
ohne vor oder hinter sich zu sehen, zur hintersten Pforte gekommen,
allwo Ein Ehrsamer Rat mit Verlangen auf ihn gewartet. Der,
als er den Vorgang vernommen, habe den Legaten mit großem
Eifer und Zorn zurückgeschickt, den Bathori abzuweisen; wie aber
Lukas Seiler den Tod vor Augen unter der Steinley angelangt,
sei schon des Fürsten Vortrab bei dem „Steinenbild" gewesen,
worauf die aus „dem obersten Schanz" und dem Schneiderturm
Feuer gegeben, nicht achtend ob sie den Legaten oder den Fürsten
träfen. Als nun der Ratsherr aus der Kugeln Sausen gemerkt,
was dort auf den Türmen und Basteien „die Birn gelten", sei
er wieder zur hintersten Port zurückgekehrt, habe aber sein Lebelang
viele Stich= und Afterreden von männiglich hören müssen.

Ob solchen Ernstes ließ Bathori Schäßburg; sein Sinn stand
nach Kronstadt. Seinem Grimm zum ersten Opfer fiel Wolken=
dorf. Der Ort wurde geplündert, angezündet, die mutig verteidigte
Burg erstürmt, um den festen, bis zum letzten Augenblick ge=
haltenen Turm Stroh und Holz gehäuft und in Brand gesteckt.
An dreihundert Menschen verloren das Leben; die wenigen Ge=
fangenen kauften die Zeidner und Rosenauer frei. Auch Kron=
stadt erkannte des Fürsten Ankunft, als er die Lang=, Mittel=
und Hintergasse der Altstadt in Asche legen ließ.

Da ritt Michael Weiß auf die Höhe des Schloßberges, die
Lage der Dinge zu erkunden. Wie er dort das Roß anhielt,
traten einige Männer zu ihm und sprachen: Eure Weisheit tun
so gut und vergönne uns, daß wir hinunter gehen und scharmützeln
mit dem Feind, ob wir etwas bekommen möchten, denn wir sind
arme Gesellen. Weiß antwortete: Ihr habts für Euch, Ihr mögts
versuchen. Da liefen diese ins Feld hinunter, versteckten sich hin
und wieder in die Gärten, schossen einige Türken von den Rossen,
plünderten sie, schlugen etlichen die Köpfe ab und fingen Einen
lebendig, den sie an Weiß überantworteten. Dieser nahm ihn

wohl auf, labte ihn mit Speise und Trank und übergab ihm ein Schreiben an den Pascha, der vor der Stadt lag: warum er sie so bedränge; ob er das werde verantworten können vor seinem Kaiser? Da verlangte Homyr-Pascha, ein betagter Mann, der die Stadt bereits vergebens zur Übergabe aufgefordert, eine Unterredung mit dem Rat. Michael Weiß und Johannes Chrestels gingen hinaus; unter den Linden vor dem Klostertor saßen die Türken. Warum, sprachen sie, seid Ihr abgefallen von Eurem Fürsten und habt Euch an den Woiwoden Radul und an Sigmund Forgatsch geschlagen mit Verletzung der Treue, die Ihr dem türkischen Kaiser schuldig seid? Weiß entgegnete: von der Pforte abzufallen sei niemandem in den Sinn gekommen; nur gegen die unerträgliche Gewaltherrschaft Bathoris, der am Land meineidig geworden, habe man sich erhoben. Der Fürst wolle das Verderben des sächsischen Volkes, Hermannstadt lehre es; in der drängenden Not habe man die Hülfe genommen, wie sie gekommen, da die türkische zu weit abgelegen. Wie der Pascha dies und die andern Beschwerden der Sachsen erfuhr, sprach er: das sei ferne, daß ich dem Fürsten an der ungerechten Unterdrückung helfe, ich will zu meinem Herrn zurückkehren; zwei Tage später zog er mit seinem ganzen Heere ab. Es war den 25. September 1611. Bathori, nun allein zu schwach, ließ in unmäßiger Wut alle Vorstädte von Kronstadt niederbrennen — nur zehn Häuser blieben — und zog, das ganze Burzenland mit Feuer und Schwert verheerend, durch den Zeidner Wald nach Hermannstadt. An einem Tag war die Stadt von zwei feindlichen Heeren befreit; „dafür dem allmächtigen Gott allein Lob, Preis und Ehre in alle Ewigkeit," schrieb Weiß in sein Tagebuch.

Kronstadts Widerstand sollten die Sachsen büßen. Von Hermannstadt aus, den 1. Oktober 1611, zog Bathori, weil die Gesamtheit der Sachsen mit Ausnahme des Bistritzer Distrikts und des Repser Stuhls, er wisse nicht warum, Hochverrat an ihm, dem rechtmäßigen Fürsten begangen und dadurch alle Güter der Nation an ihn heimgefallen, die drei von dem Fürsten nicht in Pacht genommenen Zehntquarten ein, ausgenommen im Bistritzer Distrikt und im Repser Stuhl.. Der Landtag, der am 10. Oktober in Klausenburg zusammentrat, bestätigte die fürstliche Tat. Inzwischen hatte Schäßburg sich mit Bathori vertragen und einige tausend Gulden gezahlt; gegen das in die Acht erklärte Kronstadt gebot der Fürst die benachbarten Szekler und Rumänen auf, die ohne Unterlaß mit Streifzügen das Burzenland beunruhigten. Zwei Bürgerkompagnien, die eine zu Roß, die andere zu Fuß, sollten hier das Feld gegen jene halten und die bedrohten Teile schützen. Auch an den Palatin wurden Abgeordnete geschickt, er möge die durch Forgatsch versprochene Hülfe schleunig senden; als dieser sich Bathori geneigt zeigte, gingen sie zum König Matthias; aber Unruhen in der Moldau unterbrachen ihre Verbindung mit der bedrängten Stadt, von der, in der strengen Winterkälte der Verteidigung ihrer Burgen müde und von täglichen Einfällen der Szekler schwer heimgesucht, Marienburg, Brenndorf, Honigberg, Tartlau abfielen.

So brach das Jahr 1612 an; die Kronstädter wählten Michael Weiß zum Richter, wie er schon bisher die Seele des Ganzen gewesen war. Im Februar 1612 rief Bathori die drei Völker unter die Waffen, das ganze Land gegen die eine Stadt. Des Erfolges sicher, prägte der Fürst schon Siegesmünzen; über dem Bild Kronstadts zeigte die Rückseite einen geharnischten Reiter mit vielem Kriegsvolk. Die Kronstädter antworteten mit einer ähnlichen. Die Vorderseite hat in einem Lorbeerkranze das Wort des Psalmes: Er verläßt sich auf Wagen und Rosse, die Rückseite Kronstadts Wappen und die Umschrift: wir auf den Namen des Herrn. 1612.

Von Fogarasch aus entbot Bathori die Gemeinden des Burzenlandes zu sich unter großen Versprechungen für die Treuen, mit schweren Drohungen gegen die Ungehorsamen. Nur die abgefallenen Orte erschienen. In denselben Tagen wandte er sich auch an Weiß und forderte ihn mit zürnenden Worten zur Übergabe der Stadt auf; die Antwort desselben ist ebenso rührend durch die wehmütige Erinnerung an das alte bessere Verhältnis zwischen beiden, als erhebend durch den Ausdruck todesmutiger Überzeugungstreue, die es durchweht. Der „ehemalige getreue Diener" entbietet (27. Januar 1612) dem Gabriel Bathori Fürsten von Siebenbürgen, seinem „ehemaligen Oberherrn" Gruß und Dienste „sofern sie nicht mit dem Dienst Gottes und dem Wohl des Vaterlandes streiten." An ein horazisches Wort anknüpfend blickt er eingangs auf die Treue zurück, die er ihm gehalten, selbst als sein lieber Rat Jmrefi ihn, den Fürsten, heimlich gern habe töten wollen. Wie aber die Stadt Seiner Fürstlichen Gnaden

durch seine Grausamkeit und unermessene Feindschaft sei ent=
fremdet worden, habe er in offenem Weg ihm Abbruch zu tun
gesucht, weil er der Stadt gehöre und nicht sein eigener Herr
sei. „Daher bitte und flehe ich denn auch itzt, Euer Fürstliche
Gnaden geruhen von Fogarasch umzukehren und nicht zu Ihrem
eigenen Schaden und Spott herüberzukommen. Gott weiß es,
und Ew. Gnaden werden es, falls Sie herüberkommen, selbst
erfahren, daß Sie hier nichts ausrichten." Der Fürst möge
das Ergebnis der Gesandtschaften an die Pforte und nach
Ungarn abwarten, „alsdann werden wir, falls es Gott gefällt, daß
wir Euer Gnaden in die Hände kommen, unter Bedingungen, die
für beide Teile anständig sind, uns aufs neue Ew. Fürstlichen
Gnaden unterwerfen. Niemand kann sich etwas nehmen, es sei
ihm denn von Gott gegeben. Wollen Ew. Fürstliche Gnaden
diesem allem entgegentun, so können wir nicht dafür; wir aber
müssen uns an das halten, was uns Gott und die Natur ver=
liehen hat und Ew. Gnaden können uns das nicht verdenken."

„Dein Glück, mein Fürst," schließt Weiß, „fasse fest, es ist
schlüpfrig. Halte Lust und Vergnügen im Zügel, so wird es leicht
zu regieren sein. Wo keine Scham, keine Gerechtigkeit, keine
Gottesfurcht, keine Zucht und Ehrbarkeit ist, da ist das Reich
schwankend."

Weiß' Worte waren natürlich fruchtlos, ebenso vergeblich
aber auch die Versuche Kronstadt zu schrecken. Als Richter und
Rat von Marienburg im Februar hineinschrieben, der Königs=
richter von Reps lasse seine Vermittlung anbieten: der Fürst sei
mit großer Macht nahe; es werde gut sein, vor dem Schaden
klug zu werden und später möchte der Sache schwerlich zu raten
sein, erhielten sie die Antwort: „daß der Stuhlsrichter oder Königs=
richter von Reps sagt, wie viel Volk in ihrem Stuhl liegt, so mit
dem Fürsten und großem Geschoß auf uns kommen, irret uns
nicht; wir sind in den Sachen resolviert vom Größten bis auf
den Kleinsten und werden davon nicht abweichen. Wenn das
ganze Land auf uns kommen sollte, so haben wir, sie zu speisen;
die Herbergen um die Stadt und das fürstliche Kochhaus sind
angemacht, der Pfeffer liegt in den Mörsern und Stücken; komme
nur wer da kommen will, es soll an uns nicht mangeln. Denn
das ist gewiß, daß wir entweder ehrlich in unseren Freitümern
leben, oder ja ehrlich sterben wollen."

So rückte denn Bathori den 22. März 1612 durch den Zeidner Wald herüber und belagerte die Zeidner Burg, die hundertfünfundfünfzig Zeidner und fünfunddreißig Kronstädter, vom Rat hinübergeschickt, meist Studenten des Gymnasiums verteidigten. Einen Tag und eine Nacht beschoß er sie fruchtlos. Schon ging den Feinden Schießbedarf ab, da am dritten Tag nahmen die Zeidner den Frieden an, den ihnen Bathori bot und lieferten die fünfunddreißig Kronstädter aus, die sofort gehenkt oder in Pfähle gezogen wurden. Die Furcht und Zeidens Beispiel bewog Weidenbach und Neustadt, daß sie Bathori die Schlüssel entgegentrugen und ohne Schwertschlag ihre Burgen öffneten, die von den neuen Besatzungen geplündert wurden. Den 27. März zog Bathori mit all' seiner Macht vor Rosenau. Sieben Tage lang hallte der Donner seines Geschützes in den Schluchten des Königsteins und des Butschetsch wider, die großartigen Anblicks mit ihren grauen Gipfeln auf die Burg herniedersehen, welche die steile Höhe an der Südostseite des stattlichen Fleckens krönt. Da erhob sich unter den Verteidigern eine Partei, die aus alter Eifersucht Kronstadt haßte; Walachen, die man in die schützenden Mauern aufgenommen hatte, vereinten sich mit ihr; sie drängte zur Übergabe; den Richter Piter Durmes drohte sie gebunden an Bathori auszuliefern, wenn er nicht einwillige. Als dazu Mangel an Wasser eintrat — der tiefe Brunnen, dessen Erbauung die Sage Zwerghänden zuschreibt, bestand damals noch nicht — und die Botschaften der unterworfenen Orte zum Frieden rieten, übergaben sie die Burg den 3. April. Dem Vertrag zuwider wurden schon den folgenden Tag die Sachsen daraus vertrieben und fürstliche Söldner als Besatzung hineingelegt. Von Furcht bewegt, oder wie es heißt, von Gold bestochen, übergab am 5. April die Besatzung von Törzburg die starke Veste, die den Zusammenhang mit der Walachei erhielt und für uneinnehmbar galt. In gerechtem Zorn ließ der Rat von Kronstadt die Hauptleute David Horwath und Johannes Hanklichesser, Ratsmänner, die das Schloß übergeben hatten, auf dem Burghals spießen, nachdem dem letztern zuvor die rechte Hand und der linke Fuß abgehauen worden, weil er Haupturheber der Tat gewesen. Ein dritter starb am Galgen.

So hatte Bathori den oberen Teil des Burzenlandes bezwungen, der untere hatte sich früher ergeben, Kronstadt stand allein da. Siehe, da gereute die Honigberger ihre Tat. Als sie

sahen, wie der Fürst mit den Unterworfenen umging, wie des
Raubes und der Grausamkeit kein Ende war, schlossen sie ihre
Burg, griffen wieder zu den Waffen und schickten um Büchsen=
meister in die Stadt. Diese sandte kundige Männer hinaus,
darunter Hans Böhm, einen Maler, aus Böhmen gebürtigt,
einen tapfern und kriegserfahrenen Mann, der die Burg mit
großer Entschlossenheit hielt. Vierzig Klaftern lang hatte Bathoris
Geschütz die Mauern niedergeworfen und doch waren seine Stürme
vergeblich. Überdrüßig des Lebens im Felde hob der Fürst den
10. April die Belagerung auf und zog nach Hermannstadt, daselbst
Ostern zu halten. Aus dem Szeklerland und den genommenen
Burgen sollten Raub= und Streifzüge die Kronstädter beunruhigen.

Auch den Landtag berief der Fürst im Mai nach Hermann=
stadt, daß er Mittel schaffe, die aufrührerische Stadt zu bezwingen.
Die Stände, auf ihre alte Treue hinweisend, versuchten das Gemüt
des Zürnenden milder zu stimmen. Sie schickten Abgeordnete nach
Kronstadt aus allen drei Völkern, von den Sachsen den Bistritzer
Richter Georg Frank und David Weyrauch von Reps, den
Bathori zum Sachsengrafen ernannt hatte. Den 7. Juni kamen
sie nach Kronstadt und riefen die ganze Gemeinde in die große
Kirche zusammen. Dort fragten sie, ob sie Gabriel Bathori als
Fürsten erkennen wollten; alles Volk rief einmütig: nein. Wie
jene die Gefahr solches Entschlusses darstellten, erklärten sie, lieber
alles dulden zu wollen und blieben fest dabei. Gerade in jenen
Tagen hatten sie von Konstantinopel die Zusicherung baldiger
Hülfe bekommen. Im Herbst des vorigen Jahres hatte nämlich
Bathori einen seiner vermeintlichen Getreuen, Andreas Götzi, an
den Sultan geschickt um Hülfe gegen Kronstadt. Der aber strebte
selber nach dem Fürstenstuhl, klagte im Namen des Landes
gegen Bathori und erhielt große Versprechungen. Im Namen
des Sultans kamen Briefe nach Kronstadt, die dem Land geboten
von Bathori abzufallen; der Kaiser habe beschlossen, jenen bösen
und heillosen Baum abzuhauen. Also, sprach Weiß, könne man
des Sultan Befehlen nicht zuwidertun; er ermahne hinwiederum
die Boten, diese Gelegenheit, das Vaterland vom Tyrannen zu
befreien, nicht vorübergehen zu lassen.

Schäßburg hatte sich inzwischen an Matthias gewendet. Im
Auftrag des Rates ritt Valentin Bakosch von Hermannstadt mit
seinem Diener Kaspar Trompeter hinaus zum „römischen Kaiser",

daß er sich der unterdrückten Hermannstadt annehme. Nach mondenlanger Abwesenheit kehrte er mit des Kaisers Brief, der die Versicherung schneller Hülfe enthielt, zurück. Aber Gabriel Bathori hatte ihn in die Acht erklärt und in ganz Siebenbürgen und Ungerland den Befehl gegeben, daß man ihn fange, wo man ihn finde. Doch kam er ungefährdet bis nach Mediasch, wo er einen Tag oder zwei rasten wollte, Gott dankend, daß er nun unter den Seinen sei. Wie das der Stadt Bürgermeister Petrus Gotterbarmet erfuhr, gedachte er bei dem Fürsten sonderliche Gnade zu erlangen und setzte im Rat durch, daß man Bakosch fange. Doch der Ratsmann Johannes Schuller kam bei Nacht zum Gast und teilte ihm die drohende Gefahr mit. Dieser ließ am frühen Morgen satteln und ritt dem Forkeschgässer Tor zu. Das war verschlossen und der Bürgermeister hatte die Schlüssel. Da sprengte Bakosch nach kurzem Besinnen unter sein Fenster und begehrte in ungarischer Sprache die Schlüssel. Der Bürgermeister, vermeinend es sei ein Hofdiener Bathoris, reichte sie dar und rettete so seinem Feind das Leben. Denn als die Trabanten bald darauf „den Vogel ausgeflogen fanden", raufte sich Herr Gotterbarmet umsonst „für Wehmut fast die Haare aus dem Bart" und ließ dem Flüchtling nachjagen; der kam glücklich nach Schäßburg und verbreitete durch seine Botschaft Freude in der Stadt. Die Universität vergabte ihm später drei Reußner Zehntquarten zum Danke; er aber hochherzigen Sinnes schlug es aus, damit niemand sage, er habe solche seine Dienste um Lohn getan — — „eine unverständige Jugend," setzt der Chronist hinzu, „und wird künftig höchlich von ihm und seinen Kindern bereuet."

Aber die Hülfe, die Matthias versprochen, kam nicht. Der Palatin Thurzo und die ungarischen Magnaten begünstigten Bathori. Seinem Gold gelang es, auch die türkischen Paschen für sich zu gewinnen; Andreas Götzi kam nur mit 2000 Mann nach Kronstadt und auch diese wurden in den ersten Tagen feldflüchtig. Neue Gesandtschaften nach Konstantinopel — den 20. Juli gingen Petrus Kamner von Hermannstadt und Michael Jekel von Schäßburg hin — waren gleichfalls fruchtlos.

Im Burzenland dauerte der kleine Krieg fort mit wechselndem Erfolg; Kronstadt, das 400 Fußknechte und ebensoviele Reiter, Walachen und Rascier, in Sold genommen, machte Götzi zum Feldobristen. Am 5. August überfiel Hans Böhm von Honigberg aus die Brenndorfer Burg und nahm sie; der Verräter Matthias Quinten, der den Szeklern anhing, büßte mit dem Kopf. Der Versuch dieser, die Burg wieder zu nehmen, mißlang; ihr Führer selbst fiel vom Glöckner mit einer Hakenkugel zu Tode getroffen. Dagegen überraschten sie einen Streifzug der Kronstädter, der beutebeladen aus dem Szeklerlande zurückkehrte und sprengten ihn auseinander; an sechzig wurden gefangen. Ein heimlicher Überfall der oberen Vorstadt aber (22. August) mißglückte gänzlich; die Kugeln der Türme und die Schwerter der Ausfallenden trieben sie zurück; an Hundertfünfzig fielen oder wurden gefangen. Die Freude der Stadt mehrte, daß eine Woche später auch die Zeidner Burg wieder genommen wurde, die die Szeklerbesatzung nur nachlässig bewachte. Ja in der zweiten Woche Septembers konnte Götzi mit einem nicht großen Haufen Bürger und Söldner das feindliche Lager im Szeklerland überfallen und trotz des Widerstandes auseinandersprengen; er hätte, sprachen sie, die Burg von Illyefalva, wohin die Führer der Gegner geflohen, in der Überraschung nehmen können; aber, selber ein Szekler, vergaß er des Blutes nicht und führte unter nichtigen Vorwänden die streitlustigen Scharen zurück. Erschreckt durch einen Angriff auf Marienburg verließen bald darauf die Besatzungen von Weidenbach und Neustadt ihre Burgen; die Tartlauer vertrieben die Heiducken aus der ihrigen; fast das ganze Burzenland war vom Feind befreit.

Da zogen den 8. Oktober 1612 an 3000 Mann mit sechs Feldstücken aus den Mauern von Kronstadt, um einen entscheidenden Schlag zu tun, neben Götzi der Richter Michael Weiß, der, wie es scheint, nach jenen Vorgängen im Szeklerland dem Feldhauptmann nicht mehr ganz traute. Sie gingen über den Alt, nahmen Uzon und empfingen die Huldigung von Illyefalva. Die Szekler knüpften Unterhandlungen an, um Zeit zu gewinnen und mahnten inzwischen Bathori zur Hülfe; nun sei der rechte Augenblick da, die ganze Kraft von Kronstadt stünde im Feld. Wohl kam die Kunde hievon auch in das Lager der Sachsen; sie achteten derselben in ihrer Siegeszuversicht nicht. Und doch waren die Häupter Götzi und Weiß nicht einig! Jener drang auf Rückzug in eine feste Stellung; dieser mutiger als umsichtig fragte ihn: ob er wohl lang nicht in Kronstadt bei dem Kochtopf gesessen.

Da, Kronstadts Heerhaufe stand bei Marienburg, braußten plötzlich die Feinde wie im Sturm heran. Es war Dienstag, den

16. Oktober am Tag Galli. Götzi ordnete die Schlachtreihen; doch ohne einen Angriff auszuhalten, sprengten unversehens die walachischen Reiter fort, sei es aus Furcht, sei es aus Treulosigkeit, und rissen die rascischen Söldner, ja Götzi mit sich. Die Sachsen blieben allein und wurden, von den feindlichen Reitern im Augenblick umflügelt, großenteils erschlagen oder gefangen. Umsonst versuchte Weiß die Schlacht herzustellen; als er alles verloren sah, wandte auch er das Roß. Von einem einzigen Diener begleitet sprengte er der Stadt zu; im angeschwollenen Burzenfluß stürzte sein Pferd; die Feinde, die ihm auf den Fersen waren, hieben auf ihn ein; nach kurzer Gegenwehr war er zum Tod getroffen. Sein Haupt führten die Sieger nach Hermannstadt, für Bathori ein Gegenstand barbarischer Freude.

Unter den Gefallenen deckten auch neunundreißig Kronstädter Gymnasiasten die Wahlstatt. Vierzig waren ausgezogen in die Schlacht; der eine, der das Leben davontrug, verdankte seine Rettung den Wunden, die ihn unter den Leichen der Freunde den blut- und beutegierigen Blicken der Sieger entzogen. Noch heute zeigen sie dir auf der gesegneten Ebene, die leider mehr als einmal das Blut feindlicher Brudervölker getrunken, den „Studentenhügel", unter dem ihre Gebeine ruhen und erzählen leuchtenden Blicks vom Tod der Jünglinge. In den Herzen alles Volks aber widerklingt das Lied, das der treffliche Sänger (Fr. W. Schuster † 1914) singt:

> Bei Marienburg, bei Marienburg
>   Im leichenvollen Feld,
> Da nahm manch' guter Sachse
>   Abschied von der Welt.
>
> Bei Marienburg, bei Marienburg
>   Fiel Weiß im Kampf so schwer;
> Sein Name ist unvergessen,
>   Sein Grab kennt niemand mehr.
>
> An unbekannter Stelle
>   Im leichenvollen Feld,
> Da ruht von allen Kämpfen
>   Nun aus der gute Held.
>
> Marienburg, o Marienburg,
>   Gib deine Toten her!
> Für uns auch hat begonnen
>   Ein Kämpfen hart und schwer.
>
> Und oft wie wird so bange
>   Der zweifelvolle Strauß;
> Marienburg, o Marienburg,
>   Schick deine Toten aus! —
>
> Umsonst! — Sie liegen alle
>   Verstummt im Feld umher,
> Der gute Weiß er reget
>   Sich nie und nimmermehr!

In Kronstadt erhob sich bei der Kunde des großen Unglücks über den Tod der Männer, über den Fall des Hauptes große Bestürzung und schwere Klage. „Etliche beweinten ihre Brüder, etliche ihre Männer, andere ihre Kinder; es beweinte aber jeder Herrn Michael Weiß." Doch als der feindliche Führer Wolfgang Alya die Stadt zur Übergabe aufforderte, war niemand so mutlos darauf zu hören. Sie hätten es für eine Sünde gehalten an ihrem großen Richter, dem und sich zu Ehren sie die goldene Gedächtnismünze prägten, die auf der einen Seite Weiß' Namen und Todesjahr, auf der anderen die Aufschrift führt: Er tat die Pflicht, die er dem Vaterland schuldig war. — Den 19. Oktober schon ging Hans Benkner aufs neue nach Konstantinopel um Hülfe zu bitten, während die Sachsen sich wiederholt an Matthias wandten.

Wie Bathori dieses alles sah, begann er doch in sich zu gehen, obwohl er in seiner tyrannischen Weise in Hermannstadt fortfuhr und immer mehr Bürger austrieb. In seiner nächsten Umgebung erwuchsen ihm Feinde. Als er den eigenen Günstling Gabriel Bethlen zu beargwohnen anfing und ihm nach dem Leben stellte, entfloh dieser zum Pascha von Temeschwar (September 1612). Um so heftiger entbrannte nun wider ihn sein Zorn. Den Sachsen gegenüber aber finden wir den Fürsten selbst nach Kronstadts schwerer Niederlage mit friedlicheren Gesinnungen. Während er auf dem Landtag in Hermannstadt im November 1612 Bethlen als Hochverräter verurteilen ließ, stellte er der sächsischen Geistlichkeit die entrissenen Zehnten zurück. Seit der widerrechtlichen Einziehung derselben hatten die geistlichen und weltlichen Häupter des Volkes sich in Unterhandlungen darüber mit dem Fürsten eingelassen und, wie man sagt gegen Bethlens Rat, sich zu Opfern erboten, in kurzsichtiger Befürchtung längerer Dauer der rechtslosen Zustände. Mit infolge davon stellte Bathori den 28. November 1612 mit allen Freiheiten des Klerus auch jene drei Quarten wieder zurück unter der, von der geistlichen und weltlichen Universität eingegangenen Bedingung, daß jene Zehntquarte, welche die fürstliche Kammer seit Christoph Bathoris Zeit gegen jährlichen Pacht bezogen, ihr fortan unentgeltlich zukomme. Den folgenden Tag erklärte der Landtag seine Zustimmung zum fürstlichen Erlaß und hob den Beschluß des Klausenburger Landtags, der die drei Zehntquarten eingezogen hatte, förmlich auf. Im Eingang der fürstlichen Urkunde meint man fast, Bathori versuche sich oder seine Gegner zu entschuldigen. Es liege im Wesen irdischer Gebrechlichkeit, daß nichts beständi

bleibe. So sei es ihm nicht gelungen, wie sehr er auch durch
Gnade und Milde darnach gestrebt, immer die Liebe seiner Unter=
tanen zu erwerben. Seit drei Jahren schon rauche der Brand
des Krieges und es habe wenig gefehlt, daß selbst die sächsische
Geistlichkeit zu seinen Feinden getreten.

Am Anfang des Jahres 1613 kamen von Matthias und
von der Pforte Gesandte an Bathori; sie ermahnten ihn, er solle
nach den Gesetzen regieren und von der Bedrückung der Sachsen
ablassen, wenn er nicht das Fürstentum verlieren wolle. Auch
Kronstadt wurde von der Pforte erinnert Frieden zu halten; noch
am 29. Dezember 1612 hatte es einen Haufen von vierhundert
Szeklern geschlagen, ihm hundertundfünf Pferde und achtzehn
Gefangene genommen. Am 20. Februar 1613 begannen die
Unterhandlungen; sie zerschlugen sich an der festen Forderung
Kronstadts, der Fürst möge der Nation Hermannstadt zurückstellen;
Bathori rief aus, er lasse sich nichts vorschreiben. Anfangs April
wurden sie wieder aufgenommen; Götzi ging als Geisel zu
Bathori und — bat hier für sich um Gnade, fortan Kronstadts,
dem er tausend Eide geschworen, höhnischer Gegner und Verräter
seiner Geheimnisse. Noch immer hoffte die Stadt auf Hülfe von
Matthias; wie die Aussicht darauf von Tag zu Tag mehr schwand,
kam endlich den 14. Mai unter Vermittlung der Stände, die
in Hermannstadt tagten, der Friede zustande. Alles was vor=
gefallen, sollte vergeben und vergessen sein. Bathori gelobte
Kronstadts Rechte und Freiheiten zu achten und zu schirmen und
stellte Rosenau und Törzburg zurück, dafür zahlte ihm die Stadt
3000 Gulden. Die Stände bestätigten den Vertrag und bekräf=
tigten die Urkunde mit ihren Siegeln; den 3. Juni schwor die
Stadt dem Fürsten aufs neue.

Aber der Friede im Lande war nicht von Dauer und
Bathoris Maß bereits voll. Gabriel Bethlen war schon im Februar
nach Adrianopel gezogen zum Sultan Achmed mit schwerer Klage
gegen den Fürsten. Es gelang ihm; der Sultan setzte Bathori
ab und ließ den 1. Mai Gabriel Bethlen zum Fürsten von Sieben=
bürgen ausrufen. Der Pascha von Belgrad, der Tartarenchan,
die Woiwoden der Moldau und Walachei erhielten Befehl, den
neuen Herren mit Heeresmacht in sein Land zu führen. Den 2. Sep=
tember stand Magyar Ogli=Pascha vor Kronstadt und forderte
sie auf zum Abfall von Bathori. Die Bürger waren geteilter

Meinung; innerer Streit drohte; der Rat hielt an dem kurz vorher geschworenen Eide fest, seine entschiedensten Glieder büßten dafür dem Türken mit 5000 Gulden. Während das Szeklerland, das von Bathori nicht ließ, von Tartaren verwüstet wurde, rückte Gabriel Bethlen und Skender-Pascha durch das eiserne Tor ins Land. Bathori sammelte sein Kriegsvolk; der Adel fiel von ihm ab, weil er in seinem wütigen Sinn auch diesen ausrotten wollte. Als die Tartaren ihn drängten, ließ er das Lager bei Klausenburg im Stich (Mitte Oktober) und floh auf heimlichen Wegen nach Großwardein, von wenigen begleitet.

Aus Bethlens Lager schrieb der Adel den Landtag nach Klausenburg aus. Gabriel Bathori wurde des Fürstenstuhls verlustig erklärt; in einem langen Absagebrief kündigten ihm die Stände den Gehorsam auf, weil er die Freiheiten und Gesetze des Landes seinem Eid zuwider vielfältig gebrochen, des Reiches Frieden mit den Nachbarländern gestört und vom großmächtigen unüberwindlichen Kaiser der Türken, dem Erhalter und Schutzherrn des armen Vaterlandes verstoßen worden sei. Er möge sich vor Gott demütigen und in sich gehen, sein Geschick mit Gelassenheit ertragen und nicht mehr Unglück auf das Land laden (21. Oktober 1613). Zugleich wurde die Achterklärung wider Gabriel Bethlen aufgehoben und er den 23. Oktober zum Fürsten gewählt, — wenn ein solcher Vorgang eine Wahl heißen kann.

Doch hatte Bathori noch Anhang im Land; es hätten Unruhen entstehen können: da, als die Stände noch beisammen waren, schickte Andreas Götzi mit Eilboten die Nachricht, Gabriel Bathori sei (27. Oktober) auf offener Straße bei Wardein ermordet worden. Er hatte eben Befehl gegeben, alle noch übrigen Bürger von Hermannstadt zu töten und nicht einmal der Kinder zu schonen; entsetzt hierüber sprachen die Hauptleute seiner Wache: Wie mag Ruhe im Lande werden, so lang dieser lebt und vollzogen die Tat, nicht ohne Götzis Mitwirkung, als der Fürst spazieren fuhr. Den toten Körper warfen die Mörder in die Kreisch; nur sein Leibhund blieb bei ihm, leckte seine Wunden und versuchte ihn aus dem Wasser zu ziehen. Bauern aus Wardein hoben den Leichnam auf, trugen ihn hinein und legten ihn auf Stroh in die wüste Kapelle auf dem Markte. Des anderen Tages ward er auf einem Ochsenwagen nach Bathor geführt und blieb lange unbestattet in der Sakristei der Kirche, bis Bethlen die Gebeine begraben ließ.

So endigte Gabriel Bathori; „hat also," spricht der Chronist, „seinen wohlverdienten Lohn bekommen und der armen Leute zu Hermannstadt sauern Schweiß mit seinem Blut bezahlen müssen, wie es allen Tyrannen ergangen und ergehen wird."

35.
Wiederkehr der Ruhe unter Gabriel Bethlen. Die Einigung der Sachsen.
1613—1629.

> Wir stiften keinen neuen Bund; es ist
> Ein uralt Bündnis nur von Väter Zeit,
> Das wir erneuern . . . . .
> Wir wollen sein ein einzig Volk von Brüdern
> In keiner Not uns trennen und Gefahr.
> Wir wollen frei sein wie die Väter waren:
> Eher den Tod, als in der Knechtschaft leben!
> Schiller.

Im hohen Dom zu Klausenburg schwor Gabriel Bethlen (Oktober 1613) den Fürsteneid und empfing die Huldigung der Stände. Aus altem, mit den Kellingern verwandtem Adelshaus entstammt, doch vor kurzem noch so mittellos, daß die Kaufleute ihm nicht hundert Gulden ohne Pfand borgten, Kämpfer in vierundzwanzig Schlachten, sollte er jetzt „David sein nach Saul, Hiskia nach mehr als einem Ahas, Wiederbringer der Freiheit, Wiederhersteller des Rechts, der Tyrannei Vertilger." In der Tat hat Siebenbürgen während seiner fünfzehnjährigen Waltung sich der lang entbehrten innern Ruhe erfreut; die Versuche Georg Homonais den Fürstenstuhl zu erlangen, störten sie nicht, noch minder die ehrsüchtigen, doch in Beweggrund und Zweck unklaren und wenig bekannten Bestrebungen des Hermannstädter Bürgermeisters Johannes Rhener und seiner Genossen. Gabriel Bethlen, obwohl ehrgeizig und voll hochfliegender Pläne, verscherzte nie die Gunst der Pforte, der er „mit Herz und Seele ergeben" zu sein sich verpflichtet hatte; er folgte dem Aufgebot der Türken, wenn sie ihn ins Feld riefen und übergab dem Halbmond das lang behauptete Lippa. Mit türkischer Hülfe zog er das Schwert für Ungarns Glaubensfreiheit und eigene Pläne und mehrte seine Herrschaft und seine Titel. Es konnte eine Zeitlang scheinen, als werde unter ihm das „Ostreich" entstehen, das eine Not=

wendigkeit der Bildung ist für diese Lande. Im großen Krieg, der Deutschland dreißig Jahre verwüstete, verstand er es, sich eine Stellung in Europa zu verschaffen und wie seine Vorgänger durch Ehebündnis und Friedensverträge mit Österreich, so suchte er durch Anschluß an das protestantische Deutschland Siebenbürgen dem Geist des gebildeten Abendlandes zu öffnen. Mit Venedig trat er in Handelsverbindungen; für die Ochsenherden, die er jährlich hinausschickte, sandten sie ihm seidene Zeuge und andern Schmuck, womit er zum Erstaunen der Zeitgenossen seine Schlösser in Winz, Fogarasch und anderen Orten zierte. Aus Italien, Deutschland, Polen ließ er Zimmerleute, Tischler, Steinmetze und Bildhauer bringen und jene Orte „mit schönen Gebäuen reformieren"; „berühmte Musici" kamen aus Wälschland. Im alten Palast der siebenbürgischen Bischöfe in Weißenburg, den sie zum Fürstenschloß umgewandelt hatten, erfreute sich Bethlen der Töne, die Don Diego der hispanischen Githarra entlockte, ergötzte sich an den Komödien, die dieser mit Juden in italienischer Sprache aufführte, wenn er ihre Laute auch nicht verstand und verschrieb für ein Jahresgehalt von 1000 Dukaten den Lautenisten Joseph Baglioni aus Rom. Inmitten der wilden Zeit und des wilden Landes stand sein Sinn auch der Wissenschaft offen; in einem Jahr studierten mehr als zwanzig Jünglinge auf seine Kosten an der damals aus der reformierten Kirche Ungarns und Siebenbürgens so zahlreich besuchten Universität in Heidelberg. Er gründete eine Gelehrtenschule zu Weißenburg, stattete sie mit Geld und Gütern fürstlich aus und berief gelehrte Deutsche zu Lehrern; unter ihm besang Opitz die Ruhe des Gemütes in den Bergen von Zalathna. Warmfühlender Freund seiner Kirche, deren Bischof Stephan Katona die heißen Leidenschaften des Fürsten bisweilen kaum mit dem Ernst des Bibelworts zügeln konnte, erhob er alle Kinder und Nachkommen ihrer Geistlichen in den Adelstand, schmückte den reformierten Gottesdienst durch Einführung der Orgel und war tätig für die Veredlung des Kirchengesanges, in dem er sächsische Studenten seinem Kantor als Vorbild pries.

Im Spätjahr 1613 zog Magyar Ogli-Pascha aus Siebenbürgen durch das Burzenland ab; Scharen Gefangener mit ihm; 16.000 kehrten auf Bethlens Verwendung am Hof in Konstantinopel wieder zurück. In der allgemeinen Not des Reiches aber blutete am stärksten die Wunde, die Bathoris Tyrannei dem Sachsenvolke geschlagen; sie mußte geheilt werden, sollte Ruhe dem Lande kommen. Nach dem Eid, den der Fürst auf der Stände Rechte geschworen, durften die Sachsen unverzügliche Rückgabe Hermannstadts erwarten; aber Bethlen schlug sein Hoflager dort auf, weil Weißenburg verwüstet war und erweckte die Furcht, er werde Hermannstadt dem Volksverband nicht mehr zurückgeben. Die Väter erkannten, daß das über Leben und Tod entscheide; sie erkannten es und handelten darnach.

Noch während Bathori lebte, hatten jene Gedanken die besten Männer des Volkes bekümmert. Schon zu Anfang des Jahres 1613 waren sächsische Abgeordnete in Wien, um den deutschen Kaiser Matthias zu nachdrücklicher Hülfe zu bewegen. Im Februar wandten sie sich dort an die Gesandten des Kurfürsten Johann Georg von Sachsen und klagten, wie „der gewaltsame Tyrann die Unsern ausrotten wolle," wie er mit mancherlei List und Betrug Hermannstadt eingenommen, geplündert, barbarisch darin gehaust, die Einwohner verjagt, den Witwen und Waisen das ihrige genommen; wie er Mediasch bezwungen und das Burzenland verheert: „nun haben wir bei uns beschlossen Hülfe und Beistand bei denen zu suchen, die uns mit Sitten, Gebräuchen, Gottesfurcht, Glauben, Freundschaft, ja Blutsfreundschaft gar nahe zugetan sind, weil wir in völliger Hoffnung und guter Zuversicht stehen, sie werden solche Unbilligkeiten nicht anders, als wenn sie ihnen widerfahren wären, von uns wegtreiben, auch nicht zulassen, daß gleichsam ihre Nation selbst von einem solchen jungen Tyrannen gedrückt sollte untergehen." Darum bitten sie die Gesandten, auch sie möchten bei kaiserlicher und königlicher Majestät für die Sachsen um Hülfe und Beistand anhalten, „auch vor und nach bei Ihrer Durchlaucht und allen sächsischen Ständen unser instehendes Unglück und für Augen schwebende Gefahr erzählen." Nicht weniger tätig waren zu ihrer Abwendung die daheim geblieben. In denselben Tagen, als Kronstadt dem Fürsten aufs neue schwur, hatten Rat und Richter der Stadt einen Bund mit Schäßburg geschlossen, der insbesondere Hermannstadts Wiedereinverleibung in den Nationskörper zum Zweck hatte. Ob wir schon von alters her, schrieben sie in den Bundesbrief den 27. Mai 1613, der Löblichen sächsischen Universität in Siebenbürgen mit Eid verbunden und verpflichtet gewesen und es bedürfte

Erneuerung desselben nicht, weil die Einigung zwischen uns als einem wahren Mitglied fest und bestätigt war: angesehen aber den großen und schädlichen Riß der Hermannstadt, welche der Löblichen Universität Haupt war, daher alle ehrliche Sachen und gute Ordnungen pendierten; auch hiemit die schädliche Spaltung der Universität betrachtend, daraus unserer sächsischen Nation von unsern Widersachern der endliche Untergang und letztes Verderben geträumt wird und erfolgen könnt; — damit wir solchem Fürnehmen fürkommen mögen, haben wir für notwendig geacht und nach dem gemeinen Willen der Stadt Kron einmütiglich beschlossen, solche vorige confoederationem (Einigung) abermals aufs neue mit der Schäßburg in Kraft dieses Briefes zu wiederholen. — Die beiden Städte verpflichten sich, zur Befreiung von Hermannstadt, zur Erhaltung der sächsischen Rechte Gut und Blut zu wagen, bei beiden Kaisern dafür tätig zu sein, alles gemeinsam zu tragen und auf alle Fälle, zum Glück oder zum Unglück, zur Freiheit oder zum Untergang zusammenzustehen. „So helfe Gott, unser Schutz und Schirm," schließt der Bundesbrief, „solchem unserm Fürnehmen zu seinen heiligen Ehren, zur Erhaltung seiner christlichen Kirche und Beförderung aller gemeinen sächsischen Rechte, Freiheiten und Privilegien, die da durch Treue, durchs Gesetz und durch Blut von unsern Vätern erworben sind."

Mit solchen Gesinnungen kamen die sächsischen Abgeordneten zum Landtag nach Klausenburg, auf dem Gabriel Bethlen zum Fürsten gewählt wurde. Am Tag seiner Wahl überreichten sie ihm die Forderungen der Sachsen in zwölf Punkten, deren zweiter enthielt: Hermannstadt, die Hauptstadt des sächsischen Volkes in Siebenbürgen, von Bathori gegen alles Recht durch Gewalt und Hinterlist eingenommen, soll mit allem, zur Zeit der Einnahme dort befindlichen Geschütz und Kriegszeug zurückgestellt werden. Der Fürst erkannte die Gerechtigkeit der Forderung an: „wir wollen sobald als möglich daran denken"; aber Wochen vergingen und die Stadt war noch nicht frei.

Da trat nahe dem Schluß des Jahres die Universität in Schäßburg zusammen, zum Äußersten entschlossen und des festen Willens alles daran zu setzen, daß die alte Volkseinheit wieder hergestellt werde und die Freiheit der Väter unverletzt übergehe auf die Nachkommen. Im alten Dominikanerkloster, das sie seit zwei Menschenaltern zum Rathaus gemacht, im Saal, über dessen

Seitentür die Mönche das Bibelwort: die Furcht Gottes ist aller
Weisheit Anfang, in Stein gehauen, da erneuerten sie den
10. Dezember 1613 die alte Einigung der Väter und gelobten
zusammen zu halten bis zum Tod und nicht zu lassen von ihren
Rechten. „Angesehen den großen unwiederbringlichen Schaden,
so der sächsischen Nation durch den Riß und die Entfremdung
der Hermannstadt von den andern Städten, durch die Spaltung
und Zertrennung der Sachsen voneinander in verlaufener kurzer
Zeit geschehen" erneueren und bestätigen sie „die Union und
Eidschwüre, mit welchen unsere Vorältern hochlöblichen Gedächtnisses gegenseitig verbunden und verpflichtet gewesen, jetzt aufs
neue kraft dieses Briefes uns allen und unsern Nachkömmlingen
zu ewigem Frommen und Bleiben auf folgende Weis: daß wir
nämlich von heut an zur Erhaltung der guldenen schönen Freiheiten, Privilegien, Rechten, guten nützlichen Ordnungen, Besitzungen der Örter, mit welchen unsere Vorältern, die sächsische
Nation, wegen ihrer Tapferkeit und ritterlichen begangenen Taten
von gottseligen Königen, Kaisern, Fürsten des heiligen römischen
Reichs beschenkt, beehrt und begabt worden sind, Weib und Kind,
Gut und Blut daran zu tragen geloben in allen Nöten und zu
jeglicher Zeit. Ja wir geloben und versprechen bei unserer rechten
Augsburgischen Konfession, bei dem in den prophetischen und
apostolischen Schriften gegründeten rechten und christlichen Glauben,
bei dem ehrlichen sächsischen Namen, zur Verteidigung, zur Erhaltung des sächsischen Geblüts und der gedachten Privilegien,
Freiheiten, Besitzungen, zur Erledigung der ungewöhnlichen Be-
schwerungen, so den sächsischen Freiheiten widerstreiten, alle Städt
und sächsischen Stühle aller Gefahr zu begegnen, so uns, sei es
vereinzelt, sei es insgesamt, antreffen möge, allen unseren Widersachern und Störern der sächsischen Freiheit, wer sie auch sein
mögen, heimlich oder öffentlich, den Freunden Freund, den
Feinden Feind zu sein, alles in allem miteinander oder auch
einzeln zu tun, zu befördern, zu unterhandeln, zu schließen, dar-
neben die Ausgaben in solchen Fällen miteinander zu tragen,
jeglich Stadt und Stuhl nach ihrem Vermögen bei Verlust der
Ehre und der sächsischen Freiheit." So steht es in der Urkunde
des neuen Bundes; dem Nationalsiegel, das sie unter diese
setzten, drückten sie auch die eigenen bei und verordneten, daß
alle Amtleute und Obrigkeiten der Städte und Stühle samt den

Hundertmannschaften und Vornehmsten der Gemeinden die auf=
gerichtete Einigung beschwüren, wie sie selber getan, und nach
Kräften beförderten und stärkten.

Aber die Macht eines Volkes wird nicht gehalten von Briefen
und Pergamenten, wenn der Geist fehlt, aus dem allein ein Ge=
meinwesen Leben und Bestand schöpfen kann, der Geist der Gottes=
furcht und Treue, der Zucht und Ordnung, der Mäßigkeit, der
Eintracht, der Freiheit. Wie viel von dem Jammer auch jener
Zeit wäre fern geblieben, wenn dieser Sinn immer gewaltet
hätte! Die versammelten Väter des Volks fühlten es, als sie
am 30. Dezember 1613 „uns Sachsen allen zur Wohlfahrt und
Erhaltung" Artikel aufrichteten, künftig damit zu leben, die ebenso
sehr den Ernst der Universität erkennen, als einen Blick werfen
lassen auf die Quellen vieler Not, unter der jenes Geschlecht
seufzte und insbesondere auf das Unheil, das dem Volk die
immer zunehmende Beamtenherrschaft schon gebracht und noch
mehr zu bringen drohte. Von zwölf Artikeln, die sie beschließen,
„damit schädliche Unordnung abgeschafft werde," ist fast die Hälfte
gegen Hochmut, Zügellosigkeit und Verirrung der Amtleute ge=
richtet, während sie gleichzeitig Bürgermeister, Richter und Rat
der Städte und Stühle — also die Abgeordneten sich selber —
von der Haussteuer frei sprechen „wegen ihrer mannigfaltiger
großen Dienste zu Nutzen der Untertanen". So nahe lag der
Irrweg an der rechten Bahn!

Einer jener Artikel will die allgemeine Unmäßigkeit und
das daraus stammende Sittenverderbnis bekämpfen. „All Luxus
vergeblicher weltlicher Pracht, weil er ein Gräuel ist vor Gott,
sowohl bei dem männlichen als bei dem weiblichen Geschlecht,
soll verboten sein und soll jedermann nach seinem Stand leben.
Item die große Schaffereien und Zechmähler, mit was for Namen
dieselben auch mögen genannt werden, den jungen Gesellen,
Purschen und Zechbrüder zum Verderben gereichend, dazu die
Schaffereien auf den Hochzeiten bei den jungen armen Leuten
sollen abgeschafft werden und nicht zugelassen sein unter den
Sachsen. In allem soll nur die Mittelmaß gehalten werden.
Denn der Mensch nicht zum Fressen, Saufen, Hoffart und Wollust
geschaffen ist. In Kleidung und Wirtschaften sollen wir unserer
frommer Voreltern vestigia premiren und imitiren" (ihrem Bei=
spiel folgen).

Zu den Amtleuten sprechen die folgenden:

„Dieweil Gott der Herr wegen der Unzucht, Hurerei und Ehebruch viel Länder hat gestraft, sollen derowegen von heut fortan alle öffentlichen Hurer und Ehebrecher, ja auch die so nur verdächtig durch genugsame Umstände, als grindige Schaf von der Gemein abgeschieden und zu keinem Ehrenamt admittirt (zugelassen) werden unter den Sachsen zur Zügelung der bösen Lüste Anderer. Denn die Amtleute und Ratsherren sollen ein Spiegel sein der Gottesfurcht und frommen Lebens bei den Untertanen. Item der schändlichen ungebührlichen Reden von Hurerei und Unzucht sollen insonderheit Ratsverwandte sich gänzlich enthalten."

Weiter:

„Die Obrigkeit allenthalben unter den Sachsen, Burgermeister, Richter usw. sollen der Ehren und Gewalt so ihnen anvertraut, noch das Recht nicht mißbrauchen, sagend so will ichs, so befehl ichs bei ihren Untertanen, der ganzen sächsischen Nation zum Nachteil, noch sich an denselben von ihrer Leidenschaft getrieben aus Rachgierigkeit rächen, sondern wenn sie etwas wider einander haben, sollen sie in Rechtsweg mit einander vorgehen bei Strafe von sechzig Gulden."

Dazu:

„Die vornehmsten Amtleut in den Städten sollen sich mit Eidespflichten dem Rat und Hundertmännern und gemeinen Volk verbinden, ihnen die Stadt samt allen Privilegien und Kleinodien also zu überhändigen, wie sie ihnen vertraut in gutem Zustand. Item sollen sie alle Sachen, so das gemein Bleiben antreffen, den Untertanen davon nichts vorhalten, sondern offenbaren, es sei bös oder gut, damit nicht durch Sorglosigkeit der Amtleute etwas einlaufe oder übersehen werde. Die Untertanen aber hergegen sollen ihrer Obrigkeit schuldigen Gehorsam und Ehrerbietung widerfahren lassen und ihr nichts zum Nachteil verhalten. Item die Obrigkeit soll auch einem jeden ihrer Untertanen in allen Notständen Beifall tun und nicht sagen: hat er gut eingebrockt, so verantwort ers."

Ferner:

„Dem Adel sollen die sächsischen Amtsleut und Ratsherren sich nicht insinuieren, noch Freundschaft den Sachsen zum Schaden mit denselbigen halten, noch sollen sie der Sachsen Geheimnisse und Ratschläg offenbaren, oder einer den andern oder auch die ganze sächsische Nation um eigenen Vorteil eines kleinen Gewinnst oder Ehren halber verläumden und verlassen, wie in verlaufener Zeit gar von vielen geschehen: sondern sollen ihrer Nation als fromme redliche Sachsen getreu sein, wie andere fremde Nationen namentlich in Siebenbürgen die Szekler uns zum Beispiel dienen, bei Verlust des Amtes und der Ehre."

Gewiß es mußte schweres vorgefallen sein, wenn die Vertreter des Volkes, die selber Amtleute waren, also zu sprechen sich gedrungen sahen. Wie aber die Artikel dunkle Seiten jener Zeit ans Licht kehren, so auch das ehrenwerte Streben jener Männer, die sie beschlossen. Und kaum ist beides irgendwo mehr vereint, als in dem folgenden, in dem das ganze Hochgefühl stolzen Bürgersinnes und das Bewußtsein seiner Macht den einfachen erhebenden Ausdruck fand. „Quia virtus nobilitat hominem" (weil die Tüchtigkeit den Menschen adelt) schrieben sie in den achten Artikel „und Freiheit macht den Menschen edel, pflegt man zu sagen; weil nun nicht schöner Freiheiten allhie sein können, quam libertates Saxonum (als die Freiheiten der Sachsen) und die Sachsen wegen derselbigen rechte Edelleut sind, wenn sie der Edelschaft recht gebrauchen: sollen derowegen alle diejenigen, so ihnen damit nicht genügen lassen, sondern adelige Vorrechte haben wollen und adelige Güter kaufen und sich dem Adel insinuieren, zu keinem Ehrenamt zugelassen werden. Denn den Städten ein groß Schaden und Ungelegenheit daraus entsteht, wie zu sehen an der Franz Sachsischen Familie in Hermannstadt und der Tschechischen in Medwisch."

Auch um die Hülfe der ständischen Mitnationen sah die Universität sich um. Unter dem 27. Dezember 1613 schrieb sie in ergreifender Weise an den Dobokaer und wahrscheinlich an alle andern Komitate und rief ihre Unterstützung an. Gefesselt, sprach sie, ist noch immer unsre Freiheit, unser Gesetz, unser Recht. Noch ist uns unsre Stadt nicht zurückgegeben, andere wohnen in unsern Häusern, Gewalttat lastet schwer auf uns. Was aber heute uns geschieht, kann morgen über Euch kommen. Darum gedenket der brüderlichen Einigung unserer Väter und helfet, daß unsre Stadt und unser Recht wieder in unsere Hände komme. Vereinigt sind wir stark und wenn wir uns verstehen und lieben, wird unsre Freiheit nie in Trümmer gehen. Wir können dieses schmachvolle Elend nicht mehr ertragen.

Unter solchen Entschlüssen und Sorgen brach das Jahr 1614 an; Bethlen hielt noch immer in Hermannstadt Hoflager. Unter bald drohenden, bald schmeichelnden Reden verlängerte er seinen Aufenthalt dort; da der strenge Winter mit voller Kraft eingebrochen sei und er nach Weißenburg wegen der übergroßen Verwüstung der Stadt und ihrer Umgegend nicht ziehen könne, könne er nicht anders; dabei verlangte er zugleich den Aufbau und die Herausgabe Mühlbachs zu seiner Residenz. Das wieder konnten und wollten die Sachsen nicht eingehen, sie leisteten dem Fürsten den Huldigungseid nicht und hielten ihre Steuern zurück. In sehr ernsten Unterhandlungen drangen sie unablässig auf die Herausgabe der Stadt; sie standen gerüstet da; Schäßburg allein hatte auf seine geworbenen Fußknechte 1613 mehr als 2800 Gulden verausgabt und einen deutschen Geschützmeister in Sold genommen. So konnte der Fürst „die Hermannstädter nicht länger mit Worten aufhalten"; am 18. Februar 1614 rief er die Gemeinde zusammen — sie zählte nur noch dreiundfünfzig Hauswirte — und nahm „gar ehrlich Abschied." „Ich Gabriel Bethlen, Siebenbürgens rechtlich erwählter Fürst, der Unger Herr, der Szekler Graf, der Sachsen Vater, übergebe Euch von diesem Tag angefangen Eure Stadt, ohne alle Gefährde; bleibet gut und treu; Gott sei mit Euch", so sprach er, übergab die Schlüssel der Stadt und zog mit allem Volk von dannen. Der Königsrichter Koloman Goßmeister geleitete ihn bis Stolzenburg. Die zurückgebliebenen Männer aber trauten ihrem Glück kaum. Sie schlossen das Tor hinter dem Fürsten, hielten die Nacht starke Wache, schliefen nicht und taten, jeden Augenblick eines Überfalls gewärtig, als wären viel tausend in der Stadt. Als die Kunde der frohen Änderung erscholl, bevölkerte sie sich wieder mit den „Armen", die aus jahrelangem „Elend" „Etliche zu Fuß, Etliche zu Roß" heimkehrten und der Chronist hat nicht vergessen anzudeuten, wie viel Thränen der Freude, und noch mehr des Schmerzes geflossen bei der Erinnerung an die, die sie nicht mehr gefunden. Am 20. April wurden die neuen Amtleute gewählt, nur acht Ratsmänner in der gelichteten Gemeinde, in der man verwüstete Häuser, da sie herrenlos waren, an Fremde gab, damit sie nur nicht ganz zugrunde gingen. In öffentlichen Schriftstücken zählte die gerettete Stadt die Jahre „nach ihrer Befreiung aus dem Bathorischen Verderben" und feierte jährlich Dankfeste, wie Kronstadt am

Martinstag 1613 Gott für den Fall Bathoris in seinen Kirchen gedankt und mit dem Donner des schweren Geschützes seine Freude den benachbarten Bergen verkündet.

Von Hermannstadt zog Bethlen zum Landtag nach Mediasch. Da schrieben die Stände in die Artikel: Damit der den Herren Hermannstädtern unsern Brüdern zugefügten bittern Rechtsverletzung unverdiente Kränkung allen offenbar werde, haben wir beschlossen, daß das bei Gelegenheit der Einnahme ihrer Stadt gegen alle Rechtsform und durch bloße Gewalt gemachte Gesetz für ungültig erklärt und gänzlich abgeschafft werde. Zugleich wurde der Stadt auf „die untertänige Bitte des ganzen Landes" die Steuer für zwei Jahre nachgelassen; wenige Wochen später schenkte ihr der Fürst, in Erwägung des unermeßlichen Schadens, den sie durch der vergangenen Zeiten Unrecht erlitten, auf ein Jahr die Hälfte des Pachtes, für den sie landesfürstliche Zölle bezog.

Aber der Stachel des Unrechts haftet länger im Herzen das er einmal verwundet, als das Unrecht selbst dauert. Die Sachsen hatten Mißtrauen gegen den Fürsten geschöpft. Als er vom Landtag in Mediasch nach Schäßburg aufbrach und sein Quartiermeister Franz Pribek hier auf dem Markt die Herbergen zu beschreiben anfing, lief das Volk zusammen und schlug ihn mit „Wasserbäumen" zur Stadt hinaus. Der Fürst mußte seine Reise einstellen; kaum daß ein „tüchtig Geschenk" seinen Zorn versöhnte und seine Drohungen stillte. Wie er im April desselben Jahres ins Burzenland kam, schicket ihm Kronstadt Abgeordnete entgegen und bat, er möge mit nicht mehr als zweihundert Mann die Stadt betreten. Ja Hermannstadt selbst stellte die Bitte um Verschonung, als Bethlen auf den 12. März 1618 den Landtag in seine Mauern berufen; wie der Fürst den Grund der vorgeschützten Armut nicht anerkannte und der Rat sich sofort auf die ererbten Freiheiten berief, erhob sich erbitterter Streit, in dem der Fürst die Stadt vor den Landtag nach Weißenburg forderte, bis die Universität endlich die Berechtigung Bethlens, die Stände in eine sächsische Stadt zu versammeln, anerkannte. Als dieser vier Jahre später (1622) mit dem Markgrafen von Brandenburg-Jägerndorf und dem Grafen Matthias Thurn nach Siebenbürgen kam — sie rüsteten zum Krieg gegen Ferdinand — und ihnen Hermannstadt zeigen wollte, hielt es die Stadt für geraten, den Besuch abzulehnen, so daß der Fürst am 16. Juni aus Weißenburg mit großem Herzeleid an den Königsrichter Koloman Gotzmeister schrieb, er gedenke nur auf einen Tag hinzukommen und, bei seinem christlichen Glauben, nicht in böser Absicht. Darum bringe er nur zwei Fähnlein Fußvolk mit, ohne Fahnen und ohne Lanzen; auch die würde er zurücklassen, wenn nicht sein fürstlicher Stand ihn dazu nötige. Denn wenn er sich an die Wohltaten erinnere, die er der Stadt erzeigt, traue er sich auch mit einem einzigen Begleiter hineinzukommen; „wir würden bei Ew. Getreuen absteigen und ein gutes sächsisches Kraut mit Fleisch bei Dir verzehren." Jetzt besuche er die Stadt nur, um bei seinen Begleitern die lügnerische Nachricht zu widerlegen, Hermannstadt wolle seinem Fürsten keinen Einlaß gewähren. „Gott gebe mir das Böse, das ich Hermannstadt und der ganzen sächsischen Nation wünsche." Noch 1623 aber flohen Bewohner von Hermannstadt bei der Ankunft des Fürsten und flüchteten auf ihre Güter.

Das Mißtrauen der Sachsen wurde nicht gemindert durch das spätere Betragen der Stände. Auf dem Landtag in Weißenburg anfangs Mai 1625 beschlossen der Adel und die Szekler, daß es ihnen fortan frei stehen solle, Häuser in den sächsischen Städten zu kaufen und setzten gegen alle Verwahrung der Sachsen unter des Fürsten Bewilligung den Beschluß mit Gewalt in die Landtagsartikel. Da trat nach Beendigung des Landtags die Universität in Hermannstadt zusammen, um über die neue Verletzung des Sachsenrechts zu beraten. Sie wurden einig, miteinander nach Weißenburg zu ziehen und den Fürsten um Aufhebung jenes Beschlusses zu bitten. „Im Fall aber," so erzählt der wackere Schäßburger Ratsschreiber Zacharias Filkenius, der selber dabei war, „mit Bitt nichts kunt erhalten werden, sollt man auch ein summam Geld bieten neben Aufweisung der Privilegien. Im Fall aber auch dasselbe nichts helfen wollt, sollte man extrema tentieren (das Äußerste versuchen) und neben den Privilegiis Gut, Blut und alles aufsetzen bis auf den letzten Tropfen und es in Gottes Namen wagen. Ist also eine Löbliche Universität folgendes Tages aufgesessen samt den Ältesten der Hundertmannschaft aus den Städten und also mit etlich zwanzig Kutschen auf Weißenburg angelangt. Darüber Ein Fürstlich Durchlaucht erschrocken, was solches doch sein müßt und auch bald Audienz gegeben, nach Verhörung aber unsers Begehrens sich heftig entschuldigt, auch dazu hart verfluchet: die Schuld sei nicht sein, sondern dem Adel; die hätten fürgegeben, es würde durch solche Gelegenheit ein firmius vinculum (ein festeres Band) zwischen dem Adel und den Sachsen erwachsen, wenn sie untereinander wohneten. Und hat sich expresse mit diesen Worten entschuldigt: Ich will verdammt sein vor Gott, Gott soll mich aus dieser Stelle nicht führen, falls ich die Vernichtung Eurer Freibriefe im Sinn habe; habe ich doch was mein ist durch Euch; mein Hemd, meinen Dolman, meine Kleider, meine Schuhe kauft Jhr, mit Essen und Trinken erhaltet Jhr mich. Und dergleichen, was er mehr geredet. Ist also die Sache etlich Tag in Dilation genommen (verschoben) worden. Darnach nach vielem Agieren, Disputieren und Causieren der Sachsen hat uns Fürstliche Durchlaucht durch drei Räte heftig examinieren und fürhalten lassen, warum daß wir uns so offenbarlich zur Rebellion geschickt — denn es schickt sich auch jedermann dazu, — welches wir zwar nicht viel haben widerreden können, sondern daß man uns Ursach dazu gegeben hätt, so hätten wir gleichwohl nicht praepostere (voreilig) handeln wollen, sondern ihn als unsern supremum Justitiarium et Principem (obersten Richter und Fürsten) requirieren wollen. So und dergleichen excusationes (Ausreden) fürgewendet. Ist letztlich die Sach dahin gekommen, daß der Orator Herr Cancellarius dieses gefragt: wahrlich wodurch entschuldigt Jhr, daß Jhr zu offenbarem Aufstand im Land Veranlassung gegeben? Darauf unser Orator, Herr Kolomanus Gotzmeister Königsrichter von Hermannstadt kürzlich dieses geantwortet: mit unserer Treue! Hat also weiter gedachter Herr Cancellarius gefragt: wie die Edelleut, so sie nicht Häuser in den Städten kaufen sollten, versichert könnten sein, daß sie auch zur Zeit der Unruh, ihr Weib und Kind für dem Feind könnten behütet werden? Darauf geantwortet worden, daß wir sie auch vormals in solchem Fall Weib, Kind und Güter eingenommen, auch nochmals viel mehr tun wollten usw. Worauf Herr Cancellarius gesagt: wahrlich nur das wünscht Seine Durchlaucht. Derowegen nun die Sachsen auch hinfort sollten bei ihren alten Privilegien bleiben und derselben genießen wie vorhin und Fürstlicher Durchlaucht allewege ihre versprochene Pflicht und Fidelität (Treue) leisten. — Ist also Gottlob des Adels und der Székelység (der Szeklerschaft) böses Fürnehmen zu nicht gemacht und kassiert, auch aus den Artikeln ausgemustert werden müssen.

Auch die Strick entzwei und wir sind worden frei. So kann und wird der Herr vernichten alle falschen Zungen, die uns, seine kleine Herde zu verwirren trachten. Denn wenn sie es aufs klüglichst greifen an, so gibt doch Gott ein ander Bahn; es steht in seinen Händen."

"Und also sind wir nach glücklich vollbrachter Sache jeder mit fröhlichem Gemüt nach Hause gekehrt," schließt Zacharias Filkenius. Für Zehrung und Fuhrlohn hatte er und seine Schäßburger Mitabgeordneten auf der Fahrt nach Weißenburg 183 Gulden 75 Denare gebraucht.

Doch mit so kleinen Opfern sollte der Sturm nicht vorüber gehen. Adel und Szekler unwillig darüber, daß sie keine befestigten Städte hätten und bei jedem Kriegsgerücht zu den Sachsen fliehen mußten, beschlossen den Fürstensitz Weißenburg stärker zu befestigen. Von den vier Basteien an den vier Ecken der Schutzmauern sollte die eine der Fürst, die andern drei je eine der ständischen Nationen erbauen. Die des Fürsten und der Sachsen wurden bald fertig; die letztere stand schon 1627: der Ratsmann Laurentius Pfaff von Hermannstadt führte die Aufsicht bei dem Bau; der Name des Sachsengrafen Koloman Gotzmeister und des Hermannstädter Bürgermeisters Michael Lutsch wurde samt dem Wappen des Volkes und der Jahrzahl dem Werke eingehauen; die Basteien des Adels und der Szekler sind von ihnen nie vollendet worden.

Und doch fehlte es auch im Sachsenland nicht an Werken, die Arbeit und Geld erheischten. Die Zeiten Bathoris hatten die Wohltat von Wehr und Waffen, von Wall und Burg aufs neue kennen lehren; daher in Hermannstadt, in Schäßburg und sonst häufig frischer Eifer im Aufbau oder der Wiederherstellung von Turm und Mauer, in deren schirmendem Ring sie Schule und Kirche nicht vergaßen, obwohl die Mittel immer spärlicher flossen. Ein Menschenalter voll Krieg und Verderben mußte den Wohlstand schmälern. Als die Universität 1619 dem Abdi-Pascha 1000 Gulden entrichten sollte, war sie genötigt, die Summe von den „getreuen Mitbrüdern der Stadt Kronen" zu borgen. Später brachte des Fürsten schlechte Münze und die wiederholte Abschlagung derselben abermals große Verluste. Auch das österreichische Kaiserhaus schuldete der Universität noch 174.000 Gulden, die sie an der Scheide des Jahrhunderts Rudolfs Sendboten und Amtleuten geliehen. Der Vertrag von Tyrnau (1615), in dem Kaiser Matthias Gabriel Bethlen anerkannte, setzte ausdrücklich fest, Seine Majestät werde Sorge tragen, daß die Summen, welche die Sachsen den kaiserlichen Kommissären in barem Gelde geborgt und worüber sie Schuldbriefe hätten, zurückgezahlt würden. Den 17. Februar 1619 stellten diese in der Tat eine Vollmacht zur Erhebung jener Gelder aus; doch ist nichts bekannt, daß sie diese je erhalten.

Kam aber der Fürst in die sächsischen Städte, wie gar häufig geschah, so sah er freilich nichts von Mangel, insbesondere nicht, als er mit Katharina, der Tochter des Kurfürsten von Brandenburg, mit der er sich im Februar 1626 unter großen Feierlichkeiten in Kaschau vermählt, den Rundzug durch die sächsischen Städte machte. Wie lösten sie überall bei dem Einzug der Fürstin die Stücke auf den starken Wällen, wie schmückten sie die Straßen von Hermannstadt und Kronstadt lustig mit Tannen und Maibäumen und empfingen sie in Schäßburg „mit Fürstenpracht", daß man allenthalben sah, wie sich „jedermann ihretwegen als eines teutschen Geblüts" erfreute!

Mitten aus dem Jubel seines deutschen Volkes eilte der Fürst ins Feld wider den deutschen Kaiser. Zum drittenmal schon zog er das Schwert gegen ihn. Verbündet mit den aufgestandenen Böhmen und Mährern, gerufen von den unzufriedenen Ungarn, die dem König Ferdinand II. wegen Bedrückung der protestantischen Kirche zürnten, war er 1619 mit der Türken Billigung aufgebrochen und hatte schnell fast ganz Ungarn eingenommen, das ihm die Königskrone anbot. Wiederholt im Jahre 1623 und nun aufs neue brach der Krieg aus; Türken und Siebenbürger standen in einer Reihe mit Mansfeld und dem Herzog von Weimar. Für Bethlen waren sieben ungarische Komitate der Preis des Krieges; Ungarn erhielt Religionsfreiheit zugesichert; Siebenbürgen aber wurde während der Dauer jener Kämpfe der Zufluchtsort der auch aus Deutschland vertriebenen Protestanten. Die sächsischen Städte insbesondere haben sie zahlreich gesehen und gastlich aufgenommen. „Almosen für böhmische Pfarrherren", für „verjagte Pfarrherren aus Teutschland", „Trinkgelder" für „böhmische Schuller" führen die städtischen Rechnungen jener Zeit alljährlich auf.

Gabriel Bethlen litt in den letzten Jahren an der Wassersucht; vielfach eingeholter Rat von Ärzten und Nichtärzten half nichts. Im Februar 1629 lag er eine Zeitlang in Hermannstadt krank und nahm schon wie ein Sterbender Abschied von seinem Rat, dem Sachsengrafen Koloman Gotzmeister. Der Herbst brach seine Lebenskraft; er verschied den 15. November im neunundvierzigsten Jahr seines Alters, im sechzehnten seiner Regierung. Der Schule, die er in Weißenburg gegründet, und die später nach Enyed verlegt wurde, hinterließ er im Testament 47.000 Taler. Wenige Wochen vor seinem Tod schützte er noch die sächsische Geistlichkeit im vollständigen Besitz ihres nunmehrigen Zehntrechts, wie er überhaupt der evangelischen Kirche, ihrer Freiheiten und Verfassung stets pflichtgemäßer Schirmer war.

„Gott gebe diesem rühmlichen Helden eine sanfte Ruhe und dermaleinst eine fröhliche Auferstehung" und „er ließ das Land besser erbauet, als er es funden", so sprechen die sächsischen Chroniken von Gabriel Bethlen.

Sechstes Buch.

36.

Innere Fäulnis. Ein siebenbürgischer Landtag.
1629—1657.

Wohl steht das Haus gezimmert und gefügt,
Doch ach — es wankt der Grund, auf dem wir bauten.
Schiller.

Welch' eine Veränderung in der Stellung Siebenbürgens zu den angrenzenden Großmächten hatte in einem Menschenalter doch stattgefunden! Das Fürstenhaus Habsburg, das die Königskrone von Ungarn trug, hatte die lang verteidigten Ansprüche auf seinen Besitz aufgegeben und mußte, in vieljährigem Kampf nach andern Richtungen, die Fürsten des Landes, das eigentlich ihm hätte zufallen sollen, nicht ohne Glück mit für die Grundsätze ins Feld rücken sehen, gegen die es so unermüdlich die Waffen trug. Die Treuen, die es in dem fernen Lande hatte, gewöhnten sich allmählich, in ihren opferreichen Hoffnungen und Strebungen vielfach bitter getäuscht, das Unabänderliche als Schickung anzusehen und zu tragen. Seit man das Schwert gegen Botschkai, von Österreich nicht unterstützt, vergeblich gezogen und der deutsche Kaiser gegen den Tyrannen Bathori keine Hülfe geleistet, war Siebenbürgen der türkischen Oberherrschaft verfallen. Die Stände sprachen es unverholen aus, daß bloß der Sultan, der Großmächtige, Unüberwindliche des „armen Vaterlandes" Erhalter und Schutzherr sei, ja schrieben in die Wahlbedingungen ihrer Fürsten die Verpflichtung, von der Pforte nie abzufallen, und selbt die deutschen Chronisten jener Zeit raten dringend, am Türken festzuhalten, da „die teutsche Hilf, weil es ein langsam Volk," zu fern liege.

Die Lage der Sachsen war dadurch nicht besser geworden. Die Veranlassung zur Feindschaft der Schwesternationen wegen der Neigung zum deutschen Fürsten fiel allerdings fort, aber zur Erneuerung des alten Hasses fehlte es den Mitständen an frischer

Anregung nie. Je bedeutender dem magyarischen Adel der Einfluß erschien, den sein Fürst, und damit er, auf die europäischen Verhältnisse ausübe, je öfter an dem Hof in Weißenburg die Gesandten fremder Mächte erschienen, desto stolzer sah er auf das deutsche Bürgervolk des Landes herab, desto schonungsloser griff er in seine Rechte ein. Während deutsche Lehrer die magyarischen Schulen einrichteten und hoben, machten ihre Schüler nicht erfolglose Angriffe auf die Bollwerke der sächsischen Verfassung und der Mann, der hinter den Mauern der sächsischen Stadt sich gegen den magyarischen Feind schirmte, Achatius Bártschai, ist oft der Sachsen höhnischer Gegner gewesen.

Hatten diese zunächst an die Verwaltung der deutschen Fürstin Katharina von Brandenburg, welche die Stände schon 1626 als Bethlens Nachfolgerin anerkannt hatten, frohe Erwartungen geknüpft, die durch ihre Bestätigung wertvoller Kirchenrechte vermehrt wurden, so änderten sich die Dinge ungeahnt schnell. Katharina, der Hinneigung zur katholischen Kirche nicht mit Unrecht verdächtig, wiewohl sie die zwölf Apostel entfernte, womit ihr Gatte, seinen reformierten Kirchengenossen zum Ärgernis, den Predigtstuhl der Weißenburger Kirche geziert, dazu im Leben Zucht und Sitte verletzend, regte die Gemüter gegen sich auf. Als der Landtag in Mediasch im Juni 1630 heftige Worte gesprochen, wich sie dem drohenden Sturme aus und legte, ohne den Zwang zu erwarten, die Regierung nieder.

Da gedachte Gabriel Bethlens Bruder, der Statthalter Stephan Bethlen, wie er fortan sich den Einfluß in die Verwaltung sichere. Hoffnung selber Fürst zu werden hatte er keine; darum sandte er seinen Sohn und Schwiegersohn zu Georg Rakoßi, der in Ungarn in Sarospatak Hof hielt und trug ihm seine Hülfe zur Erlangung des Fürstenstuhls an. Als ihn darauf der Landtag in Klausenburg im August 1630 selber zum Fürsten wählte, versuchte er die Sendboten vergeblich zurückzurufen; Rakoßi gebot einige 1000 Heiducken auf und kam mit großem Gepräng nach Wardein. Ein neuer Landtag in Schäßburg sollte entscheiden, so verglichen sich die Gegner. Hieher eilte im Januar 1631 Rakoßis eifriger Anhänger Johann Kemeny; in seinen Hafersäcken führte er 7000 Gulden mit sich, die er selbst jenem geliehen, um die Landtagsglieder zu gewinnen; 5000 reichten hin; Georg Rakoßi I. wurde Fürst von Siebenbürgen.

Der Sultan erkannte Rakotzi an, ebenso Ferdinand, nachdem der kurze Versuch, ihn mit Waffengewalt zu schrecken, mißlungen. Die gesicherte Herrschaft benutzte der Fürst zur Befriedigung seiner Habsucht. Wiewohl er sich rühmte, das Neue Testament zwölfmal gelesen zu haben, war die apostolische Warnung vom Geiz, der Wurzel alles Übels, in sein Herz nicht gedrungen. Johann Kemeny hatte große Mühe, bis er sein Darlehen zurückerhielt. Schon 1632 verlangte Rakotzi von Hermannstadt 10.000 Gulden auf Borg; der Rat bewilligte 6000. Im folgenden Jahre mußte die sächsische Geistlichkeit 4000 erlegen. Einzelne sächsische Landesteile erlagen beinahe unter der Last des Steuerdruckes und vielnamiger Lieferungen. Dazu kam zu wiederholten Malen eine verheerende Pest. In Kronstadt sollen vom Juli bis Dezember 1633 an die 11.000 Menschen gestorben sein; Mediasch begrub um dieselbe Zeit an 800 Einwohner; vom August bis November 1643 sind im Schäßburger Kirchenbuch 1602 Tote eingetragen, die die furchtbare Seuche hingerafft, darunter der Stadtpfarrer Johannes Fabinus selber; an einem Tage waren achtunddreißig Leichen.

Inzwischen geriet Rakotzi schon in den ersten Jahren seiner Regierung in Zwist mit mehreren Großen, darunter mit Stephan Bethlen. Der floh aus dem Lande zum Pascha von Ofen; hier und in Konstantinopel fanden seine Klagen geneigte Ohren; der Sultan beschloß Rakotzis Absetzung. In der Furcht von der neuen Gefahr forderte dieser von der sächsischen Nation einen neuen Schwur der Treue, den man unwillig leistete, weil man Schlimmes dahinter fürchtete. Nicht mit Unrecht. Die Universität hatte nämlich 1634 die Zusicherung, die sie 1618 Gabriel Bethlen gemacht, dem Fürsten mit seinem Gefolge zur Zeit der Not sichern Aufenthalt in den sächsischen Städten und Burgen zu gestatten, auch auf Rakotzi ausgedehnt und dieser hatte sie feierlich bei seinem fürstlichen Worte versichert, in solchen Fällen die Rechte und Freiheiten seiner Schirmstätten zu achten, wenn die Gefahr vorüber ohne Gefährde auszuziehen und die Stadt, die ihn geschützt, im alten freien Stand, ungeschädigt an Wehr und Waffen und Recht ihren Bürgern zu hinterlassen. Wie der Fürst nun, falls er im Feld nicht bestünde, sich Schäßburg zum Zufluchtsort aussah, forderte er zugleich die Aufnahme einer fürstlichen Besatzung in die Burg. Auch Stephan Bethlen suchte

die Gunst der Stadt. Nicht ohne Absicht hatte er vor wenigen
Wochen dem Stuhlsrichter Zacharias Filkenius, als dieser mit
Landesabgeordneten in Ofen Rakotzi zu rechtfertigen suchte, hundert
Dukaten „zur Ehrung" geschickt, die der umsichtige Mann, nicht
ohne inneren Kampf gegen die Gewalt des Goldes, zurückgewiesen.
Auch Schäßburg schlug jene Forderung des Fürsten ab und als
dieser voll Unwillen darüber zum Feldzug aufbrach, schickte man
ihm Abgeordnete nach, ihn zu begütigen.

An der Spitze der Stadt und des Stuhles stand damals
der Bürgermeister Martin Eisenburger, seines Handwerks
ein Wagner, wie die Sage im Munde des Volkes erzählt, ein
Kürschner wie die Chronik meldet. Schon sein Vater war in den
höchsten Ämtern dem Gemeinwesen vorgestanden; den Sohn
finden wir von 1619 an mit wenigen Unterbrechungen als Bürger=
meister in rühmlicher Tätigkeit. Im ersten Jahre seiner neuen
Amtsführung baute er auf der Höhe des Burgberges zur Seite
der altersgrauen Kirche die „neue" Schule zu einer „Pflanz= und
Erziehungsstätte des Gemeinwesens". Am Fuße des Berges
erhob sich unter seiner Leitung ein Armen= und Siechenhaus mit
vermehrten Einkünften. Die Befestigungswerke der Burg verstärkte
er durch neue Mauern, Türme, Basteien. Sollte man die nun
den fürstlichen Söldnern übergeben? Wer bürgte, daß nicht
Hermannstadts Schicksal sich hier wiederhole?

So ging denn der Königsrichter Stephan Mann mit Ab=
geordneten zum Fürsten, dessen Zorn zu versöhnen (November
1636). Die sächsische Universität war eben in Hermannstadt ver=
sammelt; hier sprachen sie ein und riefen ihre Unterstützung an.
Die Universität erkannte die drohende Gefahr; sie erneuerte die
Einigung, die die Väter 1613 in Schäßburg geschlossen und
ließ Stadt und Land sie aufs neue beschwören, aber der Schäß=
burger Sache sich im Augenblick anzunehmen hielt sie nicht für
ratsam. Die Abgeordneten möchten allein ziehen und „das Eis
brechen"; im Falle sie nichts ausrichteten, wolle sie dann ihren
Beistand leisten. So erreichten jene den Fürsten in Broos und
baten ihn „mit Offerierung eines stattlichen Präsents" ihrer Burg
zu verschonen und seine Besatzung anderswohin zu legen, „sintemal
der vulgus (das Volk) sehr unruhig wäre" und man sich eines
Auflaufs zu befürchten hätte. Rakotzi hörte sie wider Vermuten
ruhig an und versuchte mit sanften Worten und schönen Ver=

sprechungen sie anders zu stimmen. Er wolle nicht in einer der
Burggassen wohnen, sondern nahe der Bergspitze in den „Schuler-
garten" sich ein kleines Haus bauen lassen, auch nicht zu den
gewöhnlichen Burgtoren ein= und ausfahren, sondern nahe seinem
Hof ein Tor in die Stadtmauer brechen, die Türme und Werke
der Stadt aber auf seine Kosten mehren und befestigen lassen.
Als ob die Gefahr dadurch den Abgeordneten nicht erst recht
deutlich geworden! Sie verhehlten ihre wahre Gesinnung, als sie
dem Fürsten versprachen, was sie „zu Haus bei dem gemeinen
Volk ihm zu gut ausrichten könnten, wollten sie gern tun", worauf
sie dieser, mit einem „Zehner=Dukaten" seines Schlages beschenkt,
im Frieden entließ. Die nach kurzem Feldzug erfolgende Aus=
söhnung mit Stephan Bethlen brachte den Bau des Fürstenhofes
in Schäßburg in Vergessenheit.

Dem Bürgermeister Martin Eisenburger vergaß aber der
Fürst die Sache nicht. Hatte der doch auch sonst noch der fürstlichen
Willkür sich entgegengesetzt. Als Rakotzi im Frühjahr 1636 auf
dem Bodendorfer Hattert eine Meierei errichtete und seine Schaf=
herden hintrieb, ließ der Bürgermeister das Meierhaus nieder=
brennen. Wie nun der Türke abgezogen und Rakotzi seines
Stuhles sicher war, erhob er im Jahre 1637 gegen Eisenburger
die Anklage auf Hochverrat. Franz Bethlen kam in seinem Auf=
trage nach Schäßburg und nahm Zeugen gegen den Bürgermeister
ein. Wie man ihm nichts erweisen konnte, riefen sie im März
desselben Jahres ein Gericht in Mediasch zusammen und luden
Eisenburger aufs neue vor. Da erlebte dieser den Schmerz, daß
alle Freunde und Bekannte von ihm abfielen. Wie werde er
rechten mit seinem Herrn und Fürsten? Viel lieber solle er sich
in Güte vertragen mit ihm, der wegen Anzündung des Meier=
hofes so gar sehr zürne, daß er nicht Gut und Blut verliere.
Die Stadt, der Stuhl, deren Haupt er war, die Universität, wo
er so oft sein Volk vertreten, taten nichts für ihn. So willigte
er gebrochener Kraft und von allen verlassen, in einen Vertrag
mit dem Fürsten. Er solle, gebot dieser, aus eigenem Vermögen
2000 Gulden Strafe zahlen und aus dem Rat der Stadt gestoßen
werden, so daß er hinfort weder in gemeinen noch Sondergeschäften
jemals mit seinem Rat diene. Das letzte brach ihm das Herz;
kein Strahl der Freude kam mehr in sein Auge, bis ihn der Tod
den 12. März 1640 erlöste.

Als die Universität im Februar 1675 die alte Einigung zum drittenmal erneute, war es Eisenburgers Schatten, der sie antrieb, in den Brief zu setzen und zu geloben: „Soferne jemand von den Amtleuten oder Geschwornen in Städten, Märkten und Stühlen bei Verteidigung unserer Privilegien und Freiheiten in Not geraten oder zu Schaden kommen mögte, denselben mit allen Kräften, Vermögen, Hab und Gut ganz ernstlich beizustehen und einander zu retten"?

Wie der Fürst gegen Eisenburger verfuhr, mußte ihm die Herzen des Volkes entfremden. Als er im Februar 1637 Kronstadt besuchen wollte, fand das Gerücht Glauben, er wolle die Stadt plündern. So beschlossen sie, ihn oder doch sein bewaffnetes Gefolge und dessen Obristen Johann Kemeny nicht einzulassen; selbst als sie nach langem Zaudern sich eines Andern besonnen und der Fürst nahe am Abend seinen Einzug hielt, fiel vor seinem Schlitten der Schlagbaum. Zwar zogen sie ihn wieder auf, aber des Fürsten Erbitterung milderte kaum die Strafe von 6000 Gulden und die schriftlich eingegangene Verpflichtung, ihm zu jeder Zeit und mit ihm so zahlreicher Mannschaft, als Er wolle, die Tore zu öffnen.

Traurige Ereignisse, die sich wenige Jahre später in Hermannstadt zutrugen, verschafften ihm auch hier eine Macht, wie sie noch kein Fürst des Landes besessen.

Seit 1639 war M. Agnethler Königsrichter von Hermannstadt und Sachsengraf, ein zum wichtigen Amt minder geeigneter Mann; unter den gleichzeitigen Ratsmännern Koloman Gotzmeister einer der bedeutendsten, der Sohn des gleichnamigen 1633 gestorbenen Sachsengrafen. Ehe dieser zur Hochschule nach Deutschland gezogen, hatte er sich insgeheim mit der schönen Tochter des Bürgermeisters Paulus Ludovici verlobt; aber in seiner Abwesenheit brachte seine Mutter es dahin, daß diese sich mit dem Kaufmann Lukas Stein vermählte und der Sohn, nach seiner Rückkehr lange Zeit untröstlich, endlich die reiche Erbin und einzige Tochter des Stadthannen Christoph Ungleich heiratete. Doch die alte Neigung wich nicht; die Ehe Gotzmeisters wurde bald zum öffentlichen Ärgernis, wiewohl er sonst ob seines Geistes, seiner Bildung, seiner Freigebigkeit am Hofe des Fürsten und bei den Bürgern der Stadt in jenem Ansehen stand, das der Jugend und ihrem entschiedenen Sinn, wenn sie mit jenen Mitteln auftritt,

selten zu entgehen pflegt. Da geschah es, daß der neue Sachsen=
graf Agnethler von Gotzmeister 6000 Gulden borgte und den
Luchspelz, den Kolomans Vater getragen, um sich nach diesem
einen machen zu lassen. Mit Entrüstung sah aber Gotzmeister bald
darauf, wie der Sachsengraf seines Vaters Kleid trug und hörte
mit steigendem Unwillen, wie dieser es für sein eigenes ausgab
und ihm die 6000 Gulden ableugnete unter Ausdrücken, die sein
zuchtloses Leben hart anklagten. Agnethler nämlich meinte, Gotz=
meister werde jenes Opfer gern bringen, wenn er seinen Wandel
nicht gerichtlicher Verfolgung unterziehe. Jener aber, dieserwegen
ohne Furcht, klagte den Sachsengrafen an und verlor die Sache.
Gegen das Sachsengesetz schrieb Agnethler den Vorgang dem
Fürsten. Rakotzi kam mit 6000 Söldnern nach Hermannstadt,
setzte Gotzmeister in Haft und zog die Hälfte seines Vermögens ein.

Des Volkes Unwille hierüber steigerte sich, als es den
parteiischen Schutz sah, den man Gotzmeisters Gattin angedeihen
ließ. Sie stand im Verdacht doppelten Kindermordes; der Stadt=
pfarrer Petrus Richelius lud sie vor, erfuhr die Wahrheit des
Verbrechens, half aber, von ihren Geschenken betört, nicht nur
es verheimlichen, sondern führte in seinen Predigten ihre Ver=
teidigung und verglich sie mit der Königin von Arabien. Des
Volkes Zorn wuchs zu immer drohenderer Größe.

Darüber starb (18. Mai 1645) der Sachsengraf M. Agnethler;
Valentin Frank, in Sächsisch=Regen geboren, an dem Gymnasium
in Hermannstadt, an den Hochschulen in Wien und Straßburg
wissenschaftlich gebildet, 1625 Rektor am Hermannstädter Gym=
nasium, darauf Provinzialnotarius, Ratsherr, Stadthann, Bürger=
meister, folgte ihm. Seine schwankende, durch Verwandtschafts=
verhältnisse bestimmte Haltung vermehrte die Macht der Unzu=
friedenen. Als nun Gotzmeisters geschiedene Gattin zum zweiten=
male heiraten wollte, erregten sie am Vortrag der Hochzeit einen
Auflauf, durchsuchten ihr Haus und fanden im Keller vergraben
die Gebeine der zwei gemordeten Kinder. Da schlug die lang
verhaltene Glut in hellen Flammen auf. Gotzmeister wurde mit
Gewalt aus dem Gefängnis befreit, seine Gattin in einen Sack
genäht und vor dem Burgertor im Zibin ersäuft. Der Stadt=
pfarrer, die verhaßten Ratsherren mußten fliehen; die Dazwischen=
kunft der Universität, der Synode machte das Übel fast größer;
der Schäßburger Bürgermeister Stephan Mann mußte froh sein,

daß er ohne Gefährde fortkam; dem fürstlichen Kommissär Johannes Kemeny zeigten sie die Geschenke, die den Stadtpfarrer blind gemacht. Auf den Stuben und in den Lauben der Zünfte wider-hallte es von Klagen über den alten Druck des Rates, über die Willkür der Amtleute; das Hermannstädter Kapitel las in fünfzehn Beschwerdepunkten über den Stadtpfarrer, was wohl ein solcher verdiene. Wie Valentin Frank in öffentlicher Bürgerversammlung den Sturm mit schönen Worten zu stillen gedachte: sie möchten sich zufrieden geben; in fünfzehn Jahren sei keine Gerechtigkeit gewesen, nun aber wolle er allen Recht verschaffen, riefen sie zurück: Er sei auch im Rat gewesen, warum habe er nicht Gerechtigkeit geübt?

So kam der zweite Christtag 1645; die Hundertmänner traten zur Wahl der Amtleute zusammen; auf dem Friedhof um die große Kirche wogten die stürmischen Haufen der Bürger, sie forderten die Absetzung des Bürgermeisters und daß er nicht aufs neue erwählt werde. Wie das letztere dennoch geschah, rissen sie die Tannen vor seinem Hause fort und zerbrachen dieselben. Sie wählten nun Amtleute; Koloman Gotzmeister wurde Bürgermeister, alle Stellen wurden neu besetzt. Inzwischen hatten sich die Herren des alten Regiments und ihre Freunde an den Fürsten gewendet, der mit Freuden in die Sache eingriff. Den 18. Januar ward Gotzmeister auf fürstlichen Befehl wieder verhaftet, bald darauf der alte Rat in seine frühere Würde eingesetzt und der Stadt-pfarrer, nachdem ihn die Bürger und Verzeihung gebeten, unter Begleitung des Rates, der Hundertmänner, des Hermannstädter Kapitels feierlich auf den Pfarrhof zurückgeführt. Die Stifter des Aufruhrs sollten vor dem Landtag in Weißenburg den 6. März 1646 Rede und Antwort geben. Dreiundvierzig Angeklagte standen dort vor; vor allen Ständen des Reiches wurde nun offenbar, daß auch der Rat und die Obrigkeit „nicht engelrein" gewesen und daß auch ihnen „das Lachen teuer" werden würde. Jetzt besann sich Rat und Hundertmannschaft von Hermannstadt, jetzt die Universität, daß der sächsische Rechtsstreit nur vor sächsischem Gericht fließen dürfe; doch der Fürst hörte jetzt ihre Berufung auf die Privilegien nicht an. Da gewannen sie mit schwerem Gelde einige vornehme Adelige und trugen dem Fürsten einen Vergleich an. Den 16. März 1646 unterschrieben sie die Verpflichtung, Rakotzi 10.000 Gulden in barem zu entrichten, ihm Kerz und die

Besitzungen Hermannstadts in Sina, Setschel und Orlath abzutreten,
dazu so oft er Hermannstadt besuche, ein Tor samt allem Zugehör
und Rüstzeug einzuräumen, ja in Kriegszeiten, wenn es die Not
erfordere die ganze Stadt zu überlassen; dafür schlug der Fürst
die Untersuchung des Aufstandes vor dem Landtag nieder und
übertrug sie drei Herren vom Adel und dem Mühlbächer Königs=
richter. Schon 1647 kam Rakotzi mit vielem Volk nach Hermann=
stadt und — besetzte das Heltauer Tor, dessen Schlüssel er dem
Rat erst bei seinem Abzug wieder einhändigte.

Inzwischen hatte der traurige Streit vor den ernannten
Richtern auf der Tagfahrt in Mediasch im April 1646 sein Ende
gefunden. Alle Bürger von Hermannstadt, ausgenommen zwei=
unddreißig, die der Rat für schuldlos ausgab, „welche der Weisen
Herrn Sohn, Eidam und Freund oder Schwäger waren", erschienen
dort, ihr Urteil zu hören. Koloman Gotzmeister und noch sieben
wurden nach Fogarasch ins Gefängnis geführt und ihre Güter
eingezogen; von den andern wurden die Zehntmänner um vierzig,
die übrigen um zehn Gulden gebüßt, wovon zwei Dritteile in
des Fürsten Schatz flossen, ein Dritteil den Richtern zukam. Die
ganze Strafe betrug 48.000 Gulden.

Auch Rakotzi nahm an dem jammervollen Kriege teil, der
zu seiner Zeit noch immer, seit fast dreißig Jahren, Deutschland
verheerte. Von den bedrückten Protestanten Ungarns gerufen,
im Bund mit Schweden und Frankreich zog er 1644 das Schwert
gegen Ferdinand III. Die Sachsen stellten fünfhundert Mann
zum Heerzug. Unter den Mauern von Brünn begrüßte sich
Rakotzi mit dem schwedischen Feldherrn Torstenson. Aber die
Türken befahlen ihm, vom Krieg abzulassen; in Linz wurde 1646
der Friede geschlossen, der die alten Rechte der Protestanten in
Ungarn bestätigte und Rakotzi fünf ungarische Komitate auf lebens=
lang überließ. Er erfreute sich der vergrößerten Herrschaft nicht
lang; voll Groll im Herzen gegen das türkische Joch und mit
hochfliegenden Gedanken dem polnischen Thron nachstrebend,
starb er den 23. Oktober 1648, in demselben Jahr, in dem der
westfälische Friede die Berechtigung der Reformation aufs neue
anerkannte und auch die sächsisch=evangelische Kirche Sieben=
bürgens, das in den Frieden mit eingeschlossen wurde, mit ihrer
Verfassung und ihren Freiheiten unter den Schutz des europäischen
Völkerrechts stellte.

Georg Rakoßi II. Entstehung der Approbaten.

Dem gestorbenen Fürsten folgte seit schon vor sechs Jahren zum Nachfolger erwählter Sohn Georg Rakoßi II., den der Sultan bestätigte, als er den rückständigen Tribut gezahlt. Rakoßi war siebenundzwanzig Jahre alt und voll brennenden Ehrgeizes, der sich durch Kriege gegen die Walachei und Moldau Luft machte und zuleßt im tollkühnen Kampf gegen Polen ihn und das Land ins Verderben stürzte. Wie an Kriegen nach außen, so ist seine neunjährige Regierung an innerem Hader reich und das sächsische Leben insbesondere hat daran Menschenalter lang zu leiden gehabt.

Als der Fürst im Jahre 1652 während des Landtags schwer erkrankte, wählten die Stände seinen achtjährigen Sohn zum Nachfolger unter der Bedingung, daß er der reformierten Kirche treu bleibe. Darüber waren die Stände schnell einig; über einen andern Punkt der Wahlbedingungen aber erhob sich böser Streit. Unter den Artikeln, die die früheren Fürsten beschworen hatten, stand, daß der Fürst den hohen und niedern Adel, Städte und Flecken, das Volk der Szekler und der Sachsen bei den alten Rechten, gesetzlich erflossenen Privilegien, Schenkungen, Vergabungen, Verpfändungen zu erhalten verpflichtet sei nach dem Inhalt der goldenen Bulle des Königs Andreas. Nun änderten die Ungarn und Szekler den Wortlaut des Artikels dahin, daß der Fürst den hohen und niedern Adel, Städte und Flecken, das Volk der Szekler und Sachsen in allen rechtlich und nach den Landesgesetzen erflossenen Privilegien, Schenkungen, Vergabungen und Verpfändungen nach den Beschlüssen des Landtags und der Verfassung zu erhalten verpflichtet sei. Die sächsischen Abgeordneten erkannten augenblicklich, daß in der Änderung Gefahr für ihre Freiheiten liege. Warum habe man die „alten Rechte" nicht wie früher ausdrücklich hingesetzt? Warum die Berufung auf die goldene Bulle fortgelassen? In der neuen Fassung könne man den Artikel erklären, als ob die Rechte und Verfassung der Sachsen von dem Willen der Mitstände, von den jeweiligen Beschlüssen des Landtags abhängig seien. So erhoben denn die sächsischen Abgeordneten in der folgenden Sitzung Widerspruch gegen den Artikel und setzten es durch, daß die alte Fassung beibehalten wurde mit Ausnahme der Berufung auf die goldene Bulle des Königs Andreas, die man fortließ, „weil in dasselbe Dekret der gedachte König als ein andächtiger, gottesfürchtiger

Herr seiner päpstlichen Religion zur Fortpflanzung in etwas viel zugelassen, damit heut oder morgen, weil der neu zu Wählende von mütterlicher Linie von päpstlichen Eltern die Herkunft nimmt, nicht jemand auf dasselbe Dekret bauen möge und unter solchem Vorwand Ungelegenheit dem Lande verursache".

Nicht ohne Grund wachten die sächsischen Abgeordneten so über jedes Wort, das in die „Artikel" kam. Sie hatten bereits gelernt, wessen sie sich von den Mitständen zu versehen hatten. Während sie auf dem Landtag in Weißenburg den 2. März 1661 mit Wissen und Willen des Ständepräsidenten um Audienz bei dem Fürsten anhielten, beschlossen die Mitstände, daß die auf Komitatsboden gelegenen Siebenrichtergüter der Komitatsgerichtsbarkeit unterständen. Wie die Sachsen des andern Tages hiegegen protestierten, da der Beschluß in ihrer Abwesenheit und ohne ihre Beistimmung gemacht worden, erhob sich großes Geschrei in der Versammlung. Als nun einer vom Adel den Vorschlag machte: man solle jener Verwahrung der Sachsen nachgeben und drein willigen, dagegen solle dem Adel und den Szeklern unverhindert sein, Häuser und Erbschaften, Gärten, Acker und Wiesen auf dem Sachsenboden zu kaufen, die sächsischen Abgeordneten aber hiegegen noch ernstlicher sprachen und sich auf ihre verbrieften Rechte beriefen, „da wurde," so erzählt der Provinzialnotarius Johannes Simonius, „das Geschrei so ungestümm, als wenn es das Ansehn hätt, daß man uns Sachsen allen sollt die Häls entzwei schlagen". Zwei Tage später gelang es den Szeklern „mit Listen", zu den neuen Artikeln einen hinzuzufügen, der das ganze sächsische Landrecht umstieß, — weil es Ungarn und Szeklern sehr beschwerlich scheine, die Sachsen vor sächsischem Gericht zu belangen, solle es ihnen frei stehen, den Prozeß gegen sie vor dem Komitats- und Szeklergericht zu führen — wodurch der Streit noch erbitterter, die Verwirrung noch größer wurde, so daß das „edle Land voll Aufregung und Feindseligkeit sich zerteilte".

Nach solchen Vorgängen kam auf dem Landtag 1652 ein Beschluß zustande, der den Keim neuer Verwirrung in sich trug, der Beschluß, alle Landtagsartikel seit 1540, der Trennung Siebenbürgens von Ungarn, neu durchzusehen und aus ihnen ein gültiges Gesetzbuch zusammenzustellen. Alle Streitfragen, die die Nationen seit einem Jahrhundert entzweit hatten, kamen dadurch mit einem Male aufs neue zur Verhandlung; von ihrer Entscheidung hingen die Lebensgeschicke, hing Fortbauer oder Untergang der einzelnen Völker und zunächst der Sachsen ab. Als nun der Fürst den 7. März 1652 die Kommission ernannte, die die Vorarbeit „in Zusammenklaubung der Articulorum" machen sollte und darunter nur e i n e n Sachsen, da waren viele trotz begütigender Ausrede Johann Kemenys überzeugt, daß die Arbeit „nicht werde sein können ohne Derogamen und künftigen Schaden" der Nation.

Darum brachte der Provinzialbürgermeister Johannes Reißner von Hermannstadt im Katharinalkonflux 1652 den Gegenstand zur Sprache. Er war von seiten der Sachsen in jenen Ausschuß ernannt worden, der in Sächsisch-Regen die Vorarbeiten zur Sammlung gemacht hatte; als er sich hier entschieden geweigert, an der Arbeit teilzunehmen, „es sei denn, es würden ihm einige Weise Herren von der Universität adjungiert, damit wenn etwas versehen, der Fluch nicht ihm allein möchte zugemessen werden", hatten sie noch den Bistritzer Ratsmann Johannes Waldorfer zugezogen. So wußte Reißner, was das neue Gesetzbuch wollte; ihm kam es aus tiefem Herzen, als er den Abgeordneten bei dem ersten Zusammentritt Montag nach Katharinä „Gottes Beistand" wünschte und „künftige Beiwohnung des Geistes voller Weisheit und Verstands, durch dessen Wirkung Gottes Ehr, der sächsischen Nation Aufnehmen, in Summa das gemeine Wesen möge befördert werden". Die Abgeordneten aber beschlossen zunächst „Thädigsachen zu verhören". Wiederholt brachte in der Folge der Bürgermeister „die Kollektion der Artikel" in Verhandlung; das werde ein perpetuum decretum (ein dauerndes Gesetz) und sei demnach hoch von nöten, daß E. L. Universität genaue Achtung gebe; „itzunder sei die Zeit zu vigilieren (zu wachen), damit sächsische Freiheiten ungeschwächt erhalten werden mögen und von der Modalität (Art und Weise) zu diskurieren," wie man etwa drohendem Schaden begegnen solle. Doch die Abgeordneten wichen tiefer gehender Verhandlung aus; die Feiertage seien von der Türe; viele müßten nach Hause, Rechnung des getragenen Amtes zu geben; wer wisse, ob man die Stellen nicht anders besetze und andere zum Landtag zögen; diese sollten sechs Tage früher nach Hermannstadt kommen oder nach Weißenburg und die Sache beraten. Voll Unwillens hierüber ruft der Provinzialnotarius Johannes Simonius aus: Mit wenigen ist gut ratschlagen, mit vielen gut kriegen. Wie mit vorahnendem Geist hat er an die Spitze seiner Aufzeichnungen aus diesem Konflux das Bibelwort gesetzt: Herr, geh nicht ins Gericht mit deinen Knechten!

Am Vortag vor der Auflösung des Konfluxes drang Reißner noch einmal darauf, die Vorbereitungen gegen den Landtag zu beraten. Offne Hand, sprach er, öffnet den Verstand. Unsere Altväter mit solchen Mitteln haben sie auf uns die Privilegien gelangen lassen, durch das liebe rogare und dare (bitten und geben); Gaben, glaube mir, versöhnen Menschen und Götter; mit güldenen Kugeln haben unsere Väter allweg geschossen; so will es sich gebühren, daß wir itzunder nichts sparen, sintemal Geld und Gold und Silber leichter zu bekommen, denn ein verlorenes Privilegium. Dagegen erhoben sich andere: Haben wir nicht Freibriefe, auf die wir uns sollen verlassen, welche Ihre fürstlichen Gnaden, wie auch alle andern Landesfürsten unter Eid bekräftiget und unverletzt zu handhaben sich verpflichtet; wir sollen demnach nicht vor der Zeit laufen und auf die Knie fallen, wie Horatius sagt: „Zeig in schwerer Zeit dich tapfer und standhaft." Wieder entgegnete der Bürgermeister: Gute Fechter behalten die besten Stich auf die Letzt und im Krieg fängt man von den geringsten Mitteln an und gehet so fort. Ehe denn wir unsere Privilegia vom Land sollen prüfen und beurteilen lassen, ists ratsamer Geld und Geschenks Mittel zu gebrauchen; wollen die nicht verschlagen, alsdann steif und fest bis zum letzten Atemzug zu verharren bei den Privilegiis und sie mit Gut und Blut zu verfechten. So wurde denn einstimmig beschlossen: „Auf daß sächsischer Nation Freiheiten nicht Schiffbruch leiden und geschwächet werden mögen, daß man Ihr Fürstliche Gnaden und die intimos Consiliarios (die angesehensten Räte) mit ansehnlichen Präsenten versehen solle, wie auch Andre, da es Not sei, damit also guter Weg gemacht werde, es koste gleich, was es wolle."

Der gefürchtete Landtag begann den 15. Januar 1653 in Weißenburg. Den folgenden Tag legte der Fürst seine Vorschläge den Ständen vor, darunter das in Sächsisch-Regen nach den frühern Landtagsbeschlüssen entworfene Gesetzbuch der Approbaten, wie sie es nannten. Nach manchem Für- und Widerreden über die Geschäftsordnung bestimmte der Fürst, man solle täglich Vormittag frühe zusammentreten und die Durchsicht der Artikel vornehmen,

Nachmittag „Thädigen verhören". Da versammelte sich den 20. Januar die Universität „in der Hermannstädter Haus"; sie wußte nun „aus Verlesung der Articulorum", daß darin manches mit „eingereiht", das den sächsischen Rechten und Freiheiten zuwider; die Überzeugung, „daß man itzo der Zeit wahrnehmen solle", lastete fast zu schwer auf ihr. Was solle man tun und wie den Anfang machen, „damit, wo nicht Alles, doch das Gröbste und Schädlichste möchte aus dem Weg geschafft werden und die bedrängten armen Leute, welche Tag und Nacht in großer Dienstbarkeit schwitzeten, sich aber auf ihre Obrigkeit verließen, möchten beschützt werden"? Aufs neue sprachen einige: „Haben wir nicht schöne Privilegien, von denen ehe wir sollten weichen, so sollten wir ehe das Leben lassen und den Tod kiesen." Worauf, wie vor wenigen Wochen im Konflux, andere, der Berichterstatter nennt sie „die Weisern", vor Übereilung und den äußersten Mitteln warnten: „Zu dem, wenn man die Privilegia oft produziert, so verlieren sie gemeiniglich ihren vigor und respect (ihr Ansehen); denn es finden sich unreife Interpretes (Ausleger), die eins dahin, das andre dorthin drehen und weiß Gott was herauspressen."

So vereinigten sie sich denn, man solle den einflußreichen Geheimschreiber des Fürsten Johann Kemeny „an die Hand nehmen und bei demselben mit dem Versprechen eines ansehnlichen Geschenkes einen Weg und Zutritt machen, wo vielleicht derer schädlichen Sachen, so mit der Zeit mit eingelaufen und in den Articulis verfasset, möchte vorgebaut können werden, damit selbe, wo nicht alle, doch die meisten und schädlichsten möchten zurückbleiben und nicht zur Verhandlung des Landtags gebracht würden". Kemeny versprach bereitwillig seine Mithülfe, wenn — die Sachsen die zwei Basteien, die an der Befestigung von Weißenburg noch immer fehlten, aufzubauen sich verpflichten wollten.

Aber diesen Antrag berieten die Abgeordneten schweren Herzens bis tief in die Nacht; früh um vier Uhr des andern Tages traten sie aufs neue zusammen. „Geldarm", sprachen sie, „sind wir durch die teuren Jahre worden und volkarm wegen der vielen unzähligen Erpressungen, so von Tag zu Tag wachsen, wie auch wegen der Pest, so vor sechs Jahren sehr unter uns gehauset." Sie fanden den Bau der Basteien unmöglich. Aufs neue schickten sie zu dem Geheimschreiber und ließen Ihrer

Fürstlichen Gnaden 10.000 Gulden, ihm aber 1000 Gulden antragen, damit die dem Sachsenrecht widerstreitenden Punkte aus den Artikeln ausblieben. Auch das war erfolglos. Ihre Fürstliche Gnaden, ließ Kemeny sagen, sind keiner bessern Meinung. Auch der Fürst erkläre, jene Beschlüsse seien vom Lande gemacht; sollte er selbige nun in praejudicium des Landes (zum Nachteil des Landes) begehren zu kassieren und tollieren, so hätt's das Ansehen, als wenn er seinen eigenen Nutzen und nicht des Landes Vorteil suchen täte oder sollte hernach das Land nicht drein willigen, so geschehe solches zu großem praejudicio (zu großer Schmälerung des fürstlichen Ansehens). Er achte demnach vor ratsamer, den Zweck zu erreichen, wenn Eine Löbliche Universität etwas Scheinbarlichs sich erbiete, als mit Erigierung zweier Basteien, welche nicht nur Ihrer Fürstlichen Gnaden und dessen Residenz zu Ehren sein würden, sondern auch dem ganzen Lande zur Defension (zum Schutz). Des Geldes werde bald vergessen, das sehe niemand, die Basteien aber die ganze Welt. „Wenn das Ihr gleich", setzte er hinzu, „hunderttausend Gulden Euch erbietet, so hats nicht so einen Nachdruck das Land zu überreden, daß es die Euch ungünstigen Artikel aufhebe. Bedenket Euch demnach eines bessern Rats."

Wo war der zu finden? Zwei Tage lang berieten die Abgeordneten über die „schwere Sache". Der Bau der Basteien erforderte jahrelange Arbeit von Menschen und Vieh und unerschwingliche Kosten; darüber werde daheim Haus und Hof zugrund gehen; dagegen: wenn die bösen Artikel blieben, lege man die sächsische Freiheit zu Grabe. Wie die Gegensätze sich nicht vereinigen konnten, schritten sie den 24. Januar „nach Anrufung Gottes" zur Umfrage: ob man sich zum Bau entschließen solle, oder „das Äußerste versuchen?" Der Sachsengraf Johannes Lutsch gab die erste Stimme: er entschied sich für den Bau; der Hermannstädter Bürgermeister für den Bau, Mediasch, Schäßburg ebenso. Der Kronstädter Richter Michael Hermann, seine Mitabgeordneten Jeremias Goldschmied und Laurentius Berger wollten, daß man zum Schwert greife, aber sie blieben allein; die andern Stühle traten Hermannstadt bei. Doch der Beschluß kam zu spät. Ob der Fürst die unliebsamen Artikel entfernen jetzt nicht gewollt oder nicht gekonnt, finden wir nirgends, gewiß ist's, daß der Gang der Verhandlung sie bald vor die Stände brachte.

Inzwischen war nämlich der Landtag an die Auswahl der
Artikel aus frühern Landtagsbeschlüssen und damit an die Fest=
stellung eines Gesetzbuches nach dem Vorschlag seiner Kommission
gegangen; den 20. Februar kam das Hauptstück, das von den
Sachsen handelte und darin zunächst die dem ungarischen Adel
auf dem Sachsenboden zu leistende unentgeltliche Bewirtung und
Vorspann an die Tagesordnung. Bis dahin hatte jeder Edelmann
darauf Anspruch erhoben und ihn durchgesetzt, obwohl schon
frühere Landtagsartikel gegen diese heillosen Erpressungen geeifert
hatten. Bezüglich der übrigen Landesteile hatte man vor wenigen
Tagen die Beschränkung festgesetzt, daß auf jene Begünstigung
nur der Anspruch habe, dem eine landesfürstliche Vollmacht dazu
ausgestellt sei; dieselbe solle nun, obwohl mit einigen Änderungen,
so wollte es der Fürst und der Gesetzesvorschlag, auch auf das
Sachsenland ausgedehnt werden.

Zehn Tage früher hatte die Universität dem fürstlichen Haus
und den hervorragenden Mitgliedern des Landtags Geschenke
gemacht. Während diese den anwesenden türkischen Gesandten
herrlich „traktierten", beriet sie, „ob man nicht möcht mit den
Honorariis eilen"; denn es sei zu fürchten, der lange Verzug
werde einen Unwillen verursachen, weil es heiße, wer schnell
gibt, gibt zweimal; ob man ferner nicht sollte auch andern etwas
„verehren", „weil itzunder die arme teutsche Nation in sonder=
lichen Gefahren und Unfällen sei". In der Tat beschlossen sie,
man solle sich diesmal „etwas mehr angreifen, als vorwann zu
geschehen pflegen" und darum „Ihr fürstlichen Gnaden einen
Becher mehr, der gnädigen Frau Fürstin ingleichen einen mehr"
als ehemals geben.. Denen man aber früher nichts verehret, die
sollten auch jetzt nichts bekommen; denn geschiehts einmal, sprachen
sie, so wird ers allemal haben wollen, weil in diesem Säkulo
alle die gut Will unserer Väter zu régi szokás (zu altem Brauch)
worden, und was man vor diesem gern ihro aus Gezwang thun
müsse. Es sei besser der erste Zorn. Sei man doch Sr. Fürstlichen
Gnaden und dem Land außer untertänigster und gebührender
Treu und Zinspflicht nichts schuldig, auch habe man Land und
Fürst nicht verraten, oder anders gesündigt, daß man solches zur
Strafe tun müsse: „nein, sondern weil gleichsam das Herz unserer
Privilegien angegriffen wird, erachten wir diese Mittel vor die
bequemste und gelindeste; denn die äußersten Mittel haben etwas

so gewalttätiges mit sich, welche an die Hand nicht sind zu nehmen, wenn das Gewissen nicht Zeugnis gibt, die andern Mittel hätten denn nicht verschlagen wollen."

So „verehrten" sie denn „Seiner Fürstlichen Gnaden" vier und „unserer gnädigen Frau Fürstin" „zwei silberne Geschirr", dem jungen Fürsten „einen hübschen großen Becher", einen ähnlichen dem Johann Kemeny, dem Franz Bethlen, dem Stephan Suliok, dem Ständepräsidenten Achatius Bartschai, dem Georg Lazar, dem Gabriel Haller, — einem Urenkel des Sachsengrafen Petrus Haller — dem Johann Bethlen. Die „Ehrungen" wogen über 45 Mark Silber und kosteten 1332 Gulden 76 Denare.

Aber in eiserner Zeit helfen nur eiserne Mittel. Wer da gemeint hatte, der Sturm werde durch solche Vorkehrungen gemildert werden, der konnte seines Irrtums bald gewahr werden. Denn wie man nun im Landtag den Artikel, der von den Sachsen handelte, auflas, worin geschrieben stand, daß auf Sachsenboden keinem Edelmann zugelassen sei, die Armut zu unentgeltlicher Bewirtung und Vorspann zu zwingen, sondern diese solle nur gewährt werden denen, die geschriebene fürstliche Vollmacht aufwiesen, daß man aber den fürstlichen Hofbeamten und die in des Fürsten Geschäften reisten, Herberge, Essen und Trinken, Heu und Futter ums Geld geben solle; worin ferner gegen Übertreter jeglicher Art Strafe festgesetzt war und daß man die, so Erpressungen ausüben wollten, vor Gericht belange und die Dorfleute gegen sie, es seien Edelleute oder nicht, sollten zeugen können: da erhoben sich auf einmal Adel und Szekler „mit unmenschlichem Geschrei", und riefen „wie mit einem Hals", daß das nicht sein solle, sondern wie ehemals, so solle es auch fortan bleiben. Wie klangs da wirr durcheinander: die Sachsen wären solches schuldig zu tun und könne nicht sein, daß sie freiere Leut wären die Dorf=Sachsen, denn der Edelleut Jobagyen; und die Sachsen hättens aufgenommen zur Zeit als sie die Waffen niedergelegt; auch in den Krieg sollten sie ziehen wie ehemals und sie wären nur hospites (Gäste), und es ständ im decreto (im Werbötzischen Gesetzbuch) geschrieben, daß kein Bauer wider einen Edelmann zeugen könne. Die Versammlung ging stürmisch auseinander; die Sachsen, hieß es, sollten sich bereden wegen der unentgeltlichen Bewirtung und Nachmittag resolvieren.

Bis dahin versuchte man sie zu bewegen, an dem Gesetzesvorschlage des Fürsten zu ändern, damit sie sich mit ihm entzweiten. Doch die Abgeordneten hatten einmütig beschlossen und erklärten: Sie seien gar wohl mit dem zufrieden, was Ihre Fürstliche Gnaden samt dem geheimen Rat aufgefunden, könnten demnach nichts modifizieren und wollten auch nichts als unterthänigst danken vor solche Gnade. Wieder erhoben sich „die Rufer im Streit" und „ist vormittag ein groß Geschrei gewesen, so wirds noch einmal größer". Kamen die Herren doch gerade vom Tische und der Fürst hatte nicht ohne Absicht die Verhandlung über die Artikel nur auf die Vormittage angesagt. Im wilden Lärm, der ringsum tönte, verteidigten die Sachsen ihr Recht. „Mit der Kriegszucht," sprachen sie, „werdet ihr uns nicht schrecken; geben wir nicht unsere Trabanten und Reiter dazu? Zwischen den sächsischen Bauern und der Edelleut Jobagyen ist keine Gleichheit, denn die Bewohner des Königsbodens haben ihr Freitum. Ad hoc, daß ihr uns Gäste nennt: wir sind anfangs Gäste gewesen vor vierhundert Jahren, aber gerufen auf Freiheit und nicht auf Sklaverei. Und sind rechte getreue Landessöhne, haben in den Landtagen die dritte Stimme, sind eine Nation im Land und das ist nur gültig, was unter Namen und Titel dreier Nationen beschlossen. Es heißt zu beweisen, daß wir solches aufgenommen jemalen, daß wir wollten umsonst bewirten. Gesetzt, doch nicht zugegeben: sollten wir Gäste sein, so würde es sich gebühren der Humanität nach, daß die Unger uns sollten einen guten Willen erweisen und umsonst bewirten, weil wir selbigen in dringender Not zu Hilf gekommen gegen die Tattern und andere böse Nationen, sie mit unserm Blut beschützen helfen und uns zwischen sie eingelassen." Der Artikel blieb; obwohl „der Ungestüm" im „edlen Land" so arg wurde, daß der Präsident des andern Tages, „wo sie in der Nüchternheit etwas höflicher waren", sich entschuldigte, „es wäre nachmittag gewesen" und „privatim" hinzufügte, „er hätts nicht aus Grund seines Herzens getan, sondern nur in Pflicht seines Amtes".

An demselben Tag (25. Februar) kamen die in das Gesetzbuch aufgenommenen Artikel früherer Jahre zur Verhandlung, durch welche das Recht der Sachsen, die beiden andern Nationen vom Häuserkauf in sächsischen Städten auszuschließen, aufgehoben und die unmittelbare Vorladung der Sachsen vor die fürstliche

Gerichtstafel gestattet worden war. Die Sachsen hatten solchen
Beschlüssen jederzeit widersprochen und diese in der Tat nie
eine Folge gehabt. Auf diesen frühern Widerspruch und daß jene
Beschlüsse ohne alle tatsächliche Gültigkeit gewesen, beriefen sich
die sächsischen Abgeordneten auch jetzt und protestierten gegen die
neue Aufnahme jener Artikel. Hiegegen wandte man ein, es sei
ein Landesbeschluß, wenn zwei Nationen wider die dritte über eine
Sache eins würden, so solle man nicht protestieren dürfen und
kein Tabularassessor wollte ihre Protestation niederschreiben. Vergebens klagten die Sachsen: Sie hätten die Beschwerden der
andern Nationen vor dem Fürsten unterstützt, „bei uns will niemand das tun von Euch, und scheint demnach, daß Ihr dasjenige,
was uns drücket und beschwert, nicht gesonnen seid, (ge)ringer
helfen zu machen, sondern noch schwerer". Auf ihre entschiedene
Erklärung endlich, unmittelbar insgesamt vor den Fürsten gehen
zu wollen, erwiderte der Präsident, wenn sie die Verwendung
der Stände bei dem Fürsten haben wollten, so gezieme sich wohl,
daß sie dem Lande auch etwas gratifizierten, und wie sie entgegneten, sie verstünden nicht was er meine, sprach er, sie möchten
zwei „Weise Herren" nach gehaltener Mahlzeit zu ihm schicken, so
wolle er des Lands Begehren der Löblichen Universität offenbaren.

So geschah es; die Abgeordneten brachten die Antwort:
die beiden Stände wollten sich verwenden, daß die Artikel vom
Häuserkauf und der unmittelbaren Vorladung vor den fürstlichen
Gerichtshof für ewige Zeiten abgeschafft würden, falls — die
Sachsen eine Bastei zu Weißenburg bauen würden. Die Universität sah hierin einen Fallstrick und fürchtete, „daß nicht aus einer
zwo würden"; sie beschloß, sich mit einem Gesuch unmittelbar an
den Fürsten zu wenden und dieses durch die Stände überreichen zu lassen. Sie begannen darin mit Geisas Berufung ihrer
Väter und wie die alten ungrischen Könige ihnen für ihre Treue
viele schöne Freiheiten erteilt hätten, in deren Besitz sie Jahrhunderte ungestört gelebt; seit vierzig oder fünfundvierzig Jahren
aber fange man an daran zu rütteln und habe ohne ihre Einwilligung, also ungesetzlich, Landtagsbeschlüsse gemacht, die ihr
altes Recht gefährdeten. Nun habe aber der Fürst die Stände versammelt, um die alten Artikel in neue Erwägung zu ziehen und
ebenso wie die, den adligen Prärogativen zuwiderlaufenden, auch
die der übrigen Stände Rechtslage verletzenden alten Satzungen

aufzuheben, weshalb sie zu seinem Wohlwollen und zu seinem
Eid sich eines gleichen versähen. Darum bäten sie untertänigst,
daß er die ihrer Freiheit und ihrem Privilegium feindlichen Artikel
für ungültig erkläre.

Aber ehe das Gesuch noch an den Fürsten kam, erkannten
sie, daß er die Ansichten ihrer Gegner teile. In der Sitzung vom
1. März wurde eine „scharfe Schrift" desselben über das Recht
des Häuserkaufs aufgelesen, „ganz anders qualifiziert" als seine
frühern Eröffnungen in derselben Sache. Die Sachsen widersprachen mit Berufung auf ihre Freibriefe und reichten dem
Landtag ein Bittgesuch ein, worin sie die Mitstände im Namen
ihrer gerechten Sache und der Union um ihre Unterstützung
anriefen. Es half nichts, „denn die Unger und Szekler bliesen
in ein Loch und Horn". „Wie könnten sie uns gratifizieren,"
erklärten ihre Wortführer, „und uns helfen interzedieren, da wir
doch ihnen nichts hätten gratifizieren wollen in puncto des gaz-
dalkodás" (in Sachen der freien Bewirtung)? Nach langem und
bitterm Wortstreit sprach endlich der Bürgermeister von Hermannstadt: „Wir gottlob unsers Teils sind uns nicht bewußt, daß wir
jemals dem Lande schädliche Glieder gewesen seien, sondern unsere
Vorfahren haben durch ihre treuen geleisteten Dienste schöne Freiheiten bekommen, deren wir bis heut uns erfreuen. Warum
geschehts denn, daß Ihr Euch unser sogar nichts annehmen wollt;
was haben wir gesündigt, daß Ihr Euch so hart und kalt gegen
uns erzeigt? Von Rechtswegen wäret Ihr ja schuldig, auch
neben uns wie neben andern zu interzedieren; gleichwohl das
nicht angesehen, haben wir uns erboten, dem Land etwas zur
Dankbarkeit zu stiften, das allermänniglich nützlich und dem Land
zum Ruhm und Ornament sein sollte." Das Endergebnis war,
daß die Mitstände ihre Unterstützung abschlugen. „Wie können
wir vor Euch interzedieren," sprach der Präsident zum Schlusse,
„bis wir nicht wissen, worauf Euer Begehren fundiert ist und
wir Euer Privilegium sehen?" Bis nächsten Montag erhielten
die Sachsen Bedenkzeit, um sich „alsdann zu resolvieren".

Sonntag den 2. März beriet die Universität über die neue
Anforderung; sie nahm, wie ihre Protokolle erzählen, „in reife
Beratung, in was terminis anitzo die ganze Nation stünde, wie
nehmlich die Stände den Garaus mit ihr zu spielen genugsame
Kennzeichen von sich geben." Das Privilegium, den Andreanischen

Freibrief, beschloß sie „vor die zwei Nationes, welche wider uns die dritte arbeiten", nicht zu produzieren; auch der Adel hätte seine Vorrechte, die Szekler die ihrigen nie durch Briefe vor dem Landtag bewiesen. Wer wohl seinen Widersachern Wehr und Waffen in die Hände geben werde? Dem Fürsten wollten sie den Freibrief vorlegen, der sei der oberste Richter, „dem wird ja sollen Glauben gegeben werden".

Die Verhandlungen des folgenden Tages führten zu keiner Einigung. Die beiden Nationen erklärten, sie könnten bei dem Fürsten nichts unterstützen, was wider ihre Freiheit laufe; das sei aber der Fall, wenn man ihnen nicht gestatte Häuser und „Erbschaften" in sächsischen Städten zu kaufen. Wenn die Sachsen sich dagegen auf ihre Privilegien beriefen, so setzte der Präsident auseinander, „das Land" habe durch jene „Artikel" diese in den beiden Fällen entkräftet, wogegen die Sachsen hervorhoben, jene Artikel habe nicht „das Land", sondern nur zwei Nationen gegen die dritte gemacht, wodurch ihr Privilegium mit nichten aufgehoben sei. Dann bestanden die andern wieder auf Vorlegung des Privilegiums und als die sächsischen Abgeordneten sich beharrlich weigerten, dasselbe jemandem außer dem Fürsten „zu produzieren", schlug der Präsident vor, man solle in das Gesuch an den Fürsten statt Privilegium „das Wörtlein Usus" (statt Freibrief Gebrauch) setzen, so würden sich „die beiden Nationes bewegen lassen", die Bittschrift vor den Fürsten zu schicken. Natürlich gingen die Sachsen darauf nicht ein, da sie sonst die ganze Grundlage ihres Rechtes verlassen und die Gegner bald den Mißbrauch zum Gesetz erhoben haben würden. So floß einen ganzen Tag die Rede und Gegenrede, bis endlich der Hermannstädter Bürgermeister erklärte, „weilen wir nicht so viel meritiert haben, daß man uns und unsern Freiheiten zu gut, mit denen unser Leben zugleich aufhören soll, bei Ihr Fürstlichen Gnaden sich verwende, so gebe man uns unsere Supplikation zurück." Sie wollten sie selbst und allein dem Fürsten überreichen.

Das gefiel wieder dem Präsidenten schlecht; wir haben gehört, hub er aufs neue an, die Sachsen wollten dem Land etwas gratifizieren, falls man sie unterstütze, „wissen aber nicht mit was". Da erbot sich der Hermannstädter Bürgermeister im Namen der Sachsen zum Bau einer Bastei in Weißenburg, wenn man sie bei ihren Freiheiten erhalte, das Bittgesuch von seiten der Stände unterstütze, und nicht mehr auf Vorlage des Privilegiums dränge. Darauf gingen denn die Stände scheinbar ein und versprachen die Schrift vor den Fürsten zu bringen, ohne jedoch Wort zu halten. Zwei Tage später widerrief es der Präsident, und da zugleich aufs neue eine heftige Zuschrift des Fürsten in betreff der beiden Artikel herauskam, nahmen die Sachsen ihr Gesuch zurück.

Fast ratlos wandten sie sich an den fürstlichen Geheimschreiber Kemeny und baten den „gnädigen Herrn cum compromissione hundert Joachimicorum" (mit dem Versprechen von hundert Joachimstalern), daß er, in Ansehung Gottes und seiner heiligen Gerechtigkeit, wie auch seines eigenen Herkommens und in betreff ihres billigen Begehrens, der ganzen Nation so viel Lieb erweisen und eine Bittschrift an den Fürsten verfassen solle, wie er meine, daß es am besten sein werde. Zugleich schickten sie insgeheim zum Johann Bethlen, „welcher eine Pestilenz war in unsern Sachen", schreibt der Provinzialnotär Joh. Simonius, und versprachen auch ihm hundert Joachimstaler, daß er ihnen fortan nicht entgegen sei. Es half; „diesen beiden," fährt unser Berichterstatter fort, „war die Kehl mit Argentina (Silbersalbe) beschmieret, daß sie nicht mehr wie vormals schrieen und uns zuwiderredeten."

Den 8. März wurde denn die von Kemeny gemachte Bittschrift vor den Ständen aufgelesen. Sie war wesentlich des frühern Inhalts; nur statt des anstößigen Wortes „Privilegium" — um dessen Erhaltung die Sachsen baten — stand „durch beständigen Gebrauch bestätigte Freiheiten". Der Präsident empfing die Eingabe mit offenem Hohn und ließ die Landtagsglieder einzeln abstimmen, ob man das Gesuch vor den Fürsten gelangen lassen solle. Viele von dem hohen Adel stimmten dafür, auch Gabriel Haller und Johann Bethlen; aber die große Mehrzahl, darunter die Szekler, weshalb Simonius in harte Zornworte über diese ausbricht, entschieden anders. Zugleich wurde ersichtlich, wie gefahrvoll die Abweichung vom „Privilegium" sein könne. Franz Orbay hielt sich sogleich am Ausdruck „Gebrauch" fest und wies auf den Gebrauch der Gräfenhöfe und Erbgräfen in einzelnen Orten des Sachsenlandes in früherer Zeit zurück; „man sollt also den Sachsen ein Genügen thun, den alten usum wieder zurückführen und die Edelleut in jenen Örtern zu Richtern setzen." Die Verhandlung, die nun folgte, übergoß das sächsische Volk mit einer Fülle

bittersten Spottes; der Präsident erklärte, man werde das Gesuch
der Sachsen dem Fürsten nicht unterbreiten, bis diese nicht ein-
schritten, daß alle auch dem Adel feindlichen Artikel aufgehoben
würden. Er konnte „die freie Bewirtung" nicht vergessen. Da
sprach der Hermannstädter Bürgermeister zum Schlusse: „weil wir
nun in der Tat erfahren, daß unser Nation als ein nicht schädlich Glied und Stand dieses Landes ganz keinen Respekt nicht
hat, wie auch nicht gehöret werde, so können wir weiter nicht, als
daß wir uns Gott befehlen, der auch unser zu seiner Zeit wird
eingedenk sein. Von unsern hundertjährigen Privilegien und Freiheiten aber wollen wir nicht weichen und sind bereit alle miteinander zu sterben."

Wie die Universität desselben Tages noch zusammentrat,
geschah es „mit nicht geringer Wehmut des erwiesenen falschen
Gemüts, so sie von den beiden Nationibus erfahren und des
großen Hohns und Spottes, so sie vom Präsidenten hören müssen."
Es stieg der Verdacht in ihr auf, durch den Gesetzesvorschlag über
die Abschaffung der freien Bewirtung habe man „aus einer
sonderlichen Politik das Land wider die Sachsen erhitzen wollen",
da alle Umstände dafür sprächen, daß es nun „auf die Teutschen
losgehe". Andere meinten, man habe dem Fürsten und dem
Herrn Johann Kemeny zu wenig geboten; namentlich bis man nicht
jenem, wie ursprünglich, 10.000 Gulden und diesem 1000 Joachimstaler verheiße, werde die Sache immer schlimm stehen. Die
Universität wurde eins, man solle denn „mit Bitten und Bieten"
weiter anhalten, werde man aber eine abschlägige Antwort
bekommen, so solle die ganze Nation aufstehen und geraden Wegs
zum Fürsten gehen.

Aus der Universitätssitzung gingen die Abgeordneten in die
Landtagssitzung. Diese kam diesmal in große Aufregung durch
einen eben vom Fürsten herabgelangten, zunächst unstreitig gegen
die Sachsen gerichteten Gesetzesvorschlag: es solle nicht gestattet
sein, wider einen Landtagsbeschluß sich zu setzen und zu protestieren bei Strafe von zweihundert Gulden, sondern wenn zwei
Nationen eins worden über eine Sache, so solle die dritte
„succumbieren". So sollte der Landtagsbeschluß von 1557, der
für einen einzelnen Fall die Einwilligung der Szekler zu einer
Landessteuer ersetzt hatte, fortan Gesetz sein. Doch die Stände
erkannten einmütig, wie selten, die Gefahr des zweischneidigen

Schwertes; so könne nimmermehr die dritte Nation bestehen; wie leicht würden zwei gegen die dritte „konspirieren", sprachen die Sachsen. Die Abgeordneten der Komitate und Szekler waren „mit großer Ungestümmigkeit" derselben Ansicht. Der Antrag des Fürsten wurde zurückgewiesen und — in demselben Augenblick die abermalige Bitte der sächsischen Abgeordneten um Unterstützung ihres Gesuchs bei dem Fürsten nach einer neuen Verhandlung voll Bitterkeit abgeschlagen. So nahmen diese denn ihr Bittgesuch von den Ständen zurück, mit der wiederholten offenen Erklärung, lieber das Leben als ihre Freiheiten zu lassen.

Der Ständepräsident scheute sich nicht, daran neuen Hohn zu knüpfen. Mit dieser **spätern** Äußerung der Abgeordneten wollte er die **frühere** abschlägige Antwort der Stände rechtfertigen. Die beiden Nationen würden sich leicht haben bewegen lassen, sprach er, sich bei dem Fürsten für die Sachsen zu verwenden, aber diese hätten nicht gebeten, sondern gedroht, eher wollten sie sich die Köpfe abhauen lassen, denn von ihrem Zweck weichen. Damit man sich aber nicht einbilde, daß sich die beiden Nationen vor der dritten fürchteten, so könnten und wollten sie nicht die Bittschrift in des Landes Namen zum Fürsten hineintragen. „Was wollten wir arme Leut uns auf Wehr und Waffen berufen," entgegnete der Kronstädter Richter, „die wir keine Kriegsleut haben, sondern uns mit Nadel und Handtierungen meistenteils nähren. Des Sinnes sind wir nicht jemanden anzufeinden, sondern wir bitten und bieten, daß wir möchten bei unsern Privilegiis erhalten werden, und können nichts erlangen. Der Zigeuner Privilegium hat ein edel Land gewürdigt in Kraft zu erhalten; unsere, einer ganzen Nation Freiheiten will man nicht erhalten; scheint dadurch, daß wir geringer geachtet werden als die Zigeuner. Wir bedanken uns davor und versprechen davor zu dienen." In großer Aufregung gingen die Stände auseinander.

Aber den Gang und Ton der Verhandlung beklagte sich die Universität bei dem fürstlichen Schreiber Johann Kemeny und bat ihn aufs neue um seine Verwendung „in so gerechter Sache". Er „verheißt mit dem Mund, das Herz aber und die Tat beweisen anders". Denn in dem Augenblicke als er es versprach, versuchte er die Überzeugung der Abgeordneten irre zu führen. Ein Privilegium zum Schaden eines andern erlassen, sei ungültig, sprach er, worauf er zur Antwort erhielt, das säch-

sische Nationalprivilegium, in welchem klar stünde, daß kein
Nobilis mit seinem praerogativ leben könne in fundo regio (daß
kein Edelmann mit adeligem Vorrecht leben könne auf dem
Königsboden) sei nicht nur durch den Gebrauch einiger Jahrhunderte gekräftigt, sondern auch ein Freibrief nicht aus königlicher Gnade erflossen, sondern aus einem Vertrag hervorgegangen. Es stünde in demselben vocati ad libertatem a Geysa
rege, sie sind gerufen auf Freiheit vom König Geysa.

Natürlich war jede Beweisführung vergeblich. Die adeligen
Mitstände wollten nichts anerkennen, was ihrem Volkstum und
ihren adeligen Vorrechten im Wege schien; „wer hat den Sachsen
ihre Privilegia gegeben," sprachen sie in der Sitzung vom 11. März,
„haben das nicht Könige ungrischen Geblüts getan; warum
sollen wir gleichsam von der fremden sächsischen Nation pro-
skribieret sein und unsere nemessi szabadság (unser Adelsrecht)
sich nicht so weit erstrecken können, daß wir Häuser und Erbschaften unter ihnen besitzen mögen?" Die Sachsen dagegen
hielten ihre Privilegien für eben so gut, als die des Adels, und
wichen um so weniger davon, als sie überzeugt waren, daß der
Bestand ihrer Nationalität davon abhänge. Doch kam noch ein
Versuch zur Ausgleichung zustande. Am 10. März teilte der
Präsident einige Bedingungen mit, unter welchen die Stände
das Gesuch der Sachsen unterstützen wollten. Sie erkannten darin
nach einem frühern Vorschlag des Fürsten das Näherrecht der
Verwandten und Nachbarn beim Häuserverkauf an und minderten
die Fälle der unmittelbaren Vorladung vor die fürstliche Tafel,
knüpften aber Forderungen daran, die man nicht eingehen konnte,
so ein teilweises Besatzungsrecht der sächsischen Städte durch
fürstliche Truppen, den Ausschluß aller Deutschen aus dem sächsischen Bürgerrecht, den Bau von Jenö und Weißenburg. Ja,
als die Abgeordneten eine Abschrift dieser Bedingungen forderten,
um sie in Beratung zu ziehen, erhielten sie diese nicht nur schwer
und spät, weil Johann Bethlen, der sie herausgeben sollte,
„den Tag mit Trinken zubrachte" oder es für dringender fand
zu Hof zu reiten, sondern die schriftliche Ausfertigung wich auch
von der mündlichen Mitteilung nicht unbedeutend ab.

So zerschlugen sich alle Unterhändlungen. Der Bürgermeister
von Hermannstadt, die Richter von Kronstadt und Schäßburg
und einige andere der sächsischen Abgeordneten mußten den

11. März denn doch vorgefordert vor den Fürsten. Sie nahmen den Andreanischen Freibrief in der Bestätigung Königs Wladislaus und das von Stephan Bathori bestätigte sächsische Landrecht mit.

Ich wollte Euch gerne helfen, entgegnete der Fürst „mit erhitztem Gemüt" auf ihre Bitte um Abschaffung der zwei Artikel, wenn ich sehen möcht, daß Euch das Land etwas neues aufdringen wollte, aber was Ihr bittet, das ist nicht itzunder gemacht, und meiner fürstlichen Würde will sichs nicht gebühren, zum Nachteil der Edelschaft wie auch des Landes dasselbe abzuschaffen. Zu dem habe ich auch kein Privilegium gesehen darüber, sondern Ihr stützt und beruft Euch auf den usum (den Gebrauch). „Gnädiger Herr und Fürst," entgegnete der Hermannstädter Bürgermeister untertänig, „auf unsere Privilegia durch den usum etlicher hundert Jahr, wie auch auf Deine fürstliche Gnade berufen wir uns, sind auch bereitwillig Deiner fürstlichen Gnaden dieselbe aufzulegen und zu produzieren." Der Fürst wandte ein: „Eure Vorfahren haben drein gewilligt, warum wollet Ihr klüger sein als dieselben, welche viel verständigere und ansehnlichere Leut gewesen, als Ihr seid." Weitere Bitten der Sachsen schnitt Kemeny, der inzwischen das Privilegium flüchtig durchlaufen, mit den Worten ab: „Was Ihr fordert, steht nicht in Eurem Privilegium, und wenn es gesetzt darin stünde, daß die ungarische Nation und der Adel unter Euch nicht sollten Häuser kaufen dürfen, so hat es der Abusus aufgehoben, da Beispiele davon vorhanden sind." „Und," setzte Rakoßi hinzu, „wenn Ihr gleich ein Privilegium hättet wie diese Stube groß, so werdet Ihr das nicht erhalten, daß die Artikel, so vorwan gemacht sind, sollten aufgehoben werden."

Sie erhielten es in der Tat nicht, so lang der Fürst lebte. Noch an demselben Nachmittag ließ er dem Landtag mitteilen, daß er jene Artikel bestätige; den 14. März las man sie in Gesetzesform auf, mit solchen Strafandrohungen versehen, oder wie Simonius es ausdrückt, „dermassen verschränkt, versetzt und umgriffen mit Conditionen und Umständen, daß man den Teufel ärger nicht hätt binden können." Die sächsischen Abgeordneten fanden kein weiteres Mittel, als feierlich und förmlich Verwahrung hiegegen einzulegen und ein schriftliches Zeugnis hierüber vom Fürsten herauszunehmen. Sie wollten wenigstens ihr Recht wahren für bessere Zeiten. Schon im folgenden Jahr versuchten

sie, wieder „nicht mit leeren Händen", auf dem Landtag in
Weißenburg die Zurücknahme der Artikel zu bewirken; aber dem
Gesuch, das sie jetzt an den Fürsten gerichtet, ging es nicht besser
wie früher. Obwohl nun ein Teil der Ungarn und Szekler kältern
Blutes der Behauptung der Sachsen beistimmend entschieden
erklärte, das sei nicht so, daß in aller und jeder Sache, worüber
zwei Nationen eins geworden, die dritte unterliegen müsse, wollten
die Mitstände die Bittschrift der Sachsen dem Fürsten nur unter
solchen Bedingungen überreichen, daß diese sie lieber zurücknahmen.
Noch einmal wurde der vorjährige Streit mit unbeugsamer Hart=
näckigkeit von beiden Seiten durchgekämpft, noch einmal prote=
stierten die Sachsen. Auch ist tatsächlich jenen Artikeln in der
Wirklichkeit nie Folge gegeben worden; innere und äußere Kriege
hinderten den Adel und die Szekler an der Ausführung der
Sache. „Gott der allmächtige," spricht ein gleichzeitiger Chronist,
„legte ihnen einen solchen Ring in die Nasen, daß sie selbiger
Artikel vergaßen;" ja schon vier Jahre später entschuldigte sich
Rakotzi geradezu, freilich als er in schweren Nöten war und die
Sachsen gern für sich gewinnen wollte, daß er jenen Beschlüssen
beigestimmt.

In leichtsinnigem Ehrgeiz hatte nämlich der Fürst 1653 die
Moldau, im folgenden Jahr die Walachei mit Krieg heimgesucht.
Noch übermütiger durch das Glück seiner Waffen, verband er
sich mit dem König von Schweden gegen Polen, dessen Krone
sein lockendes Ziel war. Wider den Willen der Pforte begann
er im Januar 1657 den Krieg; nach sechs Monaten lag fast die
Hälfte seiner Truppen auf den Schlachtfeldern und waren mehr
als 20.000 in die Gefangenschaft gefallen. Sechshundert adelige
Frauen in Trauergewänder gekleidet traten im August vor den
Landtag und forderten ihre Gatten, Väter, Brüder. Auch der
Tartarenchan war da mit einem langen Verzeichnis der Gefan=
genen; zwei Tage früher hatte der Fürst versprochen, alles zu
ihrer Befreiung hinzugeben, jetzt nahm er sein Wort zurück und
schwor, er habe nichts mehr als 40.000 Taler; die Stände mußten
eine Steuer aufschlagen, wollten sie jene nicht im Elend lassen,
zwanzig Gulden auf die Porte, auf jeden ungarischen und ru=
mänischen Pfarrer zwei Taler, auf die sächsische Geistlichkeit einen
Jahreszins. Für Joh. Kemeny und Kaspar Kornisch mußten
allein 90.000 Taler gezahlt werden. Der Schäßburger Ratsherr

Valentin Gotzmeister, der mit der Sachsen Banner ausgezogen, starb in der Tartarei, ehe die Universität das Lösegeld für ihn schicken konnte. Es ist erklärlich, wie den Fürsten bei seiner Rückkehr der Unwille des Landes empfing. Als er die Stände auf den 29. August zu jenem Landtag nach Szamos=Ujvar zusammenrief, wollten sie nicht in der Festung tagen, sondern traten außer derselben in einer Scheune zusammen, wo sie „ohne Furcht frei reden könnten", weil „in diesem kläglichen Zustand des Vaterlandes wichtige Discurs geschehn würden," welche des Fürsten eigene Person angingen.

Noch mehr wurde diese gefährdet durch den Zorn des Sultans. Wenige Wochen später schickte er Gesandte nach Siebenbürgen mit einem Schreiben nicht an den Fürsten, sondern an die drei Völker des Landes lautend. Böses ahnend rief Rakotzi sie auf den 25. Oktober 1657 nach Weißenburg zusammen. Da las denn der Landtag den Befehl des Sultans, daß Rakotzi, den er, der Sultan, in Siebenbürgen, dem ihm durch Waffengewalt eigenen Lande, zum Fürsten eingesetzt, dieser Würde verlustig sei, weil er treulos und verräterisch geworden und wider der Pforte Willen ihre Erblande und Polen mit Krieg überzogen. Darum solle das Land sofort und ohne Aufschub einen neuen Fürsten wählen, weil der Pascha von Ofen bereits im Felde, jeden Abfall und Ungehorsam zu strafen. Die türkischen Abgeordneten, „feine Leute", setzten hinzu, falls die Wahl nicht sogleich vorgenommen würde, werde der Sultan „das Land zu Asche und Staub machen und den Winden heimbefehlen."

Acht Tage „plagte sich" das Land mit der Beratung was zu tun sei; selbst Sonntag wurde die Sitzung nicht ausgesetzt. Da, auch vom Tartarenchan kamen Drohbriefe, erkannte man, daß Rakotzi weichen müsse. Er dankte „mit Schmerzen" ab, als ihm die Stände große Güter übergaben und ihn der Wiedereinsetzung versicherten, wenn er die Gunst der Pforte wiedergewänne. Den 2. November fand die neue Wahl statt; der Landtag gab, wie Simonius erzählt, „alle Herren aus den drei Nationen" in dieselbe. „Truppweis" standen sie im Saale und redeten, wem sie die Stimmen geben sollten. Einige wiesen auf Achatius Bartschai hin. „Er ist nun schier ein Jahr lang," sprachen sie, „dieses Landes Gubernator gewesen, hat sich ziemlich wohl qualifiziert in allerlei schweren casibus, hat auch große Kundschaft bei den Türken und

Gunst, ist ein durchlöchert und politischer Herr, auf jetzige praktische Welt trefflich geschickt und hat wegen seiner Liberalität und familiarischen Konversation mit jedermann auch beim gemeinen Mann Gunst." Dagegen meinten andere, "es sei doch wohl in Acht zu nehmen, wem der Méltoságos-Namen: Fürst gegeben werde; dazu gehöre Gottesfurcht, Weisheit und Verstand, Geschlecht und Reichtum. Der gedachte edle Herr sei nur von geringer Herkunft, und zwar von Nation ein Walache, habe wenig Güter und es werde durch seine allzugemeine Familiarität und Possenreißerei die fürstliche Autorität samt der Person in Verachtung kommen. Die aus altem Adel würden nicht leichtlich einen so bald gewachsenen und angenommenen Fürsten venerieren, sondern in Uneinigkeit und Mißtrauen mit ihm leben." Inzwischen erhob sich das Gemurmel: Man habe gehört, der türkische Kaiser hätte gefragt, ob nicht jemand aus Gabriel Bethlens Geschlecht noch übrig, der zur Regierung des Landes tüchtig sei. Da wiesen sie auf Franz Rhedei hin; der habe Bethlens „Brudertochter", sei hohen Geschlechtes, ein vornehmer geheimer Rat, gottesfürchtig, sanftmütig und vermögend an Schlössern und Dörfern. Auf ihn vereinigten sich die Stimmen. Im roten Sammtsessel sitzend, empfing er die Wünsche der Stände und gelobte „ein guter Hirte" zu sein; dort zeigte ihn, wie er bedeckten Hauptes saß, Achatius Bartschai den herbeigerufenen türkischen Gesandten und empfahl ihn dem Schutz „des unüberwindlichsten türkischen Kaisers, der alle Feinde unter die Schärfe seines Säbels beugen möge."

Die Zornrede gegen die Deutschen verstummte einen Augenblick vor dem Donnerwort aus Konstantinopel.

37.

„Schrecken ohne Ende."
1657—1680.

>... Der Jammer dieses deutschen Volks erbarmt mich!...
>... Fünfzehn Jahr schon brennt die Kriegesfackel
>Und nirgends noch ist Stillstand ... Jede Hand ist wider
>Die andere; Alles ist Partei und nirgends
>Ein Richter! Sagt wo soll das enden!
>
>   Schiller.

Das Menschenalter, das nach Rakotzis II. erzwungener Abdankung blutig vorüberrauschte, gehört zu den jammervollsten der vaterländischen Geschichte. Nicht nur daß es „überreich an Unfällen, voll verderblicher Schlachten, voll Zwiespalt und Aufruhr, selbst im Frieden entsetzlich" — auch zu andern Zeiten hat den Boden Siebenbürgens das Blut seiner Söhne getränkt und das Recht unter dem Fußtritt der Gewalt geseufzt: das ist das Erdrückende in jenen Jahrzehnten, daß sie nicht einen wahrhaft großen Mann besitzen, nicht ein wahrhaft großer Gedanke in jener Zeit lebt, daß nur Mittelmäßigkeit und Willenlosigkeit in ihnen das Leben erfüllt, und selbst die Keime späterer besserer Gestaltung der Landeszustände ihren Ursprung nicht der schöpferischen Geisteskraft jener, die an der Spitze standen, verdanken, sondern der zwingenden Gewalt der Notwendigkeit.

Der türkische Einfluß hatte in Siebenbürgen seinen Höhepunkt erreicht. Der Sultan sprach es offen aus, es sei sein Erbland; ebenso unverhohlen erklärten die Stände, daß sein Bestand nächst Gott von der Bewerbung um die Gunst der Türken abhänge. Der Hohn ihrer herrischen Willkür trat bald furchtbar genug hervor.

Als die siebenbürgischen Stände nach Franz Rhedeis Wahl den Hof in Konstantinopel baten, er möge Rakotzi wieder seine Gunst zuwenden, sah das der Großwesir für Treulosigkeit an und forderte die Grenzfestung Jenö. Rakotzi ergriff die Gelegenheit mit Freuden, erklärte sich zum Verteidiger des Landes und für den rechtmäßigen Fürsten und forderte die Ungarn, Szekler und Sachsen zum Kampf gegen die Türken auf. Rhedei rief hierauf einen Landtag nach Mediasch zusammen; an der Spitze von schnell aufgestandenen Szeklerhaufen kam unerwartet auch Rakotzi hin (25. Januar 1658); „ich will Fürst sein, oder hier vergehen und mein Leben lassen" hatte er hingeschrieben; unter drohender Waffengewalt und täglichen Gelagen, die die Betäubung der

Sinne bis in die Landtagsversammlungen verlängerten, wurde der unheilvolle Mann wieder als Fürst anerkannt. Rhedei kehrte auf seine Güter nach Ungarn zurück. Da entbrannte der Zorn der Pforte, der bisher nur Rakotzi gegolten, auch über das arme Land. Der Großwesir brach mit 100.000 Mann auf und lagerte vor Jenö, der Tartarenchan, der Pascha von Silistria, die Woiwoden der Moldau und Walachei fielen mit zahllosen Heerhaufen ins Burzenland (Anfang August); der Brand von Zaizon und die Plünderung der Siebendörfer verkündeten ihre Ankunft. Silberne Gießkannen und 1600 Reichstaler wandten im ersten Augenblick den Zorn der feindlichen Häupter von Kronstadt; nachts darauf kaufte der Richter Michael Hermann mit 20.000 Talern die Stadt von Mord und Brand frei. Nicht so glücklich waren andere Orte; Tartlau, Honigberg, Petersberg wurden verbrannt, nur die Burgen hielt der entschlossene Widerstand der Bauern. Am 10. Sonntag nach Trinitatis, am Tage des Evangeliums von der Zerstörung Jerusalems, in der die Zeitgenossen wehklagend ein Bild der Gegenwart sahen, brannten die Tartaren am hellen Mittag Neustadt und Weidenbach nieder, tags darauf Zeiden und Rosenau; allerorts wurden die Einwohner gefangen, gebunden, mißhandelt; wer durch die Schärfe des Schwertes fiel, konnte noch glücklich gepriesen werden. Bei der steinernen Brücke vor der Blumenau war Menschenmarkt; um zehn Taler verkauften sie Altere, um vier Hufeisen war eines Kindes Leben feil, was nicht aufging, wurde in die Sklaverei geschleppt oder in Stücke gehauen.

Gegen Ende August verließen die Feinde das verödete Burzenland. Sie fanden nirgends Widerstand; die Szekler, die sich für Rakotzi erhoben, flohen in die Gebirge, der Adel in die sächsischen Städte, um dort die Not zu vergrößern. In zwei Gewalthaufen drangen die Tartaren mit ihren Genossen vor, der eine durch das Fogarascher Land, der andere am rechten Altufer durch den Repser Stuhl. Hier zerstörten sie Galt bis auf den Grund, trieben alle Einwohner fort und verbrannten noch neun Dörfer; bis in den Schäßburger Stuhl streiften sie, Dunesdorf und halb Henndorf sank in Asche.

Die rasch in Großschenk am 15. August zusammentretenden Stände konnten nichts anders tun, als Sendboten, an ihrer Spitze Achatius Bartschai an den Großwesir schicken, „seinen

Zorn zu stillen". Zwar wie sie hörten, daß drei Szeklerstühle und ganz Burzenland von dem Feind in Brand gesteckt wären, schrieben sie sofort aus, „daß die ganze Bauernschaft und jedermann dem Feind wehren solle"; aber es war zu spät, „der Reigen war schon getreten", klagt der Chronist; überall war schreckliche Furcht, „der Adel versteckte sich den armen Sachsen zu großem Beschwernis in die Städt, der Petki Istvan mit seinen Zekeln kroch in die Gebürge und wollt niemand anbeißen und ließen dem Feind freien Paß."

Am 30. August 1658 sah Hermannstadt die ersten feindlichen Scharen. Tartarische Haufen schwärmten um die Stadt und führten die Bauern, die sie auf dem Felde fanden, gefangen fort. Schüsse, die von den Mauern aus den Stücken auf sie abgefeuert wurden, schreckten sie nicht. Den andern Tag brachen neue tartarische Haufen „zwischen den Weingärten" heraus und fingen an die Dörfer anzuzünden. Aus der Stadt schickte man ihnen Reiter entgegen, die mit ihnen „scharmuzirten" und einige Gefangene machten. Befragt, warum sie das Land so ohne Ursache verwüsteten, antworteten diese, sie seien arme Leute und müßten sich also erhalten. Weiter: ob noch viel Volk zurück sei und wohin sie wollten, — in zwei Tagen würde man sehen, wie viele ihrer seien, und sie zögen nach Weißenburg, um einen andern Fürsten einzusetzen.

Mit um so größerm Ernst ging man an die Bewahrung der Stadt, die voll war von Flüchtlingen aus Nah und Fern. Unter ihnen befand sich auch der damalige Dobringer Pfarrer Matthias Victor, der uns im gleichzeitigen Unterwälder Kapitularprotokoll eine ungemein lebendige Schilderung jener Ereignisse hinterlassen hat. Achatius Bartschai, erzählt er, habe auf seiner schnellen Reise von Schenk zum Großwesir alle, die ihm begegnet, ermahnt, der Wut des Feindes durch rechtzeitige Flucht in feste Plätze zuvorkommen. Daher überall Bestürzung; unter Freunden und Bekannten Rede und Gegenrede, wie man dem Verderben entrinnen möge. In Hermannstadt fallen die Hirten der Herden zuerst unter dem Schwert der Feinde; sofort fliegt der Ruf durch die Gassen, der Feind ist da; die Tore werden geschlossen; die Wachen besetzen die Mauern und Türme. Von hier sehen sie nachts die brennenden Dörfer; blutig-rot geht der Vollmond auf; eine Stunde braucht es, bis seine Strahlen durch Rauch und

Qualm bringen; mehrere Tage scheint selbst das Sonnenlicht wie durch Nebel verhüllt. Dem Feinde hilft, daß monatelang heiße Sommertage gewesen, der harte Boden überall treffliche Wege hat und die von der Sonne durchglühten Häuser der fressenden Flamme rasche Nahrung bieten, so daß sie im Augenblick Rauch und Asche sind. Draußen auf dem Felde steht noch ein großer Teil der Früchte, der Ernte gewärtig; an ihnen und den Herden, die er raubt, hat der Feind vollauf an Nahrung.

Die schwere Pflicht, in solcher Lage der Stadt Bestes zu besorgen, lag in erster Linie auf den Häuptern derselben, dem Bürgermeister Andreas Melzer und dem Königsrichter zugleich Sachsengrafen Johannes Lutsch. Beide waren Söhne angesehener einheimischer Patriziergeschlechter; Johannes Lutsch, ein Mann von Kenntnissen und Einsicht, der nach seinen ersten Studien in Weißenburg, Klausenburg und Hermannstadt mit Herrn Johann Stenzel nach Wien gezogen, von dort mit Petrus Richelius über Augsburg und Tübingen nach Straßburg gegangen, wo er zwei Jahre den Wissenschaften obgelegen. Nach einem abermaligen halben Jahr, das er in Marburg zugebracht, war er 1628 in die Heimat zurückgekehrt. Seit 1650 war er Graf der Sachsen, bei dem Fürsten und bei den Ständen in Achtung, infolge davon von dem Landtag in Schenk am 20. August mit Achatius Bartschai und Franz Daniel an den Großwesir abgeordnet worden, das Ungewitter, das dem Lande drohe, abzuwenden. Schon am 24. August brach er mit einem Ratsherrn, dem Seiler Michael Konz, dann vier Stadtreitern, fünf Trabanten, zwei Kutschern und einem Diener in seinem Gefolge, nicht ohne ernste Überlegung, wider seiner Hausfrau Willen auf. Das Bewußtsein der Pflicht gegen das Vaterland war stark genug, die schweren Bedenken, die in ihm wach wurden, zurückzudrängen; „ob es mir auch das Leben kosten sollte," schrieb er gefaßt in sein Tagebuch und in die dunkeln Ahnungen des Untergangs fiel ein leuchtender Strahl, der Wahlspruch seiner Väter: dulce et decorum est pro patria mori — süß und ehrenvoll ists sterben fürs Vaterland. Er sollte Heimat und Haus, es stand auf dem großen Ring, in der Ecke, wo jetzt das große Reissenfels'sche Stiftungshaus, nicht wieder sehen.

So lag die doppelte Verantwortlichkeit auf dem Bürgermeister und Rat. Am 3. September stand die volle Macht des

Feindes vor der Stadt. Am jungen Wald lagerten die Tartaren, Kosaken und Moldauer, auf der Aue vor und hinter Neppendorf der Woiwode der Walachei und die Türken. Kein Schuß von den Türmen störte ihren Aufmarsch, weil sie Verhandlungen mit dem Rat angeknüpft hatten. Sie seien gekommen der Stadt zum Besten, hatte der Türke erklärt, Einstellung des Feuers und Geiseln für Sicherheit der Unterhandlung gefordert. In diese ging man gerne ein, weil keine Aussicht auf fremde Hülfe und Widerstand unmöglich schien. Denn wenn die Stadt auch mit Wehr und Waffen wohl versehen war, so waren sie doch, wie der Erzähler Johann Graffius, bald darauf Stadtpfarrer von Hermannstadt, sagt, „des Krieges nicht gewohnt und hatten keinen Verstand von den Sachen, da innerhalb fünfzig oder sechzig Jahren kein Krieg im Lande gewesen." Wie denn die Türken fragten: ob sie den Tribut dem Sultan auch weiter zahlen, ob sie auch fernerhin gehorsam sein und den von der Pforte eingesetzten Fürsten anerkennen wollten, antwortete die Stadt zusamt dem ungarischen Adel, der drinnen war, bejahend und fügte nur die leise Beschränkung hinzu, daß der Fürst wie von alters her gewählt und bestätigt werde. Doch bald kam schwereres nach. Nicht genug, daß man ihnen Brot und Wein hinausführen mußte und andre „Ehrungen", sie forderten plötzlich 50.000 Taler bis auf den andern Tag; wenn nicht, „so wollten sie die Stadt zu Aschen machen." Mit Mühe wurde die Forderung bis zur Hälfte herabgemildert. Bis die Stadt unter großer Anstrengung in Talern und Dukaten das Geld zusammenbrachte, fiel ein Teil des Feindes über Heltau und brannte die Gemeinde nieder; die in der Burg mußten sich lösen mit Geld und Silbergeschmeide, wozu die Frauen ihre Gürtel und Hefteln gaben; selbst Kirchenkelche mußten aushelfen. In Michelsberg rettete die Gemeinde kaum das nackte Leben in der Burg, alles Vieh trieb der Feind weg. Stolzenburg wurde niedergebrannt, nur was der Mauerring der Burg schirmte, blieb unversehrt.

Während sie in der Stadt die fast unerschwingliche Geldsumme zur Brandschatzung aufbrachten, — jeder gab was er hatte gegen des Bürgermeisters Handschrift dar — und ringsum die Gemeinden mit ähnlichem Verderben heimgesucht wurden, schlugen die Tartaren bei dem Kreuz vor dem Elisabethgässer Tore den Menschenmarkt auf. Da boten sie den Prediger von Weidenbach zum Verkauf aus, den sie mit Frau und zwei Töchtern samt der ganzen Gemeinde fortgeschleppt hatten. Da standen in Banden achtzig Hermannstädter Männer und Frauen, welche vom Nösner Jahrmarkt zurückkehrend in die Hände der Tartaren gefallen waren, und harrten bis die Ihren, abermals um schweres Geld, sie lösten. Dafür waren Fremde wohlfeil zu haben; um ein Brot oder einige Maß Wein konnte man kleine Kinder kaufen; von den Mauern und den Türmen der Stadt mußten sie ansehen, wie die, die niemand nehmen wollte, mit Schlägen mißhandelt, hieher und dorthin gezerrt wurden.

Nach vier Tagen brach der Feind auf, alle Scheunen der umliegenden Meierhöfe leer zurücklassend. Er hatte das Korn, das dort noch in den Halmen lag, ausgeschlagen und in Säcken auf Rossen fortgeführt. In Großau bewog der Pfarrer Johann Oltard einen Bojaren aus dem walachischen Heere mit sechzig Talern zum Schutz der Burg. Es gelang diesem die Tartaren zu friedlichem Vorüberzug zu bewegen; wie aber den Abziehenden ein berauschter Burgmann undankbar niederschoß, kehrten die Tartaren um und erstürmten die Burg. Als sie den festen Kirchturm nicht nehmen konnten, zündeten sie ringsum Haufen von Holz und Stroh an und erstickten die drinnen waren. Nur der Urheber des Unglücks sprang herunter und wurde von den Feinden aufgefangen; drei Tage später begruben die übriggebliebenen Einwohner, die sich in Hermannstadts Mauern gerettet hatten, die Toten. Im Unterwald wurde Großpold zerstört, dessen Bewohner fliehend die Heimat ihrem Schicksal überlassen hatten. Ähnliches erfuhr Reußmarkt; auch in Dobring blieb nur die Kirche von den Flammen verschont, gerettet von denen, die sich in ihre Räume geflüchtet hatten. Im ganzen Reußmärkter und Mühlbächer Stuhl wurden alle Dörfer der Erde gleichgemacht; nur in Urwegen und Kelling hielten sich die Burgen. Mühlbach kaufte sich mit 4000 Talern, oder gar mit 12.000 vom Verderben los; nicht einmal der silbernen Kirchengefäße konnten sie schonen. Das benachbarte Weißenburg dagegen, die fürstliche Hofstadt, sank in Trümmer und Asche, fortan „die schwarze Burg", wie Zeitgenossen auf ihren Namen anspielend sie nannten, lange Zeit hindurch beinahe nicht mehr eine Wohnstätte für Menschen. Über Enyed und Klausenburg, das seinen Untergang nur durch ein Lösegeld von 100.000 Talern abwandte, ging der Zug, immer mit gleichem Verderben des Landes, durch das Tal der Körösch nach Großwardein. Als sie über die Brücke der Körösch zogen, wurden auf Befehl des Großwesirs alle Gefangenen gezählt und für jeden Mann zweiunddreißig, für jede Frau sechzehn, für jedes Kind acht Denare Maut erlegt. Man fand, daß 18.000 aus Siebenbürgen und „dem Revier Wardein" geraubt worden waren; 800 Knaben davon wurden dem Großwesir zum Geschenk gemacht. Wie das Vieh an Ketten und Banden wurden die Gefangenen geführt; in ganzen Strichen des Sachsenlandes verstummte fortan der deutsche Laut. Nicht umsonst schrecken jetzt noch sächsische Mütter ihre weinenden Kinder mit dem Ruf: „Die Tattern kommen!"

Inzwischen war Achatius Bartschai mit Johannes Lutsch und Franz Daniel an die ungarische Grenze zum Großwesir gezogen. Am 7. September trafen sie ihn auf dem Felde vor Jenö. Im seidenen Zelte empfing er sie, auf sammetenem Stuhle sitzend, von Großen umgeben; da traten sie vor ihn und küßten ihm den Kaftan; auf des gnädigen Herrn Begehren, sprach Bartschai, seien sie da, zu vernehmen, was er befehle, daneben den Jammer des Vaterlandes anzuzeigen und zu bitten, daß so grausamer Thrannei und Verwüstung ein Ende werde. Die Schuld ist Euer, sprach der Wesir, warum habt Ihr Euch nicht nach unserm Befehle gehalten, sondern seid in Eurem Stolz und Eurer Halsstarrigkeit geblieben? Nehmt nun für gut mit dem, was Euch getroffen hat. Auf die Vorstellungen der Abgeordneten wenig hörend, riß der Großwesir Lugosch und Jenö vom Fürstentum Siebenbürgen ab, legte ihm statt 15.000 jährlich 50.000 Dukaten und eine Kriegsentschädigung von 500.000 Talern auf. Wie sich Bartschai auf das Land berief, ohne dessen Consens könne er sich in nichts einlassen, sprach der Pascha von Ofen: Es ist aus mit Eurem Land, es ist nicht mehr Euer, es ist in unsern Händen und wenn Ihr nicht einwilligt, will ich und der Tartarenchan hindurchziehen und alles so in Grund verderben, daß man den Platz nicht kennen soll, wo ein Dorf oder eine Stadt gestanden.

Zu größerer Sicherheit für die Pforte ernannte der Großwesir Achatius Bartschai zum Fürsten. Johannes Lutsch erzählt in seinem Tagebuch, wie Bartschai, nachdem er früher eine Viertelstunde allein „mit dem Fövezér traktiert", „das Fürstentum nicht acceptiert, sondern recusieret: er wäre nicht derohalben zu Jhro

Gnaden kommen, sondern unserm armen Vaterland Heil zu schaffen." Schon damals jedoch gab es Stimmen, die behaupteten, es seien Bestechungen wirksam gewesen, daß es so gekommen. Gewiß ist es, daß am 14. September der Großwesir Bartschai in seinem Zelt mit dem seidenen Kaftan bekleiden ließ, ihm den Sammethut mit dem weißen Reiherbusch und den Streitkolben gab und ihn auf ein edles Roß setzte und ist so, erzählt der Augenzeuge Johannes Lutsch, „Herr Bartschai mit Pauken, Trompeten, Pfeifen und schönen Zeremonien und vielen vornehmen Tschaußen in den Schattert kommitiert worden." Schon den 16. September zog der neue Fürst von Jenö weg nach Hause; aber der mit ihm gekommen, der Sachsengraf, mußte zurückbleiben. Der Großwesir nahm ihn und noch zwei Adelige, Stephan Váradi und Valentin Silvasi, als Geiseln des Landes bis zur Erfüllung der Verpflichtungen, die er ihm eben auferlegt, mit nach Konstantinopel. Der junge Ratsherr Michael Konz und sein übriges Gefolge begleiteten ihn. Am 22. Oktober kamen sie in Konstantinopel an; am 12. November schickte er die ersten zwei Boten nach Haus, auf dem „Siebenbürgischen Hof" der Hoffnung geduldig, daß er bald werde abgelöst werden; denn der Wesir hatte versprochen, sie nach Hause zu lassen, wenn andre in ihre Stelle kämen. In der Tat kamen am 29. Dezember „Herr Andreas Koch und Romosch Andras" zur Ablösung. Jenem hatte der Bürgermeister 490 Gulden aus der Sieben=Richterkasse zur „Expedition" gegeben. Als sie jedoch kein Geld brachten, sprach der Großwesir die alten Geiseln nicht frei; sie mochten ihm sicherere Bürgen dünken.

Bartschai aber kam ohne Gefährde nach Siebenbürgen zurück und berief das Land auf den 4. Oktober nach Schäßburg. Da teilte er den Erfolg seiner Sendung mit; wenn die Stände stark genug zu sein meinten, es mit der Pforte aufzunehmen, so wolle er von freien Stücken abdanken. Aber Kapydschi=Pascha mit seinen Türken war schon da und hatte des Sultans Bestätigung mitgebracht; am 11. Oktober schwuren die Anwesenden in der Spitalskirche dem neuen Fürsten den Eid, viele nur aus Furcht und „mit äußerlichem Schein", weil sie an Rakotzi hingen. Denn der schickte auch Boten und Briefe und rühmte sich, der Sultan und der römische Kaiser stünden auf seiner Seite, bis die Stände endlich wahrnahmen, daß, wie der Schäßburger Ratsschreiber

G. Kraus sagt, alles „lauter Finanz und Lügen sei" und ihm
durch Herrn Johann Mikesch das Absageschreiben schickten, ohne
dadurch, weder in den sächsischen Städten noch im übrigen Land,
namentlich unter den Szeklern die Herzen aller von ihm ab=
wenden zu können. Darum behielt sich der Landtag vor, falls
der entsetzte Fürst die Gnade der Pforte erlange, wieder zur
Treue gegen ihn zurückzukehren.

Dazu war wenig Aussicht; die Türken drohten und drängten
fortwährend. „Wenn es möglich wär," sprachen sie, daß die Donau
mit Gold sollt fließen und sie der Rakotzi auf Buda sollt weisen,
so wäre es doch unmöglich, daß er wiederum zum Regieren sollt
kommen." Schon in wenigen Wochen (18. November 1658) mußte
der Landtag in Meschen an die Aufbringung der schweren
Strafgelder gehen. Kronstadt schoß dazu große Summen vor;
Stadt und Stuhl von Schäßburg schlug drei Lot Silber auf jeden
Kopf auf; die Stadt allein schickte 5574 Gulden an die Landes=
einnehmer nach Hermannstadt. Zu gleicher Zeit schlug der Fürst
sein Hoflager in Schäßburg auf; türkische und andere Truppen
lagen hier, in Keisd, in Trappold, in Schaas „Stadt und Stuhl
zum großen Schaden", der nicht geringer wurde dadurch, daß
der Fürst die Oberamtleute der Stadt zur Tafel lud und jedem
zehn Ellen „gedruckten Atlas" verehrte.

So verging das Jahr, das neue brachte weder Erleichterung
der Not, noch größere Klärung der Verhältnisse. Bartschai selbst,
des Fürstentums wiederholt überdrüssig, pflog dann geheime
Unterhandlung mit Rakotzi und verriet diese wieder an die Türken.
Um so zäher hielt ein Teil des Landes fortwährend im stillen
an diesem. Voll Sorge schickte von Konstantinopel „Herr Johannes
Lutsch durch Herrn Andream Koch in specie an die Universität
Warnung und Ermahnung und bat um Gottes und Christi
Verdienst, sie sollten an der Port halten und vom Rakotzi abstehen,
sonst werde kein christlicher Fürst mehr in Siebenbürgen gesetzet
und Siebenbürgen nicht mehr Siebenbürgen geheißen werden."
„Welche Ermahnungen," fügt der Schäßburger Ratsschreiber
Georg Kraus hinzu, „etliche Stadt und Stuhl auch annahmen
und erkenneten, etliche aber auch nicht, und zwar nur das gemeine
Pöbel und Herr Omnes vor ein Gespött hielten und dem F. W.
Herren übel dazu fluchten. Solche Belohnung hatte der F. W.
Herr vor sein Elend und Arest."

In Hermannstadt suchte der Rat dafür pflichtgemäß dem Haupte der Nation, das für alle litt, in der schweren Lage Erleichterung zu schaffen. Den 18. März 1659 zahlte der Bürgermeister auf die Handschrift, die der Sachsengraf in Konstantinopel ausgestellt, aus der Kasse der Universität dem Szava Mihaly fünfzig Dukaten. Die Stadtreiter, die allmählich der getäuschten Hoffnungen am goldenen Horn überdrüssig vom „W. W. H. Königsrichter" entlassen zurückkehrten, erhielten ohne Anstand ihren Sold, selbst das Trinkgeld fehlte nicht. Als im folgenden Jahr (1660) Kapudschi-Pascha sich zur Rückreise nach Konstantinopel anschickte, verehrte ihm der Rat, „weil er versprochen unserm Herrn Königsrichter zu verhelfen, daß er aufs eheste möge eliberiert (befreiet) werden", einen silbernen Deckelbecher, 3 Mark 20 Piset schwer, die Mark um vierundzwanzig Gulden und eine „Halsuhr", die sechsundzwanzig Gulden kostete. Mit dem Pascha selbst schickte ihm die Universität hundert Taler mit (31. August 1660). Aber auch Kapudschi-Paschas Fürsprache, falls sie überhaupt eingelegt wurde, fruchtete nichts. Das Land hatte im Januar 1659 zwar mit Sigmund Banfi und zwei andern Herrn Gold und Silber und gemünztes Geld 80.000 Taler wert nach Konstantinopel geschickt, aber hieher kamen nur 50.000 Taler an; ein silberbeladener Wagen, hieß es, sei in Siebenbürgen abhanden gekommen. Der Großwesir ließ die Boten in die „sieben Türme" werfen. Wohl wurden diese im November entlassen, doch der Sachsengraf mußte bleiben. In der fernen Fremde mußte er hören, wie Rakoßi seine Vaterstadt belagere; dort vernahm er freudig den Fall des Drängers und fast gleichzeitig den Tod seiner „lieben Hausfrau". Er selbst fing an ernst krank zu werden; die letzten Aufzeichnungen in seinem Tagebuch sind vom 28. Juli 1661; am 17. November starb er im 55. Jahr seines Alters, ein Opfer der traurigen Pflicht, die ihn länger als drei Jahre vom Vaterland fern gehalten, dort am Bosporus, „sein Grab kennt niemand mehr"; in der Hermannstädter Pfarrkirche aber hat seine Grafenfahne lange noch dem spätern Geschlechte den durch seinen Tod bewahrheiteten Wahlspruch in wehmutsvolle Erinnerung gerufen: „Süß und ehrenvoll ist's sterben fürs Vaterland."

Unterdessen haderten sie hier im Frühjahr und Sommer 1659 allenthalben „von Exigierung der Tax" und wie man dem Türken zu Gefallen des Rakoßi los werde. Zu dem Zweck traten die Stände Ende Mai — schon zum zweitenmal in diesem Jahr — in Mühlbach zusammen. Von Hermannstadt ging (24. Mai) der Bürgermeister mit drei Ratsherren und dem trefflichen Provinzialnotarius Johannes Simonius hin. Der Ratsmann Andreas Frank hat ein Tagebuch der Verhandlungen hinterlassen. „Sie wurden den 26., schreibt er, mit Zank und Streit eröffnet; nach dem Mittagsessen konnte man nichts gewisses beschließen, weil sehr viele trunken waren." Am 31. wurde die drohende Anfrage vom Pascha in Ofen gelesen: wie viel man von den 500.000 Talern schon gesammelt, was man getan, um Rakotzi aus dem Fürstentum hinauszutreiben? Wie denn die Sachen hier stünden? Bei solchem fürchterlichen Ernst der Dinge, erzählt Andreas Frank, „wurde den 1. Juni nichts beschlossen, weil die meisten mittelmäßig trunken waren; am 2. Juni: die Stände kamen nachmittags wegen der Gelage nicht zusammen; am 4. Juni — nach dem Frühmahl — wurde nichts gewisses beschlossen; am 5. Juni: nach dem Frühmahl wurde nichts ausgemacht, weil die Abgeordneten bei Herrn Stephan Petki den ganzen Tag tranken; am 7. Juni: nach dem Frühmahl kommen sie zusammen und beschließen, weil sie trunken sind, nichts Gutes". Sie schlugen aufs Tor fünf Gulden auf, aber Andreas Ugron, den sie zum Einnehmer bestimmten, wollte sich der Sache nicht annehmen und wenn ihm jemand die Steuer einhändigte, schlug er sie aus, so daß die Erhebung derselben in der Tat unterblieb. Zugleich beschlossen sie, es solle fortan mit Rakotzi niemand etwas zu schaffen haben, sich niemand auf seinen Gütern aufhalten, nicht einmal ein Handwerksbursche hinziehen bei Verlust von Leib und Leben, niemand des Mannes mehr gedenken, noch weniger seinen Namen nennen.

In solcher Lage der Dinge, bei dem steten Drohen der Pforte und als Rakotzi's Anhänger in den nördlichen Komitaten vielfache Ungebühr verübten, rief Bartschai abermals die Stände im August auf das Kreuzerfeld bei Thorenburg zusammen, wo zugleich das Aufgebot des Landes ein Lager bezog, daß man zu allem bereit sei. Kaum war der Landtag versammelt, so kam „Geschrei und Rumor" ins Lager, „des Rakotzi Volk stehe unter dem Mezesch"; da erklärten die Szekler, „daß sie wider den Rakotzi nicht kriegen wollten", „weil er ihnen nicht lang zuvor die Augen mit 10.000 Gulden ausgestochen hatte", fügt der Chronist hinzu, „welcher Abfall dem Bartschai und dem Land ein hartes Nachdenken gab." Nun, mindestens dauerte es nicht lange. Wenige Tage, nachdem der Landtag Rakotzi's Schreiben aus Furcht vor den Türken nicht einmal hatte öffnen wollen, rief Bartschai die Universität zu sich, nahm Abschied von ihr, ermahnte sie, fest am Sultan zu halten und zog mit dem geringen Teil des Lagers, der bei ihm geblieben war, nach Weißenburg, bald darauf Hülfe suchend zum Pascha von Temeschvar.

Die Kriegsfurie war wieder im Land.

Welch eine Lage! Am 7. September schickte Rakotzi ein Schreiben nach Hermannstadt an die sächsische Nationsuniversität, das er selber geöffnet, damit sie es nur ja läsen: er komme nicht als Feind, sondern als Beschützer des Landes; dasselbe zu sichern berufe er die Stände auf den 24. September nach Neumarkt. Den 8. September kam von Kronstadt ein neuer Drohbrief des Großwesirs nach Hermannstadt: der Großmächtige Kaiser sei heftig erzürnt wegen säumiger „Exigierung der Tax." Nun war überdies der an dem Hof in Konstantinopel bis in den Tod verhaßte Rakotzi wieder da!

Mit welchen Sorgen und Gefühlen zogen wohl die Abgeordneten Hermannstadts, „die Wohlweisen Herren Johannes Fleischer, Andreas Lechesdörfer, Johannes Filtsch und Georgius Theil" am 22. September in den „Generallandtag kegen Neumarkt!" Sie fanden dort Rakotzi „mit neunhundert Ungarländer Katnern", die ihm seine Mutter die alte Fürstin hingeschickt; welches Sinnes er war, zeigte sein Aufruf an die Szekler: „Die sich weigern strafen wir nicht anders als mit dem Schwerte." Wie denn am 27. September sein Kanzler Michael Mikesch „seinen Sermon" hielt, waren Adel und Szekler sofort bereit, ihn wieder als Fürsten anzuerkennen, „in welches", erzählt G. Kraus, „der dritte Status die armen Sachsen nolentes volentes auch willigen müssen." Das Land schwor ihm und er dem Land aufs neue, zum drittenmal in zwei Jahren.

Der neue Fürst machte sich rasch daran, die wieder gewonnene Stellung zu sichern. Bis 3. November, befahl er, solle die Universität „ihre Fußvölker nach Weißenburg berufen, mit gutem Gewehr, Kleidern und Proviant versehen." Am 13. November 1659 mußte der Hermannstädter Bürgermeister Boten nach allen Seiten schicken, „mit Ihr Fürstlichen Gnaden Zinses sollicitierenden Briefen." Dabei trifft es sich wohl, daß derselbe Bürgermeister fast gleichzeitig Briefe befördert, welche „der Gnädige Herr und legitimus Princeps (der rechtmäßige Fürst) Achatius Bartschai" überschickt. Denn auch dieser war bald wieder im Land. Kurz nach der neuen Huldigung hatte der Wesir von Ofen dem Lande geschrieben: „Gott sei Euren Unternehmungen günstig. Wenn Ihr jedoch auf die truglistigen Worte des Rakotzi abfallt, so wird keiner von Euch entkommen; samt Weib und Kind werdet Ihr mit eisernen Ketten an die Sklaverei geschmiedet und alle Eure Güter der Plünderung preisgegeben werden; das glaubet mir sicherlich. Ihr wißt was im vergangenen Jahr in Siebenbürgen geschehen ist und wißt auch was der strenge Zorn des mächtigen Kaisers und die Schärfe seines glanzvollen Schwertes bedeutet. So lasset Euch durch die Worte der Teufelsöhne nicht zum Abfall bringen und werdet nicht Urheber der Verwüstung Eures Landes. Unser Segen und Gruß sei mit Euch."

Nun brachte er ihn selber, als er im November durch das eiserne Tor ins Land brach. Bartschai war in seinem Lager, Rakotzi floh vor ihm her. Durch das Miereschtal folgte ihm das türkische Heer, ohne seiner habhaft zu werden; gegen Ende Dezember lagerten sie bei Großprobstdorf, später bei Blasendorf. Der strenge Winter mahnte an bessere Quartiere.

Sie suchten sie für den Fürsten in Hermannstadt. Als die im Lager befindlichen Abgeordneten der Stadt widersprachen, gingen Briefe und Boten hinein mit dem Begehren, die Stadt möge den Fürsten mit seinen Edelleuten und türkischen Hülfstruppen aufnehmen und den Winter über, falls etwa Rakotzi etwas wage, schützen helfen. „Wenn Ihr anders tut", schrieb der Pascha, „werdet Ihrs bereuen; nach Gottes Willen wollen wir in den Sommer zurückkehren und dann weder Euch, noch Eure Stadt verschonen. Darum bedenket, was zu Eurem Wohl dienet." Zugleich schwor der Türke im Schreiben bei Mahomet, es solle niemandem ein Leid widerfahren und jedermann um sein Geld zehren; wenn der Rakotzi die Stadt belagere, wolle er in acht Tagen wieder im Land sein und sie retten.

„Dieses Schreiben, als man es in die Stadt brachte", erzählt Johann Graffius, „hat es vor das erste ein trefflich Schrecken erregt." Wohl wurden Rat und Hundertmänner bald einig, man könne nichts anders tun, als willfahren; wie sie aber den andern Tag die Bürgerschaft zusamenriefen, jedes Viertel auf seine Bastei, und ihnen des Paschas und des Fürsten Brief vorlasen, da erhoben sich auch andere laute Stimmen. Wie werde es sein, wenn der Rakotzi die Stadt belagere und sie auf der Wache sein müßten, wer werde im Haus auf Weib und Kinder sorgen? Oder wenn der Pascha im Sommer wieder käme und vor der Stadt liege, dann hätten sie den Türken in und außer den Mauern und würden um ihre Stadt kommen. Oder wenn der Rakotzi sie mit gewaltsamer Hand nähme, so würde gar keine Gnade bei ihm sein. Und wem solle man inzwischen trauen, dem Feinde in oder vor der Stadt? So standen sie „zwischen Wasser und Feuer" und flogen die stürmischen Worte hin und wider, bis sie endlich doch nicht anders konnten, als einwilligen, nachdem insbesondere auch die anwesenden ungarischen Edelleute versprochen, für die Verproviantierung der Stadt sorgen zu helfen.

So mußte Hermannstadt, einst der Wall der Christenheit gegen die Ungläubigen, den Erbfeind mit dem aufgedrungenen Fürsten in den eigenen Mauern schirmend aufnehmen!

Als der Ofner Pascha die Kunde hievon erhalten, zog er mit seinen Truppen ins Winterquartier nach Temeschvar; Achatius Bartschai aber kam den 18. Dezember 1659 über Salzburg nach Hermannstadt. Mit ihm kam sein Hofgesinde, eine Anzahl ungarischer Adeliger, darunter Gabriel und Paul Haller, Johann Bethlen der Kanzler, von dem wir wertvolle Memoiren aus seiner Zeit haben, Andreas Bartschai, der unlängst aus der tartarischen Gefangenschaft heimgekehrt, Andreas Ugron und andere, dann 1000 Janitscharen und 300 Reiter. Wiewohl das Bewußtsein drückend auf manchen lag, daß nun die Stadt, die bisher ein Bollwerk gegen Türken und Tartaren gewesen, dem Feind des christlichen Geblütes eine Zuflucht sein solle, so empfingen sie doch den Fürsten mit seinem Zuge, als sie nachmittags einritten, „stattlich". Auf den Basteien und Türmen donnerten die Stücke, daß die Türken anfangs Verrat argwöhnten. Aber sie sahen bald, daß sie „ehrlich empfangen wurden"; acht Fässer Wein gaben die „verordneten Weinherren" im Namen der Stadt den Eingezogenen zum Besten; der Fürst selbst samt seinem Hofgesind und der türkischen Mannschaft wurden drei Tage lang von der Stadt aus „versehen". Die Türken bekamen in der untern Stadt Quartier, der Pascha, „ein feiner hübscher Mann", war auf dem Weinanger in der Herberge; seine Mannschaft, wie Joh. Graffius erzählt, der den Ungarn ein viel schlimmeres Zeugnis ausstellt, da sie sah, daß ihnen alles gute bewiesen wurde, „waren fein stille" und versprachen Gut und Blut aufzusetzen, wenn es die Not erfordern sollte.

Und sie erforderte es in der Tat. Bartschai auf dem Fuße folgte der Rakoßische Führer Michael Mikesch, nahm die fürstlichen Proviantwagen, die Hermannstadt zu fuhren — es waren vierzehn aus dem Schäßburger Stuhl dabei — und stand schon am 19. Dezember in der Zibinsebene. Wenige Tage später kehrte er zurück, nachdem Rakoßi selbst zu ihm gestoßen. Überall hatte dieser „freien Raub" ausrufen lassen, und für die Hörigen Mehrung ihrer Rechte, wenn sie mit ihm gegen den Türken zögen. Am 23. Dezember stand er bei Neppendorf; seine Truppen streiften bis an die Stadt, woher sie ausfielen und vom Soldisch Feuer gaben, so daß er über Kleinscheuern nach Stolzenburg zog. Dort wollte er die „Stücke", darunter fünf große „Mauerbrecher" erwarten, um die er sofort behufs Belagerung der Stadt nach Fogarasch geschickt hatte. Hier dagegen bereiteten sie alles zur Gegenwehr. Am Christsonnabend verbrannten sie auf des Rats Befehl die Meierhöfe rings herum, daß sich der Feind in ihnen nicht festsetze; „war ein traurig Spektakel anzusehen," erzählt Graffius; ebenso die Lusthäuser der Gärten; zugleich wurden alle Zäune um diese niedergerissen, alle Fruchtbäume umgehauen (es war ein Werk mehrerer Tage), den Kugeln von Mauer und Turm freie Bahn zu machen. Das Holz kam der bald eng umschlossenen Stadt im langen strengen Winter wohl zu statten.

Von Stolzenburg schickte Rakoßi den Pfarrer Herrn Georg Klockner nach Hermannstadt mit sicherm Geleit, daß er die Bürger zur Übergabe bewege, mit großen Verheißungen für ihn selber, wenn er es bewirken könne. Als aber der „Wohlehrwürdige Herr" nichts verrichten konnte, fürchtete er sich wieder zurückzukehren; auf Zureden des Rats, seiner Brüder und Schwestern brachte er Rakoßi keine Botschaft, sondern blieb in der Stadt, wofür jener den Pfarrhof plündern ließ.

Die eigentliche strenge Einschließung der Stadt begann anfangs Januar 1660. Am 1. Januar hörte in ihr das Geläute um acht Uhr abends auf; der Tagesgruß, den die „Turner" sonst jeden Morgen vom Stadtturm bliesen, war schon am 21. Dezember eingestellt worden. Inzwischen hatte der Feind das Wasser des

Schewes und den Mühlbach abgeleitet; auf schnell errichteten Roßmühlen, sie standen „auf der Wiese", und auf Salzmühlen wurde das Korn gemahlen. Die streitbare Mannschaft wurde auf die Tore, Mauern und Basteien verteilt; in ihren Türmen vertauschten die den Zünften gehörigen Meister wieder einmal die Werkzeuge des Friedens mit den des Kriegs. Vom 3. Januar an lag die Hauptmacht des Feindes in Neppendorf, in Hammersdorf und Schellenberg und versuchte von dort aus in häufigen Gefechten ihr Glück gegen die Stadt. Länger als vier Monate maßen sich die Gegner in häufigen Ausfällen und fast täglichen kleinern Scharmützeln. Der Rat der Stadt schaffte fleißig Pulver nach, das Pfund stieg bis auf vierzig Denare; auch Kartätschenhülsen machten die Drechsler, „Hagel und Stein drein zu laden"; zweihundertundvier Stück kosteten zweiundzwanzig Gulden und vierundvierzig Denare. Die Zahl der Büchsenschützen, die im Dienst der Stadt standen, wurde vermehrt; ihre Besoldung betrug im Januar zweihundertunddrei Gulden; es waren darunter zehn Büchsenmeister.

Solchen Mitteln gegenüber vermochte Rakotzi nichts auszurichten. Er hatte nicht genügend schweres Geschütz, um in die starken Befestigungswerke der Stadt Bresche zu schießen, auch, wie es scheint, wenig geübte Schützenmeister, da es ihnen nicht einmal gelang, was sie so sehr wünschten, den Turm der Pfarrkirche zu zerstören. So sehr daher auch anfangs der Donner der Schüsse und die hie und da in Häuser und Straßen einschlagenden Kugeln, die fünf bis achtundzwanzig Pfund schwer wohl einmal auch einen Menschen trafen, schrecklich erschienen, man gewöhnte sich bald daran und ertrug es mit Gleichmut. Die erste „Schanze" hatten die Feinde der Hallerbastei gegenüber aufgeführt und von da aus die Stadt beschossen. Früh morgens den 14. Januar überfielen die aus der Stadt die Verschanzung, nahmen ein schweres Geschütz von sechzehn Zentnern nebst zwei kleinern, eines mit sieben, das andere mit fünf Läufen und vernagelten die übrigen. Fünf Tonnen Pulver sprengten sie in die Luft. Der feindliche Obrist Gaudy, ein Schotte von Geburt, der das Rakotzische Geschütz befehligte, entkam nur mit Mühe der Gefangenschaft; seinen Mantel und Degen, den sie ihm vom Leib genommen, Proviant und andere Beute brachten sie „mit Freuden" in die Stadt. Die Janitscharen und Bürger, die die Stücke aus

der Schanze geholt, erhielten aus dem gemeinen Säckel die
bedeutenden Ehrengaben von neunundvierzig Gulden zweiund=
fünfzig Denaren. Wie sie aber Nachmittag wieder ausfielen und
bereits in der Schanze standen, kam durch brennende Lunten
Feuer ins Pulver, oder wie andere erzählen, hatte der Feind
„Pulver gelegt und durch ein heimliches Lauffeuer angezündet",
daß acht aus der Stadt schwere Brandwunden erhielten. Einem
von ihnen, einem Messerschmied, der halbtot da lag, schnitt beim
Rückzuge ein Türke den Kopf ab, daß ihn der Feind nicht ärger
martere. Im Laufe des Monats errichtete dieser drei neue
Schanzen, darunter eine hart am Zibin. Gaudys Zorn sprach
mit verdoppeltem Schießen aus dieser, weil sie ihm die neulich
erbeuteten „Manuskripte" aus der Stadt nicht zurückgaben. In
drei Tagen werde er sie nehmen, verschwor er sich dem Ratsmann
Michael Theil gegenüber, „wo er solches nicht tun würde, sollten
ihn hunderttausend Teufel holen." Zugleich ging das Gerücht,
der „Wolf" von Weißenburg solle ankommen, ein gefürchtetes
„Stück", das achtundvierzig Pfund schwere Kugeln schoß; am
zwanzigsten tat der „Wolf" seine Anwesenheit selbst kund,
— achtzig Paar Ochsen, erzählt Kraus, hätten ihn von Weißen=
burg auf einem mit Eisen beschlagenen Schlitten gebracht —
indem er zum erstenmal seine Kugeln in die Stadt sandte, doch
gleichfalls ohne die Kirche, auf die es vorzugsweise abgesehen
war, wesentlich zu schädigen. Nur des Glöckners Kind wurde
durch eine Kugel getötet; in der Kirche selbst, im südlichen Kreuz=
arme hängt noch eine zur Erinnerung an jene Tage. Ein von
den feindlichen Schüssen besonders häufig heimgesuchtes Werk
war der Schmiedturm zwischen dem Sagtor und dem Soldisch;
die an Feuer und Eisen gewöhnten Meister, die ihn verteidigten,
hingen einen Fuchsschwanz hinaus, als sie sahen, wie wenig
die feindlichen Kugeln ihn schädigten, wischten die Schüsse damit
ab und erwiderten das feindliche Feuer mit doppeltem Nachdruck.
Im Zorn darüber richtete dieser die Stücke aus den dawärts
gelegenen Schanzen alle, endlich selbst den „Wolf" auf jenen
Turm; die Seite nach dem Feld und das Dach waren ganz
zerschossen, aber die Mauern hielten, bis der Feind, der ver=
geblichen Versuche müde, das Schießen dahin ganz einstellte.
Überhaupt bemerken die Zeitgenossen, wie die frische fröhliche
Manneslust am Kampf unter den Bürgern rasch gewachsen. Es

ist zum Verwundern, schreibt Graffius, wie sie also mit Freuden daran gegangen, da doch die Meisten ihr Lebtag zuvor nie im Krieg gewesen; auch noch kleine Kinder, die nur eine Büchse haben losschießen können, sind oft wider ihrer Eltern und Herren Willen mit hinaus gelaufen. So konnte Paulus Brölft, der die Geschichten dieser Tage beschrieb, rühmen, daß er als Junge von siebzehn Jahren weder auf der Bastei noch im Ausfall der hinterste gewesen und der spätere Bürgermeister Johannes Haupt, der den Befehl in der Hallerbastei führte, machte selbst Rakotzis Vorreiter zum Gefangenen. Einigemal warf der Feind Leuchtkugeln und schoß glühende Kugeln in die Stadt, aber auch die taten keinen Schaden, wiewohl es damals Gassen gab, wo nicht viele gemauerte Häuser standen, sondern nur Holzgebäude mit Schindeldächern.

Eines der Hauptverteidigungswerke bildeten die zahlreichen planmäßig angelegten Weiher und Teiche, die auch heute nach allen Richtungen kenntlich, das Bild der Stadt noch in dem lehrreichen Plane, der uns aus dem Jahre 1699 erhalten ist, so lebhaft vervollständigen. Im Januar froren die Teiche zu, so daß man in der Stadt fürchtete, der Feind werde über das Eis Sturm laufen; „er hätte es auch leichtlich mögen ins Werk setzen," schreibt Graffius, „wenn sie das Pulver und Blei hätten riechen können." Jener Gefahr aber immer gewärtig, ließ die Stadt alle Abend durch die zahlreichen Bauern, die sich hieher geflüchtet, die Weiher aufhauen und das Eis zu Wällen auftürmen, bis in den März. Als der anbrechende Frühling sie eisfrei machte, ließen die Rakotzischen Truppen das Wasser auslaufen und fingen die Fische zu großem Unwillen der, die das von den Türmen ärgerlich sahen und vergebens auf die Fischer schossen.

In den ersten Wochen der Belagerung versuchte man es noch einmal mit einem Ausgleich. Mitte Januar berief Rakotzi den Landtag nach Schellenberg, wo sein Hauptquartier war; in die sächsischen Städte waren Briefe und Boten gegangen, Hermannstadt sei schon eingenommen, er habe der Stadt Tore und Mauern niedergelegt, sie sollten nun kommen und sehen was weiter zu tun sei. Jene hatten nämlich alle Rakotzi aufs neue schwören müssen; in vielen hausten seine Scharen mit großer Ungebühr, ja es mußte das Sachsenland, wenn auch mit schwerem Herzen, „wider sein eigenes Geblüt und seine Hauptstadt" Zuzug leisten und Lebensmittel und Viehfutter zu ihrer Belagerung schicken,

jene in solcher Menge, „daß zu verwundern, wie der Armut ein
Stück Brot verblieben." Auch nach Hermannstadt war die Ein=
ladung zum Landtag gekommen: „es solle sich niemand fürchten,
er wolle Parol halten", daß sie zusammen über des Landes und
der Stadt Erhaltung berieten. Nach langem Schwanken ritt des
Fürsten Bruder mit einigen vom Adel und zwei Ratsherren,
Andreas Fleischer und Andreas Lechesdörfer, hinaus. Es zeugt
in der Tat von Mut, die Aufträge auszuführen, die sie mitnahmen,
wenn man wußte, wie schnell bei Rakotzi das „in den Spieß
ziehen" an der Reihe war. So sollten sie dem Vorwurf, warum
sie nicht „mit dem Reich", d. i. mit Rakotzi hielten und nicht
zahlreicher zum Landtag gekommen, antworten, weil Rakotzi sich
nicht an seine Conditiones halte, auch der Landtag ins Lager
berufen sei und unter Waffen tage. Doch wurden sie, als der
voranreitende Trompeter sie gemeldet, am 21. Januar „ehrlich
empfangen" und am 22. von Rakotzi zur Tafel geladen. Da
sprachen sie guter Dinge viel über die letzten Scharmützel — die
Städter hatten vor einigen Tagen die erste Schanze genommen —
bis Rakotzi fragte, ob sie noch guten Wein in der Stadt hätten.
Sie hätten an diesem Tisch noch keinen so guten getrunken,
erwiderten sie; wenn er in Hermannstadt ihr Gast sei, solle er
bessern Wein trinken und schöneres Brot essen. Da lachte Rakotzi
und ließ Tokayer auftragen; es ist glaublich, wenn mehr als eine
unserer Quellen erzählt, daß am 23. Januar mancher der Herren
in, gelinde gesagt, heiterer Stimmung heimgekehrt. Eine Einigung
hatte man natürlich nicht getroffen.

Unter solchen Wechselfällen verging der Winter; allmählich
erhoben sich neue Schanzen rings um die Stadt, aus welchen sie
bald mehr, bald minder heftig, doch immer ohne Erfolg beschossen
wurde. Fast täglich erwiderten die Belagerten das Feuer; Reiter
und Fußvolk fielen aus und griffen den Feind an oder wehrten
seinen Angriff ab; wenn dann die Türken einrückten, hatten sie
die Köpfe der erschlagenen Feinde an den Sattel gebunden, „ist
abscheulich zu sehen gewesen," sagt Graffius. Für jeden Feindes=
kopf zahlte der Fürst einen Taler; auch aus der Stadt Säckel
wurden „für Lösung eingebrachter Menschenköpf" zwanzig Gulden
verausgabt. Bisweilen wurden Gefangene lebendig in die Stadt
gebracht und befragt, was sie vom Feinde wüßten; wenn sie es
gesagt, wurden sie dennoch geköpft; Köpfe und Leiber lagen auf

dem großen Ring bis zum dritten Tag, dann wurden sie vor die Stadt hinausgeworfen, wo sie die Hunde fraßen. Dafür ließ Rakotzi die Boten der Stadt, wenn er ihrer habhaft wurde, in den Spieß ziehen oder schickte sie mit abgeschnittenen Nasen und Ohren zurück; noch am 9. Februar 1661 gab der Bürgermeister „auf Gutdünken eines Ehrsamen W. W. Rates dem Stanczul Modran von Baumgarten, weil er unter nächst verflossener Obsidion in fürstlichen und Stadtgeschäften zu unterschiedlichen= malen seinen Sohn hat nach Deva ziehen lassen, auf welcher Expedition er mit den Briefen ergriffen und von des Gaudi Völkern höhnlich gespießt worden, pro recompens zwanzig Gulden." Mitten in solcher Verwilderung ist es ein um so schönerer Zug, daß der Feind am 30. März nahe an hundert Bauernfrauen, die vor der Belagerung in die Stadt geflüchtet, jetzt wieder ins heimische Dorf zurückkehrten, wohin, „der Weingarten und andere Feldarbeit" sie unwiderstehlich rief, „friedlich passieren" ließ. Auch am 6. März hatte Rakotzi gestattet, daß der „Stadtmedicus und Chirurg" Wolfgang Bauler zu Bartschais erkrankter Gattin nach Deva reiste; den 14. März kehrte er ungehindert zurück, ohne daß er ihr hatte helfen können; die große Glocke, die sonst in diesen Monaten stumm blieb, verkündigte in dreimaligem Trauer= geläute einige Tage hindurch der Stadt der Fürstin Tod.

Seit Anfang Mai schien es, als ob der Feind ernstlich daran gehe, die Stadt zu stürmen. Die nähern Schanzen wurden verstärkt, Sturmleitern in hohe Haufen gelegt, daß sie es von den Türmen sahen; sie antworteten damit, daß sie desto fleißiger Wache hielten und die Wälle dort höher machten, wo sie den Sturm befürchteten. Noch am 5. Mai rückte Rakotzi selbst mit 1000 Mann Reitern und Fußvolk nahe an die Stadt und trieb viel Vieh zwischen den Teichen fort; hart am Elisabethtor schlug man sich; bis an das Wachthaus sprengte ein feindlicher Reiter und schoß einen Städtischen auf dem Bett in demselben nieder; aber schließlich wurde der Feind doch vertrieben. Am 11. Mai rückte dieser wieder auf der ganzen Linie vor; vor dem Heltauer Tor war das Gefecht am schärfsten; die städtischen Reiter drangen bis zur nächsten Schanze vor, hieben dort die Pallisaden um und brachten eine Fahne mit.

Wie nun, erzählt G. Kraus, Rakotzi „mit Bitt, Bedräunngen und Schießen" vor Hermannstadt nichts ausrichten konnte, aber

Schanden halber so schlecht nicht davon abziehen wollte und so „in seiner Melancholei mit villem Hauptbrechen in seiner Residenzstadt und Quartier Schellenberg lag", kam ihm Botschaft vom Wardeiner Kapitän, der Wesir von Ofen rücke mit vielem Volk nach Siebenbürgen, Hermannstadt zu entsetzen. Das gab den Ausschlag. In der Nacht vom 13. auf den 14. Mai brach sein Heer im stillen auf. Die Flammen von Schellenberg, wo er in den letzten Tagen einen hohen Galgen errichtet, und das er zum Dank fürs Quartier anzündete, leuchteten zum Abzug. Am 28. April in der Frühe gewahrte man von den Türmen der Stadt, daß die feindlichen Schanzen leer standen; sofort strömte alles hinaus und nahm was sich vorfand; voll Verwunderung sahen sie in der Schanze bei Neppendorf die Lassette, worauf der Wolf gestanden und brachten sie jubelnd in die Stadt; das Stück selbst hatte der Feind mitgenommen. Aber es kam später doch in die Hände der Stadt. Den 29. August schickte der Bürgermeister zwei Schmiede nach Mühlbach, „daß sie den Wolf sollen herauf helfen bringen"; doch sie vermochtens allein nicht; den 14. September reiste Herr Johannes Haupt „mit etlichen Bürgern ihnen nach, den Wolf von dannen heraufzuholen". Die Stadt ließ das Ungetüm zersägen und fünfzehn Feldschlangen daraus gießen.

Es ist wohl glaublich, daß wie der Reußmärkter Schreiber Heinrich Essinius ins Großpolder Gemeindebuch schrieb, die Stadt zwei Wochen darauf „fröhliche Pfingsten gehalten". Vom 17. Mai an flossen die Wasser und Bäche wieder durch ihre Gassen, wieder bliesen die Trompeten vom Turm den Morgengruß und klang das ersehnte Glockengeläute in der Frühe und am Abend in die Häuser und in die Herzen. Der Pascha der Türken, der die Wiederkehr der Ordnung mit hatte erkämpfen helfen, freute sich des Sieges und des Lohnes, der in Konstantinopel seiner harrte, nicht lange; er starb am 19. Mai am „hitzigen Fieber" und wurde an demselben Tag ohne Gepräng nach türkischer Art in ein Leintuch gehüllt vor das Burgertor begraben. Ende Mai zogen seine Janitscharen und Reiter, die noch übrig waren, fast zweihundert weniger als eingezogen, aus der glücklich behaupteten Stadt ab. Sie hatten während der Belagerung um ihr eigen Geld gezehrt, — das Viertel Korn „galt" einen Gulden bis einen Gulden und fünfzehn Denare, die vollen Korngruben halfen aus, das Pfund Rindfleisch fünf Denare, ein Maß Wein „nicht

allzuteuer" neun bis zehn Denare, — aus eigenem Futter für
die Rosse gekauft, wiewohl zuletzt ein „Juder" Heu auf zehn
Gulden, ein Viertel Hafer auf fünfzig Denare stieg, und sich gegen
ihre Wirte so betragen, daß diese lieber zehn Türken als einen
Ungarn herbergten. Darum gab der Rat den abziehenden türkischen
Führern dankbar ein „Viaticum zur Verehrung" (25. Mai),
dem „Vezir Aga Dede Begh" zehn Taler, dem Janitscharen=Aga
Hussain ebensoviel, andern sechs oder acht Taler und dem ganzen
„türkischen Präsidium" einen fröhlichen „Valetschmauß".

Am 28. Mai zog auch Bartschai mit seinen Edelleuten aus
Hermannstadt ab, dem türkischen Lager zu. An der wackern Verteidigung Hermannstadts hatte er keinen Anteil genommen. Er
beschäftigte sich während der Zeit mit Trunk und Vergnügungen,
säte Zwietracht zwischen Sachsen, Türken und Ungarn und hätte
die Stadt übergeben, wenn nicht seine Großen widersprochen
und die Bürger mit den Türken nicht noch entschiedenern Widerstand entgegengesetzt hätten. Jene werden zweifellos entlasteten
Herzens den städtischen Wagen geschirrt haben, der ihm Lebensmittel bis Mediasch nachführte. Auch während seines Aufenthaltes
in Hermannstadt hatte die Stadt stets aushelfen müssen. Schon
wenige Wochen nach seiner Ankunft (27. Januar 1660) notiert
der Bürgermeister für seine Rechnung „habe ich des gnädigen
Fürsten seinem Gesindel Zschismen gekauft vier Paar, als zwei
Paar pro drei Gulden sechszig Denare, item zwei Paar drei
Gulden." Am 30. Januar zahlte er für fünf Bücher Papier, „so
auf Ihr fürstlichen Gnaden ration genommen", einen Gulden
fünfundzwanzig Denare. Am 15. Januar 1660 „administrierte"
er dem fürstlichen Komornik 2000 Gulden, am 9. März wieder
2000 Gulden und später noch einmal 450 Gulden; für den roten
Taffet ($^3/_4$ Ellen), den der Fürst während der Belagerung zu
türkischen Schreiben brauchte, zahlte der Bürgermeister noch
nachträglich dem Peter Seiffkoch drei Gulden; achtzehn Ellen
„Tamaschket" um neunzig Gulden schickte er ins türkische Lager
nach. Dem Geldmangel während der langen Einschließung half
die rasch errichtete Präge. Der Hermannstädter Siegelschneider
machte die „Talereisen", für die die Stadtkasse sieben Gulden
zahlte; sie prägten darin in des Ratsherrn Melchior Hermann
Haus auf dem kleinen Ring neben den Fleischbänken, wo auch
sein Bruder, der Goldschmied Johann Hermann half, Taler und

zehnfache Dukaten mit der lateinischen Umschrift: „Unter der Rakoßischen Unterdrückung des Reiches Siebenbürgen und der Belagerung von Hermannstadt 1660"; in der Mitte steht: Gott wird helfen. Herrn Georg Rakoßi in Schellenberg wurden gleichfalls einige verehrt. Auch die zu derselben Zeit in Kronstadt geprägten Taler verkündeten mit ihren Aufschriften: Herr hilf uns, denn wir verderben, oder: Aus der Tiefe schreien wir zu dir, Herr — die jammervolle Not jenes Geschlechtes.

In den letzten Tagen, während Bartschai in Hermannstadt war, donnerten die Stücke von den Mauern und Türmen noch einmal. Am 22. Mai war Rakoßi mit den Türken bei Gyalu zusammengetroffen und hatte die Schlacht verloren. „Diese Zeitung," schreibt Joh. Graffius, „ist den 23. Mai in die Hermannstadt kommen; da hat man alsbald noch selben Abend alle Stücke auf allen Pasteien losgebrennt und Freude geschossen, dieweil der Feind überwunden, welcher die Hermannstadt fast ein halbes Jahr so hart bedränget hatte." Rakoßi selbst floh schon verwundet nach Großwardein; dort erlag er seinem Geschick am 9. Juni 1660.

Der Feind kam nun allerdings nicht mehr. Dafür aber blieb ein viel schwererer in der Stadt zurück. Als im Frühjahr auf die strenge Winterkälte rasch große Hitze folgte — im März, April und Mai regnete es kein einzigmal — entwickelten sich aus der Unsauberkeit der Straßen und aus den vielen andern Ursachen böse Seuchen, hitzige Fieber (Typhus), und später kam die Pest dazu. Da rissen diese viel mehr hinweg, denn des Feindes Schwert und Kugel. Die Männer namentlich zwischen dreißig und vierzig Jahren fielen dem entsetzlichen Verhängnis zum Opfer. Im Februar begann das Sterben und erreichte im August und September den Höhepunkt. Den 6. Oktober raffte die Pest auch den trefflichen Stadtpfarrer Andreas Oltard hin; zwei Söhne folgten dem Vater. Die Stadt stand fast leer; drei bis vier Tage mußten die Toten unbeerdigt bleiben, selbst die Leichenträger waren alle gestorben, bis endlich aus Salzburg um des Geldes willen einige zur Aushilfe kamen. So lang die Belagerung dauerte, mußten alle Leichen in der Stadt bestattet werden; die Vornehmern in die Kirche, in das Kloster, in den Klostergarten in der Sporergasse, die andern ins Nonnenkloster, in Hof und Garten desselben in der Nonnengasse. 2733 Menschen rafften die Seuchen in wenigen Monden dahin, aus der Heltauergasse allein begruben

sie einhundertacht, meist Männer, so daß die Stadt, zum zweitenmal
in einem Jahrhundert, sich durch Einwanderungen aus andern
Städten und Märkten erneuern mußte. Die Zünfte sogar setzten
zu diesem Zweck ihre Gebühren herab. An der Schule verstummte
der Unterricht wegen Pest und Belagerung ein ganzes Jahr lang,
dreizehn von den wenigen zurückgebliebenen „Studenten" starben.
Als die Schulen endlich wieder begannen, fehlte es so sehr an
Lehrern, daß sie den Mediascher Lektor Jakob Gotterbarmet, der
vor einem halben Jahr von der Hochschule gekommen, herüber=
riefen und ihn wenige Wochen später selbst zum Rektor machten.

Nach Rakotzis Fall zog Bartschai, dessen Siegesbote in
Schäßburg erschlagen wurde, worauf des Fürsten Bruder die vier
Täter in Neumarkt spießen ließ, zum Sieger und mit diesen nach
Ungarn, wo mit neuen Heerhaufen Ali=Pascha zu ihnen stieß,
um Großwardein zu belagern. Hier wurde der Fürst zurück=
gehalten einem Gefangenen gleich, bis die starke Veste fiel (Ende
August 1660).

Während der Zeit hatten die Stände, durch widersprechende
Befehle Bartschais verwirrt und aufgeregt, sich an Johann Kemeny
gewendet, er möge die Not des Vaterlandes durch seinen Rat
lindern helfen; mit ihm vereint wandten sie sich an den Palatin
von Ungarn und den Kaiser Leopold um Hülfe. Bartschai
als er aus dem türkischen Lager heimkehrte, um die schweren
Steuern zu erheben, empfing der Unwille des Landes. Ein Teil
der Szekler und frühere Anhänger Rakotzis luden Kemeny ein,
den Fürstenstuhl zu besteigen. Er kam, wie er in seinem Send=
schreiben erklärte, „zur Beruhigung des Landes". Mit Bartschai
zusammen berief er einen Landtag nach Sächsisch=Regen; dieser
erklärte, wenn die Stände wollten, werde er abdanken; in der
Tat wählten sie den 1. Januar 1661 Kemeny zum Fürsten und
wiesen Bartschai zu seinem Unterhalt reiche Güter an. Als er
mit Kemenys Feinden in Unterhandlung trat, sprach der Landtag
in Mediasch sein Urteil und Kemeny ließ ihn töten (Juli 1661).

Die neue Wahl erregte Besorgnis unter den Sachsen.
Hermannstadt verweigerte die Huldigung, bis nicht die Bestätigung
der Pforte ankomme, der sie den 6. September 1658 gelobt, nur
einen Fürsten nach ihrem Willen anzuerkennen. Erst als Kemeny
darauf hinwies, daß die Treue gegen die Türken schon in seinem
Eid festgesetzt sei, schwor die Stadt den 15. Februar 1661, seinen

Feinden Feind zu sein, ausgenommen den Sultan, dem sie keinen
Widerstand leisten würden, außer er wolle des Landes äußerstes
Verderben. Als nun der Hof in Konstantinopel, dessen Heere
schlag= und raublustig an der siebenbürgischen Grenze standen,
Kemeny nicht anerkannte und mit Strenge die Kriegssteuern,
500.000 Taler und 160.000 Taler Zinsrückstände forderte, da
erkannten die Stände, daß es auf ihren Untergang abgesehen sei
und beschlossen auf dem Landtag in Bistritz (Anfang Mai 1661)
die zu jener Kriegsteuer gesammelten Gelder, 43.000 Taler, zur
Verteidigung des Vaterlandes gegen die Türken zu verwenden.
Eilboten ritten nach Wien und baten um schnelle Hülfe. Inzwischen
lebten die Kemenyschen Söldner in den Quartieren des Sachsen=
landes in viehischen Lüsten; um so schwerern Herzens willigten
die sächsischen Städte endlich ein, fürstliche Besatzung zuzulassen,
daß, wie der Landesrat sprach, wenn das letzte Spiel ärger würde
als das erste, man wisse, wohin man sicher fliehen möge.

In der Tat war Ali=Pascha schnell genug im Land. Im
Juni brach er durch das Hatzeger Tal herein; Broos und Mühl=
bach, von ihren Bewohnern verlassen, wurden den Flammen
übergeben. Kemeny floh vor dem Sturm aus dem Lande, bis
hinter die Theiß zog er sich zurück; Ali=Pascha verfolgte ihn durch
das Mieresch= und Szamoschtal bis nach Ungarn, und lagerte
zurückgekehrt im Nösnerland, dessen Dörfer zumeist in Rauch
aufgingen, deren gelichtete Bevölkerung, wie das Kirchenbuch von
Billak aufgezeichnet hat, der treue Pfarrer oft nur in einsamer
Feldhütte oder im Dickicht des Waldes zum Gottesdienste ver=
sammeln konnte. Die Stadt huldigte dem Türken; aus dem Lager
vor derselben schickte er Ende August 1661 drohende Schreiben
an alle sächsische Städte: wenn sie dem unfehlbaren Verderben
entrinnen wollten, seien Abgeordnete zur Huldigung zu senden.
In denselben Tagen kamen an diese auch Briefe von Kemeny an:
er stehe mit deutscher Hülfe an der Grenze, sie sollten treu bleiben,
er eile zu ihrer Rettung herbei. Doch sie kannten solche Ver=
sprechungen bereits; ihre Gesandten zogen in den ersten Tagen
des September mit reichen Gaben von silbernen Kannen und
Bechern für die Paschen in das türkische Lager, das nach Neu=
markt verlegt worden. Wenige Tage vor ihrer Ankunft hatte Ali=
Pascha die Gefangenen in demselben zählen lassen — es waren
ihrer hundertundsiebzigtausend.

Der Türke empfing die Abgeordneten menschlich; ein neuer Fürst, erklärte er, solle gewählt werden. Er hatte die Würde bereits dem Szekler Stephan Petki angetragen und als der sie ausgeschlagen, den Maroscher und Udvarhelyer Stuhl mit Feuer und Schwert heimgesucht. Jetzt drängte er die sächsischen Abgeordneten und den Adel, der wenig zahlreich sich im Lager eingefunden, zur Wahl um so heftiger, da das Gerücht von Kemenys Nahen immer mehr wuchs. Auf Ali-Paschas Befehl war auch der sächsische Klerus vor ihm erschienen; dem Bischof Lucas Hermann trug er das Fürstentum an. Als dieser es zurückgewiesen, fragte er den neben ihm stehenden Petrus Soterius, wer er sei. „Der Pfarrer von Bodendorf" (ungarisch Buda); „der Pascha von Buda (ungarisch Ofen) ist ein großer Herr," entgegnete Ali, „du kannst Fürst werden," und meinte, der Sultan habe Geld genug, er könne ihn leicht reich machen, als der sächsische Pfarrer, sich entschuldigend auf seine Armut hinwies. Da gedachten die Anwesenden an Michael Apafi, einen ungarischen Edelmann von altem Geschlecht, der vor kurzem aus der tartarischen Gefangenschaft zurückgekehrt war, und schlugen ihn Ali zum Fürsten vor. Sofort schickte der eine Gesandtschaft nach Epeschdorf wo Apafi Haus hielt und forderte ihn ins Lager; es war eine bunte Schar, Türken, Adel, der Richter von Reußmarkt und Neumarkt. Apafi zum Tode erschreckt gehorchte; nicht einmal die Geburt eines Sohnes, den nachgeschickte Eilboten dem Zug verkündeten, milderte sein Herzeleid: da wurde er plötzlich von Ali-Pascha mit Trompeten und Heerpauken fürstlich eingeholt und erfuhr überrascht die ungesuchte Erhebung (14. September 1661). Auf dem Landtag in Klein-Schelk (Ende November) empfing er die Huldigung und schwur den Fürsteneid.

In den ersten Tagen seiner Waltung mußte er schweren Druck über die Sachsen ergehen sehn. Ali-Pascha forderte mit Ungestüm jene 500.000 Taler, die der Türke dem Land noch unter Bartschai aufgelegt. Wie niemand war der sie zahlen konnte, schlug er die Hälfte auf die Sachsen auf. Diese hatten ihren Teil schon an Bartschai abgetragen, aber „er sei nicht an die Pforte gelangt," entgegnete Ali. Wenn sie nicht zahlen wollten, werde er das ganze Land in Schutt und Asche verwandeln. Auch der ungarische Adel, der sich um Apafi befand, bat, sie möchten sich der Not des Landes erbarmen. So ging ein Teil der Abge=

ordneten, die andern blieben als Bürgen im türkischen Lager zurück, nach Hause, wo die Kunde neues Entsetzen verbreitete. Als Mediasch nicht imstande war die Summe aufzubringen, wurden seine Gesandten in Ketten geworfen; den Kronstädtern legte man Handeisen an, als ihnen 30.000 Taler abgingen. Den Schäßburger Ratsmännern wurden Spieße vorgelegt, dem Fürsten und seinem Adel mit Ersäufung gedroht, wenn das Geld nicht zusammenkomme. Und doch vermochte Schäßburg, obwohl auch hier wie überall Schmuck und Silbergeschirr dazu verwendet wurde, den Betrag, den man ihm auferlegt, 40.000 Taler nicht aufzutreiben; Apafi befahl den 28. September aus dem türkischen Lager, der ungarische Adel, der seine Güter in die Stadt geflüchtet, solle sein Geld und Geschmeide gegen spätern Rückersatz dazugeben. Dieser hatte sich und sein Vermögen zum Teil schon aus der Stadt geflüchtet und bot — fünfhundert Taler; der fürstliche Abgeordnete Peter Deak erpreßte mit vieler Mühe einhundertfünfunddreißig Mark Silber und dreitausendzweihundert Gulden von ihnen. Es mag in Schäßburg auch dieses manches Bedenken gegeben haben; hatte die Stadt doch in demselben Jahre an Johann Bethlen 10.000 Gulden zahlen müssen, weil sie auf Rakotzis Befehl 1659 Bethlens Güter an den Fürsten hinausgegeben, wiewohl sie sich auf den Landtagsbeschluß, der solches verbot, berufen. Hermannstadt war es gelungen, seinen Anteil aus eigener Kraft zu liefern; Apafi dankte ihm für „das ausgezeichnete und allen Nachkommen in dem heimgesuchten Siebenbürgerland nachahmenswürdige Vorbild", daß sie nach so entsetzlicher Verwüstung den drohenden Feind und seine Wut durch eine viel größere Kriegssteuer, als sich gebührt, beschwichtigt und dabei „wider alles Verhoffen die Güter des ungrischen Adels, die in seinen Mauern geborgen gewesen, nicht angegriffen hätten."

Inzwischen durchzogen tartarische Haufen das Land, wie ihre böse Lust sie trieb und verübten unaussprechliche Gräuel. Ali-Pascha mußte durch türkische Besatzung sächsische Dörfer vor ihrer Wut sicher stellen. Glücklich war, wer in die Hand des Herrn fiel und nicht in die der Menschen. Denn auch die Pest raffte noch immer ihre Opfer hinweg. Im Jahre 1661 starben in Schäßburg 620 Personen, nicht weniger Opfer fielen im Schenker Stuhl und im Burzenland. In Kronstadt mußten sie das Grabgeläute einstellen und einen „absonderlichen Pestprediger" berufen. Der

Landtag ordnete auf jeden Mittwoch in der Woche einen Bet- und Fasttag an, damit sich Gott „in dieser allgemeinen großen Not und gegenwärtigem Untergang" des Landes erbarme.

Ali-Pascha, nachdem er einen Teil des Sachsenlandes durchzogen, im schönen Kokeltal vor Schäßburg gelagert, das den Türken und den Fürsten mit Freudenschüssen empfangen mußte, und einige Tage in Hermannstadt verweilt, verließ mit anbrechendem Winter das Land. Ibrahim-Pascha mit 2000 Türken und achtzehn Fahnen Walachen blieb zum Schutz des Türkenschützlings zurück. Dieser sollte ihn bald brauchen; im Januar 1662 brach Kemeny, der Kaiser Leopolds Unterstützung erhalten hatte, ins Land; die Sachsen fürchteten, er habe „den Papistischen" zugesagt, alle evangelischen Kirchen katholisch zu machen. Umsonst baten ihn die Stände durch Abgeordnete, er möge die große türkische Macht bedenken und das arme Land nicht gänzlichem Untergang preisgeben. Er drang in Eilmärschen vor; Klausenburg fiel; Apafi floh nach Schäßburg und rief Ali-Pascha um Rettung an. Den 15. Januar mußten die Haken schon auf die „Kemenyschen Völker" spielen und tags darauf brachten die Türken die Köpfe erschlagener Feinde in die erschreckte, auch durch innere Uneinigkeit geängstete Stadt, die dem Fürsten die Aufnahme in die Burg versagte. Kemeny umschloß sie von drei Seiten; in Schaas lag eine Abteilung seines Heeres, die kaiserlich deutschen Truppen in Wolkendorf, er selbst in Weißkirch. Als die drohende Aufforderung zur Übergabe zurückgewiesen wurde, umritt er die Stadt, den Ort zum Angriff zu erkunden; nicht unwahrscheinlich, daß er geglückt wäre. Doch die Verzögerung machte es möglich, daß Kutschuk-Pascha der wilde Reiter mit 2000 Rossen ungefährdet nach Schäßburg gelangte. Erschreckt hob Kemeny die Belagerung auf und ging über Marienburg nach Groß-Alisch; Kutschuk-Pascha ohne Rast ihm nach; mittags den 23. Januar rascher Angriff, der Feind wird geworfen, Kemeny stürzt im Kampf vom Pferde und stirbt unter den Hufen seiner Rosse — in zwanzig Monaten der dritte Fürst eines gewaltsamen Todes; vierhundertachtundvierzig deutsche Häupter brachten die Türken aus dem Treffen zurück, die eingesalzen von den Bewohnern des Stuhls nach Temeschwar geführt werden mußten.

Die Sachsen durften sich des Sieges nicht freuen, denn der Sieger blieb in ihrer Mitte. Mit geringer Unterbrechung lagerte

Kutschuk=Pascha viele Wochen in Schäßburg, seine Janitscharen im Stuhle; der Druck, den sie ausgeübt, übersteigt alle Beschreibung. Mit Brot aus erpreßtem Korn, mit Fleisch, das von geliefertem Vieh genommen war, trieb er Alleinhandel; sogar „unter den Barbaren war er ein wildes Tier". Den Untergang Schäßburgs ansehend beschloß selbst der Landtag, die Türken zu verlegen; sie wollten nicht. Auch der Fürst lag viele Wochen in Schäßburg; sein Hofgesinde trieb es nicht viel besser als die Türken.

Wo gab es auch noch einen so schwachen Mann als Apafi war! Ohne Geist und träge, dem Wein übermäßig ergeben, über= ließ er die Geschäfte Michael Teleki, der ihn ganz beherrschte. Was halfs, daß er gewandt in theologischem Wortgefecht theo= logische Schriften ins Ungarische übersetzte? Dazu die stete Not seines Schatzes! Das Silber für neu zu verfertigendes Geschirr mußte er den Schäßburger Goldschmieden auf die künftige Steuer anweisen. Zum Zins nach Konstantinopel borgte er Geld von den Türken. Aus Mangel an Futter bewog er die Sachsen zur Über= winterung seiner Hofpferde, selbst das Münzrecht überließ er an Hermannstadt, Kronstadt, Broos und Enyed, an Bistritz und Neumarkt.

In solchen Zuständen drückte schwer fast unerschwingliche Last die Sachsen. Man kam nicht heraus aus Steuern und viel= namigen Lieferungen. Die Wanderungen des Fürsten, der sein Hoflager bald hier bald dort aufschlug, erschöpften mit Vorspann den sächsischen Landmann; dem Amtmann, der nicht sogleich willfahrte, drohte der Spruch der fürstlichen Tafel, der nur durch silberne Becher abzuwenden war. Selbst die Zehnten der Geist= lichkeit wurden wieder in Anspruch genommen; in ruhigern Augen= blicken gedachte der Adel abermals, wiewohl vergeblich an Häuser= kauf in sächsischen Städten. Dazu kamen verheerende Feuerbrünste; Schäßburg sank den 30. April 1676 zum größten Teil in Asche mit Türmen, Kirchen und Rathaus; nur der fürstliche Befehl hielt die Bewohner vom Auswandern zurück. Das Unglück wieder= holte sich in andern Orten in jammervoller Menge; es entstand der Gedanke, ruchlose Hand wolle den deutschen Stamm mit Feuer vertilgen. Dazu durchstreiften Räuber das ganze Land nach allen Richtungen; auch fremden Einfalls war man noch lang gewärtig. Hermannstadt öffnete erst 1666 zwei, jahrelang ver= schlossene Tore. Zu alle dem die Unsicherheit des Rechtes und des Fürsten eigene Willkür, der 1665 den Hermannstädter Bürgermeister Johannes Simonius mit eigener Hand aufs Haupt schlug, und die Abgeordneten ins Gefängnis warf, weil sie um den Erlaß einer ungerechten Steuer gebeten; gewiß man versteht die herzerschütternden Klagen, die mit den Worten der Bibel und der Sänger des Altertums die Zeitgenossen in hundert Schriftstücken hinterlassen haben

> „Wie viel Zweige der Wald, des gelben Sandes die Tiber,
> Wie viel Halme das Feld zählt im erwachenden Lenz,
> So viel Jammer drückt uns!"

Er wurde vermehrt durch die Lage der Dinge in Ungarn. Dort schlug der kaiserliche Feldherr Montecuculi die Türken den 1. August 1664 bei S.-Gotthard aufs Haupt, aber der Durchzug der Tartaren durch Siebenbürgen zum Türkenheer verwüstete aufs neue den schon öden Unterwald. Selbst Apafi mußte ins türkische Lager vor Neuhäusel, während im eigenen Land Klausenburg noch von Leopolds Truppen gehalten wurde. Auch nach dem übereilten Frieden Österreichs gegen die Türken genoß Siebenbürgen keine dauernde Ruhe. In Ungarn erhob eine mächtige Partei wegen Glaubensdruck und verletzter Verfassung die Fahne des Aufstandes, Tököly an ihrer Spitze; Apafi unterstützte sie. Gleichzeitig suchte diesen Paul Beldi vom Fürstenstuhl zu stoßen; er starb im türkischen Gefängnis. Solchen Schutz zu bezahlen mußte im neuen großen Kampf der Pforte gegen Österreich das Aufgebot des Landes sich unter den Schatten des Halbmondes stellen, Christen gegen Christen ins Feld für den Islam, Deutsche gegen Deutsche. Achthundert Wagen führten 1681 dem türkischen Heer Zufuhr aus Siebenbürgen und wieder verwüsteten Tartarendurchmärsche das Land. Während der Großwesir 1683 Wien bestürmte und der feste Mut der Stadt seine Kraft brach, lag Apafi mit seinen Fahnen vor Raab, sächsische Ratsmänner aus Hermannstadt und Mediasch standen ihm zur Seite.

Es wurde klar, Siebenbürgen war auf dem Weg ein türkisches Paschalik zu werden, in die Reihe der Moldau, der Walachei, Bulgariens zu treten. Forderte man in Konstantinopel doch offen, daß die türkische Grenze von Wardein herüber bis nach Klausenburg und Bistritz gehe! Die täglich weiter geöffnete Kluft zwischen dem eigenen Volk und Deutschland goß heißen Schmerz insbesondere in edlere deutsche Herzen des Vaterlandes;

weiterschauende Männer der andern Völker erkannten dasselbe. Doch wie dem Joch entrinnen?

Da ebneten die deutschen Waffen in Ungarn den Weg und machten möglich, daß nach langer Entfremdung Siebenbürgen und mit ihm sein deutscher Stamm wieder zurückkehren konnten unter die alte „heilige Krone" Ungarns, die vom deutschen Haupte den deutschen Männern um so freundlicher strahlte.

38.
Siebenbürgen kommt unter Fürsten aus dem Haus Österreich.
1680—1699.

> Das Alte stürzt, es ändert sich die Zeit,
> Doch neues Leben blüht aus den Ruinen.
> Schiller.

Fast drei Menschenalter waren verflossen, seit am Anfang des 17. Jahrhunderts unter Rudolf II. Österreichs Stern in Siebenbürgen untergegangen. Die Stellung des Landes unter Botschkai, Bethlen, dem ersten Rakotzi war eine dem habsburgischen Hause entschieden feindliche geworden; doch gab man in Wien, wie das dem ungarischen König und römisch-deutschen Kaiser ziemte, den Gedanken an Siebenbürgens Erwerbung nicht auf. Zwar schlug Kemenys Unterstützung, die ein Anfang dazu gewesen wäre, fehl, aber der glückliche Feldzug der kaiserlichen Waffen im Jahre 1664 bot Gelegenheit, in dem von vielen Seiten als vorschnell beklagten Frieden dafür zu sorgen, daß Siebenbürgen wenigstens im Augenblick kein türkisches Wesirat werde. Apafi und die Stände des Landes hatten sich an Leopold gewandt und dem Kaiser ihre geheime Sehnsucht des Türkenjochs los zu werden eröffnet; die Unterhandlungen dauerten bis ins zweite Jahr. Briefe und Abgeordnete gingen wiederholt an den kaiserlichen General Kopp nach Szathmar, an den Geheimrat Rothal nach Kaschau; Dionys Banffy war sogar bei dem Kaiser in Wien. Ja ein kaiserlicher Abgeordneter, der Demescher Propst Martin Kaßoni kam 1666 nach Siebenbürgen wo aber seine Vorschläge auf die Stände nicht so tiefen Eindruck machten, als bei der fürstlichen Tafel die Glut des siebenbürgischen Weines auf ihn.

Die Verhandlungen zerschlugen sich, ebensosehr aus Furcht vor den Türken, als weil man in Siebenbürgen aus Leopolds Anträgen und Forderungen vor seiner Macht Bedrückung der protestantischen Kirche befürchtete.

Da wurde in Wien durch den Gang der Ereignisse und insbesondere durch die Tökölyschen Unruhen die Überzeugung immer stärker: um Ungarn zu „zwingen", müsse man Siebenbürgen haben. Die kaiserlichen Machtboten in Ungarn ließen das Land nicht aus den Augen; ihre Sendlinge befanden sich in demselben, noch im Spätjahr 1680 erstattete Johannes Vitezi dem Hofkammerrat Grafen von Wolfra umfassenden Bericht über die Zustände des Reichs, die Stimmungen desselben, die bedeutendsten Familien, auf die man etwa bauen könne, und schloß mit dem herzlichen Wunsch, daß es bald von der Ketzerei gereinigt wie Oberungarn von seinem Herrn unter Österreichs schützende Flügel gebracht werde.

Wie nun im Jahre 1683 vor Wien der Schlag der christlichen Waffen vernichtend auf das türkische Heer fiel und der Glanz des Halbmondes fortwährend mehr erblich, da gedachte Apafi wieder des österreichischen Schutzes und wenn die 1684 begonnenen Verhandlungen sich auch abermals zerschlugen, sie wurden im folgenden Jahr aufs neue aufgenommen. Abgeordnete, an deren Spitze Johann Haller und von den Sachsen der Hermannstädter Ratsmann Matthias Miles stand, gingen 1685 nach Wien — die Stände bewilligten ihnen 1000 Taler Reisekosten; — den 28. Juni 1686 wurde ein geheimer Vertrag unterschrieben, in dem sich Siebenbürgen unter den Schutz des römischen Kaisers und ungarischen Königs stellte. Nachdem seine Majestät, sprechen sie in demselben, auch den Fürsten und die Stände Siebenbürgens zur Gemeinschaft an dem heiligen Krieg gegen den eidbrüchigen Sultan der Türken aufgefordert, hätten sie ihre Ergebenheit gegen den Kaiser und die Christenheit bewähren wollen. Leopold verpflichtete sich zur Verteidigung Siebenbürgens gegen seine Feinde, erkannte Apafi samt dessen Sohn und auf den Fall ihres Todes des Landes freie Fürstenwahl an, versprach bei dem nächsten Friedensschluß Siebenbürgen vom türkischen Tribut wenn möglich frei zu machen und etwa zu erobernde, früher dem Land gehörige Orte diesem zurückzugeben. Dagegen verpflichtete sich Siebenbürgen für solchen königlichen Schirm und Schutz zu jährlicher Abgabe

Versuche Habsburgs Siebenbürgen zu erwerben.

von 50.000 Talern und räumte den kaiserlichen Truppen für die Dauer dieses Krieges das teilweise Besatzungsrecht von Klausenburg und Deva ein; doch werde es sich, bis nicht Wardein und Temeschwar gefallen, nicht offen mit den kaiserlichen Waffen verbinden, sondern das Heer bloß insgeheim mit Zufuhr unterstützen. Ausdruck anderweiten, durch die Vorgänge in Ungarn gesteigerten Mißtrauens war es, wenn die Stände zugleich in den Vertragsbrief schreiben ließen, daß Leopold sich verpflichte, die vier gesetzlich anerkannten Kirchen des Landes zu keiner Zeit und unter keinem Vorwand zu beirren und der Kirchen- und Schulgüter nicht zu begehren, auch kein Patronatsrecht in Anspruch zu nehmen, noch derartiges je vor die Stände zu bringen. So begann die Hoffnung in Erfüllung zu gehen, die bei dem siegreichen Vordringen der österreichischen Waffen aufs neue die Herzen der Sachsen belebte. Hatten sie doch ins Repser Ratsprotokoll von 1683 unter die Kunde von dem Rückzug des Großwesirs von Wien die Freudenworte geschrieben:

> Strick ist entzwei und wir sind frei,
> Des Herrn Name steh uns bei,
> Der Gott des Himmels und der Erden!

Die Kunde von dem vollzogenen Vertrag brachte General Scherffenberg an der Spitze von 12.000 Mann und Ladislaus Tschaki mit 1500 Reitern nach Siebenbürgen, obwohl Leopold sich verpflichtet hatte, den letztern der Grenze nicht einmal zu nähern, weil er dem Fürsten verdächtig war. Es war anfangs Juli 1686. Apafi und seine Großen überrascht wollten das von den eigenen Abgeordneten unterschriebene Diplom nun nicht annehmen gegen des klugen Nikolaus Bethlen Rat, der ihnen voraussagte, in des Fürsten Zimmer werde bald ein kaiserlicher kommandierender General wohnen. Im Land entstand allenthalben Bestürzung um so mehr, da ein türkischer Pascha in Hermannstadt weilte, der mit 40.000 Mann drohte. Den 6. Juli noch schwur der ungarische Adel, welcher mit Apafi in Hermannstadt war, zugleich mit dem Rat und den Hundertmännern der Stadt der Pforte den Eid der Treue. Teleki gebot inzwischen zum Schein das Land gegen die Deutschen auf und unterhandelte im Ernst mit Scherffenberg, um ihm statt Klausenburg Mühlbach zur Besatzung zu lassen, worüber er vom kaiserlichen Führer strenge Worte hören mußte. Als Scherffenberg schon unter dem alten

Berg vor Hermannstadt stand, wollte Teleki ihn von den Basteien mit schwerem Geschütz empfangen; der Bürgermeister Christian Reichhardt ließ es nicht zu.

Nach wenigen Wochen, anfangs August 1686, zogen die kaiserlichen Truppen zur Belagerung Ofens ab, das endlich nach fast anderthalbhundertjähriger Dienstbarkeit unter dem türkischen Joch den scharfen Waffen der Deutschen unter Karl von Lothringen im Sturm des 2. September 1686 fiel. Während darauf die kaiserlichen Fahnen in raschem Siegeszug unaufgehalten vordrangen und im Sommer 1687 schon an der Theiß standen, schwankte Siebenbürgen in Furcht und Hoffnung. Aus Ungarn erscholl vielfache Klage über die Bedrückungen, die die Truppen übten; Tököly, der Türkenschützling, zählte Anhänger auch in Siebenbürgen; der ungarische Adel machte sich Gedanken über die Oberhoheit Österreichs und wäre gern ihm und der Pforte gleich fern in gewohnter Willkür geblieben. Da kam im Herbst 1687 Thilli, der Geheimschreiber Karls von Lothringen, der bei Szolnok stand, mit der Botschaft an Apafi: Sein Herr nahe mit dem kaiserlichen Heere und werde die Winterquartiere in Siebenbürgen nehmen. Karl hatte von Wien den Auftrag erhalten, er könne des Landes Rechte und freie Religionsübung bestätigen, wenn es sich unter des Kaisers Macht begebe; der Gewalt sei mit Gewalt zu begegnen. Der Fürst war mit den Ständen gerade auf dem Landtag in Radnot; während sie hier voll Furcht ratschlagten, kam der Lothringer durch den Meseschpaß; die geschlossenen Tore Klausenburgs öffneten sich vor den aufgefahrenen Kanonen, ohne die Kugeln zu erwarten. Apafi flüchtete sich nach Hermannstadt, dessen Bürger Telekis Antrag, zum Widerstand zu rüsten, zurückwiesen; die kaiserlichen Truppen schlugen in dem Kokeltal bei Blasendorf das Lager auf.

Hier kam den 27. Oktober 1687 zwischen dem Fürsten und den Ständen einerseits und Karl von Lothringen im Namen des Kaisers andererseits ein Vertrag zustande. Seine Anhänglichkeit an die Sache des Kaisers und der Christenheit um so mehr zu beweisen, übernahm das Land die Verpflegung der Truppen über den Winter und verpflichtete sich zu diesem Zweck 700.000 Gulden in barem zu entrichten, dann 66.000 Kübel Korn, 39.600 Zentner Fleisch, 28.000 Eimer Wein, 120.000 Kübel Hafer, 144.000 Zentner Heu, 480.000 Garben Stroh zu liefern. Holz, Salz und Kerzen sollten die Truppen von den Wirten erhalten. Unter den Städten, in die sie verlegt wurden, waren außer Klausenburg Bistritz, Hermannstadt, Mühlbach, Broos. Gegen die Besatzung von Hermannstadt hatte der Fürst sich lange gesträubt; um so strenger bestand Karl darauf: die Sicherheit der Winterquartiere, die Sache des Kaisers, die Ehre des Christenheeres erheische es, daß auch des Landes Hauptstadt in seiner Hand sei, deren Beispiel alles folge. Doch sollten die Torschlüssel hier und in den andern Orten in den Händen des Rates bleiben, aber Öffnung und Schluß nach der kaiserlichen Hauptleute Willen erfolgen. Dem Ansehen der Amtleute sollte nirgends Abbruch geschehen; den vier rezipierten Religionen wurde Rechtsachtung zugesichert, der Fürst und sein zum Nachfolger erwählter Sohn anerkannt, die Freiheit und Verfassung des Landes gewährleistet, Schutz des Eigentums und der Person versprochen, so daß sie niemanden zur unentgeltlichen Bewirtung zwängen, noch dem weiblichen Geschlecht Gewalt antäten.

Zwei Tage nach Abschluß des Vertrags, den 29. Oktober 1687, zog Apafi nach dem Wortlaut desselben „zur Vermeidung von Wirren mit der Besatzung" mit seinem Hofstaat aus Hermannstadt ab nach Fogarasch; den 30. Oktober rückte General Scherffenberg mit den kaiserlichen Truppen ein, während Guido von Starhemberg in Klausenburg, Aeneas Silvius Piccolomini in Bistritz das Kommando führte. Die Fürstin hatte Hermannstadt unter Weinen und Wehklagen verlassen, mit ihr betrauerte der altmagyarische Adel den Gang der Ereignisse. „Nie hat weder ein Heide noch ein Christ ein Land so leicht gewonnen, wie der Deutsche Siebenbürgen," rief er aus; „bis er nur das eine Hermannstadt genommen hätte, wahrlich viel tausend Hüte hätten die Erde geküßt." Noch im Dezember desselben Jahres schloß Apafi einen Vertrag mit der Pforte, nach dem alle Kräfte Siebenbürgens zur Verteidigung wider die Deutschen aufgeboten werden sollten. Auch den Sachsen, wiewohl sie nach der deutschen Oberhoheit verlangten, fielen doch die frischen Lasten, die Steuern und Lieferungen und was daran noch anderes sich knüpfte, schwer; die neuen Gäste nahmen selbst an ihrer Sprache Anstoß; unter Trommelschlag wurde ausgerufen, daß kein kaiserlicher Soldat mit dem sächsischen Namen „Muoser" — ursprünglich ein Geharnischter — genannt werden dürfe.

Nach wenigen Wochen verließ Karl von Lothringen das
Land, vom Kaiser nach Wien berufen; in seine Stelle trat der
General Karaffa. Karl hatte ihn ausersehen; einundzwanzig=
jähriger Aufenthalt in Ungarn ließ ihn dazu vor allen geeignet
erscheinen. Er war in der Tat ein Mann von umfassendster
Kenntnis der Verhältnisse und durchdringendem Scharfblick; doch
ging ihm der Ruf blutiger Strenge in das eingeschüchterte Land
voraus. Der Kaiser, stand in seinem Auftrag, vertraue ihm
Großes an und könne ihm bei dieser Sachlage nichts Bestimmtes
vorschreiben; seiner Klugheit bleibe alles überlassen; er werde
gewiß seinen und des Kaisers Ruhm, der die Verträge achte,
wahren. Schwankend ob er es mit Gewalt oder Güte versuche,
kam Karaffa nach Siebenbürgen; in Hermannstadt den 8. Februar
angekommen, ließ er, den Ernst der Dinge zu zeigen, das schwere
Geschütz bereit machen; als die erste fürstliche Gesandtschaft ihn
hier begrüßte, entsetzte sie sich ob des Galgens, der auf dem
großen Ring stand, und des Unglücklichen, der daran hing. Da
gelang es des Generals Klugheit, Apafis allvermögenden Rat
Michael Teleki, der jahrelang an der Spitze der Österreich feindlichen
Partei gestanden und vom Gewissen schwer geplagt vor seinem
ersten Gang zum kaiserlichen Feldherrn sein Testament machte,
zu gewinnen. Wie nun im Frühjahr 1688 sich das Gerücht ver=
breitete, der Sultan drohe dem Lande Verderben, weil es deutsche
Truppen aufgenommen; schon seien die Tartaren auf und warteten
nur des Abzugs jener, um einzufallen; da erklärte Karaffa, seine
Pflicht erheische auch für die weitere Sicherheit Siebenbürgens
zu sorgen und forderte den Fürsten auf, mit ihm darüber ins
Einvernehmen zu treten. Dieser schickte eine Gesandtschaft an
Karaffa, an deren Spitze Teleki stand und in der von seiten der
Sachsen der Graf Valentin Frank, der Hermannstädter Bürger=
meister Christian Reichhardt und der Kronstädter Richter Michael
Filstich sich befanden. Sie baten den General, er möge sich der
Ordnung der siebenbürgischen Verhältnisse annehmen. Sein Ge=
heimschreiber Daniel Absalon erklärte: Dem Lande sei nur durch
ein Mittel zu helfen, wenn Apafi vom Fürstenstuhl herabsteige
und das Reich verlasse, der ungarische König habe darauf das
Näherrecht; alle Türkenkriege in Ungarn seien von Siebenbürgen
ausgegangen, das dem Hause Österreich so feindlich sei. Auch
Karaffa war der Ansicht, daß alles Unheil von dem Schutz der

Türken herrühre, doch nun sei deren Kraft gebrochen; auf ein starkes
Reich aber müsse Siebenbürgen sich stützen; des Kaisers Macht sei
nahe, so solle man sich denn entscheiden, ob man des Kaisers oder
des Türken sein wolle; wenn das erstere, so möge man den Türken
den Gehorsam aufkündigen und dem Kaiser schwören, zum Schutz
der Grenzen zugleich in Hußt, Kövar, Görgeny, Fogarasch, Kron=
stadt Besatzung aufnehmen. Die Abgeordneten erklärten, ohne
Beratung mit den Ständen sich in die Sache nicht einlassen zu
können; Karaffa gestattete, daß der Landtag in Fogarasch zu=
sammentrat. Von hier, „da es die Lage der Dinge erfordere", mit
unumschränkter Vollmacht versehen, schlossen die Abgeordneten
in Hermannstadt den 9. Mai jenen Vertrag, in dem Siebenbürgen
der türkischen Oberhoheit feierlich entsagte. Nicht mehr habe die
himmlische Gerechtigkeit die Wut des geschworenen Christenfeindes
ansehen können. Darum sei der Herr der Heerscharen erstanden
in der Kraft seiner Rechten, daß auch der Ungläubige inne werde
des göttlichen Geistes. Geseufzt habe seit länger denn einem
Jahrhundert auch Siebenbürgen, das unglückselige, unter dem
türkischen Joch und sei, seines gesetzlichen Königs und Herrn
beraubt, durch Feuer und Schwert und innere Zwietracht an den
Rand des Abgrunds gekommen. Jetzt kehre es unter den König
von Ungarn zurück, von dem es die Macht der Geschicke und
der Menschen böse Leidenschaft getrennt, und trete unter den
väterlichen Schutz Leopolds, des römischen Kaisers und erblichen
Königs von Ungarn und aller seinen Nachkommen. Darum entsage
es dem oberhoheitlichen Schirm der Pforte und allem Zusammen=
hang mit ihr, bereit, wenn der Kaiser gebiete, die Waffen gegen
sie und jeglichen Feind zu ergreifen und erbiete sich auch nach
Kövar, Hußt, Görgeny und Kronstadt kaiserliche Besatzung ein=
zulassen. Dafür bäten sie, daß der Kaiser ihre Rechte und
Freiheiten — die sie durch Karaffa ihm unterbreiten ließen —
darunter die freie Fürstenwahl und insbesondere die freie Re=
ligionsübung bestätige und getrösteten sich, daß auch des Kaisers
Feldherr ihre Rechte nicht kränken werde. Inzwischen habe der
Vertrag mit dem Herzog von Lothringen in Kraft zu bleiben.
Der Kaiser nahm durch Reskript vom 17. Juni 1688 Sieben=
bürgens Anerkennung seiner Schutzherrlichkeit in Gnaden auf,
sicherte dem Lande die Aufrechthaltung der Gewissens= und
Kirchenfreiheit samt strenger Manneszucht zu und hieß sie das

Beste hoffen. Nach beendigtem Kriege werde man den Ständen das Weitere vorlegen.

In den ersten Tagen nach Abschluß des Vertrages beschligte Karaffa eine Truppenabteilung nach Kronstadt zur Besatzung des Schlosses. Der Richter Michael Filstich vom Landtag zurückgekehrt teilte der Bürgerschaft den Stand der Dinge mit und trug ihr auf, das Schloß zu räumen. Der Rat, der größere Teil der Hundertmänner stimmten bei; aber unter dem Volk erhob sich große Unzufriedenheit. Seit die Stadt stand war Schloß und Mauer, war Tor und Turm immer in den Händen des Bürgers gewesen; fürstliche Freibriefe schirmten in diesem Recht; von den eigenen Fürsten hatte man nie Besatzung genommen. So schrie die Menge über Verrat; an der Spitze des Auflaufs stand die starke Schusterzunft, in deren Schirm das Purzengässer Tor war. Wie Richter und Rat gegen „das halsstarrige und vermessene Beginnen" nichts vermochten, versuchte der Dechant Martin Hornung, Pfarrer in Brenndorf, den verstockten Sinn zu bekehren; unter den Linden vor dem Klostertor predigte er der Menge von dem Reich, das mit sich selbst uneins wird und wies darauf hin, was für ein Ende jede „Rebellion" nehme. „Wozu," schrieen jene, „hätten denn die Väter das Schloß gebaut und mit Wehr und Waffen versehen, als daß man sich zur Zeit der Not wehre." Und obwohl Apafi in zehn Tagen dreimal Eilboten hinschickte und sie im Namen des Landes und Gesetzes von dem heillosen Widerstand abmahnte, obwohl Karaffa, der die eine Stadt sich nicht konnte trotzen lassen, drohte, er werde des Kindes im Mutterleibe nicht schonen, wenn er genötigt sei, den Fuß aus Hermannstadt zu setzen, es verhallte fruchtlos; „wenn ein Engel vom Himmel käme, sie blieben doch bei ihrem Vorsatz." Das Verständnis der Zeit war ihrem Geiste verschlossen. So schlugen die Wogen einer wahnsinnigen Schreckensherrschaft über der Stadt zusammen, deren Strömung auch die bessere, doch wie es gewöhnlich geht zu wenig entschiedene Einsicht fortriß; Richter und Rat wurden gefangen gesetzt, Hauptleute gewählt, Stephan Steiner, Kaspar Kreisch und andere, die alles zum Widerstand bereiteten.

Er dauerte kaum einen Augenblick. Den 22. Mai kam General Veterani mit 3000 Mann und schwerem Geschütz, die Stadt und das Schloß zu belagern, außerdem Teleki mit einem Szekleraufgebot. Fünfhundert Mann, die sich am Krähenberg

verschanzt hatten, wurden schnell geworfen und in der Blumenau
Batterien gegen das Schloß errichtet. Als Veteranis Aufforderung
zur Übergabe: sie möchten die kaiserliche Macht bedenken und
nicht sich und andere verderben, umsonst gewesen, da donnerten
die Mörser; nach wenigen Schüssen trat Stephan Bär, einer der
neuen Hauptleute, mit gesenktem Schwert auf den Wall und rief
um Gnade. Veterani besetzte das Schloß, wo Richter und Rat
bereits zum Tod verurteilt ihrer Haft entledigt wurden, in deren
Stelle nun die Führer des Aufstandes kamen. Es war den
26. Mai 1688. Den folgenden Tag, während die Altstadt der
Plünderung preisgegeben wurde und von den Szeklern insbe=
sondere schwere Ungebühr erfuhr, nahm Veterani die dargebrachten
Schlüssel der Stadttore in Empfang und schwuren die Bürger
auf dem Rathause knieend dem römischen Kaiser den Eid der
Treue.

Auf die Häupter der verhafteten Aufständischen aber fiel
zerschmetternd die Strenge des Gesetzes. Abgeordnete der Stände
und der Universität kamen nach Kronstadt; anderthalb Jahre
dauerte die Untersuchung, bis in ihrer und der Hundertmänner
Gegenwart der Rat den 17. September 1689 das Urteil sprach,
daß Stephan Steiner, Kaspar Kreisch, Andreas Lang, Jakob
Geiger und Stephan Bär „wegen verübter Rebellion wider Jhro
römisch kaiserliche Majestät, Jhro fürstliche Gnaden und wider
eine Löbliche vorgesetzte Stadtobrigkeit enthauptet, ihre Köpfe auf
Disposition des Löbl. Magistrats an ein gewisses Ort andern
zum Exempel auf eine Stange gesteckt und der Körper außer der
Stadt solle eingescharrt werden, von Rechtswegen." Die erbetene
Gnade gewährte man ihnen nicht. Zwei Tage später auf dem
großen Markt in Kronstadt vor dem Rathaus wurde das Urteil
vollzogen. Das Armensünderglöckchen schlug dreimal an, die
Studenten sangen Grab= und Sterbelieder, Stephan Steiner, der
Greis von fünfundachtzig Jahren, kniete voll Fassung zuerst nieder,
sein weißes Haupt fiel unter dem Schwert des Henkers, ihm nach
das seiner vier Genossen. Grabesstille herrschte unter den tausend
Zusehern, eine einzige junge Frau schrie vor Entsetzen laut auf
und stürzte tot zur Erde. Jahrelang starrten die Schädel der
Hingerichteten vom Schloß und den Stadttoren herunter, fast ein
Menschenalter wurde der Schusterzunft das Recht der Vertretung
in der Hundertmannschaft benommen. Von den schwer Beschuldigten

war es einem, Rotenbächer, gelungen, der Haft zu entkommen; Jahr und Tag verbarg ihn seine Frau allen Nachforschungen, bis es ihm möglich wurde nach Wien zu gehen, wo er vom Kaiser begnadigt wurde. Überhaupt schwankt das Urteil der Zeitgenossen über das unglückliche Ereignis in eigentümlicher Weise, und der herben, selbst von Hohn nicht freien Darstellung aus den freilich angegriffenen herrschenden Kreisen Kronstadts steht die, mit dem altsiebenbürgischen und sächsischen Recht es entschuldigende Auffassung des Szekler Edelmannes Tscherei bezeichnend gegenüber.

Inzwischen hatte Kronstadt ein anderes vernichtendes Unglück getroffen. Den 21. April 1689 brach in der inneren Stadt Feuer aus, wie es scheint an mehreren Orten zugleich; vom heftigsten Winde gepeitscht, griffen die Flammen unwiderstehlich um sich; in zwei Stunden lag die ganze Stadt in Schutt und Asche. Dach und Turm der großen Kirche, ja drinnen Altar und Orgel verbrannten, das Gewölbe barst, die Glocken zerschmolzen; der Gottesdienst am nächsten Sonntag, es war Misericordias domini, wurde unter den Linden des Friedhofs gehalten. Auch der Rathausturm, selbst die Warttürme auf dem Raupenberg wurden ein Raub der Flammen, die auch die alte, von Honterus angelegte Bibliothek voll kostbarer Druckwerke und Handschriften zum Teil vernichteten. Gegen hundert Menschen fanden im Feuer den Tod; in Teppiche oder leinene Tücher gehüllt, da selbst Bretter zu Särgen fehlten, wurden sie in ein großes Grab bestattet. Der Gräuel der Verwüstung mahnte an die Zerstörung Jerusalems, in zweihundert Jahren werde die Stadt aus dem Schutt nicht mehr zur frühern Schöne emporsteigen. Über den Ursprung des Brandes ist man nie zu voller Gewißheit gekommen. Unter den Trümmern fand man zersprungene und noch gefüllte Granaten; Feuerkugeln wollten einige auf die Kirche haben fallen sehen; Zeugen haben geschworen, daß Soldaten in Häuser geschossen, wie denn auch viele durch Plündern argen Unfug übten; die Untersuchung, die in der Sache begann, wurde bald niedergeschlagen. Doch drang der Schmerzruf des Unglücks bis nach Wien hinauf; schon nach zwanzig Tagen erließ Kaiser Leopold der in Asche gesunkenen Stadt 25.000 Gulden an den Steuergeldern; einen Teil der verbrannten Fruchtvorräte ersetzten die Stände.

Auf dem Landtag in Fogarasch, wo dieses im April 1690 geschah, sah Apafi sie zum letztenmal versammelt; er starb den

15. April. Sein bereits zum Nachfolger erwählter und wiederholt von Leopold anerkannter Sohn war vierzehnjährig; der Knabe konnte die Verwaltung nicht führen. Um so weniger, da die Pforte Siebenbürgen wieder unter sich zu bringen gedachte und ihren Schützling Tököly mit dem Fürstentum belehnte. Mit 20.000 Mann, Ungarn, Türken, Tartaren und Andere, brach er ins Land, nahe dem Königsstein über das Hochgebirge, wo man es für keines Menschen Fuß zugänglich hielt; Donat Heußler, der kaiserliche Feldherr, der damals den Oberbefehl in Siebenbürgen führte, mit kaum 7000 Mann ihm entgegen; Michael Teleki mit 5000 Siebenbürgern stieß zu ihm. Am 21. August zwischen Tohan und Zernescht trafen die Heere aufeinander; noch einmal hob sich die Fahne des Halbmondes; die Kaiserlichen mußten weichen, Heußler selbst wurde gefangen, Teleki fiel. Die auf des Siegers Ruf teils aus Neigung, teils aus Furcht zusammengetretenen Stände wählten den 21. September Tököly zum Fürsten, der ev. Bischof Lukas Hermann mußte ihn vor dem Altar der evangelischen Kirche in Großau als solchen ausrufen. Zu derselben Zeit eilte Ludwig von Baden mit frischen kaiserlichen Truppen durch das eiserne Tor nach Siebenbürgen; den 3. Oktober stand er in Hermannstadt; Tököly, ohne eine zweite Schlacht zu wagen, ging durch das Burzenland in die Walachei zurück. Die Landesteile, die die Heere durchzogen, insbesondere das Burzenland, hatten von Freund und Feind unsäglich gelitten.

Seit dem Vertrag mit Karaffa und mehr noch seit Apafis Tod war es der Stände fast ängstliche Sorge, daß die Verhältnisse zum neuen Schirmherrn, dem Kaiser, geregelt und die gegenseitigen Rechte und Pflichten in einem Diplome feierlich und vor aller Welt festgesetzt und ausgesprochen würden. Gesandte gingen deswegen nach Wien; Leopold hörte die Meinung seiner Räte. Unter diesen war für diesen Fall wohl der bedeutendste General Karaffa, der Land und Leute aus eigener Anschauung kannte und dem Kaiser grade während Tököly in Siebenbürgen war, in ausführlicher lehrreicher Darstellung seine Ansicht unterbreitete. Die Grundwahrheit, von der er ausging, war, daß für den, der in Ungarn Herr sein wolle, Siebenbürgen gegen jeden Feind gesichert sein müsse, da das Fürstentum von der Natur zur Zitadelle angelegt sei, von welcher aus alles, was zwischen der Donau, Mähren, dem schlesischen und polnischen Gebirge liege, im Zaum

gehalten werden könne. Da nun keines siebenbürgischen Fürsten
Macht so groß, daß er sich gegen die stärkern Nachbarn schützen
könne, der Kaiser ihn also stets schirmen müsse, so brauche es
nicht mehr Waffen, Mühe und Kosten, selber Landesherr zu sein.
Darum solle dem Land fürder kein eigener Fürst gelassen, die
Bestätigung des jungen Apafi deshalb unter dem Vorwand seiner
Jugend hinausgeschoben und „der absolute römisch-kaiserliche
Dominat in Siebenbürgen" eingeführt werden. Karaffa nennt es
selbst „ein Meisterstück der subtilsten Staatskunst", wozu Furcht
und Liebe den Weg bahnen sollten. Denn das Land habe seinem
natürlichen Temperament gemäß „bösen humorem", sei „dem Haus
Österreich von jeher aufsätzig und könne, ausgenommen die sächsische
Nation, von Teutschen beherrscht zu werden nicht verschmerzen."
Daher rät er, da die Furcht vor den kaiserlichen Waffen bereits
da sei, das Land auch durch Liebe an Österreich zu knüpfen,
deswegen die schwere Steuerlast zu mindern und die Religionsfreiheit, „welche Siebenbürgen vor seinen Augapfel hält", zu
schirmen, insbesondere „die evangelische Religion der Sachsen
auf keinen Fall zu berühren, ja sogar den geringsten Schein zu
vermeiden, viel weniger daß man selbe anfechte. Denn in diesem
Stück sind selbst die Sachsen, in welchen robur Transsilvaniae
(die Stärke Siebenbürgens) ganz allein besteht, so eifrig, daß sie
um ihre Religion zu vindizieren (erhalten) alles aufs Spiel
setzen, dabei auch so argwöhnisch und durch das, was in diesem
Passu ihren Nachbarn in Ungarn geschehen und noch geschieht,
so abgeschreckt von Ihro Majestät, daß sie keiner Versicherung,
die man auch mit tausend Eiden bekräftigt, glauben, sondern jeden
Schritt, von dem sie vermuten, daß er dem Religionswesen
zu nahe treten möchte, vor verdächtig halten, und sich darüber
allarmieren tun." Noch an einer Stelle kommt Karaffa auf die
Sachsen zurück: „durch den kommandierenden General", spricht er,
„müssen nicht allein die Sachsen, indem diese Nation nervus und
decus totius Transsilvaniae (Grundkraft und Zierde von ganz
Siebenbürgen) ist und ihr Haupt, der Königsrichter von Hermannstadt, eine mehr als gemeine Obachtung erfordern, sondern auch
specialiter ihre Mithäupter und Prinzipaliores zu remunerieren
sein, dadurch in der guten, gegen Ihre Majestät zu tragenden
Regierungsmeinung beständig zu erhalten. Denn weil an dieser
redlichen und wohlintentionierten Nation alles gelegen, so ist es

auch e re (erforderlich), sie allezeit in der Discrepanz (Gegensatz), in welcher sie mit denen ungrischen Siebenbürgern stehen, zu steifen, und die unter diesen beiden Nationes stehenden Dissensiones (Uneinigkeiten) zu fomentieren juxta illud: divide et impera (nach dem Grundsatz: teile und herrsche)." Weil aber, fährt Karaffa fort, die Herrschaft bis jetzt immer bei den Ungarn, der Reichtum bei den Sachsen gewesen und diese darum durch jene unterdrückt worden, so solle die kaiserliche Regierung die Sachsen, wo es nur immer sein könne erleichtern, damit ihnen der Unterschied der vorigen fürstlich=türkischen und römisch=kaiserlichen Regierung erkenntlich und angenehm in die Augen falle. Doch müsse das mit großer Behutsamkeit geschehen, damit die Sachsen die Hülfe zwar empfinden und die Begünstigung merken, die übrigen Siebenbürger aber dieselbe ja nicht wahrnehmen. Übrigens seien besonders die sächsischen Städte zu befestigen, um sich dieser getreuen Nation zu versichern und sie bei ihrem guten Willen zu erhalten. Am besten wären hiezu Zitadellen, wodurch es möglich, sowohl „daß die Sachsen nicht mit starkem Quartier belegt", als auch nötigenfalls „die numeröse Bürgerschaft im Zaum gehalten" werde. Jedenfalls aber habe man sich in allen Einrichtungen möglichst an die alten Gesetze zu halten. „Denn es sehr mißlich, ja gar unmöglich fallen wird, Siebenbürgen **neuen** Gesetzen zu unterwerfen und die alten völlig abzuschaffen, das Guberno den Siebenbürgern ganz aus den Händen zu reißen und denen Teutschen in totum (ganz) einzuantworten."

Inzwischen dauerten die Verhandlungen zwischen Siebenbürgen und dem Kaiser um die Bestätigung der Landesrechte durch ein Diplom fort; im Jahre 1690 war Nikolaus Bethlen in Wien, sie zu betreiben. Das Diplom wurde in der Tat den 16. Oktober jenes Jahres erlassen und von dem Landtag in Fogarasch im Januar 1691 mit großem Dank angenommen. Die Bestrebungen einer magyarisch=adeligen Partei, Apafis Einsetzung zum Fürsten zu fördern, mißlangen; die Sachsen verweigerten der insgeheim herumgegebenen, dahin abzielenden schriftlichen Erklärung ihre Unterschrift. Die Stände brachten dem Kaiser ihre Huldigung dar; in der nächsten Woche schwur das ganze Land den Eid der Treue, in Hermannstadt anfangs März die ganze männliche Bevölkerung, nicht einmal die Studenten oder Lehrjungen waren ausgenommen. Da aber über einige Punkte des Diploms

die Stände verschiedene Wünsche hegten, so wurden, um die
Gewährung dieser und die Ausstellung des Diploms in feierlicher
Form zu erwirken, aufs neue Abgeordnete nach Wien aus allen
drei Nationen geschickt. Die Sachsen vertrat der Hermannstädter
Ratsherr Georg Klockner, dem die Universität 1200 Gulden
— geborgtes Geld — für einen Diamantring, es steht nirgends
zu welchen Zwecken, nach Wien mitgab. Jene Ausstellung erfolgte,
den 4. Dezember 1691; — es ist das **Leopoldinische Diplom**,
der **Staatsgrundvertrag** zwischen Siebenbürgen und dem
Haus Habsburg, der von den nachfolgenden Fürsten dieses Hauses
bei dem Antritt ihrer Regierung vor der Huldigung der Stände
immer feierlich beschworen wurde.

Folgendes ist sein hauptsächlicher Inhalt:

Bezüglich der in Siebenbürgen gesetzliche Anerkennung
genießenden Religionen, Kirchen, Schulen, Pfarren, oder der
Einführung irgend eines andern geistlichen Ordens oder anderer
geistlicher Personen als jetzt dort bestehen, soll nichts geändert
werden und Widersprüche welcher Art immer, ob von geistlichem
oder weltlichem Stand sollen hiegegen nie etwas vermögen. Doch
sollen die Katholiken überall, wo ihrer wenige und Fremde sind,
Privatgottesdienst, wo ihrer aber viele sind, öffentlichen Gottes=
dienst halten können und das Recht haben, Kirchen zu bauen,
wie die übrigen berechtigten Religionen. Der Kaiser bestätigt
ferner der ungarischen Könige und siebenbürgischen Fürsten
Schenkungen, Vergabungen, Privilegien, Adelsbriefe, Titel, Ämter,
Würden, Zehnten, kurz alles von Eigentum und Gütern, was
durch jene an Private, Städte, Gemeinden, Vereine, oder an
irgend eine, den gesetzlich berechtigten Religionen angehörige
Kirche, Pfarre, Schule verliehen worden, auch wenn es früher
einer Kirche, einem Konvent oder Kapitel gehört. Die Approbaten
und Kompilaten, die seither erflossenen Landtagsschlüsse, die
Dekrete der ungarischen Könige, das Verbözische Gesetzbuch, die
„Konstitutionen" der einzelnen Völker und Kirchen, der Sachsen
Eigenlandrecht, — die Statuten — haben in unverletzlicher Gültig=
keit zu bleiben; über die Punkte, über welche die Stände selbst
nicht einig sind, namentlich die Katholiken sich beschwert fühlen
und die Sachsen bezüglich ihrer Rechte und Freiheiten größere
Gewähr verlangen, sollen sie gegenseitig freundschaftliche Über=
einkunft versuchen, gelingt sie nicht, der Hof entscheiden. Zu allen

Landesämtern sollen Eingeborne verwendet werden, Ungarn, Szekler, Sachsen, ohne Unterschied der Religion; zu den höchsten, so der Stelle des Gubernators, der Landesräte, des Kanzlers schlagen die Stände vor, der Kaiser bestätigt, damit das Verhältnis der verschiedenen Nationen um so friedlicher bleibe; mit den andern Ämtern aber, so des Königsrichters, Bürgermeisters und ähnlicher unter den Sachsen, in Städten und Märkten, die bisher durch freie Wahl bestellt worden, hat es bei der früheren Freiheit und Gewohnheit zu bleiben, doch so, daß die Bestätigung in jedem Fall nachzusuchen ist. Der öffentlichen Wohlfahrt werde es zu bedeutender Förderung gereichen, wenn im obersten Landesrat unter den zwölf Räten mindestens drei Katholiken, die übrigen aus den andern Religionen seien; in denselben gehöre nach den Landesgesetzen auch der Königsrichter von Hermannstadt aus dem Volke der Sachsen. Die Stände sollen jährlich versammelt werden, ihre Beschlüsse der königlichen Bestätigung unterliegen. Zur Zeit des Friedens werde der Kaiser mit einem jährlichen Zins von 50.000 Dukaten, zur Zeit eines Krieges gegen Ungarn und Siebenbürgen mit 400.000 rheinischen Gulden, mit eingerechnet die Naturalien, zufrieden sein; Verteilung und Erhebung bleibe den Ständen überlassen; das übrige im Krieg und Frieden zum Schirm des Vaterlandes Erforderliche solle aus den fürstlichen und Kammergütern gewährt werden. Mit großer, nicht notwendiger Besatzung, die zum Teil aus einheimischen Truppen bestehen solle, werde man das Land nicht belasten; der Oberbefehlshaber solle ein Deutscher sein, sich jedoch in Angelegenheiten, die den militärischen Verhältnissen fremd, nicht einmischen. Von den Schultern der sächsischen Nation und des gesamten armen Volkes werde der althergebrachte Mißbrauch der unentgeltlichen Vorspann mit allem was daran hänge, aufgehoben und dafür die Einrichtung der Posten eingeführt werden. Die von den Ständen gewünschte Bestätigung Apafis, wurde, da er nach siebenbürgischem Gesetze vor dem zwanzigsten Jahr zur Regierung nicht geeignet sei und die Tökölyschen Wirren diese noch weniger rätlich machten, verweigert.

An den Erlaß des Leopoldinischen Diploms knüpfte sich rasche Fortführung und Befestigung der neuen Einrichtungen; in allen trat auf das entschiedenste hervor, daß Leopold nicht bloß die Schutzhoheit, sondern Landeshoheit gewonnen. Auf dem Landtag

in Hermannstadt im April 1692 wurde die Verwaltung der
Landesangelegenheiten einem königlichen Gubernium übertragen;
Georg Banfi war Gubernator, die sächsischen Räte der Sachsengraf
Valentin Frank, der Hermannstädter Bürgermeister Christian
Reichhart und der Mediascher Bürgermeister Samuel Konrad.
In feierlicher Ständeversammlung den 9. April setzte der komman=
dierende General Graf Veterani nach erfolgter kaiserlicher Be=
stätigung den neuen Landesrat in seine Würde ein. Es war eine
eigene Erscheinung, daß bei dem Eintritt des kaiserlichen Stell=
vertreters, Veteranis, sich der Adel kaum einen Augenblick erhob;
des zürnenden Generals lautes Wort: Respekt, Respekt und
des Sprechers Absalon nachdrückliche Erörterung mußten ihm
die ritterliche Pflicht gebührender Ehrenbezeugung einschärfen.
In dem Eide, den der neue Gubernator, der Kanzler, der
Thesaurarius, die Gubernialräte bei dem Eintritt in ihre Ämter
schworen, stand die Treue gegen Leopold und seinen Sohn
Joseph obenan; die Siegel für das Gubernium, den Kanzler,
die Landesrichter hatten den kaiserlichen Doppeladler, ebenso die
im Lande geprägten Münzen.

Schon auf dem erwähnten Landtag in Hermannstadt knüpften
sich an den 3. Punkt des Leopoldinischen Diploms: daß die Stände
über einige Wünsche der Katholiken und der Sachsen eine fried=
liche Vergleichung versuchen möchten, umfassende Verhandlungen.
Wenn die Forderungen der katholischen Ständeglieder, die unter
anderem auf die Teilung der Kirchen in allen Städten, wo deren
mehrere, oder mindestens die Hinausgabe einer an die Katholiken,
ja sogar auf die Teilung aller Kirchengüter gingen, die eine katho=
lische Propstei in Hermannstadt errichten wollten, auch die säch=
sischen Rechte nach dem Inhalte des Diploms wesentlich bedrohten,
wie die Sachsen sich denn entschieden dagegen erklärten; so hatten
sie die Genugtuung, in mehr als einer, die sächsischen Freiheiten
berührenden Frage, die Menschenalter lang Gegenstand erbitterten
Streits gewesen war, die Stände hilfreich auf ihrer Seite zu sehen.
Freilich war das eine Gerechtigkeit, die die eigentümlichen Ver=
hältnisse jener Zeit den alten Gegnern abpreßten; in den zahl=
reichen Verhandlungen jener Jahre über die Neugestaltung der
Landeseinrichtungen muß man so oft sehen, wie dieselben Männer,
die in Religionsfragen die entschiedensten Verteidiger der sächsisch=
evangelischen Kirche gegen feindlichen Angriff sind, augenblicklich

in die Reihen der Sachsengegner treten, wenn es sich um die
Befriedigung voröſterreichiſcher magyariſch=adeliger Herrſchafts=
oder Habſuchtsgelüſte handelt. Da fehlt es ſelten an der Ver=
achtung und Bitterkeit hochmütigen Grolles gegen das deutſche
Bürgervolk; unter Habsburgs ſtärkerem Schutz meinten einige,
werde man die, unter den Fürſten hergebrachte Übung des Drucks
noch leichter fortſetzen können; „trotz des Diploms" ſprachen ſie
ſelbſt am Hofe in Wien, „wollen ſie die ehrwürdige ſächſiſche
Nation ſchinden und braten". Leider trat ſolchem Streben Un=
wiſſenheit, Eitelkeit, Furchtſamkeit ſächſiſcher Beamten nicht immer
entſchieden genug entgegen.

Mit den Ergebniſſen der Beratungen über die Wünſche
der Katholiken und Sachſen und mit manchen anderen Bitten
ſandten die Stände im Juli 1692 als Abgeordneten den Proto=
notär Peter Alvinzi nach Wien, um vom Hofe die Erledigung
derſelben und damit den eigentlichen Schluß des Leopoldiniſchen
Diploms zu erwirken. Die Sachſen gaben ihm zur Seite Johann
Zabanius, den damaligen Provinzialnotär von Hermannſtadt.

Zabanius iſt einer der hervorragendſten Männer jener Zeit.
Der Sohn des Iſak Zabanius, der als Hermannſtädter Stadt=
pfarrer (1707) ſtarb, gehört er ſeiner Geburt nach nicht dem ſäch=
ſiſchen Volk an, da ſein Vater aus Nordungarn, wohl einem
ſlowakiſchen Hauſe entſtammend, Rektor in Eperies geweſen und
durch die Verfolgung der Evangeliſchen aus der Heimat ver=
trieben, erſt ſpäter (1676) in Hermannſtadt ein neues Vaterland
fand. Johann Zabanius, 1664 in Eperies geboren, ſtudierte nach
vorausgegangener Vorbereitung auf der Schule in Hermannſtadt
und Weißenburg in Tübingen Theologie, wurde dort 1688
Magiſter der Philoſophie, hielt ſelbſt Vorleſungen an der Hoch=
ſchule und trat nach ſeiner Rückkehr im Auguſt 1690 als Pro=
vinzialnotär in die Dienſte des ſächſiſchen Volkes. Schon 1695
wurde er zum Stuhlsrichter, wenige Wochen ſpäter zum Bürger=
meiſter von Hermannſtadt, 1697 zum Sachſengrafen gewählt; im
folgenden Jahr (12. April 1698) erhob Kaiſer Leopold den ein=
unddreißigjährigen Mann in Erwägung der von ihm Seiner
Kaiſerlichen Majeſtät in Treue und Hingebung vielfach geleiſteten
Dienſte, dann im Hinblick auf ſeine hohen Geiſtesgaben und ſeine
Verwendbarkeit in Staatsgeſchäften „mit dem Prädikat und Ehren=
titel" Sachs von Harteneck in den Ritterſtand des heiligen

römischen Reiches. Ein Sachse nämlich von ganzer Seele war Zabanius. Der Druck, unter dem das Volk nach allen Richtungen seufzte, lastete fast noch schwerer auf ihm. Daß es untergehen müsse, wenn die fürstlich-magyarische Adelswirtschaft noch länger dauere, erkannte er; darum hielt er so fest an Habsburg, mit dem die geordneten Zustände eines christlich-europäischen Rechtsstaats kommen sollten. Wie aber dieses unter der Bevölkerung des Landes, den an Zahl so kleinen Bruchteil der Katholiken ausgenommen, außer den stammverwandten Sachsen fast nur auf Abneigung stieß und ohne das opferwillige Entgegenkommen derselben sich viel schwerer behauptet hätte, so wünschte er, daß hinwiederum das Kaiserhaus dem guten Recht der Sachsen seinen starken Schutz leihe und ihnen in dem Verband der Völker Siebenbürgens und in der neuen staatlichen Einrichtung des Landes eine Stellung anweise, wie das Volk sie ebenso im Geist der alten Verfassung, als nach seiner Bedeutung für die Entwicklung und Bildung des Landes haben müsse. Dadurch werde dann wieder das sächsische Volk in den Stand gesetzt werden und die Kraft gewinnen, mit Österreich und für dasselbe den zerstörenden, der neuen Ordnung der Dinge feindlichen Mächten, die das tiefer sehende Auge im Schoße des Landes gewahrte, siegreich entgegenzutreten. Das war es, warum der ungarische Adel Zabanius mit nie ruhendem Haß verfolgte. Doch auch unter dem sächsischen Volke, dessen inneres Leben er gleichfalls einer Wiedergeburt entgegenführen wollte, sahen viele scheel auf ihn, die seinen Geist und seine Entschiedenheit fürchteten, oder deren Untätigkeit, Habsucht, Willkür vor seinem Feuereifer für geregelte rechtliche Verwaltung — „damit die ersterbenden Lebensgeister derer armen Bürger und Stuhlsleute sich in etwas erholen" — nicht bestehen konnte. Seine Bestrebungen wurden unterstützt durch umfassende Kenntnisse, durch Schärfe des Verstandes, durch unermüdliche Tätigkeit und Ausdauer, durch große Gewandtheit, durch meisterhafte Beherrschung von Wort und Schrift. Wohl fehlte es auch seinem Wesen nicht an Schattenseiten, er war leidenschaftlich, sah über dem Zweck nicht immer auf das Mittel; aber für sein Volk hat unter seinen Zeitgenossen keiner so tief gefühlt, für die Heilung seiner schweren Schäden keiner so viel getan als er, keiner am Haus Habsburg so entschieden und so fest gehalten.

Zabanius sollte nach dem Willen der Stände Alvinzi nur in Religionsangelegenheiten unterstützen, die sächsische Universität

aber, bevollmächtigte ihn, sie auch in allem übrigen als ihr eigener
Abgeordneter zu vertreten und dahin zu wirken, daß das Leopol=
dinische Diplom für sie zur Wahrheit werde. Mit unermüdlicher
Tätigkeit hat Zabanius elf Monate lang unter vielen Seelen=
qualen, beständig verfolgt von der mißtrauischen Eifersucht Alvinzis,
doch gefördert von dem Rat seiner trefflichen Freunde, Absalons
in Hermannstadt und des aller Verhältnisse kundigen Paul Ingram,
Agenten von Böhmen, jene Aufgabe zu erfüllen gesucht und
manches Verderbliche von seinem Volk abgewendet. Wollten die
Altmagyaren doch, es solle der in letzter Zeit, wie Zabanius
darstellte, von dem Fürsten den Sachsen abgepreßte Martinszins
unter den — ihnen in Pacht zu überlassenden — Kammerein=
künften bleiben. Ja sie wollten, daß das Geschenk von Silber=
bechern, die die Sachsen den magyarischen Landesräten zu machen
gewohnt gewesen, nun zur stehenden Pflicht erhoben werde,
und daß im Landesrat nur ein Evangelischer, nur ein Sachse
sei. Wenn solche Bestrebungen vergeblich waren, so verdankte
man es zum großen Teil Zabanius. Alle Minister des Kaisers
würdigten ihn ihrer Achtung. Er allein könne einem Fremden
die verwickelten Verhältnisse Siebenbürgens klar machen, rühmte
Karaffa von ihm, und der denkende Kinsky wurde überzeugt,
daß man den Sachsen, deren erprobte Treue er gern erhob, noch
bevor sie Märtyrer des Deutschtums würden, Hülfe schaffen müsse.
Selbst den Kardinal Kolonitsch, den nimmermüden Gegner aller
„Ketzer", gelang es ihm, für die Sachsen günstig zu stimmen.
„Ich wünsche den Siebenbürgern das ewige Leben," sprach er,
„wie mir selbst; doch will ich nicht, daß man sie mit Gewalt zur
katholischen Kirche bringe. Gott soll sie bekehren. Die Sachsen
aber sollen sicher sein, daß man auf sie vorzugsweise Rücksicht
nehmen wird; der deutsche Herr und Kaiser wird gewiß auf seine
Deutschen ein sonderlich gnädiges Auge haben." Auch der Kaiser
betonte in der Abschiedsaudienz, er werde nie gestatten, daß man
die sächsische Nation unterdrücke. Doch blieb noch manches hinter
den Wünschen Zabanius zurück; ihm schien es, und selbst Kinsky
bestätigte es, man traue sich doch nicht, das Sachsenrecht oben
mit voller Entschiedenheit zu schirmen, um nicht den Adel zu sehr
zu beleidigen, oder damit es auch später an Veranlassungen nicht
fehle, die Innerangelegenheiten des Landes zur Entscheidung
vor den Thron zu bringen.

Die kaiserlichen Erledigungen der Bitten Siebenbürgens sind hauptsächlich in der sogenannten Alvinzischen Resolution, dem Ergänzungsdiplom in Religionsangelegenheiten und der Bestätigung der beiden Akkorden, d. i. der Übereinkunft der Sachsen mit den übrigen Landesständen niedergelegt. Die Bestätigung des jungen Apafi wurde aus den frühern Gründen noch weiter aufgeschoben. Den Sachsen wurde der Martinszins von 6000 Gulden — leider nur auf die Dauer des Türkenkrieges — erlassen. Der Landesrat solle aus je drei Gliedern der vier gleichberechtigten Religionen bestehen, die überhaupt in dem Genuß aller jener Rechte und Güter, die sie zu jener Zeit besaßen, erhalten werden sollten. Der Kaiser werde Sorge tragen, daß zum Unterricht der katholischen Jugend solche Geistliche verwendet würden, die der Tugend und Eintracht ebenso beflissen als der Wissenschaften, mit Recht keiner Kirche zu Verdacht Veranlassung gäben. Die Leitung der katholischen Kirche selber solle einem apostolischen Vikar übertragen werden. In den beiden Akkorden war unter andern Bestimmungen festgesetzt: daß die Sachsen zum Heere kraft ihres Freibriefs nur fünfhundert Mann und von den Gütern der Sieben=Richter, Hermannstadts und Kronstadts zusammen achtundvierzig Reiter zu stellen verpflichtet seien, die außer den Landesgrenzen nur dann verwendet werden sollten, wann die übrigen Landestruppen. Der bei der Zusammenstellung der Approbaten auf dem Landtag 1653 gegen der Sachsen Widerspruch von den zwei andern Nationen angenommene Artikel über den Häuserkauf in sächsischen Städten wurde, wie ihm auch bis jetzt keine Folge gegeben worden, für ungültig erklärt; doch sollten die Sachsen bei Vermietungen ihrer Häuser in Städten und Burgen an den Adel billig sein. Kein sächsischer Privatmann dürfe zunächst vor außersächsischem Gericht belangt werden; nur die Gemeinde wird in den „fünf Fällen" — feindlicher Einfall in ein adeliges Wohnhaus, widerrechtliche Tötung, Prügeln, Gefangennahme eines Edelmannes, Falschmünzerei — sogleich vor die königliche Tafel berufen. Von der Landessteuer sollten die Komitate 1000 Porten, die Sachsen 1400 übernehmen; es gibt kaum ein sprechenderes Zeugnis für den auf der Nation lastenden Druck, als daß eine solche ungerechte Verteilung für eine Erleichterung angesehen werden konnte.

Die Alvinzische Resolution. Die sieb. Hofkanzlei. Apafis Abdankung. 487

Es gehörte zum weiteren Ausbau des neuen siebenbürgischen Staatslebens, daß 1694 eine eigene siebenbürgische Hofkanzlei in Wien errichtet wurde. Gleichzeitig sah sich der kaiserliche Hof genötigt, ein schärferes Auge auf das Treiben einer Partei im Lande zu halten, die unter des jungen Apafi Namen gegen Österreich tätig war. Sie suchte durch Güterkäufe seinen Einfluß zu mehren, nannte ihn Fürst, schrieb selbst in die Kalender die Zahl seiner Regierungsjahre, verlobte ihn ohne des Kaisers Wissen mit Katharina Bethlen. In Wien besorgte man, bei etwaigem Wechsel des Kriegsglückes, das gerade 1695 den kaiserlichen Waffen wenig günstig war, könne das zu unangenehmen Wendungen beitragen und trug ihm an, er möge den Anspruch auf die Fürstenwürde ablegen und seine Besitzungen in Siebenbürgen, mit Ausnahme der alten Familiengüter, dem Kaiser überlassen; der werde ihn dafür in den Grafenstand des heiligen römischen Reiches erheben und mit Gütern in Ungarn entschädigen; die Ruhe und Sicherheit Siebenbürgens werde dadurch bedeutend befestigt werden. Wie Apafi darauf nicht einging, erhielt der Gubernator Banfi den Auftrag, zu sorgen, daß jener weder Ursache, noch Mittel, noch Gelegenheit irgend eines Übels werde. Als der kommandierende General Rabutin mit einem Teil der Truppen 1696 gegen die Türken mußte, wurde Apafi nach Wien berufen; der General Ernst Lichtenstein bekam den Befehl, nötigenfalls Gewalt zu gebrauchen. Vom Gubernator Banfi bewogen trat Apafi die Reise ohne Zwang an. In Wien entsagte er gegen den Fürstentitel des heiligen römischen Reichs und ein Jahrgehalt von 12.000 Gulden dem Fürstentum, über das die Landeshoheit sofort an Leopold kam. Der Tat und Wahrheit nach besaß sie der Kaiser bereits so vollständig, daß das Ereignis spurlos an Siebenbürgen vorüberging; wir finden es weder in den Landtags- noch Universitätsverhandlungen jener Zeit auch nur erwähnt.

Dagegen haben die Zeitgenossen nicht vergessen aufzuzeichnen, daß in jenem Jahre die Jesuiten wieder nach Siebenbürgen kamen. Als Leopold im Sinne des von ihm erlassenen Diploms seine Zustimmung dazu nicht geben wollte, schickte der Graner Erzbischof Kardinal Kolonitsch in seinem Namen einige Ordensbrüder ins Land. Schon seit dem Jahre 1688 war auch unter den Sachsen katholischer Gottesdienst gehalten worden, — zum erstenmal seit der Reformation, die keine einzige katholische Kirche im Sachsenland gelassen. In jenem Jahr räumte Hermannstadt für den katholischen Gottesdienst der Besatzung die Schneiderlaube ein; den bald darauf mit dem Raum unzufriedenen Pater Kolisch, der bei Karaffa klagte, wies dieser nach Rom, wenn es ihm hier nicht gefalle; dort sei mehr Platz. Ebenso sah Kronstadt 1689 katholischen Gottesdienst in seinen Mauern. Im Jahre 1696 endlich erhielten die Jesuiten die Seelsorge über die Besatzung Hermannstadts. Drei Jahre später im November erfolgte auf Leopolds Befehl ihre feierliche Einführung in jene Stadt. „Wir sind," schrieb der Pater Schreiner an seinen Provinzial, „in dieser hinlänglich hübschen Stadt von den lutherischen Sachsen mit überaus großer Freundlichkeit aufgenommen worden, wissen aber nicht, ob diese Zuvorkommenheit mehr dem kaiserlichen Befehl oder ihrer Neigung gegen uns zuzuschreiben. Wir wollen uns übrigens Mühe geben, diese Sachsen, die dem Kaiser so ergeben scheinen, für uns zu gewinnen und hoffen auf eine reichliche Ernte im Weinberg des Herrn." Sie fanden sie zunächst unter den Rumänen. Doch blieb die teilweise Vereinigung der griechischen Kirche mit Rom, wie sie seit 1697 auf die Betreibung der Jesuiten vor sich ging, nicht ohne allen Einfluß auf das Sachsenland, in dessen Mitte im Laufe des letzten Jahrhunderts mehr und mehr Rumänen eine freie Heimat gefunden. Als die Stände auf den massenhaften Übertritt zur Union aufmerksam wurden und die Protestanten daraus Beeinträchtigung ihrer Religion fürchteten, erklärte der Kaiser, „daß er nicht beabsichtige, die Rumänen zum Eintritt in die katholische Kirche zu nötigen, sondern daß ihnen nur durch den Übertritt zu irgend einer der berechtigten Kirchen überhaupt die Teilnahme an den Privilegien derselben ermöglicht werden solle." Ein geheimer Befehl dagegen belehrte den kommandierenden General, diese Erklärung sei nur auf das Drängen der Reformierten erfolgt, er solle Sorge tragen, daß die Rumänen sich nur mit der katholischen Kirche vereinigten. Zur evangelischen sind keine übergegangen.

So traten mannigfaltige neue Verhältnisse an und in das sächsische Volksleben, das von dem neuen Umschwung der Dinge mit ebenso hoffender Sehnsucht Rettung aus tiefer Not erwartete, als es zur Befestigung des langgewünschten Herrscherhauses bis zur Erschöpfung der Kräfte in Anspruch genommen wurde. Denn die Verpflegung der kaiserlichen Truppen kostete das Sachsenland fast unerschwingliche Summen. In den Jahren 1688—1698 lieferte Kronstadt allein in die kaiserlichen Magazine unter anderm 36.911 Kübel Korn und 19.597 Kübel Hafer — im Jahre 1691 galt der Kübel Korn 6—7 rheinische Gulden —; die Naturalien sollten zwar vergütet werden, allein zehn Jahre später standen noch mehr als 100.000 Gulden aus. Hermannstadt lieferte 1699 meist zu Nöten der Truppen 11.489 Kübel Korn und gab auf seine Besatzung nur für Holz und Licht jährlich 50.000 Gulden aus. Bloß die geforderte Lieferung von 5000 Schlachtochsen löste das Burzenland 1699 mit 24.238 ungarischen Gulden ab. Im Jahre 1693 entfielen auf das Sachsenland zur Erhaltung der kaiserlichen Truppen auf drei Monate 15.400 Kübel Korn, 42.000 Kübel Hafer, 12.600 Zentner Fleisch, 64.400 Eimer Wein, 12.600 Fuhren Heu. Neben solchen fast unerschwinglichen Lieferungen stieg auch die Steuer in barem Gelde zu früher nie dagewesener Höhe; 1689 entrichtete das Sachsenland 300.000 Gulden; es fehlte der Sprache bald an Namen für die vielartigen Abgaben. So zahlte Meschen, das damals nicht hundert Hausväter zählte, in jenem Jahr „in den dritthalbhundert Anschlag" 4500 Gulden, „in den fünfzig Gulden Anschlag" 1005 Gulden 56 Denar, „in den vierzig Gulden Anschlag" 855 Gulden 55 Denar, „in den Dukaten Anschlag" 85 Gulden 3 Denar, „in den zweihundert Gulden Anschlag" 3680 Gulden 85 Denar; auf ein Haus kamen mehr als hundert Gulden, — man versteht es, wenn im Hannenbuch des Marktes „Hann sein" ausgedrückt wird durch „in der Beschwerniß sein". In Schäßburg zahlten 1692 einzelne Bürger 215, ja mehr als 600 Gulden zu öffentlichen Bedürfnissen. Selbst das Herz des Fremden wurde ob der Größe der Not weich; der Kriegssekretär Absalon beschwört 1695 den Gubernator bei der Liebe des Nächsten und der Gnade Gottes, er möge die Lasten der Sachsen durch gleichmäßige Verteilung auf das Land erleichtern helfen. Und doch mußte noch ein Menschenalter später die Verzweiflung vor dem Throne des Kaisers klagen: „Es sei diese arme, bis auf eine kleine Anzahl zerschmolzene sächsische Nation und noch von teutschem Geblüt übrig gebliebenes Handvoll Volk hier zu Lande dermaßen verlassen, daß man allein auf Gott und die allerhöchste landesfürstliche Huld und Macht eine Hoffnung setzen könne."

Neben den Steuern und Lieferungen brachte der Tag auch viel andern Druck der Gewalt und Eigenmacht. Es war die Zeit, wo die Welt durch Geschenke und Gaben entsittlicht wurde; gab man sie nicht freiwillig, so mußte mans gezwungen tun. Wer irgendwo oben stand, wer das Recht verwaltete, wer immerhin konnte, erhob Anspruch darauf, sehr schwer drückenden, weil mit schrankenloser Willkür gepaarten, auch die kaiserlichen Truppen im Sachsenland. Auf den Wiesen rings um Hermannstadt weideten im Sommer die Offizierspferde, im Winter mußte man sie und die Diener dort und anderswo trotz aller Lieferungen umsonst erhalten. Die erzwungenen „freiwilligen Gaben" nannten sie Diskretionen; die Rechnungen aller Orte sind voll von denselben; die Zeitgenossen erwähnen ihrer als einer der drückendsten Landplagen. In Kronstadt ließen sich die Offiziere selbst Wohnungen als „Diskretionen" anweisen und empfingen für das Leerstehen derselben von den Eigentümern die bedungenen Preise. Dem Obristleutnant Fürsten Conte haben sie in Schäßburg in einem Jahr auf einmal 1200 Gulden „zur Diskretion" und wiederholte „Ehrungen" gegeben, der Notdurft der Küche wie oft mit „Kääß und Sped", mit Fisch und Schwein, mit Gewürz und Butter ausgeholfen und den Keller mit Wein versehen, während sie gleichzeitig „Herrn Hauptmann Daners Compagnie" für „vacante Portionen" 900 Gulden zahlten. Bis in die höchsten Kreise ging das hinauf. Der General Karaffa hat bei verschiedenen Anlässen aus der sächsischen Nationalkasse 3900 Gulden „Honorarien" erhalten, 2400 der Kriegskommissär Komornik, der General Rabutin auf einmal 300 Kübel Weizen. Zu General Heußlers Lösegeld aus der Tökölyschen Gefangenschaft trug die Nation 3500 Gulden bei; später in hohem Glücke hat er der Hülfe gern und liebreich gedacht und mit treuem Rat vergolten. Von den 72.000 Gulden, die der Kaiser Leopold seinem bedrängten Volk an der Steuer nachsah, berechnete Zabanius 1692 12.660 Gulden auf Geschenke ausgegeben.

In der wilden, von aller Drangsal erfüllten Zeit konnten die Sachsen den Forderungen, die man an sie stellte, nicht aus eigenen Mitteln entsprechen — Schulden halfen aus. In dem Jahrzehnt seit Karl von Lothringen ins Land gekommen, von 1687 bis Mai 1697, war Schäßburg genötigt „vor gemeine Not" 60.550 Gulden, die fünfzehn Stuhlsortschaften 60.717 Gulden und 17 Denare Schulden zu machen; die Höhe der öffentlichen betrug fünf Jahre später in jenem Stuhle allein mehr als 200.000, die

der Privatschulden über 123.000 Gulden. Die Gläubiger waren
meist aus der Reihe des ungarischen Adels — des steuerfreien —;
mehr als ein sächsisches Dorf war damals in Gefahr, den Drängern
selbst seine Freiheit hingeben zu müssen. Als der Graf Apor
1695 für 5000 Gulden von Birthälm die Burg und die Kirche
zum Pfand forderte, rettete den „Bischofssitz" nur die Hülfe des
Klerus, der 4200 Gulden vorschoß, wozu die weltliche Universität
800 fügte. Die Nation mußte ein „Moratorium" bei dem Kaiser
nachsuchen, eine Verordnung, daß innerhalb vier Jahren keiner
Gemeinde das Kapital gekündigt werden dürfe, sondern der
Gläubiger sich mit den Zinsen begnüge. Doch ist es ein Wunder,
wie nicht schon diese mancher den Untergang gebracht. Mit den
gesetzlichen Zinsen, zehn von Hundert, begnügte sich fast niemand
mehr; umsonst waren alle Gesetze des Landtags, alle Befehle
des Hofs. Dem Grafen Apor gab die Gemeinde Bodendorf
für 1000 Gulden jährlich hundert Kübel Korn und hundert Kübel
Hafer; dem Sigmund Nagy stellten sie für hundert Gulden
jährlich zwanzig Pflüge und sechzig Arbeiter. Je ein Eimer Wein
für einen Gulden jährlich Zins oder ein Arbeiter ist eine gewöhn=
liche Erscheinung. Ja der Gubernator Graf Georg Bansi nahm
von Bistritz für 18.000 Gulden neben zehn Prozenten jährlich
hundertundfünfzig Mäher samt Unterhalt auf sechs Tage, dreißig
Weingartenarbeiter auf sechs Tage; außerdem mußte ihm ein
Weingarten ganz gearbeitet werden, die Bistritzer mußten ihm
viertausend Haufen Korn schneiden und binden lassen, fünfzig
Fässer Kalk liefern, von Michaeli bis Georgi vierundzwanzig
Pferde wintern und dazu zwölf Knechte halten.

Man begreift kaum, wie es möglich gewesen, jene Not zu
tragen, wenn man den anderweiten Zustand des Sachsenlandes
bedenkt. In Schäßburg waren im Jahre 1695 229 aufgelassene
Höfe, der ganze Stuhl hatte deren 704 und 324 verbrannte. Im
Leschkircher Stuhle waren in denselben Jahren 636 Höfe „wüst",
Hausväter im ganzen bloß 342 und 88 Witwen. Im Schenker
Stuhl waren von 1687 an in acht Jahren 504 Höfe „zugrunde
gegangen" und 15 verbrannt; im Hermannstädter befanden sich
1695 1175 öde Höfe und 82 verbrannte, im Burzenland 1338,
im Mediascher Stuhl 549. Auf den 2030 Hausvätern des letztern,
die er nach der Zählung von 1698 noch hatte, lastete eine Schulden=
schwere von fast 160.000 Gulden. Aus dem Repser Stuhl wan=

derten in den Jahren 1687 bis 1698 335 Hausväter aus, viele als Fronbauern auf Adelsboden; in derselben Zeit mußte der Stuhl 99.477 Gulden Schulden machen, die jährlich 14.169 Gulden Zinsen erforderten. So sah es im Sachsenland aus am Ende des 17. Jahrhunderts; es ist vorgekommen, daß freie Männer flehentlich baten, sie mit Weib und Kind als Hörige anzunehmen, weil sie nicht hundert ungarische Gulden bezahlen konnten.

Inzwischen dauerte der Krieg des Kaisers mit wechselndem Glück fort; wiederholt bedrohte der Feind selbst Siebenbürgen, bis der große Feldherr Eugen von Savoyen entschlossenen Geistes in der Schlacht bei Zenta an der Theiß den 11. September 1697 das Übergewicht desselben für immer brach. Der Friede, der hierauf in Karlovitz unterhandelt und im Januar 1699 geschlossen wurde, hat für das Leben Siebenbürgens epochale Bedeutung. Die Pforte erkannte den Kaiser im Besitz des Landes an; der Abtretung desselben oder eines dafür zu entrichtenden Ehrengeschenkes sollte in Zukunft nie mehr mit einem Worte gedacht werden.

So hatte sich der blutige Kreislauf der Dinge nach fast zwei Jahrhunderten geschlossen; Siebenbürgen und mit ihm das Volk der Sachsen steht am Anfang einer neuen Entwicklung. Aber keines in dem Bunde der drei ständischen Nationen war der Sturm der Zeiten so zerstörend hingefahren, als über dieses; die Wurzeln seiner Kraft waren erschüttert, die blühenden Zweige verdorrt oder abgehauen; aber zwei Kleinode hatte es gerettet aus dem allgemeinen Verderben, zwei Grundbedingungen, ohne die das Leben eines Volkes nimmer gedeihen mag. Wie das Land nicht durch das Schwert erobert worden, sondern in freiem Vertrag zurückgekehrt war zum alten König von Ungarn, der jetzt Erzherzog von Österreich und römisch-deutscher Kaiser war: so war vom Gesetz, dem heiligen, auch ihm gesichert Glaubensfreiheit in kirchlicher Gleichberechtigung und Selbstregierung unter dem Schirm der Krone — der Jammer und das Blut der Väter, ihre Ausdauer und Tatkraft waren nicht ganz vergeblich gewesen.

Im Besitze jener Güter hoffte das deutsche Volk in Siebenbürgen von seinem neuen deutschen Fürstenhaus, für das es ganze Geschlechter hindurch so viel getan und gelitten, näher gerückt abendländischer Bildung, unter dem Schutz deutscher Gerechtigkeit und deutscher Kraft neue Verjüngung und Belebung.

Siebentes Buch.

39.
Verfassung, Leben und Sitten jener Zeit.
1583—1699.

> Und ausgestorben, wie ein Kirchhof, bleibt
> Der Acker, das zerstampfte Saatfeld liegen,
> Und um des Jahres Ernte ist's geschehn.
> Schiller.

Daß ein Jahrhundert fast unaufhörlicher Stürme von außen und blutiger Wirren im Innern, wo so selten das Gesetz, weit öfter die Willkür herrschte, wo abwechselnd abend- und morgenländische Barbarei wütete und einheimische Zügellosigkeit am Ruder saß, für Siebenbürgen im ganzen eine Zeit tiefen Verfalls sein mußte, ist natürlich. Auch das sächsische Volk hat sich dem allgemeinen Los nicht entziehen können; ja es mag fast als ein Wunder erscheinen, daß es aus der Ungunst der Zeiten noch Bestand und Dasein gerettet, noch mehr aber, daß es mitten unter den Trümmern einer besseren Vergangenheit den Sinn für die höhern Güter des Lebens nicht ganz verloren.

Das Wesen der Landesverfassung als eines Bundes der drei ständischen Völker zu gegenseitigem Schutz unter dem gemeinschaftlichen Fürsten mit Aufrechthaltung der ausgedehntesten Selbstregierung im Innern und gleichberechtigter Teilnahme an der Staatsverwaltung blieb im ganzen und nach dem Buchstaben des Gesetzes das frühere. Wie dadurch in der Wirklichkeit mannigfache Angriffe der Mitnationen auf das Rechtsgebiet der Sachsen, Versuche des Landtags und des Fürsten, größern Einfluß auf deren Innerleben zu erhalten nicht ausgeschlossen waren, hat die Geschichte wiederholt gezeigt. Je mehr in dem offenen und stillen Kampf des Adels gegen die Fürstenmacht diese zu jenes Gunsten sank, desto größer mußte die Kluft zwischen ihm und dem Bürgervolk werden; je schroffer, mitbedingt durch die ungarländischen Verhältnisse, der Gegensatz zwischen deutschem und magyarischem Wesen wurde, desto ungünstigern Blickes sahen die Leiter und Vertreter dieses auf das deutsche, an dem verhaßten Volkstum so hartnäckig haltende Häuflein im eigenen Lande. Es muß mit Wehmut erfüllen, wenn man sieht, wie Menschenalter hindurch die Söhne des einen Landes es fast nie zur Einheit der Gesinnung bringen, wie die nationalen Gegensätze das Bewußtsein der Gesamtheimat nie erstarken lassen und selbst im Frieden eigentlich stets innerer Krieg ist, wie die enge Sorge der Selbsterhaltung jede Tätigkeit für die Wohlfahrt des ganzen unmöglich macht und die besten Kräfte sich in der rastlosen Anstrengung der Notwehr verzehren müssen, damit daraus — gesteigertes Mißtrauen und tiefere Erbitterung zwischen den Brudervölkern hervorgehe.

Die alte Einigung, die „Union" der drei Nationen, der Grund- und Eckstein, auf dem die Landesverfassung beruhte, ist im Laufe des 17. Jahrhunderts wiederholt erneuert worden, namentlich in den Jahren 1613, 1630 und 1639. Hieraus erwuchs 1653 der Gesetzartikel der Approbaten, in dem die drei Nationen sich gleichmäßig verpflichteten, die Freiheiten der vier „rezipierten" Landeskirchen aufrecht zu erhalten und weder heimlich, noch öffentlich etwas dagegen zu unternehmen, ebenso falls eine der drei Nationen in ihren Rechten, Privilegien und alten Ordnungen beeinträchtigt werde, diese zu beschützen und zu vertreten, ja die gesetzlich anerkannten Freiheiten einzelner Gemeinden, Städte und Personen zu schirmen und zu verteidigen. Wer das nicht tue, solle als Landesverräter angesehen und bestraft werden. So schworen sich die Stände gegenseitig im „Unionseid" zu; aber Leidenschaft und Verblendung der Menschen hat ihn, wie oft, nur zum leeren Schall gemacht, obwohl die Form der Unionserneuerung auch 1674 und 1681 wiederholt wurde.

Im Sinne jenes Grundgesetzes haben denn die Stände wiederholt erklärt, daß „das Reich Siebenbürgen aus drei Nationen bestehe" und die Überzeugung von der, gleichwohl so häufig nicht geachteten Unverletzlichkeit des Rechtes der einen durch Beschlüsse der andern hat in dem staatsbürgerlichen Bewußtsein des Landes so tiefe Wurzeln geschlagen, daß die Stände noch am Ende des 18. Jahrhunderts anerkannten, in Dingen, welche die Freiheit und Rechte einer Nation angingen, könne ohne Einwilligung derjenigen, welche die Sache beträfe, von den zwei andern nichts beschlossen werden. So vertraten auf den Landtagen des 17. Jahrhunderts die Abgeordneten — aus manchen sächsischen Stühlen oft mehr als zwei, doch im ganzen immer viel geringer an Zahl als Ungarn und Szekler — ihre Nationen und hielten neben den allgemeinen auch nationale Sitzungen zur Vorbereitung auf jene; die sächsischen insbesondere haben in schwierigen Fällen ihre Weisungen von der Universität, nicht von ihren unmittelbaren Sendern erhalten. Es gibt kaum einen sprechendern Ausdruck dieses Verhältnisses der ständischen Nationen zu einander, als die Landessiegel. Im Mai 1659 auf dem Landtag in Mühlbach beschlossen sie nämlich, Siegel stechen zu lassen, durch deren Beidrückung die, im Namen des ganzen Reichs ausgestellten Urkunden Kraft und Glaubwürdigkeit erhielten. Diese Siegel sind, da das für die mit Siebenbürgen vereinigten Teile Ungarns nicht gemacht worden ist, das der ungarischen Nation, ein halber Adler mit der lateinischen Umschrift: Siegel der Komitate Siebenbürgens; das der Szekler, ein halber Mond und die Sonne mit der lateinischen Umschrift: Siegel der Szeklernation und das der Sachsen, sieben Burgen, wovon drei in der Mitte, zwei oben und zwei unten, mit der lateinischen Umschrift: Siegel der sächsischen Nation. Die beiden letztern führen außerdem noch die ungarischen Worte: ·Siegel des aus drei Nationen bestehenden Reiches Siebenbürgen. Das sächsische bewahrte stets der Bürgermeister von Hermannstadt auf. Selbst in dem leidenschaftlichen Kampfe über die Zulässigkeit von Edelleuten zum Häuserkauf in sächsischen Städten, die durch die Despotie der Mehrheit 1653 ins Gesetzbuch aufgenommen worden war, fanden sich auf dem Landtag des folgenden Jahres Ungarn und Szekler, die offen erklärten, daß nicht in jedem Falle, über welchen zwei Nationen eins worden, die dritte unterliegen müßte. „Die siebenbürgische Respublik, sprachen sie, „ist einem dreifüßigen Schusterstuhl zu vergleichen; haut man einen ab, so stehet der Stuhl nicht auf zween Füßen, vielweniger auf einem; also auch, geht eine Nation unter diesen dreien zu Grund, so fallen die andern beide mit. Ihre fürstlichen Gnaden sind diesen drei Nationen aequo jure obligieret (gleichmäßig verpflichtet), einen jedweden Stand in seinen Freiheiten zu beschützen; welche drei Ständ einander nicht untergeordnet sind, daß einer besser, der andere schlimmer wäre, einer fürnehmer als der andere (wie man will), sondern indem sie einen Körper bilden, nämlich das Reich Siebenbürgen, sind sie sich beigeordnet und ist keiner abhängig vom andern."

Einen Hauptbestandteil dieser Unabhängigkeit von den ständischen Mitnationen sahen die Sachsen noch immer in dem so oft von diesen angefochtenen ausschließlichen Bürger- und Eigentumsrecht auf ihrem Grund und Boden. Je mehr der Adel erkannte, daß in der häufigen Feindesnot nur Mauer und Graben schütze, je sicherer in der schweren Zeit die sächsische Stadt und Burg war, desto eifriger strebten alle nach der Möglichkeit, einen eigenen Hof in der Schirmstätte zu besitzen. Grade darin aber sah wieder der Sachse den Untergang seines Wesens und Geistes; „außer der Seligkeit sei dieses das wichtigste". Denn auch in den sächsischen Mauern wollte der Edelmann adeligen Rechtes genießen, keine Steuer zahlen, die Gemeindelast nicht tragen, von Acker und Weingarten keinen Zehnten geben, das Landrecht nicht anerkennen, vor Richter und Rat nicht die deutsche Sprache sprechen. Wie drückten sie doch die deutschen Volksgenossen, die auf Adelsboden lebten, erpreßten auf Fahrten und Reisen von der sächsischen „Armut" Beförderung und Verpflegung und wälzten des Landes Lasten auf deren Schultern! Welch' schwere Unbill mußten die Häzeldorfer von dem einheimischen Edelhof erduldet haben, daß sie dessen Mauern bis in den Grund zerstörten, als sie unter Bethlen in seinen Besitz gekommen waren! Der Adel dagegen wies auf die Güter hin, die die Sachsen auch auf Adelsboden hätten; dazu seien Unger und Szekler ältere Besitzer des Landes; „unsre Könige haben ihnen die Plätze zu besitzen gegeben," sprachen die Männer von 1653, „und uns wollen sie zwischen sich nicht wohnen lassen; einen verlaufenen Teutschen von Japan oder vom Meer her bürtig, den sie ihr Lebtag nicht gesehen, den diffikulteren sie nicht, unter sich zu nehmen und wir sind geringer und gottloser von ihnen geacht, als die Fremden." Doch war die Macht des Bestehenden und der innere Widerstreit der Verhältnisse zu groß, als daß der Wunsch der Mitnationen in Erfüllung gegangen; wir sahen, wie selbst der Beschluß des stürmischen Landtags von 1653 nie zur Wahrheit geworden. Noch in den „Konstitutionen" und Stadtordnungen, die am Schlusse des 17. Jahrhunderts erwachsen das Gepräge von Hartenecks Entschiedenheit und Feuergeist tragen, herrscht die ganze Herbheit der alten Anschauung vor. An der „Ein- und Reinigkeit unseres sächsischen Volkes, daß wir mit fremden Nationen unvermischt bleiben, darob soll vor allem steif und fest gehalten" werden. Nur wer ein ehrliches und deutsches Herkommen erweist, wird zum Bürger angenommen; undeutsche Nationsverwandte werden „zu Bürgerrecht und Indigenat" nicht gelassen, es hätte denn „die Republik eine sonderbare Notdurft" derselben. „Denn die Einigkeit unseres Volkes," heißt es, „ist nächst Gottes Providenz die einzige Ursache, daß nach so vielen Stands-Veränderungen unsre Nation gleichwolen noch stehet, dargegen da man uneinig gewesen, wie das Trauer-Exempel zu Klausenburg zu sehen, man nicht allein die Einigkeit des Glaubens verloren, sondern gar von der Nation völlig hinweggerissen worden." Auch die Städte auf Komitatsboden hatten übrigens wider Versuche adeliger Bevorrechtigung gegen ererbte Bürgergleichheit zu kämpfen. Auf dem Landtag in Klausenburg 1655 stellte der Hunyader Komitat den Antrag, es solle dem Adel zugelassen werden, „vor seine Notdurft frei Wein in die Stadt einzuführen"; sechs andere Komitate und mehrere vom hohen Adel unterstützten den Antrag mit großem Eifer; daß die Szekler und Sachsen für Klausenburg waren, erhielt die Stadt im alten Rechte. Auf dem Landtag des frühern Jahres hatten dafür Klausenburg, Enyed, und Neumarkt in Gewerb- und Zunftfragen mit den Sachsen gestimmt; es ist einer der wenigen Fälle, wo das Standeswesen über die Nationalität den Sieg davontrug und das gemeinsame Bürgertum sich zu erkennen gab.

Dagegen blieben die Sachsen immer allein in den stürmischen Landtagssitzungen, wenn es sich um die Verteilung der Steuern und andere Landeslasten handelte, die die ständischen Mitnationen soviel wie möglich von ihren Schultern abwälzten. Das Wort des Ständeschlusses von 1547, daß alle drei Völker des Reiches Lasten gleichmäßig trügen, war längst verhallt. Wie nun die zahlreichen Kammergüter, in Siebenbürgen allein nahe an 300 Ortschaften, deren freilich viele nach fürstlicher Laune und Parteizwecken verschleudert wurden; wie die Zoll- und Mautgefälle, die eingezogenen Zehnten, die reichen Bergwerke nicht zureichten, die Kosten des fürstlichen und des Staatshaushaltes zu decken, namentlich da der Tribut an die Pforte zuletzt auf 80.000 Taler jährlich gestiegen, so mußten stets wachsende Abgaben und Aufschläge das Fehlende herbeischaffen. Es war erster Grundsatz der Freiheit des Adels, hiezu nicht beizutragen; seinen

Hörigen die Last so leicht als möglich zu machen, konnte seinem
Einfluß auf den Landtagen, wo die Abgaben festgestellt wurden, nie
schwer werden. Herrschten doch die übertriebensten Vorstellungen
von sächsischem Reichtum. Ein einziger Hermannstädter Schuster,
prahlte oder verläumdete Paul Markhazi in Konstantinopel, könne
den türkischen Tribut zahlen. So steuerten die Sachsen am An=
fang des 17. Jahrhunderts für 2000, später bis 1669 für 2400
Porten, die Komitate nur für 1300 — das Sachsenland 199
Quadratmeilen groß, die Komitate 687 —; im Jahre 1670 wurden
jenen vierhundert, diesen fünfunddreißig abgenommen; es blieb
noch ein Mißverhältnis von zehn zu sechs, das dadurch bei weitem
nicht ausgeglichen wurde, daß auch die meisten adeligen Besitzungen
der Sachsen auf Komitatsboden mit ihnen steuerten. In den
schweren Nöten des Jahres 1660 wurden auf die Szekler zwei
Gulden auf den Kopf aufgelegt, auf die Hörigen des Adels,
diesmal ausnahmsweise vom Grundherrn bei sonstigem Verluste
seiner Güter zu zahlen, zwei Taler, auf die Sachsen zwei und
ein halber Taler. Während das Sachsenland 1678 40.000 Taler
Steuer zahlte, fielen auf die Komitate 25.200; den Szeklern
wurden 5000 aufgelegt, wie denn diese überhaupt nie nach Porten
steuerten, sondern mit einer, immer geringern Abschlagssumme
durchkamen. Selbst hiebei mußte man noch die Klagen führen,
daß die andern Nationen mit der Steuer immer im Rückstand
blieben, die doch von den Sachsen so strenge eingetrieben werde,
weshalb man jährlich von jeder Nation richtige Rechnung be=
gehren solle.

Die Ungerechtigkeit solchen Vorgangs mußte um so schreien=
der werden, je größere Beträge mit den steigenden Nöten des
Landes auf die Porte fielen, wie 1689 zweihundert und fünfzig
Gulden, ein Jahr später achthundert Gulden samt vielnamigen
Lieferungen. So zahlte das Sachsenland 1689 bloß in barem
Gelde 500.000 Gulden, die Komitate 316.250, die Szekler 120.000
Gulden. Als bei dringender Not 1687 der Reichsschatz alles
Geldes entbehrte, beschlossen die Stände, daß im voraus auf
Abrechnung der Steuer binnen drei Tagen die Sachsen 50.000
Gulden erlegten, während sie auf die Komitate 28.000, auf die
Szekler 12.000 schlugen. Auf jedem Landtag wurde das Klage=
wort über Überbürdung von den Sachsen wiederholt, bald mit
Flehen, bald mit Bitterkeit; des Streites darüber war kein Ende.

Konnten doch selbst türkische Paschen sich der Wehmut nicht ent=
halten bei dem Anblick der „Not und Verwüstung", die durch
der „Unger Druck" an den Sachsen „knage und nage"; ja sogar
Besonnenere aus dem Adel vermochten sich des Gedankens bis=
weilen nicht zu erwehren, daß solche Ungerechtigkeit zu keinem
guten Ausgang führen werde. „Wenn die Sachsen," so erhob
sich eine Stimme auf dem Landtag zu Weißenburg 1654, „nur
nicht machten aus Ungeduld, weil man sie gleichsam allen und
jeden oneribus (Lasten) unterwerfen will, was ein lastbares Pferd
zu tun pflegt, welches, so lang man es bebürdet mit erträglichen
Lasten, still hält und fortgehet; sobald man aber mehr aufladet
als es ertragen kann, schlägts aus und schüttelt nicht nur die
Last von sich, sondern auch den Sattel samt dem Reiter und
befreit sich der Bürde." Im Jahre 1691 wurden die Porten neu
verteilt, 1450 auf das Sachsenland, 1050 auf die Komitate, bis
endlich die „Akkorda", wie wir oben gesehen, diesen und jenen
fünfzig Porten abnahm, d. h. das Mißverhältnis zu Ungunsten
der Sachsen nach Maßgabe der früheren Verteilung wieder um
mehr als dreizehn Porten steigerte.

Daß in diesen fast unerschwinglichen Auflagen die uralte
Reichssteuer des Hermannstädter Gaues, das „lucrum camerae"
des Andreanums, der „Martinszins" von fünfhundert Mark
Silber mit inbegriffen war, lag in der Natur der Sache; fast
ein Jahrhundert lang kommt in Gesetzen und Ständeverhand=
lungen nicht einmal der Name mehr vor. Erst unter Apafi er=
scheint neben dem Landeszins die Forderung noch einer Abgabe
von 6000 ungarischen Gulden an die Sachsen. Im Jahre 1665,
so erzählt man, bat der Fürst, „ein damals armer Herr", die
Sachsen, sie möchten den nächsten Winter seine Rosse stall= und
futterfrei halten; in dem folgenden machte er eine „Schuldigkeit"
daraus; wogegen die Universität Verwahrung eingelegt, „daß es
nicht in usum (Brauch) gerate, weil es aus gutem Willen ge=
schieht", ging in schnelle Erfüllung. Damals wars, daß der Fürst
den Sachsengrafen, der um Abstellung der Unbill bat, tätlich
mißhandelte, angemessen einer Zeit, wo die Gewalt Recht und
das Recht keine Gewalt hatte, so daß selbst die fürstlichen Räte
die silbernen Becher, die sie von den Sachsen zum neuen Jahr
erhalten hatten, bald als einen ihnen gebührenden Tribut fordern
konnten. Die neue Plackerei wurde von den Sachsen mit Geld

abgelöst; der Fürst nannte es eine Ehrengabe. „Aus Gottes Gnade," schrieb er den 17. September 1672 nach Hermannstadt, „ist Sanct Michaels Tag herangekommen und nun an der Zeit, unsere Rosse zu Heu und Hafer (d. i. in die Winterquartiere) ab= zuholen. Daher befehlen wir Eurer Treue gnädigst und ernstlich, daß bis zu jenem Tag das von der Universität einzuliefernde Honorarium nach Weißenburg gebracht werde, wenn Ihr anders wollt, daß jene Auswinterung unterbleibe." Nach Apafis Tod wandte sich die Nation an den Kaiser Leopold mit der Bitte, Seine Majestät wolle „aus dero angebornen rechtlichen Äquität und Milde solches sogenannte Honorarium abstellen"; der Herr werde den König dafür segnen, fügte das Gubernium hinzu. Aber der „Martinszins" wurde nur auf die Dauer des Türken= krieges, später nur auf fünf Jahre erlassen. Nach zwei Menschen= altern mußte das sächsische Volk es noch erleben, daß unter jenem Namen alte Feindschaft selbst die Freiheit der gesamten Nation angriff.

Von Beispielen ähnlicher fürstlicher Willkür, wie die Erpressung des Martinszinses ist die Geschichte des 17. Jahr= hunderts voll. In jedem Jahre mußten die sächsischen Zünfte kostspielige Arbeiten an den fürstlichen Hof liefern; den bedungenen Preis sahen sie viele Monate nicht, oder erhielten ihn nie. Die Universität beschloß 1656 deshalb vor dem Landtag zu klagen, da der Fürst auf die Eingabe nicht antwortete. Bis ins kleinliche und kaum glaubliche gehen derartige Forderungen an die Sachsen. Im Jahre 1653 schickten die Hermannstädter „600 Felgen auf Ihr fürstlichen Gnaden Ration" nach Weißenburg. Wie Kronstadt 1573 „auf fürstlicher Gnaden Fodern" den Rauchfangkehrer nach Weißenburg schicken, bei Stephan Bathoris Aufenthalt dort (1572) sogar für die fürstlichen Hunde („die Füße zu schmieren") Brannt= wein und Schwefel liefern mußte, so sandte Rakotzi 1653 nach Etsched in Ungarn aus Hermannstadt „Dachziegler und Mauer= ziegler" und banden sächsische Binder in den Weißenburger Kellern die fürstlichen Fässer. Mit fast allen seinen Bedürfnissen ist der Fürstenhof an die Sachsen gewiesen. Ein Jahr mag für alle sprechen. Am 21. August 1659 schickte der Hermannstädter Bürger= meister „auf Gutdünken eines Ehrsamen, Wohlweisen Rates zum Aufbauen der verwüsteten Palota (des fürstlichen Palastes) sonderlich zum Dächerdecken" 1600 Latten nach Weißenburg; jede

koſtete zwei Denare. Schon am 2. Auguſt war eine ähnliche
Sendung vorausgegangen. Zur Herſtellung der zerſtörten Weißen=
burger Druckerei arbeiteten im Juli Hermannſtädter Tiſchler,
Schloſſer, Rotgießer und Kupferſchmiede. Am 2. Juli gingen „auf
Jhro fürſtliche Gnaden Beſehlig" zwei Maurer und ein Fenſter=
macher aus Hermannſtadt nach Weißenburg; am 24. Juni waren
vier Tiſchler, drei Zimmerleute und ein „Trichtermacher" voraus=
gegangen, am 5. Juli folgte ihnen ein „Stadttrabant" mit Schindel=
nägeln und altem Zinn. Den 23. Juni zogen vom Bürgermeiſter
entſendet „auf fürſtlicher Gnaden gnädiges Bepſelich ſechs Schneider
kegen Weißenburg den Dragonern Kleider zu machen", jeder
erhielt aus dem Stadtſäckel einen Gulden zur „Zehrung"; im
Auguſt ließ der Bürgermeiſter „auf Jhro fürſtlichen Gnaden
Befehl mit den Schuſterherrn" hundert Beutel machen. Sendungen
von Fäſſern, Faßdauben und Wein, von Trommeln, dann Wagen
mit „des Fürſten Pfarrerskorn" kommen wiederholt vor; ja den
16. Juli ſchickt der Bürgermeiſter „einen Trabanten mit Kampeſt
(Krautköpfen) kegen Weißenburg auf Jhr fürſtlicher Gnaden
ration", einer abermaligen Sendung am 26. Juli lagen auch
„Sillen" (Pferdegeſchirr) bei. Damals befand ſich Bartſchai mit
ſeinem Hof dort; als bald darauf Rakoki wieder zum Regiment
kam, wurden im November dieſes Fürſten Hals= und Tiſch=
uhren in Hermannſtadt ausgebeſſert; noch ins Lager mußte am
8. November der Uhrmacher auf ſein Begehren ziehen, das
Werk dort fortzuſetzen. Insbeſondere wenn die Fürſten mit
ihrem Hofgeſinde in ſächſiſchen Städten weilten, da nahmen
Forderungen und Leiſtungen kein Ende. Zweimalige Anweſenheit
Gabriel Bethlens koſtete Schäßburg 1624 2284 Gulden 7 Denar,
drei Jahre ſpäter 2710 Gulden 68 Denar. Wohl mag er damals,
wie die ſchlichte Rechnung ſagt, „viel geſindel" mit ſich gehabt
haben, wie ſie denn einige Jahre früher nicht vergißt zu heiterm
Doppelſinn anzuführen, daß man „dem fürſten Zaum und gebiß
laſſen ferzinnen, Gulden 2." 1618 mußte man den fürſtlichen
Dienern, es war Winter, „etlich ſchiſmen (Stiefel) verehren" —
ſie koſteten 31 Gulden 20 Denare; — der Fürſt empfing ein
Geſchenk von 75, die Fürſtin von 52 Gulden; ſelbſt zehn Bogen
Papier mußte um 10 Denare die Stadt für ſie kaufen. Als Apafi
1679, drei Jahre nach dem entſetzlichen Brande, der Schäßburg
faſt ganz in Aſche verwandelte, den Landtag hieher berief, war

die an den Bettelstab gebrachte Gemeinde, die ihre Mauern und Türme aus den Almosen der Volksgenossen erbaute, genötigt die Summe von 912 Gulden auszugeben „für Pokale, Taler, Kleingeld und Heu wie auch andere Sachen, so dem Fürsten und der Fürstin, dem Söhnlein und anderen vornehmen Hofbedienten und Landherren ist spendiert." Es ist erklärlich, wie die sächsischen Städte sich über häufigen Besuch ihrer Fürsten kaum freuten, namentlich sie in ihre Burgen nur ungern oder gar nicht einließen und ihnen, ohnehin fast in steter Furcht vor freiheitgefährlichem Angriff derselben, die Tore oft nur gegen die schriftliche Versicherung, sie an Rechten und Gütern ungekränkt zu lassen, öffneten.

Ja auch wenn der Fürst dem Sachsenland fern war, mußte dieses noch oft den Druck seiner Haushaltung fühlen. Zu eigenmächtig festgesetzten Preisen holten die Kellermeister Wein für die fürstliche Tafel; in den sächsischen Flüssen und Fischteichen ließen die Fiskalbeamten nach Belieben fischen — gegen die Last des Gefolges bei solchen Zügen mußten die Landtage einschreiten —; des Fürsten Borstenvieh trieben sie in die sächsischen Wälder zur Eichelmast. Mit der Verführung der fürstlichen Zehntquarten auf Sachsenboden wurde unendlicher Mißbrauch getrieben; oft erhielten die Dörfer nicht einmal die Fässer zurück. War es ein Wunder, wenn da der Adel nach dem Beispiel von oben in der Forderung freier Bewirtung und unentgeltlicher Beförderung kein Maß kannte trotz aller Landtagsbeschlüsse und viele sich des Gedankens nicht entschlagen konnten, die Sachsen seien eigentlich nur da, um des Reiches Lasten zu tragen, oder des Fürsten Kammerbauern zu sein. Und doch stand in dem Verzeichnis der Fiskalgüter, das der Landtag 1615 anfertigte, der Sachsenboden oder, wie ihn die Stände lieber nannten, der „Königsboden" nicht. Um dem bösen Willen selbst die Gelegenheit zu Mißdeutungen zu nehmen, suchte die Universität 1664 auf dem Landtag die Aufhebung der Benennung Peculium nach, die alte Schriftstücke, wenn auch nicht im üblen Sinne, von den Sachsen gebrauchten und die Stände konnten nicht umhin, dem Verlangen nachzugeben, wie sie denn 1692 ihrem Abgeordneten Peter Alvinzi an den kaiserlichen Hof noch entschiedener auftrugen, oben darzutun, daß die sächsische Nation, auch wenn man ihr Gebiet für „Königsboden" und sie selbst für des Fürsten „Peculium" angesehen, doch nie im Stande der Hörigkeit, nie unter dem Joche und Namen einer Grund=

Die Stellung des Fürsten. Die Stände.

herrschaft oder Fiskalität gewesen, sondern für eine freie Nation und für den dritten Landstand gehalten worden sei.

Daß in den blutigen Verwicklungen Siebenbürgens durch das 17. Jahrhundert, in den häufigen Veränderungen der Herrschaft, bei dem, selbst Ausländern auffälligen fast krankhaften Streben des einheimischen Adels nach der Fürstengewalt und bei ihrer Abhängigkeit von fremden Staaten, die oberhoheitlichen Rechte des Fürsten überaus gemindert werden mußten, war fast nicht anders möglich. Nach allen Seiten hin ist ihre Macht beschränkt, ohne daß jedoch der Buchstabe des Gesetzes Ausbrüche der heftigsten Willkür und Taten zügelloser Leidenschaft je aufgehalten hätte. Die Fülle der Staatsgewalt ruhte eigentlich in den landtäglich versammelten Ständen oder wie Karaffas Scharfblick richtig erkannt, vielmehr in den wenigen, hier den Ausschlag gebenden mächtigen Adeligen, die die „articulos regni" (die Landtagsgesetze) nach Belieben schmiedeten. Aus solcher Ständewahl ging im 17. Jahrhundert der fürstliche Rat hervor; nur der Sachsengraf war von der Wahl ausgenommen, da er seit dem Landtagsbeschluß von 1607 als solcher schon Mitglied des fürstlichen Rates war. Die Höhe der Steuern wurde auf den Landtagen bestimmt, dort wurden die Landesgesetze gegeben; seit Bartschai verpflichteten sich die Fürsten, jeden Beschluß der drei Nationen zu bestätigen und täten sie es nicht, so solle er doch Gesetzeskraft haben. Bündnisse schließen, Krieg anfangen, Rang und Titel ändern und mehren durfte der Fürst ohne Einwilligung der Stände nicht; ja diese erklärten ausdrücklich in den Wahlbedingungen, daß sie sich nur so lange dem Fürsten verpflichtet hielten, als er nach den Gesetzen regiere und das Recht achte. Obenan steht dort die Verpflichtung, die vier rezipierten Landeskirchen in ihrer Freiheit zu schirmen; ebenso eifrig dringen die Stände darauf, daß kein Fürst das Recht der freien Fürstenwahl in irgend einer Weise beschränke. Selbst an seine Räte war er übrigens so gebunden, daß er ohne ihr Wissen weder innere, noch äußere Angelegenheiten des Landes verhandeln, keine Gesandtschaften senden oder empfangen, keine Zuschrift eines andern Staates lesen, keine Schenkungen oder Verleihungen machen durfte. Sie selber, die Räte, gelobten ebenso dem Lande wie dem Fürsten Treue und Gehorsam. Und damit dieser die Kammergüter nicht verschwende, zugunsten seines Hauses oder seiner Partei zersplittere, machten die Stände im Jahre 1615 nach bittern Erfahrungen das Gesetz, daß solche Güter fortan nicht mehr auf ewige Zeiten vergabt, sondern nur auf eine Reihe von Jahren verliehen, gegen eine entsprechende Geldsumme „inskribiert" werden sollten. Alles seit dem Jahre 1588, nach einem spätern Landtagsbeschluß seit 1657, von den Fiskalgütern Vergabte, sollte wieder an das Land zurückgebracht werden. Den Gerichtshof in solchen Prozessen bildeten der fürstliche Rat, die Oberbeamten der Kreise — die sächsischen wurden erst im 18. Jahrhundert widerrechtlich ausgeschlossen — und die fürstliche Gerichtstafel, das „forum productionale", wie es genannt wurde, wo der Angeklagte oder Vorgeladene sein Eigentumsrecht erweisen mußte, in spätern Zeiten der heftigste freiheitsgefährliche Gegner des siebenbürgischen Deutschtums und Bürgertums.

Bei solcher Beschaffenheit des öffentlichen Rechtes, wo der Staat mehr als Zwingherr erschien denn als Schutzherr des Rechtes und Förderer menschenwürdigen Daseins, wo die ursprünglich gleiche Rechtsgenossenschaft der drei ständischen Völker zur Notwendigkeit fortwährender Notwehr des einen gegen die zwei andern herabgesunken war, wo das gewöhnlich in verächtlicher Scheinwahl erhobene Fürstentum sich kaum je zu echt landesväterlicher Staatsverwaltung erhob, sehr selten die Kraft, weit seltener die Einsicht und fast nie den Willen hatte die verfassungsmäßigen Grundlagen des siebenbürgischen Staatslebens zu schirmen, — in solcher Lage der Dinge hatte der sächsische Geist die Aufgabe mindestens im eigenen Hause die alten Säulen der Gemeinfreiheit zu erhalten, den Bau der eigenen Verfassung fortzuführen, unter dem Schirm des Sonderrechts die altväterlichen Tugenden zu pflegen und zu mehren und in deutscher Treue, deutschem Fleiß, deutscher Kunst und Wissenschaft und deutscher Gottesfurcht dem Heimatlande den Kulturstamm, wozu er berufen worden, zu erhalten. Wenn im wilden Sturm der Zeit manche Blüte sank, mancher Zweig brach; wenn der Einfluß jenes Drucks und Jammers die Entwicklung irre leitete, und in üblen Früchten kenntlich blieb wie lange: wir werden die entsetzliche Gewalt der Umstände und Verhältnisse eben nicht aus dem Auge lassen dürfen.

Wie die an der Scheide des 15. und 16. Jahrhunderts aus den deutschen Gauen erwachsene **politische Einheit der Sachsen** durch den Gang der Ereignisse fortwährend gemehrt

Die Stellung der Sachsen. Die Nationsuniversität. 505

und gestärkt worden und ebensosehr durch die Stellung der
Nation im Reichsverband, als durch das eigene Landrecht den
äußeren Ausdruck gefunden habe, hat die Geschichte gelehrt. Die
Not des 17. Jahrhunderts befestigte jene Einheit noch mehr; sie
zogen 1612 gegen den Tyrannen Gabriel Bathori das Schwert,
als er Hermannstadt losreißen wollte und drohten damit seinem
Nachfolger Bethlen, bis er den Raub fahren ließ. Den Bund
der Einigung, den sie damals in Schäßburg schlossen, haben sie
1636, 1657, 1675 erneuert, und die Stimme des Blutes, daß
man zusammen gehöre, wurde noch eindringlicher durch die Über=
zeugung, daß man bei einer Trennung nicht werde bestehen können
„in den schweren leufften und Zeiten", die man erlebt. Doch lag
es in der Natur menschlicher Verhältnisse und der geschichtlichen
Entwicklung, daß dabei Sonderbestrebungen und Sonderleben
nicht aufhörten und der zwiespältigen Gegenwart die Eintracht
der „Altväter" im Licht der Vergangenheit nur noch schöner
erschien, noch sehnlicher herbeigewünscht wurde. Mußte doch schon
wenige Jahre (1626) nach der begeisterten „Union" in Schäßburg
die Universität Kronstadt, das sich Fürstenbriefe hatte geben lassen,
es solle „in etlichen Sachen exempt" sein, ernst mahnen, „nach
altem Brauch in allem mit der L. Universität zu handeln und
leben, es sei beschwerlich oder nicht, bis daß es Gott ändert."
Noch 1666 wird der Kronstädter Rat „ernst admoniert, unsre jura
statuta nicht so gänzlich unter die Bank zu legen" und Berufungen
an die Universität ohne Gefährde zuzulassen; weil er sich weigerte
einen Rechtsspruch von ihr in Kraft zu setzen, wurde 1667 über
die Oberbeamten eine Buße von je tausend, über die Ratsmänner
von je fünfhundert Gulden ausgesprochen.

Stellung und Wirkungskreis der Universität, der Ober=
behörde und Volksvertretung der Sachsen vom freien oder Königs=
boden, blieb im wesentlichen die alte. Sie hatte, nur dem Fürsten
untergeordnet, für die Gesamtzwecke der Nation die aufsehende,
gesetzgebende, vollziehende Gewalt und war Obergerichtshof für den
bürgerlichen Rechtsstreit, von dem in „Hatterttthädigen" keine, sonst
unmittelbare Berufung an den Fürsten stattfand. Der „Conflux"
derselben trat gewöhnlich einmal des Jahres zu Katharinä (25. No=
vember), bisweilen auch zweimal, im Januar und November, zu=
sammen und bestand aus den Abgeordneten der einzelnen Stühle
und Distrikte, deren diese in der Regel zwei, die größern wohl

auch mehrere sandten. Den Vorsitz führte der Hermannstädter
Bürgermeister, Sitz und Stimme hatte darin auch der gesamte
Rat von Hermannstadt, Stimmenmehrheit entschied. Doch waren
die Abgeordneten für wichtigere Fälle an die Weisungen ihrer
Sender gebunden und wußten unliebsame Entscheidungen biz-
weilen hinauszuschieben, indem sie den Mangel jener vor-
schützten. Wiederholte Universitätsbeschlüsse fordern Entsendung
von „städtischen Amtleuten" zu den Tagfahrten; die alte Freiheit der Landgemeinde schimmert noch durch, wenn durch das
ganze 16. und 17. Jahrhundert aus den nichtstädtischen Stühlen
bisweilen auch Geschworene anderer Orte dort erscheinen. Das
Ausbleiben der Bistritzer wurde 1665 „straffällig" erfunden und
gab auch später Veranlassung zur Rüge. Die Eröffnung der Versammlung im stattlichen burgähnlichen Rathaus in Hermannstadt
war nicht ohne Würde und Erhebung; wir setzen eine Schilderung
her, die Joh. Simonius vom Konflur des Jahres 1653 gibt.
Den 21. November, erzählt er, konfluieret Eine Löbl. Universität
und begrüßen sich die Weisen Herren aneinander mit Wünschung,
daß der liebe Gott auch in gegenwärtiger Versammlung wolle
präsidieren und durch seines heiligen Geistes Gaben die Weisen
Herren regieren, damit aus allen vorzunehmenden Actis publicis
Gottes Ehre möge gepreiset und der armen sächsischen Nation
Bestes gesucht werden. Im Namen der Versammelten antwortete
der Schäßburger Bürgermeister, der ständige „Orator der Universität": Gott dem Herrn sei Eine L. Universität, die Weisen
Herren so aus Städten und Stühlen gegenwärtig seien, schuldig
und verpflichtet zu danken um Zulaß, daß die Weisen Herren
allesamt das itzo laufende Jahr unter allen andern Landes und
des Leibes ausgestandenen Beschwernissen gleichsam bis zum
Ende gebracht und den Terminum erreicht, auf welchen die Wohlweisen Herren, E. Ehrsamer Weiser Rat aus der Hermannstadt,
dem uralten löblichen Gebrauch nach Eine L. Universität zu versammeln und zu konvozieren pflegten in die Hermannstadt; bedanken sich demnach die Weisen Herren von Einer L. Universität
vor die getragene Sorgfältigkeit auch in diesem Fall und haben
sich demnach einstellen wollen, bittend dero Präsenz möge angenehm sein. Darauf entgegnete der Hermannstädter Bürgermeister
im Namen des Rats: Gleichwie Euer Wohlweisheit, also erkennen
auch wir Gottes Güte höchlich zu preisen, indem der getreue Gott

zwar in unterschiedlichen Graden des Gesundes Eure Wohl=
weisheit von der Löbl. Universität bis auf gegenwärtige Zeit
erhalten; vor dieselben wünschen wir fürder des Guten Lang=
wierigkeit, der untermengten Mangelhaftigkeiten Ergänzung, damit
E. Wohlweisheit also von Gott denen vorgestellten Officiis mit
erforderlicher Tüchtigkeit möge können vorstehen; nehmen demnach
solches zu hohem Dank an, daß E. W. W. auf Eines Ehrsamen
W. W. Rats rufen und konvozieren sich eingestellt, wünschen
ingleichen, daß der liebe Gott der beste moderator consiliorum
sein möge, dem auch zu Ehren und der sächsischen Nation zum
Bleiben alle dasjenige möge gereichen, was da wird in deliberation
genommen werden.

An der Spitze der Universität standen der **Bürgermeister**
und **Königsrichter** von Hermannstadt, der erste als solcher
zugleich „Provinzialbürgermeister", dieser Graf der Sachsen und
damit seit Albert Huet ständiger Beisitzer des Fürstenrats ohne
Wahl der Stände, beide zusammen die obersten Amtleute der
sächsischen Nation, die jene Stellen für gleich bedeutend und
gleich ehrenvoll ansah. Die „beiden obersten Amtsherren" bilden
ein „Duumvirat", dem nach den Zeitgenossen entschieden der
Zweck gegenseitiger Beaufsichtigung zugrunde liegt. Beide haben
die Macht, jeder in des andern „Fehler zu sehen", damit sie
nicht „außer aller Dependenz zu sein vermeinen." Darum ist es
nicht von ungefähr, sondern eben deswegen von Alters her so
eingerichtet, daß in der Stadt der Bürgermeister, außer der Stadt
der Königsrichter den Vorgang hat, damit daraus, wer dem Grad
und Rang nach höher sei, gleichsam zweifelhaft gemacht werde.
Im ganzen ist der Bürgermeister das Haupt der politischen und
Finanzverwaltung, der Königsrichter und Sachsengraf das Haupt
der Rechtspflege, die jedoch für manche Fälle und einige unter=
tänige Orte zunächst in jenes Händen liegt. Wenn möglich gehen
immer beide zusammen als Abgeordnete auf die Landtage. In
den Universitätsversammlungen führt der Bürgermeister den
Vorsitz, bringt die Gegenstände zur Verhandlung und Schluß=
fassung und ordnet die Ausführung an; in seiner Verwahrung
sind die Nationalsiegel und das Landessiegel der sächsischen
Nation, ebenso die Schlüssel zum Nationalarchiv; diese wie jene
wurden ihm bei der Installation auf silbernem Teller vorange=
tragen. Weil „aus guter Rechnung gute Wirtschaft besteht" hat

er, der die Landessteuer der Sachsen einnimmt und das National=
vermögen beaufsichtigt, jährlich der Universität und den „sieben
Richtern" richtige Rechenschaft zu geben. Diese wirtschaftliche
Verwaltung war eine schwere Sache zu einer Zeit, wo das
Sachsenland so oft ein Trümmerhaufe wurde und der mühsam
geretteten Habe immer aufs neue der Feind oder die Flamme
drohte. So war, als der Bürgermeister Andreas Melzer zu
Anfang des Jahres 1659 die Rechnung für das vergangene
Jahr legte, nur ein großes Defizit da. In die Kasse der Sieben=
richter waren eingegangen 24.891 Gulden 40 Denare, ausgegeben
hatte er 28.399 Gulden 70 Denare; „so bleiben", lautet der
Schluß der Rechnung, „dem Herrn Bürgermeister von den Herren
Siebenrichtern zu zahlen 3908 Gulden 30 Denare." Die Kasse
der ganzen Universität hatte Einnahmen gehabt 54.600 Gulden,
die Ausgaben aber betrugen 60.283 Gulden 28 Denare, die
Mehrausgabe von 5687 Gulden 28 Denare verspricht am Schluß
der Rechnung „die alma Universitas dem Namhaft Fürsichtig
Weisen Herrn Bürgermeister so schnell als möglich mit Dank=
sagung zurückzustellen." In den Stadtsäckel endlich hatte er ein=
genommen 10.784 Gulden 93 Denare, ausgegeben 12.345 Gulden
11 Denare; 1560 Gulden 18 Denare, lautet der kurze Schluß,
„bleibt die Stadt dem Herrn Bürgermeister zu zahlen schuldig."
Nicht weniger als 11.155 Gulden 76 Denare hatte dieser also
in einem Jahr für seine Stadt und seine Nation aus Eigenem
verausgabt, eine Summe, die, da der Eimer Wein zu jener Zeit
im Mediascher Stuhl 20 Denare kostete, eine ungeheure Summe
heutigen Geldwerts darstellt. Jene Rechnungslegung geschah
regelmäßig zwischen Weihnachten und Neujahr; in den Tagen
darauf schritten die „Hundertmänner" von Hermannstadt zur
neuen Wahl, nachdem der bisherige Amtmann seiner Ehren
und Würden gedankt, die Siegel und der Stadt Schlüssel auf
den Rathaustisch niedergelegt und die Versammlung verlassen
hatte. Der Erwählte schwor, der ganzen löblichen Universität
deutscher Nation Ehre, Nutzen und Gerechtigkeit zu suchen und
alle Privilegien, Kirchen, Schulen, Witwen und Waisen zu
schützen; Rat und Hundertmänner geleiteten ihn nach Hause,
vor dem des Amtes Zeichen, die drei jungen Tannenbäume
aufgerichtet waren; vom Turme der Hauptkirche tönten Pfeifen
und Trompeten.

Installation des Königsrichters.

Nicht geringere Bedeutung hatte das Amt des Hermannstädter Königsrichters und Sachsengrafen. Er solle, so besagte die alte Ordnung der hohen Stelle, alle Kirchen und Schulen, ungeänderter Augsburgischer Konfession zugetan, auf dem Königsboden der Sachsen unter seinen Schutz nehmen und bis auf den letzten Blutstropfen verteidigen, damit die Ehre Gottes unter uns wohnen möge und die Religion. Er solle verpflichtet sein, Recht und Gerechtigkeit zu handhaben, Einer Löbl. Universität Freiheit in allen Fällen unverbrüchlich erhalten helfen und verteidigen nach allem Vermögen, die sächsischen Landrechte und Ordnungen sich bestens empfohlen sein lassen und als ein erworbenes Kleinod schirmen, seine Türe ungesperrt und offen halten den Reichen wie den Armen, die Zunft- und Zechordnungen schützen helfen wider alle Störer und Riegler. Nach dem Freibrief des Königs Matthias von 1464 wählten die Hermannstädter Hundertmänner den Königsrichter und Sachsengrafen auf Lebenslang; es ist das einzige Amt in der Nation, das der fürstlichen Bestätigung bedurfte. Mit um so größerer Feierlichkeit wurde der Gewählte und Bestätigte von fürstlichen Sendboten in seine Stelle eingesetzt. Wie schmückten sie da die Straßen von Hermannstadt mit den grünen Tannenbäumen und füllte sich das alte Rathaus mit den Abgeordneten des Volkes und des Hermannstädter Stuhles! Angesichts derselben überreichten sie dem neuen Grafen die Zeichen seiner Würde, Schwert, Streitkolben und Fahne, worauf das alte Ehrenwort des Hermannstädter Gaues: zum Schutz der Krone, und schwor dieser den Eid des Amtes. „Ich schwöre", lautete derselbe, „bei Gott dem Vater, dem Sohn und dem heiligen Geiste, der heiligen unzertrennlichen Dreifaltigkeit, daß, dieweil ich aus sonderlicher Gnade unseres gnädigen Herrn und Landesfürsten und Eines Ehrsamen und Wohlweisen Rates samt der Ehrsamen Gemeinde zum hochwichtigen Königsrichteramt allhie in der königlichen Hermannstadt erwählt worden, ich in allem meinem Vornehmen, Tun und Handeln mich befleißigen will, zuförderst userm gnädigen Herrn und Fürsten treu zu sein, der ganzen Löblichen Sächsischen Nation und Universität, wie auch dieser Stadt Ehre, Nutzen und Gerechtigkeit zu suchen, daß ich die rechterkannte lutherische Lehr Augsburgischer Konfession so viel nur möglich salvis permanentibus constitutionibus regni (unbeschadet der Reichsgesetze) befördern, alle Privilegien ernannter sächsischer Nation, sie haben Namen, wie sie wollen, Kirchen, Schulen, Witwen und Waisen schützen, die von Einem Ehrsamen und Wohlweisen Rat und der Ehrlichen Gemeinde kondierte Artikel annehmen und auch in meinem Richteramt ohne jemandes Ansehn, Freundschaft, Feindschaft, Haß, Neid, Nutzen oder Schaden nicht anders als nach unsern Statutis und Munizipalrechten vorgehn und die causas litigantium (die „Thädigen" der Streitenden), welchen meine Türen offen stehen sollen zu jeder Zeit, den Armen sowohl, als den Reichen, dezidieren und richten und im Fall ich etwas solches werde wahrnehmen, so gemeiner Stadt und Universität Schaden oder Gefahr bringen möchte, solches Einem Wohlweisen Rat und Ehrlicher Gemeine nicht verhalten, sondern offenbaren will: Also helfe mir Gott und das bittere Leiden unseres Erlösers und Seligmachers Jesu Christi." In festlichem Geleite führte dann die Versammlung das neue Haupt des Volkes zu seiner Wohnung, vor der inzwischen des Blutbanns uraltes Sinnbild, — in ihrer Vierzahl vielleicht zugleich das der Vereinigung der vier sächsischen Gaue — die vier Tannen, aufgepflanzt worden waren. Durch die lange Reihe der bewaffneten Zünfte unter Trompeten- und Paukenruf vom Pfarrkirchenturm und dem donnernden Ehrengruß der Stücke von Mauern und Türmen ging der Zug, dem der Stadthauptmann, in der Hand den Streitkolben, vorritt; ihm folgten die Fußknechte der Stadt mit der Büchse im Arm; dann die geschlossene Ordnung der Hundertmänner und des Rates, weiter die geharnischten Ratsmänner zu Roß mit der Nationalfahne und der Stadt Banner, wieder drei Ratsmänner zu Roß mit den Zeichen der Grafenwürde; dann der Graf im sechsspännigen Wagen von Reitern umgeben, hinter ihm die Abgeordneten des Volks und des Stuhls, der Stadt Diener und der „Hopner" mit der Partisane: es war ein Zug, der die Selbstherrlichkeit des deutschen Bürgertums in erhebender Weise zur Schau trug. Während des Festmahls ergötzte nach alter Sitte der Schneiderzunft lustiger Aufzug die fröhliche Menge; die Tanzfreude abends erhöhte der Schwerttanz der Kürschner, dessen Aufführung ihr uraltes Vorrecht war, da ihre Zunft, wie die Sage ging, einst einen Sachsengrafen aus Feindesmitte herausgehauen.

Wohl dauerten die alten Bräuche bei der „Installation des Komes" fort, aber in der Verfassung und dem Innerleben

des Volkes, dessen Haupt er mit war, änderte sich so vieles.
Das 17. Jahrhundert sah zunächst den **Einfluß der Vororte
auf die Stühle** in fortwährendem Steigen; die uralte rechtliche
Bedeutung der „Landgemeinde" tritt immer mehr in den Hinter=
grund, ja verschwindet in den städtischen Stühlen fast gänzlich.
Nur im Burzenland nahmen die Distriktsgemeinden durch ihre
Abgeordneten an der Verteilung der Abgaben und an der
jährlichen Prüfung der Hannenrechnung Anteil, wie denn auch
in der eigenen Gerichtsbarkeit jener Gemeinden, in der Eigen=
tümlichkeit des Appellationsganges — Neustadt und Wolkendorf
nach Rosenau; Heldsdorf, Rothbach, Nußbach nach Marienburg —
im Blutbann der „Märkte" sich Reste uralter Freiheit und Rechts=
lage lebendig erhalten hatten. Teilnahme an der Wahl der obersten
Amtleute haben aus städtischen Kreisen die Dörfer nur in Bistritz
und Mediasch zu bewahren vermocht. In Hermannstadt sahen
die Hundertmänner sich genötigt (1676), für Nichtschmälerung der
Gerichtsbarkeit des Hannen auf den Dörfern gegen die zentra=
lisierende Macht der städtischen Richter das schützende Wort
— wohl vergeblich — einzulegen. Auch in den nichtstädtischen
Stühlen strebten die Vororte beharrlich nach städtischen Vorrechten
und ausschließlicher Geltung. Leschkirch ließ sich 1588 vom Fürsten
bestätigen, daß der Gerichtshof für den Stuhl aus seiner Mitte
nicht verlegt werden dürfe und die Universität schützte 1620 den
Ort im Recht, daß Erwählung und Sitz des „königlichen Judicats"
in seiner Mitte sein solle, nachdem die mächtigen Gerendi Alzen
hiezu zu erheben getrachtet. Schon 1581 hatte Christof Bathori
bestätigt, es seien bei der Wahl des Königsrichters die Leschkircher
„die vordern und mächtigen"; daß fast innerhalb eines Menschen=
alters noch zweimal, nicht ohne Vorbehalt erteilte Bestätigungen
nachgesucht wurden, deutet beinahe auf Gegensätze hin, die das
Vorrecht bei den andern Gemeinden erweckte. Doch bewahrten
diese mindestens Teilnahme an der Wahl des Königs= und
Stuhlrichters und wählten aus ihrer Mitte die „vier Stuhls=
geschworenen", die mit zu Gericht saßen und auf des Stuhls
Wohlfahrt Sorge tragen halfen.

Neußmarkt versuchte einen Schritt weiter zu gehen. Es wollte
die Geschworenen, die nach altem Recht vom Markt und Stuhl
gemeinschaftlich gewählt worden waren, allein ernennen und ließ
sich einen Fürstenbrief ausstellen, der den Wochenmarkt aufhob,

welchen die Universität den Großpoldern gestattet hatte. Den ob
jenes „Unrechtes" und dieses Vorgangs entstandenen Streit
endigte die Universität dadurch, daß sie dem Markt 1629 zwei=
hundert Gulden Strafe auferlegte, die jedoch im folgenden Jahr
zur „Landkühr" von vierundsechzig Gulden herabgemindert wurde.
An der Erwählung des Königsrichters bewahrten die Dorf=
gemeinden unausgesetzt fast gleichberechtigten Anteil. Aber Ver=
anlassung zu Mißtrauen des „Stuhls" gegen den „Markt" blieb
dessen ungeachtet. Bezüglich der „gemeinen Zehrung" wurde
nämlich festgesetzt, daß man sich jährlich in zweimaliger Gegen=
rechnung ausgleichen und die Mehrausgaben der einzelnen Orte
ersetzen solle; aber die geringe Gewissenhaftigkeit, mit der man
allenthalben nur darauf sah „wie die Register gemacht" wurden
und sich „Jedermann niedersetzte frisch aufs Rosch zu trinken",
ließ jene Übereinkunft bald ein Ende finden. Da vertrugen sich
am Anfang der vierziger Jahre die Gemeinden über die Last
der „Postrosse"; dafür daß der Markt dieselben übernahm,
wollten die Dörfer ihm jährlich mit dreihundertfünfzig Gulden
samt bestimmten Korn= und Haferlieferungen „Beistand geben".
Als aber bald darauf der Markt keine Postrosse hielt, sondern
dafür und für manches andere die Dörfer stark in Anspruch nahm,
sprachen diese „über liederliche, falsche, und betrügerische Wirt=
schaft" und verweigerten jene Zahlung; die „Reußmarker Herren"
sahen darin Empörung wider die Obrigkeit und suchten die Hülfe
des Hermannstädter Rates nach. Die von diesem vorgeladenen
Dorfgemeinden erklärten 1653: „Wir begehren nicht dem Mark
gleich zu sein, da wir wissen, daß Reußmark das Stuhlshaupt
ist, sondern das ist uns nicht erträglich, es sey denn mit unserm
Verderben, daß wir des Marks Hannenschulden seit Jahren auf
uns nehmen und die Bürd und das Beschwerniß toppelt tragen
sollen." Der Hermannstädter Rat entschied, der Stuhl habe dem
Markt die in jenem Vertrag festgesetzten Lieferungen und an
Geld jährlich dreihundertfünfzig Gulden zu entrichten; von den
seit neun Jahren rückständigen 3150 Golden solle der Stuhl in
zehn Jahresstufen 1500 Gulden zahlen, die Last der Postrosse
und der Legationen aber Markt und Stuhl gemeinschaftlich tragen;
von Rechnungslegung ist weiter keine Rede.

Auch im Schenker Stuhl glimmte der Funke der Unzufrieden=
heit mit dem Gebaren des Vorortes; Agnetheln, der gewerb=

Irrungen in den Stühlen.

fleißige Markt im Harbachtal, zunftreicher als Schenk und seit frühe mit dem Blutbann begabt, hatte die Erinnerung an die alte Gleichstellung nicht verloren. Noch 1643 schickte Agnetheln seine Ratsmänner vor die Universität mit dem Begehren, daß sie nach altem Brauch und Universitätsspruch einen Schlüssel zu der Stuhlslade haben wollten, die in Großschenk stehe, nachdem auf die Klage von Agnetheln die Universität acht Jahre früher das Ansinnen von Schenk zurückgewiesen, das alle Handwerker im Stuhle zwingen wollte, sich in seine Zünfte einzurichten, „wie es sich gebührt einem Stuhlshaupt".

Noch zäher ist das Widerstreben gegen die Vorortschaft und die von dort erstrebte Botmäßigkeit im Mediascher Stuhl. Waren doch Birthälm und Meschen volkreicher fast als Mediasch, oder zahlten mindestens höhere Steuerbeiträge als die Städter; warum, sprachen sie, sollte man sich die, nicht selten durch jener Hochmut und Unbilligkeit noch fühlbarer gemachte Unterordnung gefallen lassen? In der Tat fehlte es nicht an Versuchen sie abzuschütteln und wenigstens die Selbständigkeit und Teilnahme am Regiment zu wahren, die die Verträge des 16. Jahrhunderts eingeräumt hatten. Sie klagen vor der Universität, daß der zwei Stühle Geschworne nicht dabei seien, wenn der Zins angeschlagen werde zu Mediasch, daß bei den „Thädigen" und bei der Richter= wahl der alte Brauch nicht beibehalten werde, daß die Stadt Mediasch ihre Gemeindeausgaben dem Stuhl aufbürde; ja sie erheben vor dem König Matthias die Beschwerde, des Stuhls Vertreter würden durch die Stadt von den Landesversammlungen verdrängt, diese habe die drei Schlüssel zur Stuhlslade alle in die Hand genommen, statt, wie es recht, einen dem untern Stuhl und einen den Birthälmer Geschwornen zu überantworten; die zehn Stuhlsgeschwornen würden von der Teilnahme an der Rechtspflege fast ganz ausgeschlossen und sechsundzwanzig Gemeinden von der einen Stadt nach Willkür behandelt und unterdrückt, daß die Einwohner auf Adelsboden auszuwandern gedächten. Doch nichts hielt den eingeschlagenen Gang der Entwicklung auf, den das lateinische, trotz der häufigen deutschen Übersetzung den gelehrten städtischen Rat mehr hebende „Land= recht" nicht wenig förderte; bei allem Widerstand des Stuhls konnten Bürgermeister und Geschworne von Mediasch das gesamte Regiment an sich ziehen und die Märkte und Dörfer des Stuhls in Urkunden ungescheut ihre „getreuen Untertanen" nennen. Aber Hader und Zwietracht dauert das ganze Jahrhundert fort; um 1672 sah die Universität in einer Klage der Richter und der Geschwornen von Birthälm gegen den Mediascher Rat, worin sie diesen im Namen der zwei Stühle, doch ohne deren Auftrag „in ruhmrediger Supplikation meisterlicher Bereicherung und unordentlicher Exaktionen" beschuldigten, einen Versuch „den Markt vom jure Patronatus Dom. Mediensium (vom Patronats= recht der Herren Mediascher) abzureißen." Dem aufbrausenden Begehren des Mediascher Bürgermeisters, den Birthälmer Richter Antonius Wachsmann sogleich in Haft zu setzen, bis er seine „Regesta und Unschuld vor Einer L. Universität klar mache", entzog sich dieser durch die Flucht aus Hermannstadt, um drei Tage darauf seine Schriften und seine Fehler zu widerrufen und sich zu verpflichten, im Fall „er künftig mehr unnütze und falsche Angebungen werde anbringen", Haupt und Güter darzugeben. Auch die Birthälmer Geschwornen baten um Verzeihung und gelobten „ihre Patronos Medienses (ihre Mediascher „Herren") hinführo zu ehren."

Noch heißer aber entbrannte das Feuer des Zornes über Bevorrechtigung und Druck der Stadt im Schäßburger Stuhl. Der Markt Keisd, der durch ein Privilegium des Kaisers Sigmund vom Jahre 1419 den Blutbann erhalten und an seiner Spitze Königsrichter und Geschworne hatte, ertrug die Abhängigkeit vom Schäßburger Rat mit Unwillen. Als dieser seine Zünfte zwang sich nach Schäßburg zu „incorporieren" und ihre Freibriefe wegnahm; als die Schäßburger Oberbeamten auf die Besetzung der Keisder Pfarre Einfluß zu nehmen begannen, da wurde die Entfremdung immer größer und wie das bei dem gemeinen Mann zu gehen pflegt, die Vorstellung von des Kaisers Sigismundi Brief, in dem deutlich der „Stadt und des Stuhles Keisd" Erwähnung geschehe, und von den Rechten, die ihnen entzogen worden, immer überschwänglicher. Und wie nun der Rat der Stadt von Tag zu Tag häufiger kam mit „Zins=Aufschlagen", dessen Größe, weil sie ihnen willkürlich erschien, um so schwerer lastete; als sie steuern mußten zur Bezahlung der Stuhlsschulden, „die sie nicht gemacht"; als sie „in dieser beschwerlichen Zeit" neben den Abgaben noch mit vielnamigen andern Lasten „mit Heumachen, Stadtbau, Weg=, Brücken= und Mühlenbesserung und dergleichen Handlungen, von denen ihren Vätern nichts bewußt gewesen" beschwert wurden, so mußte die Unabhängigkeit von der Stadt, die nicht einmal dem Kapitel den Namen gegeben hätte, immer lockender erscheinen. Das Feuer in den Herzen der Unzufriedenen schürte, wie die Schäßburger klagten, der Schulmeister und Marktschreier von Keisd Simon Fabritius, ehemals Präfekt des Hermannstädter Gymnasiums und von dort, wie sie ihm vorwarfen, wegen seiner leichtfertigen Gänge ignominiose (schimpflich) ausgestoßen, — ein unruhiger rebellischer Mensch und weibersüchtiger Wollüstling, der aber wegen der Hoffnung auf Besserung in Ehren entlassen worden, hat der Rektor Mich. Pankratius zu seinem Namen in die Schulmatrikel geschrieben — ein heilloser Mensch und Aufrührer der rebellischen Keisder, wie die erzürnte Universität bestätigte; die Keisder dagegen bezeugten 1678 „mit gutem Gewissen und ungefärbter Wahrheit", daß er „seinem Officio Rectoratus (seinem Rektoramt) in die acht Jahre mit dem Pfund, das ihm Gott und die Natur vertrauet (doch wie ein Mensch) wohl vorgestanden und einen solchen Wandel geführt, daß er damit niemanden (wie sie hofften) geärgert, sondern vielmehr erbauet habe." Auch ein auf Veranlassung des Kapitels 1676 bewerkstelligtes Zeugenverhör hatte ein ähnliches Ergebnis; auf dem freien Markt erklärte die versammelte Gemeinde einmütig, „er wäre seinem von Gott vertrauten Amte in Redlichkeit, Aufrichtigkeit und Wahrheit wohl vorgestanden" und daß „er den Markt hätte angereizet, daß sie wären abgefallen von der Dienstbarkeit, welche sie vormals gegen Schäßburg geleistet, ja daß er noch heutzutage den gemeinen Pöbel abtrünnig mache und aufrührerisch wider die Herren Schaessburgenses", sei eine Verleumdung und Unwahrheit, „welche Gott dermaleinst aus der Finsternis ans Licht bringen werde."

Der langverhaltene Groll in Keisd kam zum Ausbruch im Jahre 1673. „Der unsinnige Pöbel," wie das Universitätsprotokoll erzählt, erwählte einen neuen Richter und Hannen und meinten, „sie besäßen solche Privilegia, daß sie keine Dependenz hätten von den Dominis Schaessburgensibus"; Abgeordnete gingen in die Stadt und kündigten dem Rat alle „Untergiebigkeit" auf; sie seien entschlossen, „ihren Markt hinführo selbst für sich aufzuhalten und besten Vermögen nach sich selbst zu protegieren." Des Rates Antwort war, daß er die Sendboten ins Gefängnis warf und

sie trotz vielfacher Verwendung „aus dem Gestank" und schweren
Kerker nicht herausließ. Die Keisder klagten bei dem Sachsen=
grafen, bei dem Fürsten; der Komes Andreas Fleischer und nach
ihm Matthias Semriger konnten nicht umhin in vertraulichen
Schreiben den Schäßburger Amtleuten zu raten, jene Gemeinde,
die ja doch ein privilegierter Markt sei, „etwas humanius und
freundlicher zu traktieren, als andere schlechte Dorfsleut." Doch
die Zwietracht dauerte Jahre lang; erst im Februar 1676 kam
sie zur Entscheidung vor die Universität, die ob des „unverant=
wortlichen Aufruhres" hart zürnte. Die vorgerufenen Keisder
vernahmen, daß ihr „verteutschtes Privilegium, worauf sie bis=
hero gepochet", dem Markte nur die freie Gerichtsbarkeit gewähre,
und gelobten, wiederholt befragt, „steif und fest" halten zu wollen,
was die Universität für Recht finden werde. In dieser selbst
schwankten die Ansichten, ob gelinde oder strenge Maßregeln zu
ergreifen, bis — die Schäßburger sowohl als die „Aufrührer"
waren abgetreten — die letzte Meinung die Oberhand behielt, weil
es ein gar „ärgerliches Exemplum" sei. So wurde den 16. Februar
1676 der Schluß gefaßt und veröffentlicht: „Mit großem Unlust
und Mißfallen habe Eine Löbliche Universität nun fast drei
Jahre lang empfinden und erfahren müssen dieser so beschwer=
lichen und unannehmlichen Zwistigkeit Bewandnis, welche daher
erreget, daß die Altschaft zu Keisd aus Mißverstand und etlicher
friedhäßiger Leute suggestion (Eingebung) wie auch falscher
Ausdeutung ihrer Privilegien Eine Löbliche Universität ersuchet
und geklaget, wie sie von den Wohlweisen Herren Schaess=
burgensibus wider alle Gebühr und Inhalt ihrer Privilegien
mit ungewöhnlichen Frondiensten und unerträglichen oneribus
aggraviert worden." Darauf habe die Universität aus Mitleid,
wiewohl die Keisder ihre Klage nicht beweisen können, mit den
Schäßburgern gehandelt, daß diese aus Erbarmen sie etwas milder
halten zu wollen erklärt, was denn in der Tat auf der Keisder
„demütiges Anhalten" und „getane Abbitte" auch geschehen. Also=
bald darauf aber seien sie, die Keisder, wieder irre geworden,
hätten alles billigen Gehorsams sich entzogen, bei dem Fürsten
falsch geklagt, ohne auf der Universität Ausspruch, Mandat und
treue Intimation zu achten und sich in einen so „abscheulichen Auf=
ruhr vertiefet", daß sie sich „einen absolutum et independentem
dominatum zu usurpiren und vindiciren (vollständige Unabhängig=

keit anzumaßen) unterstanden, im ungegründeten Wahn, als ob sie von solcher ihrer Unabhängigkeit wahre, offenbare und unzweifelhafte Privilegia hätten." Solches gefährliche Beginnen in Acht nehmend und dessen Konsequenzen vorsehend, habe die Universität diesem Unrat semel pro semper raten wollen, deßhalb die hochberufenen Privilegia fürgefordert, und daraus ersehen, daß „die aufrührerische Leut auf Sand gebauet". Wiewohl sie nun als rechte Aufrührer sich bezeiget, so erhalte die Löbliche Universität den Markt doch bei seinem Privilegio der eignen Gerichtsbarkeit, worin sie auch bis jetzt unverletzt geblieben; „dasjenige aber was die Pflicht der Subjektion mit sich bringet und in was ihre Väter eingewilligt, dasselbe werden sie ingleichen als ihre Voreltern leisten und die Wohlweisen Herren Schaessburgenses als ihre Superiores in Ehrgebühr agnosciren und observiren sollen." Die „Vorgänger des Aufruhres" aber werden je auf vierzig Gulden gestraft und bis zu Aller Zahlung in Hermannstadt in Haft bleiben. Sollten wider Verhoffen die Keisder hiegegen zu handeln sich unterstehen, so soll der, der zunächst Anlaß dazu gibt, es sei Einer oder Zwei, ohne alle Gnade am Leben gestraft werden, wenn aber der ganze Markt dawider handelt, verfällt er in eine Buße von tausend Gulden.

Sofort mußten denn der Königsrichter von Keisd Daniel Elges mit vielen Genossen „in die Stadtkammer kriechen"; bloß viere wurden den folgenden Tag nach Hause gelassen, um „das Bodem-Brot der strenue defendirten Privilegia zu fordern", die „Poen" und des Markts Unterwerfungsurkunde zu bringen. Hier aber erhob sich lautes Geschrei und neuer Tumult über den Spruch; die verheißene Unterordnung wurde mit nichten gehalten. Im Dezember 1677 stehen die Schäßburger und Keisder abermals vor der Universität und jene klagen, daß „diese annoch in ihrem Ungehorsam pertinacissime verharrten und der Herren Schaessburgensium gar nichts achteten." Der Schäßburger Bürgermeister weist „demütig und beweglich" darauf hin, „daß die Nobiles so die halsstarrigen Keisder anhetzen, wenn dieses Stück ihnen fürginge, fleißig daran sein würden, auch andere Untertanen Einer Löblichen Universität abzuführen"; darum möge dem Abel zu rechter Zeit gewehrt werden. Abermals schlossen sich hinter den „Aufrührern" die Kerkertüren; von ihren Höfen wurden zwei nach Hermannstadt geführt, bis endlich, nachdem diese „mit strenger gefängnüs macerirt worden", die Unterwerfung im Januar 1678 erfolgte. Richter, Älteste, Geschworne und alle Einwohner des Marktes Keisd erklären „in untertänigster Demut, daß sie bishero in großem Irrtum und Ungehorsam gelebet; da sie nun aber mit Gottes Hilf erleuchtet sind, geloben sie die Herren Schaessburgenses als ihre Herren Patronos und Väter in Untertänigkeit nach der Löblichen Universität Sentenz zu venerieren und ihnen zu gehorsamen."

Nun ergoß der Schäßburger Rat der lang verhaltenen Erbitterung voll gefülltes Maß über das Haupt des Schulmeisters und Schreibers Simon Fabritius, dessen Entfernung aus Ort und Amt Universität und Kapitel ausgesprochen. Er wurde, da er noch immer dort weilte, in Haft gebracht und lag fünfundfünfzig Tage im „Gefängnis und schweren Eisenbanden"; selbst der Hermannstädter Rat sah sich veranlaßt, zur Milde zu mahnen; daß man „secundum rigorem juris zu verfahren gedenke, wolle ihm diesmal nicht gefallen." Als das Keisder Kapitel dem Kirchenrecht gemäß die Herausgabe des Verhafteten und die Entscheidung des geistlichen Gerichts forderte, erklärte der Bürgermeister, jener sei als Geächteter und Entsetzter dem weltlichen Arm verfallen; auch die Verwendung des „Generalkapitels" half nichts; auf die gleichlautende Forderung des Superintendenten antwortete der Rat mit schneidendem Hohn. Da endlich, wie es scheint nicht ohne Einfluß der, nach Schäßburg gekommenen Hermannstädter Ratsabgeordneten, schenkte er dem zerschmetterten Gegner das Leben und begnügte sich mit seiner Verbannung. Den 12. Mai 1678 mußte Simon Fabritius urkundlich erklären, daß, als der Markt Keisd durch öffentliche Insurrektion wider ihre höchste Obrigkeit und die ganze Stadt Schäßburg freventlicher Weis rebelliert, sich von derselben zu trennen und ein eignes Regiment aufzurichten gesinnt gewesen, er sich in ihre böse Händel wider Gott und Gewissen nicht nur eingemischt, sondern sich mit ihnen zugleich durch einen teuren Eid verbunden, jene bis zum Ende helfen zu befördern; wie nun aber der Markt sich nach Einer Löblichen Universität Spruch verbinden müssen, sich wider Einen Ehrsamen Wohlweisen Rat und die Stadt Schäßburg nimmermehr zu empören, sondern nach ihrer Väter und Vorfahren denkwürdigem Exempel schuldige Treue und Gehorsam zu erweisen, er aber, Simon Fabritius, auf Befehl Einer Löblichen Universität endlich

Verkümmerung der städtischen Freiheit. Geschlechterherrschaft. 519

seiner frevelen Taten, wie auch etlicher Schmähungen wegen, so er über Einen Ehrsamen Weisen Rat verbreitet, eingezogen worden und nichts anders zu erwarten gehabt, als das gestrenge Recht und ein scharfes Urteil, habe doch gleichwohl auf vieler guter Herren geistliches und weltliches Standes demütige Intercession, wie auch sein eigenes und seiner Blutsverwandten sehnliches Flehen der Rat von Hermannstadt und Schäßburg ihm das Leben schenken und fristen wollen, doch mit angehängter scharfer Sentenz, daß er öffentlich seine Taten und Schmähungen widerrufe und aus Stadt und Stuhl das Elend zu bauen relegiert sei, so lange er lebe; handle er dawider, oder tue dem Rat, der Stadt oder dem Stuhl im geringsten etwas zu Schaden oder zu Leide, so solle er des Todes schuldig sein, also daß der Rat von Schäßburg wo immer im Lande Hand an ihn legen und ihn mit Ausschluß aller Rechtsmittel nach Verdienst zu strafen die Macht habe; „was ich", schließt der Brief, „mit Gottes Hilfe nach menschlicher Möglichkeit auch halten will." Zwei Stadtdiener führten den Freigewordenen bis auf die „Steinley"; fortan regte sich niemand mehr gegen die Vorortschaft und das Regiment der Stadt.

Je mehr aber jene in allen sächsischen Städten sich befestigte, je gewaltiger zugleich dieses wurde, desto mehr litt auch die **Freiheit der Stadtgemeinde** selber. Auch ihre altverfassungsmäßigen Rechte fielen in die Vergessenheit; unterstützt durch das Bedürfnis gelehrter Ratsherrn wußten einzelne hervorragende Familien sich im Regiment zu befestigen und immerfort zu den erledigten Ämtern wieder gewählt lernten sie oft die eigennützig gehobene Macht des Amtes mißbrauchen und wurden dem uralten Grund sächsischer Rechtsanschauung fremd. Beklagte es doch selbst Michael Weiß als Schmälerung der Richter- und Hannenwürde, daß 1605 die Hundertmänner von Kronstadt zur Prüfung und Ablegung der Hannenrechnung zugezogen wurden. Fortan blieben sie hier, wie es in allen Städten der Fall war, im Besitz dieses Rechtes, ohne das sie doch unmöglich sein konnten, wie der Hermannstädter Rat die Hundertmänner 1614 bezeichnete „eine Vertretung des Gemeinwesens (extractum corpus reipublicae) die da inspizieren, damit Recht und Gerechtigkeit geübet und wo vielleicht etwas Ungebührliches zu gemeinem Schaden gereichen wird, zuschauen, daß sie cum debito honore solches widersprechen, damit keiner seiner autoritaet zwischen den Amtleuten mißbrauche.

Aber diese Vertreter wurden nicht mehr von den Gemeinden gewählt, sondern von dem Rat, den sie beaufsichtigen sollten, auf Lebenslang ernannt. Der Rat selber, wie man aus Michael Weiß' Aufzeichnungen schließen darf, in Kronstadt noch am Ende des 16. Jahrhunderts jährlich von den Hundertmännern erneuert, behielt allmählich sein Amt bis zum Tode bei; ja so entwickelte sich die Unbestimmtheit des im ersten Buch des „sächsischen Landrechts" für die Beamtenwahl in Kraft erhaltenen Gewohnheitsrechtes, daß bald der städtische Rat sich selbst ergänzte oder von den obersten Amtsleuten ergänzt wurde aus den Reihen der Hundertmänner, die gleichfalls der Rat ernannt hatte. Beide Körperschaften zusammen — nur in Mediasch und Bistritz fand noch eine Mitwirkung der Landgemeinden statt — wählten in der Woche nach dem Christtag die Oberbeamten aus den Mitgliedern des Rates, wobei die Berücksichtigung vorgerückterer Stellung schon so sehr den Schein des Rechtes erhalten hatte, daß die Verletzung derselben, wie bei Valentin Seraphin, der 1634 vom Ratsschreiber Bürgermeister in Hermannstadt wurde, immer heftigen Unwillen und Widerspruch des Rates erregte, der seine Fähigkeiten, wenn anders nicht möglich, bisweilen durch die Berufung von „Theologen" in Schreiberstellen vermehrte, worin diesen immer die glänzende Laufbahn zu hohen Stellen sich öffnete. So stieg Valentin Frank aus dem Hermannstädter Rektorat zur Hermannstädter Bürgermeisterwürde hinauf, um später Sachsengraf zu werden; der Schäßburger Bürgermeister Petrus Nußbaumer war ehemals „Collaborator secundus", der Bürgermeister Michael Deli „Cantor" an der Schäßburger Schule, diese und andere „Abergetretene" oft ihrer neuen Standesinteressen entscheidendste Stützen.

So entwickelte sich durch den angedeuteten Gang des sächsischen Innerlebens eine Geschlechterherrschaft, ein „Patriziertum", das wenn auch nicht in geschlossenen Familien unnahbar abgegrenzt, sondern durch die Gunst des Geschickes auch andern sich öffnend, doch nie ohne diese schnell gleichfalls dem eignen vornehmen Vorteil dienstbar zu machen, fast alle Macht in Händen hatte, mit unbürgerlichem Stolz eines bevorzugten Standes auf das „Volk" herabsah, den Schnitt des Kleides, ja selbst den Rang in der Hundertmannschaft nach Stamm und Abkunft festsetzte, und im Besitz so großer Amtsgewalt der notwendigen Schranken und Beaufsichtigung nach oben und unten fast enthoben, diese leider zu vielfacher Ungesetzlichkeit und schwerer Bedrückung der Bürger in Stadt und Land mißbrauchte. Sank doch der Schäßburger Bürgermeister, Johann Schuller von Rosenthal bis zum Falsch= münzer, bis zum treulosen Verwalter öffentlicher Güter, ja in den Pfuhl noch ärgerer Schandtaten hinab, bis sein schuldiges Haupt unter dem Schwerte des Henkers fiel.

Daß gegen so engherziges und selbstsüchtiges Walten der Gegendruck in der eignen Gemeinde nicht ausbleiben konnte, lag in der Natur der Dinge; das Gedächtnis an die frühere bessere Rechtslage stirbt nicht so schnell, als das Geschlecht, dem sie geraubt worden und selbst die rücksichtsloseste Gewalt kann das Vergessen nicht erzwingen. Wie aus vulkanischem Boden bald unterirdische Flammen emporschlagen, so lodert durch das ganze 17. Jahrhundert zum Teil in wilden Zuckungen wiederholt der Eifer der Gemeinde auf, oder müht sich in stillem Kampfe ab, die ältern freiern Rechtszustände nicht ganz zu verlieren und der Willkür der Oberen zu steuern. Noch zäher ist aber das starre Halten der Gewaltträger an den überkommenen Errungenschaften, in deren Besitz sie sich hier durch scheinbare Nachgiebigkeit unter dem Deckmantel unbestimmter Versprechungen, dort durch trotziges Ab= schlagen unter dem Schein des alten Rechts oder durch offene kühne Gewalt immer und desto mehr befestigen, je schwerer die allgemeine Not der Zeit durch Armut und Druck den freudigen Mut lähmt und das wehrhafte Bewußtsein berechtigten Bürgertums tötet.

Da ist es denn überaus bezeichnend, wie wenige Wochen nach der Bathorischen Verwüstung, da Hermannstadt kaum in die Hände der Gemeinde zurückgekommen, die Bürger über der Arbeit die Trümmer ihres Glücks wieder auszubessern, des Schuttes nicht vergessen, der auf dem öffentlichen Leben lastete. Ein Vierteljahr, nachdem die Universität in Schäßburg so ernste Worte zu den Amtleuten gesprochen, trat die Hermannstädter Bürgergemeinde mit Forderungen verwandten Inhalts vor den Rat. Sie begehrte, „daß sie eine freie Wahl möge haben den Bürgermeister, Stuhlsrichter und Hannen zu erwählen, entweder aus dem Ehrsamen Rat oder aus den Hundertmännern und auch aus den Tausend, wenn sie wollen"; der Rat erwiderte: Die alte Gewohnheit solle beibehalten werden, damit die Privilegien nicht verletzt würden; denn es sei nie bräuchlich gewesen, darum werde man sich nach den Rechten wissen zu richten. Die Gemeinde begehrte "einen Königsrichter zu erwählen ohne vermittelst des Ehrsamen Rates dieser Stadt"; der Rat erwiderte: Nächsten Tages werde die Löbliche Universität zusammenkommen und davon deliberieren. Die Gemeinde begehrte, daß jährlich eine Erneuerung und Verwechslung des Ehrsamen Rates solle gehalten werden; der Rat erwiderte: Es bleibe bei dem alten Brauch, "denn alle Veränderungen sind gefährlich." Die Gemeinde begehrte, daß kein Edelmann, der Jobbagyen habe, in der Stadt wohnen oder ein Ehrenamt erhalten dürfe, ferner, daß wenn ein Ratsherr zu Hof geschickt werde um gemeiner Sachen willen, solle er sich nicht selber etwas ausbetteln, viel weniger Kaufmannschaft treiben; der Rat verschob die Antwort auf die nächste Zusammenkunft der Universität. Die Gemeinde begehrte, daß der Rat jährlich von neuem schwöre und daß der Wortmann der Hundertmänner der Gemeinde gleichfalls schwöre; der Rat erwiderte, das letzte sei billig; jenes aber sei in keiner Stadt gebräuchlich und die Statuten enthielten nichts davon; wer ein recht Gewissen habe, dem genüge es einmal zu schwören.

Ähnliche "Begehren" der Hundertmänner, vor jeder neuen Wahl dem Rat mehr oder weniger dringlich vorgelegt, die verschiedenartigsten Kreise des Lebens umfassend und seine Schäden berührend, finden sich in Hermannstadt das ganze Jahrhundert hindurch und die überaus häufige Wiederholung einzelner "Postulate" spricht laut genug von ihrer Nichterfüllung. Im Jahre 1615 begehrten die Hundertmänner, "daß von dato fort kein Fürsichtig Weis Herr, dem das hochwichtig Ampt des Herr Bürgermeisters, Stuels-Richters und des Hannen wirt vberantwort, mehr darin soll verbleiben, als zwei Jar, sondern dieselbige Empter mutieren, damit auch andere W. Herren mögen auferzogen werden, vnnd sie gemeiner Stat vnnd der Saxischen Nation dienen mögen, doch mit Vorbehaltung der Gemein järlich in der freier Wahl vnnd Election". Der Rat erwiderte: Justum (recht ists), doch ohne daß je damit Ernst gemacht worden wäre. Eine andere Forderung dagegen, deren Ausführung viel leichter gewesen, daß nicht nur Bürgermeister und Stadthann jährlich vor den Hundertmännern Rechnung legten, sondern auch "Kirchenväter, Spitalsväter, Almesherr (Almosenherr), Zwanzigerherr, Theilherr und vom Einkommen des Geld bei dem Thor, damit man möcht wissen, wohin gemeiner Stadt Einkommen gewendet wird," wurde mit Hinweisung auf den alten Brauch, der auch fortan gehalten werden solle, abgeschlagen. Unter den „nützlichen Postulatis der Hundertmänner an Einen Ehrsamen Wohlweisen Rat dieser königlichen Herrmanns=Stadt, über welche Ein Ehrsam Weis Rat laboriert hat von Anno 1631, Anno 32, Anno 33 bis Anno 34 darnach sind zugelassen worden", ist eines der ersten, daß der Bürgermeister, wenn er die „ehrliche Gemein" zusammen= rufe, zuvor den Hundertmann=Wortmann zu sich fordere und ihm entdecke, was die Ursache der Zusammenkunft sei, daß sich die Hundertmänner in der Hundertmannsstube beredeten, ehe sie hinein in die Ratsstube gerufen würden: — es ist bei dem Ver= sprechen geblieben. Aufs neue drängten die Hundertmänner 1664: was Stadt= und Stuhlssachen betreffe, soll dem Wortmann zu wissen getan werden; der Rat erwidert, was bishero dem Officio gebühret, soll auch weiter competieren, Neues nichts. Im Jahre 1676 sehen sich die Hundertmänner genötigt, ernst zu begehren, „es möchten die Centumviri nicht nur tempore nundinarum, rationis und electionis (zur Zeit des Jahrmarkts, der Rechnung und der Wahl) sondern propter bonum publicum (um des Gemeinwohls willen) öfter convociert werden, praesertim selben zu entdecken, was in gemeinen Landtägen concludiert wird"; wie wenig es gefruchtet, lehrt die Rüge des folgenden Jahres „die öftere Convocirung Dominorum Centumvirorum ist wie vormals also auch dieses Jahr unterlassen worden." 1673 „bittet und begehrt Eine Löbl. Hundertmannschaft ganz untertänigst, Ein amplissimus Senatus wolle doch gegen selbe so väterlich und treuherzig gewogen verbleiben, damit die wenige officiola, so ab antiquo denen Weisen Herren aus der Hundertmannschaft concredirt worden, und auch noch concredirt werden, nicht mögen in ihren Gehalten inskünftig gemindert und geschmälert werden, sintemal ja hiedurch gemeiner Stadt so großer oder merklicher Schade und Abbruch nicht wird noch kann entstehn;" minder demütig fordert sie drei Jahre später, „daß kein neuer Salarist ohne Wissen der Hundertmänner berufen, viel weniger angenommen werde" und fügt unmittelbar hinzu, „daß alle Officia mit Gott= und Ehrliebenden Personen bestellt werden möchten, dermaßen und dergestalt, daß die Person das Amt und nicht das Amt die Person ziere."

Ähnliche Forderungen, wie diese, finden wir oft; der 13. Artikel der Universitätsbeschlüsse von Schäßburg wird hervorgehoben;

„Unehrliche," ist das Begehren, „Hurer, Mörder und sonst Infames, alias personae notoriae, ja auch die so nur verdächtig aus genugsamen Circumstantien sollen zu keinem Ehrenamte gebraucht werden;" 1677 begehrt die Hundertmannschaft aufs neue, daß „die in der Administrierung untreu befunden worden, ohne Erbarmen und ohne Ansehn der Person der Ehren entsetzt werden": „Icarus altum petit" (vergeblicher Versuch) hat eine gleichzeitige Hand daneben geschrieben. Doch kaum kommt eine Beschwerde häufiger vor, als die über Verschwendung bei der unentgeltlichen Bewirtung des Adels; 1671 erklärte der Rat darauf, „er werde es fortan auf aus sparsamste austeilen", 1672 er wolle sorgen, daß in Zukunft „nicht Alle und Jeder so liberaliter begästigt werden", 1673 „die freie Bewirtung auf einmal abzuschaffen, scheine unmöglich, es werde aber gleichwohl ein Amplissimus Senatus dahin intendieren, daß der eingeschlichene abusus (Mißbrauch) aufhöre"; 1674 der ganze Rat sei bedacht, solche Ausgaben künftig zu verhüten und dieses den Herren Stadthannen anzubefehlen; 1675 mußten die Hundertmänner abermals bittere Klagen darüber führen, daß der Stadthann ungeachtet der freundlichen Ermahnung bei der Übergabe des Amts, ungeachtet seines eigenen Versprechens, „vielleicht um bei Anderen sich aus dem Gemeinsäckel Gunst zu machen", die freie Bewirtung übertreibe; darum sei „die Ehrliche Gemeine resolviert, solche Ausgaben hinfort mit nichten anzuhören, vielweniger zu akzeptieren und möge alsdann derselbe Weise Herr, welchen es treffe, sich selbst darum kulpieren und beschuldigen;" schon nach zwei Jahren hören wir wieder den Klageruf der Hundertmannschaft, die „aus höchst dringender Not und der armen Bürgerschaft allgemeines Geschreies wegen protestando untertänigst suppliziert", der Rat möge sein „weisliches Einwilligen" in dieser Angelegenheit „endlich werkstellig machen." Wie oft hat sie nicht sonst noch auf rechtzeitige Rechnung gedrungen, — „nur daß es Gott und die Zeit möge zulassen," antwortet der Rat 1668, - wie oft die Übergriffe desselben auf anderen Gebieten des Lebens zurückzuweisen versucht! Im Jahre 1676 erinnert sie nachdrücklich, daß gemeiner „Bürgerschaft ihre jura haereditaria in Kirchen und Friedhöfen nicht mögen abalieniert werden;" ja sie ist genötigt, gegen Junkergelüste zu kämpfen, die von fremder Erde auf freien Sachsenboden Zugang gefunden. „Weiln," lautet ihr Begehren

1676, „gottselige Könige unsere Nation sonderlich begnadet mit freier Jagd, Fischerei und auch Gebrauch des Waldes, so soll solches künftig niemand in privatum commodum vertiren." Welche Erfahrungen mußten die Hundertmänner von Hermannstadt gemacht haben, bis sie 1663 in ihre „Postulate" schrieben, es möchten ihre Begehren von dem Rat nicht nur angenommen, sondern auch mit dem Siegel der Bestätigung bekräftigt werden; der Rat erwiderte: „Treu und Glauben bedarf keines Siegels." Ein Menschenalter später (1690) schrieben sie in die „Postulate", daß „das Ansehn der Hundertmannschaft von manchem gar verächtlich, ja schimpflich geachtet werde; man bitte, damit auch die Hundertmannschaft künftig höflicher wie bis dato von manchem möchte respektiert werden;" während der Rat auf dreizehn andere Punkte der „Begehren" antwortet, hat er hiefür kein einziges Wort.

So blieb der, Menschenalter hindurch geführte Kampf gegen die Übergriffe starrer Amtsgewalt ohne Erfolg, um so mehr da die Kämpfenden selbst oft nur die kleinlichen Zwecke eigener Selbstsucht im Auge hatten, und die Gegner durch alle Bande des Familien- und gesellschaftlichen Lebens aneinander geschlossen waren. Umsonst waren alle Versuche diese „Geschlechterherrschaft" zu brechen. Zwar gewährte 1634 der Hermannstädter Rat das vier Jahre hintereinander wiederholte Begehren der Hundertmannschaft, „daß keine Schwäger, Brüder oder Blutsfreund wie bishero geschehen, in Einem Ehrsamen Weisen Rat nebeneinander sitzen sollen", aber auch festerer Gesetze Bruch hat es nie an Entschuldigungsgründen gefehlt, wenn das Interesse gebot, ein Auge zuzudrücken. So geschah es 1696 nach dem Tode des Hermannstädter Ratsherrn Joh. Herberth. Es konfluiert, erzählt der Bürgermeister Joh. Zabanius, ein amplissimus Senatus in des Herrn Valentini Frankens von Frankenstein Behausung, um die erledigte Selle zu besetzen. Als man nun de successore discourirte, so befand man, daß der uralten praxi nach der jetzige Weise Herr Notarius vor Allen Amts wegen in Betrachtung gezogen werden könne und solle; „weil er aber ein leiblicher Sohn des E. N. V. W. Herrn Comitis wäre und dergleichen Exempel, ein leiblicher Herr Vater samt einem leiblichen Herrn Sohne zugleich in senatu gewesen, nicht wißlich, so überlegte man publice, ob es etwa möglich sei oder nicht, jetzo von des Herrn Notarii Promotion zu gedenken. Die considerationes wurden fleißigst und genau überlegt, die rationes pro et contra referirt und examinirt, sodann einmütig ersehen, daß es ordinarie sine specialissimo respectu nicht geschehen, auch man es durchaus nicht als ein ordinarium et facile practicabile aufkommen lassen, vielmehr, wenn gleich jetzo ob extraordinaria Spectabilis Domini parentis merita man etwas Außerordentliches und bis dato nicht Gebräuchliches täte, solches gleichwohl zu Exempel nicht gezogen, sondern nicht mehr jemals geschehen solle." So wurde des Romes Frank Sohn in Betrachtung der vielen Verdienste seines Vaters, sodann weil er nun schon einmal Notarius und als solcher ein nobile membrum des Senates sei, endlich weil er eben so gut befähigt sei als ein Andrer, den man in Vorschlag hätte bringen können, einmütig in den Rat gezogen und ihm die Stelle „in Gottes Namen" übertragen. „Welche seines lieben und einigen Herrn Sohnes promotion — schließt Zabanius — der liebste N. V. W. Herr Vater, wie natürlich mit Konsolation angenommen", doch habe er zugleich erklärt, wenn er nicht eine so bedeutende Abnahme seiner Kräfte fühle, werde er es um des bösen Beispiels willen nicht zugegeben haben. Sein Tod endigte schon im folgenden Jahr seine Freude und der Wähler Gewissensskrupel.

Daß bei solcher Änderung der uralten Grundvesten des Gemeinwesens in die sächsischen Stadtgemeinden des 17. Jahrhunderts dumpfer Mißmut einziehen und die kläglichste Spaltung zwischen „Herrn" und „Bürgern" erwachsen mußte, ist erklärlich. Machten doch die „Herrn Officiales" in Hermannstadt selbst ihre Maier von der Stadtarbeit frei und durften sich die „weisen Herren des amplissimus Senatus" einen Maierhof nach eigenem Belieben erwählen, der kraft dieses Vorrechtes von jener Last gleichfalls frei sei. Wenn sich der verhaltene Groll des Volkes gelegentlich auch in heftigen Ausbrüchen Luft machte, wie in den Gotzmeisterschen Händeln in Hermannstadt, im jammervollen Aufstand in Kronstadt, und auf wenige Tage die gewöhnlich töricht benützte Obergewalt errang: die Macht kam doch immer wieder verstärkt an die alten „Herren" zurück und den scharfen Zungen der Unterdrückten setzten die patrizischen Chronisten bald leichtern bald tiefer gehenden Spott über den „Vulgus" und über Herrn „Omnes" entgegen. Doch blieb es natürlich nicht immer nur hiebei; „wegen Lügen=Geschwätz wider die N. V. W. H. Offizialis" ließ der Hermannstädter Rat 1691 einem „Burzenländer

Jungen" ein Ohr abschneiden, wie sie denn überhaupt über
gebührende Erzeigung äußerer Ehre eifersüchtig wachten. Im
Konflux 1665 erhob sich "hartes Geklag über der Hermannstädter
Stadtreiter Grobheit und Hoffart, daß sie die Universitätsherren
nicht nach Gebühr respektieren, auch den Hut vor ihnen nicht ab=
ziehen wollten, weshalb man die Beklagten zu verdienter Korrek=
tion zu ziehen" beschloß. In der großen Kirche in Hermannstadt
durften nach einem Schluß des Rats und der Hundertmänner von
1691 keine Dienstmägde "in die Stellen bei Amptsherren=, Rats=
herren= oder Andrer ansehnliche Weiber sitzen;" vor dem "jüngsten
Ratsherrngestühl" wurde den Mägden vor der Amtsherren
Weiber eine Bank für vier Personen angewiesen; die übrigen,
lautete der Schluß, "können ins Kloster oder ins Spital gehen,
ja auch in der großen Kirche, wo irgend auf der Seite eine leere
Stelle sein mag, sich derselben bedienen, oder stehen." Selbst auf
die Denkmale der Toten sollte nichts kommen, was den "Herren"
mißliebig war. Im Jahre 1690 "vergünstigte" der Hermannstädter
Rat den Senatoren in der Kirche zu ihrem und der Ihrigen
Gedächtnis "Epithaphia" aufzurichten, "doch daß nichts wider
des Rats Zensur gemacht und besagten Epithaphiis eingeschrieben
oder eingeschnitten werde".

Am schwersten lasteten diese Zustände und der Druck solchen
Regiments auf dem Teil des Volkes, der am meisten seiner
Rechte verlustig gegangen war, **auf den Dorfgemeinden**.
Alle Zeugnisse jener Zeit stimmen darin überein, daß die Übel,
mit denen der Staat jene Armen heimgesucht, so oft noch gehäuft
worden sind durch die Verwaltung ihrer eignen Beamten, die
nicht selten in böser Wirtschaft, ohne Herz für die Leiden der
Not, in Erhöhung von vielnamigen Abgaben kein Ziel gekannt.
Als im Februar 1641 der Fürst in Reps erwartet wurde, lieferten
die Dörfer auf Anordnung der Stuhlsbeamten 41 Fuhren Heu
und 193 Fuhren Holz dorthin, 3250 Brote, 498 Kübel Hafer,
10 Rehe, 5 Schlachtrinder, 530 Hühner, 52 Gänse, 1660 Eier,
43 Maß Butter, 66 Maß Milch usf. Aus keinem Teil des
Sachsenlandes aber sind die Klagen häufiger, als aus dem
Mediascher Stuhl. Im Dezember 1626 sah sich die Universität
genötigt, zu beschließen: weil der arme Mann in sede Mediensi
über die großen Expensen heftig klaget, auch Ihro Fürstliche
Durchlaucht sehr darüber gescholten und gedräuet hat, Bürger=

meister und Stuhlsrichter von Hermannstadt samt etlichen andern Weisen Herren dorthin zu schicken, die von den Herren Mediensibus Rechenschaft fordern, einige Gemeinen visitieren und sie eidlich vernehmen sollten, wie viel Zins sie im verlaufenen Jahr gezahlt hätten. Sie wünschte, es möchte dem gemeinen Mann geholfen werden, damit hieraus kein Unheil erwachse. Wir finden nichts in unsern Quellen von dem Ausgang der Visitation, wohl aber, daß jene Zustände im Mediascher Stuhl ein Menschenalter später noch immer fortdauerten, bis endlich der Landtag sich 1653 der Sachen annahm. Ein ungarischer Landtags-Abgeordneter, Franz Daniel, erzählt der gleichzeitige Schäßburger Ratsschreiber Georg Kraus, übernachtete bei dem Marktschelker Richter Thomas Literatus. Wie da beide Männer miteinander redeten, erzählte der Richter seinem Gast „die unerträglichen Beschwernisse, denen sie unterlägen, voraus der Herren Mediensium, dabei auch andere Heimlichkeiten der Nation, des Zinses Abgaben, des Wein-Zeichnens und Salz-Führens Beschaffenheit." Franz Daniel erzählte diese Mitteilungen am Hof des Fürsten und im Kreis der Adeligen, „welche die Ohren alle darnach gespitzet" und „animierte" auch den Marktschelker Richter, daß er nach Weißenburg kam und Klage führte. Die Folge war, daß der Fürst, wie es heißt, unwillig ob einiger Beschwerden der Universität über Bedrückung durch seine Beamten, von dieser plötzlich Rechenschaft forderte von allerlei Geldern, namentlich da er Bericht bekommen, daß mancher arme Mann auf den Dörfern fünfundzwanzig, dreißig, ja mehr als hundert Gulden Zins zahle, so daß wohl 200.000 Gulden jährlich zusammenkämen, wovon er, der Fürst, nicht mehr als 53.000 bekäme, also wolle er und das Land wissen, wohin die übrigen gewendet würden. Darüber wurde die Universität „nicht wenig bestürzt" und mehr noch, als der Fürst deshalb eine genaue Untersuchung auf dem Sachsenboden anordnete, an deren Spitze Johann Kemeny und andere Adelige standen. Wie die Universität hierauf einzugehen sich genötigt sah, bat sie nur, „die Inquisition vor diesmal der teuern Zeit wegen auf bequemere Zeit zu sparen, denn es viel Unkosten verursachen würde und wäre der Armut zu ertragen unmöglich." Der Fürst willigte ein, doch möge man nicht lange säumen.

Aber die „bequemere Zeit" kam nicht; „Gott hat alleweil ein Hindernis dazwischen geschickt," erzählt der Chronist „und ist die

Unerträglicher Druck der Bauern. 529

Sach von Tag zu Tag prokrastiniert worden." Wie endlich „die Inquisitoren" einmal mit dem Hermannstädter Bürgermeister am fürstlichen Hof in Weißenburg zusammentrafen und den Gegenstand berührten, erörterte dieser „des Zinses Einnahmen und Ausgaben"; wenn der Fürst davon auch nur 53.000 Gulden bekomme, müsse man bęḍenken, daß die übrige Summe auf der Städte und Stühle Bedürfnis, auf die unentgeltliche Verpflegung des Adels, auf Vorspann usw. ginge. Wenn die Herren Inquisitores die Sache einmal vornähmen, würden sie in Wahrheit erfahren, „wie viel Expensen auf jeden Landherrn, dero Diener, Hofdiener, gemeine Edelleut, Posten, Kriegsleut, Katner, Soldaten, auf= und abreisende Betrüger, Landläufer, kutyapecze, Fürsten und andrer vornehmer Herren Schafhirten und Trabanten und Andere, so zu erzählen unmöglich, gewendet und spendiert werde" und in den Registern der Hannen in Städten, Märkten und Dörfern seien sie mit Namen verzeichnet und all „die Achtel Wein" bei Heller und Pfennig aufgeschrieben, so sie getrunken, und was noch vieler anderer Ausgaben auf Fürstenbau usf. mehr seien. Wie da „die Herren Inquisitores vernahmen, daß jedes Edelmanns Expensen verzeichnet wären", wurden auch „sie von Stund an" der Sache fremd und trachteten nun selber, wie man die Untersuchung einstellen möge. Endlich wandte sich der Hermannstädter Bürgermeister an Johannes Bisterfeld, den berühmten Lehrer an der Weißenburger Schule und der „als ein rechtschaffner Teutscher" tat sein Bestes daran. Er schrieb den Verlauf der alten Fürstin, Rákóczi's II. Mutter, und diese wieder „ermahnte" ihren Sohn „mit Ernst", „sich mit den Sachsen nicht zu verhassen". So unterblieb die Untersuchung, welche doch, schließt Kraus, „mit vielem Flehen und Seufzen der Armen ans Licht bracht hätte", wie viele Städte und Stühle gehandelt; — „doch schweig du Zunge, still du Feder, denn die Wahrheit gebiert Haß!"

Auch die Mediascher „Herren" waren der Ansicht, daß in andern Stühlen gleichfalls üble Wirtschaft sich finde. Im Jahre 1671 „hielten" die Großkopischer vor der Universität „untertänig an", ihre Patroni Medienses möchten doch vermocht werden, ihnen an ihren Zinsen und Rückständen etwas nachzulassen. Darüber „entstand" in der Universität „ein Discours", in welchem der Mediascher Ratsmann Martinus Wolmann anführte: Sie hätten doch noch nie mit 18.000 Gulden übersehen wie andere, und der

Teutsch, Geschichte der Siebenbürger Sachsen. I. 34

Mediascher Königsrichter hinzufügte: Wenn sie also sollten übersehen wie andere, würde sie das Pöbelvolk mit Bäumen tot schlagen; — ob welcher „ansteckender Wort sie einen starken Ausputzer bekamen" und der Komes Andreas Fleischer entschieden protestierte. Doch mußte noch 1695 der Kriegssekretär David Absalon, der warme Freund der Sachsen, klagen, daß „die sächsischen Officianten, welche von Ämtern, Zehenden, Interessen, mit einem Wort aus dem Schweiße der armen Leute reich würden", für den „von jedermann verlassenen sächsischen Pauren" fast gar nichts täten. Im trüben Licht solcher Zustände, bei dem von allen Seiten auf dem Bauernstand lastenden Drucke wird es verständlich, wie die Bewohner der sächsischen Dörfer im 17. Jahrhundert alle Liebe zur Heimat verlieren und von einem Wandertrieb erfüllt werden, dem alle Beschlüsse der Universität nicht steuern können. Wenn aus einem Ort oder Stuhl, verordnete sie 1627, jemand freiwillig wegziehen wolle, solle der oberste Amtmann den Richter oder Hannen derselben „Gemeine" samt der Person, so fortziehen wolle, rufen lassen und diese mit guten Worten fragen, aus was für Ursachen sie hinweg zu ziehen begehre. Könne der Mann mit guten Worten beredet werden, wohl, wo nicht, solle der oberste Amtmann den Hannen und Ältesten des Orts befehlen, daß sie die Schulden der Gemeinde zusammenzählten und nach gutem Gewissen berechneten, was auf ihn käme; wenn er das bezahlt habe, solle man ihn ziehen lassen, wohin er wolle. Schon zehn Jahre später reichte jene Verfügung nicht aus; 1638 „deliberiert Eine Löbliche Universität unanimi consensu, daß, derweil ein groß Unheil erfolget aus dem, daß die Leut manch Beschwernis zu evitieren, aus einem Dorf ins andere, oder auch in die Städte ziehen: so soll es hinfort nicht zugelassen werden, sondern wo irgendher einer weg an einen andern Ort verreiset zu wohnen, so soll man ihn zurück zwingen." Die Härte einer solchen, alle Freiheit tötenden Satzung machte die Ausführung unmöglich; 1665 beschließen sie wieder, „daß welche Pauren wollen transmigrieren sollen alles zahlen, was sie versessen haben, sonst nichts; welche aber auf nobilem fundum ziehen, denen soll nichts als nur das Hemd zugelassen werden mit sich zu nehmen." Wie aber 1676 die Werder klagen, „daß ihre Einwohner flüchtig und wegziehen wollten," die Gemeinde müsse wüst werden, wenn man dem Zug nicht wehre, bewilligte es die Universität; sie sollten „standhaftig bleiben", oder von allen ihren Gütern nichts als eine Haue und Axt mit sich nehmen. Derselbe Befehl erging in demselben Jahr an die Magareier im Leschkircher Stuhl. Wie klingt in solchen Verhältnissen doppelt herbe im Mund der sächsischen „Patricier" und Amtleute das Wort über die „schelmischen Pauren" und von „päuerischer Obstinacität!" Es konnte kein Trost für diese sein, daß das Los ihrer, auf dem Adelsboden lebenden unfreien Standesgenossen ein noch schwereres war, wie denn unter andern die Hörigen aus dem Hunyader Komitat, um dem Druck des Adels und namentlich der Zehntabgabe zu entgehen, auf türkischen Boden entflohen. Ist aus solchen Zuständen die deutungsvolle Sitte auf den sächsischen Hochzeiten einzelner Dörfer entstanden, daß die Braut vor dem Kirchgang ihre Jugendgenossen mit Thränen bittet, nicht gar Abschied zu nehmen, sondern die Verheirateten zu besuchen „in ihrem Elend"? Oder hat der Hermannstädter Ratsschreiber Johannes Simonius das gemeint, als er 1617 bei dem Antritt seines Amtes als obersten Grundsatz der Verwaltung in das Ratsprotokoll schrieb: „Gleichwie ein Roß seinen Herrn tragen und ihm in allen Diensten bereit sein muß; damit es wiederum von demselben zu seiner Zeit in die gute Weide geführt und fleißiger gepflegt werde: also müssen auch die Untertanen die Obrigkeit ehren, zur Unterhaltung derselben ihre Hände ausstrecken, damit sie durch ihren Rat und Fürsorge in Ruhe, Friede und Einigkeit erhalten und wider alle Anfechtung der Gaben Gottes in Sicherheit zu gebrauchen versecht und beschützet mögen werden?"

Mitten in dem Verfall der alten Ordnungen ist es fast ein Wunder, daß sich eine Einrichtung erhielt, die nicht nur einzelne Trümmer der alten Selbstregierung rettete, sondern für Erleichterung, Sicherheit und Sittlichkeit des gesamten Lebens von der tiefstgehenden Bedeutung war. Es ist dies das altehrwürdige Institut der Nachbarschaft, im Boden bürgerlicher Rechtsordnung wurzelnd, von der Kirche gerne gepflegt und veredelt. Nach Maßgabe der Örtlichkeit vereinigte sie (und vereinigt) eine hier größere, dort geringere Zahl von Höfen mit ihren Bewohnern zur ersten Einheit für Zwecke des bürgerlichen und gesellschaftlichen Lebens. Den jährlich gewählten Nachbarvater oder Nachbarhannen an der Spitze, um ihn die gleichfalls gewählte Altschaft, bildeten die „Nachbarn" für geringere Vergehen das natürlichste „Pairs-

gericht", straften Übertretungen, sorgten für Ruhe, Zucht und
Ordnung in ihrer Mitte, standen sich bei mit gegenseitiger Hülfe=
leistung im Leben und im Tod, versöhnten die Gegner insbesondere
auch im Ehezwist, und gingen an vielen Orten gemeinschaftlich
zum Tisch des Herrn. Alle Nachbarn und Nachbarinnen, verordnen
die Bodendorfer Artikel von 1620, sollen sein Liebhaber der Kirche
und des Wortes Gottes und nach demselben mit ihrem ganzen
Hausgesinde leben, den Kirchgang in der Woche nicht leicht
versäumen, noch weniger an Sonn= und Festtagen ausbleiben,
oder ohne Erlaubnis des Pfarrers über Feld reisen. Wer es tut,
verfällt der Kirche ein Pfund Wachs zur Strafe. Acht Denare
zahlte der Nachbarschaft in Meschendorf, wer darüber zürnte, daß
ihn der Nachbar, wie die Artikel geboten, wenn er in der Kirche
schlief, weckte. Wer dem Nachbar das Gesinde „abwendig machte",
den büßte die Nachbarschaft um einen Gulden; bei Neubauten
oder Ausbesserung von Scheune, Keller, Haus, Brunnen half sie
gegen einen „Ehrentrunk" oder die festgesetzten wenigen Denare
in den gemeinen Säckel, und wer nicht kam, zahlte Strafe. Es
gab keinen Leid= oder Freudenfall, in dem die Nachbarschaft nicht
als nächster Teilnehmer erschien; wer um drei Uhr im Sommer,
im Winter um zwei nicht auf der Hochzeit war, wurde in Schäß=
burg um zwei Denare gebüßt, um acht wer den Leichenzug nicht
begleitete, um ebensoviel wer bei dem „Bau" des Nachbars nicht
die erbetene Hülfe leistete, oder im Zorn auf den Tisch schlug.
Zum letztern mochte auch außer den gewöhnlichen Nachbarschafts=
versammlungen bisweilen sich Gelegenheit bieten, wenn nach dem
„Richttag" oder „Sittag" in der letzten Faschingswoche die
Nachbarn zum gemeinschaftlichen Mahl sich vereinten, wobei die
jungen Nachbarn „aufwarteten" und abends die Ältesten heim zu
geleiten hatten. Unter der unverheirateten nicht zünftigen Jugend
sorgte die Bruderschaft auf Sitte und Ordnung. Nach dem
fünfzehnten Jahre trat der junge „Knecht" aus der Reihe der
Knaben in ihre Mitte, deren Haupt der von den Brüdern
gewählte „Altknecht" war. Seine Aufgabe bezeichnen die Prudner
Artikel vortrefflich: Altknecht, halt Recht, tritt schlecht (grad).
Auch in ihnen, wie in allen übrigen, werden die Pflichten der
Gottesfurcht, der Heilighaltung der Kirche und des göttlichen
Wortes, der Achtung des Alters und aller guten Sitte einge=
schärft; Strafe in mannigfachen Abstufungen von der Bruderschaft

Bruderschaft. Zuwanderungen fremder Volksgenossen. 533

berhängt, sollte die Ordnung erhalten helfen, über der als un=
mittelbarer Wächter Pfarrer und Kirche stand.

Daß in den meist so jammervollen Zuständen den 17. Jahr=
hunderts, wo „Schrecken ohne Ende" herrschte, und sogar des
Volkes natürliche Schirmherren oft seine Zwingherren wurden,
die statt die gemeine Freiheit zu mehren, immer größere Lücken
in die alte gesetzliche Gleichheit brachen; wo der verkehrten Arbeit
der Menschen, die die vernunftgemäßen Säulen der öffentlichen
Wohlfahrt selbstsüchtig zertrümmerten, die Todesengel der Natur,
Seuche und Hunger, so oft zu schrecklicher Hülfe kamen, die alte
Bevölkerung des Sachsenlandes nicht zunehmen konnte, ist leicht
zu begreifen. Wir haben schon oben einige Zahlen aus den
gelichteten Reihen sprechen lassen; es ist nun doppelt erklärlich,
wie in ganzen Gegenden der deutsche Laut erstarb und nur die
zerfallene Burgmauer oder die öde Kirche oder die verklingende Sage
das wehmütige Andenken an die frühern Bewohner erhielt, und
oft das Wild des Waldes die Stätte wieder zurückgewann,
woher es vor einem halben Jahrtausend der sächsische Ansiedler
verscheucht. Wie so des Bodens immer mehr wurde bei der
abnehmenden Zahl der Lebenden, die Last, die auf diese drückte,
aber stets zunahm, griffen sie zu einem Aushülfsmittel, das
zwar für den Augenblick das Übel erleichterte, aber für die Zukunft
um so schwerere Gefahr bringen konnte: sie nahmen immer mehr
und mehr fremde Volksgenossen auf ihren Grund und Boden
auf. So sind in unbestimmter Zeit im Osten des Hermannstädter
Gaues Szekler in die altsächsischen Dörfer eingewandert, nach
Sommerburg, nach Galt, nach Halmagy und in andere Gemeinden;
als freie Männer gastlich aufgenommen, haben sie zum Teil wie
in Galt, die deutsche Sprache gelernt, überall aber in sächsische
Tracht und sächsische Weise sich gefügt, auch zum „sächsischen
Glauben" — der evang. Kirche — sich bekannt und in sächsisches
Bürgerrecht eintretend von den Gütern der deutschen Gesittung
ein gut Teil davongetragen. Es ist eine erhebende Erfahrung,
daß der in Siebenbürgen sonst so häufige Gegensatz zwischen
magyarischem und deutschem Wesen hier nicht vorkömmt und ein
lehrreiches Zeugnis dafür, daß „die natürliche Feindschaft" beider
Volkstümlichkeiten, von der ungarische Geschichtschreiber jener Zeit
sprechen, denn doch nicht im Wesen derselben ihren Grund haben
kann. Selbst über die Benützung der Kirche einigten sie sich,

wenn auch nicht ohne wiederkehrenden Hader in Tekes 1641: früh Morgens am Sonntag „fast vor Tag noch" solle man der ungarischen Gemeinde predigen und sie einen ungarischen „Psalm" singen lassen, doch also daß der sächsische Gottesdienst sich nicht bis zum Mittag verziehen müsse und die sächsische Gemeinde überdrüssig des langen Wartens sich von heiligen Gedanken abwende. Auch Mittwoch und Freitag solle ein ungarisches Gebet gesprochen und ein Kapitel aus der Bibel ungarisch gelesen, auch die „in der Beichte schwächern und in den Artikeln des Glaubens mehr verblüfften als albernen Szekler" ungarisch unterrichtet werden, damit sie um so geeigneter würden, mit den Sachsen des Herrn Abendmahl zu feiern. Bis auf die neueste Zeit wurde in Tekes, und in Galt ebenso, an gewissen Tagen und zu gewissen Stunden in den sächsischen Kirchen Gott in ungarischer Sprache gepriesen, wiewohl jene ganzen evang. Gemeinden durch und durch deutsch geworden sind und nur in einzelnen Familiennamen die Kunde des früheren Volkstums ihrer Träger bewahren.

Zahlreicher als magyarische Männer suchten Rumänen Aufnahme auf dem Sachsenboden nach. Nirgends in der Welt gab es damals einen freien walachischen Bauernstand, überall lastete das Joch schwerster Hörigkeit auf ihm; wie lockend mußte da das Leben im Sachsenland erscheinen! Zwar erhielt er auch hier nicht volles Bürgerrecht; nach dem Landesgesetz hatte das rumänische Volk in ganz Siebenbürgen jenes nirgends; es war, wie seine Kirche, überall nur „toleriert" (geduldet) und durfte mit wenigen Ausnahmen keine Waffen tragen. So saßen auch die aufgenommenen Rumänen auf dem Sachsenboden nur als „Siedler", als Hintersassen, hatten in der deutschen Gemeinde, im Rat der Amtleute, in der Vertretung des Stuhls, des Volks keine Stimme und haben sie auch nie beansprucht; aber sie gewannen persönliche Freiheit, dazu wenn auch mehrfach beschränktes Erb und Eigentum, von dem sie der sächsischen Kirche den Zehnten, der sächsischen Schule ihre Gebühren entrichteten, und genossen den Schutz des Gesetzes. So verbreitete sich, nicht ohne eine gewisse Mithülfe sächsischer Amtleute, denen der unterwürfige, zu so vielem zu gebrauchende Siedler oft gar genehm war, eine rumänische Bevölkerung, die früher nur an den verwüsteten Säumen des Landes zugelassen worden, im 17. Jahrhundert auch in verödete Strecken der Mitte. Also geschah es in Bajendorf im Leschkircher Stuhl, wo 1651 nur noch drei sächsische Hauswirte mit ihren Familien lebten; die übrigen „guten Leute, die Deutschen", hatte teils „der zeitliche Tod abgefordert", teils waren sie im Jammer jener Tage ausgewandert. Wie nun die wenigen nicht mehr im stande waren „das Dorf zu excolieren und aufzuhalten", nahmen sie „die deutsche Nation", vierundzwanzig rumänische Hauswirte in das Dorf auf, gestatteten ihnen Haus und Hof und Äcker zu kaufen, „doch aber wenn Deutsche mögen dahin kommen, so sollen sie um die Zahlung näher sein, als die Walachen, welche schon da wohnhaft sind." Ausdrücklich wurde ferner festgesetzt, daß die neuangesiedelten Walachen dem „deutschen Pastor" den Zehnten gäben, daß sie der deutschen Kirche samt Friedhof, Pfarrhof und Schule fleißig wahrnähmen, sie bauten und erhielten, dem „Rector scholae" sein Salarium gäben und „der Deutschen Privilegien in nichts violierten." Den Vertrag genehmigten den 5. Juli des genannten Jahres Richter und Stuhlsgeschworene von Leschkirch und drückten unter die Urkunde das Stuhlssiegel. Schon vier Jahre später lebte der sächsische Laut und der sächsische Glaube nur noch in einem Hause in Bajendorf; wenn auch dieses ausgestorben, beschloß die Synode 1655, solle der Kirche Kelch und Glocke den Amtleuten in Leschkirch überantwortet werden, daß sie sie aufbewahrten, bis sich vielleicht wieder eine evang.-sächsische Gemeinde dort sammle. Der Pfarrer aber solle im Orte bleiben, damit das andere Kirchengut nicht verloren gehe; er ist bis in unsere Tage geblieben, doch Kelch und Glocke hat man von Leschkirch nie mehr zurückverlangt.

Unter ähnlichen Bedingungen wie in Bajendorf hatten ein Menschenalter früher in Tekes rumänische Siedler Aufnahme gefunden. Den 28. Juni 1627 wurde mit Einwilligung des Richters und Rates von Reps der Vertrag geschlossen, der ihnen einen „wüsten" Teil des Tekeser Hatterts überließ, daß sie ihn „aufrissen" und so lange benützten, als die deutsche Gemeinde ihn ohne Schaden entbehren könne; würde diese aber einmal des Ackerlandes „dürftig" sein, so sollten die Aufgenommenen gehalten sein, davon abzustehen und es den Deutschen wieder folgen zu lassen, doch solle hierin „kein Mutwille oder Finanzerei vor der Zeit an ihnen geübt" werden. Den jährlichen Zins für jene Benützung überreichten sie am S. Martinstag der evang. Kirche, der sie von ihren Feldern zehntpflichtig waren. Drei Jahre später (1630) nahmen die Wermescher zwölf rumänische Hausväter auf, die aus der Moldau gekommen, „bis dort ruhigere Winde wehten;" sie sollten den Sachsen in Schoß und Steuern zu Hülfe sein und dem sächsischen Pfarrer den Zehnten geben. Damit sie in Rosenau nicht übermäßig zunähmen, da „diese barbarische Nation", nach dem unglücklichen Einfall des Woiwoden Michael hie und da so zahlreich geworden, daß an manchen Orten „die armen Sachsen ganz ausgewurzelt", beschloß der Kronstädter Rat den 28. August 1679, daß, wenn ein Rumäne dort ohne leibliche Erben stürbe, seine Felder dem nächsten sächsischen Nachbar um einen „von den Ehrsamen Weisen Herren" des Ortes festzusetzenden Preis zufallen sollten. Dasselbe solle geschehen, wenn die Kinder in andere Gemeinden heirateten, ja selbst, wenn es nur erwiesen werden könne, daß die Eltern solche Felder von den Sachsen bekommen; — „maßen von Rechtswegen der regius fundus nicht den Walachen, sondern den Sachsen gebühret;" — eine Bestimmung, deren Berechtigung dem Kronstädter Rat schon im alten Landrecht (III. 6, 5.) liegen möchte, das bei Verkäufen liegender Güter ausdrücklich Blutsfreunde, Nachbarn und „Hattert= oder Jur=genossen" zum Kauf näher sein läßt, „denn die pur Fremden." Doch selbst solche Dämme vermochten dem Eindringen der fremden Flut nicht zu wehren, wo Sturm und Not der bösen Zeit den deutschen Bürger fortgerafft. Mehr als eine Gemeinde, so im Unterwald Langendorf, Reichau, Klein=Pold u. a., wurde all=mählich ganz von Rumänen erfüllt — die geringen Reste der Sachsen verließen am Ende dann wohl freiwillig die alte Heimats=stätte — und nur im evang. sächsischen Pfarrer, dem jene den Zehnten gaben, lebte das sprechende Zeugnis des frühern Rechtes und Volkstums. Auch in solchen Gemeinden solle der Pfarrer predigen oder die Stelle verlieren, beschloß wiederholt die Synode 1686.

Es ist glaublich, daß das von ihnen verkündete Gotteswort an jenen Orten wenig Früchte getragen. Im allgemeinen sind die Zeugnisse des 17. Jahrhunderts überreich an Klagen über Un=bilden und Rechtsverletzungen, die die Sachsen erleiden müssen. Kaum zwanzig Jahre nach dem Aussterben der Deutschen in Bajendorf (1676) begehrten die Einwohner zur alten Feldmark auch ein Stück des Alzener Hatterts und mußten von der Uni=versität zurückgewiesen werden. Die Sachsen von Logdes im

Neußmärkter Stuhl, gleichfalls einer jener Gemeinden, in welchen die Rumänen „eingewurzelt", mußten 1676 um Zinsesnachlaß bitten, „weil sie fast alle Jahr von den Walachen in Asche gesetzt würden." Bei ihrer Aufnahme in Wermesch wurde ausdrücklich festgesetzt, daß sie mit Dieben und Räubern keine Gemeinschaft unterhielten, und was sie von deren Anschlägen hörten, dem Rat von Bistritz und den Nachbarn mitteilten. Als Neußmarkt einst die Dorfgemeinden seines Stuhls, die dem Vorort über Bedrückung grollten, auf ihre walachischen Dörfer hinwies — auf Urweger Hattert liegt Keppelsbach (Kerpenis), auf Dobringer Pojana, auf Groß-Polder Rod — entgegneten jene: „Wohl haben wir die Dörfer, aber wir wollten wünschen, daß die Walachen an einem andern Ort wohneten."

Derselbe Wunsch, nicht weniger sehnsüchtig, traf in andern Gemeinden andere Glieder. Aus den alten Gräfenhöfen waren hie und da einige durch Heirat und Erbschaft an ungarische Edelleute übergegangen, die diese gerne als adeliges Gut betrachteten, sächsischem Brauch und Gesetz sich schwer fügten und durch Versuche ungebührlicher bevorrechteter Sonderstellung die erbitterte Gegenwehr ihrer Mitbürger herausforderten. So war es in Mergeln (Mariental), wo das alte, vom Orte benannte Geschlecht, das im 15. Jahrhundert dem Schenker Stuhl mehr als einen Königsrichter gegeben, fest an der schirmenden Kirchenmauer zwei Höfe besessen und reiches Erbe auf dem Hattert, was insgesamt mit einer Tochter des Hauses im 17. Jahrhundert an Franz Domokosch, einen Ungarn von Adel, kam. Der schlug dort seine Wohnung auf, wußte vom Fürsten die Schenkung des Mergler Fiskalzehntens zu erwirken und gedachte fortan Edelmann zu sein auf Sachsenboden. Im Konflux 1651 klagten die Schenker Amtleute, daß wiewohl jener Hof früher verzinset worden, der Domokosch Ferenz desselben als eines Edelhofs brauchen, keinen Zins geben, in Wiesen, Ackerland, Weinbergen, Wald zweimal so viel als ein anderer Bauer im Brauch haben wolle, daß er dem Pfarrer Zehnten zu entrichten sich weigere, und die Hörigen, die er hielte, dem Dorf mit verstohlenem Vieh und andrer Ungebühr viel Ungelegenheit machten. Als im folgenden Jahr Johann Domokosch seine Jobbagyen in den „verbotenen Wald" schickte und Bauholz hauen ließ, ergriffen sie die Mergler und spannten ihnen zwei Ochsen aus dem Joch. Darüber ließ der Edelmann eine Untersuchung durch Edelleute des Albenser Komitats vornehmen, und wie die Männer, die mit Listen vorgeladen waren, den Eid verweigerten, drohte er mit schwerer Landeskür. Die Universität, der der Schenker Königsrichter die Sache mitteilte, gab den Rat, man solle gegen diese Rechtsverletzung von Schenk aus „ein mandatum inhibitorium extrahieren;" wolle der Edelmann aber dessenungeachtet mit Gewalt fortfahren, sollten die Mergler „mit Auszuckung bis in die Hälfte eines Sabels repulsionem violentam thun", dann werde der Domokosch es suchen müssen, wenn es ihm nicht gefiele, und Kläger werden. Zugleich verpflichtete sich die Universität, solche Versuche und „Griff" gegen die sächsische Freiheit, wo sie sich immer zutrügen, nicht zu dulden und weder Geld noch Mühe zu sparen, und das alte Recht den Nachkommen zu erhalten. Dieser Kriegszustand dauerte fort, bis den 7. Oktober 1777 die Gemeinde von dem damaligen Besitzer Hof und Erbe um 4857 ungarische Gulden an sich kaufte. Auch da noch war der Friede nicht gesichert. Wie langdauernder Haß den Gestorbenen auch im Grabe nicht ruhen läßt und als Gespenst noch den Lebenden schreckt, so gings den Merglern mit ihrem alten Gräfenhof. Nach 41 Jahren (1818) erhob ein Nachkomme des letzten adeligen Besitzers Anspruch darauf und wollte ihn zurücklösen nach Adelsrecht; der Rechtsstreit darüber, wiederholt von der Gemeinde verloren, hat gedauert, bis die Neugestaltung der Verhältnisse nach der großen Erschütterung von 1848 der guten Sache des Dorfes die Möglichkeit des Sieges und endlich diesen selbst verschafft hat.

Die Stuhlsgenossen der Mergler drüben in Martinsberg hatten an ähnlicher Gefahr zu leiden. Einst, so erzählte man, in Teurung und Kriegszeit hatte die Gemeinde viele Joche Acker und Wiesen an einen von Adel verpfändet und mußte nun dadurch viel Schaden tragen und noch größeren befürchten, so daß die Universität im Jahre 1651 die „Zurücklösung der Erde" befahl. Aber die Martinsberger vermochten nicht aus eigenem Vermögen die Summe von 1020 Gulden in barem Gelde zu erlegen; sie baten die Universität 1655, man möge ihnen Beisteuerung geben, „sintemal sie den Edling allda ausgekauft", worauf ihnen diese einen offenen Brief schrieb an die Städte und Märkte des Sachsenlandes und ihnen Vollmacht erteilte, damit eine Sammlung zu

veranstalten bei den Volksgenossen, denen sie warm ans Herz
redete, ihre Hand nicht zu verschließen vor solcher Not, da das
Spiel des Schicksals heute dem einen, morgen dem andern des
Lebens Schwere auferlege.

Auch den Repsern fehlte diese nicht. Das alte Gräfenhaus,
ehemals der Sitz der Männer, die durch der Krone Vergabung
das Königsrichteramt über den Stuhl erhalten, war ein Edelhof
geworden, der von dem gemeinen Landrecht der Sachsen sich nicht
gebunden achtete, von den Gemeindelasten exemt sein, auf Komitats=
boden stehen wollte und dessen adelige Vorrechte in Anspruch
nahm. Von der Familie der Sükesdi hatte ihn David Weyrauch,
der gewaltige Königsrichter gekauft, der zum Edelhof bald auch
Hörige hielt, die ihm daselbst dienten. Noch während der mächtige
Mann lebte, klagte (1635) dieserwegen der Rat von Reps bei
der Universität, doch ohne Erfolg. Als er die Augen geschlossen,
entbrannte zwischen seiner Witwe und der Gemeinde von
Reps heißer Streit über die von ihr beanspruchten Vor=
rechte, der den 16. März 1637 unter der Vermittlung Johann
Kemenys und anderer vom hohen Adel durch einen Vergleich
geendigt wurde. Der Hof der Witwe sollte von allen Abgaben
frei sein und der Sükesdische Hof nebenan im Besitze der alten
Privilegien erhalten werden. Die auf dem Königsboden befind=
lichen Jobbagyen des gestorbenen Königsrichters sollten sich mit
zehn Gulden bei seiner Witwe lösen können und wieder freie
Menschen sein; die sich aber durch Briefe oder Zeugen ausweisen
könnten, daß sie sich Herrn David Weyrauch nur auf sein Leben
zu eigen gegeben, bedürften auch jener Zahlung nicht. Wenn die
Gemeinde die Hörigen nicht mehr dulden wolle, solle Frau Sophia
— so hieß seine Witwe — sie auf Adelsboden schaffen. Auf
Vertragsbruch wurde die Strafe von fünfhundert Gulden gesetzt.
Aber der innere Widerstreit der Verhältnisse war größer als die
drohende Buße. Schon 1639 zerstörten die Repser drei Hütten,
in welchen des gewesenen Königsrichters Hirten wohnten, — ohne
Zweifel seine Hörigen — weil das nicht Adelsboden sei; Sophia
Weyrauch rief umsonst des Fürsten Schutz an: Gott werde es ihm
einst bezahlen; die Gegensätze traten immer schroffer hervor. Zwei
ihrer rumänischen Hörigen schlugen in Reps einen Schönauer
Rumänen, daß er in drei Tagen starb. Der Repser Rat setzte
die Täter fest; diese entflohen auf den Sükesdischen Hof und

Weyrauchs Witwe, pochend auf dessen adelige Natur, der unter Komitatsgerichtsbarkeit gehöre, wollte die Totschläger dem sächsischen Gericht nicht stellen, bis sie entflohen. Darüber klagten die Repser bei dem Fürsten; der befahl der Witwe Weyrauchs, die Verbrecher dem sächsischen Gericht auszuliefern, und sie wieder jammerte, er möge doch als ein christlicher Fürst ihres Edelhofs altes Freitum erhalten. Daß es in der Tat noch eine Zeitlang gedauert, lehrt die Forderung des Hermannstädter Bürgers Georg Weyrauch 1690 vor der Universität, der den seiner Familie gehörigen, damals den Repsern verpfändeten Edelhof zurückforderte. Umsonst hatte also jene im Jahre 1651 voll Unwillen neben „des Domokosch Ferenz Hof zu Mergeln das Haus Davidis Weyrauch zum Reppes" gestellt und „diskuriert", man solle keinen Edelhof auf Königsboden mit adelligem Vorrecht zulassen. Wie sehr sie zu einem solchen Beschlusse berechtigt und verpflichtet, geht schon aus dem Angeführten hervor; auch der Repser Königsrichter Zacharias Filkenius sprach auf dem Konflux 1638 offen seine Furcht aus, wenn etwa der Fürst in dem Hader um das „Edelhaus" dieses plötzlich für sich einziehen wolle, möge man ihm keine Schuld geben. Hatten jene Edlinge doch sogar einen Teil der Gemeinde Sommerburg vom Sachsenland abgerissen und zu Komitatsboden gemacht; während das eine Haus unter sächsischem Recht und dem Königsrichter von Reps stand, gehorchte das nachbarlich daranstoßende den Befehlen der Weißenburger Gespanschaft. Gerade im Hinblick auf David Weyrauch und die Hörigen, die er auf den Königsboden gesetzt, hatte die Universität 1635 den achten Artikel von 1613 erneuert: „Quia virtus nobilitat hominem und Freiheit macht den Menschen edel, pflegt man zu sagen; weil auch nicht schöner Freiheiten allhie sein können, quam libertates Saxonum und die Sachsen wegen derselbigen rechte Edelleut sind, wenn sie der Edelschaft recht gebrauchen, sollen derowegen alle diejenigen, so ihnen nit damit genügen lassen, sondern adlige Vorrechte haben wollen und adlige Güter kaufen und sich dem Adel insinuieren, zu keinem Ehrenamt adhibiert werden. Denn den Städten ein groß Schaden und Ungelegenheit daraus entsteht."

Das fühlten wohl noch schmerzlicher die zahlreichen **sächsischen Dorfsgemeinden, die auf Komitatsboden lagen.** Und doch war ihr Zustand ein freierer, als der der

andern „Jobbagyen" im Unger= und Szeklerland. Insbesondere
zwischen den beiden Kokeln im Bogeschdorfer und Bnkfescher,
dann im Laßler Kapitel, ferner zwischen den Stühlen Schäßburg,
Schenk, Leschkirch und Mediasch, im Weißenburger Komitat, am
obern Mieresch, in der Umgebung von Sächsisch=Regen lebte eine
zusammenhängende sächsische Bevölkerung in eigentümlicher Mittel=
stellung zwischen Vollfreiheit und Hörigkeit. Alle hatten die freie
Wahl ihrer Geistlichen und Lehrer und eine Gemeindeverfassung,
die der uralten des Königsbodens nahe stand. Meist die gewählten
Hannen und Altväter wiesen das Recht, oder die „fremden
Männer", ein aus den Aldermännern der Nachbargemeinden
zusammengesetztes Schiedsgericht, nicht der Edelmann; das säch=
sische Landrecht bestand dort in den meisten seiner Satzungen
und in vielen Gemeinden ging die Berufung an sächsische Rechts=
stühle, nicht an die „Sedrien" des Komitats; so aus Deutsch=
Zepling (Dedrad) nach Sächsisch=Regen und Bistritz, aus Martins=
dorf nach Mediasch, aus Rod, Zendrisch, Nadesch u. a. nach
Schäßburg. Mühl= und Schankrecht, Wald und Weide, Jagd
und Fischfang waren, wenn hie und da auch nur teilweise, im
Besitz jener Gemeinden, in deren Mehrzahl neben adeligem
Grund sich auch freier Boden fand, „Roderde", die auch an
Töchter erbte, über die der Eigentümer frei verfügte, die er ver=
kaufen, verschenken konnte, und die den ganzen Zehnten dem
Pfarrer entrichtete. Manche jener Dörfer kannten keinen adeligen
Allodialgrund; der Edelmann hatte dort nicht das Recht sich
eine Wohnung zu bauen unter den sächsischen Bauern, die ihm
zu Zins und Gabe verpflichtet waren. Oder wo der ungarische
Edelhof sich erhob, da überragte ihn doch die deutsche Bauern=
burg um die evangelische Kirche, oft mit Turm und Graben nicht
weniger stark und stattlich als die auf dem Königsboden. Gegen
übermäßigen Druck des Edelmanns schirmte das Recht der Frei=
zügigkeit, wie denn überhaupt der unmittelbare Gegensatz gegen
die in Stand, Kirche und Volkstum schroff getrennten adeligen
„Herren", die trotz aller fürstlichen Freibriefe es an mannigfachen
Eingriffen nicht fehlen ließen, unter jenen „Bauern" einen so
mannhaft wackern Geist des Widerstandes geweckt, die Liebe zu
den althergebrachten Sitten und Bräuchen in solcher Kraft erhalten,
daß deutscher Sinn und deutsches Wesen in manchen jener
Gemeinden reiner und stärker geblieben, als in vielen Orten des

Sachsenlandes, wiewohl in der spätern Zeit eine unaussprechliche
Fülle des Elendes alles Edlere dort zu erdrücken suchte.

Wenn der „Königsboden" durch den denn doch schwer zu ver=
tilgenden Geist seiner Verfassung und seiner Einrichtungen, sowie
durch seines Bürgertums zähes Festhalten an den alten Ordnungen
vom unseligen Druck eines bevorrechteten Adels frei blieb: ein
anderer jammervoller Strom der Not, der Gräuel des Krieges
suchte desto lieber seine Fluren heim, je mehr bei der Armut des
Landes die zerstörenden Wogen desselben eigentlich nur hier die
begehrte Nahrung fanden. Welch' entsetzliches Unheil brachte
nicht nur das Jahrzehnt 1596 bis 1606 mit Sigmund Bathoris
reichsverderblichem Wankelmut und der deutschen Treue gegen
König Rudolf dem armen Volke, welchen Jammer die eidvergessene
Tyrannei des letzten Bathori, der Ehrgeiz des zweiten Rakotzi
mit den grauenvollen Verwüstungen der Türken und Tartaren!
Kein Menschenalter verging ohne die Leiden eines barbarischen
Krieges, der, weil meist aller jener höhern Ideen bar, um welcher
willen die Feuertaufe des Kampfes und grade sie die Seele
reinigt und stählt, jene unglücklichen Geschlechter nur groß machte
im Heroismus des Leidens. Da durfte man denn die Wehr=
anstalten, die man von den Vätern überkommen, nicht unter=
gehen lassen. Wie oft auch die Mauern gebrochen, die ragenden
Türme zusammengeschossen wurden, sie erhoben sich immer wieder.
Es gibt gewiß keine einzige von jenen Hunderten der sächsischen
Burgen, die im 17. Jahrhundert nicht mehr als einmal die nach=
helfende Hand derer, die sie schützen sollten, empfunden. Huets
Sorge ließ 1604 die starke Bastei vor dem Burgertor in Hermann=
stadt erbauen. Koloman Gotzmeister, sein zweiter (rechtmäßiger)
Nachfolger führte am turmgekrönten Heltauer Tor den starken
Suldesch (1622—27) auf. Als 1594 der Blitz den über jenem
sich erhebenden Fleischerturm getroffen, stellte ihn die Stadt mit
einem Kostenaufwand von 1029 Gulden 28 Denaren wieder her.
Zwischen der Hallerbastei und dem Heltauer Tor erhoben sich
in der zweiten Hälfte des 17. Jahrhunderts neue Wälle und
Schanzen, davor hatte man bereits unter Gabriel Bethlen zwei
neue große Teiche gegraben, deren, wie aller andern ordentliche
Instandhaltung, „damit nicht gemeiner Stadt groß Ungemach mög
erstehen", ein oft wiederholter Beschwerdepunkt der Hundert=
männer war.

Um die Erhaltung und Verstärkung der Mauern und Türme Kronstadts haben sich wetteifernd die Richter Johannes und Georg Draudt (1607, 1687), Valentin und Christ. Hirscher (1602, 1641), Mich. Goldschmied (1630, 1641, 1643) und David Zack (1668, 1670) verdient gemacht. Als 1660 „der Wächter Trunkenheit" den Messerschmiedturm zersprengte, ließ ihn 1677 der Richter Simon Dietrich auf eigene Kosten wieder aufbauen. Inschriften an Turm und Mauerwänden, meist aus der heiligen Schrift oder den Werken der Römer — doch fehlt es auch an einer hebräischen und griechischen nicht — sollten gleichfalls Zeugnis ablegen von dem Geist, in dem jene Bollwerke gegründet worden; sie spiegeln bisweilen nicht undeutlich ganz spezielle Strömungen der Zeit zurück. Im Torturm der Heiligleichnamsgasse stand Senecas Wort: Wie dem Sohn nichts schmachvoller, als den Vater verunehren, so ist am Menschen nichts häßlicher, als die Obrigkeit anklagen. Auf die Mauer, die Simon Dietrich an die Stelle der 1671 vom Wasser eingerissenen aufführte, ließ er die Worte des Psalms setzen: „Gott ist unsre Zuversicht und Stärke, eine Hilfe in den großen Nöten, die uns betroffen haben. Darum fürchten wir uns nicht, wenngleich die Welt unterginge und die Berge mitten ins Meer sänken." Auch Mediasch vermehrte seine Wehrkraft; 1631 erbaute es die Bastei vor dem Zekeschtor, 1632 die vor dem Schmiedgässertor, 1638 die vor dem Forkeschtor bei dem Schneiderweiher, 1636 die Befestigungswerke bei dem Steingässertor. Noch größere Tätigkeit herrschte fast durch das ganze Jahrhundert in den Befestigungsarbeiten Schäßburgs. Nach dem unglücklichen Fall der Burg im Jahre 1601 wurde die vor einem halben Jahrhundert aufgeführte Bastei vor dem Goldschmiedturm 1603 wiederhergestellt und später noch zweimal (1621, 1659) erneuert und verstärkt. Als wenige Jahre darauf ein Teil der daranstoßenden Mauer der Steinlei zu wahrscheinlich in der Erschütterung eines Erdbebens einfiel (1668), taten bei ihrer Wiederherstellung, die ein Stück einwärts gerückt wurde, „die sächsischen Kukelfreund und Nachbarn mit Fuhrwerk und Handreichung willigen und guten Beistand." Aus Furcht vor dem drohenden Tartareneinfall wurde 1657 die „Schanze" zwischen dem Schlosser- und Schusterturm in Monatsfrist aufgeführt; sie sollte bald genug den blutigen Feind sehen, während jetzt von dort das Auge auf dem milden Kokeltal und den grünen Rebenbergen mit Entzücken weilt. Die Morgenseite der Burg hatte viele Jahre früher (1631) der mannhafte Bürgermeister Eisenburger mit der starken Bastei vor dem „Mönchhof" und dem festen Schmiedturm gesichert, nachdem er 1624 das mittlere und niedere den Markt abschließende Tor von „Grund aus" gebaut. Tor und Turm über der Baiergässer Brücke vervollständigte 1651 ein Wehrsystem, das, wiewohl weder Mauer noch Graben die Unterstadt umgab, in den festen Türmen und Toren an wohlgelegenen Punkten und den vielen hervorspringenden Ecken der Bürgerhäuser mit den Fenstern, die, wann es Not tat, zu Schleßscharten wurden, mutigen Männern, welche ein gutes Auge und starkes Herz hatten, genügte, den eingedrungenen Feind selbst mitten aus der Stadt zurückzuwerfen. Und eben weil Mauer und Turm die Bedingung des Lebens in jenen wilden Zeiten war, ging der Väter Tätigkeit nach dem Gotteshaus zunächst auf ihre Erhaltung. Als 1676 Schäßburg fast ganz in Asche gesunken, drei Kirchengebäude verbrannt und durch das Aufgehen des Pulvers acht Türme und ein großer Teil der Burgmauer zerstört war, wurde mit dem „Stundturm" zuerst die Kirche hergestellt und unmittelbar darauf Mauern und Türme aus ihren Trümmern erhoben, wobei Stadtbürger und Stuhlsleute mit solcher Aufopferung halfen — „da der meiste Haufen arme verbrannte Leut gewesen" — „daß man sich ihrer Resolution verwundern müssen." „Und ist augenscheinlich zu erkennen," setzt der Chronist hinzu, „daß Gottes Hilf dabei gewesen."

In den Türmen waren zugleich die Rüst- und zum Teil auch die Vorratskammern der Stadt- und Dorfgemeinden. In Hermannstadts Türmen, die wie in den andern Städten den einzelnen Zünften zur Verteidigung anvertraut waren, lagen 1681 außer zwei Feldstücken, Granaten, „Musqueten" und anderen Waffen sechsundsiebzig Harnische, 383 Hakenbüchsen, 286 Tonnen Pulver, mehr als ein halbes Hundert „Sturmkränze" und „Sturmtöpfe", viele Zentner Blei und viele Laden Kugeln, dazu 2631 Kübel Korn. In einem einzigen Jahr (1585) zahlte Hermannstadt an Thomas Pulvermacher für 3195 Pfund Pulver, die man „zu der Stadt Notdurft einwehrte", 552 Gulden 81 Denare; 1685 standen auf sieben Basteien der Stadt fünfundvierzig Kanonen, zwei Haubitzen und zwei Feuermörser; zwei Kanonen kaufte sie 1688 von Michael Teleki um fünfhundert Dukaten; der, aus der

Rakotzischen Belagerung bekannte „Wolf", „so einmal uns Feind und nun Freund worden ist", war lange der Stolz der Bürgerschaft. Von Kronstadt konnte Ali=Pascha (1601) sechs Kanonen und hundert Zentner Pulver begehren; doch blieb es bei dem Versprechen, das die Stadt ihm geben mußte und wenige Jahre später nahm ihr schweres Geschütz um neue sechs Kanonen zu, die Sigmund Forgatsch ihr zum Pfande ließ. Um das Jahr 1680 hatten die Schäßburger Zünfte außer andern Waffen 148 Haken auf ihren Türmen, 1898 Pfund und zehn Tonnen Pulver; von den städtischen „Stücken", unter denen wohl auch jene zwei metallene waren, die Meister Johannes Weißenburger 1650 gegossen, schoß die „Schlange" acht Pfund schwere Kugeln; ein=unddreißig Gemeinde=Korngruben, von denen einzelne sechzig, achtzig ja vierundachtzig Kübel faßten, bildeten hier die Vorratskammern der Stadt.

In ähnlicher Weise wehrhaft waren alle andern Städte und Burgen des Sachsenlandes; in unsern Tagen noch, in ihren Trümmern, gebot der weite Mauerring, die stolze Zahl der Türme, die Stärke der doppelten Tore mit ihren gewundenen Gängen, der breite und tiefe Graben, die die wackere Stadt des deutschen Nordgaues umgaben, Achtung vor dem Geiste, der sie errichtet. Es ist erklärlich, nicht nur, welch ein Gewicht das städte= und waffenreiche Volk gegen etwaige Willkür des Fürsten haben konnte, der in der Regel gesetzlich kaum tausend Mann stehende Truppen hielt, die er ins Sachsenland nicht legen durfte, sondern auch, wie des Adels Streben nicht müde wurde zu drängen, daß ihm die Möglichkeit werde, in jenen Burgen und Bollwerken ein schirmendes Eigentum zu erwerben. Sie sind stark genug gewesen, die so oft wiederkehrende Sturmflut türkischer Raublust zu überdauern und in den nicht minder schweren Zeiten erbitterter Bruderkriege Gut und Leben der Bürger und was noch höher war als dieses, für bessere Zeiten zu retten. In solchen Tagen, wenn von den hundert Warten, um die die Sage heute noch ihre Zauberkreise zieht, die Flammenzeichen ins Land leuchteten, griff auch der „Bürger" zum Schwerte und eilte „zu Walle", zum Tor, zum Turm; die friedliche Zunft wurde zum Kriegshaufen, oder die an dem Pflug gehärtete Schwielenhand faßte Speer und Lunte; doch zu andern Zeiten, wenn der Krieg in der Ferne brannte, oder der Zug außer Landes ging, löste das Volk seine Heeres=

pflicht durch Stellung von Söldnern ab, wie auch der Adel in
manchen Fällen tat. Selbst zur „Wohlfahrt" des Sachsenlandes
beschloß die Universität 1613 allezeit in den Städten und Stühlen
tausend „gut bewehrte Büchsenschützen" zu halten, die „dahin, wo
es vonnöten, mögen geschicket werden". Daß in den Fällen der
Not das Banner der Sachsen oft mehr als fünfhundert Mann
gezählt, konnte nicht anders sein; zu Stephan Botschkais Leib=
wache allein stellten sie 1605 eintausend Fußknechte. Ihr Auf=
gebot stand in fünf „Fähnlein" verteilt unter so viel Hauptleuten;
unter dem Hermannstädter noch der Zuzug aus den „Filialstühlen"
Schenk, Leschkirch, Reußmarkt, Mühlbach, Broos, der Repser
unter dem Schäßburger, Kronstadt, Bistritz, Mediasch unter den
eigenen Hauptleuten. Auch da fehlte es an Eifersüchtelei und
Reibungen nicht, die Universität mußte es 1651 rügen, daß sich
„der Kroner Hauptmann sequestiere und allezeit den Marsch oder
Zug voran nehme", ja daß Leschkirch „ein sonderliches Fendlein"
halte und Reps mit Schenk gleichfalls ein eigenes haben wollte.
Es solle bleiben, wie es vormals gewesen, sprach sie und nicht
mehr als fünf Fähnlein sein. Als im Feldzug 1681 viele der
von den Sachsen gestellten Söldner seldflüchtig geworden, beschloß
die Universität, fortan „wo immer möglich, nur gewisse und
gesessene Leut, so Weiber und Kinder haben" in Dienst zu nehmen.
Das alte, aus der Gleichberechtigung der drei Nationen hervor=
gegangene Gesetz, daß im Feldzug mindestens zwei sächsische
Ratsmänner um den Fürsten seien, wurde noch 1653 erneuert.
Heergeräte und anderweiten Kriegsbedarf führten die von den
sächsischen Gemeinden gestellten Wagen. Die Last dieser „Heertage"
oder „Heerfurt" muß bisweilen eine schwere gewesen sein, da
diese fast in allen Stühlen, ja in vielen Gemeinden durch eigne
Satzungen geordnet wird. Im Repser Stuhl blieben die Heertage
nach dem Tode eines „Wirtes" auf dem Hof und es erbte sie
der denselben erhielt, verkauft durften sie außerhalb der Zehnt=
schaft nicht werden. Wenn ein „junger Gesell" heiratete, wurde
er „dem Mittelsten" in der Zehntschaft an Heerestagen gleich
gemacht, „damit er nicht alsbald von Hause ziehe, da noch seine
Genährung unbestellt sei."

In den Städten dauerte der fröhliche alte Brauch des
Pfingstschießens, der Wiederschein der frühern Waffenfreudigkeit
fort; der Rat von Hermannstadt unterließ nie zu den Bedürf=

nissen desselben sechs Gulden aus dem Stadtsäckel zu geben.
Auch zu andern Zeiten ergötzte und übte sich die Bürgerschaft
bisweilen am männererfreuenden Festschießen. Im Jahre, in dem
die Suldeschbastei in Hermannstadt vollendet wurde (1627), stellte
der Bürgermeister Michael Lutsch ein Hakenschießen an; zwölf
Tage hintereinander zu Anfang Juni flogen die Kugeln zum Ziel
— bis drei Denare kostete bei den Hermannstädter Kugelschmieden
eine zu jener Zeit — und der Bürgermeister selber trug als der
beste Schütze den Ehrenkranz auf dem Haupt nach Hause. Zu
Pfingsten 1635 bezogen die Bistritzer Zünfte unter ihrem Obristen,
dem Schneiderzunftmeister Georg Urischer, ein Übungslager bei
der großen Brücke; zwei Wochen hindurch schossen sie aufs Ziel,
das jenseits des Flusses am Schieferberge stand; der Treppner
Pfarrerssohn Andreas Mallendorfer errang den Kranz. Der
Vater in der Freude darüber lud den Rat, die Hauptleute und
die Ältesten der Hundertmänner zum Mahle; die Kosten des
Lagers, wo es lustig hergegangen, trugen die Zünfte.

Nach der Vergabung König Ladislaus V. von 1453 war
der „rote Turm", der schwer zugängliche Felsenpaß am Ausfluß
des Alt in die Walachei, mit den dazu gehörigen Dörfern
Eigentum der „sieben Stühle", die damit zugleich die Verpflichtung
der Bewachung des Passes hatten. Darum hielten sie in ihrem
Sold dort stets eine Besatzung. Im Jahre 1652 kosteten diese
„Thurenknechte" sechshundert Gulden sechzig Denare; dahin waren
mit eingerechnet die Fastenspeisen derselben das Jahr über im
Betrag von einem Gulden, sechs Speckseiten mit dreißig Gulden,
zwölf „Vierziger" — damals hoch im Preis, jeder zu fünfunddreißig Gulden — und sechs „Stein Salz" zu fünf Denaren der
Stein, auch die zwei Paar Schuhe und zwei Haupttücher, die man
den Weibern gegeben, welche den Knechten das Jahr über
gebacken. Auch die alten Rechte, welche Kronstadt auf Törzburg
hatte, wurden im 17. Jahrhundert wiederholt anerkannt, zum
letztenmal von Georg Rakotzi II. den 25. April 1651 und von
dem Landtag bei der Sammlung der Approbaten 1653. Die Stadt
Kronstadt erhielt infolge des mit dem Fürsten eingegangenen und
in den zweiundachtzigsten Titel (Art. I.) des Gesetzbuches aufgenommenen Vertrages das Schloß Törzburg mit den dazu gehörigen neun Dörfern, wogegen sie einige andere Besitzungen
abtrat und 12.000 Gulden zahlte. Die Stadt versah das Schloß

35*

mit Geschütz und Kriegsbedarf, erhielt und verstärkte seine Befestigungen, legte in gewöhnlichen Zeiten die erforderliche Besatzung unter einem ungarischen Kastellan hinein, nahm in außergewöhnlichen auch fürstliche auf, bewachte die Übergänge über des Gebirge, stellte von jenen Gütern zwölf Reiter unter das Aufgebot des Adels und nahm diesen selbst in den Tagen der Not in die schützenden Mauern der Stadt auf.

Daß in Zeiten, wo es solcher Verträge bedurfte, **Handel und Gewerbe** abwärts gehen mußten, war kaum anders möglich. Wäre nicht schon an und für sich jenes schreckliche Jahrhundert, in dem kein einziges Jahrzehnt ohne Kampf und Krieg war, das die Zahl der arbeitsamen Menschen mindestens um die Hälfte verminderte, imstande gewesen, was von der ehemaligen Herrlichkeit und Blüte sächsischen Handels- und Gewerbwesens übrig war in den Grund zu vernichten, so mußte der Zustand in den benachbarten türkischen Vasallenländern, die wiederholte Auflösung aller staatlichen Ordnung im eigenen Vaterlande, die Schwäche des Rechts, die Verschiedenartigkeit der Gesetze, die im Gefolge von all diesem Elend kaum vermeidliche Armut das langsame Siechtum alles gewinnreichen Verkehres zum unheilbaren Übel machen. Ja es erkannten nicht einmal die eigenen Söhne der Heimat den Wert ihrer Industrie und Albert Huet mußte (1591) vor dem Fürsten und dem Reichsrat es beklagen, daß man seinem Volke es als Schande vorwerfe, Schuster, Schneider und Kürschner zu sein. Unter allen Fürsten des Landes hat Gabriel Bethlen allein wesentliche Versuche gemacht, Handel und Verkehr zu heben, nicht nur dadurch, daß er auswärtige Gewerbsleute und Künstler ins Land rief, sondern auch, daß er alte Verbindungen mit Oberitalien wieder eröffnete und in lebhaftem Tausch gegen siebenbürgische Rohprodukte venetianische Kunsterzeugnisse hereinbrachte. Die Landesgesetzgebung im dunkeln Bewußtsein der hohen Wichtigkeit des Handels für die Wohlfahrt des Staates, doch ohne klar erkannte Ziele, die Maß und Richtung hätten geben können, schwankte in ihren Ansichten und Beschlüssen. Während sie Kauf und Verkauf im ganzen Lande für frei erklärt und der jedesmalige Fürst schwören muß, den Verkehr in keiner Weise zu hindern, überläßt man es andererseits seiner Willkür, fremden Handelsleuten den Eintritt ins Land zu gestatten, gibt fürstliche Monopole zu, verbietet zeitweise die Ausfuhr der heimi-

schen Erzeugnisse, setzt die Preise der Waren für die einzelnen
Gewerbe fest, ja schlägt die Tätigkeit mehrerer derselben in die
zwängendsten Fesseln, indem man den Bauern und Lohnknechten
bei Strafe untersagt, tuchene Beinkleider, Schuhe, teurere Mützen
und Linnen zu tragen.

Daß unter dem ertötenden Einfluß solcher Zustände auch der
letzte matte Strahl altsächsischer **Handelstätigkeit** kümmerlich
erlosch, war es ein Wunder? Von einem über die engen Grenzen
des Heimatlandes gehenden Verkehr finden wir außer der, durch
nichts aufgewogenen Einfuhr deutscher Gewerbserzeugnisse, kaum
eine Spur. Der Handel mit den Süd= und Ostländern fiel in die
Hände der Armenier und Griechen; der in früheren Jahren so
rege Vertrieb sächsischer Waren dahin hörte allmählich fast ganz auf,
— nur die Versendung von Kronstädter Tüchern in die Walachei,
von Hermannstadt nach Ungarn wich nie vollständig — da der
Landtag selber ihn erschwerte und an die mit vielfacher Plackerei
verbundene Bedingung knüpfte, daß etwaige Ausfuhr nur statt=
finden könne, wenn der Bedarf des Inlandes gedeckt sei.

So war den sächsischen Zünften, die noch immer die Haupt=
kraft siebenbürgischer Gewerbstätigkeit umfaßten, kaum der immer
mehr versiegende und oft stockende inländische Verkehr geblieben,
zu dessen fernen und nahen Jahrmärkten sie mühsam in der Not
der Zeit, wie der Volksausdruck so bezeichnend sagt, „die Straße
bauten". Vom freiern Überblick und von tieferer Einsicht in das
Wesen der eigenen Beschäftigung ausgeschlossen, beengt von dem
lastenden Druck des Tages und überall nur Schranken gewahrend,
die als Schutzwehr galten, suchten die Zünfte selbst, auch darin
ein trauriges Bild jenes Jahrhunderts, in Monopolisierung und
Verkehrsbeschränkung den Ertrag des Gewerbes zu fördern. In
die zwei Stühle durften außer den dasigen Faßbindern nur die
Schäßburger Binder Fässer führen und auch diese nur vom
14. September an durch vier Wochen (1638); erst 1666 ent=
scheidet die Universität, daß die Schäßburger Binder ihre Gefäße
auf allen freien Jahrmärkten des Königsbodens feil haben dürfen,
auf dem Adelsboden aber auch außer dem Jahrmarkt. Die Kron=
städter Seiler hatten das ausschließliche Recht des Hanfkaufs im
Repser Stuhl; durch Verzögerung der Abnahme des Hanfs suchten
sie den Preis zu drücken und erregten dadurch das wiederholte
Einschreiten der Universität. Über den „Vor= und Nachjahrmarkt",

den die Kronstädter Schuster halten wollten, erhoben die Meister
aus den andern Städten bittern Streit, der viele Jahre dauerte;
die Weberzünfte hinwiederum wollten niemanden mit Leinwand
handeln lassen; es erschien wie eine Vergünstigung, als 1638 die
Universität den Schäßburger Tischlern gestattete, auch Laden mit
Schlössern zu verkaufen; doch sollten die Schlosser die Macht
haben, die Schlösser an den Laden zu besehen und wo sie etwas
Sträfliches daran fänden, zu strafen. Insbesondere geht das ein-
mütige Streben aller Zünfte dahin, sich örtlich in den Städten
abzuschließen; es ist kaum eine, die nicht wiederholt gegen „die
Ripler, Hudler und Störer" auf den Dörfern geklagt und geeifert
und in ihre Zunftbriefe scharfe Satzungen gegen sie hat aufnehmen
lassen. Und da die Natur der Dinge stärker ist als die Pergamente und allen Verboten zum Trotz sich doch oft Meister solcher
Zünfte, welche die zum Leben unentbehrlichsten Gegenstände er-
zeugten, Schneider, Schuster, Weber, Schmiede u. a., auch auf
Dörfern ansiedelten und die städtischen ihnen das Handwerk nicht
legen konnten, so suchten sie sie mindestens in der Zahl „des
Gesindes" zu beschränken und zu bewirken, daß sie sich in die
städtischen Zünfte einrichteten. Selbst die in den Märkten bestehenden Zünfte wurden von diesen mit unwilligem Auge angesehen, nicht als gleichberechtigt anerkannt und haben sich meist,
wenn auch nach langem und heftigem Widerstand in eine gewisse
Unterordnung unter jene fügen müssen. So machten die Repser
Schneider das Meisterstück „auf der Schäßburg" und gaben den
Meistern die gebührliche Mahlzeit, hier dangen sie ihre „Jungen"
auf; die Zünfte der Kürschner und Schneider in Reichesdorf waren
den in Mediasch „mit billiger Gehorsamkeit verpflicht"; die Wagner
von Leschkirch hingen trotz fürstlicher Freibriefe von der Hermannstädter Zunft ab; die Reußmärkter Zünfte gehörten nach Mühlbach und zahlten in die dortigen Laden jährlich einen Gulden.
Unter den Zünften treten als neue auf die Seifensieder, denen
die Universität 1665 die ersten Artikel publiziert, da sie früher zu
gering an Zahl gewesen, um eine Zunft zu bilden. Dagegen hören
die Maler auf zünftig zu sein; ob daran die Kirchenverbesserung
oder die Not der Zeit größere Schuld getragen, wollen wir nicht
untersuchen. Einen Teil der alten Kunstfertigkeit bewahrten die
Goldschmiede, wie Kelche und andere bis heute erhaltene Arbeiten
derselben lehren; auch die Glockengießer, bisweilen gleich geschickt

zum Dienst der Kirche und des Kriegs das Metall zu formen, sind der frühern Zeit nicht unwürdig.

Die oberste Behörde für die Innerverhältnisse, Verfassung und Einrichtung der Zünfte und das gesamte Gewerbewesen war noch immer die Universität; an Versuchen, Einfluß in dieselben zu gewinnen, hat es seitens der Fürsten nicht gefehlt, doch blieben sie ohne wesentliche Erfolge. Die einzelnen gleichen Zünfte selber standen aus dem ganzen Sachsenland noch immer in der alten „Union", hielten Zusammenkünfte, setzten „Artikel" fest und wer gegen dieselben „rebellisch" war, verfiel in schwere Strafe, wohl in die „Landeskür" (sechzig Gulden), oder sie „legten ihm gar das Gesinde". Selbst Zünfte aus den Städten der Komitate, aus Klausenburg, Enyed, Fogarasch, Weißenburg traten in jene „Union" der „Landmeister" und hielten sich nach sächsischem Zunftrecht; der Klausenburger Rat suchte 1640 bei der Universität an, sie möge gestatten, daß weil dort nur ein Drechsler sei, einem Zweiten, der nicht „an einem zuständigen Ort", sondern nur zu Rosenau gelernt, zu arbeiten erlaubt sei und er „in die Lands=meisterschaft" eingenommen werde. Gesellen, die bei Zünften das Gewerbe gelernt, welche nicht in der Union waren, erhielten in Unionszünften, bei „Landmeistern", keine Arbeit. Auf den Antrag der Union der Weber verordnete die Universität 1638, als diese über den großen Mutwillen ihrer „Handwerks=Purschen" Klage führten, daß sie nach den Lehrjahren nicht zu Meistern, sondern zu „Störern" gingen, oder die Hut von Weingärten aufnähmen, die Steigerung der frühern Strafe bis zu zehn Gulden. Nach dem Wunsch der Kannegießer=Union beschloß der Konflux 1639, daß, wenn keine Gesellen bei einer Zunft seien, ein Lehrjunge von den Meistern zum Gesellen gemacht werden könne und darum nicht „hinaus zu ziehen" brauche; die Union der „Riemerzechen" setzte 1645 fest, wie sich die Riemer „Knecht=Bruderschaft" fortan verhalten solle, darunter, daß man auf dem „Gesellenmachen" ohne „alle Kurzweil" vorgehen und das „auf die Bank springen, über den Tisch gehen und Hut niederlegen" ganz abgeschlagen sein solle.

Man wird kaum irren, wenn man in diesen Unionen der Zünfte, an deren Versammlungen, namentlich in Hermannstadt, wohl auch Bürgermeister, Königsrichter und Ratsmänner, teil=nahmen, bei aller Gefahr einseitiger Erstrebung von Einzelvorteilen, Keime zu edler freier Selbstentwicklung der Gewerbe findet, die besserer Zeiten wert gewesen wären. Schon daß in ihnen, wie in dem gesamten Zunftleben, an dessen Spitze die jährlich frei gewählten Zunftmeister standen, und das selbst die Gesellen unter ihren Altgesellen zu einer, in gewissen Kreisen selbständigen, das Leben der „Brüder" beaufsichtigenden Genossenschaft vereinte, bei der sonst so gewaltigen Bevormundung, die an die Stelle des alten freiern Gemeindelebens getreten war, ein wenn auch nur kümmerlicher Rest von Selbstverwaltung und Selbstregierung sich erhalten hatte, sichert ihnen für jene Zeiten hohe, selbst soziale Bedeutung. Wenn in dem allgemeinen Verfall jenes traurigen Jahrhunderts die frühere Sittenstrenge, Einfalt und Gemütlichkeit nicht vollständig zugrunde ging, so verdankt man der bewahrenden Kraft des Zunftwesens gewiß einen Teil davon, abgesehen davon, daß durch sein Verdienst im Land erhalten wurde, was an Geschick und Fertigkeit im Gewerbewesen sich noch darin fand, wenn es auch nicht mehr so reiche Zinsen abwarf, daß man, wie Franz Kendi im 16. Jahrhundert in Konstantinopel sagte, von den Halsspangen der sächsischen Weiber den türkischen Tribut zahlen könne.

Trug doch auch der Ackerbau dem sauren Fleiß des Landmanns nur spärliche Früchte. Der Anbau umfaßte nach der Dreifelderwirtschaft vor allem Korn, Hafer, Hirse, Hanf; das seit kurzem aus dem Süden ins Land eingewanderte Wälschkorn (Mais) in die Kornfelder zu bauen verbot der Landtag 1686 bei einer Strafe von sechs Gulden. Zehnmal im 17. Jahrhundert überfielen Heuschreckenschwärme das Land; wie oft rafften Seuchen Menschen und Vieh fort und konnten selbst die Lebenden in den Stürmen des Kriegs die Äcker nicht bestellen! Daher so oft Mißwachs, bei den unwegsamen Straßen und den anderweiten schlechten Verkehrsmitteln häufiger Mangel, der wie 1670 zu Haferbrot, ja zu noch schlechterer Nahrung zu greifen zwang. Oder wenn reicherer Ertrag den Anbau lohnte, sanken die Früchte zur Wertlosigkeit, da ein größerer Kreis von Verzehrenden, wie ihn Ausfuhr oder ein blühendes starkes Gewerbswesen schafft, fehlte. So kostete 1583 ein Kübel Korn vierzig Denare, ein Faß Wein drei Gulden, 1617 ein Kübel Korn achtzig bis hundert Denare, und 1638 füllte man „ein Faß Wein um das andere", während 1603 ein Kübel Korn in Mediasch drei, in Schäßburg zehn, in Bistritz vierundzwanzig, in Klausenburg vierzig Gulden kostete, 1635 ein Faß Wein auf fünfundsiebzig Gulden stieg, nachdem es 1602 einhundertfünfzig Gulden gekostet. Am wenigsten brachte die Rebe dem Fleiß des Pflegers; der Mediascher Rat schreibt 1695 die Verarmung der „zwei Stühle" der Vernachlässigung von Sterze und Pflugschar und der vorwiegenden Bearbeitung des Weinberges zu. Kaum blühe die Traube, so verkaufe der Bauer schon die Hoffnung der Rebe, versage dann Gott seinen Segen, so würde der Schulden kein Ende. Doch auch wenn er in Strömen von der Kelter floß, den Gläubiger ward der arme Bauer kaum los. Denn nun setzte der Rat von Mediasch den Preis fest, den ein Eimer Most gelten sollte: er „soste den Wein", und je voller die Kufe schäumte, desto weniger trugs aufs Kerbholz auf, wo die Schuld stand. So sollten 1584 sechzehn Eimer Wein einen Gulden gelten, 1598 zehn, 1608 zwölf, 1620 sechs, 1670 bei „sehr wenigem Wein" zwei und ein halber Eimer. Im Durchschnitt stellt sich nach jenen Preissatzungen heraus, daß am Anfang des 17. Jahrhunderts etwa acht Eimer, um die Mitte desselben fünf, gegen den Schluß bei allerdings vielfachem Mißwachs zwei und ein halber Eimer Wein einem Gulden gleichstehen. Freilich standen auch die Erzeugnisse des Gewerbes, deren der Landmann bedurfte, in entsprechenden Preisen. Im Jahre 1609 — der Eimer Wein kostete nach der Mediascher Festsetzung in den Jahren 1608 — 1610 durchschnittlich etwas über elf Denare — konnte er einen Wagen für vier Pferde vom Wagner um fünf Gulden kaufen (und nach der „Limitation" der Universität von 1654 sind die Preise fast dieselben), ein Rad daran für fünfundvierzig bis 60 Denare; die Schmiedearbeit an den Wagen kostete vier Gulden. Eine Haue — der sächsische Schmied im Lande verfertigte sie — konnte er um achtundzwanzig Denare, eine große Axt um vierzig, ein Vierzig=Eimer=Faß um sechzig Denare kaufen. Der Lederer gab ihm ein Paar Sohlen um zehn Denare, er jenem die Ochsenhaut um zwei bis drei Gulden. Auch der Pelz beim Kürschner wird ihn wohl nicht zu hoch gekommen sein, da er ihm das ungegerbte Lammfell um sechs bis acht, das Schaffell um sechzehn bis zwanzig Denare verkaufte. Dagegen brachte ihm ein Fuchsbalg fünfundsiebzig Denare, ein Wolfsfell nahe an zwei Gulden ein. Gelegenheit zu solchem Erwerb bot sich reichlich, da in jedem Haus die Büchse an der Wand hing und des Wildes eine unliebsame Menge war. Im Herbst und Winter 1614 schweiften Wölfe von so großer Stärke, vorzugsweise Menschen anfallend im Burzenland umher, daß man auf den Gedanken kam, es seien Löwen. Für sieben eingebrachte Wölfe zahlte der Rat von Schäßburg den Baiergässern 1601 einen Gulden Trinkgeld. Tief im Binnenland noch hausten Bären; fünfundsiebzig Denare erhielt 1639 der „Roman" aus dem Schäßburger Stadtsäckel für einen geschossenen; „die Baiergässer, so einen Beeren getod", hatten 1625 nur fünfzig Denare bekommen. Neben solchem Wild und — oft nicht weniger wilden Menschen bedurfte es wohl jener fabelhaften Geschöpfe nicht, von denen der Amsterdamer Sprachmeister Jakob Jost in der Mitte des 17. Jahrhunderts den staunenden Lesern erzählte: in Siebenbürgen, das er durchreist habe, seien Wassermenschen, halb Fisch und halb Fleisch; bis zum Gürtel im Flusse schlügen sie die Hände auf dem Wasser zusammen, so daß der Reisende erschrecke. Darum führe er Nachts eine brennende Pechfackel mit sich, vor welcher die Wassermenschen nicht zum Vorschein kommen dürften.

Wenn trotz so rauher, auch ohne die Schrecknisse übertreibender Einbildungskraft vielfach drückender Wirklichkeit mitten unter Krieg und Pest und Hunger das sächsische Volk nicht zugrunde ging, so bewährte sich daran nur die Wahrheit des Bibelworts, daß der Mensch nicht vom Brot allein lebt. Der Kraft jenes, dem erhebenden Einfluß der Religion und der Kirche verdankt es einen vorzüglichen Teil seiner Erhaltung in jenem entsetzlichen Jahrhundert.

Die staatsrechtliche Lage der sächsischen evangelischen Kirche des unveränderten Augsburgischen Bekenntnisses, im westfälischen Frieden in den Schutz des europäischen Völkerrechts aufgenommen, von allen Fürsten beschworen und von allen bis auf einen geachtet, im Gesetzbuch der Approbaten und Kompilaten wiederholt gewährleistet und in ihrer Gleichberechtigung mit den andern rezipierten Kirchen anerkannt, in den Verträgen mit dem Haus Habsburg feierlichst gesichert, sie blieb die alte. Ebenso erhielt sich die Glaubenslehre, wiewohl nicht ohne eine zeitweilige Hinneigung Einzelner zu Lehren des helvetischen Bekenntnisses, bei der alten Auffassung; auch die Hoffnungen der Jesuiten sowohl bis zu jener Zeit, wo sie dem Unwillen der Stände weichen mußten, als auch später, da sie gegen das Gesetz wieder ins Land gebracht wurden, gingen nicht in Erfüllung. Auf die Reinheit der Lehre sorgten wetteifernd die evangelischen Bischöfe, die Dechanten, die Kapitel; die letztern waren auch seit der Reformation im Besitz der geistlichen Gerichtsbarkeit, sprachen selbst über Leben und Tod der dieser Unterworfenen, entsetzten unwürdige Pfarrer und Lehrer, verhandelten und entschieden die Eheprozesse, die zu endgültigem Urteil im Berufungsweg vor den Bischof kamen, und übten auch andere Teile der Kirchengewalt, wie denn die aus den Abgeordneten der Kapitel bestehende rein geistliche Synode in allem was näher oder entfernter die Erhaltung der Lehre und das Leben der Geistlichen betraf, rechtskräftige Ordnungen aufzustellen nach alter Gepflogenheit ebenso wie nach den neuen Landesgesetzen und Vereinbarungen mit der weltlichen Universität befugt war. Im Besitz des oft angefochtenen, aber großenteils denn doch geretteten und durch zahlreiche Fürstenbriefe und Landtagsschlüsse gesicherten Zehntens, zu dem aller sächsische Grund und Boden als solcher verpflichtet war, nach dem Landesgesetz für ihre Person adeliger Vorrechte — doch sächsischer Verfassung unbeschadet — teilhaftig, genossen die meisten Pfarrer wenn auch nur bescheidenen Wohlstandes; ja Auswärtige rühmten von ihnen, mancher sei „etliche tausend Gulden reich" und sie wohnten in den Kirchenkastellen auf den Pfarrhöfen „wie die Fürsten". Ihr Haupt, den Dechanten, wählten die Pfarrer jedes Kapitels, die Dechanten mit noch einem Pfarrer als Abgeordnete in der Synode vereinigt, den Bischof oder Superintendenten, wie wieder jede einzelne Gemeinde ihren Pfarrer wählte, lange Zeit ohne alle Beschränkung, bis es allmählich Brauch wurde, den Rat der geistlichen und weltlichen Vorgesetzten einzuholen, woraus sich endlich ein Kandidationsrecht dieser entwickelte, welches in der Folge dahin festgesetzt wurde, daß die obersten Amtleute des Stuhls und die Beamten des Kapitels je drei, zusammen sechs Geeignete der Gemeinde vorschlügen. Nur im Bistritzer Distrikt wußten sich die weltlichen Beamten fast ausschließlich das Kandidationsrecht zu verschaffen und auf Komitatsboden übte es das Kapitel mit dem Bischof. Doch waren die Kapitel und Stühle damals nicht ängstlich abgeschlossene Promotionskreise; die Einheit des Volkes und der Kirche zeigte sich auch darin, daß der Tüchtigkeit des Würdigern der Zufall der Geburt oder der Anstellung nicht die ganze übrige Heimat verschloß.

Durch das ganze 17. Jahrhundert, ja noch lange Zeit später haben die evangelischen Gemeinden ihre Pfarrer gewählt ohne an die Grenzen der bürgerlichen und kirchlichen Bezirke gebunden zu sein, ohne Zweifel zu großem, eignem und der gesamten Kirche Heil. Die Einsetzung des Gewählten in das Amt und den Besitz der damit verbundenen Benefizien (hier „Präsentation", deutsch Einseligung genannt) gehörte nach der althergebrachten Verfassung zu den Rechten des Kapitels. Auch die Übung der Kirchenzucht zur Erhaltung von Sittenreinheit und Förderung alles christlichen Wesens lag ausschließlich in den Händen der Pfarrer, weil sie im Wort Gottes, dessen Diener diese waren, Begründung und Beschränkung hatte. Die Visitationsartikel des 17. Jahrhunderts, die aus dem gemeinschaftlichen Beschluß der geistlichen und weltlichen Universität hervorgingen, erkennen alle diese Berechtigung des Pfarramts an. So wie sie wünschen, daß der Pfarrer mit allen in Frieden lebe, so ernst fordern sie, daß er doch wider die Laster und Sünden nicht stumm sei, sondern sie an allen Menschen strafe und die Kirchenzucht mit Ernst handhabe; denn er werde vor Gott Rechenschaft geben müssen, wenn der Herr der unbekehrten Sünder Seele und Blut von ihm einst fordere. Darum sollen sie Spötter und Verächter des göttlichen Wortes und der heiligen Sakramente, die in ihren Sünden gestorben, nicht auf dem Kirchhof begraben, Menschen, die der Heilslehre unkundig, nicht als Taufzeugen, nicht zum Abendmahl zulassen, ja solche Verlobte nicht trauen; denn es müsse ein Unterschied sein zwischen Christen und Gottlosen. Unzüchtigen ward der Segen der Kirche nicht vor dem Altar gespendet; die gefallene Dirne trug den Strohkranz. Auch auf andere Verletzung der Sittlichkeit und Ehrbarkeit in allen Verhältnissen des Lebens stand die Kirchenstrafe. Undankbare Kinder trugen den Stein, — manche Kirche hat ihn heute noch, treuer bewahrt als das Verständnis christlichen Gemeindelebens — wer sich am Ehegatten gröblich versündigt, kam in den Block; Stein und Block galten insbesondere für Kirchenstrafen, doch waren auch Geldbußen nicht ausgeschlossen. Die höchste Strafe war der Bann, Fortweisung aus der Kirchengemeinschaft. Vorsichtig damit umzugehen befehlen 1609 die beiden Universitäten. Der christliche Bann stehe dem geistlichen Stand zu, „weil er seine Auktorität nicht von Menschen, sondern von Christo habe", doch möge man nicht flugs, etwa „wenn die Zuhörer sich wider die Pfarrer versündigten nicht aus Fürwitz, Rachgierigkeit, Bosheit und fürgesetztem Mut, sondern vielmehr aus Alberkeit und

Unverstand", mit demselben „dreinschlagen", sondern nach den
Synodalgesetzen sich halten und die Exkommunikation nicht ohne
Untersuchung und Einstimmung des Kapitels verhängen. Auch
der Leidenschaft, die des Predigtstuhls mißbrauchen könne, suchten
die Universitäten 1609 zu wehren; sie warnten: die Pastores sollen
nicht aus eignen affectibus jemanden in den Predigten ohne
Ursach mordaciter und contumeliose proscindiren (mit Biß= und
Schmähreden zerreißen) mit Verkleinerung der Ehr, sondern die
Sünden der Menschen nach der Richtschnur des göttlichen Wortes
strafen ohne Ansehen der Person. „Tuts aber einer, so soll die
Sach für den Decanum capituli gebracht werden."

Daß eine solche, durch fürstliche Privilegien vielfach geschirmte
Stellung des geistlichen Standes in der Ausübung des Kirchen=
regiments bisweilen den weltlichen Amtleuten nicht ohne Anstoß
bleiben konnte, war kaum anders zu erwarten. Zwar hatten sie an
der Ordnung der Kirchenangelegenheiten, an der Verwaltung des
Vermögens, an der Visitation der Kirche, an der Gesetzgebung
gebührenden Anteil; doch ruhte das eifersüchtige Streben, immer
mehr Teile der von den Geistlichen geübten Kirchengewalt an sich
zu bringen, nur selten. Viel des Eifers ist hüben und drüben
über die Grenzen der gegenseitigen Berechtigung entbrannt; oft
hat es „böses Blut" gegeben. Namentlich unterzogen sich die
„Domini Politici" dem „Strafamt des heiligen Geistes" nur un=
willig und forderten insbesondere, es solle Bann und Exkom=
munikation nur mit ihrer Einstimmung verhängt werden. Darauf
drang 1671 auch der Rat von Kronstadt, als das Burzenländer
Kapitel die Gemeinde Honigberg aus der Kirchengemeinschaft
ausgeschlossen hatte, da diese den Leichnam eines Gotteslästerers
auf den Pfarrhof getragen, nachdem ihn der Pfarrer Paul
Greißing nicht hatte begraben wollen. Es ging die Rede, der
Richter von Kronstadt schüre das Feuer; in der Tat nahm sich
der Rat der Gemeinde an und wie die Honigberger fortfuhren
„in grausamer Halsstarrigkeit und Verstockung", und je länger
desto mehr „trotzten und schnarchten", exkommunizierte sie das
Kapitel und schrieb an den Kronstädter Rat: Der Bischof Ambrosius
habe den Kaiser Theodosius selber in den Bann getan und traun
keiner Obrigkeit Consens gehabt. Auch bedürfe es dessen nicht.
„Des Teufels und der Menschen Bosheit," sprachen sie, „ist
allezeit so groß gewesen, daß zwischen den Politicis und Ecclе=

siasticis selten eine rechtschaffene Einigkeit gewesen. Es hat alle=
zeit ein eifriger Elias seine Jesabel, ein unerschrockener Micha
seinen Ahab, ein geistreicher Jesaias seinen Manasse, ein frommer
Zacharias seinen Joas, ein freudiger Johannes seinen Herodes,
ja der unschuldige Christus seinen Pilatus gehabt. Wenn nun
ein frommer Josias im Regiment sitzet, so gibt er seinen Consens
gar leicht, daß Gottlose excommuniziert werden; wenn aber ein
gottloser Ahab den Kolben führet, so möchte er eher alle Priester
tot schlagen, als er seines Gleichen ließ excommunizieren, denn
gleich und gleich trägt sich gern." Die Kirchenzucht in ihrem ganzen
Umfang sei ein dringendes Bedürfnis; „denn viel Sünden, in=
sonderheit die da laufen wider das erste, andere und dritte der
heiligen zehn Gebote, werden auf Märkten und Dörfern von der
Obrigkeit nicht geachtet. Sollten dieselben von den Pfarrern nicht
gestraft werden, so würde in kurzer Zeit solch gottloses Wesen
erfolgen, daß sich der Himmel dafür entsetzen würde. Das gibt
genugsam der Augenschein in denen Dörfern, da faule nachlässige
Pastores nur wenige Jahre gesessen sind." Auch der Stadtpfarrer
von Hermannstadt Isak Zabanius entgegnete nach seiner Er=
wählung (1692) auf die Forderung des Rats, er solle sich bei
dem kleinen und großen Bann des Kapitels und Rates Beistand
und Zustimmung bedienen: „wenn der Magistrat selbst ärgerlich
ist, da würde man vergeblich auf seine Assistenz hoffen, sondern
man muß tun, was Zacharias zur Zeit des Königs Joas getan,
oder Esaias zur Zeit des Manasse, oder Ambrosius zur Zeit des
Theodosii, wenn es gleich das Leben koste."

Das freie Wort der Predigt scheint insbesondere viel Anstoß
gegeben zu haben. Nach dem Tod des Stadtpfarrers Andreas
Oltard, der 1663 mit zwei Söhnen an der Pest starb, setzten Rat
und Hundertmänner von Hermannstadt in die Wahlbedingungen,
es solle der Pfarrer in den Predigten mit Einführung historischer
Exempel solches nicht unterlaufen lassen, daraus der gemeine
Pöbel wider die Obrigkeit erhitzt und zu widerspenstiger Un=
gehorsamkeit veranlaßt werde, weil ohne das der gemeine Mann
durch angeborne verderbte Natur dem Willen Gottes und der
Obrigkeit zuwider zu tun pflege. Der Sachsengraf Valentin Frank,
der einem der hereingebrachten Jesuiten ein Kleid hatte machen
lassen, klagte gegen den Stadtpfarrer Isak Zabanius bei dem
kommandierenden General Rabutin, als der Pfarrer am 8. Sonntag

nach Trinitatis gepredigt, nicht nur die seien falsche Propheten, welche falsche Lehren verbreiteten, sondern auch die, die falsche Propheten aus ihrem Gut bekleideten und es den rechtgläubigen entzögen. Selbst der Schäßburger Rat, der wiederholt untersagte, bei Beerdigungen eine Lebensbeschreibung in die Leichenpredigt aufzunehmen, natürlich wieder „mit Ausnahmen", schreibt (1678) an den Bischof Adami, „das bischöfliche Amt sei ein clientelare (ein schutzbefohlenes) und der Bischof samt andern Hoch= und Wohlehrwürdigen Herren ein Cliens." Dagegen schrieb Bischof M. Pankratius 1688 an den Rat von Mediasch, als sich dieser Unzukömmlichkeiten bei der Besetzung der Kirtscher Pfarre hatte zu Schulden kommen lassen: „Welche hundert Teufel haben E. F. W. die Macht gegeben, über die Gewissen zu herrschen? Welcher Teufel hat sie gelehret, daß sie wenn die Gemeinen sich nicht nach ihrem Liripipio durch Worte wollen führen lassen, daß sie dieselben in die Gefängnisse werfen, oder durch allerhand Drohungen von der freien Wahl abschrecken und hiedurch zu der Simonie einen solchen Weg machen, wodurch alle auf solche Art erwählte Pastores lauter Diebe und Mörder sind, wie Christus unser Herr und Heiland solche nicht zu der Tür in den Schaf= stall gehende, sondern auf goldenen und silbernen Hengsten auf den Predigtstuhl steigende Pfarrherren nennt. Nun will ich sehen, wie weit eine Schneider=, Schuster= und Schererleiste vom h. bischöflichen Amt unterschieden sei. Gottlob, so lang das Evan= gelium in Siebenbürgen wird gepredigt werden, haben wir keiner so tyrannischer Obrigkeit von nöten, wie E. Amplität ist." Auch die Hermannstädter Hundertmänner sahen sich bewogen 1676 an den Rat das Verlangen zu stellen, er möge die Eheprozesse und andere Kirchensachen dem Kapitel als dem zuständigen Gericht überlassen. Übrigens wollten beide Stände, der geistliche und weltliche, die Bemerkung machen, daß Glieder, die aus dem einen in den andern überträten, der wirklichen oder ver= meintlichen Interessen des letztern sich besonders entschieden annähmen. Darum beschloß die weltliche Universität 1672, daß „hinführo kein Politicus — ‚Theologen' dienten oft anfangs in weltlichen Ämtern — in statum ecclesiasticum soll rezipiert oder promoviert werden." Die Synode hatte schon 1607 das Gesetz gemacht, daß niemand Schulmeister werde — eine Vorstufe zum Pfarramt und der Lehrer oft Gemeindeschreiber — außer er gelobe, seinen Stand nicht zu verfolgen, wenn man ihm ein bürgerliches Amt übertrage.

Während die im 16. Jahrhundert so stark hervortretende Tätigkeit der Synode in Feststellung der Glaubenslehre allmählich abnimmt und bald nach dem Anfang des 17. Jahrhunderts, seit die letzten Regungen des Kryptocalvinismus in den Versuchen des Schäßburger Stadtpfarrers Simon Paulinus überwunden worden, fast gänzlich aufhört, strebt sie unablässig, unter den Dienern der Kirche ehrbares, sittliches, frommpflichteifriges Leben durch ihre Gesetze zu gründen und zu fördern. Das war um so notwendiger, da die allgemeine schwere Verderbnis jener Zeit auch an den Gliedern des geistlichen Standes nicht ohne Einfluß vorübergehen konnte und seit die gewaltige, das gesamte Leben reinigende und hebende Erregung der Reformation mehr und mehr zurücktrat, die bald zur Herrschaft kommende Selbstzufriedenheit mit einer unschwer erstarrenden Form den Geist, der allein Leben gibt, leicht töten konnte. Der Reichesdorfer Pfarrer Bartholomäus Bausner fühlte sich gedrungen auf der Synode 1666 strafende Worte zu sprechen. Das Leben der Pfarrer, weil sie zu sehr nach der Welt und was ihr gehöre, strebten, sei gar fern von Demut, Frömmigkeit und kirchlichem Sinn. Es gebe solche unter ihnen, die sich von unheiligen Weltkindern durch nichts unterschieden, wenn man sie nach Leben und Sitten beurteile und die geistlichen Kleider ablegen lasse. Daher die Klage, daß die Pfarrer wohl viel Rechte, doch wenig Gerechtigkeit hätten. Gegen diesen Feind sittlicher Schlaffheit derer, die das Salz der Erde sein sollten, finden wir die Synode in unaufhörlichem Kampf. Die Visitationsartikel von 1577 wurden wiederholt erneuert und vermehrt, vier allgemeine Kirchenvisitationen — in den Jahren 1617, 1650, 1667, 1679 — und mehrere, bloß einzelne Kapitel umfassende, suchten ihre Forderungen auch in dem Leben der Pfarrer zur Wahrheit zu machen. Die Statuten der Kapitel erstrebten dasselbe Ziel. Ein jeder der Herren Brüder, beschloß 1594 das Hermannstädter, sei in dem Unterricht seiner Kirche fleißig und standhaft, entferne sich aus seiner Gemeinde nicht um geringfügiger Ursachen, namentlich nicht an Festtagen, auch wenn er einen Prediger habe. Das Kapitel vermehre er nicht durch böse Sitten, durch Unmäßigkeit in Speise und Trank, durch schandbare Worte. An Festtagen veranstalte er nicht Mähler, die den Gottesdienst hindern und die Zuhörer ärgern. Vor Wucher und Geiz hüte er sich und gebe, soweit das menschlicher Gebrechlichkeit möglich, der Gemeinde ein Vorbild der Frömmigkeit. Unter den „Gesetzen und Regeln", die das „Kapitel vor dem Wald" den 30. Januar 1664 „zur großen Pold" aus den Synodalartikeln zu seinem Bedarf „herausnahm", steht am Anfang: Weil wir erfahren, daß etliche Pastores und Diaconi mehr sorgen, wie sie ihnen und ihren Weibern köstliche Kleider und andere vergängliche Sachen kaufen mögen, als etwa gute Bücher, und auch etliche unter uns seien, die wohl gar keine Bibel haben, als befehlen wir, daß die, so keine heilige Bibel haben, dieselbe kaufen, bei Straf fünf Gulden. Gegen der Pfarrer Jagd, Kartenspiel, häufiges Besuchen der Märkte — wie die Feldschmiede und Theriakskrämer täten, fügt das Unterwälder Kapitel hinzu — spricht sich die Synode entschieden aus; selbst den Besuch des Tanzes verbietet sie ihnen bei einer Strafe von zwölf Gulden nur die eigne Hochzeit war ausgenommen. Auch den Unfleiß, der im Lesen der Predigt zutage trete, rügt sie wiederholt. Da die lebendige Stimme, beschloß sie 1676 auf die Klage des Bischofs Adami, mehr wirke und eine auswendig gelernte Predigt tiefer ins Herz bringe als das Lesen vom Papier, solle Niemand diese bloß lesen, sondern auswendig lernen und mit gehöriger Betonung vortragen. Ausgenommen hievon sollten bloß Alters- und Gedächtnisschwache sein, wer sonst dawidertue aus dem Amt entfernt werden. Auf der Synode 1682 erhob sich wieder „schwere Klage" über die „papiernen Prediger", die das „Priestertum in Nichtsthun" setzten, abscheulicher Untätigkeit ergeben, die Predigt nicht lernten und von der Gnade des beschriebenen Blattes lebten. Die Dechanten sollten solche ernst ermahnen, doch nicht wie die Knaben vom Papier zu lesen; wenn sie dabei beharrten, würden sie vor den Bischof geladen schwer gestraft werden müssen.

Doch gegen kein Vergehen des geistlichen Standes erhebt sich die strafende Stimme der Synoden und Kapitel so oft und — so fruchtlos, als gegen Luxus. Das Hermannstädter Kapitel zweifelte 1684, daß man dem übeln Wesen werde steuern können, und fand die Ursache darin, daß die „Politici" alles Maß überschritten. Die Hinweisung auf die Notwendigkeit apostolischer Einfachheit mindestens für den geistlichen Stand, mit welcher eine spätere Synode dem Antrag des Unterwälder Dechanten auf Gestattung von Kaleſſen nach dem Beiſpiel der Weltlichen wehrte, würde auch damals nichts geholfen haben, wie es nichts half, daß die Synode an die weltliche Univerſität 1684 ſchrieb: Die Hoffart in Gebärde und Kleidungen ſei ein Gräuel und Stachel in den Augen Gottes und die Strafe komme deſto grauſamer. Städte und Märkte und Dörfer ſeien ſchwer krank am Luxus und es ſei hohe Zeit, daß man vereint darzu tue und es beſſere. Die Ausrede helfe nichts mehr, die Not werde die Hoffart bald legen; denn die tägliche Erfahrung lehre, je ſchwerer die Zeit, deſto ärger die Leut. So verbot denn die Synode 1655 ohne Erfolg die koſtbaren („hangenden") Wagen und die langen Zugſtränge an den Pferden bei einer Strafe von vierzig, im wiederholten Fall von ſechzig Gulden; nur den Dechanten und Senioren in einigen Kapiteln ſollten ſie geſtattet ſein, Dechanten aber, die nicht auf Beachtung des Geſetzes hielten, doppelt beſtraft werden. Hohe Abſätze an den Stiefeln wurden 1651 „mit großer Indignation" verpönt, kurze Ärmel an dem oft aus grünem, aus „engliſchem", veilchen= farbenem oder purpurnem Tuch verfertigten „Mente", wie ſie die „Laien" trügen, unterſagt und Kürzung der langen Haare ſtreng= ſtens befohlen; denn wer ſolche trage, ſei entweder „in der Trauer", oder hoffärtig, oder komme aus türkiſcher Gefangenſchaft. Dafür bewahrten Kinn= und Schnurrbart bei Geiſtlichen und Weltlichen durch das ganze Jahrhundert ihre natürliche Berech= tigung in beliebiger Länge. Doch nicht erlaubt war das ſeidene Futter der Chorröcke, Zobelhut, und ſilberne Heſteln nur dem Pfarrer, nicht dem Prediger und Schulmeiſter geſtattet, auch jenem der gefütterte Hut im Sommer verboten; das Unterwälder Kapitular= ſtatut von 1664 fügte hinzu, ſie ſollten nicht „auf militäriſche Art und Weiſe einhergehen und reiten." Gegen den Schluß des 17. Jahr= hunderts brach ſich bei allem Unwillen der Synode auch die Perücke Bahn; der Kandidat der Theologie brachte ſie von der deutſchen Hochſchule mit; ſie ſolle nur nicht „allzutoll ſein," ſchrieb 1699 der Schäßburger Stadtpfarrer dem heimkehrenden Sohn, dem er zugleich Pflege der „mistaces oder Grunnen" (des Schnurrbarts) befahl, daß er gleich einiges Anſehen habe und ſeiner nicht als eines Jungen geſcholten werde. Nicht geringer iſt der Eifer gegen die Hoffart der Frauen von Pfarrern und Predigern. Allen verbietet die Synode ungariſche goldbemalte Ärmel, den Predi= gerinnen insbeſondere „blaubrämige Kürſchen." Nach dem Beſchluß

von 1663 dürfen sie rote Schuhe, seidene Gürtel, goldne Ketten nicht tragen. Das Unterwälder Kapitularstatut vom folgenden Jahr fügt safrangefärbte Schleier, „schönwebige" durchsichtige Haupttücher, Fransen „im Schlaf", zobelverbrämte mit Seiden=
schnüren versehene Pelze, „in den Näten gefensterte Hemden, dadurch entblößet wird, was die natürliche Ehrbarkeit will zuge=
deckt haben", Handschuhe und „auf kroncrische Weise gekräuselte Schuhe" hinzu. Auch sollen sie sich nur mit einer gekrönten silbernen Schleiernadel genügen lassen und Kostbareres, das sie vielleicht geerbt, nur an hohen Festtagen tragen, oder wenn sie zum Sakrament gehen und auf hoher Leute Hochzeit.

So mußte auch die evang. Kirche im Sachsenlande den herrschenden Zeitgebrechen ihren Zoll zahlen und um die eignen Diener den schweren Kampf gegen die Erde und ihre Lust kämpfen, der ganz nie aufhört, so lange eben das Fleisch gelüstet wider den Geist. Doch auch in jenem Zustande ist ihr ein reicher Strom des Lebens entquollen. Wer will sie zählen die Herzen, die von dem Gotteswort, das sie verkündigte, gereinigt, gehoben, gekräftigt worden in jenem sünden= und jammerreichen Jahr=
hundert?. Selbst ihre äußere Ordnung ist für das sächsische Volk von unendlichem Segen gewesen. Unter dem Schirm der evang. Kirche sammelte sich, insbesondere gegen das Ende des 17. Jahr=
hunderts, aufs neue eine deutsche Gemeinde in Klausenburg, während sie fast gleichzeitig in Zalatna durch die gewaltsame Übergabe des evang. Gotteshauses an die reformierten Ungarn erlosch. Die Verfassung der Kirche verband die unfreien Volks=
genossen auf dem Komitatsboden wenigstens nach dieser Seite hin mit dem Körper der freien Brüder und sicherte ihnen viele teure Rechte. Wieder war es wesentlich die Kirche, welche, als die länderverbindende Straße des Handels zwischen Siebenbürgen und Deutschland lang verödet war, den fernen Stamm vor gänz=
licher Vereinsamung bewahrte, sein Volkstum schirmen half und mindestens ein Band zwischen ihm und dem Mutterlande nicht lösen ließ: eine große Zahl der Pfarrer holte fortwährend von deutschen und niederländischen Universitäten, auf deren mehreren fromme Stiftungen die Kosten der Studien minderten, ihre Bildung — wenn es sich auch traf, daß die daheim Gebliebenen inzwischen dem Halbmond gegen den deutschen Kaiser folgen mußten. Dadurch wurde es ihr zugleich möglich, daß das Licht

der Wissenschaft und der deutschen Bildung an der fernen Grenze der Türkei nicht ganz erlosch und selbst das 17. Jahrhundert aus den Reihen ihrer Söhne Männer hervorgehen sah, die auch auf diesem Gebiete des großen Mutterlandes nicht unwürdig sind.

Dazu half vor allem der Kirche treue, gerngepflegte Tochter, die Schule. Daß diese in dem Drang jener sturm= und jammervollen Zeiten nicht zugrunde ging, sich vielmehr der Sinn für Bildung und ihre Pflanzstätten erhielt und mehrte, ist eine der wenigen erhebenden Erscheinungen jener Tage. Unmittelbar nach der Rakoßischen Belagerung, fast mitten noch unter den Schrecken des Krieges und der Pest, gab der Hermannstädter Rat dem Zeltauer Pfarrer Jak. Schnitzler, „daß er seinem noch zu Wittenberg wesenden und allda studierenden Sohn hinaus übermachen soll, wegen einer an Einen Ehrsamen Wohlweisen Rat dirigierten Dissertationsschrift pro munusculo (zu einem kleinen Geschenk) Dukaten 25". So wenig hatte die Stadt sogar in jener Zeit die Schätzung der höheren Güter verloren! Neben der Kirche, unter deren Aufsicht sie wirkte, mit der sie in engster Verbindung stand, fand sich die Schule selbst in diesem Jahrhundert des Verderbens noch immer in allen sächsischen Dörfern; keins war zu klein dazu. Als 1651 in Bajendorf nur drei, in Puschendorf nur vier sächsische Hausväter waren, Schule und Schulmeister fehlten ihnen nicht. Wenn in Keisd Türken und Tartaren wüsteten und die Einwohner sich, oft wochenlang, in die nahe schirmende Burg zurückgezogen und von deren starken Mauern den Brand ihrer Wohnungen sahen: da hielt der Schulmeister mit den Kindern, die die Waffen noch nicht tragen konnten, Schule in einem eigens dazu bestimmten Turme, der der Schulturm heißt bis auf den heutigen Tag. Mit äußerlichem Auskommen verhältnismäßig und im Durchschnitt nicht zu kärglich bedacht — der Schulmeister erhielt von jedem Hausvater ein bestimmtes Maß von Früchten und Wein, wo er gedieh — lehrte die Volksschule mindestens die kostbare und in jener Zeit wohl dreifach segensreiche Fertigkeit, das Wort Gottes aus dem Quell der Bibel zu schöpfen; auch die Anfänge des Lateins, selbst des Griechischen kommen (außer anderm) darin vor.

Vorwiegende und neben der „Theologie" und „Philosophie" fast ausschließliche Herrschaft führten diese Sprachen in den höhern Schulen, den Gymnasien, die sich in den Städten befanden. Darunter bewahrte das Kronstädtische den alten Ruhm, wenn auch

Jahre des Stillstandes oder Rückschrittes sich einstellten. Unter den Rektoren, dem scharfen Simon Albelius (1615—1619), der selbst gehässiger Tadelsucht Anerkennung abzwang; unter dem gelehrten Petrus Mederus aus Zeiden (1640—1644), der von dem Pflug zu den Klassikern ging, mit den fünf Kreuzern, die ihm die arme Mutter segnend auf den Weg mitgab, drei Universitäten besuchte und als Kroner Stadtpfarrer und Dechant die Ahnung seiner Jugend erfüllt sah; unter Matthias Wermer, der den 1. Dezember 1644 den hundertjährigen Bestand der Schule feierte; unter dem maßvollen Martin Albrich (1655—1660), der mit deutschen und griechischen Gelehrten in Verbindung stand; unter dem würdigen Enkel des großen Reformators Johannes Honterus (1660—1678), der begeistert Griechenlands Musen in seiner Schule heimisch zu machen suchte und — eine fast vereinzelte Erscheinung — achtzehn Jahre Rektor blieb; unter dem erziehungskundigen Valentin Greißing (1684—1694), der früher an der Universität in Wittenberg und am Gymnasium in Stettin gelehrt hatte und „seines Gleichen damals schwerlich in Siebenbürgen gehabt", unter solchen Männern sah die Kronstädter Schule die Zeiten der alten Blüte wiederkehren und aus allen Teilen der Heimat, ja selbst aus fremden Ländern sich Schüler in ihren Räumen sammeln.

Das Hermannstädter Gymnasium wurde 1598 durch Albert Huet, man kann sagen, neu gegründet; bereits 1592 hatte er ihm seine Büchersammlung geschenkt; Kapitel und Rat bestätigten die neuen „Statuten" der Schule, deren Rektor und Lehrer nach diesen — wie auch anderswo — schworen, bei dem wahren, in den prophetischen und apostolischen Schriften gegründeten Glauben nach dem Inhalt des ungeänderten Augsburgischen Bekenntnisses zu beharren und aller Ketzerei der Arianischen, der Papistischen und Calvinischen fern zu bleiben. Seine bedeutendsten Rektoren sind: Mag. Georg Deidrich (1591), unter dessen Amtsführung Huet die wertvolle Schulbibliothek gründete, die die Reste der alten Bücherschätze Hermannstadts fortan in der mit dem Bildnis des Gründers geschmückten „Kapelle", die neben dem Gymnasium stand, aufbewahrte; Mag. Bernhard Hermann (1598), der die Matrikel des Gymnasiums anlegte; Petrus Besodner (1609), aus siebenjährigen Studien in Frankfurt an der Oder besonders in den theologischen Wissenschaften heimisch; Andreas Deidrich

(1614), der der vor kurzem geschaffenen Bibliothek eine bessere Ordnung gab; Andreas Oltard (1637), dessen bewunderte Rednergabe ihn später zum Stadtpfarrer machte; Mag. Jakob Schnitzler (1663), der als Rektor und in der Folge als Stadtpfarrer der Vaterstadt die Ehrengabe vergalt, die sie ihm 1660 nach Wittenberg geschickt, in Mathematik und Astronomie vielerfahren, vom Lehrstuhl der Philosophie in Wittenberg an die Hermannstädter Schule berufen; Michael Pancratius (1669), beider Rechte Doktor, der nach dem Besuch zahlreicher Universitäten eine Zeitlang Vorlesungen in Rostock gehalten; Mag. Isak Zabanius (1681), den der Ruhm seiner Wissenschaft und die Treue des Universitätsfreundes, des Mühlbächer Pfarrers Georg Femger, aus dem Elend der Verbannung nach Siebenbürgen brachte. Zwei Jahre früher als Hermannstadt (1596) hatte das Bistritzer Gymnasium eine neue Schulordnung erhalten, das in den Rektoren Gallus Rohrmann (1592—1598), Johannes Frank (1683—1689), M. Andreas Schuller (1689—1694), sich trefflicher Leiter erfreute; ein Menschenalter später erhielt sie Mediasch, wo die Rektoren Matth. Miles (1637) und insbesondere Andreas Scharsius (1688—1694) segensreich wirkten. Schäßburg, wiewohl im barbarischen Krieg von Freund und Feind gleich stark heimgesucht, erbaute 1607 und 1608 fern vom Getöse des Marktes, auf der anmutigen Höhe des Burgberges, die schon die zwei Heiligtümer der Kirche und des Friedhofs trug, hart an dem schützenden Mauerring eine neue Schule, zum Bollwerk von Stein die Veste des Geistes, elf Jahre später (1619), wenige Schritte davon, den großen gewölbten Hörsaal mit vier kleinen Stübchen zu Lehrerwohnungen und schmückte den Bau mit der, Anstalt und Gemeinde gleich ehrenden Aufschrift: Schola seminarium reipublicae (die Schule die Pflanzstätte des Gemeinwohls). Die unscheinbaren Räume haben zu Zeiten schönes geistiges Leben beherbergt; unter dem Rektor Simon Hartmann, dem „in allen Wissenschaften bewanderten Mann" (1619), der dem Gymnasium eine neue Schulordnung gab, unter dem würdigen Elias Ladiver (1678—1681), dem rastlosen Martin Kelp (1684—1687), dem die Anstalt die Anfänge einer Bibliothek verdankt, dem Vater der siebenbürgisch-sächsischen Kirchengeschichte Georg Haner (1695—1698) hat die Schule den schönen Zielen deutscher, evangelischer, menschenveredelnder Bildung nicht erfolglos nachgestrebt.

Dem gesamten höheren sächsischen Schulwesen, das wie in früherer Zeit unter der unmittelbaren Aufsicht des Stadtpfarrers und dem Schutz des Rats und der Gemeinde stand, im übrigen unter geistliches Recht gehörte, wie denn die Schüler überall Kirchen- und Leichendienste taten, werden wir im ganzen jene Anerkennung nicht versagen können. Denn wiewohl es, nach vielen Richtungen hin wenig selbständig, der Möglichkeit einer freien Entwicklung oft mehr entbehrte als wünschenswert war; wiewohl es häufig der notwendigen Lehrkräfte ermangelte und zeitweilige Blüte bisweilen mehr der Persönlichkeit der Rektoren, als dem Wesen der Einrichtung zugeschrieben werden muß: so hat es doch das Licht der Wissenschaft erhalten und Hunderten seiner Schüler den Besuch ausländischer Universitäten ermöglicht. Im Jahre 1689 und 1690 gingen bloß von Bistritz zehn dahin ab; Elias Ladiver entließ während seiner Amtswaltung neunzehn Schüler zur Universität; 1654 studierten in Wittenberg allein fünfunddreißig Sachsen Theologie und Philosophie, 1662 spricht die Hermannstädter Kommunität von einer „Unzahl, die in Deutschland studieren"; in Straßburg, in Heidelberg, in Jena, in Leipzig, an allen deutschen Hochschulen bis hinauf nach Königsberg, selbst in den Niederlanden finden wir stets zahlreich siebenbürgisch-sächsische Studenten. Ja das sächsische Gymnasium des 17. Jahrhunderts, wiewohl die geistliche und weltliche Universität wiederholt und nicht mit Unrecht über seinen Verfall klagen und zeitweilig großer Mangel an Gelehrten eintrat, ist imstande gewesen, die Fortschritte des deutschen Geistes in der Lehr- und Erziehungskunst überraschend schnell in seine Mitte zu verpflanzen, — noch vor dem Ende des Jahrhunderts schrieb Valentin Greißing seinen Kinderdonat mit lateinischem und deutschem Text, — ja seinen Schülern ein Maß von Kenntnissen zu erteilen, das diese nicht nur zu den höchsten weltlichen, sondern auch zu den höchsten kirchlichen Ämtern befähigte. Der Sachsengraf Valentin Seraphin (1634—1639) hatte, „dem großen Ruf Franz Schirmers nach Kronstadt gefolgt", hier seine Studien gemacht; der wackere Verteidiger der Rechtes der evangelischen Kirche in Bürgesch vor dem Landtag 1642, Johannes Fabinus, später Stadtpfarrer in Schäßburg, war nur ein Schüler Besodners aus Hermannstadt; ja der Häzeldorfer Pfarrer und Generaldechant (1647—1651) Johann Bayer hatte bloß wenige Wochen auf dem Hermann-

städter Gymnasium verweilen können, und „die freien Künste in
Kleinschelk unter frommen Lehrern in großem Elend" (1602—1606)
erlernen müssen.

Zu solchen Leistungen vermochten sich die sächsischen Gymnasien
zu erheben bei der kümmerlichsten Ausstattung mit den Gütern dieser
Welt. Denn der Wunsch des Honterus, eingezogene Klöster und
überflüssiges Kirchengut zu Schulzwecken zu verwenden, war fast
nirgends und nirgends ausreichend in Erfüllung gegangen, wiewohl
ihn die Universität 1550 zum Gesetz erhoben. Nur das
Bistritzer Gymnasium bezog durch Sigmund Bathoris Vergabung
von 1590 eine Zehntquarte von Petersdorf. Das bedeutendste
Kapital, das die Gymnasien erhielt, war die Aussicht auf den
Zehnten einer Pfarre, die den Lehrer einst erwartete; daher jener
rasche, oft jährliche Rektoren= und Lehrerwechsel, der das Schulwesen
zu keiner Stätigkeit gelangen ließ und häufig als tötender
Reif auf die hoffnungsreiche Saat gedeihlicher Schülerentwicklung
fallen mußte. Der Hermannstädter Rektor erhielt jährlich hundert=
zwanzig Gulden Gehalt aus der Stadtkasse, die drei Lektoren je
fünfzig, der Ratsschreiber allerdings auch nur zwanzig und der
gesamte Rat nur achtzig Gulden Gehalt. Der Kronstädter Rektor
hatte bis 1655 nur sechzig Gulden Gehalt; in jenem Jahre wurde
es um vierzig vermehrt. Der Schäßburger Rektor bezog achtzig,
von 1590 an hundert Gulden, bisweilen, wenn der auszahlende
Bürgermeister Kaufmann oder Schneider war, zum Teil in Waren,
in Ellen Schnüren, in Seide, in „Bogasie", bezahlte davon jedoch
seine Kollegen, einen „Kantor", drei Kollaboratoren, und seit 1652
einen „Lektor." In dem Inventar spielten „alte Bettspannen",
schlechte Tische und „Lehnbänke ohne Lehnen" eine bedeutende
Rolle, und es ist erklärlich, wie die „Leichenfixa", die „Präbende",
ja seiner Zeit die „Hochzeitgaben" des Rates (sechs, fünfzehn,
selbst zwanzig Gulden) dem Lehrer hochwillkommen sein mußten,
dem, wie der treffliche Valentin Greißing sogar in Kronstadt klagt,
„vom jährlichen Salario fast nur ein halber Pfennig auf den Tag"
kam. Auch die anderweiten Zustände der Schule waren ärmlich
genug. Das Mediascher Gymnasium hatte bis 1645 keine gläsernen
Fenster; auf das Hermannstädter mußten „Knaben und Jünglinge"
im Winter täglich zweimal Holz zur Schule bringen, oder einen
„guten Wagen voll" stellen; den Vorrat teilte der Rektor in fünf
Teile, einen für sich, einen für die Schule, die andern für die

"Kollegen". Wenn von den Bürgern einer sich diesem Brauch nicht fügte und seinen Knaben im Winter zu Hause behielt, um Holz zu sparen, so durfte der Rektor diesen nicht wieder in die Schule nehmen, bis er nicht die Holzschuld bezahlt.

Bei manchen Eigentümlichkeiten, welche das Schülerleben auf den einzelnen Gymnasien darbot, stimmten sie alle darin überein, daß die Schüler der obersten Klasse, bisweilen selbst auf den kleinern Gymnasien wohl ein halbes Hundert an der Zahl, die nach dem Stand ihrer Bildung in Unterabteilungen zerfielen, eine eigene Körperschaft bildeten, im Schulgebäude wohnten und in Aufsicht und Zucht zunächst und bis zu einem bestimmten Grad unter Beamten standen, die sie selbst aus ihrer Mitte gewählt. Wir finden darin Gedanken ausgezeichneter Erzieher Deutschlands verwirklicht und ein vorzügliches Mittel, die sittlichen Kräfte der Jünglingsseele zu stärken, sie empfänglich zu machen für die Einordnung in ein ganzes und mit Teilnahme für das Gemeinwesen zu erfüllen. Zur Zeit der Tag- und Nachtgleiche traten die "Komitien" der "Studenten" — das, oder "Schüler" ist ihr Name im Munde des Volkes — der Kronstädter Schule auf dem St. Martinsberg zusammen. Da unter den Linden der Höhe wurden vor der Schulgemeinde Klagen gehört und verhandelt; dann sprach der "Orator" des "Cötus" über die Pflicht der Magistrate, über Ehrbarkeit der Sitten, über Fleiß in den Studien, oder was sonst dahin einschlug, worauf die "Officialen" für ihr Amt dankten und es niederlegten; nur der Rex behielt seine Würde ein ganzes Jahr. Sofort wurde zuerst von den Decurionen der "Präco" — Herold — gewählt, der die Versammlungen anzusagen, Stille zu gebieten, die Schuldigen vorzuladen hatte. Der hielt dann bei den Decurionen Umfrage über die Wahl der andern Officialen, der zwei Censoren, des Orators, des Schreibers, des Primus Musicus, des Ädilen; sie brachten geeignete in Vorschlag; die Mitschüler traten an die Seite des, dem sie beistimmten, die Mehrheit entschied. Nach dem Rat der gewählten wurde der Präfekt ernannt, Centurionen und Decurionen eingesetzt; alle dankten für die Wahl und versprachen eifrige Pflichterfüllung; wer sie vernachlässigte, oder einen Fehler beging, wurde auf der Censoren Antrag und der andern Beistimmung vom Amt gesetzt und erhielt für das Jahr den letzten Platz in der Klasse. Für kleinere Vergehen war Geldstrafe an allen Gymnasien gebräuchlich. Wer nach dem Viertel

in die „Vorlesung" kam, zahlte in Kronstadt zwei Denare, wer
das Pensum nicht gut gelernt, zehn. Wer unter der Predigt in
der Kirche schlief, wurde in Schäßburg um einen Denar gebüßt,
um eben so viel, wer sich bei Tisch auf den Ellenbogen stützte,
um zwölf, wer hier Streit erregte. Im ganzen war die Zucht
strenge, die Rute ein oft gebrauchtes Strafmittel und Flucht davor aus den Räumen der Schule nicht ungewöhnlich. Dagegen
fehlte es auch an Festen nicht, worunter Ausflug in Wald und
Feld eine vorzügliche Stelle einnahm. In Hermannstadt pflegte
es im Sommer allmonatlich zu geschehen; die Zurückgekehrten
durften sich bei einem „Mählchen" erquicken, wozu der Rektor das
Geld aus dem „Fiscus" gab. Auch Tänze stellten die „Schüller"
bisweilen an, deren Kostenlosigkeit, gewiß zu keinem Abbruch der
Freude, schon daraus erhellt, daß in Schäßburg der Ort derselben
noch in viel späterer Zeit eine Scheune war, zu der durch das
umstehende Volk der Rektor sich der Sage nach mit dem Stock
den Weg bahnte: „Platz, wenn der große Schulmeister kömmt!"
Festlust und Übung zugleich in Sprache und Darstellung — das
letztere bezweckten auch die häufigen Disputationen — gewährten
die von den Schülern aufgeführten lateinischen Komödien, in
Kronstadt jährlich zwei, bei welchen auch die älteren Schüler
der komischen Rollen nicht überhoben waren. Das Mediascher
Gymnasium bewahrt noch ein Verzeichnis des „Kostüms" zu
solchen Vorstellungen; es hatte unter anderm Königskronen und
einen Anzug des Todes, Furienlarven und einen papiernen
Himmel. In Schäßburg hat wiederholt der Rat „den Schülern
für die Komödie" aus dem Stadtsäckel ansehnliche Gaben, drei,
ja wenn sie gar gut ausfiel, vier Gulden gespendet.

   Daß ein Jahrhundert des Verfalls, wie das 17. für das
sächsische Volk war, großartige Schöpfungen in Kunst und
Wissenschaft unmöglich machte, ist erklärlich. Schon in der
zweiten Hälfte des 16. Jahrhunderts verschwindet der Spitzbogen-
styl und das Verständnis dafür aus der Baukunde, die anstatt
der hellen freundlichen Gotteshäuser, deren sie im 14. und
15. Jahrhundert überraschend viele in edelster Art aufgeführt,
fortan eifriger als je an den massigen Mauern und Türmen
gegen äußere und innere Feinde arbeiten mußte. Die Kunst des
Bildhauers hat Zeugnisse ihrer Tätigkeit nur — in Grabdenk-
mälern hinterlassen, deren eine nicht unbeträchtliche, für die

Kulturgeschichte überaus wertvolle, doch des Schilderers und
Erklärers leider meist noch harrende Zahl sich erhalten hat; zu
den kunstreichsten Meistern gehört Elias Nikolai, ein Deutscher
aus Wien, um die Mitte des Jahrhunderts, der in Hermannstadt
eine Heimstätte gefunden. Daß Musik und Gesang nicht ohne
Pflege blieb, dafür sorgte schon die Kirche, die der Gottesgabe
bei ihrem Kultus nicht entbehren mochte. Auf den Gymnasien
jener Zeit war die Tonkunst durchweg in Übung, der „Kantor"
lange der erste Lehrer hinter dem Rektor; ja die Synode sah
sich 1676 genötigt, vor allzueifriger Betreibung jener in den
Schulen zu warnen. Daß man musikalische Werke kaufte, lehren
die zwei Teile des „geistlich=musikalischen Blum= und Rosen=
Waldes", die Gabriel Reilich, „Komponist in Hermann=Stadt",
daselbst den ersten 1673, den andern 1677 mit Melodien herausgab.
Die „Musici" waren in jeder sächsischen Stadt jener Zeit ein
unentbehrlicher Stand; von der Wache, die sie auf dem Haupt=
turm, gewöhnlich dem über der Pfarrkirche sich erhebenden, hielten,
hießen sie „Turner" und heißen so heute noch. Nach den Regeln,
die der Hermannstädter Rat 1598 und 1631 den seinen gab,
mußte der wachehabende Meister sich zwischen den Stunden oft
„mit dem Pfeifchen" hören lassen und durfte weder „auswärtige
Herren" noch den „Ehrsamen Rat" übersehen bei Strafe von
fünfundzwanzig Denaren. Dort oben auf dem „Kirch=Turm" übten
sie „morgens nach der Predigt um acht, desgleichen nachmittag
um die dritte Stunde die musicam", wer sie versäumte, zahlte
acht Denare. Wenn die Trompete zum Turm rief, mußte jeder
hinauseilen, ebenso wenn „geschwinde und große Winde oder un=
gestümme Wetter" kamen. So stand in der schweren Zeit selbst
die süßeste der Künste im rauhen Dienst des Lebens; die dort
oben die Zeichen gaben, wenn die Flamme auflöderte, oder ver=
dächtiges Volk sich den Mauern näherte, erhoben wieder die
horchende Menge, wenn ihre Posaunen mit den Tönen des
Chorals den gemeinen Sinn zum Höhern lenkten, und mehrten
die Freude auf Hochzeiten und „andern Conviviis", wohin nach
jenen „Regeln" keiner gehen durfte ohne des Meisters Wissen,
bei Strafe von zwölf Denaren. Damals hatten die „Hermann=
städter Turner" an städtischen Instrumenten zwei Posaunen samt
einem „Mannsstück und einem Krumpsbogen", zwei „Mutt=
Zinken", ein „Pommart", eine Schalmei, zwei Trompeten, zwei

„Dulcianen", eine Baßgeige, eine Tenorgeige, einen „scharfen Zinken", ein „Discant=Flöttel sambt einem Schloß", zwei „große Schloß=Flötten sambt dem Krumbemchen", eine „Trompete mit dem Krumbbogen", eine „große Blaßflött sambt dem Krumb=Bogen", zwei Posaunen, zwei „große Discant=Flötten mit Schlössern", drei „große Flötten sambt den Krumbbogen." Im Jahre 1619 kaufte Schäßburg für zwölf Gulden „auf den Turm Instrumenta".

Das wissenschaftliche Leben bewegte sich wesentlich in theologischen Untersuchungen, in der Verfassung von Lehrbüchern für die Schule und in geschichtlichen Aufzeichnungen. Wie alles andere, so müssen auch diese Leistungen nach den Bildungsmitteln und Zuständen jener Zeit beurteilt werden; manches wird da nicht unter dem gewöhnlichen Maß erscheinen. Während die besten Männer klagen, daß die Entfernung von Deutschland und die Not der Heimat, die das arbeitsamste Volk an den Bettelstab gebracht habe, gleich schwer auf dem geistigen Fortschritt laste, ist es doch kein unerfreuliches Zeugnis, wenn die theologische Fakultät der Wittenberger Hochschule 1662 das Hermannstädter Kapitel um sein Gutachten über das Kasseler Gespräch der Marburger und Rinteler Theologen angeht; — der Stadtpfarrer von Kronstadt, Petrus Mederus, erteilte es im Namen der ganzen geistlichen Universität. Die Handbücher der Logik und Metaphysik, die im 17. Jahrhundert aus den Pressen von Hermannstadt und Kronstadt hervorgegangen, Arbeiten sächsischer Schulmänner, beweisen anerkennenswerte Herrschaft über Stoff und Sprache, und des trefflichen Valentin Greißing Kinderdonat (Kronstadt 1693) ist ein pädagogisch=hervorragendes, für unsere Schulen bahnbrechendes Werk gewesen. Die geschichtlichen Aufzeichnungen aus dem 17. Jahrhundert, deren allmählich eine immer größere Anzahl veröffentlicht worden, enthalten in den wenn auch bisweilen befangenen Auffassungen ihrer Verfasser überaus wertvolle Beiträge zur Kenntnis jener Zeit; eine große Fülle des lehrreichsten Stoffes liegt noch in Zunft=, Nachbarschafts= und Kirchenbüchern, in den Universitäts=, Kapitular= und Ratsprotokollen verborgen. Unter den Chronisten sind die bedeutendsten Christian Lupinus († 1612), Joh. Oltard († 1619) und Johann Graffius († 1668), alle drei Stadtpfarrer von Hermannstadt, dann die beiden Johann Irthel, Bürger dieser Stadt, und Paulus Bröllft, dem wir die genaue Schilderung ihrer Belagerung durch Rakotzi verdanken, ferner Thomas Bordan, Pfarrer in Stolzenburg († 1638); Markus Fuchs († 1619) Stadtpfarrer, Simon Czauck, Peter Banffi, Andreas Hegyesch, die beiden letzteren Ratsmänner, Trostfried Hegnitius († 1660) Arzt und „Orator" der Hundertmannschaft in Kronstadt; die Schäßburger Ratsschreiber Johann Ursinus († 1611), Zacharias Filkenius (später Königsrichter von Reps, † 1642) und Johann Krempes († 1692), der dasige Spitalschulmeister Michael Moses (Anfang des 17. Jahrhunderts); Johann Gunnesch, Stadtpfarrer in Mühlbach († 1702). Auch Michael Weiß, der große Kronstädter Richter, hat wertvolle „Annalen" hinterlassen. Allen voran steht der Schäßburger Ratsschreiber Georg Kraus († 1679), Paduas gelehrter Schüler, dessen „siebenbürgische Chronik" von 1608—1665 durch weitschauenden Blick, durch den Reichtum ihres nie ohne Prüfung mitgeteilten Stoffes und durch die, in ihrer edeln Natürlichkeit immer reizvolle und spannende Darstellung alle ähnlichen Werke dieses Jahrhunderts weit überragt. Die Taten und Leiden Siebenbürgens im 16. Jahrhundert — er nannte es fälschlich das fünfzehnte — beschrieb Matthias Miles, erst Rektor in Mediasch, später Ratsherr in Hermannstadt († 1686), in seinem durch und durch gräulichen „Würgengel"; auf dem damals so dunkeln Gebiet der Forschung über die Herkunft von Siebenbürgens Völkern irrten unsicher umher Lorenz Töppelt von Mediasch († 1670) und Johann Tröster, Lehrer in Hermannstadt († 1670). „Getrieben vom Gefühl, was er dem Vaterland und der Wissenschaft schulde, wofür die Vorfahren leider so wenig getan hätten," bearbeitete Georg Haner (1694, später Rektor in Schäßburg, von 1736 – 1740 Bischof) seine siebenbürgische Kirchengeschichte, nach der Weise jener Zeit oft weit ausholend und bisweilen ungenau, doch sehr wertvoll schon als erster Versuch einer umfassendern Reformationsgeschichte und, wenn ihre Mängel auch tiefere Forschungen dringend notwendig machten, doch für viele bis auf unsere Tage Quellenwerk. Eine sehr vermehrte und verbesserte Bearbeitung des Buchs ist nicht veröffentlicht worden und ruht noch handschriftlich im Superintendentialarchiv. Dasselbe Schicksal hat des gelehrten Pfarrers von Wurmloch David Hermann († 1682) sächsisch-evangelisches Kirchenrecht, haben seine inhaltsreichen „Jahrbücher der Kirche" (beide, wie Haners Arbeit, lateinisch) gehabt; die letztere setzte Lukas Graffius, Stadtpfarrer in Mediasch, später Bischof († 1736) fort; auch sein Werk ist nie gedruckt worden. Wie viele würdige Männer haben außer ihnen die stille Muße des Pfarrerlebens mit der Sammlung und Abschrift der wichtigsten Rechts- und Geschichtsquellen ihres Volkes und ihrer Kirche erfüllt und in der „nie ermattenden Arbeit" der Wissenschaft Trost für den Jammer ihrer Zeit gesucht; ihrer aller Tätigkeit — wir nennen nur noch Stephan Adami, gestorben als Bischof 1679, und Michael Pankratius, Doktor der beiden Rechte, zuletzt Bischof, gestorben 1690 - lag lange fast fruchtlos in der Vergessenheit der Archive begraben.

Wohl dagegen dem spätern Geschlecht, daß aus den vergilbten Schriftstücken der Zeit jenes unheimliche Gespenst des wehvollen Zauber- und Hexenwahns nicht mehr erstanden ist, der im 17. Jahrhundert zahllosen Unschuldigen das Leben vergiftet oder schrecklichen Tod gebracht hat. Tief wurzelnd in der Weltanschauung jener Zeit und von ihrer Wissenschaft anerkannt war aus der alten Kirche auch in die evangelische die wahnwitzige Ansicht übergegangen, es sei eine Verbindung mit bösen Geistern möglich und mit ihrer Hülfe könne Außerordentliches und Unnatürliches geübt und gewirkt werden. Je größer da die Unkenntnis der Naturgesetze war, je tiefer grade bei solcher die Neigung zum Wunderbaren in der Menschenseele wurzelt, um so ungehinderter hielt der Aberglaube mit seinem Schrecken Einzug in das Herz. Wenn die Kometen am Himmel brannten, fürchteten selbst Gebildete den jüngsten Tag, und Sternschnuppen verkündigten Pest und Hunger; in den seltenen Jahren, wo nicht Krieg das Land verwüstete, kämpften wenigstens in der Luft Lanzknechte mit glühenden Schwertern und Spießen, oder flogen feurige Drachen und störten den Frieden der Gemüter. Gegen hundert Übel des Leibes und der Seele suchte der heillose Wahn Hülfe bei „Zauberern und Büßern"; in ihren Sprüchen und Formeln lebte durch schwache christliche Hülle verdeckt das altgermanische Heidentum fort und die Kirche konnte den Unfug nicht wehren, wiewohl sie solche Befragungen mit Geldbuße und Entziehung des h. Abendmahls bestrafte; die Kirchenvisitation von 1650 fand fast an allen Orten solche „Zauberei" in Übung und selbst Geistliche hielten sich davon nicht frei. Am entsetzlichsten aber war jener Aberglaube, wenn er den Menschen des teuflischen Bündnisses beschuldigte; das war Abfall von Gott, wogegen die weltliche Obrigkeit mit Feuer und Schwert einschritt. So entstanden im 17. Jahrhundert vor

Zauber- und Hexenwahn. Lustbarkeiten. 575

sächsischen Orten die „Trudekämpeln"; die Wasserprobe sollte lehren, was die Zunge gegen sich selbst doch nicht aussagen konnte. Half auch das nichts, so griff man wohl zur „scharfen und peinlichen Frage"; die Folter, das siedende Pech, das glühende Eisen, die Daumschraube führte den Beweis, an den bisweilen in den Qualen des Körpers und des Geistes die unglücklichen Überwiesenen selbst glaubten. Dann bekam das Henkerschwert seine blutige Arbeit, oder noch öfter rauchte der Scheiterhaufen; auf dem Hause des Gemordeten aber haftete der Verdacht teuflischen Wesens oft noch Geschlechter lang. So sind auch im Sachsenlande, wiewohl die Geistlichkeit im 17. Jahrhundert zu vernünftigerer Ansicht der Dinge hinlenkt, eine nicht anzugebende Zahl von Unglücklichen dem entsetzlichen Wahn zum Opfer gefallen. Wenngleich deren Menge jener anderer Länder weit nachsteht, so sind doch auch hier an **einem** Orte (in Hermannstadt) an **einem** Tage (5. Februar 1678) einmal sechs Hexen verbrannt worden; auch in dem Dorf Kreuz haben drei zugleich den Scheiterhaufen bestiegen und der Schäßburger Ratsmann Georg Hirling schreibt in seinen Kalender wie von einer Lustfahrt 1697 „nach Kaisd gezogen, ein Hex verbrennt". Als 1639 ein Windauer Bauer vor dem Bistritzer Rat klagte, seines Nachbars Bienen seien mit großer Gewalt und Macht auf die seinen gekommen und hätten ihm vierzehn Körbe weggeraubt und ermordet, wurde diesem bedeutet, wo etwas mehr gehört werde, daß von seinen Bienen jemandem in der Gemeinde Schaden geschehe, werde er mit dem Haupt bezahlen, weil es einen großen Verdacht gebe, daß er sie mit Zauberei ausschicke. Was konnte da schützen vor dem Entsetzlichsten?

Doch mitten unter den Schrecken, die Natur und Menschen über jene Geschlechter häuften, fehlte es auch an Lust nicht. Im Volksleben selbst, in seinen Einrichtungen und Bräuchen floß noch ein reicher Quell der Freude und geselliger Erheiterung, deren Ursprung und Bedeutung oft ins uralte Heidentum zurückspielt. Wenn der Frühling ins Land kam, trieben sie in manchen Dorfgemeinden „den Tod" aus und verbrannten unter lustigem Scherz die Strohgestalt, die den Winter vorstellte; die „Knechte" des Dorfes aber zogen hinaus, reinigten die Quellen und Feldbrunnen und freuten sich heimgekommen am gemeinschaftlichen Tisch. Am zweiten Ostertag, der das „Hahnabreiten" und „Eier-

aufklauben", auch manches andere Vergnügen brachte, schossen
sie in Stadt und Land den Hahn, weil er gekräht, als Petrus
den Herrn verläugnet, sprachen sie und wußten nicht, daß darin
das alte Opfer sich erhalten, das die deutsche Heidenwelt des
Jahres früchtespendenden Gottheiten dargebracht. Das Pfingstfest
war abermals ein Fest der Freude; vom „Kranzabrennen" in
Zepling, wobei der Pfingstkönig vom Pfarrer einen blanken Taler
erhielt und die Jugend zum Schluß den frohen Reigen führte,
von der Maikönigin, die sie in Seiburg wählten, festlich durchs
Dorf geleiteten und auf dem Tanzplatz unter der Linde auf den
Händen trugen, sprach die Gemeinde das ganze Jahr. Zur Zeit
der Sommersonnenwende, am Johannistag oder Petri und Pauli,
tanzte die Jugend des Dorfs um den geschmückten Baum; die
erste und die letzte Garbe waren zugleich Boten neuer Lust. In
der unfreundlichen Jahreszeit, wenn der Schnee das Feld bedeckte,
„versuchten" sie die „Thomasnacht"; am warmen Herd, im Kreis
der Männer und in den, unzähligemal und immer vergeblich
verbotenen Spinnstuben erfreuten sie sich an den guten und bösen
Geschichten, an den Sagen und Mähren aus alter Zeit. Dann
brachte der Christtag den „Christmann" (oder das Christkerkel),
in dessen Gaben die Birkenrute nicht fehlte; dann kam der
„geschworene Montag" mit seiner bedeutungsvollen Festfreude,
kam der „Blasius" mit seiner Lust für die Schulkinder, die „Fast=
nacht" und die „Richt=" oder „Sittage" mit ihren Vergnügungen
für die Großen, bis der Frühling aufs neue einzog ins Land
und der Kreislauf unschuldiger Freuden aufs neue begann.

In den Städten brachte neben manchen der schon genannten
Freuden das Gewerbe und die an seine bedeutenderen Tage
sich knüpfenden Festlichkeiten ihren Gliedern und allem Volke
mancherlei Lust. Wurde der Zunftmeister, der Gesellenvater neu
gewählt, da trugen sie die „Lade" nicht ohne feierlichen Aufzug
zum neuen Vorstand. Lustiges Schaugepränge ergötzte namentlich
bei dem letztern die Menge; das „Päckeroß" der Schneiderzunft,
in Agnetheln das übermütige Treiben der „Urzeln" beim Umzug
der Lade hatte Namen im ganzen Lande. Der jährliche Zunfttag
war ein fröhliches Fest für alle Hausgenossen, nicht weniger der
„Richttag" der Nachbarschaft, in der Stadt wie auf dem Land
ein Tag voll tiefer, rechtlicher und sittlicher Bedeutung. Hier
wie dort luden endlich die Hochzeiten die gerne vollzählig ge=

ladenen Sippen und Freunde zu bisweilen rauschender Festlust ein. Schon viele Tage waren vorher im Rüsten und Vorbereiten des Mahles, zu dem alle Teilnehmer reichlichen Bedarf zuschickten, der Heiterkeit gewidmet, so auch wenn die „Bittknechte" in Festtracht mit den Stäbchen in der Hand die Gäste luden — in Großscheuern entboten sie den Gruß vom „Kerl dem Bräutigam und der Dirne der Braut" in der Worte altedler, nun kaum verstandener Bedeutung — oder wenn am Vorabend die Freundinnen zum schönen Tag die „Sträuße banden", nicht weniger wenn am letzten Hochzeitabend die Nachbarinnen und Freundinnen der „jungen Frau" den „Rocken brachten". Gegen vermeintliches Übermaß in der Zahl der Gäste und Hochzeitstage, in Speise und Trank hat die Obrigkeit oft, doch um so vergeblicher geeifert, als sie selbst und ihre eigenen Angehörigen die gewünschte Mitte nie hielten. So verordnete der Hermannstädter Rat 1685, weil er „die Expensen" und merklichen Schaden der armen Leute nebst andern Mißbräuchen bei Hochzeiten in Acht genommen, daß nur ein einziger Tag Hochzeit gehalten werden solle. Um zehn Uhr solle das erste Gericht auf dem Tisch stehen; Speisen dürfen nicht mehr sein als Kraut mit Fleisch, „ein Gebrädt, zwo andere gekochte Speisen, Reis und Käsebrodt"; wenn man den Reis aufträgt, legt jeder Gast Geld „vor ein Achtel Wein" nieder, und um vier Uhr nachmittag sollen alle Gäste aufstehen und Abschied nehmen, worauf der „Wortmann" bei Strafe von fünf Gulden sorgen soll. Der Tanz muß um acht Uhr zu Ende sein und die Musikanten, welche „länger aufwarten", zahlen fünf Gulden Strafe. Die Sträuße dürfen nur von „hiesigen" Blumen nach der alten Art gewunden sein, die künstlichen seidenen und Drahtblumen dürfen nicht gebraucht, auch übergoldet darf nichts werden. Doch schon zehn Jahre später (1696) war eine neue Verordnung notwendig; daß sich „die Löbliche Obrigkeit" darin „die Dispensation wegen eines oder des andern extraordinarii casus (außerordentlichen Falles) vorbehielt", mußte natürlich den Ernst und den Erfolg der Verfügung brechen. So haben sie denn auch weiterhin „Sträußchen binden" gehalten, wiewohl der Rat es untersagt; nur die Braut dürfe dem Bräutigam, den Hochzeitvätern, dem Wortmann und den Brautführern dergleichen winden oder winden lassen; „in specie sei der Roßmarin gewähret". Auch Jungfrauen zum Hochzeittag haben sie oft mehr als „sechs, sieben, bis acht" gerufen; der Tanz ist „um die achte Abendstunde" nicht zu Ende gegangen und das „Ausschenken" nach der Hochzeit hat noch Menschenalter nicht aufgehört. Die Schäßburger „Artikel" aus dem Anfang des 17. Jahrhunderts verboten nur den vierten Hochzeittag; wenn sie aber mit großem Ernst darauf drangen, daß man am zweiten Tag niemandem, nicht einmal dem „Ehrwürdigen Herrn", Fremde ausgenommen, nachschicke, was das Essen über Gebühr verzögere, sondern Schlag zehn Uhr solle der Hochzeitvater das Kraut auf den Tisch setzen lassen bei Strafe von zehn Gulden, wer da sei, werde essen, der Abwesende komme dahinter: so war auch hier die Sitte oder Unsitte stärker als das Gesetz — und ist es in diesem Fall geblieben bis auf diesen Tag.

Die Freude des Festes hemmte wohl die enge winkelige Behausung mit nichten. Denn diese, da man auf kleinem Raum um der Verteidigung willen vieles zusammendrängen mußte, konnte sich nur in seltenen Fällen nach heutigen Maßen ausdehnen. Auch war die Anforderung jener Zeit an Räumlichkeit und Zahl der Gemächer bescheidener als die der Gegenwart. Eltern, Kinder und Gesinde, das damals noch ein Teil des Hauses war, begnügten sich auch in den Städten mit einer Stube, die im Winter von dem lodernden Feuer des großen „lutherischen" Ofens gar traulich erhellt wurde. Die Zimmerdecke war meist niedrig, gewölbt oder gebälkt und gedielt; am gewaltigen „Rast" stand Jahrzahl und Name des Erbauers, vom langjährigen Rauch bisweilen fast zur Unkenntlichkeit geschwärzt; der Fußboden war häufig nur Ziegelpflaster, in dessen Formen aber viel Streben nach Zierlichkeit. Durch die schmalen Fenster mit den achteckigen bleigefaßten dicken Glasscheiben drang das Licht nur mit gebrochnem Strahle; in wohlhabenden Häusern prangte im obern Rahmen wohl das Wappen des Besitzers in bunten Farben. Der Gasse zu gern im spitzen Giebel auslaufend bot das Haus dem Wanderer die oft naiv-derbe, oft sinnige und erhebende Inschrift wie zum Gruße dar. Die Berichte der Zeitgenossen rühmen das äußere Aussehen der Städte; des Grafen von Wolfra Berichterstatter vergleicht Hermannstadt nach Lage und Umfang mit Wien und erhebt seine hohen Häuser und Ziegeldächer; auch andere erwähnen, wie sie „mit schönen Gebäuen, Brunnen und lustigen, durchfließenden Bächlein geziert" sei. Kronstadt heißt „wegen der schönen Häuser, frischen Quellen und

in allen Gassen hellfließenden Bächlein", wegen der „Annehmlich=
keit seiner Gärten und Spazierwiesen ein sehr belobtes und ge=
sundes Lusthaus". Schäßburgs „schönen viereketen Turm mit fünf
Türnlein und einem künstlichen Uhrwerk gezieret", den „schönen
Marktplatz mit zwei Toren, durch die man eingehen muß", die
„anmutige Gelegenheit und gesunde Luft" um die Stadt; Mediaschs
hohen Turm, der „dem Stephansturm die Wette biete", der „an
der Westseite der Kirche prächtiglich aufgeführt, mit einem ver=
glasurten Ziegeldach sehr aufgespitzet" mit seinen vier Ecktürmlein
allseits daherprange und die Kirche absonderlich able; die schönen
Häuser und weiten Gassen von Bistritz, dessen Hauptkirche und
Turm, vergessen die Schilderer des Landes im 17. Jahrhundert
nie aufzuführen. Doch standen auch die Städte in Bequemlichkeit
und Sauberkeit der Gassen weit hinter den Anforderungen der
Gegenwart. Viele der letztern, selbst die Marktplätze waren durch
die hölzernen Lauben der Gewerbe verengt; auf dem freien
Raume des Kronstädter Marktes stand der Pranger, den in
Schäßburg die Burg, als die alte Malstätte herbergte; selbst auf
dem großen Ring in Hermannstadt vollzog Strick und Schwert
des Henkers seine traurige Arbeit. Im ersten Viertel des
17. Jahrhunderts bestanden die Umfriedigungen der Höfe sogar
hier noch oft aus Zäunen; die Hundertmänner forderten 1623,
der Rat solle dazu sehen, daß sie aus Brettern hergestellt würden
und der hielt es für „billig". Dieselben fühlten sich 1662 bewogen,
ernst auf Sauberkeit und Reinheit des großen und kleinen Ringes
und der Lügenbrücke zu dringen; ja noch am Ende des Jahr=
hunderts waren, wiewohl „gepflasterte", wenn auch bisweilen
„verwaschene und verfahrene" Wege in der Stadt erwähnt werden,
selbst auf dem großen Ring umfangreiche Pfützen, die „sehr übelen
Geruch causirten"; als die Kommunität 1682 ihre Ausfüllung
begehrte, erwiderte der Rat, man werde sich Mühe geben, so
viel als möglich sei.

Sonst fehlte es an mancherlei Veranstaltungen zur
Pflege leiblicher Gesundheit und zur Linderung der
Not im Sachsenland seit jeher weniger als in anderen Landes=
teilen. Armen= und Krankenhäuser bestanden an vielen Orten von
alters her, stets in engem Verband mit der Kirche; Honterus'
Reformationsbüchlein rät, ihre Einkünfte durch das Vermögen
nutzloser Bruderschaften und unfrommer Stiftungen, sowie durch

die törichten Vermächtnisse der frühern Zeit und die Besitzungen leerer Klöster zu vermehren. Zugleich ordnet es an, daß Almosen=väter aus dem Rat und den Hundertmännern gewählt werden, die die Liebesgaben der Gemeinde an die Armen verteilten, deren Herumziehen von einem Ort zum andern nicht gestattet ist. In diesem Sinne verordneten auch die Visitationsartikel, daß in allen Kirchen Almosenkasten gehalten würden und fromme Christen nach dem Befehl Gottes etwas dahin gäben zur Erhaltung der Armen; desgleichen sollten alle Gemeinden das „Spital und Seuchenhaus des Stuhls" helfen „betreuen", damit die armen Kranken möchten erhalten werden, und die Visitationen selbst hatten die ausdrück=liche Aufgabe, auch nach den „Hospitalen" zu fragen und nach den Armen, „welchen die Kirche muß Hilfe thun". Ärzte, Apo=theker und Wundärzte finden sich nun in allen Städten. Schon 1565 gab die Universität „den Balbierern und Wundärzten" für alle Städte und Märkte Zunftartikel; „wo einer in der Gemein in einen schmerzen fiele und so arm wäre, das er nit hätte den Arztlohn zu zahlen", verordnete sie darin, „so sollen sie aus christlicher Lieb aus der ganzen Zech ihn helfen heilen und nit verlassen." Die der Stadt gehörige „Badstube" fehlte gleichfalls auch diesem Jahrhundert nirgends; sie war ein so unentbehrlicher Bestandteil des Lebens jener Zeit, daß ihr teilweiser Neubau und die Verbesserung im Jahre 1640 in Mediasch der Aufzeich=nung des Ratschreibers nicht unwert schien.

Sorgte die Obrigkeit so nicht ohne Erfolg für die Pflege des Körpers, so müßte sie sich dagegen vergeblich in Kleidung und Schmuck desselben die ihr notwendig scheinenden Schranken aufrecht zu halten. Umsonst ließ der Hermannstädter Bürgermeister Georg Armbruster 1676 den Jungfrauen die „zu hohen deutschen Buorten" vor der Kirche durch Trabanten wegnehmen, sein Nach=folger Johannes Haupt mußte am Ostertag 1679 Scheren an die Kirchentüren hängen lassen als Drohung gegen die zu prächtigen Kleider der Frauen. Zehn Jahre später gedachte der Hermann=städter Rat durch eine neue Kleiderordnung endlich allem Unfug zu steuern. Die Kleidung solle gebührend sein, verordnete er, und standesgemäß und jedes Stück zum andern passen. Auf Hermann=städter Tuch gehöre kein Zobelhut, nicht gelbe Tschismen, feine Haupttücher, „dünne Pattyolat=Schürze", kostbare Fransen und rote Schuhe, „blaubrämigte Kürschen" und Perpetmäntel. Im einzelnen sollte der Standesunterschied im Kleide hervortreten.

"Die Patricii, nämlich solche, deren Herr Vater und Großväter
die größten Ehrenämter in der Respublic bekleidet," dürften, damit
auch in ihnen der Eltern und Großeltern Respekt emporbliebe,
insonderheit wenn auch sie sich gebührend verhielten, Zobelhüte
tragen, "doch gleichwohl nit zu breit". Ihnen war auch die Kutsche
mit vier Pferden gestattet, mit sechs sollte "außerhalb den zwei
obersten Herrn Officialibus" niemand fahren dürfen. "Dieselbe,
welche unter der ehrlichen Bürgerschaft einige publica officia
tragen", lautet die Ordnung weiter, "oder Fürgänger der ehr=
lichen Zechen sind, mögen auch Lazur, ja englisch Tuch tragen,
doch in einer ehrbaren dunkeln Farb und ohne Gold, die übrigen
lieben gemeine Bürger sollen über Lazur nicht schreiten, es sei
denn, daß einige unter denselben Ratsherrnsöhne, oder aber,
daß sie von sonsten gutem Herkommen und Vermögen wären,
welchen auch englisch Tuch zu tragen frei wird stehen." Gelbe
"Tschißmen" und Fuchsfutter war den Gesellen, die "immediate
von den Dörfern kamen", untersagt. In der Frauentracht eifert
der Rat insbesondere gegen goldene Ketten, um unmittelbar
darauf den Vornehmsten sie doch zu gestatten, "doch nicht über
fünfzehn oder sechzehn Dukaten schwer"; auch Korallen werden
abgeschlagen; nur der "Amtsherren und Patriciorum Jungfer
Töchter" und die jungen Weiber der Patricier bis ins sechste
Jahr nach ihrer Hochzeit dürfen sie tragen. Wie hier der Her=
mannstädter Rat, so suchen die Räte der andern Städte, die Uni=
versität und die Kirchenvisitationen in immer erneuter Anstrengung
dem "Luxus, der vergeblichen weltlichen Pracht, die da ein Gräuel
ist vor Gott", zu steuern. Die Männer und Knecht, heißt es
in den Visitationsartikeln von 1650, sollen sich nicht katnerisch
oder türkisch lassen scheeren, nicht große teure Hüte tragen, sondern
um Denar sechzig, nicht gestrickte Zwirnsgürtel, nicht benähete
Pelz mit Seiden. Im Zusammenhang damit verordnete die geist=
liche und weltliche Obrigkeit von Mediasch 1651, daß "die Manns=
bilder in keinen roten, gelben, blauen Tschißmanen, auch die
Weiber in keinen roten Schuhen zu beiden Sakramenten gehen"
und die "großen ausländischen Haare so fast lang und auch die
kleinen Haarläplein oder Schöpf sich nicht sehen lassen sollten an
Männern und Knechten, denn es sei eine Unehre, 1 Cor. 11."
Den Weibern wird verboten, "sich Hörner aufs Haupt zu machen;
,schöne' (feine) Schleiertücher sollen nur die tragen, denen es
gebührt und keine Goldschnür darunter binden; die Seidenhauben

mit goldnen Sternen sollen nicht gemein sein, denn sie stehen ihrer
wenigen sein an. Mehr als zwo ehrliche Nadeln soll eine Frau
nicht brauchen im Schleier und die edle Tracht an Frauenröcken
und Ärmeln an keinem Weib sich merken lassen, denn es gebühret
uns nicht." Die „gebäurische Mägd" dürfen keine „krumme ge-
schnittene Ärmel mit Vorteln vernähet" tragen und in ihren
Schürzen „nicht mehr als zwo Vorteln, ein scheibliches und ein
spitzes" haben; auch „langschächtige Schuhe" waren ihnen verboten.
Die neuaufkommende Sitte bei den Weibern, goldeye Ringe zu
tragen, die nur bis zum halben Finger reichten, nach Art der
Adeligen, wurde gleichfalls „ganz und gar" untersagt. Tonan-
gebend in Tracht und Luxus war das reiche „Kronen"; die
„Kroner Hauben", „Kroner Hüte" und „Kroner Mäntel" sind
herrschende Kleidungsstücke gewesen viele Geschlechter lang.

In noch schwerere Klagen, und wie nicht zu zweifeln noch
mehr berechtigt, ergehen sich die Zeugnisse des 17. Jahrhunderts
über die fast alle Kreise des Volkslebens entsittlichende Fleisches-
lust. Das Gesetz der Statuten, das auf Ehebruch den Tod durchs
Schwert setzte, wehrte der Sünde nicht. Unter den ernsten Uni-
versitätsbeschlüssen von 1613 ist einer der erschütterndsten hiegegen
gerichtet und noch am Ende des Jahrhunderts mußte der Hermannstädter Rat befehlen, daß zum Unterschied von ehrbaren
Frauen unzüchtige Weiber keine Schleier oder weiße Haupttücher,
sondern rote Tücher um den Kopf trügen. Nicht weniger bitter
und häufig sind die Klagen über das „gräuliche Schwören,
Fluchen, Schelten und Lästern", das bei hoch und niedrig im
Schwang sei. Als in Kronstadt der Ratsherr Markus Schankebank und seine Frau 1608 plötzlich und rasch hintereinander
starben, sah Michael Weiß darin eine Strafe des rächenden
Gottes, der seinen Namen nicht mißbrauchen lasse, was diese
durch leichtsinniges Schwören gar oft getan hätten. Selbst der
Landtag erhob 1619 seine Stimme gegen das weit verbreitete
Laster. „Dieweil Fluchen und Lästern," schrieb er in den siebenten
Artikel jenes Jahres in Klausenburg, „sonderlich aber mit dem
Lélek sehr überhand genommen, wiewohl viel Verbot darüber
bis dato ist gemacht worden, so haben wir beschlossen, daß mans
überall hart verbieten und die Strafe also darauf geben soll: ein
Edelmann, so oft er das Wort (Lélek) herausredet, soll einen
Gulden zur Strafe geben; einen Bürger aber, gemeinen Mann und
Dienstboten soll man in die Feddel stellen und bis auf den Mittag

darin lassen; will er sich aber los und frei machen, soll er niederlegen fünfundzwanzig Denare und das tun, so oft er also redet."

Unmäßigkeit in Speise und Trank gehört nicht minder auch hier zu den herrschenden Gebrechen jener Zeit, das unzweifelhaft durch die hohe Vortrefflichkeit des Erzeugnisses der Rebenberge an der Kokel und dem Mieresch, neben dem jedoch auch ausländischer Wein, namentlich Malvasier vorkommt, ebenso gefördert wurde, als vom bösen Beispiel, das Übermaß des Genusses fast zum bessern Tone machte. Setzten doch die Stände die Verhandlung der wichtigeren Angelegenheiten auf die Vormittagsstunden fest, weil sie nachmittag sich selbst nicht trauten; ist es doch vorgekommen, daß in solchen Sitzungen Trunkene von Adel sich zum Zweikampf forderten, oder viele Tage lang nichts beschlossen werden konnte, weil die meisten Mitglieder auf Gelagen oder nicht nüchtern waren. So wird es wohl minder auffällig gewesen sein, daß der Kronstädter Richter 1653 während des Landtags mit der Universität vom Ständepräsidenten zum Frühstück geladen, als „der Wein den Grund seines Herzens emporhob", nicht nur den Pokal, den ihm der Wirt zu kosten gab, auf „ein Nippen" leerte, sondern auch in ungeberdiges Prahlen ausbrach: er könne sich wohl einen Herrn nennen, da er 40.000 Menschen zu gebieten habe. Teurer bezahlte der Mediascher Stuhlrichter 1671 die Unmäßigkeit im Trinken bei dem Mahl des Sachsengrafen; er starb wenige Tage später an den Folgen. Es mag die Anschauung jener Zeit über Bedarf eines Mannes an Speise und Trank bezeichnen, wenn die Mediascher 1639 bei dem Bau der Kokelbrücke den Zimmerleuten täglich je zwei Pfund Fleisch und drei Maß Wein geben. Neben dem Wein war Bier und Met beliebtes Getränk, in deren Bereitung Hermannstadt und Kronstadt berühmt. Auch Genuß des Branntweins ist bekannt, um die Mitte des Jahrhunderts in den adeligen Kreisen; die Bereitung aus Roggen oder Zwetschken untersagte 1697 die Universität. Gleichzeitig mit dem Getränk, das überall die Sitten verdirbt und Menschenglück zerstört, fand der Tabak den Weg ins Land; vergeblich beschlossen die Stände 1670, daß wer ihn rauche oder schnupfe Strafe zahlen solle, der Edelmann fünfzig, der Geistliche zwölf, der Bauer sechs ungarische Gulden und steigerten sie 1689 für den Obergespan bis auf zweihundert Gulden; er drang schnellen Schrittes sogar bis zu den Schmiedknechten zu Heltau, die ihn 1695 unwillig „in der

Zech fanden" und da sie „dachten es wär nicht gut", jeden „guten Bruder" davor warnten; wer desselben aber doch brauchen würde, des solle die Strafe sein fünfundzwanzig Denare.

So kämpfte der einfache Sinn der Gesellenbruderschaft des sächsischen Dorfes gegen die Vermehrung der Bedürfnisse in seiner Mitte, in diesem Fall eben so fruchtlos wie vorher die Stände: denn der Gebrauch des betäubenden Krautes hat die Heltauer Schmiedezunft und die Stände überdauert.

Dem Verfasser aber mag es gestattet sein damit den Versuch einer Schilderung des sächsischen Volkslebens im 17. Jahrhundert zu schließen. Wenn es ihm unmöglich war, dessen unendliche Mannigfaltigkeit in seiner ganzen Fülle darzustellen, so bescheidet er sich gerne, sollte es ihm gelungen sein, in getreuem Bilde den Enkeln jenes vielheimgesuchten Geschlechtes auch nur die wichtigsten Seiten zum Verständnis gebracht zu haben. Es liegt darin ein überreicher Schatz von Erkenntnis dessen, was Not tut, von Trost, Hoffnung, Stärkung: auf, hebet ihn!

40.

Schlußwort.

Gerechtigkeit erhöhet ein Volk, aber die Sünde ist der Leute Verderben.
Sprüche Salom. XIV. 31.

Mit dem Übergang Siebenbürgens unter Fürsten aus dem Haus Österreich öffnen sich für das Land die Pforten eines neuen Zeitraums; auch das sächsische Volk betritt neue Wege der Entwicklung, des Strebens, Wirkens und Leidens. Wenn wir am Anfang dieser neuen Zeit die Feder niederlegen, geschieht es nicht ohne Hoffnung vielleicht später unter der Zeiten Gunst den Faden der Erzählung wieder aufzunehmen und bis auf unsere Tage herabzuführen. An lehrreichem vielbedeutendem Stoff dazu fehlt es nicht. Der tobende Sturm, der gleich am Anfang des 18. Jahrhunderts im „Kruzenkrieg" das neue Band zwischen Österreich und Siebenbürgen zu zerreißen suchte und auch von den Sachsen für seine Erhaltung abermalige große Opfer forderte und erhielt; die Wiederkehr der Ordnung unter Karl III. (VI.) mit den mannigfachen tief eingreifenden Anforderungen, die das neue Staatsleben an die enggeschlossenen Kreise der sächsischen Verhältnisse machte; die Zeiten unter Maria Theresia im Licht wiederholten

Schutzes der großen Kaiserin und im Dunkel der beginnenden Fiskalprozesse; die Aufhebung der sächsischen Verfassung durch Joseph II.; ihre Wiederbelebung mit dem gleichzeitigen Anfang nicht unwirksamer Angriffe der Stände auf die sächsische Gleichberechtigung; die ungesetzliche Regelung der sächsischen Verwaltung und Verfassung durch die „Regulation"; der Kampf des erwachten Volksbewußtseins gegen die später erkannten Mängel derselben; die Regungen und Entwicklungen eines neuen Geistes auf dem Feld des Gewerbfleißes, der Schule, der Wissenschaft, der Kirche, des Staatslebens: es sind Blätter, wert, daß die „Meisterin des Lebens", die Geschichte, sie nicht der Vergessenheit überlasse. Auch der Orkan, der in der Mitte des 19. Jahrhunderts alle Verhältnisse des Vaterlandes von Grund aus umkehrte, hat doch wenigstens dem Kranz der alten sächsischen Ehre und Treue kein Blatt geraubt. Unmittelbar neben Ferdinands und Rudolfs Briefen stehen die Worte ihres kaiserlichen Enkels vom 21. Dezember 1848 an sein „treues Sachsenvolk": „Als Wir bei dem Antritt Unserer Regierung alle unter Unserer kaiserl. Krone vereinigten Völker überblickten, war es Unserm Herzen wohlthuend und hat Uns hohen Trost gewährt, in einer Zeit, wo jene heiligen Bande der Treue und Anhänglichkeit der Völker an den Thron vielfachen Versuchungen ausgesetzt und die Begriffe von Freiheit und Unabhängigkeit zur Verwirrung der Gemüter mißbraucht wurden, die hohe Aufopferung zu erkennen, mit welcher Ihr bereitwillig Haus und Hof, Werkstätte und Pflug verlassen und mit freudiger Hingebung von Gut und Blut die Waffen ergriffen habt, um den seit Jahrhunderten bestehenden Bau der Gesamtmonarchie, ihre Einheit und Kraft, sowie die Rechte Unseres kaiserlichen Hauses in dem Augenblick drohender Gefahr zu stützen und zu schirmen. Thron und Staat, für die Ihr gekämpft, werden Euch die verdiente Anerkennung zollen und die Bürgschaften zu schätzen wissen, welche Euere, von Unsern Ahnen so oft belobte Tapferkeit, Ausdauer und Treue, vornehmlich aber Euer Sinn für Ordnung und Gesetzlichkeit und der vernünftige Gebrauch der unter Euch heimisch gewordenen Freiheit für den Glanz der Krone und den Bestand des Staates gewähren."

Seitdem hat sich in Stellung und Leben des Volkes vieles geändert. Siehe „das Alte ist vergangen und alles ist neu geworden"; doch die dunkle Trostlosigkeit, die an jeder Zukunft des Volkes verzagend seine edelsten Güter alle unrettbar verloren meint, hat keine Berechtigung. In dem ewig frischen Quell des Christentums, in dem belebenden Strom deutscher Bildung, um all des andern zu geschweigen, ruht eine unerschöpfliche Kraft der Erhaltung und Wiedergeburt. Von uralter Zeit hat das Sachsentum in unsrer Heimat seine eigentliche innere Stärke hervorragender geistiger und sittlicher Bildung verdankt, seiner treuen Anhänglichkeit an Gesetz, Fürst und Vaterland, und dem Geist des Heldenmutes, der von jenen Gütern nimmer läßt. Dadurch hat es festen Fuß gefaßt und dienstbar einer großen Bestimmung, deren Heiligkeit nicht immer erkannt wird, dem Licht und der Freiheit eine Stätte bereitet an der Grenze der Christenheit, fern von dem teuren Mutterland. Die Mittel aber, die es gegründet, können es auch ferner und werden es erhalten, wenn es sich selber treu bleibt. Das geschieht, wenn es seine Stellung im Staate und zur Aufgabe desselben nicht verkennend, die großen Errungenschaften der Zeit auf allen Gebieten des Lebens, insbesondere auch des gewerblichen und landwirtschaftlichen würdigend und aufnehmend, in alter Treue gegen Recht, Fürst und Vaterland, nach immer fortschreitender geistiger und sittlicher Bildung strebt, fest hält an der guten alten Sitte und an den heiligen Gütern des Volkstums, der Schule und Kirche, den bösen Geist der Zerfahrenheit und Selbstsucht verbannt, dem Sinn für gesetzliche Freiheit, Ordnung und Gemeinwohl eine immer festere Wohnung macht in seiner Mitte. Wenn dieser Geist, der Geist der bessern Zeit der Väter, unter uns waltet, dann ruht auch unsere Zukunft auf nicht unsichern Stützen. Denn hierin ist die ehrenvolle Fortdauer jedes Volkes und Gemeinwesens bedingt, mehr als in Pergamenten und Verfassungsformen, die nur so lange kräftig sind, als der Mensch es ist, dem sie gelten.

„Die Geschichte verflossener Zeiten ist ein Baum der Erkenntnis des Guten und Bösen", die Vergangenheit die Lehrerin der Zukunft. Wer ihre Stimme nicht hört, oder nicht hören will, ist schon gerichtet.

Mehr aber als einzelnen Menschen ruft die jahrtausendalte Warnung des Sängers allen Völkern zu:

> Bekannt mit allem macht die Zeit, die altende,
> Und siehe, noch nicht weise sein erlerntest Du!

Namen- und Sachverzeichnis.

A.

Abdi Pascha 405.
Abendmahlsstreit 265.
Ablaß 214.
Absalon 485. 530.
Abtsdorf bei Agnetheln 80.
Abtsdorf an der Kokel 81. 143. 166.
Ackerbau 18. 103. 552 f.
Adalbert von Prag 6.
Adami 574.
Adel, ungarisch. 61 f. 125. 127. 153. 155.
  156. 164. 166. 207. 229. 263. 270. 288.
  297. 339. 363 f. 417. 448. 541.
Adelige Güter von Sachsen gekauft 63.
Adelige Sachsen 88, nach Weise des
  Adels 81. 106. 177. f. Erbgräfen.
Adolf von Holstein 16.
Adrianopel 122.
Aga Dede Begh 458.
Aga Hussain 458.
Ägypten 105.
Agnetheln 98. 184. 512 f. 576.
Agnethler Johann 184.
Agnethler Michael 413 f.
Akados 48.
Akkon 25.
Akkorda 486. 499.
Akus von Bell 113.
Alamor 221.
Alard von Mühlbach 78.
Alard von Salzburg 58. 65. 71.
Albelius S. 565.
Albenser Komitat 65.
Albrecht König 140 f
Albrich M. 565.
Alesius Dion 265.
Alexius, Rektor in Stolzenburg 132.
Ali Beg 155. 160.
Ali Pascha 461 f. 464. 545.

Almesch 98.
Almeschken 85.
Almosenväter 580.
Alpareth 124.
Alte Land, das 12.
Altenberger Barthol. 260.
Altenberger Mich. 195.
Altenberger Thomas 185. 189. 195.
Altknecht 532.
Alwinz 57. f. Winz.
Alwinzi 483. 502.
Alzen 98. 103. 536.
Alzen Stuhl 109.
Ambrosius der Schlesier 246. 249.
Amtleute Universitätsbeschlüsse 398 f.
Andacht zu Landtagszeiten 287.
Aneas Sylvius 209.
Andreas II. 11. 13. 24. 26. 28. 40. 47 ff.
  61. 67. 151. 417.
Andreanischer Freibrief 31 f. 67. 77. 79.
  82. 128. 182. 189. 313. 337. 427. 432 f.
  — Bestätigungen 34. 95. 127. 182. 189.
  273.
Andreas Bischof 91. 92.
Andreas von Burgberg 97.
Andreas von Häzeldorf 84.
Andreas von Kronstadt, Buchdr. 198.
Andreas von Mühlbach 96.
Andreas von Pretai 111.
Andreas, Pf. von Reichesdorf 246.
Anjouer 76 ff.
Ansiedlungen außerhalb des Sachsen-
  landes 47 f. 66 f. 109. 112. 142. 190.
  531. 540 f.
Ansiedlungen durch die Erbgräfen 66.
Antonius, Pf. von Mühlbach 141.
Anzahl der Hauswirte 207. 401. 491. 535.
Apa von Malmkrog 178.
Apa Anna 178.

Apafi 82. 83 112. 127.
Apafi im Besitz der Kreischer Gruppe 82.
Apafi Fürst 462 ff. Tod 476. 499.
Apafi II. Fürst 478 f. 481. 487. Abdankung 487.
Apafi Gregor 292. 327.
Apafi Nikolaus 233.
Apathi 125.
Apatza 227.
Apor Woiwode 95.
Apor Graf 491.
Apotheke(r) 177. 208. 580.
Aposteltage 262.
Appellation an den Woiwoden 166.
Appellation im Burzenland 27. 511.
Approbaten 266. 418 f. 420 f. 486. 494.
Approbaten Landtag 420 ff.
Aradi G. 344.
Aranyoscher Stuhl 60.
Arbägen 99. 113.
Arch Graf 273.
Archidiacon 92.
Arianer 328.
Aristald 51.
Arkeden 109.
Armbruster G. 580.
Armbruster Michael 227. 249. 252. 258. 270. 274. 292. 325.
Armen- und Krankenhäuser 71. 208. 579 f.
Armenier 549.
Armenus Thom. 220.
Armut des Königs 161.
Arnold Domherr 71.
Arnold von Pold 65.
Arnoldi Johann 194.
Arpad 7.
Arpaden 61.
Ärzte 208. 456. 580.
Atelkusu 5
Attila 4. 29.
Aufruhr in Hermannstadt 159. 278.
Aufruhr in Kronstadt 474 f.
Aufruhr in Schäßburg 158.
Aufstand gegen Karl Robert 77. 78.
Aufstand gegen Matthias 154 f. 181.
Augsburg 244. 269. 440.

Augsburgisches Bekenntnis, Annahme 262. 264.
Auner Johann 316.
Aus- und Einfuhr 104. 188 f. 310 s. Handel.
Auswandererlied 17.
Auswanderungsgebiet 15.
Auswanderung der Scheller Pfarrer. 113.
Avaren 4.
Avignon 91.

B.

Baaßen 83. 91.
Bachritter 96.
Badehaus 169. 580.
Baier Franz 270.
Baier Johann 329.
Baierdorf 87, 208.
Baierdorfer 353.
Bajendorf 534 f. 536. 564.
Bakosch Val. 386.
Balassa E. 226.
Balassa Fr. 365.
Balassa M. 280. 302.
Balbus H. 161.
Balck Joh. 379.
Balthasar 230.
Balvanosch 222. 225. 231.
Banffi D. 467.
Banffi G. 482. 487. 491.
Banffi L., Bischof 9.
Banffi P. 573.
Banffi, Familie 181.
Bär Stef. 475.
Bärendorf 69.
Bärenfuß N. 214.
Barlabassy 158.
Bartfeld 339.
Bartholomäuskirche in Kronstadt 93.
Bartholomäusnacht 331.
Bartschai 435. 438 f. 449. 462.
Bartschais Tod 460.
Bartschai Andr. 450.
Basel 198, 253.
Basel, Konzil 139.
Basta 344 f. 353 f. 357 f.
Bathori And. 162. 342 f. 372.

589

Bathori Balth. 341.
Bathori Christof 288. 292. 316. 327. 511.
Bathori Gabr. 370 f. 542.
— Ermordung 392.
Bathori Nikol. 280.
Bathori Sigm. 327 f. 340 f. 347 f. 354 f. 542. 568.
Bathori Stef. 262. 288 f. 297. 300. 305. 325. 327 f. 332. 359. 500.
Bathori Stef., Woiwode 156 f. 168. 193. 219. 221. 226 ff.
Batthyani 258.
Batthyani Ben. 171.
Batu 49.
Baudenkmäler 68 f. 92. 173 f. 201 f. 205. 307 f.
Bauernaufstand 124. 158.
Bauern, Bedrückung 529.
Baukunst 570.
Bauler W. 456.
Baumgarten 456.
Bausner B. 560.
Bayer J. 567.
Beauri Jak. 355.
Befestigungen 107. 147. 173 f. 405. 421. 542 ff.
Beheim 146.
Bekesch C. 288. 297.
Bela der Blinde 9.
Bela III. 11. 22 ff. 32. 39. 75. 137.
Bela IV. 13. 47. 50. 55 f. 72. 87. 133.
Beldi 171.
Beldi Paul 466.
Belgiojoso 362.
Belgrad 144. 146. 391.
Bell 113. 221.
Belleschdorf 112.
Benedikt, Bischof 91.
Benedikt, Pf. in Klausenburg 89.
Benkner Joh. 245. 256. 263. 310. 324. 390.
Benkner Paul 256.
Benzenz 65. 108.
Berger Laur. 422.
Bernhard Pred. 160.
Bernhard Petrus 260.
Berthold von Kelling 76.
Besiedlung des Landes 3. 5. 12. 29.

Besodner P. 565. 567.
Bethlen Al. 233. 274.
Bethlen Franz 412
Bethlen Gabriel 181. 390 ff. 426. 467. 548.
Bethlen Gabriel für den Protest. 393 f.
Bethlen Gabriel in Hermannstadt 401 f.
Bethlen Gabriels Tod 407.
Bethlen Joh. 179. 429. 432. 463.
Bethlen Nikol. 469 f. 477 f.
Bethlen Stef. 409 f. 412.
Bethlen Wolf. 226. 365.
Bethlen, Familie 82. 112.
Bethlen Katharina 487.
Bewirtung des Fürsten 19. 45. 78. 111. 305.
Bewirtung, unentgeltl. d. Adels 423 ff.
Beyer Fr. 312.
Beza 333.
Bibel, ung. 325.
Bibliotheken 196 f. 258. 265. 324. 565.
Bierkoch 317.
Billak 89. 461.
Birnbaum 108.
Birthälm 60. 75. 83. 131. 132. 178 f. 195. 239. 260. 314. 491. 513.
Birthälm Bischofssitz 262. 321.
Bisterfeld 529.
Bistritz 12. 15. 37. 72 f. 86 f. 93. 117. 119. 126. 132. 148. 153. 167. 173. 179. 181. 206. 208. 214. 228. 231. 260. 263. 274. 306. 311. 325. 342. 350. 354 ff. 374. 383. 419. 461. 466. 491. 541. 547. 566. 575. 579.
Bischof ev. 261. 262. 319. 321. 325. 329. 362. 370. 462. 555. 574.
Bischöfe für die 3 ev. Konfessionen 266.
Bischof (kath. Bistum) in Weißenburg 8. 23. 58 f. 61. 70. 75. 87. 90 f. 99. 113. 120. 138. 170. 208. 213. 245 f. 251. 329.
— Aufhebung 257. 264. 279.
Bischof ref. 265.
Blaasus (Blavus) 73. 77.
Blandrata 265. 282.
Blasendorf (Schogen) 93.
Blasendorf a. d. K. 449. 471.
Blasendorf Vertrag 471 f.
Blasius, Pf. von Großau 73. 74.

Blasius von Marpod 195.
Blauch 85.
Blutbann 87. 132. 184. 185. 314.
Blutiges Schwert 227.
Bodendorf 99. 462. 491. 532.
Bogner Petrus 262.
Böhm A. 306. 387.
Böhmen 153.
Bologna 262.
Bomelius Th. 265. 277. 294. 325.
Boralt 32. 36.
Borberek (Burgberg) 57. 128. 227. 274.
Bordan 573.
Bornemißa 159. 264. 273. 278 f.
Bornemißa Joh. 227.
Bosnien 94. 171. 210.
Boßuch Komes 83.
Botschkai 362 f. 369. 408. 467.
Brabant 17.
Brandenburg-Jägerndorf, Markgraf 402.
Bremen 25.
Brendelinus 67.
Brenndorf 256. 345. 383. 388.
Breslacus 323.
Breslau 158. 176.
Brestel H. 136.
Bruderschaften 532.
Bruderschaft des h. Leich. 106.
Brunschwig 294.
Brünn 416.
Broos 17. 57. 60. 69. 98. 122. 144. 156. 168. 170. 171. 181. 224. 229. 252. 299. 315. 354. 355. 411. 461. 465.
Brotdorf 99.
Brotfeld Schlacht 156. 173.
Brölst P. 454.
Buchdrucker 198. 254. 282. 310.
Bücherzensur 323.
Büchsen 107. 160. f. Feuerwaffen.
Budaker C. 294.
Bulgaren 245.
Bulgarien 94. 466.
Bulkesch 83. 137. 185.
Bulkescher Jak. 136.
Burgberg 97. 98. 112. 129. 249.
Burgen 68 f. 87. 95 f. 115. 124. 127. 173 f. 307. f. Befestigungen.

Bürgermeister 183. 507.
Bürgerrecht, ausschließliches 39. 171. 298 f. 497.
Bürger und Herrn, Spaltung 526.
Bürgesch 209. 567.
Burghauß 357.
Burgles 13.
Burnequel, Abt 179.
Burzenland 13. 15. 18. 25 f. 38. 51. 57. 86. 114. 123. 134 f. 167 f. 171. 184. 189. 210 f. 225. 228. 252. 255. 265. 273. 304. 321. 341. 345. 350. 354. 374 f. 383. 394. 402. 438.
Burzenland gehört nicht zu Siebenbürgen 18.
Burzenland die zu Kronstadt gehörenden Dörfer 115.
Burzenland, Gerichtszug 87. 511.
Bußd bei Mediasch 113. 329.

C.

Calvin 265.
Capinius 201.
Carrillo Alf. 340 f.
Chaak 125.
Cherthynger Lad. 159.
Chiel 57. 71.
Chonkabonka Barth. 189.
Chorgestühle 203.
Chorgestühle, Inschrift in Schäßburg 215.
Chrapundorf 18. 120.
Chrestels Joh. 382.
Christian Vergabung 56.
Christian Erbe 65.
Christian von Gierelsau 82.
Christian von Weidenbach 116.
Christianisierung Ungarns 6.
Chroniken 572 f.
Cicho 77.
Clemens III. 25.
Clemens V. 60.
Clemens VII. 218.
Clemens VIII. 341.
Clemens von Oppeln 200.
Clementis Joh. 250.
Clobis Joh. 133.
Colardus (Konrad) v. Talmesch 48. 81.
Corvus, Buchdrucker 198.

Crocäus L. 260.
Cservatfalu 227.
Csicso 225.
Czauck S. 573.

D.

Dalen 2. 4.
Dalmatien 105.
Daniel Franz 440. 442. 528.
Daniel von Kelling 71.
Daniel von Urwegen 71.
Danzig 294. 329.
Dara von Mukendorf 65.
Dausa Woiwode 77.
Davidis Franz 265. 282.
Deak S. 229.
Deak P. 463.
Dedrad 541. s. Zepling.
Deesch 13. 47. 62. 68.
Deeschakna 47.
Deidrich A. 565.
Deidrich G. 565.
Dekanate, die freien 42.
Dekebalus 3.
Deli M. 520.
Demesch Propstei 10.
Demetrius, Bischof 113.
Demetrius, Erzbischof 117.
Denndorf 263. 366.
Deutschland 115. 122. 394.
Deutsch-Pien 70.
Deutscher Ritterorden 25 f.
Deutscher Ritterorden im Burzenland 26 ff.
Deva 58. 61. 67. 74. 148. 355. 456. 469.
Diego 394.
Dietrich Dom. 294.
Dietrich Sim. 543.
Diod 146.
Dionysius, Erzb. von Gran 189.
Diskretionen 489 ff.
Dobo Joh. 189. 278.
Doboka 56. 87. 167. 400.
Dobring 429. 442.
Dom in Weißenburg 59. 71.
Dominikaner 107. 171. 214. 256. 259. 260. 270. 282.
Dominikaner-Kloster in Schäßburg 215.

Dominikus, Bischof 113.
Domokosch Fr. 537.
Donnersmarkt 81. 143. 166.
Door Kasp. 154.
Dorf und Stadt im Nösnergau 118.
Draas 17. 32. 69. 99.
Dragan 227. 228. 229.
Draschо 65.
Draudt J u. G. 543.
Dreißigjähriger Krieg 416.
Dunesdorf. 380. 438.
Durles 85. 180.
Durmes P. 385.
Dürrbach 195.

E.

Ebl von Broos 57.
Egresch 23. 75. 81. 83. 143. 166.
Ehrengaben 160. 197. 208. 265. 305. 318. 343. 354. 358. 368. 371. 422. 423 f. 429. 430. 441. 446. 458. 461. 480. 502.
Eibesdorf 83.
Eid 97.
Eid der Königsrichter 509.
Eid der Ratsmänner 185.
Eigenlandrecht 293. 294. 324. 327.
Ein' feste Burg, ungar. 363.
Einigung, politische der Sachsen 189. 192. 211. 242. 377. 395 ff. 413. 504 f.
Ein- und Ausfuhr 104 f. 186 f. 310. s. Handel.
Einseligung 556.
Einwanderung der Magyaren nach Siebenbürgen 9.
Einwanderung der Rumänen nach Siebenbürgen 5. 29 f. 110.
Einwanderung der Sachsen nach Siebenbürgen 10 ff. 20 f.
Einwanderung nach dem Mongoleneinfall 56.
Einwanderung Pläne 359. 361.
Eisenburger Markt. 411 ff. 544.
Elek Joh. 376.
Elges Dan. 517.
Elias Woiwode 189.
Elisabeth Königin 134. 139.
Emberestetek 221.
Emerich K. 24. 189.
Emerich von Salzburg 12.

Engenthal 221.
England 122.
Enyed 125. 251. 265. 328. 442. 497. 551.
Enyed Synode 265.
Enyeter Luc. 317. 344. 356.
Ependorf 88. 89.
Eperies 238. 364. 483.
Epeschdorf 86. 112. 366. 462.
Epithaphien 527.
Erasmus, Pf. in Winz 246.
Erbenloser Besitz 166.
Erbgrafschaft Bistritz 149.
Erbgräfen 48. 64 f. 71. 78. 81 f. 83. 108 f. 130 f. 178 f. 269. 313. 537 f.
Erbrecht 65. 66. 166.
Erbvertrag im Jahr 1491. 161.
Erbvertrag, Zustimmung der Sachsen 170.
Erfurt 52.
Erkud 47.
Erlau 9. 231.
Erwin von Kelling 57. 65. 178.
Erwin Erbteilung 108 f.
Essinius H. 457.
Eugen IV. 139. 142. 205.
Eugen von Savoyen 492.
Eulenbach 207.
Evangelisch-sächsische Kirche 266. siehe Reformation.

F.

Fabinus Joh. 410. 567.
Fabritius Sim. 515. 518.
Jägendorf 111.
Fälzendorf 82.
Farna M. 226.
Fejer G. 166.
Fejerd 167.
Felek 37. 120.
Felix V. 139.
Femger 566.
Ferdinand I. v. Österreich 176. 190. 217 ff. 243. 251. 257. 263. 268 f. 292. 306. 309.
Ferdinand v. Österreich Anhänger 233.
Ferdinand II. v. Österreich 406.
Ferdinand III. v. Österreich 416.
Feste 316 ff. 333. s. Hochzeit.

Festschießen 547.
Feuerwaffen 107. 160. 176 f. 306. 544 f.
Filkenius Z. 403. 540. 573.
Filstich 472. 474.
Filtsch Joh. 448.
Fiskalitäten 504.
Fiskalprozesse 504.
Fiskalquarte 291. 537. 568.
Flagen 109.
Flandern (rer) 15. 16.
Flaschner A. 455.
Flaschner W. 245. 248.
Fleischer A. 530.
Fleischer B. 182. 189.
Fleischer Joh. 448.
Fleischer M. 260.
Fluchen und Schwören 582.
Flügelaltäre 203.
Fogarasch 37. 110. 123 f. 167. 172. 220. 227. 231. 288. 301. 394. 416. 438. 471. 473 f. 551.
Földvar 207.
Forgatsch 318. 379. 383. 545.
Forro de Harpagon 227.
Forum product. 504.
Foyt Joh. 246.
Frank A. 447.
Frank G. 386.
Frank J. 566.
Frank Val. 482. 520. 525.
Frankfurt a. O. 565.
Fränkisches Dorf 103.
Frankreich 122. 218. 331. 416.
Franz K. v. Frankr. 208. 233.
Franziskus, Pf. von Birthälm 132.
Französ. Baumeister 59.
Frathai M. 226.
Frauendorf 83. 91.
Freck 70. 116.
Freibriefe 13. 31. 84. 88 f. 95. 99. 114. 117. 128.
Freisalz 33. 43. 47. 62. 243.
Freitum der Sachsen 32. 38. 88. 95. 118. 137. 139. 151. 189. 298. 419 f. 504 f.
Freizügigkeit 166.
Friedrich Barbarossa 25.
Friedrich v. Österr. 55.
Friedrich III. 153.

Friedrich v. Schwaben 25.
Friesland 16. 22.
Fronius Matth. 294. 325.
Frunsperg M. 233.
Fuchs Joh. 158. 232. 241. 256. 258. 270. 310. 324.
Fuchs Mark. 357. 573.
Fugger 269.
Fulkun 48.
Fünfkirchen 95.
Fürsten, Lieferungen für den 527.
Fürstenberg 823.
Fürstenrechte 513.
Fürstenwahl 332.
Fürstliche Bestätigung der Landtagsbeschlüsse 297.

G.

Gaan (Joh.) v. Salzburg 59. 66.
Galt 26. 69. 70. 438. 533 f.
Gasthaus 305.
Gaudy 452. 456.
Gauversammlung, Hermannstädter 82. 95. 98. 100. 109. 111. 112. 115. 118. 131. 137. 149. 158. 171. 179. 184. 187. 189. 302. f. Nationsuniversität.
Gebhard, Pfarrer in Wurmloch 113.
Gehalte 197. 316. 323.
Geheimvertrag Martinuzzis 272.
Geiger J. 474.
Geisa, Herzog 6.
Geisa I. 8.
Geisa II. 9. 10. 12. 17. 19. 32. 40. 336. 337.
Geistiges Leben 194 f. 264. 319. 325. 564 f.
Geistliche Ehen 210. 260.
Geistliche Gerichtsbarkeit 87. 244. 250. 253. 267. 293. 320.
Geistliche, Irrungen mit den Weltlichen 250. 520. 557.
Geistliche Kriegsleistung 219.
Geistliche Vorrechte 394.
Geistliche Universität 191
Geistliche, und weltliche Beamten 250. 520. 559.
Geldwert 44. 304.
Gemeinde und Rat 414. 521.
Gemsenstein 207.
Generaldechant 260.
Genf 333.

Georg, Pfarrer in Schelk 111.
Georg, Dechant von Schelk 113.
Georg, Pfarrer in Frauendorf 9.
Georg, Dominikaner 249. 250.
Gepiden 4.
Gereb de Vingarth 66.
Gerendi 183.
Gerendi Haus 313.
Gerendi, Bischof 222. 226 f. 229. 232 f. 237.
Gerendi Nikolaus 170.
Gergeschdorf 108.
Gerhard von Hermannstadt 109.
Gerichtswesen 67. 96 f. 111 f. 114. 164. 300. 303. 418.
Gesäß 81.
Geschlechterherrschaft 159. 413. 474. 519 ff. 525.
Geschworene 183.
Gesellen aus Deutschland 204.
Getränke 583.
Gewerbe 100 f. 104. 119. 186 f. 310 f. 404. 548. f. Zunft.
Gewichte und Maße 187.
Gewohnheitsrecht 33. 97. 99. 293.
Gezi Franz 330.
Gezi Joh. 327. 332.
Gierelsau 250. 315.
Gisela 6.
Giurgiu 341.
Glatz Matth. 256. 258. 260.
Glaubenskämpfe 393. 416. 484 f.
Gleichberechtigung der Kirchen 266. 478. 489.
Gleichberechtigung der 3 Stände 241. 296. 494.
Glocken 71. 203. 208. 319.
Glockengießer 203. 204. 550.
Göbbel Andr. 349.
Göbel Bistritz 88.
Goblinus 99. 100. 112. 113. 197.
Goblinus, Vater und Geschwister 99.
Gocelinus, Mag. 24.
Gogeschdorf 112.
Goldeinlösung 273.
Goldene Bulle 24. 417.
Goldschmiede 204. 205. 312. 458. 465. 550.
Goldschmied M. 543.

Goldschmidt Jer. 422.
Goldschmidt Simon 280.
Gombolinus 73.
Görgeny 47. 148. 473.
Goroßlo 348. 350.
Goston, Bischof 251.
Gotterbarmet P. 387.
Gotterbarmet Jak. 460.
Gottesdienst, ref. 394.
Götzenberg 24.
Götzi 386. 389. 392.
Gotzmeister Kolom. 372. 403. 405. 407. 413 f. 526. 542.
Gotzmeister Val. 485.
Gräf (Graf) 22. 64. 96. 99. s. Erbgräfen.
Gräf im Nösnerland 118.
Gräfenhöfe 65. 81. 429. 537.
Graffius Joh. 440. 449 f. 454. 459. 572.
Graffius L. 573.
Gran, Erzbischof 23. 87. 116 f. 189. 195. 211. 213 f. 245 ff. 253 f.
Graudenz 194.
Greech 45.
Gregor XI 99.
Gregorius Kard. Legat 11. 13.
Greißing P. 557.
Greißing Val 565. 567. 568.
Grenzbewachung 96. 115. 147. 173. 547.
Griechen 245. 549.
Griechisch-unierte Kirche 488.
Großalisch Schlacht 464.
Großau 99. 110. 116. 160. 195. 221. 227. 228. 317. 344.
Großdorf (Szelischt) 110.
Großpold 91. 442. 457. 512. 537. 561.
Großprobstdorf 449.
Großschenk 70. 184. 194. 221. 438. 440.
Großscheuern 70. 97 ff. 246. 249. 325. 345. 577.
Großschlatt 120.
Großwardein 52. 268. 310. 327. 331. 392. 443. 459. 466. 469. s. Wardein.
Großwardeiner Friede 256. 257.
Gubernium 482.
Guldener Joh. 198.
Gundolfsmühle 97.
Gunnesch 573.

Gunzendorf (Poplaka) 301.
Gyalu 459.
Gymnasien 322 f. 564 ff.
Gyulafi 366.

H.

Haas K. 176.
Hahn Mart. 249.
Hahnebach 97. 103. 117.
Halbgebachsen aus Regensburg 191.
Haller Gabr. 349. 400. 429.
Haller Joh. 408.
Haller Mich. 317.
Haller Paul 450.
Haller Petr. 226. 243. 258. 269 f. 273. 279. 313. 325.
Haller Rupr. 269.
Haller Söhne 269.
Halmagy 26. 93. 533.
Halvelagen 195.
Hamlesch 100. 172.
Hammer, Bischof 94. 96. 109.
Hammersdorf 70. 270. 319. 452.
Hamruden 69 f. 99.
Han Laur. 160. 170. 182.
Haner G. 566. 573.
Handel 26. 34. 104. 115. 186 f. 269. 303 f. 394. 548 f.
Handwerker, sächs. 71. s. Zunft
Hanklichesser Joh. 385.
Hann, der Herr der 22. 64. 86. 96. 511. 530.
Hann Mich. 294.
Hannenmahl 316,
Haromßek 346.
Harteneck 483 f. 496.
Hartmann J. 566.
Haschagen 83.
Hasenwein 176.
Haupt Joh. 457. 580.
Haus, unverletzlich 114. 135.
Häuserkauf 298. 403. 417 f. 425 f. 465. 486.
Hazeg 122. 124. 100.
Häzeldorf 60. 81. 100. 132. 180 ff. 314. 567.
Hebler Matth. 262. 319 f. 325.
Hecht G. 156. 160. 170. 307.
Hecht Joh. 227. 249. 250.

Hederfai 181.
Hedwig Aug. 279. 288 f. 292. 310 317. 325.
Heerbann, sächs. 546.
Heeresdienst 34. 44. 90. 115. 120. 124. 306. 307.
Heerfahrt 124. 307. 546.
Hegnitius 573.
Heghesch A. 573.
Heghesch M. 226. 241. 270.
Heidelberg 195. 394 567.
Heldendorf 260. 856.
Heldenricus, Pf. in Hermannstadt 90.
Heidnische Überlieferungen 21. 575 f.
Heinrich I. 6.
Heinrich VI. 25.
Heinrich der Löwe 16.
Heinrich von Alzen 98.
Heinrich Prior 80.
Heinrich, Pf. in Reichesdorf 60.
Heinrich Graf v. Rodna 67 f.
Heinzmann, Bürgermeister 106
Heinzmann, Notar 117.
Helena 9
Heldenburg 115. 174.
Heldsdorf 87. 258. 343. 345. 511.
Helmold Wendenchronik 16.
Heltau 70. 81 f 98. 103. 160. 195. 230. 245. 248. 315. 584.
Helth Casp. 282. 310. 325.
Henchmann 67.
Henndorf 109. 195. 438.
Henning von Petersdorf 66. 78.
Henning von Schenk 96.
Henningsdorf 108
Henrici, Pfarrer in Großpold 91.
Henul 89. 173.
Henz von Kelling 71.
Herberth Joh. 525.
Herbord von Meschen 84.
Herbord von Urwegen 71.
Herbord von Zeiden 135.
Herigi, Pfarrer in Baaßen 91.
Hermann Joh. 458.
Hermann Luc., Bischof 462.
Hermann Mich. 422. 438.
Hermann B 565.
Hermann D. 573.

Hermann von Salza 26. 28.
Hermann Sim. 332.
Hermannsdorf 46. 52. 71.
Hermannstadt 21. 52 71 78. 117. 128. 142. 146. 155. 159. 166. 171. 173. 177. 181. 187. 194. 195. 198 206. 207. 208. 214. 215. 219. 220 bis 243. 246. 247. 258. 265. 269 ff. 288 f. 299. 305. 310. 311. 314. 315. 322 ff. 341. 343. 346. 348 ff. 354. 355. 359. 363. 365. 369. 369. 371 ff. 386. 395 ff. 401 ff. 406. 413 ff. 439 ff 449 ff. 460. 465 f. 469. 483 ff. 500 f. 518 ff. 526 f. 544. 549. 565 f. 571. 573. 574. 577 f. 581.
Hermannstadt Gau (Provinz) 18. 22. 32. 36. 37. 38. 45. 57. 67. 73. 75. 77. 79. 87 95. 106. 115. 116. 118. 126. 128. 129. 137. 168. 169.
Hermannstädter Graf 32. 33. 40. 45. 170. 181 f.
Hermannstädter Kanonikus 51.
Hermannstädter Propstei (Propst) 11. 23. 50. 57. 60. 75. 83. 84. 90. 91. 123.
Hermannstädter Propstei, Aufhebung 137.
Hermannstädter Irrungen 155. 159. 413 f.
Hermannstädter Wirren unter Rakozi 413 f.
Hermannstädter Belagerung 439 ff. 451 f.
Hermannstädter Stuhl 109. 160.
Hervesdorf (Kornezel) 82.
Herzog von Bayern 233. 237.
Heußler Donat 477.
Hexenwahn 574 f.
Hirling 575.
Hirscher Apollonia 324.
Hirscher Luk 222. 256. 294. 324.
Hirscher Val. und Chr. 543.
Hirscher Petr. 294.
Hoch Joh. 210.
Hochfeld 207.
Hochzeiten 317. 322. 531 f. 576 f.
Hof, Bedeutung 113.
Hofkanzlei 487.
Hoffmann G. 357.
Hohenstaufen 11.
Hohndorf 112.
Holland 16.
Holzmengen 70. 207. 221.
Homonai 570. 391.

Homlescher 317.
Homyr-Pascha 382.
Honigberg 87. 252. 276. 345. 383. 385. 387. 428. 557.
Honorius III. 28.
Honterus 253—261. 293. 294. 308. 310. 318. 319. 324. 568. 579.
Honterus, Druckerei 254. 310.
Honterus, Kosmographie 325.
Honterus, Reformationsbüchlein 254 f.
Honterus Tod 261.
Honterus Enkel 565.
Hörige Pflichten 125.
Horvath Dav. 385.
Horvath M. 229.
Horvath P. 169.
Horvath Kasp. 220. 233. 234.
Hospites 34. 35.
Hoßufalu 227.
Huet Alb. 292 ff. 317. 325. 329. 330. 332. 334. 335 f. 341 ff. 357 f. 368. 542. 548.
— Rede 1591 335 ff.
Huet Georg 241. 292. 318. 368.
Huet Mart. 195. 248. 250. 252.
Hunnen 4. 29.
Hundertmänner 184. 313. 315. 508. 511. 519. 522 f. 559. 579.
Hundertmannschaft und Rat 522 f.
Hunyad 67.
Hunyader Komitat 497.
Hunyadi Joh. 144 ff. 214.
Hunyadi Ladislaus 146.
Huß Anhänger in Siebenbürgen 138.
Hußd 473.
Hutter Georg 246.

J.

Ibrahim-Pascha 224. 464.
Iglauer Recht 185.
Ignaz v. Loyola 289.
Illye 144.
Illyefalva 388.
Imhof 357.
Imresi 374. 378. 383.
Inauguraldiplom Andreas III. 64. 69.
Inkunabeln 198. 199.
Ingram 485.

Innozenz IV. 51.
Instrumente 571.
Irrgang 112.
Irrthel 572.
Isabella 241 ff. 257. 263. 264. 268. 275. 276 ff. 297.
Isabellas Tod 280.
Italien 394.

J.

Jaab 88. 89. 179.
Jahrmärkte (Märkte) 26. 35. 115. 11 . 184. 208. 311. 549.
Jakob von Een 234 f. 237.
Jakob, Franziskanermönch 138.
Jakob von Hermannstadt 195.
Jakob von Meschen 160.
Jakob, Pf. von Mühlbach 260.
Jakob von Schäßburg 96.
Jakobus, Bürgermeister von Hermannstadt 197.
Jakobus Glockengießer 203.
Jaksch, Szeklergraf 123. 126.
Janko, Greb de Megyesch 131.
Janosfalva 130.
Jekel Mich. 387.
Jekel Jer. 256. 258.
Jena 567.
Jenö 437. 438. 442. 444.
Jerusalem 11.
Jesuiten 289 ff. 328 ff. 340. 362. 487.
Johann Archidiakon 92.
Johann (Gaan) von Salzburg 58 f. 66.
Johann XXII. 90. 91. 92
Johann XXIII. 133.
Johann von Heltau 95.
Johann von Hermannstadt 96.
Johann von Mergeln 155. 177.
Johann, Graf von Mediasch 130.
Johannes von Rosenau, Maler 203.
Johann, Pf. von Stolzenburg 131.
Johann von Wingart 178.
Johannes, Pf. von Birthälm 60.
Johannes, Stadtpfarrer 106.
Johannes, Pf. von Meschen 198.
Johannes von Wertheim, Glockg. 204.
Johannes von Schäßburg 204.
Johann Georg von Sachsen 395.

Johannisdorf 112.
Johanniter 56.
Jost Jak. 554.
Jula 83.

K.

Kaban 61.
Kalender, neuer 333.
Kalotscha 148. 162.
Kaltwasser 221.
Kammergewinn 32. 77.
Kammergüter 497. 504.
Kamner P. 387.
Kapitel, kirchl. 11 f. 12. 23. 191. 211 f. 246. 267. 555. 560.
Kapitel, Bistritzer (Nösner) 291. 357.
— Bogeschdorfer 48. 66. 68. 75. 91. 190. 541.
— Broofer 132. 291.
— Bulkescher 48. 66. 68. 75. 91. 190. 541.
— Burzenländer (Kronst.) 27. 87. 115 f. 147. 212 f. 244. 252 f. 260. 267. 291.
— Hermannstädter 138. 213. 246. 248. 250. 260. 267. 415. 561. 572.
— Kisder (Reisder) 75. 91. 518.
— Kosder 75. 91.
— Laßler 75. 91. 191. 541.
— Leschkircher 138. 207.
— Mediascher 59. 91. 192. 211. 260. 267.
— Reener 68.
— Schelker 91 f. 113. 138. 191.
— Schenker 138.
— Schogener 89. 93. 190.
— Tekendorfer 89. 190.
— Unterwalder 75. 91. 561.
— Zelescher (Surrogatie) 48. 66. 68. 75. 190.
Kapudschi-Pascha 444. 446.
Kapolna 126.
Käppelsbach 172. 537.
Karaffa 472 ff.
Karl von Lothringen 470 f.
Karl Martell 61. 63.
Karl von Neapel 61. 121.
Karl Robert 18. 61. 72 f. 81. 86 ff. 90. 92. 109. 120.
Karl von Steiermark 341.
Karl V. 233. 238.

Karlovitz, Friede 492.
Kaschau 234 f. 362. 406. 467.
Kasimir von Polen 94.
Kaspar, Rektor 136.
Kaspar, Schäßburg 195.
Kasseler Gespräch 572.
Kastaldo 272 ff.
Kastaldo geht fort 276.
Kaßoni M. 467.
Katechismus 259. 320.
— rumän. 263.
Katharina von Brandenburg 406. 409.
Katona, ref. Bischof 394.
Katzendorf, 69. 221.
Katholische Irrungen 289. 362 f. 482 ff. 487 f.
Katzianer 222. 234 f. 237.
Kaufleute 189. f. Handel
Keisd 109. 129. 187. 208. 260. 308. 355. 445. 514 f. 564. 575.
Kelche 103. 204 f.
Kelling 57. 70. 82. 178. 356. 442.
Kelp 566.
Kemeny Fürst 460. 467.
Kemeny Tod 464.
Kemeny Familie 181.
Kemeny Greg. 172.
Kemeny Joh. 409 f. 413. 415. 419 ff. 434. 460. 528. 539.
Kemeny Kath. 269.
Kemmel And. u. Agn. 375.
Kendy Al. 292.
Kendy Franz 280. 552.
Kendy Stef. 277. 373.
Kerpenisch (Keppelsbach) 172. 537.
Kerz 23. 57. 79 f. 93. 123. 179. 214. 415.
Kerzius P. 325.
Kinischi P. 156. 193.
Kinsky 485.
Kiraly réve 83.
Kirche, Bedeutung im 17. Jahrh. 563.
Kirchen, gotische 202.
Kirchen, romanische 69 f.
Kirchenburgen 204 f. 221.
Kirchenlieder 262.
Kirchenordnung 255. 261.
Kirchenvisitation 257. 267. 560. 574. 580.

Kirchl. Entwicklung 23. 90. 107. 116. 189. 191 f. 553. 556. f. Kapitel.
Kirchl. Freiheiten 23. 90. 244.
Kirtsch 85. 132. 559.
Klausenburg 37. 57. 68. 89. 90. 120 f. 125. 136. 144. 151. 155. 159. 167. 171. 189. 190. 203. 214. 221. 226 f. 229. 264 f. 272. 274. 279 ff. 298. 310 f. 325. 328. 347. 362 f. 370. 379. 382. 393. 396. 409. 440. 442. 464. 466. 469. 497. 551. 582.
Klausenburg, Sachsen und Magyaren im Streit 281 ff.
Kleiderordnung 321. 562 ff. 580 f.
Kleidung 209. 562. 580.
Klein Aeg. und Kath. 143.
Klein-Enyed 65.
Klein-Kopisch 83. 130.
Klein-Logdes 289. 292.
Klein-Pold 195. 536.
Klein-Schelk 83. 111. 207. 462.
Klein-Scheuern 160. 345.
Klein-Schlatten 120.
Kleser St. 177.
Klockner 451.
Klockner G. 480.
Klosdorf 80. 103.
Kloster in Talmesch 95.
Klostergeistliche 214 f.
Klöster 214. 258 f. f. Kerz.
Knesen 61.
Knoll G. 313.
Koburger A. 199.
Koch Andr. 444 f.
Kokelburg 48. 66. 82 f. 225. 231.
Köln 198.
Kölner Pfennige 32.
Kolonitsch 485.
Kolos 62. 68. 166.
Koloschmonostor 83. 125. 154. 187. 199.
Komes 64. 79. 509. f. Königsrichter.
Komes-Installation 509.
Kommunitäten 184.
König Val. 177.
Königin, Einkünfte von Bistritz 87 f.
Königsbesuche in S. 74. 78. 87. 95. 135. 155. 160.
Königsboden 502 541. 542.
Königsfurth 83.

Königsrichter (Graf) 79. 90. 98. 114. 116. 135. 149. 155. 159. 181 f. 313. 478. 507. 509.
Königsrichter, freie Wahl 182.
Konrad f. Corlardus
Konrad von Masovien 28.
Konrad Sam. 482.
Konstanz 121. 138.
Konstantinopel 122. 146. 272. 279. 324. 340. 368. 386 f. 390. 394. 410. 437. 444. 457. 465. 498. 552.
Kopisch, Groß 83. 179 f.
Kopisch, Klein 83.
Kopp Gen. 467.
Kornezel 82. 110.
Korngruben 545.
Kornisch Balth. 371.
Kornisch Kasp. 434.
Kotscharbi 227.
Kovacsocci 334. 341.
Kövar 473.
Kövesd 221.
Krakau 194. 253. 254. 294. 327.
Krakko (Karako) 18. 47. 71. 120.
Kraus G. 356. 380. 445. 453. 456. 528. 573.
Krauseneck 358
Kreisch 82.
Kreisch Kasp. 474.
Krempes 572.
Kreuz (Deutsch) 80. 575.
Kreuz Schulrecht 323.
Kreuzbrüder 71.
Kreuzburg 27.
Kreuzzug Andreas II. 24.
Kriegsordnung 174 f. 237.
Kröcher aus Seligstadt 98.
Kroner M. 170.
Kronstadt 27. 86. 105. 115. 117. 122. 123. 124. 132. 134. 147. 148. 154. 155. 167. 168. 173. 189. 194. 195. 198. 207. 208. 210. 214. 222. 227. 228. 231. 241. 243. 244. 246. 252 ff. 258. 262. 275. 276. 281. 282. 306. 310. 314. 319. 322. 325. 341. 343. 350 ff. 364. 374 ff. 381 f. 386 f. 402. 406. 413. 438. 445. 448. 459. 463. 465. 474 ff. 483 ff. 500. 505. 519. 526. 543. 545. 547. 557. 564. 568 ff. 573. 583.
Kronstadt, Aufstand 474 ff.

Kronstadt, Brand 476 f.
Kronstadt, Dekanat 87.
Kronstadt, Kleidung 582.
Kronstadt, Waren 549.
Krull Joh. 195.
Kruzzenaufstand 157 f.
Kugler Velten 208.
Kumanen 7. 8. 17. 26. 27. 50. 52. 58. 78.
Kun Gotth. 226. 229.
Kun Stef. 365.
Kunz von Mediasch 130.
Kuth 65. 108.
Kutschuk-Pascha 464. 465.
Kryptocalvinismus 560.
Kyrieleis 71.

L.

Ladamosch (Ladmesch) 77.
Ladislaus Ban 83.
Ladislaus von Benyik 109.
Ladislaus von Broos 154.
Ladislaus, Daras Sohn 65.
Ladislaus von Epeschdorf 112.
Ladislaus von Neapel 121. 127.
Ladislaus von Nethersdorf 98.
Ladislaus I. 8. 9. 23.
Ladislaus IV. 58. 60. 66. 82
Ladislaus V. (Posthumus) 131. 142. 143. 145 f. 148. 152. 192. 243. 377. 547.
Ladislaus, Woiwode 58. 73 f. 84. 87. 128.
Ladiver 566. 567.
Lagerordnung 124.
Laibach 261.
Landkarten 325.
Landskrone 95. 100. 109. 115. 147. 148.
Landtag erster 61.
Landtage 94. 124. 160. 164. 192. 221. 237. 239. 240. 241. 251. 257. 264 265. 266. 268. 271. 272. 274. 275. 279 201. 296. 297. 298. 302. 328. 339. 347. 355. 367. 371. 372 386. 390. 392. 396. 402. 403. 408. 409. 417 ff 435. 437 439. 440. 444. 445. 446. 448. 454. 460. 461. 462. 470. 473. 495. 497. 499. 500. 528. 552. 582.
Landshut 176.
Lang A. 475.
Lang J. 230.
Langendorf 536.

Langenthal 83. 269.
Langobarden 4.
Lapuschthal 82.
Lasly H. 218.
Latinus 19.
Laurentius Goldschmied 812.
Laurentius von Kronstadt 154.
Laurentius, Woiwode 56. 57.
Lausitz 153.
Lauterburg 147. 148.
Lebel 325
Lechesdörfer 448. 455.
Lechfeld, Schlacht 6.
Lechnitz 71. 87. 356.
Lehrer 132. 194. 200. 564 ff.
Lehrer aus Deutschland 194. 323. 393.
Lehrer-Gehalte 196. 259. 323. 564. 568.
Lehrstuhl für Rechte 293.
Leipzig 195. 246. 567.
Lemberg 279.
Lemke 294.
Lentink und Hermann 56. 133.
Leonhardus Glockengießer 203.
Leopold, Kaiser 460. 464 ff.
Leopoldinisches Diplom 1691. 479 ff.
Lepesch Georg 137. 139. 192.
Lepesch Lor. 126. 127.
Leschkirch 98. 99. 314.
Leschkircher Stuhl, 109. 170. 183. 232. 313. 511. 531. 534 f.
Lesen und Schreiben 196.
Leukus, Szellergraf 116.
Leutschau 338
Lieferungen der Sachsen für den Fürsten 404. 500 ff. s. Ehrengaben.
Liegnitz, Schlacht bei 49.
Linzer Friede 416.
Listh Joh. 324.
Lippa 242. 241. 393.
Logdes 536.
Lorenz von Rothberg 96.
Lübeck 16. 25.
Ludovici Paul 413.
Ludwig I. 87. 82. 86. 94—121. 122.
Ludwig II. 131. 161. 183. 184. 210. 246 f. 257. 324.
Lugosch 443.
Lulai 159. 182 200. 206. 221. 246.

Lupinus Ch. 572.
Lustbarkeiten 316 f. 575 f.
Luther 244. 246. 247. 249. 252. 253. 255. 259. 262. 265. 283.
Luther über das Reformationsbüchlein 259.
Lutheraner, Beschlüsse gegen 246 ff. 249. 251.
Lutsch Joh. 422. 440 ff. 445.
Lutsch Tod 446.
Lutsch Mich. 405. 547.
Luxus 561. 576 f. 581.

M.

Maß und Gewicht 187.
Magarei 109. 531.
Magdeburger Recht 185.
Magnus de Buda 125.
Magyaren 5
Magyar-Igen 18.
Magyar Ogli-Pascha 391. 394.
Mägest 145.
Mähren 153.
Mailath Gabriel 281.
Mailath St. 125. 227. 233 f. 239.
Mainz 198.
Mais 552.
Mako G. 349.
Maler 203. 550.
Mallendorfer 547.
Malmkrog 82 f. 112. 127. 178. 179.
Mann St. 411. 414.
Mansfeld 406.
Mantua 198.
Manyersch 112.
Marburg 440.
Mardisch 117.
Maria Königin 100. 121.
Marie Christine 341 f.
Marienburg b. K. 27. 87. 115. 116. 174. 208. 225. 343. 345. 383 f. 511.
Marienburg, Schlacht 225. 388 f.
Marienburg b. Sch. 355. 464.
Marienburg, wal. 80.
Marienlied 215.
Markgenossenschaft 18.
Markhazi P. 297. 498.
Marktrecht 34.

Marktschelken 83. 111. 186. 207. 314. 528.
Marpod 99. 186. 195. 221.
Martin, Herm. Dechant 96.
Martin, Burz. Dechant 253.
Martinsberg 70. 538.
Martinsdorf 81 f. 85. 113. 117. 541.
Martinszins 43. 161. 297. 485 f.
Martinuzzi 218. 238 ff. 257. 270 f. 301.
Martinuzzi, Ermordung 273.
Massa S. 325.
Matschkaschi 278.
Matthäus, Pf. in Klausenburg 151.
Matthäus, Königsrichter von Reußmarkt 170.
Matthias, Mönch 259.
Matthias von Nissa 176.
Matthias K. 37. 143. 150. 152 ff. 165 f. 177. 181. 182. 187. 192. 446.
— Vergabungen a. d. Sachsen 167.
— Aufstand gegen 153 f.
— und die Bistritzer 150.
Maximilian, Erzh. 342.
Maximilian, Kaiser 379. 383. 386. 390. 395. 406.
Maximilian von Österr. 170. 200. 201. 288. 292.
Maximilian II. 340.
Mederus P. 565. 572.
Mediasch (Stadt und Gau) 38. 48. 60. 75. 83. 84. 126. 130 f. 153. 154. 161. 173. 200. 207. 208. 222. 224. 226. 229. 232. 260. 266. 273. 284. 311. 314. 325. 328. 329. 341. 349. 354. 365. 367. 380. 395. 402. 409. 412. 416. 422. 437. 463. 466 f. 513 f. 528 f. 541. 543. 550. 553. 559. 566. 568. 570. 573. 579. 580. 581.
Mediasch, Freibrief von 1315 81.
— Freibrief von 1402 130.
Mehemed Pascha 363.
Melanchthon 259. 262. 265.
Melas G. 263.
Menschenmarkt 438. 491.
Mergeln (Marienthal) 78. 98. 155. 170. 177. 180. 182. 195. 313. 537 f.
Meschen 84. 160. 198. 314. 364. 445. 513.
Meschendorf 80 532.
Mettersdorf 133.
Mezeth-Begh. 144.

Michael von Kelling 82.
Michael, Pf. von Kelling 91.
Michael von Schäßburg 127.
Michael, Szellergraf 129.
Michael Litteratus 182.
Michael, Woiwode der Walachei 343 ff. 355. 373. 536.
Michelsberg 24. 80. 441.
Michelsberger Burg 53. 70. 441.
Michelsdorf bei Marktschellen 103. 221.
Milesch Joh. 495.
Milesch Mich. 448. 451.
Mileßaza 83.
Mikloschwar 26.
Mildt Joh. 248.
Miles 573.
Miles Sim. 291.
Miles Matth. 468. 566.
Minoriten 107. 263.
Minoritenkirche in Bistritz 93.
Mirißlo, Schlacht bei 346.
Mode 562. s. Kleidung
Modran St. 456.
Mohammed II. 146.
Mohatsch, Schlacht bei 162. 164. 217. 251.
Molart 357 f.
Moldau 52. 56. 94. 134. 225 ff. 235. 269. 276. 277. 278. 348. 371. 375. 391. 417. 434. 438. 466. 536.
Mongoleneinfall 46 f.
Mortesdorf 83.
Montecuculi 466.
Mönchsdorf 70. 89.
Moses M. 573.
Moses, Woiwode 230.
Mösien 4.
Mukendorf 65. 221.
Mun Nik. 136.
Mühlbach 51. 70. 98. 99. 100. 107. 123. 132. 140 f. 169. 170. 173. 214. 223. 226. 229. 232. 239. 260. 272. 289. 329. 354. 379. 401. 442. 447. 461. 469. 566. 573.
Münzwesen 32. 43. 44. 57. 60. 144. 206. 227. 458. 465.
Münzen, Denkm. 368. 383. 389. 459.
Murad 123.
Murad Sultan 144.
Musik 394. 571.

N.

Nachbarschaft 531. 576.
Neuhäusel 466.
Nadasdy 274.
Nadesch 13. 127. 129. 204. 541.
Nadescher G. 380.
Nagy Andr. 376.
Naghbanya 117.
Naghfalu 56.
Näherrecht 166. 432.
Napraghy D. 362.
Nation, sächsische 165. 302. 359. 432. 480.
Nationalarchiv 325. 373.
Nationsuniversität 159. 187. 189 f. 193. 210. 224. 226. 227. 229. 242. 250. 260. 265. 277. 293. 294. 300. 302. 311. 313. 319. 322. 343. 365. 371. 387. 390. 395 f. 402 ff. 405. 410. 411 ff. 415. 419. 421. 423 f. 445. 448. 502 f. 512. 514. 521 f. 528 f. 537 ff. 546. 550. 568. 580. 583.
Nationsuniversität über die Reformation 260 f.
Nationsuniversität, Stellung u. Wirkungskreis 505.
Nationsuniversität, Zusammensetzung 303.
Nationsuniversität von 1613 396 ff. 582.
Neapel 94.
Neider Paul 306.
Nemesvar 350.
Neppendorf 70. 160. 301. 348. 372. 451. 452. 457.
nervus Trans. 273.
Neudorf (b. Herm.) 70. 98. 221. 345.
Neudorf (b. Malmkrog) 82.
Neumarkt 220. 230. 263. 265. 448. 459. 465. 497.
Neusohl 40.
Neustadt i. B. 87. 345. 385. 388. 438. 511.
Neutra 218.
Nicolaus V. 189. 210.
Nicolaus von Arbegen 113.
Nicolaus von Burgberg 95.
Nicolaus von Heltau 195.
Nicolaus, Pf. von Kronstadt 116.
Nicolaus von Malmkrog 179.
Nicolaus, Pf. von Marienburg 116.
Nicolaus, Propst 50. 57. 90.

Nicolaus von Reps 96.
Nicolaus von Salzburg 154. 155.
Nicolaus von Talmesch 77. 81. 82. 83.
Nicolaus, Besitzer v. Schlatt 109. 112.
Nicolaus von Schelk 113.
Nicopolis 122.
Nikolai E. 571.
Nissa 176.
Nonnenkleppel, Bürgermeister 106.
Nonnenklöster 260. 263.
Nösen 88. 196. 329. 442. s. Bistritz.
Nösnerland 12. 22. 38. 47. 50. 51. 52. 67. 75. 77. 87. 117. 132. 148 f. 157. 184. 189. 191. 225. 229. 304. 341. 356. 461.
Nösnerland, Einkünfte der Königin 67.
Nürnberg 198. 269. 270.
Nürnberger Recht 185.
Nußbach 87. 343. 345. 511.
Nußbaumer P. 520.

O.

Ofen 68. 73. 94. 105. 119. 128. 148. 159. 163. 218. 219. 239. 246. 250. 255. 281. 410. 443. 457.
Offenburg (Offenbanya) 120.
Oktai 49. 51.
Olmütz 90. 93.
Oltard Andr. 459. 558. 566.
Oltard Joh. 572.
Opitz 393.
Oppeln 200. 272. 342.
Ordnung der Pfarrersknechte 212.
Orlath 416.
Orleans 262.
Orsag de Guth 189.
Ostermeier H. 299. 325.
Oswald, Bürgermeister von Hermannstadt 146.
Otto I. 6.
Otto von Baiern 72 ff. 87. 93.

P.

Padua 262. 288. 324. 325. 573.
Pankratius, Bischof 559. 566. 574.
Pannonien 5.
Papiermühle 310.

Papst 23. 73. 90 91. 92. 118. 121. 214.
Papst ernennt Pfarrer 117.
Paris 262.
Patronat 87. 90. 191.
Paul Graf v. Kronstadt 198.
Paul von Ladmesch 77.
Paul, Pfarrer von Schirkanyen 244.
Paulinus S. 560.
Patriziertum 519 ff.
Pemsflinger 162. 177. 182. 197. 219. 224. 236 242. 246. 250. 251. 269. 270. 324.
Pemsflinger Haus 236.
Pereny Peter 220.
Peschendorf 82.
Pest 276 329. 353. 355. 420. 459. 463.
Pest, Stadt 370.
Peter, Woiwode der Moldau 222 225 ff. 231.
Petersberg 71. 294 345. 377. 378. 438.
Petersdorf bei Marktschellen 83. 85.
Petersdorf bei Bistritz 71. 568
Petki 181.
Petki Istvan 489. 447. 462.
Petrovich 239. 258. 264. 272. 277.
Petschenegen 4. 5. 7. 17.
Pettendorf 88.
Petrus, Bischof 58. 59. 66. 71. 72. 76.
Petrus, Pfarrer in Brenndorf 256.
Petrus, Graf von Denndorf 65.
Petrus, Dominikanerprior 259
Petrus, Hennings Sohn 88.
Petrus von Kleinpold 195.
Petrus, Kastellan in Reps 89.
Petrus, Graf von Rothberg 155.
Pfaff, Laurentius 405.
Pfaffenbruder 352.
Pfarrer, Gesamtheit 87.
Pfarrer sollen in Krieg ziehen 251.
Pfarrer, Sitten 320. 560.
Pfarrerwahl 23. 27. 33. 42. 87. 90. 117. 149. 191. 244. 555,
Pflichten der Ansiedler 43 f.
Pfründenhäufung 117.
Philippi Nik. 195.
Piccolomini 471.
Wien 204. 300.
Wien Wal 301.
Piso Jak. 161. 200. 324.

Plecker Luc. 256. 258.
Pojana 537.
Polb 65.
Polen 105. 220. 290. 394. 416. 434.
Polnar Ant. 158.
Polnar Mich. 170.
Polner Gabr. 187.
Polotzk 316.
Pomarius Adam 260.
Pomarius Christ. 325.
Pongratz, Woiwode 169.
Poplaka (f. Gunzendorf) 301 f.
Pösing 154.
Postrosse 512.
Prädien (Prädiale) 34. 80. 82. 103. 109.
Prag 105. 340. 341. 346 f. 358
Präsentation 556.
Predigt 321. 558. 561. 570.
Preise 124. 196. 208. 287. 304. 305. 312. 355. 457. 525 f.
Preßburg 161. 218. 305.
Preßburger Friede 161. 217.
Pretai 111.
Preußen 28.
Pribek 402.
Primi hospites 18.
Proll Nik. 206.
Propsteigebiet 23. f. Herm. Propstei.
Propstdorf 195.
Propstdorf, Groß- 83. 90. 137.
Propstdorf, Klein- 83. 90. 137.
Protestantenverfolgung in Ung. 362. 406. 416.
Pulvermühle 306.
Puns Ant. 154.
Puschendorf 130. 180. 564.

Qu.
Quinten Matth. 388.
Quia virtus nobilitat hominem 400. 540.

R.
Raab 218.
Rabutin 487 ff. 558.
Radnot 470.
Radul Scherban 374 f.
Rafael, Erzb. von Kalotscha 148.
Rainald, Bischof 50.

Rakotzi G. I. 409 f. 467.
Rakotzi G. II. 417 ff. 542.
Rakotzi, Absetzung 435.
Rakotzi, Rückkehr 437 f. 448 f.
Rakozi, Sigm. 870.
Rakotzis Tod 459.
Ramser Matth. 200. 252.
Rappolt Joh. 249. 250.
Ratibor 272. 342.
Rätsch 70.
Ratschläge der k. Räte 359 f.
Ratz G. 354. 362. 364 f.
Rahnke Hier. 176.
Rechtsbüchlein 293.
Rechnungslegung 522 f. 528 f.
Rechtsgleichheit 40.
Rechtspflege 88. 90. 128. 162. 184. f. Gerichtswesen.
Reen (Regen) 47. 66. 93. 414. f. Sächs.-Reen.
Ref Kirche 265.
Reformation 243 f.
Reformation, außerhalb Hermannstadts u. Kronstadts 259 f.
Reformations-Büchlein 254. 258. 259. 265. 318. 319. 323.
Regensburg 194. 233.
Reichhardt 470. 472. 482.
Reichau 536.
Reichesdorf 61. 109. 246. 252. 260. 550. 560.
Reichesdorfer 219.
Reichstag in Preßburg 161.
Reichstag, Sachsen auf dem ung. 148. 170. 171. 302.
Reilich Gab. 571.
Reißner Joh 419
Religionsgespräch in Schßbg. 257.
Renaissance 202. 204.
Reps 36. 68. 78. 89. 98. 123. 170. 258. 259. 323. 378. 382. 384. 438. 527. 539. 573.
Reps, Burg 115.
Reps, Freitum 36.
Reps, Stuhl 128. 232. 346. 438.
Residenz der ung. Könige 76. 94.
Rettegi 374.
Reuchin H. 194.
Reudel Joh. 195. 203.

Neußdörfchen 160.
Neußen 90 137. 292. 387.
Neußmarkt 98. 99. 292. 356. 442. 511. 537.
Rhau Bl. 291.
Rhedei 436 ff.
Rhener Joh. 317. 393.
Rhener Peter 279.
Reychmut J. 203.
Rezipierte Kirchen 266.
Riade, Schlacht bei 6
Richelius 414. 440.
Richterwahl 32. 41. 62 f. 88
Riemer, Richter in Bistr. 132.
Ringelskirch 65. 108.
Ritschain Kaspar 233.
Rod, rum. 537.
Rod, sächs. 541.
Rodna 37. 50. 67. 71. 75. 87. 134. 167. 225.
Rogerius 52. 55.
Rohrbach 70.
Rohrmann Gall. 353. 566.
Romanische Bauten 69. 71.
Rorand, Woiwode 61.
Rostock 566
Römer 3.
Röm. Recht 293, Auszug 255.
Romosch Anb. 444.
Rosenau 27. 86. 87. 117. 174. 208. 258. 263. 354. 385. 391. 438. 511. 536.
Rößchentanz 22.
Roth H. 234.
Roth Kasp. 226.
Roth Luk. 260.
Roth Joh., Sachsengraf 269. 275. 278. 279. 305.
Rothbach 87. 115. 345. 511.
Rothberg 70. 97. 180. 248. 345.
Rotho in Rodna 67.
Rothkirch 108.
Roter Turm 147. 148. 160. 173. 174. 225. 547.
Rotenbächer 476.
Rothal 467.
Rudolf II. 342. 346. ff. 351 ff. 371. 467. 542
Rukur 80.

Rumänen 5. 29. 110. 123. 147. 156. 167. 172. 263. 299 f. 488. s. Walachen.
Rumänen auf Sachsenboden 300. 534.
Rumänischer Katechismus 263.
Rumes 18. 301.
Rumeser Student 141.

S.

Saas Jak. 130.
Sachs, Enyed 144.
Sachs Franz 170. 400.
Sachs Joh. 211.
Sachs v. Harteneck 483 ff.
Sachsenboden 38.
Sachsen, Bürger- und Eigentumsrecht 496
Sachsen, Gesetzbuch 295.
Sachsen, Name 35.
Sachsen auf Adelsboden 142. 190 f. 531. 540 f.
Sächsisch-Reen 190. 246. 261. 263. 419 f. 460. 541. s. Reen
Sächsisch-Reen, Oberhof 190.
Sakramentshäuschen 202.
Salomon, Kronstadt 86.
Salomon, Radesch 129. 133.
Salomon, Schäßburg 107. 127.
Saldorf 221.
Salius 200.
Salkö 221.
Salzbezug 33. 43. 47. 62. 243.
Salzburg 12. 58. 65. 70. 90. 154. 160. 178 f. 269. 273. 345.
Santai St. 257.
Sarolta 6.
Sarospatak 409.
Sarvari Gr. 226.
Saßtschor 289.
Saxones praedia tenentes 64. 106.
Sebus 32. 36.
Seeblumenblätter 15. 21. 96.
Seeland 16.
Seiburg 576.
Seiden 83. 137. 185.
Seidner A. 249.
Seiler Luk. 380.
Seiler Matth. 280.
Selbständigkeit Siebenbürgens 241 ff.

Seligstadt 98. 195. 221.
Selim Sultan 288.
Senndorf 87. 246.
Seraphin Val. 520. 567.
Serbien 94. 122. 140. 210.
Seredy 257. 269. 306.
Setschel 416.
Sevrin Van von 110.
Sewer P. 109.
Siebenbürgen, Lage 1.
Siebenbürgen, Name 17. 18.
Siebenbürgen, röm. Provinz 3.
Siebenbürgen vor der Sachseneinwanderung 10.
Siebenbürgen in deutscher Sage 22.
Siebenbürgen als Reich 165. 494.
Siebenbürgen, Übergang an Habsburg 468 ff. 473.
Siebenb. Hof in Konstantinopel 414.
Siebendörfer 438.
Sieben-Richter 304.
Sieben-Richter-Güter im Komitat 418.
Sieben Stühle 96. 129. 189.
Siechenhäuser 107. 203. 305.
Siegel von Bistritz 120.
Siegel des Burzenlandes 114.
Siegel des Herm. Gaues 15. 33 43. 96.
Siegel Hermannstadts 46.
Siegel des Schenker Stuhls 96.
Siegel in rotem Wachs 148.
Siegel Siebenbürgens 495.
Siegfried von Krako 71.
Siegler Michael 325.
Sigmund K. 121—139. 189 204. 274 283.
Silistria 438.
Silvasi 444.
Silvester II. 7.
Simon, Van 86.
Simon, Goldschmied 166. 280.
Simon, Kronstadt 86.
Simon, Pfarrer von Rothberg 248.
Simon, Pfarrer von Trappold 249. 259.
Simonius, 418 f. 435. 447. 461. 506. 531.
Singer, 341.
Silvatorok 369.
Skender Pascha 392.
Slawische Namen 21.
Socinus (Sozinianer) 265.

Söldner 210. 307.
Soliman 162 f. 218 f. 230. 239. 251.
Sommerburg 69. 533. 540.
Spalato 52.
Spinnstuben 576.
Spital in Schäßburg 243.
Spitäler 71. f. 107. 208.
Speier 132 f. 223. 244.
Spring 65. 108.
St. Georg und Pösing Graf 154.
St. Gotthard 129. 466.
Starhemberg 471 f.
Stadt und Land 314 f. 526 ff.
Städte, Aussehen 578 f.
Städte, Befestigung 307.
Städte, Entstehung 105 f.
Städte, Ordnungen 169. 456.
Städte, Verkümmerung der Freiheit 519 f.
Ständische Verfassung 242. 496.
Stapelrecht 105.
Statilius 256. 258.
Steiler 226.
Stein 98. 413.
Steiner 474.
Stenzel 440.
Stephan, Bischof 138.
Stephan, Herzog 57. 116.
Stephan d. H. 6 ff. 125.
Stepan V. 17. 58. 60 f. 65. 87. 89.
Stephan, Loschonz 122.
Stephan, Martinsdorf 113.
Stephan, Szellergraf 114.
Stephan, Woiwode 78.
Stettin 565.
Steuern 32. 43. 66. 77. 111. 115. 128 147—158. 161. 166. 297. 303 f. 362. 371. 405. 409. 443 f. 465. 486. 489. 497 ff.
Steuern, Verzeichnisse 207.
Stiborius 133. 189.
Stolzenburg 97. 99. 132. 174. 195. 230. 441. 451.
Straßburg 440. 567.
Stresner 248.
Studienfond 265.
Stuhlsversammlung 97 f. 111. 129. 183. 304.
Stuhlsverfassung 98. 313. 511.

Stuhlsrichter 79. 183.
Stühle sächs. 12. 38. 79. 96. 106. 181. 313. 546.
Stühle, Irrungen 511 ff.
Stuhlweißenburg 64. 171. 218.
Suck Petrus 195.
Sükesdi 539.
Sultan 270. 275 f.
Sybelinder N. 197.
Sydonius 221. 232.
Synode 262. 264 f. 267. 321. 325. 555. 559. 560 f.
Szalabat 70. 345.
Szamos-Ujvar 278. 435.
Szathmar-Nem. 6. 13. 47. 467.
Szava M. 446.
Szegedin 170.
Szek 62. 68.
Szekely M. 347 f. 353 f.
Szekler 5. 9. 27 f. 29. 32. 36. 50. 61. 69. 85 f. 123. 145. 153 f. 156. 158. 164. 166. 174. 209. 221. 225. 229. 242. 243. 263. 265. 270. 276. 281. 288. 298. 306 f. 339. 343. 345. 349 f. 353. 363 f. 378. 383. 388. 390. 400. 417. 429 f. 437 f. 448. 475. 497. 534.
Szekleraufstand 158. 281.
Szeklergraf 111. 114. 116. 123. 125. 128. 129 f. 133. 146. 149. 164.
Szeklerland 51. 75. 222. 243. 330. 386.
Szekler Zuwanderungen 533.
Szelischt 100. 110. 167.
Szereda 363.
Szerentsche 363.
Szetschel 289. 416.
Szt. Imre 144.
Szt. Ivan 181.
Szt. Marton 221.
Szt. Pal 288.
Szilaghi 146. 150. 152.
Szina (Sina) 220. 416.
Szolnok 47. 470.

Sch.

Schaal 85. 112.
Schaas 194. 415. 464.
Schäfer St. 279.
Schaio, Schlacht 50. 55.
Schankebank 582.

Schard 66.
Scharfeneck Joh. 96. 100.
Schäßburg 100. 107. 109. 127. 129. 143. 158 f. 164. 168. 170 ff. 174. 182. 184. 187. 196. 197. 208. 214. 221. 224. 226. 231 f. 236. 239. 241. 257. 259. 263. 273. 281. 299. 312. 348 ff. 354 f. 358. 363. 365 ff. 380. 386. 395. 401. 406. 409 ff. 422. 438. 414 f. 451. 460. 463 f. 465. 489. 505. 514. f. 523 f. 541. 543. 566. 570. 575. 579.
Schäßburg, Nat.-Universität 1613. 306 ff.
— Relig.-Gespräch 257.
Schebeschel 289.
Scherer And. u. Paul 325.
Scheerer 132.
Schellenberg 99. 103. 109. 250. 343. 452. 454. 457. 459.
Schellenberg, Schlacht bei 343.
Schelker Dechant 81. 113.
Schelker Gebiet 48. 75. 84 f.
Schelker Prozeß mit Bischof 91. 113.
Schenker Stuhl 96. 98. 112. 155. 170. 226. 231. 313. 463. 512. 537. 541.
Schesäus 325.
Scherffenberg 469 f.
Scharsius A. 566.
Schiffbäumer M. 362. 368.
Schiffla 378.
Schirkanyen 245.
Schirmer Ant. 352.
Schirmer Franz 567.
Schirmer Joh. 269. 367.
Schirmer Marg. 269.
Schlatt 109.
Schlesien 153. 176.
Schmegen 39.
Schmiegen 85.
Schneider Zach. 305.
Schnitzler J. 664. 566.
Schogen 68.
Scholten 81. 143. 166.
Schönau 83.
Schorsten 81. 143. 166.
Schorpendorf 65.
Schreiner 482.
Schukesch 170.
Schulen 117. 119. 132. 134. 136. 194. 248 f. 253. 259. 264. 289. 290. 322. 326. 407. 564 f.

Schul- u. Schülerleben 569 f.
Schule, Komödien 570.
Schuller A. 566.
Schuller Joh. 387.
Schuller von Rosenthal 521.
Schwarz Ant. 263.
Schwarz Jak. 349.
Schwarzburg 27. 57 68. 86.
Schwarzwasser 289.
Schweden 416. 434.
Schweischer 99. 246.
Schwerttanz 22.

T.

Tabak 584.
Talmesch 48. 77. 95. 110. 147. 227. 316. 825.
Tamerlan 122.
Tanzmeister in Herm. 209.
Tartaren (Einfall) 60. 70. 94. 232. 279. 348. 350. 354. 391. 435. 438. 441. 463. 466. 477. 542. 543.
Tartlau 87. 103. 171. 228. 253. 258. 343. 345. 380. 383. 388. 438.
Tartler J. 279.
Tatsch 71.
Taufkessel 203. 204.
Teel 57.
Tekendorf 68. 207.
Tekes 301. 534 ff.
Teleki M. 465. 469. 477.
Temeschvar 229. 341. 354. 390. 449. 469.
Temudschin 49.
Testamente der Geistl. 246.
Teutonici 85.
Teutsch Joachim 263.
Tergowischt 341.
Thablasy 180. 182.
Thalheim 545.
Theil G. 448.
Theil M. 453.
Thelegdi Stef. 270
Theodoricus, Unterkantor in Kronstadt 117.
Theodorus, Kanonikus 51.
Thewrek, (Türk) von Bistritz 154.
Thilli 470.
Thomas von Kendhid 130.

Thomas, Herm. Propst 91.
Thomas aus Hermannstadt, Buchdrucker 198.
Thomas, Litteratus 578.
Thomas, Meister in Neen 93.
Thomas, Pfarrer von Schweischer 246.
Thomas, Stadtpfarrer in Kronstadt 107. 134.
Thomas, Woiwode 77 f. 89. 94. 95.
Thomel, Pfarrer von Senndorf 246.
Thorenburg (Thorda) 8. 62 68. 81. 125. 126. 127. 177. 229. 241. 266. 301. 323. 344. 447.
Thoroczko 60. 62. 120.
Thonheuser Petr. 246. 250 251.
Thronkampf zwischen Otto und Karl Robert 73 f.
Thronkampf zwischen Zapolya und Ferdinand 218 ff.
Thronkampf in der Fürstenzeit 342 f. 360. 437.
Thümmel Ulr 150.
Thurzo, Palatin 387.
Thurzon 36.
Tiersage 22.
Tobiaschi Klara 221.
Tobsdorf 83. 186.
Tohan 135. 477.
Tokai 218.
Tököly 466. 468. 470 f. 477 f.
Tomori Nik. 220.
Tomori P. 162.
Töpfer G. 172.
Töppelt 573.
Torbek Joh. 294.
Török Val. 225. 226. 229.
Török 239.
Torstenson 416.
Törzburg 115. 135. 167. 168. 174. 227. 230. 385. 391. 547.
Trajan 8. 29.
Trapold 355. 445.
Trautenberger, Bürgermeister 123.
Trautenberger Luk. 197.
Troschen 108.
Trennung der ref. und ev. Kirche 265.
Treppen 71. 133. 274.
Trinken 212. 432. 447. 455. 464. 532. 543. 576. 583.

Trompeter Kasp. 386.
Tridentiner Konzil 266.
Tripartitum 169.
Tröster 573.
Tschaki 258.
Tschaki, Kanzler 284 f.
Tschaki St. 347.
Tschaki, Woiwode 122.
Tschech in Heltau 81.
Tschech in Mediasch 400.
Tscherei 476.
Tschik 236.
Tübingen 440. 483.
Tucharten 71. 188. 549. 581.
Tuhutum 7.
Türken 122. 142. 153. 155. 159. 161. 168. 212. 268. 275. 309. 348 f. 368 ff. 386. 393 f. 408. 435 ff. 465. 512.
Türken, Oberhoheit der 242. 340. 437 f.
Türken in Hermannstadt 450 f.
Türken, Verlust Siebenbürgens 480.
Türken, Abtretung Siebenbürgens 492.
Türkösch 227.
Turner (Musikanten) 571.
Thylo von Nethersdorf 98.
Thrnauer Vertrag 405.

U.

Udvarhely 214.
Ugron A. 417. 450.
Uhren 209. 579.
Uhrmacher 311.
Ujfalu 130.
Ujlaki 143.
Ulm 198.
Ulpia Trajana 3.
Unentgeltliche Bewirtung 423 f.
Ungarischer Reichstag 63. 64. 247. 249. 250.
Ungarn und Deutsche 281. 533.
Ungarn 121. 122. 239. 257.
Ungarn in Klausenburg 151 f. 282. 309. 393. 406. 466.
Ungerechte Steueraufteilung 498 f.
Ungersdorf 71.
Ungleich (Unglerus) 321. 325. 334.
Ungleich Christ. 413.
Unitarier 265. 283. 290.

Universität geistl. 267.
Unierte griech.-kath. Kirche 488 f.
Union der 3 Stände 125. 153. 162. 164. 174. 242. 266. 494.
Union der Zünfte 187. 551.
Universitätsbesuch 107. 147. 195. 367. 565 ff.
Unterstützung armer Kinder 265.
Unterwald 48. 78. 156. 536.
Unterwald Schreckenstage 344 ff. 356. 439 f. 466.
Untrennbarkeit der Sachsen von der ung. Krone 151. 170.
Urischer G. 547.
Ursinus J. 573.
Ursula Meister Paulin 196.
Urwegen 71. 172. 356. 442.
Uzon 388.

V.

Vajdej (Neuendorf) 300.
Varadi 444.
Varda Franz Bischof 246.
Varna Schlacht 144.
Varos 32. 86.
Vasarhely 237.
Venedig 94. 105. 198. 255.
Verantius 255. 256. 325.
Verbözi 159. 295. 424.
Vereinigung der Ansiedler 45.
Veres de Farnas 154. 155.
Verfassung des Landes 296. 493.
Vergabungen an Klöster verboten 251.
Verpachtung des Zehntens 291 ff.
Verpflichtungen der Einwanderer 18. 19. 43 f.
Verteidigungskirchen 205 f.
Verträge zwischen Siebenbürgen und Habsburg 470 ff.
Verwaltungsverbände 18. 77. 83. 84. 85. 86. 87. 115.
Verwandte im Rat 525.
Verwüstung des Sachsenlandes 344. 439 f. 491.
Vesprim 218.
Veterani 474 f. 482.
Vierdörfer-Surrogatie 81. 83.
Victor Matth. 439.
Vinzentius 48.

609

Vinzentius, Rektor in Bistritz 119.
Visitat.-Artikel 320. 321. 323. 556. 560. 580. 581.
Vischegrad 76. 170.
Vitéß Nik. 350.
Vitezi 4:8.

W.

Wachsmann A. 514.
Waffenfreudigkeit 547.
Wagner Val. 256. 258. 262. 282. 294. 324.
Wagrien 17.
Wahlbedingungen s. Pfarrer 558.
Waida Joh. 306. 334.
Wal Th. 200.
Walachei 56. 94. 122 ff. 134. 140. 145. 224. 227. 230. 310. 372. 374 f. 391. 434. 438. 466. 549.
Walachen 5. 24. 29. 36 f. 61. 110. 276. 302. 417. 537. s. Rumänen.
Walachische Knesen 61.
Wal.-Eibesdorf 221.
Walbrunns 81.
Wald- u. Wasserrecht 34.
Waldhütten 89. 179.
Waldorf (Wallendorf) 72.
Waldorfer 419.
Wallonen 353 ff.
Waldrodungen 46.
Walter, Dechant von Mediasch 60.
Walter, Bußd 113.
Waltersdorf 71.
Wappen 96.
Wardein 105. 189. 392 409. s. Großwardein.
Wassid 221.
Wehrgeld 208.
Wehrhaftigkeit der S. 173. 223 ff. 545 f.
Weich K. 246.
Weldenbach 116. 385. 388. 438. 511.
Weidner 260.
Weihrauch N. 123.
Weimar, Herzog von 406.
Weinbau 553.
Weingartskirchen 65. 108
Weingartskirchen, Gräfenhaus 66. 108.
Weiß Blasius. 317.

Weiß Mich. 355. 366. 372. 375 f. 386 f. 520. 573. 582.
Weiß, Tod 389.
Weiß Nik. 258.
Weißenburg 8. 51. 57 ff. 60 f. 75. 83. 113. 214. 226. 256. 284. 290. 328. 335. 347. 354. 379. 394 f. 401. 403. 407. 418. 420 f. 426. 439 f. 442. 448. 483. 499 ff. 528 f. 540. 551.
Weißenburg bei Bistritz 69.
Weißenburg, Befestigung 405. 421.
Weißenburg, Komitat 82. 143. 147. 221. 541.
Weißenburg, Dom 59. 71.
Weißenburg, Domkapitel 75. 91. 109. 112 f. 164. 170. 269. 277 f.
Weißenburger 545.
Weißkirch bei Bistritz 356.
Weißkirch bei Schäßburg 81. 127. 269. 464.
Weltl. Bauwerke 206.
Wember Th. 136.
Werd 530.
Wermesch 356. 536. 537.
Werner G. 257. 269. 273. 306.
Westfäl. Friede 426.
Westfalen 16.
Weyrauch 378. 386. 539.
Weyrauch G. 540.
— Witwe 540.
Wien 105. 107. 146. 118. 153. 195. 200. 215. 230. 234 f. 242. 245. 254. 274. 292. 440. 461. 466. 468 f. 482 f. 571. 578.
Wiener Friede 368 f.
Wien, Verhandlungen über Leop. Dipl. 482 f.
Wiener Paul 261. 276. 321. 323.
Wild 554.
Wilhelm, Bischof v. S. 27. s. Hammer.
Windau 575.
Winz 57. 60. 128 f. 214. 227. 246. 274. 394. s. Alvinz.
Winzerer Kasp. 233.
Wißwein 98.
Wissenschaftl. Leben 195 f. 572 f.
Wittenberg 253. 256. 265. 282. 319. 324. 325. 565 ff. 572.
Wlachen- und Bissenerwald 24. 28. 48. 93.

610

Wlachenland 24. 28. 48. 93.
Wladislaus I. 38.
Wladislaus II. 144 f. 151. 156 f. 159 f. 167 f. 170. 172. 182 f. 189. 192. 197. 207 f. 236.
Wlaik 95. 110.
Wohnung 308. 578 f.
Woiwode 9. 19. 48. 56. 61. 133. 153 ff. 164. 167. 170. 176. 251.
Woldorf 19.
Woll P. 249. 252.
Wolf G. 375.
Wolf L. 375.
Wolf P. 317.
Wolfgang Glockengießer 204.
Wolfhard A. 200. 201.
Wolkendorf bei Schäßburg 109. 143. 464.
Wolkendorf bei Kronstadt 87. 511.
Wolkra 468.
Wolmann M. 529.
Wurmloch 83. 113. 573.
Wyches Sohn 81.

Z.

Zabanius 483 f. 525.
Zabanius Jsak 483. 558. 566.
Zack D. 543.
Zahlhäuser 303.
Zalathna 120. 394.
Zaizon 438.
Zapolya Emrich 154.
Zapolya Stef. 154. 192.
Zapolya Joh. 157. 162. 165. 171. 172. 177. 189. 217 ff. 238. 242. 248. 251. 265. 267. 274. 282. 283. 299.
Zapolyas Anhänger 225 f.
Zapolya Haus 161.
Zapolya, Tod 287.
Zapolya Joh. Sigm. 239 f. 264. 277. 280. 305. 309. 313. 314.
Zapolya Joh. Sigm. Tod 267.
Zara 105.
Zarmizegethusa 3.
Zauber- und Hexenwahn 574 f.
Zegö Familie 133.

Zehnte 23. 27. 33. 42. 59 f. 75. 90. 91. 113. 116. 125. 138. 151. 178. 212. 245. 264. 291 f. 334. 339. 344. 359. 380. 383. 387. 390. 407. 534. 536. 555. 568.
Zeiden 27. 57. 68. 87. 198. 208. 374. 385. 565.
Zekel Laur. 271.
Zekel Mich. 181.
Zendrisch 541.
Zenta Schlacht 492.
Zepling 541. 576.
Zernescht 477.
Zibek Em. 221.
Zied 117.
Ziegenthal 207.
Zigeuner 140. 177. 317. 431.
Zinsennehmen 319. 491.
Zips 11. 15. 39. 161. 217.
Zisterzienser 23. 81. 87.
Zobor E. 171.
Zollfreiheit 34. 42.
Zölle 188.
Zollstreit 189.
Zoloch 47.
Zucht und Sitte 320. 531 f. 560. 575.
Zuchtlosigkeit der Truppen 273 f. siehe Basta.
Zuflucht des Adels und Szekler in sächs. Städten 153.
Zunftordnung 100 f.
Zunft 100. 102. 169. 176. 186 ff. 196. 204. 261. 311. 513. 549.
Zunftbräuche 551. 576.
Zunftstreitigkeiten 549 f.
Zunfttage 806.
Zunftunion 187. 551 f.
Zünfte in den Komitaten 551.
Zünfte auf dem Lande 550.
Zusammenschluß der Sachsen 45. 77. 115. 118. 136. 137. 189 ff. 402. f. Einigung.
Zusammenschluß, kirchl. 191.
Zwanzigsteinkünfte 222
Zwei Nationen gegen die dritte 430.
Zwei Stühle, die 12. 56. 83. 84. 85. 111 f. 130. 155. 169. 304.
Zwingli 265.

Berichtigungen.

Seite 232, Zeile 17 von oben April 1530 statt 1531.
„ 260, „ 7 von unten **Simon Goldschmied** statt **Sigmund**.
„ 345, „ 10 von unten **Nußbach** statt **Rußbach**.
„ 364, „ 15 von oben **Meschen** statt **Menschen**.
„ 424, „ 5 von unten **Verbözi** statt **Werbözi**.